国家社会科学基金重大项目
"经济发展新常态下中国金融开放、金融安全与全球金融风险研究"
（项目批准号：17ZDA037）结项成果

Research on China's Financial Opening,
Financial Security, and Global Financial Risks

中国金融开放、金融安全与全球金融风险研究

卞志村　丁　慧　毛泽盛　等著

人民出版社

前　　言

　　金融安全关乎国家根本利益,是国家安全的重要组成部分,也是经济高质量发展的重要基础和前提。维护金融安全,是关系我国经济社会发展全局的一件带有战略性、根本性的大事。中国经济发展进入新常态后,国内长期以来积累的深层次经济矛盾与全球经济深度调整引致的外部风险相互交织叠加,中国继续融入世界经济一体化与金融全球化是进一步深化改革开放的重要内容,实现全方位金融开放的方向不可逆转,在此背景下金融风险快速集聚并逐步暴露,可能威胁中国的金融安全,甚至影响国家安全。如何有效防控系统性金融风险、切实维护中国金融安全成为理论界与金融管理部门思考的重大问题,也引起了中央决策层的高度关注。

　　在 2017 年 7 月 14—15 日召开的第五次全国金融工作会议上,习近平总书记强调"防止发生系统性金融风险是金融工作的永恒主题","要把主动防范化解系统性金融风险放在更加重要的位置,科学防范,早识别、早预警、早发现、早处置,着力防范化解重点领域风险,着力完善金融安全防线和风险应急处置机制"。在 2017 年 7 月 17 日召开的中央财经领导小组第十六次会议上,习近平总书记强调"扩大金融业对外开放,金融监管能力必须跟得上,在加强监管中不断提高开放水平"。党的十九大报告指出"要坚决打好防范化解重大风险攻坚战","健全金融监管体系,守住不发生系统性金融风险的底线"。

党的十九届五中全会强调"把安全发展贯穿国家发展各领域和全过程,防范和化解影响我国现代化进程的各种风险,筑牢国家安全屏障"。2021 年 8 月 17 日,习近平总书记主持召开中央财经委员会第十次会议时强调"要夯实金融稳定的基础,处理好稳增长和防风险的关系,巩固经济恢复向好势头,以经济高质量发展化解系统性金融风险,防止在处置其他领域风险过程中引发次生金融风险"。党的二十大报告指出要"加强和完善现代金融监管,强化金融稳定保障体系,依法将各类金融活动全部纳入监管,守住不发生系统性风险底线"。2023 年 10 月 30 日至 31 日召开的中央金融工作会议强调,当前和今后一个时期,要以全面加强监管、防范化解风险为重点,坚持稳中求进工作总基调,统筹发展和安全,牢牢守住不发生系统性金融风险的底线,坚定不移走中国特色金融发展之路,加快建设中国特色现代金融体系,不断满足经济社会发展和人民群众日益增长的金融需求,不断开创新时代金融工作新局面。

党的十八大以来,中央对金融工作特别是防控金融风险高度重视,采取了一系列措施加强金融监管,努力防范和化解金融风险,维护金融安全和稳定,金融风险总体可控。但必须清醒认识到,在金融风险总体可控之下,由于国际国内各方面不利因素的综合影响,我国面临着国内金融风险集聚与全球金融风险传染的双重冲击。从国内来看,经济发展新常态下我国经济金融周期性、结构性、体制性矛盾的叠加导致金融风险的快速积累和集中显露。经济金融经过上一轮扩张期后,现阶段不可避免进入下行期;实体经济供求失衡,金融体系内部失衡,二者循环不畅,"脱实向虚"问题明显,结构性问题突出;部分市场主体行为异化,道德风险明显上升,而金融监管体制尚不适应金融风险的日益多元化、复杂化。当前我国金融体系主要面临着房地产价格泡沫膨胀、商业银行不良资产攀升、金融市场流动性风险突出、金融杠杆风险传染加剧等风险,金融安全防火墙还不够牢固。从国际来看,金融全球化向纵深发展加剧经济金融风险的快速传染。随着"一带一路"建设与人民币国际化接连取得实质性进展,中国金融对外开放加速推进,开放的广度与深度不断拓展。积极主动的金融开放战略,有效促进了国内国际要素有序流动、金融资源高效配置、金融市场深度融合,为新阶段经济发展注入新动力,拓展新空间。但金融开放对金融安全的潜在威胁不可忽视。当前,全球金融风险持续加大,美联储加息与"缩表"风险、全球货币政策转向风险、全球债务风险、金融保护主义等一系列风险交织叠加,此外,地缘政治不稳定,保护主义、民粹主义、"逆全球化"思潮抬头,在国际金融领域成为新的风险源,在此背景下我国面临严峻的外部金融风险冲击,而金融领域的全方位开放势必加剧冲击程度。在经济发展进入新常态后,深入研究全方位金融开放条件下中国金融风险防控与金融安全维护问题,确保中国在深化金融对外开放过程中行稳致远,切实维护国家金融安全,具有重大的理论价值与现实意义。

有鉴于此,本人带领研究团队于2017年以"经济发展新常态下中国金融开放、金融安全与全球金融风险研究"为题申报了国家社会科学基金重大项目并获资助(项目批准号:17ZDA037),毛泽盛、徐亚平、黄志勇、张志柏等教授作为子课题负责人参与了本项目的研究,丁慧副教授以及我的研究生赵亮、笪哲、沈雨田、张运、陈颖、仝玉超、王璐瑶、陆鹏、陈丁燕、刘嘉欣、卞维渭、林爽等承担了具体的研究任务。历经四年深入系统的研究,顺利完成了各项研究任务,实现了本项目的预期目标。据统计,本项目课题组成员迄今已完成阶段性成果90项,其中在《经济研究》发表论文3篇,在《管理世界》发表论文2篇,在《光明日报》理论版刊发理论文章1篇,在 China Economic Review 等 SSCI 一区期刊发表论文3篇,在 International Review of Economics & Finance、North A-merican Journal of Economics and Finance 等 SSCI 二区期刊发表论文6篇,在其他 SSCI 期刊发表论文4篇,在《数量经济技术经济研究》《中国工业经济》《财贸经济》《国际金融研究》《科研管理》《中国管理科学》《南开经济研究》等国内权威学术期刊发表论文15篇,在其他 CSSCI 来源期刊发表论文32篇,在《新华日报》《群众》等重要报刊发表理论文章14篇,出版《基于物价调控的我国最优财政货币政策体制研究》《高级财政学Ⅱ——DSGE 的视角及应用前沿:模型分解与编程》两本学术专著,研究成果被《人大复印资料》等全文转载多次。2022 年 3 月,本项目经全国哲学社会科学工作办公室审核准予结项(证书号:2022&J040),等级优秀。

本书由国家社科基金重大项目"经济发展新常态下中国金融开放、金融安全与全球金融风险研究"结项总报告凝练而成,具体撰写任务分工如下:第一章由卞志村、沈雨田、仝玉超、卞维渭和季晨瑜撰写;第二章由卞志村、沈雨田、陆鹏、卞维渭撰写;第三章由卞志村、丁慧、沈雨田、陈颖、王璐瑶撰写;第四章由卞志村、丁慧、沈雨田、仝玉超、季晨瑜撰写;第五章由翁辰、王宏扬撰写;第六章由卞志村、毛泽盛、丁慧、赵亮、沈雨田、张运撰写;第七章由卞志村、丁慧、笪哲、林爽、季晨瑜和卞维渭撰写。丁慧、沈雨田、林爽、卞维渭、季晨瑜、徐林波等承担了本书后期的编排和审核校对工作。

本书全面回顾了中国金融对外开放的进展情况,系统梳理了全球系统性金融风险的演进趋势,并准确评估了现阶段中国金融安全状况。基于此,本书从六大方面对经济发展新常态下中国金融开放、金融安全与全球金融风险等问题展开系统深入研究。

第一,中国金融开放的最优路径与风险效应。进一步扩大金融开放虽然有助于优化国内金融结构、提升金融配置效率,但也可能加剧金融体系的风险暴露,诱发系统性金融风险。本书从中国金融开放的现状出发,结合现实国情探讨中国资本账户全面开放的初始条件成熟度、全方位金融开放过程中金融市场风险的演化特征以及金融开放与外汇市场压力的联动效应,深入分析新时期中国进一步扩大金融开放的最优路径和风险效应。

第二,中国系统性金融风险测度。准确测度金融风险是有效防范和化解系统性金融风险、维护中国金融安全的基础与前提。本书基于国内视角,测算中国金融机构系统性风险溢出网络,分行业分领域审视银行业、保险业和证券业所蕴含的金融风险;构建中国金融市场压力指数,分析金融市场压力对宏观经济的非线性影响;采用前沿的频域关联法,比较不同频域周期下金融业和实体行业系统性风险的溢出水平和溢出结构。

第三,开放经济与全球系统性金融风险。金融开放必定会伴随出现金融风险,但两者并不矛盾。基于全球系统性金融风险的传染与演化状况,深入探讨中国金融开放过程中伴随的外部输入性风险变化,对于我国维护金融安全具有重要意义。首先,本书从全球视角出发,识别、衡量和评价开放经济条件下影响中国金融安全的风险因素。然后,从全球金融市场风险关联、金融系统压力溢出、经济政策不确定溢出等方面,系统研究全球金融风险影响中国金融安全的路径,并评估影响程度。

第四,金融开放与金融安全的国际经验研究。金融开放会对不同国家的经济发展和金融安全产生差异化影响,因此有必要系统梳理代表性国家在金融开放历程中应对金融风险的成功和失败案例,凝练出具有说服力的成功经验及失败教训作为我国的参考。本书探讨了金融开放过程中保障了金融安全和发生了金融危机的国家实践,使用国际层面的经验数据分析金融开放和金融安全之间的关系,比较分析代表性国家与我国在金融开放和金融风险防控方面的优势和劣势,并从国家间和区域间两个角度分析国外金融安全体系的构建趋势,以更好地为金融开放条件下我国金融安全体系的构建提供有针对性的政策建议。

第五,防范系统性金融风险的宏观政策研究。随着具有顺周期波动特征的金融市场和金融资产规模显著增大,金融管理政策需要更加关注金融稳定和系统性风险问题,货币稳定和金融稳定"双目标"的重要性凸显。本书分别研究了数量型和价格型货币政策在应对资产价格波动方面的政策效果及动态演变、货币政策调控框架转型进程中各类结构性财政工具调控效果的变动情况、双支柱调控框架的有效性、差异性及最优政策搭配问题,在此基础上进一步提出构建"财政政策+货币政策+宏观审慎政策"三支柱调控框架的学术思想。

第六,新时代中国金融安全体系的构建。要守住不发生系统性金融风险的底线、维护金融安全,就必须综合考虑金融开放进程中来自国内外的各类金融风险,建立健全开放条件下中国的金融安全体系。本书提出中国应构建"四位一体"的金融安全体系,结合经济发展新常态的现实,从事前预警体系构建、事中日常管理、事后危机处理和全面组织保障等方面,具体分析如何多维度全方位构建中国金融安全体系、有效防控系统性金融风险。

本书在全面梳理中国金融开放历程、精准研判现阶段全球金融风险态势的基础上,以防范化解系统性金融风险为研究视角,深入分析了中国实现全方位金融开放的最优路径及其风险效应、中国系统性金融风险测度、开放条件下全球金融风险对中国金融安全的影响、金融开放与金融安全的国际经验、防范化解金融风险的宏观政策以及新时代中国金融安全体系构建等一系列重大理论问题,丰富和拓展了现有的金融开放理论、金融风险测度理论、金融宏观调控理论、金融监管理论、货币政策与宏观审慎政策协同理论,对于新时代防范化解系统性金融风险、维护国家金融安全的政策实践具有较大的借鉴意义,故本书具有重要的理论价值和现实意义。

中国特色社会主义伟大事业已进入新时代,全面建设社会主义现代化国家任重道远。党的二十届三中全会提出"国家安全是中国式现代化行稳致远的重要基础。必须全面贯彻总体国家安全观,完善维护国家安全体制机制,实现高质量发展和高水平安全良性互动,切实保障国家长治久安"。金融安全是国家安全的重要内容,高水平对外开放条件下维护金融安全亟须着力推进国家金融安全体系和能力现代化。中国金融开放、金融安全与全球金融风险研究是一项复杂的系统性工程,虽然我们力求有所创新,但由于学识和研究水平以及研究资料和数据掌握等方面主客观因素与条件的限制,成果中尚有一些不成熟或不完善之处,恳请各位专家学者批评指正!

2024 年 8 月 10 日

目　　录

第一章 导 论

第一节 中国金融开放的历史透视

金融开放是全面深化改革和扩大开放的关键环节,也是加快构建"以国内大循环为主体、国内国际双循环相互促进"新发展格局的重要保障。改革开放的伟大实践表明,越开放越有竞争力,越不开放越容易积聚风险。我国"十四五"规划明确提出,要"坚持实施更大范围、更宽领域、更深层次对外开放"。扩大金融对外开放有助于增加金融要素供给、促进制度规则完善,进而提升金融服务实体经济能力,为新时代中国经济高质量发展注入更多动能。回顾历史,金融开放始终与中国的改革开放相伴而行,主要表现为金融体系的市场化改革及其逻辑延伸(吴晓求等,2020)。同时,随着我国改革开放的持续深入,金融开放进程既要与经济体制改革相适应,又要与经济内外循环相统筹,因而呈现出显著的阶段性特征。由此,本节以 1978 年改革开放、1992 年邓小平南方谈话、2001 年中国加入 WTO、2008 年国际金融危机的爆发、2018 年习近平总书记在博鳌论坛上的重要讲话等代表性时点划分我国金融开放的各个阶段,系统梳理我国金融开放的演进历程。

第一阶段为 1978—1991 年。这一阶段是我国金融开放的探索阶段,最重要的举措是开办"经济特区"和汇率调整。改革开放前,为了与当时的计划经济体制相适应,我国建立了"大一统"的金融机构体系。1978 年党的十一届三中全会拉开了我国金融开放的序幕,在计划经济向社会主义市场经济体制转变的过程中,金融开放的主要目的是引入国外先进技术,逐步积累国内资本与外汇资金,配合国内经济复苏与发展。因此,这一阶段中国的金融开放主要围绕金融业开放与外汇体制改革两个方面展开。1979 年,日本输出入银行在北京设立第一个外资银行代表处标志着中国金融业开放正式开启,随后 1980 年中央宣布设立深圳、珠海、汕头、厦门四个经济特区,拓展对外经济交流。与此同时,中国汇率体制从单一汇率制转向双重汇率制,先后经历了官方汇率与贸易外汇内部结算价并存、官方汇率与外汇调剂价格并存两个汇率双轨制时期,在此过程中市场配置外汇资源的比重逐渐上升,一定程度上促进了中国出口的增长。

第二阶段为 1992—2000 年。这一阶段是我国金融开放的奠基阶段,最重要的举措是实施有管理的浮动汇率制和积极吸引外国直接投资。1992 年初,邓小平南方谈话开启了改革开放的新时期,金融开放由此迈入新阶段。同年 10 月,党的十四大明确提出我国经济体制改革的目标是建立社会主义市场经济体制。因此,此阶段金融开放的主要目的是配合建立社会主义市场经济体制。金融业开放方面,逐步放开外资银行市场准入门槛和业务范围限制,允许外资在中国设立合资证券公司和保险公司,其中保险业的对外开放步伐走在了最前面。汇率改革方面,随着开放的不断深入,官方汇率与外汇调剂价格并存的人民币汇率双轨制弊端逐渐显现。因此,1993 年党的十四届三中全会提出要"改革外汇管理体制,建立以市场供求为基础的、有管理的浮动汇率制度和统一规范的外汇市场,逐步使人民币成为可兑换货币",并在 1994 年取消双重汇率制度。通过上述各项金融改革开放措施,中国顺利地实现了人民币经常项目有条件可兑换,随后在 1996 年人民币经常项目成功实现了自由可兑换。

第三阶段为 2001—2008 年。这一阶段是我国金融开放的扩大阶段,最重要的举措是向境外金融业开放国内市场。随着我国在 2001 年 12 月 11 日正式加入世界贸易组织,我国的改革开放再次加快进程,国内与国际市场的联系愈加紧密,人民币国际化水平逐渐提高,资本账户管制不断放宽,跨境资本流动更加频繁,在此背景下我国的金融开放进入全新的发展阶段。金融业开放方面,中国先后向外资银行开放人民币业务、允许外资证券机构和保险公司进入中国市场,全面履行加入世贸组织的承诺。资本账户开放方面,2002 年我国实施合格境外投资者(QFII)制度,允许符合条件的境外机构投资者在核定的投资额度内进入境内资本市场,QFII 制度的实施对中国金融市场的规模、结构产生了广泛而深远的影响。随后,2006 年合格境内机构投资者(QFII)制度的推行意味着中国国内资金"走出去"的步伐进一步加快,中国很快成为全球最大的直接投资国之一。人民币汇率市场化改革方面,为了减轻外部失衡和国际外汇市场压力,2005 年中国人民银行发布公告,宣布开始实行以市场供求为基础、参考一篮子货币进行调节、有管理的浮动汇率制度,从此人民币汇率不再钉住单一美元。人民币国际化方面,2002 年中国人民银行开始陆续与中国周边国家的货币当局签署双边贸易本币结算协定,允许边境贸易结算中不再使用美元作为中介,直接使用双边本币。2004 年中国港澳地区跨境人民币业务的开展,在推动人民币跨境使用上做出了有益尝试。随后,在 2005 年和 2007 年,又相继推出"熊猫债"和"点心债"。至此,尽管人民币国际化尚未明确上升至国家战略,但已进入试水阶段。

第四阶段为 2009—2017 年。这一阶段是我国金融开放的稳健推进阶段,最重要的举措是加速人民币国际化进程。2008 年国际金融危机爆发后,中国政府逐渐意识到过度依赖美元存在的潜在风险,于是从 2009 年开始积极扩大香港离岸金融市场建设,加速推动人民币国际化。2009 年 4 月,国务院决定在上海、广州、深圳、珠海、东莞五座城市开展跨境贸易人民币结算试点,同年7 月,《跨境贸易人民币结算试点管理办法》开始实施,标志着人民币国际化进入新阶段。2015 年 11 月,国际货币基金组织宣布将人民币以 10.92% 的权重纳入 IMF 特别提款权(SDR)货币篮子,正式确立了人民币国际储备货币的地位;2022 年 8 月 1 日,人民币权重上调至 12.28%。加入 SDR 货币篮子是人民币国际化道路上一个重要的里程碑。除此之外,金融业开放、人民币汇率市场化改革、资本账户开放都取得了一定成就。人民币汇率市场化改革方面,2015年 8 月 11 日,中国人民银行启动人民币汇率中间价形成机制改革,此次改革过后人民币汇率弹性进一步提升,更大程度由市场供求状况决定。同年 12月,中国外汇交易中心正式发布人民币汇率指数,人民币汇率开始转向参考一篮子货币。同时,为了稳定市场预期,中国人民银行于 2017 年 5 月宣布引入逆周期调节因子,将定价机制调整为"收盘价+一篮子货币汇率变化+逆周期因子定价机制"。资本账户开放方面,2011 年 12 月,中国推出人民币合格境外机构投资者(RQFII)试点。RQFII 制度的设立,不仅推动了资本账户开放,也实现了人民币有序双向流动。此后,2014 年"沪港通"的启动以及 2016 年"深港通"的开通,同样稳步推进了中国资本账户开放进程。

第五阶段为 2018 年至今。这一阶段是我国金融开放的全方位推进阶段,随着我国改革开放进入纵深领域,全方位金融开放所带来的收益明显超出成本。作为全球第二大经济体和第一大出口国,我国现阶段的金融开放程度仍处于较低水平,这不利于经济的高质量发展。进入新时代以来,中国在深刻总结金融改革开放历史经验的基础上,坚定不移扩大金融双向开放。2018 年,习近平总书记在博鳌亚洲论坛上就新一轮金融开放表示"我们将尽快使之落地,宜早不宜迟,宜快不宜慢"。金融业开放方面,中国人民银行于 2019 年 7月推出 11 条金融业对外开放措施,2020 年 6 月正式取消证券公司、证券投资基金管理公司、期货公司以及寿险公司的外资股比例限制。人民币汇率形成机制改革方面,我国外汇市场由于受到国际市场中美元指数走强和贸易摩擦等因素影响出现了一些顺周期现象,中国政府为适度对冲贬值方向的顺周期情绪,于 2018 年 8 月陆续主动调整了"逆周期系数"。人民币国际化方面,推出人民币计价的原油期货交易,进一步增强了人民币的国际计价货币职能。

与此同时,依托"一带一路"建设,积极与沿线各国货币当局签署双边货币互换协议,在相关建设与投资中更多使用人民币计价与结算,持续扩展人民币跨境使用范围。资本账户开放方面,自 2019 年 9 月 10 日起,国家外汇管理局取消了 QFII 和 RQFII 的投资额度限制,同时 RQFII 试点国家和地区限制也一并取消。国家外汇管理局对合格投资者境内证券期货投资资金实行登记管理,合格投资者可以自由选择汇入币种投资于境内证券期货。

改革开放 40 多年来,无论是基于经济增长还是金融稳定的视角,中国金融领域的改革与开放都是相当成功的。尤其是在改革开放后 30 年里,国内生产总值的年均增速达到近 10%,中国也是新兴市场中唯一没有发生金融危机的国家。总结以往经验,我国金融开放呈现出以下三个鲜明特征。

第一,考量国内外经济现实状况,稳步、协调、审慎推进金融各领域开放。我国金融开放的重要经验就是将金融体系各组成部分作为一个整体,相互策应、统筹推进。在金融业开放过程中,我国一方面保持人民币汇率在合理均衡水平上基本稳定;另一方面有效监控短期异常跨境资本流动,避免金融开放各维度发展失衡对整个金融体系产生负面影响。同时,我国人民币汇率形成机制改革与资本账户开放始终相互协调,相互促进,努力实现"三元悖论"中的非角点解。关于资本账户开放,1997 年亚洲金融危机的爆发使我国意识到开放资本账户的利弊有赖于一国特定的发展环境,贸然推进资本账户开放会使我国面临发生系统性风险的压力,因此 2008 年国际金融危机前我国一直遵循审慎、渐进、可控的原则,有效减轻了国际金融危机对我国金融体系的冲击。

第二,依托有效开放平台,由点及面推动渐进式金融开放。1978 年改革开放以来,我国陆续建立了经济特区、沿海开放城市和沿海经济开放区、综合配套改革试验区、自由贸易试验区和中国特色自由贸易港等高水平综合开放平台,在此过程中,金融开放有效依托开放平台,实现了更加灵活的开放次序安排。同时,我国以内地与香港、澳门签署《关于建立更紧密经贸关系的安排》为契机扩大金融开放,金融开放程度进一步提升。回顾这一历程可以发现开放平台的建设为我国金融开放提供了重要载体与制度基础,由点及面的渐进式开放路径更符合我国实际情况。因此,合理选择开放窗口、开放平台、开放框架,有序推动由试点到全国铺开的开放路径能够稳步提升我国金融体系竞争力,有序推进我国金融开放水平。

第三,夯实国内经济金融基础,坚决守住不发生系统性风险底线。新冠疫情暴发后,国际经济形势复杂严峻,在我国金融开放不断扩大的条件下,国际市场中的恐慌预期和市场动荡可能会在一定程度上传导至国内金融市场。因此健康平稳的国内经济金融基础是我国进一步扩大金融开放的重要保障,扩大金融开放的过程也是我国夯实国内经济金融基础的过程。在金融开放过程中,我国审慎处理金融业开放、人民币汇率形成机制改革、人民币国际化、资本账户开放与宏观经济和金融体系稳定的关系,提高防范和化解重大风险的能力。与此同时,在推进金融开放的进程中我国积极加强监管能力建设。开放过程中能否实现市场稳定发展,很大程度上取决于监管能力,特别是跨境监管能力的提升。因此在金融开放过程中保持健康稳定的内部环境,使监管能力与开放水平相适应,是实现更高水平开放的坚强保障,是金融开放稳步推进的持久推动力。

第二节　新时期金融风险的演化态势

2008 年爆发的国际金融危机对全球经济基本面造成了近乎毁灭性的打击,引发世界各国对系统性金融风险的广泛关注。为了尽快摆脱金融危机的负面影响,各国纷纷实施宽松的财政金融政策,推行超低利率、零利率甚至负利率政策,直接导致全球债务规模快速膨胀。同时,近年来随着国际能源价格下跌、全球股灾、英国脱欧、国际贸易摩擦升级等一系列极端事件的发生,各国金融市场波动明显加剧。2020 年新冠疫情的暴发,更是恶化了危机以来的经济金融运行困局。进入"十四五"时期,我国面临的内外部风险因素明显增多,防范化解系统性金融风险仍是今后较长时期的重要工作,必须坚持系统观念,统筹国内国际两个大局。从国内情况看,全面深化改革、实现中华民族伟大复兴进入攻坚期,经济增速换挡、产业结构调整仍将持续;从国际格局看,世界正经历百年未有之大变局,国际政治经济不稳定、不确定和不可预测因素明显增多。在此背景下,本节将立足于全球金融风险形势和国内金融安全状况两个方面,全面分析新时期金融风险的演化态势。

一、全球系统性金融风险演进趋势

系统性金融风险这一概念由来已久,目前较为流行的观点认为,系统性金融风险是一个系统性事件对大量的金融机构或者金融市场产生了明显冲击,严重损害了金融系统的正常运行,进而妨碍了经济增长,导致福利损失。现有研究表明,机构的共同风险暴露与传染,股市崩盘等资产泡沫破裂,信息错配、负外部性、信贷过度繁荣等宏观经济失衡,乃至近年来金融新业态催生的影子银行、互联网金融等金融市场乱象,都是诱发系统性金融风险的重要因素。总体来看,全球系统性金融风险的传导与演变状况具体表现为以下三个方面。

第一,逆全球化思潮下的全球治理重构风险。国际金融危机之后,全球经济格局大幅重塑。美国、欧洲、日本等发达经济体复苏乏力,以中国为代表的新兴市场经济体异军突起,占全球经济总量的比重迅速提升,成为后危机时代全球经济增长的主要动力。然而,发达经济体由于开放时间早、经济金融体系较成熟等原因,仍在国际经济规则制定中占据主导地位,掌握了国际治理体系的主要话语权,致使近年来国际经济权力与经济实力之间的错位现象凸显,加剧了国际经贸摩擦。受单边主义、贸易保护主义抬头和地缘政治冲突加剧等不确定因素影响,现有的国际经济治理体系中宏观经济政策协调乏力,全球金融安全网的断点和漏洞增多。后疫情时代,全球经济治理体系仍将加速重构,全球经贸摩擦和经济金融动荡短期内难以消解。中美大国关系方面,经贸摩擦正向金融领域快速扩散,近年来美国对中国金融打压频率增加、手段升级、力度加大。2019 年 8 月,美国财政部将中国列为"汇率操纵国",认为中国采取具体步骤促使货币贬值,同时持有大量外汇储备。2020 年 5 月,美国政府施压美国联邦退休储蓄投资委员会,要求其撤销对 A 股的投资计划。随后,美国参议院全票通过《外国公司问责法案》,以跨境审计监管为由打压在美上市的中概股,部分中概股面临退市风险。2020 年 11 月,美国发布行政命令,禁止公共部门、私人投资者和在美展业的外国机构投资所谓中国"涉军企业"公开发行的证券。2021 年 1 月,纽交所摘牌中国移动、中国联通和中国电信三家在美上市公司,同时波及场外 OTC 市场的数家中国公司。拜登政府上台后延续对华强硬态度,通过着手修复盟友关系,特别是与欧洲的关系,以推动共同对中国施压。

第二,宏观杠杆率持续攀升引致的全球债务膨胀风险。自 20 世纪七八十年代以来,随着大规模石油美元的回流以及以美国为代表的发达经济体金融工具创新的不断拓展,以发达国家为主导的债务经济型发展模式日益兴起。这种债务经济往往表现为一国总投资大于总储蓄,储蓄不断减少的同时国内外债务不断攀升,经济体依靠债务维持运行,造成全球债务呈现一致上升的局面,导致债务风险长期存在于全球金融体系。自 1971 年布雷顿森林体系解体后的 50 余年里,全球共经历了 1971—1989 年、1990—2000 年、2002—2009 年和 2010 年至今四次债务浪潮。2020 年新冠疫情席卷全球,导致各国经济出现衰退趋势,发达国家和新兴市场国家均出台宽松的财政和货币政策刺激经济复苏,相关债务规模也随之扩大。数据显示,2008 年以来全球债务余额累计增幅比 GDP 增幅高出 23.6 个百分点。截至 2020 年末,主要发达经济体的总债务规模已经达到 203 万亿美元,占 GDP 的比重超过了 400%,相比 2019 年提高了 37 个百分点,其中主权债务占 GDP 的比重达 130%,相比 2019 年提高了 20 个百分点。新兴经济体的总债务和主权债务占 GDP 的比重分别是 250% 和 63%,相比 2019 年分别提升了 29 个和 11 个百分点。此次债务浪潮是四次债务浪潮中规模最大、范围最广、增长最快的一次。对于新兴市场国家而言,受债务风险影响,后疫情时期的金融形势不容乐观。2021年新兴市场国家融资需求依旧较高,导致公共债务水平不断上升。据IMF预测,2021年除中国以外的新兴市场国家公共债务水平将占GDP的61%,融资需求约占13%。同时,受疫情冲击背景下全球避险情绪加重的影响,新兴市场国家将偏向于发行短期浮动利率债券,在长期将面临展期风险。同时,自新冠疫情暴发以来,新兴市场国家的国内银行是政府债券的主要购买者,这可能加剧主权债务风险上升和银行资产质量下降的恶性循环,引发更严重的经济衰退。

第三,资产价格剧烈波动导致的金融市场动荡风险。后危机时代,世界各国金融市场极易受极端事件冲击而发生频繁的动荡,金融体系内的风险由此大量积聚。2018年以来,以美国为主导的逆全球化贸易保护主义、金融保护主义、单边主义等不确定因素给全球经济增添了极大的不确定性,增强了市场的悲观预期,导致全球金融市场风险增大。并且,国际贸易摩擦的紧张局势和发达国家进入加息周期的金融风险相互叠加,严重威胁新兴市场国家金融市场稳定和经济增长。一方面,美国等发达国家股市出现单日大幅下跌的频率显著增多,随着全球股市联动性的不断增强,必将对新兴市场稳定带来负外部性。另一方面,新兴市场国家货币汇率持续出现动荡。以中国为例,2018年人民币兑美元汇率最大跌幅超过了10%。① 这些负面冲击会显著降低投资和贸易规模,影响金融市场投资者情绪,引发资本外流、投资萎缩和资产价格下跌,加剧金融市场动荡,导致金融风险不断积聚,从而极大阻碍全球经济复苏的步伐。2020年突如其来的新冠疫情大冲击导致全球金融市场剧烈波动。主要发达国家央行开启无限量化宽松模式,造成全球流动性泛滥,进一步推升了资产价格。金融市场与实体经济的长期背离导致资产泡沫加速形成,一旦金融政策收紧或经济遭遇下行冲击,资产价格重估将引发金融市场动荡,甚至诱发新一轮危机。并且,在全球流动性总量充裕的同时,结构性问题愈加突

---

① 数据来源:中国外汇交易中心。

出;市场恐慌情形下,局部的流动性紧张可能引发跨市场的风险传染。后疫情时期,全球经济大幅衰退,但资本市场受益于宽松流动性而逐步回暖,资产价格显著回升。美国主要股指创历史新高,主要发达国家股市已经回到历史高位,新兴市场国家股指也大幅上涨,多国房价再度攀升,但背后的金融风险隐患同时积聚。发达经济体超宽松政策的溢出效应逐渐显现,跨境资本流动波动加剧,一旦主要发达经济体释放货币政策转向信号,可能导致风险资产的重新定价以及全球融资条件收紧,使国际金融市场面临较大的调整风险。

二、现阶段中国金融安全状况评估

国内对于金融安全的重视和研究始于 1997 年亚洲金融危机爆发之后。较早的研究认为,金融安全是在金融全球化、一体化的大背景下,一国在其金融发展过程中具备抵御各类输入性风险的能力,能够有效确保金融体系和金融主权不受侵害,使金融体系保持正常运行与发展的态势。该定义主要强调的是金融体系抵御外部冲击的能力,与当时我国实行的"大进大出,两头在外"的国际大循环战略相呼应,带有鲜明的时代烙印。此后,随着我国将发展重心转向扩大内需、金融体系逐步向市场化改革迈进,危及我国金融安全的因素不仅来自外部,内部因素同样不容忽视。最新的观点认为,金融安全体现为一国金融体系的稳定运行状态,关键在于核心金融价值的维护,包括金融财富安全、金融制度的维持和金融体系的稳定。近年来,我国经济发展进入新常态,宏观经济面临调速换挡,隐性风险逐步显性化,"灰犀牛"渐渐逼近,具体而言,当下我国金融安全面临以下风险因素的挑战。

第一,经济增速放缓。近年来,我国经济发展面临的外部冲击和内部压力日趋严峻。从国际上看,当前全球经济复苏势头疲弱,美国政坛走向分裂,中美贸易摩擦升级,地缘政治冲突不断,特别是新冠疫情更是对全球经济造成了严重冲击。从国内来看,改革进入攻坚区和深水区,"三期叠加"影响持续深化,经济下行压力不断上升。我国 2019 年四个季度的 GDP 同比增速分别为

6.3%、6.0%、5.9%、5.8%,2020年分别为-6.9%、3.1%、4.8%、6.4%,2021年
分别为18.7%、7.9%、5.2%、4.3%,2022年分别为4.8%、0.4%、3.9%、2.9%。
在复杂严峻的经济增长形势下,实体经济将面临更多挑战,相关风险加速集
聚,而这将进一步放大我国金融体系的脆弱性。图1.1展示了2001—2022年
我国国内生产总值的变动情况。

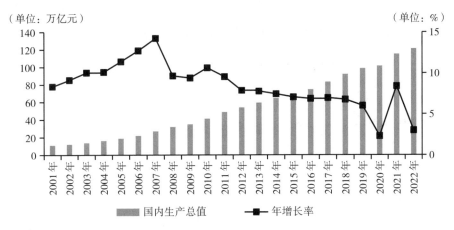

图 1.1　2001—2022 年我国国内生产总值(GDP)变动情况

数据来源:国家统计局。

　　第二,宏观杠杆率高企。国际金融危机爆发后,我国实体经济杠杆率持续
迅速上升,从2008年的141.2%升至2019年的245.4%,年均增幅达8.68%,
债务违约风险已成为我国金融业当前面临的重要风险隐患。尽管从2017年
开始,宏观杠杆率增速回落,但其总体水平仍处于高位。同时,随着近期经济
下行压力进一步增大,未来我国债务规模存在阶段性上升的可能。就部门而
言,我国宏观杠杆率存在结构性失衡现象,相关风险不容忽视。其中,居民部
门杠杆上升过快,非金融企业部门债务水平过高,地方政府债务问题尤为突
出。居民部门杠杆率自2008年到2019年年均增幅达3.4%,其主要原因是国
内房地产价格的快速上涨,引发了居民住房贷款需求的大幅上升。2015年以
来,我国非金融企业部门杠杆率水平持续高于150%,在全球范围内处于高

位。2019 年,我国非金融企业部门杠杆率高于发达国家近 70 个百分点,高于新兴市场国家近 60 个百分点。地方政府债务规模在近几年上升较快,其背后的驱动因素包含考核机制、预算软约束、"四万亿"刺激计划等。此外,地方政府举债方式多样,影子银行、地方投融资平台成为其重要的资金来源,隐性债务风险甄别难度较大。由此看来,企业和政府部门作为我国金融系统中的资金需求方,蕴含着巨大的金融风险。2020 年,受新冠疫情冲击影响,我国宏观杠杆率出现阶段性上升,据《中国金融稳定报告(2021)》,2020 年末我国宏观杠杆率为 279.4%,较 2019 年末上升 23.5 个百分点。其中,疫情导致的名义GDP 增速放缓贡献率达 58.4%,是宏观杠杆率攀升的主要因素。

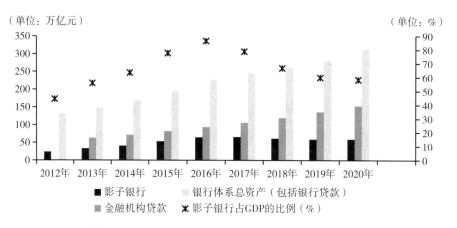

图 1.2 2012—2020 年中国影子银行资产规模变动情况

数据来源:国家统计局、中国人民银行、穆迪投资者服务公司。

第三,影子银行规模庞大。2020 年末,我国影子银行资产规模为 59.2 万亿元,占银行总资产规模的 18.9%,占 GDP 比重为 58.3%,均处于较高水平。自 2011 年开始,国内以商业银行、信托公司、保险公司为代表的金融机构为了监管套利,大力发展银行理财、信托计划、资管计划等影子银行业务,各种高风险业务层层嵌套,由此影子银行规模快速扩张。图 1.2 展示了 2012—2020 年中国影子银行资产规模变动情况。相关证据表明,影子银行对 2015 年中国股市异常波动起到了重要的助推作用,当时的银行理财资金在场外配资中的占比高达 40%,进一步加剧了当时股票市场上的异常波动。此外,影子银行业务的快速发展,进一步加剧了风险在金融系统内的传染,进而使得系统性金融风险发生的可能性大大提高。一方面,影子银行业务放大了金融资产的期限错配程度,易引发金融系统的流动性风险。另一方面,影子银行业务促使融资杠杆率上升,长期加杠杆易造成金融系统内信用违约风险上升。

第四,房地产领域仍存在"脱实向虚"问题。近年来,房地产金融监管持续加强,房地产行业与实体经济相背离的问题有所缓解但仍然突出。具体表现为,截至 2020 年底,金融机构房地产贷款余额达 49.6 万亿元,占金融机构各项贷款余额的 28.1%。2020 年房地产新增贷款占当年新增贷款的 26.3%,金融业新增贷款仍有近三分之一流向房地产,如果将信托等影子银行和涉房抵押贷款纳入考察范围,则有近 40% 的新增信贷资源与房地产相关联。由于目前中国金融市场定价能力不足,金融机构过于保守的风险偏好使得金融资源向房地产等传统产业倾斜,挤出了对实体经济尤其是高新技术行业的融资支持,引发了资金空转、"脱实向虚"等问题。金融资源过度向房地产领域聚集,不仅会扭曲金融资源的配置,催生虚拟经济和房地产市场的价格泡沫,危害金融系统稳定,同时也会挤出经营性投资,导致部分产业和企业"融资难、融资贵",甚至阻碍中国经济的可持续发展。同时,房地产领域积累的矛盾尚未有效化解,考虑到房地产市场与金融体系的高度关联性,存在较大的风险共振隐患。

第五,金融市场风险仍未彻底化解。一方面,债券市场的风险时有发生。在新冠疫情冲击下,债券违约风险持续暴露,受益于宽松流动性的支持和部分高风险机构出清,整体风险有所缓和。但从 2020 年国有企业债券违约数据来看,国有企业违约数目总体平稳但违约金额大幅增加,违约金额超 700 亿元,与民营企业相近。2020 年底,永煤等高信用评级企业债突发违约事件,引发市场对恶意逃废债和国企债券违约的担忧,削弱了市场投资者信心和评级机构可信度,导致市场利率大幅波动。随着债券市场规模不断扩大,经济结构持续调整,债券违约风险敞口不容忽视。与此同时,我国债券市场违约长效处置机制尚未健全,如果处置不当,可能诱发金融市场动荡。另一方面,随着股票质押风险化解工作的稳步开展,加之防疫政策下股票市场持续回暖,股票质押融资风险有所缓释,但仍需继续推进化解工作。鉴于疫情影响仍将持续,企业经营业绩下滑、注册制全面推开、国际资本市场动荡等因素都会引起风险资产价值重估,进而再次引发股票质押风险。

第六,金融新业态带来新风险隐患。伴随着人工智能(AI)、物联网(IOT)、大数据(Big data)、区块链(BT)等新技术在金融领域的广泛应用,金融与科技加速融合,金融服务的广度和深度进一步拓展,同时也使得我国金融业面临新的风险隐患。首先,互联网与金融的深度融合,削弱了原有的金融行业壁垒,突破了传统金融关联的空间限制,促使部门间关联程度的上升,但并未改变金融业务原有的风险属性,其互联互通、覆盖面广、渗透速度快等特征进一步加剧了风险在部门、市场、区域间的传染效应;部分互联网金融业务并未在金融监管下运行,或者针对监管空白进行套利,也给金融系统带来了一定的风险隐患。其次,在金融科技提供的信息优势下,被动投资规模的上升加剧了金融市场的异常波动。被动投资是计算机根据市场因子的变化,自动进行增减持仓,进而放大了市场上的同向冲击,增加了市场的内在不稳定性,这也是 2020 年美股在短短 10 天时间内发生四次熔断的驱动因素之一。最后,金融科技的反向运用也会带来风险,如数据泄露问题。如果不能及时发现这类风险,并对其妥善处置和化解,相关风险可能会向传统金融体系扩散和蔓延,这在一定程度上增加了系统性金融风险的应对和处置难度。

第七,新冠疫情冲击实体经济。在疫情冲击下,2020 年中国 GDP 增速达 2.3%,成为全球唯一实现正增长的主要经济体。虽然经济恢复超预期,但疫情冲击加大了金融风险防控压力。首先,宏观杠杆率再次跃升至高位。2020 年第四季度我国实体经济部门杠杆率高达 270.1%,较上年同期上升 23.6%。其中,居民部门上升 6.1%,达 62.2%;非金融企业部门上升 10.4%,达 162.3%;政府部门上升 7.1%,达 45.6%。其次,部分城市房价上升势头较快。

金融资源大量流入房地产领域,甚至出现了经营贷、消费贷等违规金融产品,导致了资源配置的低效率。最后,随着危机应对政策的陆续退出,地方政府债务问题可能加剧。2020 年,城投债发行规模达 4.5 万亿元,较 2019 年同比上升 26%。与此同时,新冠疫情还推升了银行业的信用风险,批发零售、旅游餐饮、交通运输以及部分外向型制造业等疫情敏感性行业不良贷款规模加速上升。

第三节　全方位金融开放条件下系统性风险防控体系构建

党的十九届五中全会明确提出,"十四五"时期要实施更大范围、更宽领域、更深层次对外开放,建设更高水平开放型经济新体制。金融是现代经济的核心和血脉。实现全方位金融开放,是构建高水平开放型经济新体制的重要举措之一,也是推动我国金融高质量发展的必由之路。近年来,我国金融开放的步伐明显加快,开放的广度和深度不断拓展。积极主动的金融开放战略,有效促进了国内国际要素有序流动、金融资源高效配置、金融市场深度融合,为我国经济社会发展注入新动力,拓展新空间。值得警惕的是,由于国内外各方面不利因素的相互交织,在金融风险总体可控之下,我国面临着国内金融风险集聚与全球金融风险传染的双重冲击,而金融领域的全方位开放势必加剧冲击程度,对国内金融体系的潜在威胁已不容忽视。

因此,要守住不发生系统性金融风险的底线、维护我国金融安全,就必须建立健全开放条件下的系统性风险防控体系,构建防范化解系统性风险的长效机制。第一,要综合运用货币和宏观审慎政策等工具,遴选出最优的政策组合搭配体制以有效吸收各种冲击、降低中国金融体系内的波动;第二,要进一步深化金融监管体制改革,重点关注安全预警、日常管理、危机管理以及组织保障等环节,确保我国在金融全方位开放进程中的金融安全。

一、金融宏观政策的类型与搭配

2008 年国际金融危机导致全球经济进入深度调整,其产生的严重后果使得人们开始对传统的金融宏观调控框架,特别是对传统货币政策调控框架进行了全面深刻反思。危机前,货币政策主要关注价格稳定,并通过有效控制通货膨胀来维护宏观经济的平稳运行;而维护金融体系稳定则主要依靠微观审慎监管,价格稳定是金融稳定的前提和基础这一理念被奉为圭臬。相关研究表明,以机构个体稳健为目标的微观审慎监管对于金融系统性风险,包括金融失衡的积聚、风险的跨区域、跨部门、跨机构传染,缺乏有效的应对与治理措施,容易产生所谓"合成谬误"问题。

2008 年国际金融危机爆发后,各国监管部门开始尝试将宏观审慎政策引入金融宏观调控框架中,使用宏观审慎政策工具化解金融体系内的系统性风险,以缓解金融危机对实体经济产生的负外部性。宏观审慎政策旨在限制金融风险的事前积聚,降低风险爆发后金融体系波动对整个宏观经济体系产生的影响,维护宏观经济和金融的稳定。相比微观审慎监管,宏观审慎政策面向金融体系整体,强调从"时间"和"跨部门"两个维度防控金融风险。与此同时,宏观审慎政策的实施还可为货币政策预留一定的政策空间,从而减轻货币政策的负担。在应用宏观审慎政策的具体实践过程中,国际社会逐步认识到宏观审慎政策与货币政策协作的必要性,货币政策与宏观审慎政策紧密结合的趋势日渐明显,越来越多的国家和地区开始实施类似的宏观金融调控框架。我国在这方面也持续进行了一系列的探索与实践。党的十九大报告明确提出要"健全货币政策和宏观审慎政策双支柱调控框架,深化利率和汇率市场化改革"。

货币政策和宏观审慎政策同属于逆周期调节工具,都具有熨平金融系统波动的作用。不同的是,货币政策主要针对整体经济和总量问题,侧重于价格稳定;而宏观审慎政策可直接作用于金融体系,侧重于金融稳定。因此,合理搭配货币政策与宏观审慎政策,形成双支柱调控框架,就能更有效地维护经济金融稳定,解决单一政策的多目标困境。理论上,宏观审慎政策在缓解系统性金融风险的同时,也可以进一步畅通货币政策传导渠道;货币政策可以对资产价格产生影响,进而影响到金融体系的稳定性。现实中,货币政策的总量调控可以为宏观经济的稳定运行提供一个良好的货币金融环境;宏观审慎政策则可以通过定向调控,有效解决金融体系中的结构性失衡问题。由此,在双支柱调控框架下,货币政策与宏观审慎政策之间可以相互促进、互相补充,从而进一步增强金融宏观调控的效力,保障金融系统的健康平稳运行。

二、金融监管体制的改革与创新

金融监管是现代金融体系的重要组成部分,也是国家治理能力和治理水平的最直观体现。有效的金融监管对于防范和化解系统性金融风险、维护金融体系正常运转以及促进经济金融良性循环具有重要意义。放眼世界,2008年国际金融危机引发了新一轮的全球金融监管改革,欧美发达经济体纷纷对本国金融监管体系作出深刻调整。近年来,随着我国金融市场的不断发展,金融业在国民经济中的比重快速上升,逐渐成为经济社会发展的重要引擎。但是,在金融新业态迅猛发展的当下,我国金融监管机制和制度设计相对滞后,无法有效应对金融业过度扩张以及不合理创新等问题,容易引发系统性金融风险。《中华人民共和国国民经济和社会发展第十四个五年规划和2035年远景目标纲要》明确提出,要"完善现代金融监管体系,补齐监管制度短板,在审慎监管前提下有序推进金融创新,健全风险全覆盖监管框架,提高金融监管透明度和法治化水平"。现代金融监管体系应当是权责一致、全面覆盖、统筹协调、有力有效的监管体系,要改革和创新我国现有的金融监管框架,从事前的预警体系、事中的日常管理、事后的危机处置和全面的组织保障等方面,构建防范化解系统性金融风险长效机制,多维度全方位地发挥防范和化解系统性金融风险的最大效能。

鉴于系统性金融风险具有突发性、传染性等特征,我们要将防范和化解系统性金融风险的重点放在风险监测和预警上。有效的金融风险预警体系需充分反映我国金融安全状况,能够发挥实时性测度以及前瞻性指引两方面作用,为我国金融监管当局做出准确判断提供政策依据。从国际经验来看,金融风险预警体系的内涵一般包括风险识别、风险度量、风险形势评估、预警信号输出、系统评价和修正等要素。综合指标法是目前构建金融风险监测预警体系的主流方法,IMF 专家也推荐使用此类模型来实时度量系统性金融风险的演化形势,并为监管部门提供准确有效的风险预警信息。通常情况下,系统性金融风险爆发前会出现一定的可监测信息,相关指标会发生较大幅度波动。如果指标的波动幅度超过一定阈值,系统性金融风险的发生概率会出现明显改变。对所有风险预警信息进一步整合后,在可比量纲的基础上完成对风险形势的综合评判。当风险评估结果落入预警区间时,便输出预警信号。最后,将风险评估结果与现实情况进行比较分析,对风险预警体系的运行状况和效果进行评价,并酌情对其修正。

当金融系统处于正常运行状态时,金融风险的日常管理是实现稳定、可持续金融安全的重要制度保障。金融风险的日常管理主要致力于宏观审慎、微观审慎、行为监管等政策的协调搭配与制度设计。其中,宏观审慎以降低系统性金融风险防控的实际成本为政策目标,着眼于金融体系整体风险防范;微观审慎则以保障金融消费者权益为政策目标,强调单个金融机构或市场的稳健性;二者相辅相成,政策效果相互依赖,共同维护金融体系的稳定运行。但是,宏观审慎和微观审慎在监管对象和政策工具等方面的高度重叠,又导致二者存在政策冲突的可能。这不仅会降低金融监管效力、提高金融机构合规成本,也会出现监管真空和监管套利等问题,进一步加剧金融体系的脆弱性。现有研究表明,微观审慎应补充并服务于宏观审慎,同时强有力的宏观审慎是微观审慎有效运作的基础。除此之外,行为监管也是金融风险日常管理的一项重要内容,其本质是金融监管部门通过制定公平的市场规则,约束金融市场主体的经营活动及交易行为,通过缓解金融市场交易的信息不对称问题,实现金融市场的有序竞争。具体实践中,金融监管作为统一整体,应当统筹宏观审慎、微观审慎、行为监管等政策的内在连接机制,在宏观审慎视野下,以微观审慎为基础,以行为监管为支撑,实现三者既独立又协同的有机统一,构建防范和化解系统性金融风险的长效机制。

进行金融危机管理可减轻系统性金融风险带来的严重后果,能够为危机后经济金融的强劲复苏创造良好的基础与条件。健全的金融危机管理体系也是确保我国实现"两个一百年"奋斗目标,进入发达国家行列的重要一环。金融危机管理大致可分为事前、事中和事后三大阶段,具体包括事前的前瞻性管理、事中的过程管理以及事后的退出管理。金融危机管理的一项重要工作,就是要进行金融危机的前瞻性管理。前瞻性管理主要指前瞻性地进行风险识别与监测,及早处理金融风险隐患,良好的前瞻性管理可以防患于未然,最大程度降低金融体系损失。金融危机爆发后,信用货币往往会出现内生性收缩,无法满足实体经济运行的正常需要,从而损害实体经济的发展。因此,一方面要及时对局势加以控制,避免货币总量的进一步收缩;另一方面要积极应对,采取各种必要措施保证信用总量不至于过于缩减。金融危机过程管理阶段的结束,并不意味着金融危机管理过程已完结,而是进入了一个新的阶段——退出管理。此阶段的关键是金融市场由应对危机状态向常态回归,这一过程既包括金融市场外的经济刺激政策退出,也包括金融市场内的结构性调整。其中金融危机过程管理中的政府救助政策是降低金融市场风险水平的应急措施,其在金融危机结束后须及时退出;在金融市场内建立优胜劣汰的内置调整机制是降低金融市场风险水平的关键,退出管理阶段中金融市场内部的结构性调整不可或缺。

金融监管体制是金融安全体系的核心,合适的金融监管体制是维护金融安全的组织保障。此前中国金融监管体制存在诸多问题,在分业监管与混业经营的重重矛盾之下,监管盲区与监管交叉并存,监管套利现象屡见不鲜,金融监管体制亟待变革。金融监管体制改革与创新应当坚持以防范和化解系统性金融风险为导向,并根据风险因素确立政策目标和采用政策工具组合。在设计金融监管体制的过程中,其指导原则应是根据中国现实国情,循序渐进,合理设定监管目标和分配政策工具,最大限度地实现政策协同从而减少政策冲突。鉴于我国金融监管的路径依赖问题以及金融市场的发展态势,"三层+双峰"是未来中国金融监管体系的基本取向。其中,"三层"是指中央金融委员会和中央金融工作委员会为顶层,央行等金融监管机构为中间层,中央金融管理部门地方派出机构和地方金融监管局为底层;"双峰"是指根据监管目标的不同,分别设立负责审慎监管和行为监管的职能机构。首先,要进一步强化中央金融委及其办公室有关金融稳定和发展的顶层设计、统筹协调、整体推进、督促落实以及研究审议重大政策、重大问题的职能,逐步建立自上而下的组织与管理架构,做实其"顶层"监管地位。其次,要提升中央金融管理部门地方派出机构和地方金融监管局的风险防控能力,筑牢我国系统性金融风险防控的一线阵地,补齐"三层"中的"底层"。最后,在完善"三层"监管架构的基础上,要进一步健全"双峰"监管模式,通过对有关监管部门职能的剥离和重组,划清审慎监管与行为监管的边界。

第四节　研究内容与框架概述

随着经济全球化和国际金融一体化的发展,不断推进金融开放已是各国的必然选择。中国目前经济发展已经进入新常态,改革已进入深水区,金融开放的进一步推进是中国进一步深化金融改革的重要议题。但在金融开放过程中的金融风险和金融安全问题不容忽视。基于此,本书分别从中国金融开放的最优路径与风险效应、中国系统性金融风险测度、开放经济与全球系统性金融风险、金融开放与金融安全的国际经验研究、防范系统性金融风险的宏观政策研究、新时代中国金融安全体系的构建等六大方面,多角度、全方位对经济发展新常态下中国金融开放、金融安全与全球金融风险的内在联系展开分析与研究,并提出一整套维护中国金融安全的政策建议。本书共由七章组成,除第一章导论外,分析结构和主要内容如下:

第二章,中国金融开放的最优路径与风险效应。本章围绕中国金融开放的现状与展望、资本账户开放条件成熟度以及进一步扩大金融开放可能引发的风险效应展开研究。首先,阐述中国金融开放的现状,并分析未来进一步扩大金融开放的政策取向。其次,通过门槛回归模型研究资本账户开放的经济效应和风险效应,检验中国进一步开放资本账户的条件是否成熟。最后,基于资本账户开放和人民币国际化两个视角,采用 TVP-SV-VAR 模型研究进一步扩大金融开放对中国金融风险的影响,以全面把握我国金融开放过程中的风险监控重点。

第三章,中国系统性金融风险测度。本章从国内视角出发,采用多种时变、动态的方法和模型全面测度中国系统性金融风险,探寻金融机构、金融市场以及全行业等多个领域的风险源。首先,本章利用 DYCI 指数法识别中国金融机构系统性风险溢出网络,在此基础上测算中国上市金融机构间的关联性,并考察金融机构之间的风险溢出效应,进而分行业分领域审视银行业、证券业和保险业所蕴含的金融风险。其次,测度货币、债券、股票和外汇四个金融子市场所面临的金融压力,采用动态相关系数法和动态信用权重法合成中国金融市场压力指数(CFMSI),并分析金融市场压力对中国宏观经济的动态影响。最后,立足经济金融系统全局,利用基于广义方差分解谱表示的频域关联法,分析中国金融业和实体行业之间的时频风险溢出效应,比较不同频域周期下行业间系统性风险的溢出水平和溢出结构。

第四章,开放经济与全球系统性金融风险。本章从国际视角出发,基于股票市场、外汇市场、金融系统压力、经济政策不确定性等方面,探讨开放经济条件下系统性风险的传染与演化。第一,基于开放经济视角研究中国金融安全的风险因素,并对其进行识别、衡量和评价。第二,基于全球股票市场尾部风险溢出网络,运用 TENET 方法测度全球股票市场系统性风险,并探讨其非线性演化特征。第三,通过构建全球外汇市场的时频波动溢出网络,比较不同频域视角下外汇市场波动溢出效应。第四,编制国别金融系统压力指数,运用 BGVAR 和 TVP-VAR-DYCI 方法测算全球系统性风险溢出效应的时序特征。第五,本章进一步探讨了全球经济政策不确定性的时频溢出效应,基于极端事件深入剖析国际金融风险影响中国经济政策不确定性的路径,并评估其影响程度。

第五章,金融开放与金融安全的国际经验研究。本章采用案例研究和实证研究相结合的方法,重点考察国外代表性国家金融开放及其开放后的经济运行情况,从中总结它们推进金融开放、维护金融安全的成功经验及失败教训,为我国在金融开放过程中确保金融安全提供经验借鉴。首先,本章对比分析代表性国家的金融开放实践,具体从金融开放初始条件、金融开放顺序、金融开放后内部运行情况,及其能否抵御外部冲击等方面展开。其次,基于跨国经验数据,实证分析金融开放与金融安全之间的关系。再次,基于上述案例分析和实证研究结果,比较分析代表性国家与我国在金融开放和金融风险防控方面的异同,总结成功经验及失败教训,得出相关案例对我国的政策启示。最后,从国家和区域两个角度分析国外金融安全体系的构建趋势,提出我国金融安全体系构建的中期目标和远期愿景。

第六章,防范系统性金融风险的宏观政策研究。本章对中国宏观政策框架的宏观经济效应进行识别,并讨论防范系统性金融风险的最优政策体制选择与构建问题。首先,构建中国资产价格状况指数,利用 TVP-SV-VAR 模型捕捉、刻画数量型和价格型货币政策调控资产价格、抑制资产泡沫的政策效果及动态特征。其次,构建动态随机一般均衡模型,设定权重可调的混合货币政策规则,考察中国货币政策框架转型过程中结构性财政工具调控效果的变动情况。再次,构建包含信贷供给摩擦的动态随机一般均衡模型,研究异质性冲击下宏观审慎政策与货币政策搭配的有效性、差异性以及不同冲击下的最优宏观政策搭配规则。最后,构建包含财政当局、货币当局、宏观审慎当局的动态随机一般均衡模型,识别宏观政策工具的宏观效应及政策当局间的协同效应,探讨构建"财政政策+货币政策+宏观审慎政策"三支柱调控框架的必要性。

第七章,新时代中国金融安全体系的构建。本章聚焦新时代背景下中国金融安全体系的构建问题,考虑金融安全维护的完整过程,重点关注安全预警、日常管理、危机管理以及组织保障等关键环节。第一,本章利用 TVP-SV-VAR 模型编制中国金融状况指数,基于 MS-VAR 模型准确研判中国经济金融区制状态,探讨金融安全监测预警体系的构建与完善,实现对金融安全状况的预先研判与实时监测。第二,考虑金融监管政策内部协调问题,将宏观审慎管理和微观审慎监管的最优协调搭配问题作为研究重点,为维护中国金融稳定实践提供重要理论支撑。第三,回顾中国金融危机政策干预的现状及问题,结合国际先进经验,提出进一步完善中国金融安全危机处理机制的政策建议。第四,结合我国金融监管模式改革动因,梳理代表性国家金融监管改革实践,探讨中国金融监管模式改革路径。第五,基于本书的研究结论,本章提出了健全和完善新时代中国金融安全体系的十条政策建议。

第二章 中国金融开放的最优路径与风险效应

　　党的十九届五中全会提出"坚持实施更大范围、更宽领域、更深层次对外开放",并在"十四五"时期经济社会发展主要目标中明确"更高水平开放型经济新体制基本形成"。党的二十大提出要"推进高水平对外开放"。金融是现代经济的核心,是经济运行的血脉,进一步扩大金融开放有利于构建高水平开放型经济新体制,同时也有利于推动中国金融高质量发展。进入新时代,我国对外开放的步伐明显加快,金融开放向广度和深度拓展。具体来看金融业双向开放持续推进,人民币汇率市场化程度明显上升,人民币国际化取得积极进展,资本账户开放稳步推进。

　　在金融持续对外开放的进程中,扩大开放能够引入国外先进的管理理念、技术和规则,优化国内金融结构,提升金融资源的配置效率,增强金融体系的竞争力和稳健性,进而更好地服务实体经济发展。但随着金融开放程度不断深化,短期资本的大规模流动可能会加剧金融体系的风险暴露,极端情况下会诱发系统性金融风险,对国内经济发展造成严重冲击。部分新兴市场国家在实施金融开放政策后发生了金融危机,最终大多都以"告别金融抑制,迎来金融危机"收尾。那么,中国是否还应该进一步扩大金融开放? 当前金融开放对国内经济金融稳定的影响如何? 现阶段如何合理安排金融开放路径? 这是社会各界亟须思考并加以解决的重大问题。

本章在研究现阶段中国进一步扩大金融开放条件成熟度的基础上,对中国金融开放所带来的宏观经济波动和金融系统风险等问题展开研究。具体而言,第一节首先回顾 1978 年以来中国金融开放过程中已取得的成就,并讨论目前仍存在的风险。第二节回顾中国 2005—2019 年间资本账户开放初始条件的历史演进,将初始条件引入资本账户开放与宏观效应的研究框架,讨论和回答中国进一步推动资本账户全面开放的条件是否成熟。进一步地,第三节分析资本账户开放对我国股票市场、债券市场、外汇市场以及货币市场四个主要金融子市场风险的影响特征。最后,第四节研究人民币国际化、资本账户开放和中国外汇市场压力之间的联动效应,并就中国金融开放顺序选择问题进行深入探讨。

第一节　中国金融开放的前进之路

一、中国金融开放现状

进一步扩大金融开放对中国经济增长的促进作用已得到众多专家学者的证实,但我们同样不能忽略其对金融稳定的负面影响:一方面,国内金融体系的格局会因为外资机构的进入产生较大变化;另一方面,国际市场中不确定不稳定因素更易影响国内金融体系的风险暴露,威胁金融市场的稳定。中国在金融开放过程中已取得相当大的成就,但仍面临一些突出问题。

第一,准入前国民待遇加负面清单管理需进一步推进。所谓"国民待遇",指的是一个国家给予国外公民与本国公民同等待遇,可进一步细分为准入前与准入后国民待遇。其中,"准入前国民待遇"指的是外资准入阶段给予"国民待遇",即吸纳资金的国家应就外资进入给予外资不低于内资的待遇。相应地,负面清单是指关于外资进入或者限定外资比例的行业清单,是国家规定在特定领域对外商投资实施的准入特别管理措施。在负面清单之上,国家明确划分了不允许外商投资或限制外商投资要求的领域,但此负面清单之外的领域,对外商投资准入未有严格限制要求。党的十九大报告中提到,实行高水平的贸易和投资自由化便利化政策,全面实行准入前国民待遇加负面清单管理制度,大幅度放宽市场准入,扩大服务业对外开放,保护外商投资合法权益。同时,《外商投资法》于2020年1月1日正式实施,其第四条明确规定"国家对外商投资实行准入前国民待遇加负面清单管理制度"。2020年发布的《外商投资准入特别管理措施(负面清单)》与《自由贸易试验区外商投资准入特别管理措施(负面清单)》均在2019年版本的基础上进行了进一步的精简,外商投资准入负面清单从40条精简为33条,自由贸易试验区负面清单从37条精简为30条。其中针对金融领域的管理措施是于2021年开始全面取消包括证券公司、期货公司以及寿险公司在内的外资持股比例限制。尽管取消外资金融机构的持股比例限制一定程度上进一步推动了中国金融开放的进程,但对于业务范围的限制以及牌照发放的限制依旧阻碍着外资金融机构在中国展业。根据OECD最新公布的服务贸易限制指数STRI指数,①截至2020年底,我国STRI指数仅为0.51。

第二,人民币汇率形成机制改革需进一步深化。在金融市场更加开放而资本账户开放较为谨慎的状况下,中国应当采取何种汇率制度安排十分重要。自2015年"811汇改"以来,中国人民银行在持续推进汇率市场化改革的同时也在不断深化以市场供求为基础、参考一篮子货币进行调节、有管理的浮动汇率制度,维持人民币汇率弹性的稳定,此外央行还充分发挥了汇率调节宏观经济以及国际收支自动稳定器的作用。《2021年第二季度中国货币政策执行报告》中明确表示要推动汇率市场化改革进一步深化,人民币汇率弹性亦要进一步增强,此外要给金融机构和企业树立坚持"风险中性"的理念,确保人民

---

① STRI指数用于衡量服务业对外开放程度,数值在0—1之间,指数越大,表示服务业对外开放程度越低。

币汇率弹性在均衡合理的水平上维持适度稳定。目前来看,人民币汇率市场化程度显著提升,人民币双向波动特征显著增强。人民币汇率在市场化的调节机制下,能够做到充分、及时和准确地反映国际市场以及外汇供求的变化。但当前中国汇率制度仍存在弹性不足的问题,通过汇率调节难以缓冲短期资本大规模流动给我国资本市场所带来的冲击。从理论角度看,中国的汇率制度较难出现清洁浮动,有管理的浮动汇率是大势所趋。如何进一步推动人民币汇率形成市场化改革是一个值得深究的问题。关于人民币汇率制度选择,必须从我国当前实情出发,综合考虑宏观经济发展状况,过大或过小的汇率弹性都不利于中国进一步扩大金融双向开放。一方面,如果汇率缺乏足够的弹性,汇率衍生品市场发展会受到限制,不利于中国建设多层次金融市场体系;另一方面,如果汇率波动或者预期管理存在问题,资本就可能大规模流出,并增加在岸金融市场资本风险。

第三,国际资本流动管理需进一步加强。当前对跨境资本流动管理特别是对短期资本流动的监控力度不足。随着金融开放的持续推进,全球经济一体化逐步深入,短期跨境资本流动更加频繁,国际金融市场之间的风险传染更加迅速。新冠疫情暴发后,国际金融市场持续动荡。随着国内疫情形势逐渐向好,人民币作为避险资产对国际投资者的吸引力有所上升,资本大规模流入国内,为国内经济发展提供了新的机遇;与此同时,跨境资本大量流入增加了国内金融体系的脆弱性,导致风险不断积聚,可能的后果是导致境外投资者信心下降,一旦触及境外投资者的"底线",资本流动便会发生大规模逆转,从而导致资本外逃。一旦发生资本外逃,国内利率上涨、资产泡沫破灭,本国金融体系就会受到严重冲击,甚至引发金融危机。与此同时,大规模的资本外逃将造成本币贬值,加剧原本持有外币贷款主体的债务负担,信贷收缩、经济下行,严重影响国内经济稳定发展。因此,跨境资本流动管理的效果亟待提高。第一,国际资本流动管理过于依靠行政手段。这一方面可能会限制正常合理投资,降低金融市场资源配置的效率,同时,部分行政手段缺乏公开性与透明度,较难受到市场监督。另一方面,过分依赖行政手段容易出现行政反复的结果。第二,鼓励和促进资本流入同样存在一定的风险。鼓励海外融资、开放债券市场均有可能使得投机性"热钱"给我国资本市场带来严重冲击,导致资本市场剧烈波动。一旦这些"热钱"从资本市场大规模迅速抽离,随之而来的是"羊群效应"式的连锁反应,投资者信心的崩塌,从而会进一步加剧国内金融市场的波动,增加金融系统的脆弱性,最终威胁到国内经济金融安全。

二、中国金融开放展望

金融开放是中国改革开放的重要组成部分。进入新时代,中国基于实际国情坚定不移扩大开放,既是对改革开放以来历史经验的总结,也是中国走进新时代对金融开放的未来展望。中国将继续坚持市场化、法治化、国际化的原则,持续推动金融开放,一方面落实金融业双向开放的承诺;另一方面完善相关制度安排,推动系统性的制度型开放。为了积极、稳健地推动中国金融的进一步对外开放,可以从以下三个方面考虑。

第一,坚持金融双向开放原则。2019 年中共中央政治局第十三次集体学习时习近平总书记强调,要提高金融业全球竞争能力,扩大金融高水平双向开放,提高开放条件下经济金融管理能力和防控风险能力,提高参与国际金融治理能力。总体来看,新时期中国扩大金融双向开放对增强金融服务实体经济的能力以及防控金融风险具有重要意义。首先,金融双向开放会进一步加快跨境资本的流动,提高金融资源在国内国际市场上的配置效率,促进国内金融体制改革。金融高水平双向开放,不仅要持续引入国外先进的技术和规则,同时也要鼓励国内金融机构勇于走进国际市场、积极参与国际竞争,在金融双向开放过程中审时度势,把握进退时机。其次,金融双向开放有利于推动构建以国内大循环为主体、国内国际双循环相互促进的新发展格局。对于金融业而言,在推动金融双向开放的过程中,境外资本流入、境外金融机构进入国内市场,国内金融机构可在吸收外资金融机构先进管理理念以及借鉴相对成熟的金融服务模式的基础上,加快推进自身改革创新,更好地服务国民经济发展。最后,金融双向开放有利于"一带一路"倡议等国际经济合作的推进。一方面,金融双向开放会加快跨境资本流动的速度,使境内金融机构加速"走出去",加快"一带一路"沿线国家金融市场之间的互联互通;另一方面,"一带一路"建设也加强了境外金融机构与境内金融机构合作的意愿,为金融双向开放以及人民币国际化提供了新的机遇。

第二,加快推动外汇市场建设。"加快构建以国内大循环为主体、国内国际双循环相互促进的新发展格局"自提出以来,中央一再强调,双循环并不意味着国内自循环、自我封闭,而是伴随开放的双循环。目前来看,构建新发展格局是我国改革开放以来充分利用国内国际两个金融市场、两种金融资源做法的延续与传承,其中加快推动外汇市场建设则是构建开放的"双循环"的重要环节。我国正处于人民币汇率市场化改革以及稳慎推进人民币国际化进程的关键时期,这要求我们建设与发展更高水平的境内外汇市场。回顾人民币汇率形成机制市场化改革的历程,历史经验告诉我们汇率的灵活性有助于货币当局提高政策的独立性同时减轻对管制措施的依赖程度,有效发挥市场的自我调节功能。退出对外汇市场的常态化干预,有助于增强人民币汇率双向波动弹性,及时释放外汇市场压力。在增加汇率灵活性的同时,需要进一步加快培育与发展外汇市场。其中,人民币外汇交易的在岸市场发展明显滞后于人民币外汇交易的离岸市场。加快在岸市场与离岸市场互联互通的一个有效途径便是加快在岸市场的发展,进一步消除体制机制障碍。基于此,应当从丰富外汇期货交易与外汇期权交易产品种类、扩大市场交易主体数量、放宽市场交易限制、完善金融市场基础设施建设等方面,逐步推动境内外汇市场发展。

第三,构建中国跨境资本流动双支柱管理框架。宏观层面,要构建资本管制和宏观审慎两个维度的跨境资本流动宏观管理框架。其中第一个维度是指服务国际收支平衡目标的跨境资本流动管理政策传导机制,即资本管制;第二个维度是指旨在防范系统性金融风险的跨境资本流动管理政策传导机制,即宏观审慎。其中,资本管制的主要目标在于实现国际收支平衡,因此在金融开放过程中,可以通过合理运用托宾税或类托宾税等政策工具抑制短期资本的大规模异常流动。宏观审慎不直接作用于国际收支平衡,其目标在于防范与跨境资本流动相关的系统性金融风险,对国内外经济平衡有着重要影响。因此搭配好资本管制与宏观审慎尤为重要。微观层面,要逐步开放资本账户,在资本账户开放的现有基础上,继续推动尚未开放账户的可兑换进程,遵循审慎、渐进、可控的开放原则,结合国内国际经济金融形势变化稳步推进。在资本账户开放过程中,大规模短期跨境资本流动会增大国内金融市场潜在的风险隐患,需加强微观审慎管理的能力建设,同时将跨境资本流动的监管重点从事前转为事中以及事后,强化对短期跨境资本异常流动的监管。资本管制一定程度上能够帮助监管当局有效监控短期资本异常流动,保持国内政策的独立性和有效性,但同时也会扭曲市场信号,降低金融资源配置效率。基于此,资本管制只是临时性措施,完善跨境资本流动宏观审慎管理,加快国内经济金融体制改革才是根本之策。

第二节　中国资本账户全面开放的成熟度评估

一、研究背景

自 2008 年国际金融危机爆发以来,世界经济格局经历了深刻的变化和调整。在新冠疫情冲击下,世界经济更是呈现出复杂、多元、变化的新局面。同时,中国的改革已经进入攻坚期和深水区,金融体制改革成为"重头戏"。在此背景下,中国政府提出要进一步扩大金融对外开放,关于是否加快资本账户开放的讨论逐渐成为理论和实务界的焦点话题。有学者提出,中国的金融开放可以分为四个维度,即金融市场开放、人民币汇率形成机制市场化、人民币国际化和资本账户全面开放,其中全面开放资本账户是中国金融开放最关键的一步(张明等,2021)。

当前中国进一步扩大资本账户开放的时机是否成熟?一种观点认为:中国综合国力不断增强,财政状况与金融体系趋于稳健,汇率和利率市场化改革稳步推进,国际清偿能力进一步提升,政府宏观调控能力增强,为中国进一步推动资本账户开放提供了难得机遇。中国人民银行调查统计司课题组(2012)指出,中国已进入资本账户开放战略机遇期,开放资本账户有利于提高中国企业可持续竞争能力、推动人民币国际化以及调整国内经济结构,即中国进一步推动资本账户开放的条件基本成熟,在此基础上提出了资本账户开放短期(1—3 年)、中期(3—5 年)以及长期(5—10 年)安排。另一种观点认为:中国金融市场的宽度、深度以及效率与发达国家之间仍存在一定差距,宏观调控与金融监管体系仍需进一步完善,国际经济环境不确定性较大,跨境资本流动风险上升,此时贸然加快资本账户开放无疑会加剧中国金融体系的潜在风险,即中国进一步推动资本账户开放的时机尚未成熟。彭红枫等(2018)提出,中国资本账户开放的进程过快,而相应的经济、金融发展水平仍未稳固,推动资本账户全面开放的时机尚未成熟。

有关资本账户开放,习近平总书记在 2017 年全国金融工作会议上强调,"要扩大金融对外开放,深化人民币汇率形成机制改革,稳步推进人民币国际化,稳步实现资本项目可兑换,积极稳妥推动金融业对外开放"。改革开放以来,国内经济发展水平不断提升、经济体制改革进一步深化,在此基础上扩大资本账户开放有利于提升金融资源配置效率,助力金融供给侧结构性改革。尽管中国能够从扩大资本账户开放过程中获得诸多开放红利,但 1997 年亚洲金融危机的发生也使中国政府意识到开放资本账户的潜在风险:短期内大规模资本外逃不仅会引起国内利率上升、资产泡沫破灭,对本国金融体系造成冲击,也会造成本币贬值,加剧部分经济主体的外债负担。时至今日,中国对于推进资本账户可自由兑换始终保持着谨慎态度。在国际货币基金组织划分的 40

个资本和金融子项目中,中国在 35 个子项目上仍保留了不同程度的资本管制。

有鉴于此,本节以 2005—2019 年 73 个国家(地区)的年度数据为样本,采用面板门槛回归模型,对资本账户开放的经济效应与风险效应进行分析,在此基础上探讨中国全面开放资本账户的条件成熟度。本节的边际贡献在于:第一,使用由金融机构指数与金融市场指数共同构成的金融发展指标,表示各国金融机构和金融市场的深度、广度和效率,这比以往文献中常用的"银行对私营部门的信贷/GDP"(金融机构深度指标)以及"股票交易总额/GDP"(金融市场深度指标)更能全面地衡量一国的金融发展水平;第二,同时考虑资本账户开放经济效应与风险效应,分析多个初始条件下资本账户开放的门槛效应,并以此判断中国全面开放资本账户的条件是否成熟,避免以往文献仅强调资本账户开放经济效应或者风险效应的不足。

二、文献综述

现有研究资本账户开放条件成熟度的文献多从资本账户开放的经济效应出发,运用面板门槛回归模型测算初始条件的门槛值,并将其与现实数据进行对比分析,进而讨论开放资本账户的条件是否成熟。现实中,资本账户开放往往会加剧一国的金融波动,评估资本账户开放条件的成熟度不仅要考虑资本账户开放与经济增长的关系,也不能忽视开放资本账户带来的金融风险。因此,本节将围绕资本账户开放与经济增长的关系、资本账户开放与金融风险的关系以及资本账户开放的门槛效应等主题评述相关文献。

关于资本账户开放与经济增长的关系,学术界存在一些争议。一些学者认为,资本账户开放与经济增长之间存在正相关关系,但受到经济体收入水平(Klein,2003;李丽玲和王曦,2016)、制度质量(Arteta 等,2001;熊芳和黄宪,2008)、金融发展(彭红枫和朱怡哲,2019)、贸易开放(Chinn 和 Ito,2006)等因素的影响,资本账户开放对经济增长的影响呈现非线性特征。部分学者则得出了截然相反的结论,即资本账户开放会对经济增长产生负面影响。Stiglitz

(2002)认为,资本账户开放会对发展中经济体的经济增长产生负面影响。Yan(2007)指出,当一国金融体系尚不健全时,应当对取消资本管制保持谨慎态度,否则资本流动可能会引起经常账户失衡,进而不利于本国经济增长。此外,还有部分学者认为资本账户开放与经济增长之间不存在相关关系(Grilli和Milesi-Ferretti,1995)。

一国开放资本账户并不总会带来经济增长,开放资本账户可能会削弱一国政府对金融体系的控制力,加快短期资本国际流动,进而放大经济的波动性,严重时可能导致金融危机发生(陈雨露和罗煜,2007)。Williamsonn 和Drabek(1999)认为,资本账户的盲目开放是一国发生金融危机的主要原因。Bussiere 和 Fratzscher(2008)发现资本账户自由可兑换会对国内金融市场造成冲击,这些负面冲击足够抵消其所带来的经济增长效应。雷文妮和金莹(2017)认为资本账户开放加剧了资本流动的不稳定性,进而放大产出的波动性和危机爆发的可能性。方意等(2017)认为,资本账户开放会导致资本流入、流出规模及频率的大幅增加,进而加剧国内金融市场和实体经济的风险。此外,还有一些学者认为资本账户开放对金融风险无显著影响(Glick 等,2006;马勇和陈雨露,2010;赵茜,2018)。

在此基础上,学者们开始研究资本账户开放的门槛效应。雷达和赵勇(2007)使用面板门槛回归模型发现,国民收入水平、贸易开放度和金融发展水平等初始条件对资本账户开放具有门槛效应。Kose 等(2011)在对资本账户开放的金融危机效应进行实证分析时,将初始人均产出、贸易开放水平、金融发展水平和制度质量四个门槛变量加入到模型中,发现金融发展水平和制度质量是较为重要和显著的门槛变量。郭桂霞和彭艳(2016)使用面板门槛回归模型,从经济发展水平、金融发展水平、对外开放程度及制度建设水平四个方面考察了资本账户开放对经济增长的影响,认为中国实行适度资本账户开放的条件基本成熟。彭红枫等(2020)以金融发展程度作为门槛变量,研究发现各子类资本账户开放对一国经济增长的影响存在异质性,同时发现制度质量是资本账户开放促进或抑制经济增长的内在条件。王曦等（2021）发现，在资本账户开放的经济效应中，初始人均GDP和贸易自由度两个变量构成一个显著且稳健的组合门槛关系，推断中国实行资本账户全面开放的条件尚未成熟。

总结现有文献可见，资本账户开放对经济增长以及金融风险的影响存在门槛效应，即在不同初始条件下，开放资本账户对经济增长与金融风险的影响存在较大差异，只有跨越门槛值，资本账户开放才能促进经济增长、缓释金融风险，但该领域研究仍有待完善。国内文献较多运用面板门槛回归模型研究资本账户开放对经济增长的影响，鲜有文献研究资本账户开放与金融风险之间的门槛效应。从单一角度探讨资本账户开放的影响往往存在一定缺陷。一方面，单独考察资本账户开放的经济效应容易忽视开放资本账户的潜在风险：随着资本账户可兑换进程不断加快，异常短期资本大规模流动可能对一国的金融稳定造成冲击。另一方面，单独考察资本账户开放的风险效应可能否定开放资本账户的合理性：虽然扩大资本账户开放可能会提高一国金融风险的发生概率，但也要看到资本账户开放带来的经济效益。有鉴于此，本节将从经济增长与金融风险两个角度出发，综合考察开放资本账户可能带来的收益与损失，结合国内现阶段的初始条件分析中国开放资本账户对经济增长和金融风险的影响，并以此评估中国全面开放资本账户的条件是否成熟。

三、面板门槛计量模型设立和估计

（一）面板门槛计量模型

现有文献表明资本账户开放存在门槛效应，①即当初始条件尚不成熟时，资本账户开放对经济增长会产生抑制作用，同时加剧金融风险暴露；当初始条件跨越临界值时，资本账户开放会促进经济增长，并缓释金融风险。本节选取

---

① 门槛效应是指当一个经济变量达到特定的数值后，模型参数随之发生相应的变化，引起这种变化的临界值为门槛值。

实际 GDP 与外汇市场压力指数作为经济增长与金融风险的代理变量,在此基础上使用 Hansen(1999)门槛回归模型,分析不同初始条件下资本账户开放的非线性影响。

首先,给出资本账户开放经济效应和风险效应的基准模型:

$$y_{it} = c + \alpha kaopen_{it} + \beta_1 controls_{1it} + e_{it}, \quad a_{it} = c + \alpha kaopen_{it} + \beta_2 controls_{2it} + e_{it} \qquad (2.1)$$

接着,给出资本账户开放经济效应和风险效应的单门槛模型:

$$y_{it} = \begin{cases} c + \alpha_{11} kaopen_{it} + b_{11} controls_{1it} + e_{it}, q \leqslant \gamma \\ c + \alpha_{12} kaopen_{it} + b_{12} controls_{1it} + e_{it}, q > \gamma \end{cases}$$

$$\qquad (2.2)$$

$$a_{it} = \begin{cases} c + \alpha_{21} kaopen_{it} + b_{21} controls_{2it} + e_{it}, q \leqslant \gamma \\ c + \alpha_{22} kaopen_{it} + b_{22} controls_{2it} + e_{it}, q > \gamma \end{cases}$$

其中,被解释变量 y_{it} 和 a_{it} 分别表示国内产出与外汇市场压力指数,核心解释变量 $kaopen_{it}$ 表示资本账户开放程度,$controls_{1it}$ 与 $controls_{2it}$ 分别表示经济效应与风险效应模型中的控制变量,其中 $controls_{1it}$ 包括投资率、受教育年限、人口增长率、人均产出增长和通货膨胀率,$controls_{2it}$ 包括经常账户余额和全球化指数。α_{i1} 与 α_{i2} 分别表示在不同门槛值下资本账户开放对经济增长和金融风险的影响系数,当 $\alpha_{i1} \neq \alpha_{i2}$ 表示存在单一门槛效应。e_{it} 为扰动项,q 表示不同的初始条件(即门槛变量),γ 表示门槛值。

(二)估计过程

考虑一个单门槛模型 $Y = \alpha X + \beta controls + \varepsilon$,其中 Y 表示被解释变量,X 表示核心解释变量,则系数 α 的最小二乘估计结果可以表示为:

$$\widehat{\alpha}(\gamma) = (X(\gamma)'X(\gamma))^{-1}X(\gamma)'Y \qquad (2.3)$$

由此得到残差平方和:

$$S_1(\gamma) = Y'(I - X(\gamma)'(X(\gamma)'X(\gamma))^{-1}X(\gamma)')Y \qquad (2.4)$$

进一步地,我们可以通过残差平方和求得门槛值 γ 的最小二乘估计结果:

$$\hat{\gamma} = argmin_{\gamma} \, S_1(\gamma) \tag{2.5}$$

上述单门槛模型的估计可以推广到多门槛模型,具体的估计和检验可以参考 Hansen(1999)和 Hansen(2000)。

(三)变量选取与设定

本节分别选取实际国内生产总值(lngdp)与外汇市场压力指数(aempi)作为经济增长模型与金融风险模型的被解释变量,分别考察在金融发展(fd)、制度质量(iq)、监管质量(rq)以及外贸依存度(ftd)等初始条件下,资本账户开放指数(kaopen)对经济增长与金融风险的门槛效应。详细的变量选取与设定情况如表 2.1 所示。

表 2.1　资本账户开放门槛效应变量选取与设定

变量名	变量符号	数据来源
被解释变量		
实际国内生产总值	lngdp	IFS 数据库
外汇市场压力指数	aempi	IFS 数据库
核心解释变量		
资本账户开放指数	kaopen	Chinn 和 Ito(2006)
门槛变量		
金融发展	fd	IFS 数据库
制度质量	iq	菲莎研究所
监管质量	rq	世界银行数据库
外贸依存度	ftd	IFS 数据库
控制变量		
人均国内生产总值增长率	pgdpg	世界银行数据库
国内投资率	inv	世界银行数据库
人均受教育年限	peduc	世界银行数据库
人口增长率	popg	世界银行数据库
通货膨胀率	inf	世界银行数据库
经常账户余额占 GDP 比重	ca	世界银行数据库
全球化指数	kof	Gygli 等(2019)

1.被解释变量。本节选取经2010年购买力平价调整后以美元计价的实际国内生产总值的对数作为经济增长模型的被解释变量。此外,由于扩大资本账户开放会加快短期跨境资本流动,进而对一国的币值稳定产生影响。如果汇率升值(贬值)不及预期,则会吸引更多的资本流入(流出),进一步加大升值(贬值)压力,剧烈的汇率波动会通过外汇市场传导至其他金融市场,从而对本国金融稳定和安全造成影响。因此,本节参考邓敏和蓝发钦(2013)的研究,将代表币值波动的外汇市场压力指数作为金融风险模型的被解释变量:①

$$aempi_{it} = \left| \frac{1}{\sigma_e} \frac{\Delta e_{it}}{e_{i(t-1)}} - \frac{1}{\sigma_r} \frac{\Delta r_{it}}{r_{i(t-1)}} \right| = \left| \frac{1}{\sigma_e} \frac{e_{it} - e_{i(t-1)}}{e_{i(t-1)}} - \frac{1}{\sigma_r} \frac{r_{it} - r_{i(t-1)}}{r_{i(t-1)}} \right| \quad (2.6)$$

2.核心解释变量。关于核心解释变量资本账户开放程度的测量,现有文献主要采用法定开放和事实开放两种方法。其中,法定开放方法包括二元变量法、强度法与份额法;事实开放方法包括储蓄—投资法、利率平价法与资本流量法。本节主要参考Chinn和Ito(2006)的研究,使用强度法中的 $kaopen$ 指数来衡量各个国家资本账户开放程度。

3.门槛变量。本节通过反复实证,选取以下4个有效初始条件:②

(1)金融发展(fd):选取代表性金融机构与金融市场宽度、深度以及效率的综合指标,更加全面地衡量一国金融发展水平,指数大小与金融发展水平成正比。在金融开放过程中,国内金融发展水平往往会得到显著提升。拥有发达完善的金融业态,才能更好地吸引外来资本为本国实体经济服务并促进本国经济增长,而落后的金融发展水平往往是诱发金融风险的重要原因。由图2.1可以看出,2005—2019年中国的金融发展指标一直呈上升趋势。

---

①　对外汇市场压力指数作绝对值处理的用意在于不考虑东道国币值变化方向与资本流动方向,单纯测度外汇市场压力大小。

②　本节对金融发展、制度质量、监管质量、外贸依存度、汇率制度、M_2增速、"居民消费支出/GDP"、"政府支出/GDP"以及"外汇储备/GDP"等初始条件进行了反复实证选取。

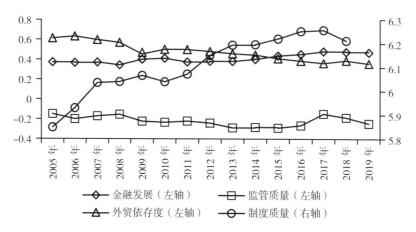

图 2.1 2005—2019 年中国资本账户开放初始条件指标的变动情况

（2）制度质量（*iq*）：参考郭桂霞和彭艳（2016），采用加拿大菲莎研究所编制的经济自由化指数来描述各国的总体制度质量。菲莎研究所从政府规模、法律体系、财产安全、货币稳定性及商业管制五个方面衡量经济自由度，自由度的数值为 1 到 10，制度质量指数大小与自由度大小成正比。改革开放以来，中国的各项制度不断完善。良好的社会制度环境能够规范经济主体的责、权、利，减少信息成本和不确定性，消除各经济主体之间的合作障碍，从而推动经济发展。由图 2.1 可以看出，2005 年以来中国的制度质量指标不断提高。

（3）监管质量（*rq*）：本节采用世界银行政策治理指标中的监管子指标描述各国监管水平，指数大小与监管质量成正比。完善的现代金融监管体系能够有效防范资本账户开放过程中的金融风险。随着中国进一步开放资本账户，跨境资本流动的规模增加、速度加快，跨境资本流动的风险也日益增多，客观上要求我们及时全面准确地监测跨境资本流动。然而，自 2005 年起，中国监管质量指标一直在较低水平区间内波动，说明中国的风险抵御能力较弱。

（4）外贸依存度（*ftd*）：外贸依存度具体指各国进出口贸易总额占名义 GDP 的比重，外贸依存度越高，意味着一国经济增长更加依赖国际贸易，从而更易受国际经济环境的影响。在资本账户开放加快推进过程中，国际贸易可以推动全球贸易一体化,加快各国之间资本流动并带动经济增长。近年来,中国进出口贸易总额不断提升,同时外贸依存度呈现下降趋势(由 61.16%降至 35.94%),意味着中国的经济增长越来越依赖国内消费和投资,受国外经济波动的影响在逐渐降低。

(四)估计结果

本节基于 73 个国家(地区)2005—2019 年的跨国数据,采用面板门槛回归模型,对资本账户开放的经济效应与风险效应进行实证研究。[①] 在得出资本账户开放经济效应和风险效应门槛值的基础上,结合中国宏观经济初始条件,分析中国全面开放资本账户的影响。

首先,使用基准模型估计资本账户开放的经济效应和风险效应。从表 2.2 估计结果看,在控制其他解释变量的情况下,资本账户开放总体上会对经济

表 2.2　资本账户开放经济效应门槛模型估计结果

门槛变量	基准模型	金融发展	制度质量	监管质量	外贸依存度
门槛数量		单门槛***	双门槛*	双门槛*	双门槛*
资本账户开放	-0.0301	-0.2311^{**} (TV<0.1758)	-0.1104 (TV<7.1924)	-0.1851^{*} (TV<-0.1063)	0.1731^{*} (TV<0.4346)
		0.1708^{*} (TV>0.1758)	0.0601 (7.1924<TV<7.9951)	0.0866 (-0.1063<TV<1.5385)	-0.0194 (0.4346<TV<1.2962)
			0.3514^{***} (TV>7.9951)	0.2430^{**} (TV>1.5385)	-0.3354^{**} (TV>1.2962)
投资率	0.0111^{***}	0.0107^{***}	0.0100^{***}	0.0107^{***}	0.0119^{***}
教育年限	2.2822^{***}	2.2124^{***}	2.2508^{***}	2.2620^{***}	2.2299^{***}
人口增长	-11.5179^{***}	-11.4012^{***}	-10.6687^{***}	-11.3973^{***}	-11.2494^{***}
人均 GDP 增长	-0.0100^{***}	-0.0088^{**}	-0.0109^{***}	-0.0101^{***}	-0.0083^{**}
通货膨胀	-0.0063^{*}	-0.0078^{**}	-0.0051	-0.0050^{*}	-0.0057^{*}

注:参考邓敏和蓝发钦(2013),***、**、*分别表示 1%、5%、20%显著性水平上显著,下同。

---

① 实证过程中,本节对部分缺失值进行插值处理,同时剔除部分异常值。

增长产生负面影响,影响系数为-0.0301,但系数在统计意义上不显著,本节的实证结果难以证明资本账户开放会显著促进经济增长。同时,表2.3 金融风险基准模型估计结果表明,资本账户开放总体上会增加一国的外汇市场压力,资本账户开放的影响系数为 1.0913,基准模型实证结果佐证了资本账户开放会加大一国(地区)金融风险概率的观点。

表 2.3　资本账户开放风险效应门槛模型估计结果

门槛变量	基准模型	金融发展	制度质量	监管质量	外贸依存度
门槛数量		双门槛 *	双门槛 *	单门槛 **	双门槛 *
资本账户开放	1.0913 *	1.4703 *** (TV<0.4864)	3.5305 *** (TV<5.8452)	3.4583 *** (TV<-0.6907)	-8.5123 *** (TV<0.0003)
		-0.0872 (0.4864<TV <0.7465)	1.1950 ** (5.8452<TV <7.5074)	1.1951 ** (TV>-0.6907)	1.0397 * (0.0003<TV <0.9107)
		-0.7996 * (TV>0.7465)	0.5962 (TV>7.5074)		1.5701 ** (TV>0.9107)
经常账户余额	0.0056	0.0062	0.0106	0.0064	0.0075
全球化指数	-0.0222 **	-0.0229 ***	-0.0248 ***	-0.0272 ***	-0.0233 ***

其次,加入金融发展、制度质量、监管质量和外贸依存度门槛因素,考察资本账户开放的经济效应与风险效应。我们以金融发展初始条件为例介绍建模过程,其他初始条件的估计过程类似。以金融发展为门槛变量,分别构建单重、双重、三重门槛回归模型,经过 1000 次 bootstrap 抽样得到的估计结果如表 2.4 所示。从结果上看,金融发展经济效应的单门槛在 1% 显著性水平上显著,双门槛与三门槛在 10% 显著性水平上不显著,故金融发展初始条件存在单门槛的假设成立。

表 2.4　金融发展门槛效应的检验

	F 值	P	临界值		
			90%	95%	99%
单门槛	91.59	0.0100	53.9886	63.6484	84.9797
双门槛	28.00	0.4767	49.3477	61.1395	89.8255
三门槛	22.55	0.8267	67.0758	74.8318	93.4169

　　考虑金融发展在资本账户开放经济效应中的作用,资本账户开放对经济增长的影响呈现非线性特征(见表2.2)。具体而言,当金融发展水平较低时,资本账户开放在一定程度上会抑制经济增长(当金融发展指标低于0.1758时,资本账户开放对经济增长的影响系数是-0.2311且显著);当金融发展指标超过第一门槛值时(大于0.1758),资本账户开放对经济增长的影响由抑制转为促进,系数为0.1708。金融发展对资本账户开放的风险效应存在双重门槛影响(见表2.3):当金融发展指标低于门槛值0.4864时,资本账户开放对金融风险的影响系数为1.4703,且在99%的置信水平上显著;当金融发展指标介于门槛值0.4864—0.7465之间时,资本账户开放对金融风险的边际影响微弱;当金融发展指标大于0.7465时,资本账户开放能够有效抑制金融风险的发生,影响系数为-0.7996。

　　从制度质量角度出发,资本账户开放的经济增长模型回归结果表明,制度质量较差(制度质量指标小于7.1924)的国家与制度质量处于一般水平(制度质量指标介于7.1924—7.9951之间)的国家开放资本账户对经济增长的边际影响微弱;制度质量较为完善(制度质量指标大于7.9951)的国家开放资本账户能够促进经济发展,影响系数为0.3514,且在99%的置信水平上显著。金融风险方面,当制度质量较差(制度质量指标小于5.8452)时,开放资本账户会显著增加金融风险发生概率;当制度质量处于一般水平(制度质量指标介于5.8452—7.5074之间)时,实行资本账户开放同样会显著提高风险发生概率,但影响系数(1.1950)明显低于原促进效应系数(3.5305),表明随着制度质量的提升,资本账户开放对金融风险的边际影响逐渐减弱;当制度质量较为完善(制度质量指标大于 7.5074)时开放资本账户对金融风险的影响并不显著。监管质量的实证结果显示,当监管质量较高时实行资本账户开放能够有效促进经济增长,同时能够最大程度削弱资本账户开放带来的风险效应。具体而言,在经济增长方面,一国的监管质量低于第一门槛(-0.1063)时,开放资本账户会显著抑制经济增长,影响系数为-0.1851;监管质量介于第一门槛(-0.1063)和第二门槛(1.5385)之间时,资本账户开放对经济增长的影响并不显著;监管质量大于第二门槛(1.5385)时,资本账户开放对经济发展具有显著的促进作用,影响系数为 0.2430。金融风险方面,资本账户开放总体上会增加外汇市场压力。具体而言,当监管质量低于门槛值-0.6907 时,资本账户开放会显著增加东道国的外汇市场压力,影响系数为 3.4583;当监管质量大于门槛值-0.6907 时,资本账户开放的风险效应有所削弱,影响系数(1.1951)明显低于较差监管质量状态下的系数(3.4583),表明不断提升监管质量能够降低扩大资本账户开放诱发金融风险的概率。对比经济效应与风险效应的门槛值可以看出,提升东道国的监管质量能够促进经济增长且有效降低资本账户开放的风险。

外贸依存度的门槛模型估计结果表明,当外贸依存度较低时,实行资本账户开放有利于经济增长并降低金融风险的发生概率。具体而言,经济增长方面,当外贸依存度低于第一门槛(0.4346)时,资本账户开放对经济增长的影响系数为 0.1731;当外贸依存度处于第一门槛(0.4346)与第二门槛(1.2962)之间时,资本账户开放对经济增长的影响在统计意义上并不显著;当外贸依存度大于第二门槛(1.2962)时,资本账户开放对经济增长产生抑制作用,影响系数为-0.3354,且在 95% 的置信水平上显著。金融风险方面,当外贸依存度低于第一门槛(0.0003)时,资本账户开放能够有效抑制金融风险的发生,系数为-8.5123 且在 99% 的置信水平上显著;当外贸依存度处于第一门槛(0.0003)与第二门槛(0.9107)之间时,资本账户开放对金融风险的影响由抑制转为促进,系数为 1.0397;当外贸依存度大于第二门槛(0.9107)时,开放资本账户将进一步提升金融风险的发生概率,系数为 1.5701。模型得出的外贸依存度对资本账户开放效应的影响与其他初始条件并不一致,可能的解释为当外贸依存度较低时,意味着国内经济发展主要依靠国内投资与消费,故此时开放资本账户对国家的经济增长影响较为显著;随着外贸依存度的提高,国内经济发展逐渐依靠国外资金流入,国际环境的不确定性会增加开放的风险因素,当国家外贸依存度处于一般水平时往往处于发展中经济体阶段,国内宏观经济体系尚未完善,抵御国际经济不确定性的能力较差,此时实施资本账户开放对经济增长影响并不显著,同时也会增加一国金融风险的发生概率;当外贸依存度处于较高水平时,国内经济发展很大程度上依靠国外资金流入,此时实施资本账户开放会进一步加速国际资金流动,带来的风险会进一步上升,风险的上升使得资本账户开放的经济效应也随之转变为抑制。

综上所述,资本账户开放的经济效应方面,高金融发展水平(金融发展指标大于 0.1758)、高制度质量(制度质量指标大于 7.9951)、高监管质量(监管质量指标大于 1.5385)以及低外贸依存度(外贸依存度小于 0.4346)的国家开放资本账户能够显著促进经济增长;当初始条件尚未跨越门槛值时,资本账户开放对经济增长的边际影响较为微弱或表现为抑制作用。资本账户开放风险效应方面,高金融发展水平(大于 0.7465)以及低外贸依存度(小于 0.0003)的国家开放资本账户能够显著降低金融风险的发生概率;在制度质量与监管质量两个初始条件下,资本账户开放总体上会增加金融风险的发生概率;随着制度质量与监管质量的不断提升,资本账户开放对金融风险的边际影响呈递减趋势。

(五)稳健性检验

本节将 73 个国家(地区)样本分为新兴经济体样本与发达经济体样本,考虑不同样本对门槛模型估计结果的影响,以此检验估计结果的稳健性。表2.5、表 2.6 的检验结果显示,以金融发展初始条件为例,随着金融发展水平的

表 2.5 资本账户开放经济效应门槛模型稳健性检验估计结果

门槛变量	金融发展	制度质量	监管质量	外贸依存度
新兴经济体资本账户开放经济效应				
门槛数量	单门槛**	单门槛*	单门槛*	双门槛*
资本账户开放	−0.2873** (TV<0.1799)	−0.2078* (TV<7.1924)	−0.2649** (TV<−0.1043)	−0.0751 (TV<0.4253)
	0.0568 (TV>0.1799)	−0.0350 (TV>7.1924)	0.0710 (TV>−0.1043)	−0.1466* (0.4253<TV<1.3569)
				−0.4759*** (TV>1.3569)
投资率	0.0107***	0.0103***	0.0109***	0.0117***
教育年限	2.0797***	2.1129***	2.1103***	2.0943***
人口增长	−9.0634***	−8.5981**	−8.8420**	−8.6427**
人均 GDP 增长	−0.0104***	−0.0120***	−0.0117***	−0.0097**
通货膨胀	−0.0067*	−0.0048	−0.0050*	−0.0048*
发达经济体资本账户开放经济效应				
门槛数量	单门槛*	单门槛**	单门槛**	单门槛*
资本账户开放	0.3808*** (TV<0.5081)	0.4269*** (TV<8.0072)	0.4887*** (TV<1.5731)	0.5446*** (TV<1.7351)
	0.5322*** (TV>0.5081)	0.6488*** (TV>8.0072)	0.6397*** (TV>1.5731)	0.8637*** (TV>1.7351)
投资率	0.0129**	0.0087*	0.0121***	0.0167***
教育年限	3.1546***	3.3696***	3.1718***	3.2479***
人口增长	−5.4489*	−3.7700*	−6.0815*	−1.8846
人均 GDP 增长	0.0043	0.0022	0.0048*	0.0009
通货膨胀	−0.0175**	−0.0185**	−0.0158*	−0.0187**

不断提升,新兴经济体资本账户开放对经济增长的抑制作用逐渐减弱,发达经济体资本账户开放对经济增长的促进作用逐渐增强。具体而言,当新兴经济体金融发展指标小于门槛值 0.1799 时,资本账户开放会显著抑制经济增长;当金融发展指标大于门槛值 0.1799 时,资本账户开放对经济增长的边际影响

较为微弱。当发达经济体金融发展指标小于门槛值 0.5081 时,资本账户开放将显著促进经济增长;当金融发展指标大于门槛值 0.5081 时,资本账户开放对经济增长的促进作用将进一步增强。综合新兴经济体与发达经济体资本账户开放的门槛效应可发现,各个初始条件对新兴经济体与发达经济体资本账户开放经济效应和风险效应的影响与总样本估计基本保持一致,这说明在样本变化的情况下实证结果同样稳健。

表 2.6　资本账户开放风险效应门槛模型稳健性检验估计结果

门槛变量	金融发展	制度质量	监管质量	外贸依存度
新兴经济体资本账户开放风险效应				
门槛数量	单门槛*	单门槛*	单门槛***	单门槛*
资本账户开放	1.6129*** (TV<0.2315)	1.6033*** (TV<7.1589)	3.8784*** (TV<-0.6812)	1.2031*** (TV<0.9586)
	0.9513** (TV>0.2315)	1.1738** (TV>7.1589)	1.4896*** (TV>-0.6812)	1.9599*** (TV>0.9586)
经常账户余额	0.0055	0.0059	0.0075	0.0099
全球化指数	-0.0316***	-0.0331***	-0.0351***	-0.0287***
发达经济体资本账户开放风险效应				
门槛数量	单门槛**	单门槛*	单门槛**	单门槛*
资本账户开放	-1.8201** (TV<0.5081)	-2.8446** (TV<7.7218)	4.1495*** (TV<0.8404)	-4.4063** (TV<0.7063)
	-3.2183*** (TV>0.5081)	-3.5100*** (TV>7.7218)	-1.4718** (TV>0.8404)	-3.3734** (TV>0.7063)
经常账户余额	0.0492	0.0471	0.0614	0.0599
全球化指数	0.0087	0.0179	0.3438	0.0159

四、中国进一步推动资本账户开放的成熟度分析

(一)中国资本账户开放现状

中国在 1996 年已经实现了经常账户的全面开放,1997 年亚洲金融危

机使中国意识到资本账户开放的潜在风险,对开放资本账户可能带来的收益与风险有了更深刻的认识,此后一直保持着谨慎的资本账户开放路径。中国对资本账户实施管制主要有以下两方面原因:第一,由于目前中国实行的是以市场供求为基础、参考一篮子货币进行调节、有管理的浮动汇率制度,在进行浮动汇率制度改革之前实施资本账户管制,有利于保持中国货币政策的独立性。第二,目前中国对资本账户实施管制的领域主要集中在短期资本流动方面,进一步扩大资本账户开放可能会导致短期跨境资本大规模流动,进而引发国内经济波动,在极端情况下甚至会诱发系统性金融风险。

根据国际货币基金组织(IMF)《2020 年汇兑安排与汇兑限制年报》,2019年在资本账户的 40 个子项目中,中国已在 4 个子项目上实现完全可兑换,在35 个子项目上实现部分可兑换,剩下的不可兑换项目主要是关于非居民参与衍生工具的出售和发行。近年来,中国在扩大资本账户开放的进程中,主要有两次较大的变动:第一次是关于商业信贷(Commercial Credits)的变动,2012年 IMF 已在评估报告中将中国的商业信贷认定为可自由兑换资本项目,但是在 2017 年的评估报告中又认为此项目存在管制,即银行业金融机构可以在经批准的业务范围内,直接向境外提供商业贷款。第二次是关于非居民参与国内货币市场(Money Market)出售和发行的变动,2018 年之前的报告指出中国禁止非居民出售或发行货币市场工具,此项限制在 2019 年又更改为符合银总部〔2015〕72 号①规定条件的境外发行人,可在上海自贸区内发行跨境银行同业存单。具体情况如表 2.7、表 2.8 所示。②

---

① 资料来源:中国人民银行上海总部关于印发《中国(上海)自贸试验区跨境同业存单境内发行人操作指引》和《中国(上海)自贸试验区跨境同业存单境外发行人操作指引》的通知(2015 年第 72 号文件)。

② 资料来源:国际货币基金组织《汇兑安排与汇兑限制年报》系列文件,时间跨度为2012—2019 年。

表 2.7　中国资本账户可兑换程度

项目	资本账户管制	2017—2019 年	2012—2016 年
衍生工具和其他工具信贷业务	衍生工具和其他工具	部分管制	部分管制
	商业信贷	部分管制	完全可兑换（无管制）
	金融信贷	部分管制	部分管制

表 2.8　货币市场工具子项目变动情况

项目	资本账户管制	2012—2018 年	2019 年
货币市场工具	非本地居民购买	部分管制	部分管制
	由非本地居民出售或发行	禁止非居民参与	符合条件即可发行
	居民在海外购买	部分管制	部分管制
	居民向国外销售或发行	部分管制	部分管制

相较于经常账户，IMF 并没有对资本账户可兑换给出明确的定义，各国是否开放资本账户主要根据本国实际情况判断。IMF《汇兑安排与汇兑限制年报》主要将资本项目分为 7 大类、11 大项、40 个子项目。本节选取德国、美国、韩国、日本四个发达经济体，中国、墨西哥、泰国三个新兴经济体，结合 2019 年年报中 11 大项的管制情况分析各国资本账户开放的差异。具体情况如表 2.9 所示。

表 2.9　2019 年典型国家资本账户管制情况

资本账户	新兴经济体			发达经济体			
	中国	墨西哥	泰国	美国	德国	日本	韩国
资本市场证券	√	√	√	√	√	√	√
货币市场工具	√	√	√	×	√	×	×
集体投资类证券	√	√	√	√	√	×	×
衍生工具和其他工具	√	√	√	×	√	×	√
商业信贷	√	×	×	×	×	×	×
金融信贷	√	√	√	×	√	×	×
担保、保险和备用信用支持	√	√	√	×	×	×	×

资本账户	新兴经济体			发达经济体			
	中国	墨西哥	泰国	美国	德国	日本	韩国
直接投资	√	√	√	×	√	√	√
直接投资清盘	√	×	×	√	×	×	×
不动产交易	√	√	√	√	√	√	×
个人资本交易	√	√	√	×	×	×	×

注:"√"表示一国在此资本账户子项目中存在部分管制,"×"表示此资本账户子项目不存在管制,即完全可兑换。

由表 2.9 可知,发达经济体资本账户开放程度普遍处于较高水平,其中美国资本账户子项目中共有 8 类不存在资本管制,德国、日本、韩国分别为 4 类、9 类、8 类。但实际上,资本账户完全可兑换并不意味着放弃所有的管制措施,对于已经实现资本账户可兑换的国家,仍以国家安全、微观审慎管理、宏观审慎管理等名义保留了一定程度的资本管制。新兴经济体对资本子项目都设置了不同程度的管制措施,其中墨西哥与泰国完全可兑换的资本账户子项目都是 2 类,且都集中于商业信贷和直接投资清盘。由于中国尚未最终完成人民币利率与汇率形成机制的市场化改革,还未建立能充分应对国内金融脆弱性的长效机制,宏观审慎监管机制也有待进一步完善,贸然全面开放资本账户,可能诱发系统性金融风险。因此,中国在 11 类资本账户子项目的交易中都存在一定程度的管制,这反映出中国政府当前审慎的资本账户开放思路。

(二)中国资本账户开放成熟度实证分析

本节根据中国 2015—2019 年各个初始条件的实际情况,结合门槛估计结果分析中国全面开放资本账户初始条件的成熟度。根据初始条件门槛估计结果,下文综合考虑中国资本账户开放的经济效应与风险效应。

从金融发展初始条件看,2015—2019 年中国金融发展指标总体处于[0.1758,0.4864]区间内,属于金融发展中等水平的国家,且 2017 年中国金融发展指标十分接近门槛值 0.4864。在现阶段中国金融发展水平下，推进资本账户开放能够促进经济增长，但也会加剧金融风险暴露。当金融发展指标大于门槛值 0.7465 时，推进资本账户开放能够抑制金融风险的生成，即中国能够通过提升国内金融发展水平来缓释开放资本账户带来的部分金融风险。

从制度质量初始条件看，2015—2018 年中国制度质量指标总体小于门槛值 7.1924（2019 年存在数据缺失，故不作处理），其中 2017 年制度质量指标最高（具体数值为 6.2563），但与第一门槛 7.1924 仍存在较大差距，此时推进资本账户开放既会抑制经济增长，也会加剧金融风险。当制度质量指标大于门槛值 7.9951 时，资本账户开放呈现正的经济效应，即中国能够通过提升国内制度质量，充分实现资本账户开放对经济增长的促进作用。

从监管质量初始条件看，2015—2019 年中国监管质量指标总体处于 $[-0.6907, -0.1063]$ 区间内，其中 2017 年中国监管质量指标最为接近门槛值 -0.1063，此时中国推进资本账户开放对经济增长呈现抑制作用，也会加剧金融风险暴露。随着监管质量的提高，资本账户开放对经济增长的影响会由抑制转变为促进，同时资本账户开放的风险效应也会有所削弱，即中国可以通过提升国内监管质量，使得资本账户开放在获得正向收益的同时，降低金融风险的发生概率。

从外贸依存度初始条件看，2015—2019 年中国外贸依存度总体小于门槛值 0.4346、大于门槛值 0.0003，说明此时中国推进资本账户开放会对经济增长产生促进作用，同时也会增加金融风险的发生概率。实证结果还表明，中国能够通过持续降低外贸依存度（小于门槛值 0.0003）来抑制资本账户开放的风险效应。然而，外贸是驱动经济增长的重要力量，甚至在特定阶段是"经济增长发动机"，短时期内外贸对中国经济的作用仍无法被替代。鉴于此，综合考虑资本账户开放的经济效应与风险效应，中国维持当前的外贸依存度应是最优选择。

总体而言,从资本账户开放初始条件成熟度看,2015—2019 年中国资本账户开放在金融发展与外贸依存度初始条件下对经济增长呈现促进作用,在其他初始条件下呈现抑制作用;中国资本账户开放与金融风险在四个初始条件下均呈现正相关关系,即开放资本账户在一定程度上会加剧金融风险暴露。由此可见,中国进一步推动资本账户开放能够获得部分正向收益,但全面开放资本账户的条件尚未成熟。

五、结论与政策含义

本节运用面板门槛模型对 73 个新兴经济体与发达经济体 2005—2019 年的面板数据进行分析,实证研究表明中国全面开放资本账户的条件尚未成熟,但中国仍可以通过推动资本账户逐步开放获得部分开放红利。同时,较高的金融发展水平、稳定的社会制度环境、完善的监管体系和适度的对外贸易水平有助于提升资本账户开放的经济增长效应,降低资本账户开放的金融风险效应,从而最大化资本账户开放的综合效益。

本节研究的政策含义是:

第一,资本账户开放不宜操之过急,应当充分考虑自身经济金融改革和发展的实际情况。由于现阶段国内金融发展、制度质量、监管质量等初始条件尚不成熟,中国在推动资本账户开放的过程中,应着重加强金融市场基础设施建设,提升金融体系运行效率以及金融监管的有效性,完善相关法律法规的体系架构,为全面开放资本账户创造适宜的经济金融环境。

第二,全面评估资本账户开放的收益与成本,合理设计资本账户子项目开放次序。虽然开放资本账户可能会加剧国内金融风险暴露,但中国仍可通过推动资本账户开放获得部分经济收益,因此不能否定推动资本账户开放的可行性,而是需要合理设计开放资本账户子项目的次序,充分发挥资本账户开放的正向效用。

第三,进一步加强跨境资本流动管理,充实资本流动管理工具箱。在资本账户开放过程中,短期国际资本大进大出的可能性进一步上升。而短期资本流动易受到市场情绪的影响,呈现剧烈波动态势,进而放大人民币汇率的双向波动,致使外汇市场面临较大压力。因此,要构建基于微观审慎监管和宏观审慎管理两个维度的跨境资本流动管理框架,进一步丰富服务宏观目标的政策工具箱,密切监控短期资本异常流动。

第三节　资本账户开放对中国金融市场风险的影响研究

一、研究背景

作为扩大金融开放的重要环节,推进资本账户开放已成为各国经济金融发展战略的重要部署。从早期的资本账户开放经验来看,一些发达国家在推进资本账户开放的进程中发现,资本账户开放有利于促进资本自由流动,提升资本配置效率,对本国的经济发展以及国民福利都起到了积极作用。然而,一些发展中国家和地区在开放资本账户的过程中却加剧了本国的金融脆弱性,并对周边部分国家和地区的经济金融产生负面影响。改革开放以来,我国经济实现了长期高速增长,经常账户也在多数时间呈现顺差。然而,我国面临着资本市场不够健全、国内通胀压力较大、资产泡沫较严重等问题,贸然推进资本账户开放可能会导致金融安全问题;与此同时,资本账户开放也可能引致资本大量外流,可能会加剧经济金融泡沫的破灭,进而甚至陷入长期的经济萧条。因此,对于资本账户开放问题,我国始终保持较为审慎的态度,并且坚持资本账户循序渐进、审慎开放的原则。近年来,随着我国利率市场化改革基本完成,人民币汇率双向浮动弹性显著增强,进一步扩大资本账户开放迎来了较好的时机。随着我国加快推进资本账户开放,关于资本账户开放对我国金融风险的影响逐渐成为各方关注的焦点问题。

Mckinnon 和 Shaw 在 1973 年首次提出金融自由化的概念,此后学者们对此进行了大量研究,其中,资本账户开放一直是研究重点。然而,随着金融危机频发,学者们开始把研究重点聚焦于资本账户开放对金融风险的影响。既有研究明确了几个基本判断:首先,资本账户开放以后,跨境资本可以自由流动,可以通过直接投资、证券投资等方式流入开放国,这与中国人民银行调查统计司课题组(2012)给出的资本账户开放定义一致;在金融危机发生时,开放国可以加强对资本流动的管制,这与 IMF 提出的必要情况下新兴市场国家应将流动管理(包括资本管制)作为推行资本账户自由化过程的一个组成部分的观点一致。其次,资本账户开放可能会放大金融市场情绪冲击,造成金融市场风险的"滚雪球"效应;金融风险自身就具有传染效应,资本账户开放可能会对金融风险的传染机制造成影响,进而引发更大的风险。最后,资本账户开放对金融风险的影响可能具有"门槛"效应,进而引致非线性、时变性的互动关系。

当前,我国防范化解重大金融风险已取得阶段性胜利,牢牢坚守不发生系统性金融风险的底线。然而,在完成"十四五"规划目标任务的关键期,我国的金融风险形势仍面临着新挑战,宏观杠杆率高企、地方政府债务激增、类信贷影子银行反弹回潮、金融脱实向虚和房地产市场深度调整等一系列问题凸显,金融市场已成为最突出、最难以忽视的风险来源。同时,随着我国金融对外开放力度的不断加大,我国与世界之间的联结越发紧密。在此背景下,我国金融市场必然会遭遇外部输入性金融风险冲击。我国金融市场输入性风险的影响因素不仅包括外部风险,还包括我国金融开放程度(杨翰方等,2020)。一方面,资本账户开放可以通过竞争效应提高我国金融系统的风险管理水平,进而起到缓释金融风险的作用;另一方面,随着资本账户开放程度进一步扩大,跨境资本大规模、频繁地流动可能会加剧我国金融市场风险。由此可见,资本账户开放会对我国金融市场风险形成时变性与非线性影响。

本节结构安排如下:第二部分对现有文献进行综述,明确本节研究出发点和主要贡献;第三部分基于理论机制分析,阐述资本账户开放对我国金融市场风险的影响机理;第四部分为数据处理与模型构建;第五部分实证分析资本账户开放与各个金融子市场风险之间的时变性关联;第六部分为进一步讨论分析;第七部分是结论与政策建议。

二、文献综述

资本账户开放与金融市场风险之间的关系历来都是学界关注的重点,众多学者在金融市场风险测度、资本账户开放对金融市场风险影响的量化分析等方面开展了丰富的研究。

学者们主要从宏观层面对金融市场风险进行了测度,Illing 和 Liu(2006)创设的金融压力指数编制方法自首次提出以来一直备受关注。金融压力指数不仅能够充分反映金融市场的运行状况,而且能够识别金融市场风险的总体演化态势,从而有效且准确地衡量金融市场风险状况。Illing 和 Liu(2006)为了更加准确地预测金融危机以及衡量金融危机的严重程度,提出了"金融压力"的概念,在此基础上,量化了"金融压力",进而构建了金融压力指数,金融压力指数达到极端值则预示着金融危机即将发生。具体来说,他们选取了银行、外汇和股票三个金融子市场中若干具有代表性的指标,采用等方差权重法合成了加拿大金融市场压力指数。金融市场压力指数构建过程中市场的划分、指标的选取以及构建的方法较为多样化。Hakkio 和 Keeton(2009)从货币市场、股票市场以及债券市场中选取了 11 个重要的相关指标,基于主成分分析法构建出美国堪萨斯州的金融压力指数。Oet 等(2015)选取了包括房地产市场在内的多个市场中的一系列相关指标,采用 CDF-信用加权法构建出美国金融市场压力指数。Islami 和 Kurz-Kim(2014)从货币、股票、外汇和石油市场中选取与实体经济高度相关的指标,通过等方差权重法构建了欧元区的金融压力指数。国内学者在此领域也进行了一系列积极探索,对我国金融市场压力指数构建及应用展开研究。徐国祥和李波(2017)选取了货币、股票、债券以及外汇市场若干相关指标,运用因子分析法构建了我国金融市场压力指数。隋建利和尚铎(2018)从我国货币市场、股票市场、外汇市场和外部市场中选取了若干相关指标,基于等方差权重法构建了这四个金融子市场的压力指数。李敏波和梁爽(2021)选取货币、股票、债券以及外汇市场若干代表性指标,运用经验累计分布函数法构建了四个子市场的金融压力指数,在此基础上,考虑各子市场之间的相关关系,合成了我国金融市场压力指数。

目前已有许多学者就资本账户开放对金融市场风险的影响进行了量化研究,但研究内容主要集中于资本账户开放对单一金融子市场风险的影响。一些学者从货币市场的角度分析了资本账户开放对货币市场风险的影响。李剑峰和蓝发钦(2007)基于六个亚洲发展中国家的季度数据进行实证分析,发现资本账户开放加剧了这些国家的货币市场风险,但影响强度与一国经济基础条件密切相关。黄均华(2017)采用面板平滑转换模型分析了资本账户开放对货币稳定性的影响,发现资本账户开放对货币稳定性的影响存在时变特征,即资本账户开放从完全封闭到完全放开的进程中,货币市场稳定呈现"U"形变化。同时,银行部门作为货币市场的重要组成部分,资本账户开放对银行风险的影响也得到了部分学者的关注。陈旺等(2020)基于跨国面板数据实证研究发现,资本账户开放短期内可能会加剧银行风险,但从长期来看,扩大资本账户开放可以有效降低银行风险。顾海峰和于家珺(2020)基于2008—2017年中国245家商业银行的微观面板数据研究发现,资本账户开放引发的资本流动可能会进一步加剧银行风险,但随着制度环境的改善和金融市场发展水平的提升,资本账户开放的银行风险效应可以得到有效缓解。除了关于资本账户开放对货币市场风险以及银行风险影响的研究外,也有学者从外汇市场风险、股票市场风险等角度展开了研究。赵茜(2018)采用我国2000—2017年月度数据分析了资本账户开放、外汇市场风险、汇率市场化改革三者之间的关系,发现汇率市场化改革可以缓解资本账户开放的外汇市场风险效应。范小云等(2020)基于2006年第一季度至2018年第四季度的面板数据分析了不同部门资本流动波动对股市波动的影响,研究发现,资本流入和流出波动都会加剧股票市场波动,而宏观审慎政策和资本管制则可以有效抑制跨境资本流动对股市波动的影响。

虽然上述文献通过实证分析发现资本账户开放对金融市场风险存在非线性影响,但鲜有文献分析资本账户开放对我国金融市场风险的影响,且大多数文献都采用传统面板模型分析资本账户开放对金融市场风险的影响。众所周知,门限模型、平滑面板转换模型等面板模型的定量分析方法,适用于不同个体的普遍性问题的分析研究。对于我国资本账户开放和金融市场风险这种既有自身特点又附带时变性特征的情况,传统的面板模型可能无法有效分析资本账户开放对我国金融市场风险的影响且可能遗漏关键的时变信息。而随机波动时变参数向量自回归模型(TVP-SV-VAR)具有时变性和结构性特征,从而可以通过估计时变参数以获得经济结构内部潜在的时变特征,同时,时变波动性有效解决了模型的异方差问题。近期也有文献采用 TVP-SV-VAR 模型探讨了资本账户开放对我国金融市场风险的时变影响机制。如戴淑庚和余博(2020)在构建系统性金融风险指数的基础上,实证探究了资本账户开放对我国系统性金融风险影响的时变特征;何剑等(2020)实证分析了资本账户开放、系统性金融风险、经济高质量发展三者间的时变特征。

纵观现有文献可能还存在以下不足:第一,在我国金融开放不断扩大以及防范化解重大风险背景下研究资本账户开放对我国金融市场风险影响动态变化的成果仍然较少;第二,关于资本账户开放对我国金融风险影响的研究,主要分析资本账户开放对我国金融市场风险的整体影响,尚未深入分析资本账户开放对不同金融子市场风险的影响;第三,资本账户中的证券投资账户往往是国际"热钱"的重要流通渠道,因此,分析证券投资账户开放对我国金融市场风险影响的重要性不言而喻,但现有分析证券投资账户开放对我国金融市场风险影响的文献非常有限。

针对以上问题,本节从三个方面丰富现有研究:第一,在研究视角上,根据我国金融风险的特点着重分析资本账户开放对我国金融市场风险的影响。第二,相较于以往文献仅仅量化分析资本账户开放对单一金融子市场风险的影响,本节将我国四个主要金融子市场风险都纳入实证模型,并采用具有时变特征的 TVP-SV-VAR 模型系统分析资本账户开放对我国四个主要金融子市场风险的动态影响。第三,本节将探讨具有短期逐利特点的证券投资账户开放对我金融市场风险的影响。

三、资本账户开放对金融市场风险的影响机理

资本账户开放的根本目的在于放松对跨境资本流动的管制,允许跨境资本在国际和国内市场上自由流动。因此,对于资本账户开放对金融市场风险的影响机理分析也应从跨境资本流动的视角展开。资本项目中可兑换项目的逐步增加将使得跨境资本流动规模随之日益扩大,并迅速对开放国国内金融子市场风险造成影响,最终传导至整个金融市场。本节认为金融市场风险的覆盖范围,主要包括货币市场(主要由银行间市场组成)、债券市场、股票市场以及外汇市场。

1. 资本账户开放对货币市场风险的影响。银行是货币市场主要参与者,资本账户开放主要通过影响银行风险,进而影响货币市场风险。从影响渠道来看,资本账户开放主要通过资本流入和资本流出两个渠道对银行风险造成影响。一方面,跨境资本流入会导致银行贷款利率下降,这使得银行单位贷款获得的利润减少,致使银行监督激励下降,银行可能会青睐于高风险、高收益的项目,造成银行流动性风险增加(顾海峰和于家珺,2020);与此同时,资本流入可能会造成资产价格上涨,资产价格上涨可能会干扰银行对信贷对象的风险识别,进而增加银行信贷风险。另一方面,跨境资本流出会增加银行融资压力,致使银行不得不提高存款利率(方意等,2017),同时,银行也需提高贷款利率。贷款利率的提高会导致谨慎型资金需求者放弃贷款申请,此时,银行的偿债压力增大,银行将面临流动性枯竭风险,若出现挤兑现象,银行破产风

险也会随之增大;贷款利率的提高也可能促使投机型资金需求者接受贷款,但贷款人的平均风险水平将上升,银行出现不良贷款的可能性增加,银行信贷风险随之上升。

2.资本账户开放对债券市场风险的影响。资本账户开放以后,跨境投资者可以通过购买开放国的本币债券以及外币债券进入开放国债券市场。当开放国债务水平较高时,债券市场的违约风险也随之上升,国际资本可能首当其冲,进而影响国际资本的回报率,从而导致国际资本流出,进一步加剧债券市场风险。同时,资本账户开放后,跨境资本流动使新兴市场国家的本币债券回报率受发达国家债券收益变动的影响程度逐渐加深,一旦发达国家的金融市场状况发生逆转,将导致新兴市场国家的债券市场出现大幅波动。此外,在资本账户开放的条件下,全球因素可能会加剧一国国债市场的波动溢出效应,进而造成整个债券市场风险增大。

3.资本账户开放对股票市场风险的影响。资本账户开放主要会影响股票价格,进而影响股票市场风险。资本账户开放会影响投资者风险偏好,进而对股票资产需求造成冲击,最终形成股票价格泡沫。在低利率环境下,利率下行会导致无风险利率进一步降低,致使投资者风险偏好提升。资本账户开放意味着国际投资者可以通过证券市场投资获得超额收益,在此情形下,大量跨境资本可能会流入流动性较好的股票市场,推动股票市场价格大幅上涨,股票市场的价格上涨会进一步提升国际投资者的风险偏好,增加对风险资产的持有,最终造成股票市场价格泡沫。与此同时,资本账户开放还会通过影响货币市场流动性状况,造成股票价格波动。一方面,跨境资本流入会导致货币供应量和市场流动性增加,从而可能带来股票价格波动(Kim 和 Yang,2009);另一方面,跨境资本流出可能会对开放国国内流动性造成冲击,进而致使开放国国内资产价格出现大幅下降,导致股票价格出现大幅波动。

4.资本账户开放对外汇市场风险的影响。根据传统的"不可能三角"理论,在金融开放条件下,一国最多只能实现跨境资本自由流动、固定汇率制度以及货币政策独立性三个目标中的两个。随着我国资本账户开放的不断推进,跨境资本流动日趋自由化,此时货币当局为了保持货币政策独立性,必然会增加人民币汇率的弹性,这会造成汇率波动频率增加、波动幅度增大。同时,由于套汇动机的存在,汇率变动会影响跨境资本流动。当跨境投资者预期人民币远期汇率升水时,跨境资本便会大量流入国内进行套汇活动。跨境资本的大量流入造成外汇市场上的人民币需求量急速上升,此时人民币汇率升值预期将会进一步增强。频繁的套汇活动会造成汇率波动加剧,进而导致外汇市场风险增加。

四、数据处理与模型构建

(一)变量选取和数据来源

本节选取资本账户开放度、货币市场压力指数、股票市场压力指数、债券市场压力指数以及外汇市场压力指数构建五变量 TVP-SV-VAR 模型。样本时间跨度为 2006 年 3 月至 2020 年 12 月。所有相关基础数据都取自 Wind 数据库、CEIC 数据库。

1. 资本账户开放度。参考戴淑庚和余博(2020)的做法,用"|货币当局外汇占款变动量-经常账户差额|/GDP"对资本账户开放程度进行量化,以 CA 表示。

2. 金融市场压力指数。关于金融压力指数的构建,现有文献一般采用等方差权重法、因子分析法、CDF-信用加权法等,这些方法各有优缺点。由于编制金融压力指数根本目的在于能够准确识别金融风险变化,因此,构建的金融压力指数变化趋势能够充分反映我国金融市场风险变化情况即可。本节的金融市场压力指数(CFSI)由货币市场压力指数(CR)、股票市场压力指数(SR)、债券市场压力指数(BR)以及外汇市场压力指数(ER)通过等方差权重法合成。具体来说,货币市场维度包括银行间市场 7 天回购加权平均利率和 Ted 利差两个指标;股票市场维度包括股票指数下跌变量和股票指数波动率两个指标;债券市场维度包括负的期限利差、企业债利差以及政策性金融债利差三个指标;外汇市场维度包括汇率波动率和实际有效指数波动率两个指标。具体指标说明如表 2.10 所示。

表 2.10 金融市场压力指数的指标体系

市场	指标	实际含义	变动方向
货币市场	银行间市场 7 天回购加权平均利率	表征资金的供求状况	同向
	Ted 利差	3 个月的银行间同业拆借利率与 3 个月的国债收益率之差	同向
股票市场	股票指数下跌变量	上证指数的 CMAX:一年移动时间窗口内的最大累积损失	同向
	股票指数波动率	上证综指的 GARCH 波动率	同向
债券市场	负的期限利差	1 年期国债与 10 年期国债到期收益率之差	同向
	企业债利差	1 年期 AAA 级企业债与 1 年期国债到期收益率之差	同向
	政策性金融债利差	1 年期国开债与 1 年期国债到期收益率之差	同向
外汇市场	汇率波动率	人民币兑美元汇率的 GARCH 波动率	同向
	实际有效指数波动率	人民币综合汇率指数的 GARCH 波动率	同向

基于上述指标构建的各子市场压力指数以及总市场压力指数,均能充分反映各市场风险变化情况,且与《中国金融稳定报告(2021)》中金融压力指数变化趋势基本一致。

(二)TVP-SV-VAR 模型构建

VAR 模型作为一种基础的计量分析工具已经被广泛运用,Sims(1980)在此基础上,考虑了变量间的相互影响关系,提出 SVAR 模型。然而,传统的 SVAR 模型假定相关参数为固定值,忽略了变量的时变性特征。Primiceri (2005)提出时变参数向量自回归模型,假定参数可以随时间而变动,以识别经济变量间可能存在的时变结构。Nakajima(2011)在此基础上进一步改进了 TVP-SV-VAR 模型。

考虑传统的 SVAR 模型:

$$Ay_t = F_1 y_{t-1} + \cdots + F_s y_{t-s} + u_t ; t = s+1, \cdots, n \tag{2.7}$$

其中,y_t 为 $k \times 1$ 阶的观测变量,A 和 F_i 为 $k \times k$ 阶的系数矩阵,u_t 为 $k \times 1$ 阶的结构冲击,并假设冲击变量 $u_t \sim N(0, \sum\sum)$。其中:

$$\sum = \begin{pmatrix} \sigma_1 & 0 & \cdots & 0 \\ 0 & \cdots & \cdots & \vdots \\ \vdots & \cdots & \cdots & 0 \\ 0 & \cdots & 0 & \sigma_k \end{pmatrix} \tag{2.8}$$

假定同期相关系数矩阵 A 为下三角矩阵:

$$A = \begin{pmatrix} 1 & 0 & \cdots & 0 \\ a_{21} & \cdots & \cdots & \vdots \\ \vdots & \cdots & \cdots & 0 \\ a_{k1} & \cdots & a_{k,k-1} & 1 \end{pmatrix} \tag{2.9}$$

因此,式(2.7)可进一步整理简化为:

$$y_t = B_1 y_{t-1} + \cdots + B_s y_{t-s} + A^{-1} \sum \varepsilon_t ; \varepsilon_t \sim N(0, I_k) \tag{2.10}$$

其中,$B_i = A^{-1} F_i ; i = 1, \cdots, s$。将所有 B_i 的元素进一步堆积成 β 形式($k^2 s \times 1$ 阶),并定义 $X_t = I_s \otimes (y'_{t-1}, \cdots, y'_{t-s})$,$\otimes$ 表示克罗内克积。

式(2.10)可以进一步化简为:

$$y_t = X_t \beta + A^{-1} \sum \varepsilon_t \tag{2.11}$$

由于式(2.11)中的所有参数未被赋予时变特性,因此,在引入时变参

基础上,可以将式(2.11)进一步改写成:

$$y_t = X_t\beta_t + A_t^{-1}\sum{}_t\varepsilon_t; t = s+1, \cdots, n \tag{2.12}$$

式(2.12)即为 TVP-SV-VAR 模型,即具有随机波动率的时变结构向量自回归模型。

根据 Primiceri(2005)的定义,A_t 中下三角的各元素为:$a_t = (a_{21}, a_{31}, a_{32}, a_{41}, \cdots, a_{k,k-1})'$,用以描述各时期内变量间的同期作用关系;$h_{jt} = \log\sigma_{jt}^2$;$j = 1, \cdots, k$;$t = s+1, \cdots, n$;$h_t = (h_{1t}, \cdots, h_{kt})'$为随机波动率。

假设式(2.12)中的所有参数均遵循一阶随机游走过程,则:

$$\begin{aligned}\beta_{t+1} &= \beta_t + u_{\beta t}, \\ a_{t+1} &= a_t + u_{at}, \\ h_{t+1} &= h_t + u_{ht,}\end{aligned} \begin{pmatrix}\varepsilon_t \\ u_{\beta t} \\ u_{at} \\ u_{ht,}\end{pmatrix} \sim N\left(0, \begin{pmatrix} I & 0 & 0 & 0 \\ 0 & \sum_{\beta} & 0 & 0 \\ 0 & 0 & \sum_{\alpha} & 0 \\ 0 & 0 & 0 & \sum_{h} \end{pmatrix}\right) \tag{2.13}$$

其中,$t = s+1, \cdots, n$;$\beta_{s+1} \sim N(\mu_{\beta_0}, \sum_{\beta_0})$;$a_{s+1} \sim N(\mu_{a_0}, \sum_{a_0})$;$h_{s+1} \sim N(\mu_{h_0}, \sum_{h_0})$。

五、实证分析

(一)数据平稳性检验和模型参数检验

为保证模型的内生变量平稳,本节对各内生变量进行 ADF 单位根检验,所有变量均在 5% 显著性水平上显著,因此,模型不存在因不平稳的时间序列而导致的伪回归问题。

参考 Nakajima(2011)的做法,首先,将参数的初始值赋值及先验分布设定为:

$$\mu_{\beta_0} = \mu_{a_0} = \mu_{h_0} = 0 \tag{2.14}$$

$$\sum_{\beta_0} = \sum_{a_0} = \sum_{h_0} = 10I \tag{2.15}$$

$$\left(\sum_{\beta}\right)_i^{-2} \sim Gamm(40, 0.02), \left(\sum_a\right)_i^{-2} \sim Gamm(4, 0.02),$$

$$\left(\sum_h\right)_i^{-2} \sim Gamm(4, 0.02) \tag{2.16}$$

接下来,采用 MCMC 方法对参数进行抽样估计,抽样次数设定为 10000 次。其中,前 1000 次模拟作为预烧样本被舍弃,后 9000 次的抽样结果被用于计算均值和标准差。最后,根据 AIC、HQIC 和 SBIC 滞后阶数判定准则,最优滞后阶数为 1 阶。

(二)参数回归结果分析

表 2.11 列出了模型估计后得到的参数后验分布的均值、标准差、95%置信区间的下限和上限、Geweke 收敛诊断值以及无效因子。从 Geweke 收敛诊断值来看,在 1%显著性水平,均不能拒绝参数收敛于后验分布的零假设。从无效影响因子值来看,各组模型中最大值均不超过 100,因此可以得到 10000/100 = 100 个不相关样本,用于后验结果推断数量充足。可见,模型估计效果较为良好。

表 2.11 五变量 TVP-SV-VAR 模型参数估计结果

参数	均值	标准差	95%L	95%U	Geweke 检验	无效因子
sb1	0.0428	0.0099	0.0277	0.0660	0.252	52.72
sb2	0.0651	0.0198	0.0365	0.1162	0.126	87.80
sa1	0.0593	0.0406	0.0332	0.1461	0.395	24.85
sa2	0.0575	0.0158	0.0349	0.0960	0.174	36.57
sh1	0.4940	0.1127	0.2974	0.7411	0.042	69.07
sh2	0.3208	0.0575	0.2280	0.4503	0.370	39.97

（三）时变参数特征分析

图2.2显示了参数的自相关系数（第一行）、模拟变动路径（第二行）和模拟分布密度（第三行），可以发现，剔除预烧期样本之后，模型参数自相关系数平稳下降，变动路径平稳，且样本收敛于后验分布，表明本节采用的 MCMC 抽样方法估计是有效的。

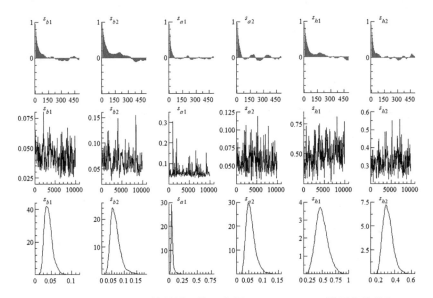

图 2.2 基于 MCMC 抽样模拟的五变量 TVP-SV-VAR 模型参数特征

（四）不同提前期脉冲响应分析

为了考察资本账户开放对四个主要金融子市场风险的短期、中期和长期影响，本节分别设定 6 个、12 个、24 个月提前期，以分析资本账户开放冲击的动态变化过程。从图2.3总体来看，资本账户开放对四个金融子市场风险的影响在提前 6 个月时最为明显，12 个月后影响明显减弱，24 个月后影响几乎为零。这说明资本账户开放对金融市场风险的影响主要存在于短期。

从资本账户开放对货币市场风险（CA→CR）的脉冲响应来看,短期内资本账户开放对货币市场风险的影响存在明显的时变特征。货币市场风险对资本账户开放冲击的正向反馈主要集中在 2008 年国际金融危机期间以及国际金融危机后一小段时间,其他时间段内,货币市场风险对资本账户开放冲击为负向反馈。造成这一现象的原因可能在于:一方面,金融危机期间以及金融危机后一小段时间,跨境资本的频繁流动会导致国内货币供应量波动,流动性也随之频繁变动,国内货币供应量的频繁变动会造成国内信贷及利率波动,进而导致货币市场压力增加;另一方面,金融危机发生以后,我国及时加强了对资本账户的管制,并不断深化利率市场化改革,利率市场化改革的不断深入提升了货币市场主体的"抗压"能力。因此,2010 年以来,资本账户开放未对我国货币市场风险造成正向冲击,反而在一定程度上缓解了货币市场的流动性短缺状况。

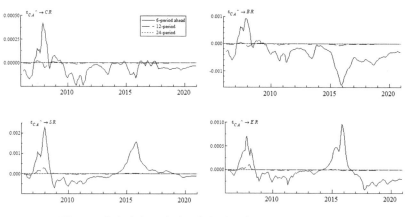

图 2.3　资本账户开放对四个金融子市场风险的动态影响

从资本账户开放对债券市场风险（CA→BR）的脉冲响应来看,其影响与资本账户开放对货币市场风险的影响较为相似。资本账户开放对债券市场风险的正向影响也主要集中在 2008 年国际金融危机期间,这主要是由于跨境资本流动使我国人民币债券回报率受发达国家债券回报率变动的影响逐渐加深,而国际金融危机则使得发达国家的金融市场状况发生了逆转,进而导致我国债券市场出现较大的波动,加剧了债券市场风险。

从资本账户开放对股票市场风险(CA→SR)的脉冲响应来看,短期内,资本账户开放对股票市场风险的影响存在明显的时变特征。2007年至2008年国际金融危机爆发,资本账户开放对股票市场风险产生正向影响,并于金融危机期间达到峰值,随后,资本账户开放对股票市场风险的正向影响减弱并转为负向影响;在2014年又转为正向影响,于2016年再次达到峰值,此后正向影响减缓,于2019年再次转为负向影响。这一现象背后的原因可能是,资本账户开放条件下,国际投资者可以通过证券投资渠道直接对我国股票市场价格造成影响。然而,股票市场上用于证券投资的资金主要来自国际游资,与直接投资资金相比,国际游资具有短期逐利性、流动方向不稳定、投机性强等明显特点。2007年至2008年期间以及2014年3月至2015年6月期间,我国股市处于牛市,因此,跨境资本会大量流入我国股票市场,使得我国股票市场价格进一步攀升,造成资产价格泡沫,增加了股票市场风险。2008年国际金融危机后,我国加强了对资本账户的管制,使得资本账户开放对股票市场风险的正向影响立刻减小。2016年1月,我国跨境资本流动规模一度突破万亿美元大关,此时,我国资本账户开放度达到改革开放以来的最高点。这一时期,美联储退出量化宽松,我国货币当局进行了"811"汇改,在这些国内外政策变化冲击下,我国外汇储备规模下降比较明显,货币当局针对此问题,随即对我国资本账户采取了较为严格的资本流出管制措施,使得对股票市场风险的正向影响立刻减缓。2019年9月9日,证监会召开了全面深化资本市场改革的会议,会议提出要加快推进资本市场高水平开放、大力发展直接融资尤其是股权融资等改革任务。资本账户开放使得国际资本可以流入我国股票市场,进而满足股票市场融资主体的资金需求,缓解了股票市场的流动性压力,在一定程度上降低了股票市场风险。

从资本账户开放对外汇市场风险(CA→ER)的脉冲响应来看,其影响与资本账户开放对股票市场风险的影响较为相似。2007年至2008年国际金融危机期间,跨境资本的大规模流入与流出造成人民币汇率异常波动,此时期资本账户开放对外汇市场风险产生正向冲击。随后,货币当局及时加强了对跨境资本流动的管制,外汇市场压力也随之下降,外汇市场风险得到了有效控制。2010年以来,我国人民币汇率出现上升趋势,这加剧了人民币升值压力,而伴随我国宏观调控的进一步深入以及西方发达国家经济的复苏,使得部分跨境资本从我国流出,进而缓解了人民币升值压力。2015年我国汇率改革前后,短期跨境资本外流加剧了人民币贬值速度,对外汇市场形成了较大压力:2014—2016年间我国外汇储备流失超8000亿美元,同时人民币汇率跌幅近13.4%。此后,我国货币当局实施了较为严格的跨境资本流动管制,与此同时,人民币在2016年正式加入了SDR货币篮子。我国货币当局于2017年宣布在汇率中间价形成机制中引入"逆周期因子"。我国货币当局的这一系列举措有效缓解了资本账户开放对外汇市场的负向冲击。近年来,随着我国不断深化汇率市场化改革,资本账户开放与汇率市场化改革相互配合有效释放了我国外汇市场风险(赵茜,2018)。

综上所述,资本账户开放对我国金融市场风险的影响存在明显的时变特征。具体来说,资本账户开放会在极端时期进一步加剧我国金融市场风险,但资本账户开放对各个金融子市场风险的影响强度有所区别,资本账户开放对资本市场的影响较为强烈,外汇市场次之,货币市场最小。这可能是由于跨境资本的逐利性质,导致跨境资本更希望通过资本市场获得短期超额回报。传统的"三元悖论"认为,一国资本账户开放、固定汇率制度以及货币政策独立性三大目标最多只能实现其中两个目标,为了保持货币政策独立性,一国一般会放弃固定汇率制度,此时资本账户开放则会造成本国货币的升值和贬值,进而加剧外汇市场风险。

(五)不同时点脉冲响应分析

为进一步分析模型中不同时点资本账户开放对我国金融市场风险的影

响,本节选取三个时间点:2009年7月、2015年12月、2019年7月。2009年7月1日,中国人民银行等六部门联合发布了《跨境贸易人民币结算试点管理办法》,意味着人民币国际化迈出了历史性的一步;2015年11月30日,IMF决定将人民币纳入SDR货币篮子,这成为人民币国际化道路上的重要里程碑;2019年7月20日,国务院金融稳定发展委员会推出了11条金融业进一步对外开放的具体措施,标志着我国金融开放又向前迈进一大步。三个不同时间点的扩大金融开放举措可以用于探讨不同时期的扩大开放对于我国金融市场风险的影响是否存在一致性。如图2.4所示,资本账户开放对金融市场风险的影响在三个不同时间点的脉冲响应结果在短期存在显著差异,但长期都趋于零。这进一步验证了资本账户开放对金融市场风险的影响主要存在于短期的观点。

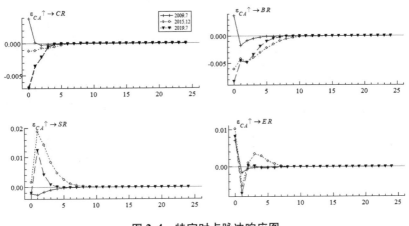

图2.4　特定时点脉冲响应图

从资本账户开放对货币市场风险(CA→CR)的不同时点脉冲图看,货币市场风险对资本账户开放三个不同时点冲击的脉冲响应走势存在较为明显的差异。2009年7月资本账户开放在即期对货币市场风险的影响为正,第1期已收敛至零。这可能是由于国际金融危机后,我国政府出台了一揽子利好的政策且受危机冲击较为严重的发达国家实施极度宽松的货币政策,资本账户开放使得大量跨境资本流入我国,造成国内货币投放量剧增,进而造成货币市场压力增加。2015 年 12 月和 2019 年 7 月资本账户开放在即期对货币市场风险的影响为负,并于第 5 期收敛至零。但从影响强度来看,2019 年 7 月的影响强度要大于 2015 年 12 月。自 2015 年 10 月 24 日起,中国人民银行决定对商业银行等从事信贷业务的金融机构不再设置存款利率浮动上限,标志着我国长达 20 年的利率市场化改革基本完成。2019 年 8 月 20 日,为进一步深化利率市场化改革,提升利率传导效率,降低实体产业融资成本,中国人民银行决定改革完善贷款市场报价利率形成机制。随着利率市场化程度不断提高,资本账户开放条件下的跨境资本流动可以起到缓解货币市场流动性泛滥和纾困货币市场流动性短缺的作用,进而降低货币市场风险。

从资本账户开放对债券市场风险(CA→BR)的不同时点脉冲图看,债券市场风险对资本账户开放三个不同时点冲击的脉冲响应走势存在较为明显的差异。2009 年 7 月资本账户开放在即期对债券市场风险的影响为正,在第 1 期后转为负向,并在第 5 期收敛至零。2015 年 12 月和 2019 年 7 月资本账户开放在即期对债券市场风险的影响为负,分别于第 6 期和第 10 期收敛至零。这一现象的可能原因在于,2009 年 4 月,首批由财政部代发的地方政府债问世,由于地方政府债可能存在隐性担保,这吸引短期跨境资本大量流入,进而助推债券市场价格攀升,导致债券市场风险短期内增加;而随着我国债券市场的不断完善,债券品种的不断丰富,资本账户开放能够拓宽债券市场的融资渠道,缓解债券市场风险。

从资本账户开放对股票市场风险(CA→SR)的不同时点脉冲图看,股票市场风险对资本账户开放三个不同时点冲击的脉冲响应走势也存在较为明显的差异。2009 年 7 月资本账户开放在即期对股票市场风险的影响为负,第 5 期收敛至零。这主要是由于 2009 年 8 月我国股市较为低迷,资产价格下跌,股票市场风险加剧。而此时由于国际金融危机爆发不久,大多数发达国家都遭受重创,我国在国际金融危机中受到的冲击相对较小,因此,我国资本市场可能更受国际资本的青睐。资本账户开放可以为股票市场注入资金,缓解资产价格下跌趋势,缓释股票市场风险。2015 年 12 月和 2019 年 7 月资本账户开放在即期对股票市场风险的影响为正,在第 1 期时达到峰值,随后正向影响强度下降,分别于第 7 期和第 5 期收敛至零。虽然 2015 年 12 月和 2019 年 7 月资本账户开放度扩大都对股票市场风险产生了正向冲击,但其背后原因可能有所不同。2015 年 6 月开始,我国股市进入了深度调整期,短期跨境资本可能会大量流出股票市场,加剧股票价格下跌幅度,造成股票市场风险增大。随后,我国证监会以及央行出台一系列相关政策抑制股票市场风险,资本账户开放对股市市场风险的正向影响也随之减缓。2019 年 8 月 1 日和 2019 年 9 月 19 日,美联储两次宣布降息,国际货币政策的变化会改变世界的利率水平,加剧跨境资本流动,造成股票市场价格波动,进而加大股票市场风险。

从资本账户开放对外汇市场风险(CA→ER)的不同时点脉冲图看,三个不同时点冲击的脉冲响应走势基本一致,只是影响强度有所区别。2009 年 7 月资本账户开放在即期对外汇市场风险的影响为正,在第 1 期后转为负向,并在第 4 期收敛至零。2015 年 12 月资本账户开放在即期对外汇市场风险的影响为正,在第 1 期后转为负向,下一期又转为正向,在第 3 期达到峰值,随后正向影响减缓,于第 8 期收敛至零。2019 年 7 月资本账户开放在即期对外汇市场风险的影响为正,在第 1 期后转为负向,并在第 4 期收敛至零。自 2005 年 7 月起,我国一直实施有管理的浮动汇率制度,在浮动汇率制度下,跨境资本流动会加剧汇率波动,造成外汇市场压力上升。这种异常波动会随着外汇当局进行外汇市场干预逐渐减缓。

综合来看,随着时间的推移,扩大资本账户开放对货币市场和债券市场风险的影响会发生方向上的转变(由正向转向负向),这可能是由于我国货币政策的有效性不断提高、利率市场化改革的不断深入以及债券市场的不断发展。相较于债券市场,股票市场更易受到资本账户开放扩大的冲击,这可能是由于股票市场自身高风险的特点,且外部政策的变化也会加剧资本账户开放对股票市场的冲击。而资本账户开放对外汇市场风险的影响则不确定,存在明显的时变特征。

六、进一步讨论分析

本节前面的分析发现,资本账户开放对金融市场风险的影响往往存在于短期。由于证券投资的资金主要由国际游资组成,具有明显的短期逐利性、流向不稳定、投机性强等特点,本节将进一步讨论证券投资资本流动对我国金融市场风险的影响特点。借鉴彭红枫和朱怡哲(2019)的方法,以国际收支平衡表中金融账户下的证券投资子账户的资本流动总和与 GDP 的比值来衡量证券投资开放度。本节构建了包括资本账户开放度(CA)、金融市场压力指数(CFSI)和证券投资开放度(SIA)的三变量 TVP-SV-VAR 模型,以分析资本账户开放和证券投资开放对金融市场风险的影响。三个变量均通过 ADF 检验,在 5%显著性水平上显著。通过表 2.12Geweke 收敛诊断值来看,在1%显著性水平上,四组模型结果均不能拒绝参数收敛于后验分布的零假设。从无效影响因子值来看,各组模型中最大值均不超过 100,因此可以得到 10000/100 = 100 个不相关样本,用于后验结果推断数量充足。可见,模型估计效果较为良好。

表 2.12 三变量 TVP-SV-VAR 模型参数估计结果

参数	均值	标准差	95%L	95%U	Geweke 检验	无效因子
sb1	0.0286	0.0047	0.0209	0.0390	0.275	12.68
sb2	0.0408	0.0102	0.0253	0.0640	0.836	42.35
sa1	0.0713	0.0245	0.0393	0.1305	0.438	85.00
sa2	0.0561	0.0144	0.0345	0.0912	0.511	64.17
sh1	0.5581	0.1283	0.3450	0.8511	0.043	91.81
sh2	0.4531	0.1243	0.2331	0.7107	0.240	58.17

图 2.5 分别描绘了参数的自相关系数(第一行)、模拟变动路径(第二行)和模拟分布密度(第三行),可以看出,模型参数自相关系数平稳下降,模拟变动路径平稳,且样本收敛于后验分布,表明基于 MCMC 方法的贝叶斯抽样样本估计有效。

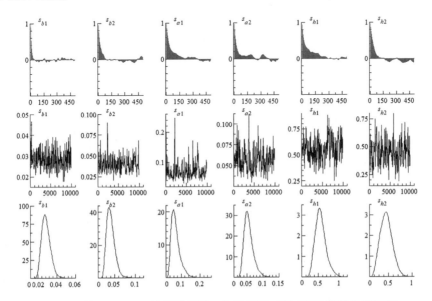

图 2.5　基于 MCMC 抽样模拟的三变量 TVP-SV-VAR 模型参数特征

(一)时变的随机波动率

图 2.6 为资本账户开放程度、证券投资开放度和金融市场压力指数三组数据及其随机波动率。从图中可以发现,我国资本账户开放度在 2008 年 1 月达到了这一阶段的最高点;不过此后由于国际金融危机的爆发,我国加强了对跨境资本流动的管制,跨境资本流动规模出现明显下降。虽然在危机之后有所恢复,但此后我国一直保持较为稳健的开放态度,因此,跨境资本流动规模并未出现明显变动。2012 年 2 月,中国人民银行发布了《我国加快资本账户开放的条件基本成熟》的研究报告,此后我国资本账户开放步伐明显加快。2016 年 1 月,我国跨境资本流动规模一度突破万亿美元大关,此时,我国资本

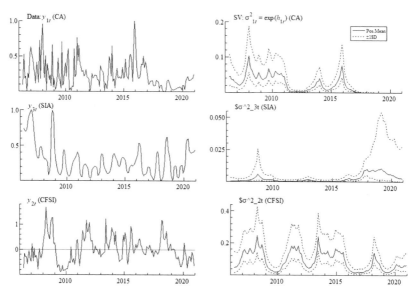

图 2.6　资本账户开放程度、证券投资开放度和金融市场压力指数的随机波动率

账户开放度达到改革开放以来的最高点。与此同时,美联储退出量化宽松,我国货币当局进行了"811 汇改",在这些国内外政策变化的冲击下,我国的外汇储备规模出现下降趋势,货币当局随即对我国资本账户实行了较为严格的管制措施,此后资本外流趋势得以有效遏制,跨境资本流动随机波动率也随之降低。

从证券投资开放度来看,与直接投资相比,证券投资资本投机性更强、流动的频率更高、期限更短。从随机波动率来看,在 2008 年国际金融危机期间达到峰值,随后减缓,这可能是由于我国货币当局在危机发生后加强了对证券投资资本这类短期资本流动的宏观审慎管理。而近年来,我国不断扩大对外开放,其波动性有明显的上升趋势。

金融市场压力指数显示,我国主要经历了 2008 年国际金融危机、2011 年下半年的欧债危机、2013 年我国银行业的"钱荒"事件、2015—2016 年人民币快速贬值以及 2018 年的中美贸易摩擦。值得注意的是,2020 年新冠疫情期间我国金融市场压力也出现了小幅上升。随机波动率的峰值与历次的重大风险事件发生相对应。

（二）等时间间隔脉冲响应分析

图 2.7 为时变参数 TVP-SV-VAR 模型三个变量间的 3 个月滞后、6 个月滞后和 12 个月滞后等间隔脉冲响应结果,可以看出三个变量间的影响程度存在显著时变特征。

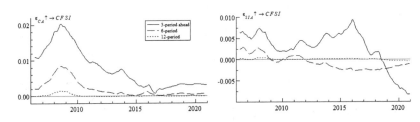

图 2.7　资本账户开放与证券投资开放对金融市场风险的动态影响

从资本账户开放对金融市场风险(CA→CFSI)的影响脉冲图看,三个不同提前期形成的脉冲响应趋势具有一定相似性,但冲击程度明显不同。其中,提前 3 个月的短期冲击反应最为明显,提前 6 个月的冲击反应明显减弱,提前 12 个月的冲击反应几乎为零。资本账户开放对金融市场风险的影响为正向,从 2007 年开始上升,并在 2008 年国际金融危机期间达到峰值,随后开始下降。造成这一现象的原因可能是我国监管当局在 2008 年国际金融危机发生后及时加强了对跨境资本流动的管制,并在之后对资本账户保持稳健的开放态度。但我国自 2015 年第三季度起出现跨境资本净流出现象。同时,从国际市场来看,欧美日等发达国家也未能完全从极度宽松的货币政策回归正常化。跨境资本流动可能会变得更加频繁,跨境资本频繁流动可能会进一步加剧我国金融市场的脆弱性。因此,从脉冲响应图可以发现,2016 年以来,资本账户开放对我国金融市场风险的正向影响有逐步扩大的趋势。本节前面的研究发现,在 2010 年至 2014 年期间,资本账户开放度对金融市场的四个子市场风险的影响为负向。而资本账户开放度对金融市场风险的影响在 2010 年至 2014

年期间为正向,造成这一现象的原因在于前文未将证券投资开放度纳入模型,由于证券投资资本流动意图和流向的隐蔽性和突变性,其对金融市场风险的正向影响可能被掩盖。

从证券投资开放对金融市场风险(CIA→CFSI)的动态影响脉冲图看,三个不同提前期形成的脉冲响应趋势有所不同。短期来看,证券投资开放度对金融市场风险影响在 2018 年下半年之前都为正向,2018 年下半年之后转为负向,且有明显扩大的趋势。2018 年下半年以前,证券投资开放度对金融市场风险的影响存在明显的时变特征,且每次的峰值都对应着风险事件的发生,这表明证券投资资本在风险发生时存在明显的规避风险的动机,加速逃离发生风险的金融市场,资本外流最终加剧了金融市场的风险。2018 年博鳌亚洲论坛结束后,我国推出了多项金融对外开放措施,表明我国金融市场已经有了较大程度的发展,金融监管水平也有了明显提升,具备进一步扩大对外开放的基础条件。证券投资开放能够拓宽我国金融市场融资主体的融资渠道,缓解我国金融市场压力。中期来看,证券投资开放度对金融市场风险的影响在 2009 年以前和 2011 年期间为正向,其余时间为负向。这表明在国际金融危机发生之前,证券投资资本的投机性导致我国金融市场出现投资热,资产价格攀升,进而加剧金融市场压力。2011 年期间由于欧洲债务危机的爆发,大量证券投资资本出于规避风险动机,流入我国金融市场,加剧了金融市场风险。长期来看,证券投资开放度并未对我国金融市场风险造成明显的影响,这表明证券投资开放对我国金融市场风险的影响主要存在于中短期。

为了进一步验证证券投资开放度对四个子市场风险的正向冲击可能会被掩盖这一猜想,本节将证券投资开放度和四个金融子市场金融压力指数纳入模型进行实证分析,实证结果如图 2.8 所示。2010 年至 2014 年期间,证券投资开放度对四个子市场风险的影响主要是正向影响。证券投资开放度对四个金融子市场风险正向影响的峰值大多时候出现在该市场风险事件发生之时,这也进一步验证了证券投资资本的逐利性质和规避风险的特点。

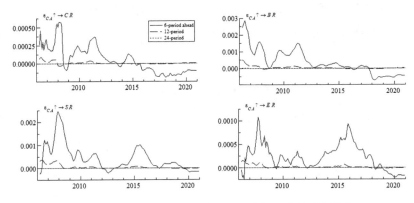

图2.8 证券投资开放对四个金融子市场风险的动态影响

七、结论与政策建议

本节在我国进一步扩大金融开放以及防范化解重大风险的背景下,研究我国资本账户开放对金融市场风险的动态影响。首先,本节分析了资本账户开放对金融市场风险的影响机理。在此基础上,从我国四个金融子市场维度出发,构建了我国的金融市场压力指数,以衡量我国金融市场风险;进一步地,以国际资本流量法衡量资本账户开放程度。最后,利用TVP-SV-VAR模型实证分析了资本账户开放对我国四个主要金融子市场风险的动态时变影响,并探讨了具有短期逐利特点的证券投资开放对我国金融市场风险的时变影响特征。

研究发现:第一,资本账户开放对货币市场、债券市场、股票市场和外汇市场四个子市场风险的影响存在明显的时变特征。具体来说,资本账户开放对四个金融子市场风险的正向冲击在2008年国际金融危机期间达到峰值,随着我国加强对资本账户的管制,资本账户开放对金融市场风险的正向影响随即减小。因此,资本账户开放可能会在极端风险事件发生时期加剧我国金融市场风险,但随着我国货币当局加强对资本账户的管制,金融市场风险被有效抑制。第二,资本账户开放对金融市场风险的影响往往存在于短期,在中长期并不会对我国金融市场风险造成明显影响。与此同时,随着我国货币当局不断提升货币政策的有效性,深化利率市场化改革,发展完善金融市场,扩大资本账户开放对部分金融市场风险的影响可能会发生方向上的转变(由正向影响转为负向影响),但对于自身就具有高风险特点的金融市场(如股票市场)来说,扩大资本账户开放可能会进一步加剧该市场的风险。第三,可能是由于证券投资资本的投机动机和分散风险动机,证券投资开放度对金融市场风险的影响存在明显的顺周期性。具体来说,证券投资资本流动可能在风险事件发生前进一步加剧金融市场风险,在风险事件发生后,对金融市场风险的正向影响随即减缓。

因此,本节研究的政策含义在于:

第一,我国在推进金融开放的进程中需关注资本账户开放对金融市场风险影响的动态变化。我国货币当局需进一步完善各金融子市场风险的监测预警机制,在健全金融市场风险的预警机制时,应将资本账户开放引致的外部输入性风险也纳入考察范围。

第二,我国货币当局应适时适度地实施资本账户管制,完善资本账户管制手段。一方面,应合理使用行政审批、数量手段,进一步探索价格型和税收型管制等更加灵活的资本管制手段,如针对不同类型的资本账户设置不同基点的准备金缴纳标准;另一方面,应根据风险的诱发因素和风险发生的主要市场,采取审慎的资本管制措施,如金融风险主要是由于跨境资本的大量流入导致的,货币当局就应加强对跨境资本流入的管制;若金融风险主要发生于货币市场,则应重点加强对货币市场的跨境资本流动管制。

第三,我国应审慎、渐进、可控地扩大资本账户开放。同时,我国货币当局应不断深化利率、汇率市场化改革,畅通货币政策传导渠道,加强金融市场基础制度建设,不断完善现代金融体系。针对自身就具有高风险特点的股票市场,我国相关金融监管部门需加强对股票市场风险的监控,完善股票市场的消费者保护机制,提高对股票市场资金来源与动向的识别能力。

第四,由于证券投资资本具有短期逐利、流向不确定以及投机性强等特点,我国还需对证券投资资本流动建立预警机制。一方面,相关部门可以考虑对证券投资资本流动方向、数量、目的等情况进行监测;另一方面,可以对各种影响证券投资资本流动的因素进行综合分析,寻找导致证券投资资本异常流动的原因。综合考虑各种因素,构建类似于金融压力指数和金融稳定指数的证券投资稳定指数,设置安全阈值,一旦该指标超过阈值,监管当局就应介入并实行一定程度的管制。

第四节　人民币国际化、资本账户开放与外汇市场压力

一、研究背景

2020年新冠疫情暴发以来,国内外金融市场受到严重冲击,面对错综复杂的内外部环境,中国政府坚持推动金融双向开放,稳慎推进人民币国际化,并取得积极进展。不论是国际金融危机还是新冠疫情期间,人民币国际化都展现出其独特的优势:危机中的货币互换安排、债务融资、缓债减债计划等。在此背景下,原中国人民银行行长周小川提出,下一步应较大幅度地提高人民币可自由使用的程度,不能回避资本项目可兑换的问题。人民币国际化在经历"旧三位一体—短暂停滞—新三位一体"三个阶段后,已逐步由套利资金驱动转为由真实需求驱动,人民币的国际地位进一步提升,人民币国际化进程明显加快,如何在开放过程中合理安排人民币国际化与资本账户开放引起了国内外学者的广泛关注。

人民币国际化与资本账户开放的关系,本质上是一枚硬币的两面。具体来说,一方面开放资本账户可以推动人民币国际化进程。随着进一步扩大资本账户开放,人民币资产的流动性上升,风险减小,非居民持有和使用人民币的意愿将会增强。此外,资本账户开放过程中,中国对外贸易的主动权增加,

人民币的使用规模和范围扩大,人民币的国际地位进一步提升。另一方面人民币国际化进程的加快也会推动资本账户进一步扩大开放。中国政府对于人民币国际化进程的推进实际上也是逐渐扩大资本账户开放的过程,如建设离岸金融市场、加大金融市场双向开放力度等,由此可见,人民币国际化将提供更多的资本流通渠道,客观上会进一步推动资本账户开放。有鉴于此,进一步开放资本账户在某种程度上能够加速人民币国际化进程,而资本账户的全面开放也需要建立在人民币国际化取得决定性进展的基础之上。

在稳慎推动人民币国际化进程与稳步开放资本账户的同时,中国政府也意识到二者可能存在的潜在风险。资本账户开放方面,2008 年国际金融危机以来,中国一直遵循着审慎、渐进和可控的开放路径;人民币国际化方面,党的二十大报告指出要"有序推进人民币国际化",在此过程中应坚持市场驱动和企业自主选择,营造以人民币自由使用为基础的互利合作关系。与资本账户开放一样,人民币国际化要求中国逐步放开对跨境资本流动的管制。由"三元悖论"可知,在推动人民币国际化与资本账户开放过程中,中国政府如果要保持本国货币政策的独立性,不可避免地要承担汇率波动的风险,这种风险往往会以外汇市场压力呈现。在对跨境资本流动实施管制措施时,即便存在套利、套汇机会,相关主体也缺乏相应的交易空间;但随着人民币国际化与资本账户开放的稳步推进,对跨境资本流动的限制逐渐放开,资金可以相对自由地流动,套利、套汇活动得以大行其道,一定程度上增加了中国外汇市场汇率波动的压力(余永定,2012)。

基于上述分析,研究人民币国际化、资本账户开放和中国外汇市场压力之间的动态时变关系很有必要:一方面,厘清三者之间的关系,有利于理解人民币国际化与资本账户开放的互动关系,有助于合理安排人民币国际化与资本账户开放的具体路径;另一方面,厘清三者关系有利于阐明人民币国际化与资本账户开放对中国外汇市场的宏观影响,便于监控与防范开放过程中外汇市场可能面临的风险,进一步完善外汇市场"宏观审慎"与"微观监管"两位一体的跨境资本流动管理框架,以加强宏观审慎为核心优化跨境资本流动管理,以转变监管方式为核心完善外汇市场微观监管。

二、文献综述

(一)人民币国际化与资本账户开放

梳理现有文献发现,学术界一般认为货币发行国开放资本账户有助于推动本国货币国际化进程,而资本管制通常会阻碍货币国际化进程。Frankel(2012)指出,中国政府如果限制资本的自由流动,会导致本国金融市场与世界金融市场存在较大差异,进而影响人民币国际化进程。Tung 等(2012)研究发现,人民币国际化程度指数与人民币国际化潜力指数之间存在较大差距,其中一个重要的原因便是资本管制。Huang 等(2014)通过实证研究发现,人民币成为国际储备货币的主要障碍是资本账户管制和金融市场开放度与深度不够。Ito(2017)认为资本账户完全可兑换是人民币完全自由兑换的必要条件,同时为了让人民币成为真正的国际储备货币,所有的资本管制必须取消。此外,国内学者主要从国际货币交易媒介、记账单位以及价值储藏三大职能对人民币国际化与资本账户开放之间的关系进行了详细探讨。甄峰(2014)认为在推动人民币国际化过程中,关键点在于持续发展实体经济、规范深化在岸金融市场、恰当把握资本项目开放与管制的平衡、继续推动人民币汇率改革。张明(2016)指出促进人民币的国际使用需要中国政府进一步开放资本账户。彭红枫和谭小玉(2017)利用主成分分析法从国际货币的交易媒介、记账单位以及价值储藏三大职能出发构建了货币国际化程度指数,并通过面板回归发现,货币发行国资本账户开放程度的提高能够推动本国货币国际化进程。杨荣海和李亚波(2017)运用“货币锚”模型发现加快开放资本账户有利于提升人民币隐性“货币锚”地位。徐国祥和蔡文靖(2018)实证研究发现跨境直接投资开放有利于推动货币成为国际储备货币和国际贸易计价货币,债务类证券投资开放有利于推动货币成为国际金融计价货币。严佳佳等(2018)实证研究发现中国资本账户开放水平在一定程度上促进了人民币国际化进程。同时，还有部分学者认为开放资本账户不利于货币国际化的持续推进(赵柯,2013;宋暄,2017;贾宪军,2014),以及开放资本账户需要在一定条件下才能促进货币国际化进程(Eichengreen 和 Kawai,2014;Aizenman,2015;阙澄宇和黄志良,2019)。

(二)人民币国际化与外汇市场压力

关于货币国际化与外汇市场压力之间的关系,美国经济学家罗伯特·特里芬(Robert Triffin)指出在一国货币国际化的进程中,本国将面临"特里芬难题(Triffin Dilemma)"。具体来说,美元作为主要的国际储备和支付货币,如果美国长期保持国际收支顺差,国际储备资产不敷国际贸易发展的需要,美元供不应求;如果美国保持长期的国际收支逆差,国际储备资产过剩,美元供过于求。但如果美国为了稳定美元币值而减少美元供给,又会导致市面上的美元不足,进而导致美元的流动性降低,此时美元作为国际货币的地位下降。随着人民币国际化进程逐步加快,国内外学者将目光转移到人民币国际化的影响上,其中部分学者重点分析了人民币国际化进程中的人民币升值效应。Frankel(2012)认为在人民币国际化进程中,境外主体对人民币的需求上升,国际市场中人民币供不应求,人民币将面临升值压力。沙文兵和刘红忠(2014)研究发现在人民币国际化进程中,不仅人民币会面临升值压力,还会形成人民币的升值预期。其中人民币过快升值不利于我国进一步推动人民币国际化,而人民币的升值预期对人民币国际化具有一定的推动作用。刘辉和巴曙松(2014)认为,中国经济在长期内保持稳定增长且中国一直保持巨额的外汇储备,人民币本身的升值预期较为显著,推动人民币国际化可能会进一步增强人民币的单边升值压力。部分学者研究发现人民币国际化进程中同样存在人民币贬值效应。郭田勇和兰盈(2019)认为在"811汇改"之前人民币国际化速度不会对外汇压力产生影响;汇改后,在人民币汇率升值预期逆转的影响下,人民币国际化出现贬值效应,加剧人民币的贬值压力。吴立雪(2019)从短期与长期角度研究人民币国际化与外汇市场压力的关系,发现短期内人民币国际化与外汇市场压力互为因果。具体而言,短期内人民币国际化会增加我国外汇市场压力,而汇率升值会推动我国人民币国际化进程。但从长期角度看,人民币国际化会降低我国外汇市场压力。

(三)资本账户开放与外汇市场压力

关于资本账户开放对外汇市场压力的影响,国内外学者对此进行了较深入的探讨,其中部分学者认为资本账户开放能够有效抑制外汇市场压力。Akram 和 Byrne(2015)认为随着资本账户开放进一步扩大,一方面,国际资本流动的上升会增加市场的流动性,从而促进生产率提升并加速经济增长;另一方面,国内金融部门的效率提升也会在某种程度上促进经济增长,逐渐向好的国内宏观经济基本面可以减轻外汇市场压力。但也有学者提出相反的观点,Chamon 和 Garcia(2016)认为,对资本账户实施管制措施能抑制资本流入,抑制本币升值,同时也会遏制消费繁荣和资产价格泡沫,降低外汇市场压力。Erten 和 Ocampo(2017)认为进一步开放资本账户可能导致资本大规模流动,冲击本国货币的币值稳定,本币对国外投资者的吸引力下降,本币的贬值压力将增大。同时,所有的资本管制措施都能有效降低外汇市场压力和抑制本币实际汇率过快上涨,有助于提高宏观经济的稳定性。也有部分国内学者对资本账户开放与外汇市场压力的关系进行了研究。李剑峰和蓝发钦(2007)认为随着进一步扩大资本账户开放,资本流动的规模不断扩大,外汇市场压力也逐渐增大。张春宝和石为华(2015)研究发现,资本账户开放与外汇市场压力的相互关系在长短期内表现出不同的特点。其中,短期内资本账户开放与外汇市场压力的相互影响并不显著,长期内中国进一步开放资本账户会加大人民币的升值压力。赵茜(2018)在考虑中国汇率市场化改革的基础上研究发现,现阶段中国推进资本账户有序开放并不会引发货币贬值风险,目前外汇市场主要面临货币升值风险,但汇率市场化改革可能会加剧货币的贬值风险,需要合理协调两者的关系才能有效释放外汇市场压力。由此可见,学术界对于资本账户开放与外汇市场压力之间的关系尚未达成共识。

(四)文献评述

总结现有文献可知,关于人民币国际化与资本账户开放、人民币国际化与外汇市场压力以及资本账户开放与外汇市场压力之间相互关系的研究已较为成熟,其中多数学者认为资本账户的持续开放对进一步推动人民币国际化具有积极的影响,且人民币国际化以及资本账户开放的持续推动都会对中国外汇市场压力产生影响,具体表现为人民币币值的波动。但该研究领域仍存在有待完善之处。已有文献注重研究资本账户开放对人民币国际化进程的影响,鲜有文献阐述资本账户开放与人民币国际化之间的相互关系。由于资本账户开放与人民币国际化本质上是一枚硬币的正反两面,研究人民币国际化与资本账户开放的相互关系对中国扩大金融开放过程中更有效协调人民币国际化进程与资本账户开放力度具有极其重要的现实意义。此外,由于人民币汇率形成机制尚未完全市场化,人民币汇率仍缺乏足够的双向弹性,在人民币国际化与资本账户开放过程中本币汇率持续高估或低估会不可避免地成为常态,一定程度上会增大中国外汇市场压力。但已有文献仅仅从人民币国际化或者资本账户开放角度出发,分析其与外汇市场压力之间的关系,未能动态刻画三者之间的互动影响机制与互动时变关系。有鉴于此,本节通过构建三变量 TVP-SV-VAR 模型实证分析人民币国际化、资本账户开放与中国外汇市场压力之间的相互影响。

三、模型构建与数据处理

(一)模型构建

向量自回归模型(Vector Autoregression,VAR)具有良好的计量特性使得该模型一经提出就得到广泛运用,但该模型也存在不足之处。VAR 模型往往会忽略模型系统内各个变量之间即时的结构性关系,因此 Sims(1980)在传统 VAR 模型的基础上提出结构向量自回归模型(Structural Vector Autoregression,SVAR)。本节主要分析人民币国际化、资本账户开放和中国外汇市场压力之间的关系,由于在此期间发生了人民币新旧"三位一体"策略转换、"811"汇改和人民币国际化"停滞"等重要事件,三者关系呈现明显的时变特征。基于此,本节将时变特征加入传统 SVAR 模型中,通过构建时变参数向量自回归模型(Time Varying Parameter-Stochastic Volatility-Vector Autoregression,TVP–SV–VAR)动态分析三者之间的关系。借鉴 Nakajima(2011)TVP–SV–VAR 模型形式,假定待估参数服从一阶随机游走过程,同时采用随机波动率的形式。

首先考虑一个基本的 SVAR 模型:

$$Ay_t = F_1 y_{t-1} + \cdots + F_s y_{t-s} + \mu_t; t = s+1, \cdots, n \tag{2.17}$$

其中,y_t 是 $k \times 1$ 阶观测变量向量,$F_1, \cdots, F_s$ 是 $k \times k$ 阶系数矩阵,μ_t 是 $k \times 1$ 阶结构性冲击,同时我们假定 $\mu_t \sim N(0, \sum \sum)$,以此构建简化形式的 VAR 模型:

$$Ay_t = A^{-1} F_1 y_{t-1} + \cdots + A^{-1} F_s y_{t-s} + A^{-1} \sum \varepsilon_t; \varepsilon_t \sim N(0, I_k) \tag{2.18}$$

其中,
$$\sum = \begin{pmatrix} \sigma_1 & 0 & \cdots & 0 \\ 0 & \sigma_2 & \cdots & \vdots \\ \vdots & \cdots & \cdots & 0 \\ 0 & \cdots & 0 & \sigma_k \end{pmatrix}, A = \begin{pmatrix} 1 & 0 & \cdots & 0 \\ a_{21} & 1 & \cdots & \vdots \\ \vdots & \cdots & \cdots & 0 \\ a_{k1} & \cdots & a_{k,k-1} & 1 \end{pmatrix} \tag{2.19}$$

将 $A^{-1} F_i$ 中的元素按行进行堆叠形成 $k^2 s \times 1$ 阶向量 β,定义 $X_t = I_s \otimes (y'_{t-1}, \cdots, y'_{t-s})$,$\otimes$ 代表克罗内克积,同时允许参数时变,式(2.17)可以简化为:

$$y_t = X_t \beta_t + A_t^{-1} \sum_t \varepsilon_t; t = s+1, \cdots, n \tag{2.20}$$

此时,基本的 SVAR 模型便扩展为 TVP–SV–VAR 模型。借鉴 Primiceri(2005)

的做法,将 A_t 中下三角元素进行向量堆叠成 $a_t = (a_{21}, a_{31}, a_{32}, a_{41}, \cdots, a_{k,k-1})'$,同时令 $h_t = (h_{1t}, \cdots, h_{kt})'$,其中 $h_{jt} = \log \sigma_{jt}^2$。我们假设式(2.20)遵循式(2.21)随机游走过程。

$$\beta_{t+1} = \beta_t + u_{\beta t}, a_{t+1} = a_t + u_{at}, h_{t+1} = h_t + u_{ht},$$

$$\begin{pmatrix} \varepsilon_t \\ u_{\beta t} \\ u_{at} \\ u_{ht,} \end{pmatrix} \sim N \left(0, \begin{pmatrix} I & O & O & O \\ O & \sum_\beta & O & O \\ O & O & \sum_\alpha & O \\ O & O & O & \sum_h \end{pmatrix} \right) \begin{array}{l} \beta_{s+1} \sim N(u_{\beta o}, \sum_{\beta o}) \\ , a_{s+1} \sim N(u_{ao}, \sum_{ao}) \\ h_{s+1} \sim N(u_{ho}, \sum_{ho}) \end{array} \quad (2.21)$$

(二)数据处理

本节以境外人民币存款规模、资本账户开放度、中国外汇市场压力作为 TVP-SV-VAR 模型的内生变量研究人民币国际化、资本账户开放、中国外汇市场压力之间的时变性关联。本节选取样本的时间跨度为 2010 年第一季度至 2020 年第四季度,共 44 个观察值。各指标选取及数据来源如下。

1. 境外人民币存款规模(Renminbi Deposits, RMBD)。目前的人民币离岸金融中心主要分布在中国香港、中国台湾、新加坡、伦敦等地。2020 年末,主要离岸市场人民币存款余额超过 1.27 万亿元。其中,中国香港人民币存款余额为 7209.00 亿元,在各离岸市场中排名第一位。由于中国香港开展境外人民币存款业务时间最长,规模最大,同时考虑数据的可获得性,本节借鉴沙文兵和刘红忠(2014)的做法,采用香港人民币存款余额作为境外人民币存款规模的替代变量,该数值越高,代表境外人民币存款规模越大,即人民币国际化程度越高。数据来源于香港金融管理局《金融数据月报》。

2. 资本账户开放度(Capital Account Openness, CAO)。资本账户开放度测算方法主要分为法定开放度测算、事实开放度测算与混合开放度测算。定义资本账户混合开放度由法定开放度与事实开放度共同构成,每个部分各占比重 50%。其中,法定开放度主要参考 Chinn 和 Ito(2002)的研究,采用 kaopen 指数作为法定资本账户开放程度的代理变量。关于事实开放度,主要参考彭红枫和朱怡哲(2019)的研究,定义资本流动总和占 GDP 的比值作为事实资本账户开放程度的代理变量。其中资本流动总和由国际收支平衡表中资本和金融账户下直接投资(DI)、证券投资(SI)、金融衍生工具(FI)、其他投资(OI)四个子账户计算获得。具体计算公式如下所示:

$$事实资本账户开放程度 = (DI+SI+FI+OI)/GDP \qquad (2.22)$$

本节选取国家外汇管理局中国国际收支平衡表内以季度人民币计值的国际收支平衡表数据,其中 CAO 数值越大意味着中国资本账户的开放程度越高。

3. 中国外汇市场压力(Exchange Market Pressure,EMP)。本节主要参考 Hegerty(2014)提出的外汇市场压力指数:

$$EMP_t = \triangle \ln e_t - \eta_t(\triangle RES_t/M_{t-1}) + \eta_2 \triangle r_1 \qquad (2.23)$$

式(2.23)表示包含双边利差的外汇市场压力指数。e_t 表示以直接标价法计算的人民币兑美元名义汇率,RES 表示外汇储备额,M 表示基础货币,Δr 表示中美利差,η_1 与 η_2 分别表示"汇率收益率标准差/外汇储备变化率标准差"与"汇率收益率标准差/利差标准差"。由于我国正处于利率市场化改革进程中,使用不含利差项的外汇市场压力指数测算方法更符合中国实际。同时多数学者在计算中国外汇市场压力时并未将利差考虑在内,因此本节借鉴赵茜(2018)的做法,构建如下外汇市场压力指数:

$$EMP_t = \triangle \ln e_t - \eta_t(\triangle RES_t/M_{t-1}) \qquad (2.24)$$

其中,外汇市场压力指数越大,表示人民币贬值压力越大。

为了消除样本量纲对模型估计的影响,本节同时对境外人民币存款规模、资本账户开放度以及中国外汇市场压力分别去均值并除以各自标准差进行去量纲化处理,具体如式(2.25)所示:

$$y_i = \frac{x_i - \bar{x}}{s}, \ \bar{x} = \frac{1}{n}\sum_{i=1}^{n} x_i, \ s = \sqrt{\frac{1}{n-1}\sum_{i=1}^{n}(x_i - \bar{x})^2} \qquad (2.25)$$

四、实证分析

(一)变量检验

本节通过三变量 TVP-SV-VAR 模型实证分析人民币国际化、资本账户开放与中国外汇市场压力三者之间的动态关系。首先,对各变量进行 ADF 单位根检验,结果显示各序列皆为平稳序列。接着,本节建立普通 VAR 模型确定模型的滞后阶数,根据 LR、SC 以及 HQ 信息准则,确定模型最优滞后阶为 1 阶。参照 Nakajima(2011)的方法设置 TVP-SV-VAR 模型参数的初始值进行实证研究,参数估计的具体结果如表 2.13 和图 2.9 所示。其中表 2.13 报告了 MCMC 抽样 10000 次的估计结果,具体包括参数后验均值、标准差、95% 置信区间上界、95% 置信区间下界、Geweke 检验以及无效影响因子。其中,参数的后验均值都落在 95% 的置信区间内,同时 Geweke 检验结果也显示估计结果无法拒绝参数收敛于后验分布的原假设,无效影响因子的估计结果显示最大参数无效影响因子为 49.77,低于 50,表明本次抽样至少可以获得 200 个有效样本数。图 2.9 中,第一行表示样本的自相关系数,可以看出其趋势稳步下降;第二行表示样本模拟路径,其总体上呈现波动聚类特征,表明抽样数据较为平稳;第三行表示后验分布密度函数,可以看出其呈现较强的正态分布特征,可见 MCMC 抽样能够有效模拟参数的分布状况。

表 2.13　TVP-SV-VAR 模型参数估计结果以及检验

参数	均值	标准差	95%L	95%U	Geweke 检验	无效因子
sb1	0.0299	0.0069	0.0199	0.0470	0.628	7.42
sb2	0.0273	0.0053	0.0192	0.0397	0.245	6.90
sa1	0.0880	0.0440	0.0426	0.2114	0.569	31.03
sa2	0.0932	0.0508	0.0432	0.2384	0.934	36.42
sh1	0.1358	0.0736	0.0517	0.3212	0.989	49.77
sh2	0.1102	0.0552	0.0478	0.2629	0.147	27.82

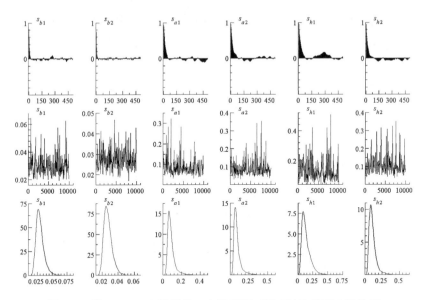

图 2.9　基于 MCMC 抽样的三变量 TVP-SV-VAR 模型参数特征

图 2.10 反映的是人民币国际化、资本账户开放和外汇市场压力三个指标的后验波动率。从人民币国际化后验波动率来看,2015 年之前人民币国际化的后验波动率较大,此后稳步下降,2018 年后逐渐恢复平稳。究其原因,2010—2015 年中国政府重点培育和发展香港的离岸人民币金融中心,一方面推出了离岸人民币债券、人民币股权和基金类等金融产品;另一方面构建了离岸人民币资金回流内地的机制等,推动了人民币国际化进程,后验波动率也呈现较为微弱的上升趋势。但在 2016 年与 2017 年间,人民币国际化陷入短暂停滞,因此后验波动率也随之下降。2018 年后,中国央行转换思路,将人民币国际化"旧三位一体"策略转变为"新三位一体"策略,再次推动人民币国际化进程,后验波动率也由下降转变为平稳,且有较小的上升趋势。从资本账户开放后验波动率来看,受 2008 年国际金融危机的影响,中国政府一直遵循"渐进、审慎和可控"的资本账户开放原则,因此,2010—2013 年资本账户开放后验波动率平稳下降,2013 年后保持平稳,没有出现大幅波动。从外汇市场压力后验波动来看,2015 年之前外汇市场压力后验波动较为平稳,"811 汇改"

后人民币汇率不再单一盯住美元,而是以市场供求为基础、参考一篮子货币计算人民币多边汇率指数的变化,人民币汇率弹性上升,外汇市场压力后验波动率也逐步变大。

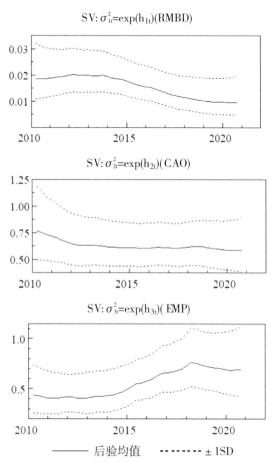

图 2.10　人民币国际化、资本账户开放和
外汇市场压力后验波动率

（二）实证分析

TVP-SV-VAR 模型具有时变特性,可以分别实现时段脉冲响应分析和时点脉冲响应分析。基于此,本节首先设置 3 个月、6 个月、12 个月滞后期,获得

2010—2020 年每一个时点的冲击效应,通过对比每个时点冲击的短期效应、中期效应以及长期效应分析冲击传递动态特征的差异性。与时段脉冲响应函数不同的是,时点脉冲响应函数通过设置几个典型的冲击时点获得在该时点的一次正向冲击后脉冲响应函数的变化情况,以此对比分析宏观经济环境变动对脉冲响应函数的影响。本节参考 Nakajima(2011)等间距时点设定方法,选择 2013 年第 1 季度、2016 年第 1 季度和 2019 年第 1 季度三个时点,分别对应样本中第 13 个、第 25 个和第 37 个时点,冲击持续时间为 24 期。综上所述,本节将从时段脉冲响应和时点脉冲响应两个维度分析人民币国际化、资本账户开放和外汇市场压力三者之间的时变关联性。

1.时段脉冲响应分析

图 2.11 时段脉冲响应结果显示(左侧列第一行),人民币国际化指标一次正向冲击($\varepsilon_{RMBD}\uparrow\to CAO$)在短期内会带来资本账户开放指标的上升,但长期会有负向影响。具体而言,短期内推动人民币国际化能够对一国扩大资本账户开放产生积极影响,但从中期角度看,2013 年以前推动人民币国际化对资本账户开放会产生抑制作用,2013 年后人民币国际化的中期冲击效应由负转正且保持上升趋势,2018 年后逐渐平缓。从长期角度看,2018 年之前推动人民币国际化会抑制中国资本账户开放,但这种抑制作用在不断减小。2018 年后人民币国际化长期冲击效应转变为促进效应但影响较为微弱。同时时段脉冲响应结果还显示(右侧列第二行),资本账户开放指标的一次正向冲击($\varepsilon_{CAO}\uparrow\to RMBD$)在短期、中期、长期内都会提升人民币国际化指标,且三个不同提前期冲击的脉冲响应函数走势基本一致。具体而言,2013 年之前资本账户开放对人民币国际化产生促进作用,且这种促进作用不断增强,2013 年后人民币国际化对资本账户开放的响应程度基本保持平稳并伴随小幅波动。

考虑人民币国际化与资本账户开放的相互关系,结合中国经济发展实际情况,一个可能的解释是,短期内人民币国际化和资本账户开放互为因果,人民币国际化推动资本账户开放,而资本账户开放又反过来进一步推动人民币国际化。从资本账户开放与人民币国际化的中期效应来看,2013年前资本账户开放处于起步期,此时加速推进人民币国际化,要求监管当局加大加快放松资本账户管制,但这一时期国内利率市场化改革尚未取得决定性进展,人民币汇率形成机制也缺乏足够的弹性,面临危机冲击时尚不能提供有效的缓冲,中国政府仍需对扩大开放资本账户保持谨慎的态度。因此在资本账户开放初期,强行推动人民币国际化会对资本账户开放产生负面影响,随着资本账户开放稳步推进,负面影响逐渐减弱并转为正面影响,此时推动资本账户开放会对人民币国际化产生促进作用。由此可见,资本账户开放是人民币国际化稳步推进的基础与前提,人民币国际化也是资本账户开放进一步扩大的条件与机遇。从长期角度看,人民币国际化反而不利于进一步扩大资本账户开放。2015年之前,由于缺乏相应的监管措施,跨境套利、套汇交易通过人民币跨境贸易、投资结算渠道带来了人民币国际化的短暂"泡沫",2015年后跨境套利、套汇交易空间迅速收窄,"泡沫"被刺破,因此随后两年内人民币国际化进程陷入停滞,2018年后中国政府转变策略,重新推动人民币国际化进程。由此可见,2018年以前人民币国际化主要由套利资金驱动,长期来看会对资本账户开放产生抑制作用,随着监管体系不断完善,人民币国际化逐渐由套利资金驱动向实际需要驱动转变,负向冲击效应逐渐减弱,并于2018年转变为正向促进效应。

外汇市场压力指标对人民币国际化指标的脉冲响应显示(右侧列第一行),人民币国际化指标的一次正向冲击($\varepsilon_{RMBD}\uparrow\rightarrow EMP$)在短期内会对外汇市场压力产生负向影响,即导致人民币汇率升值压力,但从中长期看,会产生人民币汇率贬值压力。一个可能的解释是在人民币国际化过程中我国会面临"特里芬难题"。具体而言,人民币国际化进程的持续推动会增加国际市场对人民币的需求,短期内人民币会升值;但从中长期看,随着人民币需求的持续增加,人民币在海外市场不断沉淀,形成长期的国际收支逆差,而人民币成为

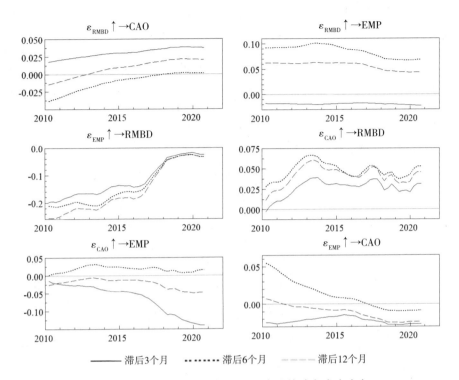

图 2.11　滞后 3 个月、6 个月和 12 个月的动态脉冲响应

国际货币的核心前提是需要保持长期的国际收支顺差。

外汇市场压力指标对资本账户开放指标的脉冲响应显示(左侧列第三行),资本账户开放指标的一次正向冲击($\varepsilon_{CAO}\uparrow\to EMP$)在短中期内会产生人民币汇率升值压力,但在长期内会产生人民币贬值压力。其中,短中期内人民币的升值压力呈现增大趋势,长期的人民币汇率贬值压力变动幅度较小,在较窄区间内波动。对此,在短中期内,伴随着资本账户开放的进一步扩大,大量国际资本会流入国内市场,外汇市场对人民币需求上升,人民币升值压力显著提高;同时随着资本账户开放程度不断提高,人民币升值的压力进一步加大。长期来看,当面临较大的人民币升值压力时,中国政府会依据"三元悖论"理论的相关思路放弃资本的完全自由流动以保持汇率稳定以及货币政策的独立性,因而会采取以资本管制为代表的限制跨境资本流动的措施来降低人民币升值压力,因此从长期视角看,资本账户开放对中国外汇市场压力不会产生显著的影响。

人民币国际化指标对中国外汇市场压力指标的脉冲响应显示(左侧列第二行),外汇市场压力指标的一次正向冲击($\varepsilon_{EMP}\uparrow\rightarrow$RMBD)在短中长期对人民币国际化指标会有负向影响。具体来说,当人民币面临贬值压力时,进出口使用人民币的意愿会显著下降。当人民币汇率由升转贬的时候,国内进口商更倾向于使用美元结算而非人民币,国内出口商则被要求使用人民币进行结算。同时,贬值压力会降低离岸人民币的流动性。当市场预期人民币会贬值时,居民持有人民币存款的意愿会随之下降,离岸人民币存款也会回流至大陆市场。2015 年 1 季度人民币面临贬值压力时,香港人民币存款规模出现大幅度下跌。由此可见,人民币面临贬值压力时,货币当局会适当放缓人民币国际化进程以防止中国外汇市场压力的过快上升,但人民币国际化对外汇市场压力的响应程度在不断减弱,特别是 2015 年后出现大幅度下降。一个可能的解释是 2010—2020 年期间人民币汇率弹性不断增加,尤其 2015 年"811 汇改"后,央行不断增强人民币汇率双向弹性,推动人民币汇率形成机制市场化改革,保持人民币汇率基本稳定,因此中国外汇市场压力对人民币国际化的负面影响逐渐减小。

资本账户开放指标对外汇市场压力指标的脉冲响应显示(右侧列第三行),外汇市场压力指标的一次正向冲击($\varepsilon_{EMP}\uparrow\rightarrow$CAO)在短中期内对资本账户开放会产生负向影响,而长期内则会有正向影响。具体来说,当人民币的贬值压力增强时,短中期内跨境资本流动频率降低,对资本账户开放产生负面影响。从长期来看,在资本账户开放初期,面对人民币贬值压力,中国人民银行往往会采取部分措施防止出现资本大规模外逃以保持国内经济金融运行的稳定,一定程度上会推动资本账户开放;但随着央行不断推进人民币汇率形成机制市场化改革,人民币汇率的贬值预期逐渐得到有效缓冲,中国外汇市场压力对资本账户开放的负面影响也逐渐降低。

2. 时点脉冲响应分析

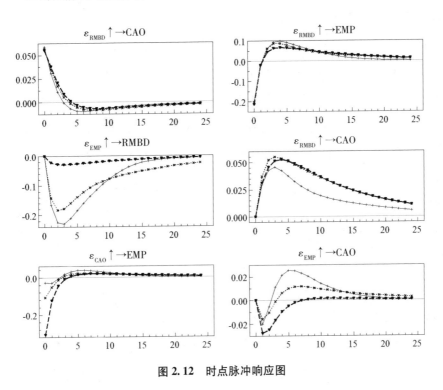

图 2.12　时点脉冲响应图

图 2.12 是时点脉冲响应图,在第一个时点(2013 年第 1 季度)人民币尚处于升值区间,人民币国际化刚刚起步,资本账户依旧保留一定程度的管制;第二个时点(2016 年第 1 季度)处于"811"汇改后;第三个时点(2019 年第 1 季度)人民币国际化在经历两年的停滞后再次稳步推进,资本账户开放进一步扩大。人民币国际化与资本账户开放在三个时点均处于典型时期,具有较强的代表性,便于进行时点脉冲响应对比分析。

资本账户开放对人民币国际化的时点脉冲响应图(左侧列第一行)显示,2013 年第 1 季度人民币国际化的一单位冲击影响最大,而 2019 年第 1 季度的冲击影响最小,三个时点人民币国际化的冲击效应逐渐减弱,且资本账户开放对人民币国际化的响应程度都显示,人民币国际化会先促进资本账户开放,随后促进作用不断减弱并转变为抑制效应,抑制作用在第 10 期后逐渐向零值收敛。人民币国际化对资本账户开放的时点脉冲响应图(右侧列第二行)显示2013年第1季度资本账户开放的一单位正向冲击会明显推动人民币国际化进程,并在第3期达到最大值,随后这种促进作用急剧减弱,在第15期后趋于零值。2016年第1季度和2019年第1季度资本账户开放的一单位冲击带来的正向影响小于2013年第1季度资本账户开放冲击的影响,于第3期和第4期达到最大值,随后缓慢减弱,下降速度远低于2013年第一季度资本账户开放对人民币国际化的边际影响。综合分析人民币国际化与资本账户开放的互动关系,一个可能的解释是资本账户开放与人民币国际化在短期内相互促进:当资本项目开放时,资本可以自由流动,对外投资渠道变宽,货币的使用规模得以扩大,这些都有利于人民币国际化功能的发挥;人民币国际化通常包含离岸金融市场的建设,这将提供更多的资本流通渠道,增加资本的自由流动,从而进一步推进资本项目的开放。但在人民币国际化与资本账户开放程度较低的情况下,强行推动人民币国际化会对资本账户开放产生较大的抑制作用,而此时扩大资本账户开放却能够显著推动人民币国际化进程,即资本账户开放是人民币国际化的基础,资本账户开放的次序要优先于人民币国际化。

外汇市场压力对人民币国际化的时点脉冲响应图(右侧列第一行)显示,三个时点的冲击总体趋势保持一致,人民币国际化在推进过程中会面临"特里芬两难"。具体来说,人民币国际化的一单位正向冲击在短期内会造成人民币的升值压力并在第2期后转变为贬值压力,于第4期达到最大值,随后外汇市场压力的响应程度有所降低;在长期内,人民币持续面临贬值压力。

外汇市场压力对资本账户开放的时点脉冲响应图(左侧列第三行)显示,三个不同时点外汇市场压力冲击的脉冲响应走势基本一致,但资本账户开放对外汇市场压力的抑制作用随着时点的推移逐渐扩大,第5期后三个时点冲击的脉冲响应趋于一致。这与前文时段脉冲响应分析的结果基本一致:2010—2020年期间中国资本账户开放程度不断提高,人民币升值的压力也不断加大,长期来看,资本账户开放对外汇市场压力影响较为微弱。

人民币国际化对外汇市场压力的时点脉冲响应图(左侧列第二行)显示,2013 年第 1 季度与 2016 年第 1 季度人民币国际化的脉冲响应走势基本一致,当人民币面临升值压力时,人民币国际化进程都会出现回退,随后逐渐恢复到原先水平。但 2019 年第 1 季度冲击的脉冲响应结果显示,外汇市场压力的负向冲击对人民币国际化的进程影响微弱,整体波动幅度较小。这表明在人民币汇率形成机制市场化改革尚未取得决定性进展时面临人民币贬值压力,货币当局为保持外汇市场稳定会适当放缓人民币国际化进程。但随着央行有序推进人民币汇率市场化形成机制改革,人民币国际化对中国外汇市场压力的脉冲响应也逐渐减弱。

资本账户开放对外汇市场压力的时点脉冲响应图(右侧列第三行)显示,当人民币贬值压力上升时,通常会对资本账户开放产生抑制作用,并于第 1 期达到最大值,随后抑制作用逐渐减小并转变为促进作用。其中,2013 年第 1 季度冲击的促进作用最为明显,2019 年第 1 季度冲击的影响最弱。这与前文时段脉冲响应结果基本一致。

五、结论与政策建议

本节通过将人民币国际化、资本账户开放和中国外汇市场压力纳入 TVP-SV-VAR 模型进行实证分析,得到以下有意义的发现:第一,人民币国际化与资本账户开放在短期内互为因果,相互促进。第二,长期来看,在资本账户开放程度与人民币国际化程度都处于较低水平时,强行推动人民币国际化会对资本账户开放产生不利影响,但此时进一步开放资本账户却能够有效推动人民币国际化进程。第三,人民币国际化在持续推进过程中会面临"特里芬难题"。第四,从短中期看,进一步开放资本账户会使人民币面临升值压力,但从长期角度看,这种升值压力会转变为贬值压力。

基于实证结果,本节得出以下政策建议。

第一,合理安排资本账户开放与人民币国际化的次序。由于资本账户开放与人民币国际化的互动关系呈现明显的时变特征,货币当局需要密切关注资本账户开放与人民币国际化的进展情况,在资本账户开放程度不足以支撑人民币国际化进一步推进时,要优先扩大资本账户开放,使得人民币国际化的推进具备一定的现实基础,才能在长期内形成良性的互动关系。

第二,防范人民币国际化与资本账户开放过程中的外汇市场风险。由于人民币国际化与资本账户开放的推进过程中短期内都会加大人民币的升值压力,为了保持汇率相对稳定以及防范投机性跨境资本流动,要保持对短期资本异常流动的监控。在人民币国际化进程中存在两种驱动因素,分别为套利资金驱动与真实需求驱动,前者在短期内会形成人民币国际化的繁荣假象,在长期内往往会遭遇挫折,与真实需求驱动的人民币国际化有着本质区别,后者才能促进人民币成为世界主要储备货币。

第三,加快国内金融市场建设,推动人民币汇率形成机制市场化改革。由于国际主要货币具有较强的使用惯性,人民币成为世界主要储备货币仍是一个长期的过程,不可一蹴而就。在推动人民币国际化进程的同时,一方面需要加快建设国内金融市场,提升金融市场的深度、广度,为稳慎推动人民币国际化创造良好的国内金融环境。另一方面要持续深化利率汇率市场化改革,进一步增强人民币汇率双向波动弹性,保持人民币汇率的基本稳定,有效缓冲人民币国际化过程中可能面临的外部负面冲击。

第五节　本章小结

本章系统研究了中国金融开放的条件成熟度、最优顺序选择以及经济增长效应和金融风险效应,主要从四个方面分别展开研究:本章第一节分析了中国金融开放的现状并对未来进行展望;本章第二节基于门槛回归模型研究了中国进一步扩大金融开放的条件是否成熟;本章第三节利用 TVP-SV-VAR 模型实证分析了资本账户开放对中国金融市场风险的时变影响;本章第四节构建三变量 TVP-SV-VAR 模型实证分析了人民币国际化、资本账户开放与中国外汇市场压力之间的动态时变关联。本章研究结论如下：

第一，中国资本账户完全开放的条件尚未成熟。本章的研究结果表明，资本账户开放对经济增长和金融风险存在显著的门槛效应。在当前金融发展以及外贸依存度初始条件下，资本账户开放能够促进中国经济增长，进而获得部分开放红利。但是，受制于制度质量和监管质量的不足，全面开放资本账户将对中国经济增长产生抑制作用，并加剧金融风险暴露。有鉴于此，中国政府应当在金融开放过程中处理好资本账户开放与其他三个金融开放维度的协调关系，资本账户开放仍应遵循合理的开放次序以及审慎、渐进、可控的开放路径，此外需事先准备充分的政策预案以应对金融不确定性。

第二，资本账户开放对中国金融市场风险存在显著的时变影响。资本账户开放对金融市场风险的影响主要存在于短期，随着我国金融市场基础设施的不断完善，资本账户开放对各金融子市场风险的影响会发生方向上的转变；而证券投资开放度对金融市场风险的影响存在明显的顺周期特点。由此，我们认为应进一步关注资本账户开放对我国金融市场风险的影响，适时适度地在极端时期加强资本管制，并建立证券投资资本流动预警机制。

第三，人民币国际化与资本账户开放之间存在互动时变影响。短期内，人民币国际化与资本账户开放互为因果，相互促进。长期来看，在资本账户开放程度与人民币国际化程度都处于较低水平时，强行推动人民币国际化会对资本账户开放产生不利影响，但此时推动资本账户开放能有效推进人民币国际化进程。由此，货币当局需要合理安排资本账户开放与人民币国际化次序。由于资本账户开放与人民币国际化的互动关系呈现明显的时变特征，需要密切关注资本账户开放与人民币国际化的现实进展情况，在资本账户开放程度不足以支撑人民币国际化进一步推动时，要优先扩大资本账户开放，使得人民币国际化的推进具备较好的现实基础，从而在长期内使两者形成良性的互动关系。

第三章　中国系统性金融风险测度

　　当前,我国仍处于"增长速度换档期、结构调整阵痛期、前期刺激政策消化期"三期叠加的特殊时期,实体经济增速下滑,金融服务实体经济的质效不高,资金脱实向虚及空转现象较严重,金融风险问题突出。党中央在多次重要会议上强调要牢牢守住不发生系统性金融风险的底线,实现稳增长与防风险的协调。因此,防范化解系统性金融风险成为当前亟待解决的重大议题。

　　随着各界对系统性金融风险的认识不断加深,有关系统性金融风险的定义、内涵和特征已经有了较为统一的认识。学界普遍认为,系统性金融风险是可能导致金融系统部分或者全部受损进而使其金融服务功能中断,并对实体经济产生严重危害的风险。系统性金融风险与金融机构个体风险相比具有系统性、全局性、高传染性和明显的负外部性等特征。系统性金融风险的度量可分为微观和宏观两个层面,其中微观即机构层面,它给出了单个机构的系统性风险贡献;宏观即系统层面,它给出了金融系统的总体风险水平。微观层面的系统性风险度量可视为宏观层面的截面测度,存在着"自下而上"的风险传染和"自上而下"的系统性风险归属两种不同的度量思路。微观和宏观层面风险的度量常常交织在一起,部分度量方法既能衡量单个机构的系统性风险贡献,也可测度系统总体风险,但某些方法则主要衡量微观或者宏观层面的风险。

有鉴于此，本章在经济发展新常态背景下，以维护国家金融安全为目标，围绕金融机构、金融市场、全行业三个层面系统性金融风险的测度，对相关问题展开深入研究。本章第一节将研究视角聚焦于中国上市金融机构，利用DYCI指数法识别中国上市金融机构系统性风险溢出网络，在此基础上测算我国金融机构网络关联性，并考察金融机构之间的系统性风险溢出效应。本章第二节关注中国金融市场系统性风险，分别从货币、债券、股票和外汇四个方面测度中国金融市场所面临的压力，基于动态相关系数法和动态信用权重法合成中国金融市场压力指数（CFMSI），并利用MS-VAR模型检验金融市场压力对中国宏观经济的非线性效应。进一步地，本章第三节从我国金融业和实体行业间风险溢出的角度出发，采用基于广义方差分解谱表示的频域关联法，从频域关联网络视角对我国金融业和实体行业间的时频风险溢出效应展开研究，分析不同频域周期下行业间系统性风险的溢出水平和溢出结构。

第一节　中国系统性金融风险测度：金融机构视角

一、研究背景

当前，我国经济发展面临的国际环境和国内条件正在发生深刻复杂变化，经济下行压力加大、结构调整任务艰巨、外部环境不确定性上升等交织叠加，金融风险快速集聚并逐步暴露。党的十九大以来，中央强调要"健全金融监管体系，守住不发生系统性金融风险的底线"，要"坚决打好防范化解包括金融风险在内的重大风险攻坚战"，要"抓住防范金融风险这个重点，推动金融业高质量发展"。防范化解系统性金融风险已成为当前我国金融领域亟待解决的重大问题。系统性金融风险是什么？其传染机制是怎样的？如何有效测度并清晰认识我国金融机构系统性风险？厘清这些问题，是对现有系统性金融风险研究的有益补充,也是防范系统性金融风险、维护国家金融安全、推动金融高质量发展的重要前提,具有重要的理论价值和现实意义。

系统性金融风险通常被视为一种"易于感知"却"难以定义"的概念(Benoit 等,2017)。可以认为,它是指"一系列(或某个)能够威胁到公众对于整个金融系统信心的事件"(Billio 等,2012)。这种威胁大多数情况下内生于金融系统,而金融系统又由一系列相互关联的金融机构组成。系统性金融风险可能是由金融系统中某一家金融机构遭受的极端冲击事件引发,其核心机制是金融风险的传染效应。具体而言,金融机构相互关联形成的金融网络可以使单个机构面临的变动或冲击迅速传播扩散至金融系统中绝大部分的关联机构,最终导致系统性金融风险的发生。此外,金融网络中的过度关联将增大金融机构之间、金融部门之间甚至金融系统和实体经济之间风险冲击的水平和影响范围,进一步强化系统性金融风险的负外部性。由此可见,有效测度系统性金融风险必须要解决的关键问题之一,是如何有效刻画金融机构之间的网络关联特性。

近年来,金融创新业务的大量出现和迅速发展,拓宽了金融服务的广度和深度,也使得金融机构间跨行业、跨区域的关联程度迅速提高。与此同时,互联网金融的爆发式增长更是削弱了金融部门间原有的行业壁垒,打破了传统金融机构业务关联原有的空间限制,但也给监管套利和投机行为留下可乘之机。这些都给我国"坚守不发生系统性风险底线"政策目标的实现带来了严峻挑战。在此背景下,本节采用前沿的系统性风险测度方法——DYCI 指数法(Diebold 和 Yilmaz,2014),从时间和横截面两个维度对我国金融机构系统性风险展开深入研究,着重考察金融机构整体、部门、个体三个层面的网络关联性,并研究金融网络中的系统性风险溢出效应。具体而言:第一,构建我国金融机构系统性风险溢出表,从全样本维度考察价格波动传递过程中,金融机构网络的整体关联性以及金融机构的系统性风险溢出效应;第二,引入"滚动窗口"估计方法,从滚动样本维度研究我国金融体系整体关联性以及机构网络系统性风险溢出效应的动态演进,并对其周期波动性特征进行分析;第三,对DYCI 指数法进行有益的补充,研究金融机构跨部门风险溢出净效应的动态特征,考察金融风险在部门间的传播路径、溢出强度和传染中心。

本节第二部分是有关系统性金融风险测度方法的文献综述;第三部分是DYCI 指数法测度系统性金融风险的理论阐述以及样本数据的选取说明;第四部分采用全样本静态分析法和滚动样本动态分析法,实证分析我国金融机构网络关联性与系统性风险溢出效应;最后是本节的研究结论及政策启示。

二、文献综述

2008 年国际金融危机后,系统性金融风险问题得到了国内外学术界和业界的广泛关注。风险溢出效应是导致系统性金融风险的主要外部因素之一,也是金融机构和金融监管部门关注的核心问题。准确测度系统性风险溢出效应,精准识别风险传染路径,是防范化解系统性金融风险的重要前提。系统性金融风险的测度方法仍处于不断探索之中,学术界尚未形成统一而权威的理论。通过梳理现有文献,可以发现当前系统性金融风险的主流测度方法主要围绕基于网络拓扑结构的数值模拟和基于金融市场数据的计量分析两个角度展开。

2008 年以前,多数研究采用基于网络拓扑结构的数值模拟方法对系统性金融风险进行测度。其主要思路为:根据银行部门的业务关联特性,识别银行间敞口网络,并仿真模拟初始冲击在银行关联网络中的传染效应,进而识别风险传染路径,测度系统性风险溢出效应。这种方法具有较坚实的理论基础,也能够直观反映系统性金融风险传染的方向和路径。Allen 和 Gale(2000)、Freixas 等(2000)在这方面做出了开创性研究贡献,他们认为银行间市场的网络拓扑结构决定了风险传染发生的可能性。Upper 和 Worms(2004)借助反事实模拟法,研究了德国银行网络中银行风险敞口引起的系统性风险传染问题,发现一家商业银行破产可能导致银行体系的 15% 陷入危机。纵观此类文献,国际金融危机前的研究往往关注单个机构违约造成的影响;危机爆发后,部分学者进一步强调资产负债表受到共同冲击的影响(Iyer 和 Peydró,2011)。国内学者也积极地将此类方法应用于我国金融风险问题研究中,如方意和黄丽灵(2019)运用资产负债网络模型测度了我国银行体系的系统性风险。作为系统性金融风险测度的主流研究方法之一,该方法也存在一些明显的缺陷,如通过最大化信息熵(Maximum Entropy, ME)等方法获得的金融机构双边风险敞口矩阵存在低估或高估风险传染效应的可能,该类方法的背后缺乏市场参与主体的行为基础,低频数据难以满足实时准确测度系统性风险的宏观审慎需求。此外,金融新业态的出现使得系统性风险背后的传染机制愈加复杂,导致传统的网络风险测度方法在一定范围内失效。

国际金融危机爆发后,学术界积极寻求新的方法来测度系统性金融风险,大量研究开始采用基于金融市场数据的计量分析方法来测度系统性金融风险。具体包括:第一,以金融机构股票收益率的相关系数(Huang 等,2009)和主成分分析(Billio 等,2012)来度量系统性金融风险。该类方法侧重于分析系统性金融风险在时间维度上的演变情况,可以有效捕捉金融机构间关联性的变化,但只能测度系统性金融风险的总体水平,无法识别风险传递的方向,也不能衡量单个机构系统性风险的贡献或者敞口。第二,以未定权益分析法(CCA)(Gray 和 Jobst,2011)考察金融体系的系统性风险。该类方法综合金融机构个体经风险调整过的资产负债表以及它们之间的相互依赖关系,来量化一般的偿债能力风险的大小,侧重于从时间维度来衡量系统性风险的演变情况,但其无法测度单个银行对于银行体系的风险溢出效应。第三,以金融机构间的尾部关联性来测度风险外溢效应,进而衡量系统性金融风险,代表性的度量指标有 CoVaR、MES 和 SES 以及 SRISK。Adrian 和 Brunnermeier(2016)提出使用 CoVaR 指标测度系统性金融风险,其内涵为当市场极端情况出现时,机构或系统发生损失的大小。Acharya 等(2017)将系统性期望损失(Systemic Expected Shortfall, SES)定义为边际期望损失(Marginal Expected Shortfall,

MES)和杠杆率的线性组合,并使用 SES 指标衡量了单个金融机构陷入困境后对经济产生的系统性风险冲击。Brownlees 和 Engle(2017)对 Acharya 等(2017)的模型进一步拓展,提出 SRISK 指标,以测度单个金融机构在危机情形下的预期资本短缺,预期资本短缺越高的机构所产生的系统性金融风险越大。此外,李政等(2019a)在 Adrian 和 Brunnermeier(2016)的 CoES 指标设想的基础上,分别提出上行ΔCoES 和下行ΔCoES 作为系统性金融风险的同期度量指标和前瞻性预警指标,研究我国金融部门的系统性风险。这几类指标的区别体现在估计方式,以及对组成系统性事件的定义方面。这类方法虽然考虑了风险传导的方向,但只关注到局部的相互依赖性(即机构对系统或者系统对机构),无法反映金融体系中机构关联性的演变以及系统性金融风险的积聚过程,从而低估了高度关联机构的系统性风险。

近年来,随着计量技术的拓展和延伸,通过将方差分解映射到网络拓扑结构中,考察金融网络中机构间的波动关联性并测度系统性金融风险溢出效应(Diebold 和 Yilmaz,2014),逐渐成为这一领域中的代表性方法。DYCI 指数法不仅可以有效识别金融网络内的风险冲击事件,还可以精准测度金融机构对于整体网络的风险贡献值,较好地兼顾宏观和微观两个层面,从而全面衡量时间和横截面维度上的系统性金融风险。同时,该方法还能有效甄别网络中的风险传染中心,较好地反映系统性金融风险的积聚过程与演变态势,与网络拓扑理论以及当前几类主流的系统性金融风险测度方法(如 CoVaR、MES 等)密切相关。此外,传统"大而不能倒"的监管思想开始转向"太关联而不能倒"的新理念(杨子晖和周颖刚,2018),机构网络视角下的 DYCI 指数法可以有效识别金融机构的系统重要性地位。

从国内来看,当前应用 DYCI 指数法考察我国金融机构风险测度与风险传染的文献较为丰富,但该领域的研究仍存在有待完善之处。第一,现有文献大多聚焦于我国金融机构网络整体和微观机构个体的风险溢出效应,并以此分析我国系统性金融风险的现状。然而,在我国银行、证券、保险等部门日益关联的背景下,金融网络中分部门和跨部门的风险溢出效应已然不可忽视。第二,以往有关金融部门系统性风险的研究(李政等,2016;杨子晖等,2018)主要关注于银行、证券以及保险部门,但由于银行在我国金融体系中占据绝对主导地位,各类银行子部门在业务模式和资产规模等方面差异较大,故进一步考察大型商业银行、股份制商业银行、城市商业银行的风险特性十分必要。

由此,本节将从三个方面丰富现有研究:第一,基于我国金融机构系统性风险溢出网络,从整体、部门、个体视角,全面且立体地考察金融机构网络中系统性风险溢出的演变路径;第二,在研究金融机构分部门风险溢出效应的同时,拓宽现有 DYCI 指数的应用范围,构建能够识别跨部门风险溢出效应的指数,考察金融机构跨部门系统性风险传染;第三,本节在着重研究银行、证券、保险部门特征的同时,将依照国家金融监管总局的分类标准,进一步探析大型商业银行、股份制银行、城商行等银行子部门的系统性风险溢出效应。

三、研究方法与样本数据

(一)我国金融机构系统性风险测度指标构建

本节以 Diebold 和 Yilmaz(2014)提出的 DYCI 指数法作为本节研究的理论框架。具体而言,基于 VAR 模型的方差分解技术,结合网络拓扑思想,识别系统性金融风险溢出矩阵,构建相关关联性测度指数,揭示我国金融机构网络关联性,并刻画其系统性金融风险溢出路径。首先,我们建立一个 N 维的 VAR 模型,具体公式如下:

$$X_t = \sum_{i=1}^{p} \Phi_i X_{t-i} + u_t; t = 1, \cdots, T \tag{3.1}$$

式(3.1)中,X_t 为 N 维列向量,分别代表 N 个金融机构的股票价格波动率,且均为协方差平稳过程;u_t 是 N 维扰动列向量,不存在序列相关性,但 u_t 各分量之间可以同期相关,$u_t \sim i.i.d.(0, \sum)$,$\sum$ 为协方差矩阵。式(3.1)

的移动平均形式可以表示为 $X_t = \sum_{i=0}^{\infty} A_i u_{t-i}$，系数矩阵 A_i 服从如下递归公式：$A_i = \Phi_1 A_{i-1} + \Phi_2 A_{i-2} + \cdots + \Phi_p A_{i-p}$。其中，$A_0$ 为 N 阶单位矩阵，且 $i<0$ 时 $A_i = 0$。

系统中的波动关联性可以通过 VAR 模型的方差分解技术进行量化（Diebold 和 Yilmaz，2012）。方差分解提供了关于模型中任一内生变量未来的不确定性中有多少是由其自身或是其他变量的冲击引起的有用信息。我们可以通过聚合方差分解中的信息，揭示模型中内生变量间的关联特性。然而，依赖于 Cholesky 因子分解的传统方差分解法对模型中变量的次序较为敏感，并将使度量复杂化，Pesaran 和 Shin（1998）提出的广义方差分解法（GVD）有效避免了这一缺憾。由此，本节定义 H 阶广义方差分解矩阵 $D^H = [d_{ij}^H]$ 为：

$$d_{ij}^H = \sigma_{jj}^{-1} \sum_{h=0}^{H-1} (e_i' A_h \sum e_j)^2 / \sum_{h=0}^{H-1} (e_i' A_h \sum A_h' e_i) \tag{3.2}$$

式（3.2）中，e_i 是第 i 个元素为 1、其他元素为 0 的单位选择向量，A_h 是 VAR 模型的无穷项移动平均形式的滞后 H 阶冲击向量的系数矩阵，Σ 是 VAR 模型中冲击向量的协方差矩阵；σ_{jj} 是协方差矩阵 Σ 对角线上的元素；d_{ij}^H 表示模型中第 j 个变量对变量 i 在滞后 H 阶上的预测误差方差。

联系网络分析理论，我们将方差分解矩阵视为一个有向、加权、直接关联的网络（Diebold 和 Yilmaz，2014），矩阵中的 d_{ij}^H 代表了金融网络中机构 j 对机构 i 的风险溢出。由于广义方差分解矩阵 D^H 中行的和不一定为 1（即 $\sum_{j=1}^{N} d_{ij}^H \neq 1$），我们对矩阵中行的和进行归一化处理，可得：$\tilde{d}_{ij}^H = d_{ij}^H / \sum_{j=1}^{N} d_{ij}^H$。进一步地，我们定义风险溢出矩阵 $\tilde{D}^H = [\tilde{d}_{ij}^H]$，具体形式为：

$$\tilde{D}^H = \begin{bmatrix} \tilde{d}_{11}^H & \cdots & \tilde{d}_{1N}^H \\ \vdots & \cdots & \vdots \\ \tilde{d}_{N1}^H & \cdots & \tilde{d}_{NN}^H \end{bmatrix} \tag{3.3}$$

在风险溢出矩阵 $\widehat{D}^H = [\widetilde{d}_{ij}^H]$ 的基础上，本节构建五项系统性风险测度指标，以便考察金融机构风险溢出的全局效应与局部效应。第一，定义从机构 j 到机构 i 的双向溢出指数 $PAIR_{i,j}^H = 100 \times \widetilde{d}_{ij}^H$，表示机构 i 受到机构 j 影响的风险溢出效应；第二，定义机构 i 的传染性指数 $OUT_i^H = \sum_{j=1,i\neq j}^N PAIR_{j\leftarrow i}^H$，表示机构 i 向外传染风险，对金融网络中其他机构风险溢出效应的总和，代表该机构在网络内的风险传染能力；第三，定义机构 i 的脆弱性指数 $IN_i^H = \sum_{j=1,i\neq j}^N PAIR_{i\leftarrow j}^H$，表示机构 i 对内吸收风险，受金融网络中其他机构风险溢出效应的总和，代表该机构在金融网络内的风险吸收能力；第四，定义机构 i 的净溢出指数 $NET_i^H = OUT_i^H - IN_i^H$，表示机构 i 对金融网络中其他机构风险溢出净效应的总和（机构 i 向外传染的风险总和 OUT_i^H 减去对内吸收的风险总和 IN_i^H），同时判定机构 i 在金融网络中的风险溢出方向，体现了该机构在金融网络内的系统重要性；第五，本节定义金融网络的总体关联性指数 $TOTAL^H = (1/N) \times \sum_{i,j=1,i\neq j}^N PAIR_{i\leftarrow j}^H$，衡量金融机构网络的整体关联性，也是对网络中机构风险溢出效应的总体评价，进而全面考察金融机构间的相互作用关系。

（二）实证数据选取说明

现有文献通常以资产价格波动作为风险的度量指标，通过考察各机构间的波动传递关系，研究系统性风险的溢出效应。本节采用金融机构的股票价格波动率，研究金融机构网络关联性，基于以下三点原因：一是股票价格波动率指数是简单易得的；二是股票价格波动率指数反映了证券市场中成千上万的投资者对于整体市场行情的评估，同时也包含了市场的预期信息，具有前瞻性；三是资产价格的波动性对于风险冲击极其敏感，选用股票价格波动率指数考察金融机构网络关联性，可以加强本节研究结论的可靠性。与此同时，结合股票价格波动关联性识别金融机构网络特征，并考察金融机构系统性风险的传染与演变，正成为近年来前沿的系统性风险研究方法。

　　为了从网络关联视角考察金融机构系统性风险,本节以我国 A 股市场 28 家上市金融机构股票价格波动率为样本分析对象,样本区间为 2008 年 1 月 1 日至 2019 年 12 月 31 日,其中商业银行 16 家(根据国家金融监管总局网站中商业银行的分类办法,此处又分为 5 家大型商业银行、8 家股份制商业银行、3 家城市商业银行),证券公司 9 家,保险公司 3 家。囿于数据可得性,部分机构的上市时间晚于研究起始时间,本节依据各机构上市日期划分出样本Ⅰ、Ⅱ、Ⅲ,分别测度不同样本中的系统性金融风险,相关样本机构及区间见表 3.1。具体而言,样本Ⅰ和样本Ⅱ共同包含了 2008 年 1 月 1 日前上市的 21 家金融机构,样本区间的起始点分别为 2008 年 1 月 1 日和 2010 年 11 月 1 日。样本Ⅲ相比于样本Ⅰ、Ⅱ,多出了 2008—2011 年期间上市的 7 家金融机构,其样本区间的起始点为 2010 年 11 月 1 日。[①]

　　基于以上样本数据,本节采用 GARCH(1,1)模型估计出金融机构的股票价格波动率。考虑到 GARCH 波动率明显不服从正态分布,具有一定的"尖峰厚尾"特性,为了确保样本数据接近于正态分布,并减少系统中异常冲击的产生,本节进一步使用对数波动率(即对相关 GARCH 波动率取对数)测度金融机构网络关联性。相关股票价格采用每日前复权收盘价,所有数据均来自 Wind 资讯数据库。

四、实证研究与结果分析

(一)我国金融机构网络的全样本静态分析:整体与个体视角

　　我们分别以样本Ⅰ、Ⅱ、Ⅲ建立 VAR(1)模型(依据 AIC 和 SC 准则,选择

---

　　① 样本Ⅰ拥有足够的机构样本以识别 2008 年国际金融危机中我国金融机构的风险传递网络,样本Ⅲ则涵盖了现有 16 家上市商业银行,其中包括中国工商银行、中国农业银行、中国银行、中国建设银行四家大型商业银行。在样本机构和样本区间均不同的情况下,样本Ⅰ和Ⅲ并不能直接进行比较,进而无法验证风险溢出分析法应用于中国实践的可行性。根据上述情况,样本Ⅱ作为风险溢出分析法应用于中国实践的稳健性检验样本,一方面与样本Ⅰ(相同的样本机构)进行不同样本区间的比较,另一方面与样本Ⅲ(相同的样本区间)进行不同样本机构的比较。

1 期为 VAR 模型的最优滞后期数),①计算相关系统性风险溢出矩阵,以刻画在系统性金融风险传染与演变中我国金融机构间的交互作用关系。根据已有研究(Diebold 和 Yilmaz,2012;2014),选取广义方差分解的第 10 步(即 10 天的预测期),构建我国金融机构系统性风险溢出表,如表 3.1 所示。

表 3.1　我国金融机构系统性风险溢出效应:整体和个体特征

H = 10		样本 Ⅰ		样本 Ⅱ		样本 Ⅲ	
		(2008.01—2019.12)		(2010.11—2019.12)		(2010.11—2019.12)	
部门	机构	传染性指数	脆弱性指数	传染性指数	脆弱性指数	传染性指数	脆弱性指数
大型商业银行	中国工商银行	85.02	85.99	77.10	85.54	79.03	88.18
	中国农业银行	—	—	—	—	90.33	88.98
	中国银行	93.62	86.51	92.52	86.14	94.90	89.01
	中国建设银行	91.34	86.98	88.37	86.31	87.94	88.68
	交通银行	110.19	88.01	115.81	87.46	115.74	89.91
股份制商业银行	中信银行	84.31	85.67	83.23	84.22	84.38	87.53
	中国光大银行	—	—	—	—	105.34	89.65
	华夏银行	100.81	87.74	111.31	88.27	108.71	90.53
	民生银行	96.40	87.06	93.84	86.67	90.02	89.00
	招商银行	88.93	87.80	79.91	87.93	76.58	89.90
	兴业银行	101.88	87.59	100.17	87.44	97.71	89.33
	平安银行	93.93	86.54	97.30	85.95	94.72	88.44
	浦发银行	90.06	87.67	88.45	87.31	87.10	89.51
城市商业银行	北京银行	91.04	87.22	86.32	86.53	81.96	88.87
	南京银行	99.32	87.64	100.10	86.64	100.87	88.98
	宁波银行	93.24	87.35	89.31	86.81	87.55	89.42

---

　① 参照相关的 AR 根图,本节构建的 VAR(1)模型均满足稳定性条件。

续表

| H = 10 | | 样本Ⅰ | | 样本Ⅱ | | 样本Ⅲ | |
| | | (2008.01—2019.12) | | (2010.11—2019.12) | | (2010.11—2019.12) | |
部门	机构	传染性指数	脆弱性指数	传染性指数	脆弱性指数	传染性指数	脆弱性指数
证券公司	中信证券	62.16	84.64	66.58	85.12	83.43	90.42
	海通证券	71.91	84.10	72.33	83.90	87.66	89.77
	广发证券	—	—	—	—	84.70	88.79
	华泰证券	—	—	—	—	88.72	89.81
	招商证券	—	—	—	—	90.46	89.48
	光大证券	—	—	—	—	91.73	88.00
	兴业证券	—	—	—	—	78.15	87.24
	长江证券	65.78	82.24	66.07	81.40	82.50	88.07
	东北证券	61.82	81.13	62.84	80.56	77.90	87.38
保险公司	中国平安	77.54	84.11	81.78	84.70	86.98	87.93
	中国人寿	74.13	83.70	72.62	82.80	79.45	86.72
	中国太保	71.37	85.09	70.26	84.51	72.61	87.67
TOTAL^H		85.94		85.53		88.83	

注:本表数据来源于前文的金融机构系统性风险溢出表,预测期为10天。为了反映金融机构网络内的系统性风险溢出效应,本节计算相关风险溢出指数时,剔除了各机构对其自身的风险溢出值(即 $PAIR_{i\neq j}^H$)。

表3.1从全样本角度展示了样本Ⅰ、Ⅱ、Ⅲ中我国金融机构的传染性指数、脆弱性指数、总关联性指数,可以发现:从整体来看,我国金融机构网络关联性较高,对应于样本Ⅰ、Ⅱ、Ⅲ的总体关联性指数分别为85.94%、85.53%、88.83%。这意味着,除了金融机构自身的影响因素,金融体系中的波动绝大部分是由各机构向外的风险溢出造成,机构网络内呈现出显著的系统性风险溢出效应。为了规避监管和进行监管套利,我国商业银行在近些年开发了大量银银、银证、银保合作等一系列金融创新工具,使得部门间的业务联系更加紧密和复杂。互联网与金融行业的深度融合,降低了金融行业壁垒,也使得整

体关联性进一步上升。从个体来看,一方面,根据"太大而不能倒"的传统监管思想,金融机构的风险传染能力(即传染性指数)与其资产规模有较大的联系,但也出现了部分异常。例如,中国工商银行的传染性指数在金融机构中排名末尾,其净溢出指数在样本Ⅰ、Ⅱ、Ⅲ中均为负值(-0.97%、-8.44%、-9.14%);兴业银行、南京银行和招商证券等机构的传染性指数均居于金融网络中前十位,表现出较强的风险传染能力。一种可能的解释是,大型商业银行受到更为严格的金融监管,致使其在金融体系中的风险传染能力较低;相对而言,一些资产规模较小的金融机构,由于其市场行为激进,金融创新活跃,风险产品和投资的市场占有率高,在网络中表现出较强的风险传染能力。另一方面,我国金融机构脆弱性指数均较高且范围较为集中,各机构吸收风险冲击的能力总体较高且差异性不大。相比于美国主要金融机构的70%—82%受其他机构影响程度(Diebold 和 Yilmaz,2014),样本Ⅰ、Ⅱ、Ⅲ中的实证结果显示我国金融机构受其他机构的影响分别为81%—88%、80%—88%、86%—90%。在样本Ⅲ中,脆弱性指数最高的华夏银行(90.53%)是最低的中国人寿(86.72%)的1.04倍,远低于同一样本内传染性指数的差异性(1.59倍)。这说明,当我国金融体系遭受风险冲击时,各类型机构吸收损失的能力趋同,整体相近的脆弱性将放大金融风险传染效应,可能致使整个金融体系陷入危机状态。

基于以上对金融机构网络整体关联性以及个体风险传染能力、风险吸收能力的分析,本节继续考察样本Ⅰ、Ⅱ、Ⅲ中金融机构风险溢出的净效应,并将各样本的净溢出指数排序分析结果列于表3.2。表3.2显示,在样本Ⅰ、Ⅱ、Ⅲ中,交通银行均是风险溢出净效应最高的机构,表明其在金融机构网络中的系统重要性地位。将样本Ⅰ和Ⅱ中的结果进行比较,随着样本区间的起始点由2008年1月1日推进至2010年11月1日,金融机构在网络中的系统重要性排名出现了变化,如兴业银行的系统重要性排名由样本Ⅰ中的第2位降低至样本Ⅱ中的第4位。此外,对比样本Ⅱ和Ⅲ的结果,可以发现,样本Ⅲ中新增的 7 家金融机构在金融网络中风险溢出的净效应均较为显著,其中中国农业银行、中国光大银行以及光大证券在金融网络中的系统重要性排名居于前10 位。因此,本节进一步采用"滚动窗口"估计方法对我国金融机构网络关联性与系统性风险溢出效应进行研究,并选用样本Ⅲ来全面考察部门视角下我国金融机构风险溢出的渐进演变。

表 3.2　我国金融机构系统重要性的排序分析

H = 10	样本 Ⅰ (2008.01—2019.12)		样本 Ⅱ (2010.11—2019.12)		样本 Ⅲ (2010.11—2019.12)	
排序	机构	净溢出指数	机构	净溢出指数	机构	净溢出指数
1	交通银行	22.18	交通银行	28.35	交通银行	25.84
2	兴业银行	14.29	华夏银行	23.04	华夏银行	18.17
3	华夏银行	13.07	南京银行	13.46	中国光大银行	15.69
4	南京银行	11.67	兴业银行	12.73	南京银行	11.89
5	民生银行	9.34	平安银行	11.35	兴业银行	8.39
6	平安银行	7.40	民生银行	7.17	平安银行	6.28
7	中国银行	7.11	中国银行	6.37	中国银行	5.88
8	宁波银行	5.89	宁波银行	2.49	光大证券	3.73
9	中国建设银行	4.35	中国建设银行	2.06	中国农业银行	1.35
10	北京银行	3.82	浦发银行	1.14	民生银行	1.02

注:本表数据来源于前述的金融机构系统性风险溢出表,预测期为 10 天。因篇幅所限,这里仅列出样本Ⅰ、Ⅱ、Ⅲ中净溢出指数排名前 10 的金融机构。

(二)我国金融机构网络的滚动样本动态分析:整体视角

基于上述全样本静态分析,我们应用"滚动窗口"估计方法研究我国金融机构网络整体关联性的时序特征。图 3.1 显示:国际金融危机爆发后,我国金融机构整体网络关联性并没有表现出明显的上升趋势,而是呈现阶段性周期

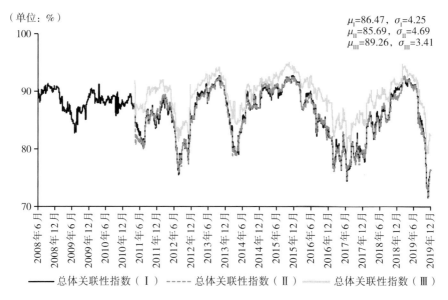

（单位：%）

$\mu_I=86.47,\ \sigma_I=4.25$
$\mu_{II}=85.69,\ \sigma_{II}=4.69$
$\mu_{III}=89.26,\ \sigma_{III}=3.41$

—— 总体关联性指数（Ⅰ）　----- 总体关联性指数（Ⅱ）　—— 总体关联性指数（Ⅲ）

图 3.1　我国金融机构总体关联性指数的时序特征

注：预测期为 10 天，滚动窗口长度为 120 天。图中的总体关联性指数Ⅰ、Ⅱ、Ⅲ分别反映了样本Ⅰ、Ⅱ、Ⅲ中我国金融机构网络总体关联性的动态变化。

波动特征。鉴于样本Ⅰ、样本Ⅱ和样本Ⅲ对应的总体关联性指数呈现出相近的趋势，本节以样本Ⅰ的总体关联性指数为研究对象，依据"低—高—低"为一个周期的基本设定，对 2008 年国际金融危机爆发以来的中国金融机构网络整体关联性的周期进行统计性描述，结果如表 3.3 所示。从表 3.3 中可以看出，总体关联性指数在样本区间内出现六次较为显著的波峰，这些特征与近年来中国的金融发展形势紧密相关。随着经济由高速增长转入高质量发展阶段，金融业发展迈向新的台阶，中国仍处于风险易发高发阶段，金融业面临着风险冲击加剧的局面。一方面，金融市场风险事件对各机构造成的冲击将在机构网络中迅速放大，加剧网络内的系统性风险溢出效应，使得系统性金融风险具有明显的触发性和传染性特征。另一方面，外部风险冲击也会导致中国金融机构网络整体关联性的急剧上升，如 2018 年初的中美贸易摩擦升级，致使总体关联性指数在短时期内飙升至较高水平。

表 3.3　我国金融机构网络整体关联性的周期性统计特征

序号	起点	终点	波峰时点	波峰值	波谷值	均值	波动性	重要风险冲击事件
1	2008.07	2009.08	2008.10.20	91.37	82.77	88.68	2.06	美国次贷危机
2	2009.08	2011.08	2010.04.21	91.22	80.44	87.31	2.20	世界各国金融危机
3	2011.08	2012.09	2012.03.29	89.43	75.50	84.58	3.37	欧洲主权债务危机
4	2012.09	2014.05	2013.10.29	92.74	77.41	86.78	4.54	中国银行业"钱荒"
5	2014.05	2017.08	2015.12.21	92.78	74.45	86.86	4.35	中国股市异常波动
6	2017.08	2019.12	2019.03.25	92.71	71.56	84.92	5.34	中美贸易摩擦升级

(三)我国金融机构网络的滚动样本动态分析:分部门视角

在前述网络整体关联性动态分析的基础上,下文考察中国金融机构分部门风险溢出净效应的时序特征。由于中国金融体系由商业银行主导,且银行部门中各类型机构的规模差异较大,其在金融机构网络中的溢出效应显然不同,故本节同时分析大型银行、股份制银行、城市商业银行三类银行子部门的特征。

图 3.2 显示:首先,在 2013 年的中国银行业"钱荒"事件中,银行的风险净溢出持续为正,对机构网络中其他机构有显著的风险溢出效应;而在 2015 年的中国股市异常波动中,证券和保险部门风险溢出的净效应在大多数时期为正。同时,相比于规模较大的银行部门,证券和保险部门对于风险冲击的响应明显要高出许多,在金融网络中表现出较强的风险溢出效应。这说明,中国金融网络中系统性风险溢出效应呈现出异质性和多变性的特征。其次,银行的净溢出指数在绝大部分的样本区间内为正,而证券与保险部门在样本区间内的多数时期均为负。换句话说,银行部门在金融网络中更容易成为风险传染中心,而后两者则更容易作为风险吸收中心存在,这也进一步印证了银行类

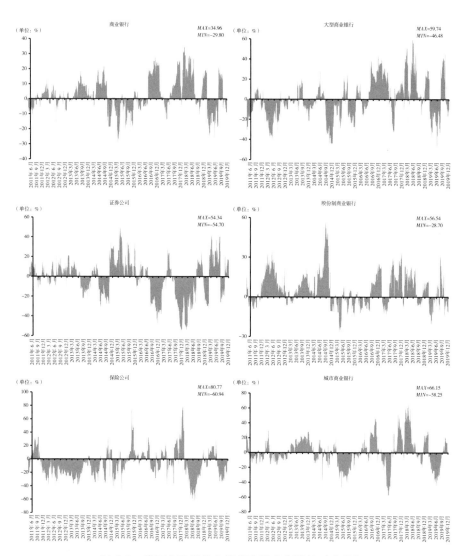

图 3.2　我国金融机构分部门净溢出指数的时序特征

注:预测期为 10 天,滚动窗口长度为 120 天。本节用样本 Ⅲ 中不同类型金融机构时变净溢出指数
　　 NET_{it}^H 的算术平均值量化各部门风险溢出的净效应。

机构是金融冲击孕育与传播的主要渠道(Allen 等,2012),其在金融体系中的
系统重要性地位不言而喻。其中,股份制银行在绝大部分时期的净溢出指数
为正,且在风险冲击事件中表现出较高水平。最后,各部门风险溢出的净效应

在时间维度上不断变化,金融网络中的风险溢出呈现趋势错位的现象,避免了金融体系内的风险持续共振。如在中国银行业"钱荒"、中国股市异常波动等重大风险冲击事件中,各部门风险溢出的净效应均表现出不同的风险溢出方向。正是由于中国金融机构网络中风险溢出的趋势错位,在一定程度上避免了单一部门的风险波动演变成更大范围的系统性金融风险。

(四)我国金融机构网络的滚动样本动态分析:跨部门视角

进一步地,剔除各部门对于同一类型机构风险溢出的净效应后,我们分析跨部门风险溢出净效应的渐进演变态势。图3.3显示:首先,在中国金融体系中,银行对其他部门的跨部门风险溢出净效应已经不容忽视,尤其是银行与证券部门间的风险溢出。2013年以来,银行对证券的跨部门风险溢出净效应上升趋势明显,指数的波动显著增强。这反映出当前中国金融机构系统性风险的最新发展趋势,其影响范围不仅仅局限于同一部门内,部门间的某种关联(如业务往来等)也会成为风险传染渠道,因而防范金融风险跨部门传染已成为中国金融业面临的主要问题。其次,保险部门在中国金融机构网络中的影响程度日益上升。2014年以前,该部门对其他部门风险溢出的净效应在大部分时期均为负值,而2014年以后则表现出较大的波动,且在较多时期内为正。2010年以来,中国保险业持续高速增长,原保费收入保持了年均15.05%的增速。截至2018年12月31日,中国保险业资金运用余额为16.41万亿元,其中,银行存款为2.44万亿元,占比14.85%;债券投资为5.64万亿元,占比34.36%;股票和证券投资基金投资为1.92万亿元,占比11.71%;其他投资为6.41万亿元,占比39.08%。同时,近年来保险业的险资企业频频在证券市场中举牌银行等蓝筹股,加剧了金融机构资产价格的波动,也推动了保险与银行、证券关联性的上升,导致保险对其他部门风险溢出效应的增强。最后,银行子部门间的风险溢出效应呈现出一定的区制转移特征。大型商业银行对股份制商业银行和城市商业银行的净溢出指数在大部分时期内为负值,

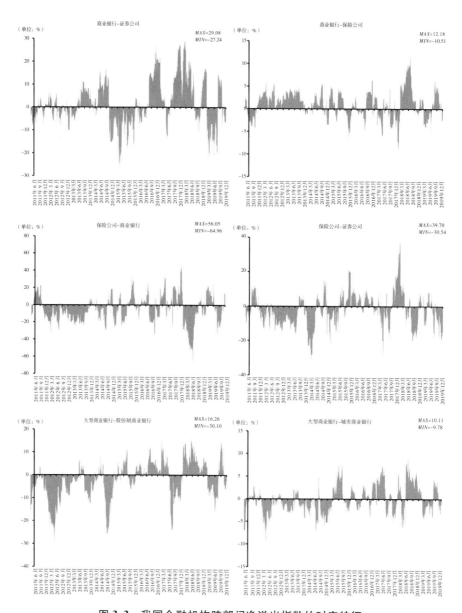

图 3.3 我国金融机构跨部门净溢出指数的时序特征

注:预测期为 10 天,滚动窗口长度为 120 天。基于我国金融机构系统性风险溢出表(样本Ⅲ)中的时变双向溢出指数 $PAIR_{i\leftarrow j,t}^{H}$,按部门类型加总求和并进行算术平均,以度量各部门对其他部门风险溢出效应的平均水平。因篇幅所限,这里仅展示部分实证结果,其他结果可向作者索取。

其跨部门风险溢出净效应呈现出逆周期性的特征,说明大型商业银行在中国金融体系中充当了稳定器作用;但在历次重大风险冲击事件中净溢出指数为正值,其跨部门风险溢出效应具有顺周期性,加剧了金融网络中系统性风险的溢出效应。

五、结论与启示

本节采用 DYCI 法测算了中国金融机构系统性风险溢出网络,构建了传染性指数、脆弱性指数和净溢出指数等风险测度指标,考察了中国金融机构网络关联性的演变态势,并分别从整体、部门、个体层面探讨了中国金融机构系统性风险溢出效应的时序特征。基于此,本节得出如下结论:第一,中国金融机构整体关联性呈现出较高水平,且随宏观经济形势变化表现出阶段性周期波动特征。第二,从分部门来看,系统性风险溢出效应呈现出异质性和突变性特征;银行在金融网络中的系统重要性地位较为突出,各部门风险溢出净效应的趋势错位,在一定程度上减缓了金融体系中的风险共振。第三,从跨部门来看,银行对证券的风险溢出效应呈现逐年上升态势。同时,保险部门对其他部门风险溢出效应日益增强。此外,银行子部门间的风险溢出效应呈现出一定的区制转移特点。第四,从个体来看,就传染性指数而言,一些资产规模较小的金融机构表现出较强的风险传染能力;就脆弱性指数而言,金融机构对于风险冲击的吸收程度总体较高且差异性不大;就净溢出指数而言,金融机构在网络中的系统重要性随时间不断变化。

基于以上研究结论,我们提出以下政策建议:

第一,在现行"一委一行一总局一会"的金融监管框架下,要进一步完善金融监管协调联动机制,明确各监管主体的职责,加强不同行业监管部门之间的横向协调以及中央与地方监管部门的纵向合作,使金融监管实现全方位、多层次覆盖,更广范围地形成监管合力,尽可能减少不同部门监管之间的真空地带,最大限度地消除行业间的监管套利行为。

第二,由于金融机构风险溢出效应异质性较强且会随时间发生较大改变,金融监管部门应依据中国金融行业的实际情况,健全现有系统性金融风险监测体系,开发有针对性的高频风险监测评估工具以及配套的风险预警机制,精准识别高风险金融机构的网络关联路径,实现金融风险的早发现、早识别、早应对,做好系统性金融风险的早期处置工作。

第三,针对金融机构系统重要性地位发生突变的情况,监管部门应根据其类型、规模以及与之关联的机构,实施动态差异化分类监管措施,并完善风险处置预案工作,以防单一部门金融风险通过多米诺骨牌效应演变成整个金融体系的系统性风险。

第四,为了有效防范中国系统性金融风险,除了对大型金融机构设立更高的监管标准,还应重点关注兴业银行、南京银行和招商证券等风险溢出效应显著的中小型金融机构,定期监测其网络关联结构并实施压力测试,最大限度地防止金融机构"太关联而不能倒"现象的发生。

第五,为了从源头上防范系统性金融风险,金融机构应将完善公司治理作为自身发展的重要任务。一方面,金融机构要加强内部风险管理体系建设,健全风险管理制度框架,积极引进风险管理专业人才。另一方面,金融机构要优化企业激励和约束机制,综合考虑业务发展的收益与风险,完善员工业绩考核评价体系,突出质量、风险防控、合规性等考核指标。

第六,防范化解系统性金融风险还应该重点关注影子银行体系、房地产价格泡沫、金融市场异常波动等风险源头;同时,金融科技的快速发展也给中国金融稳定造成一定影响,要加速发展监管科技防范新型金融风险;除此之外,在中国不断推进金融开放的过程中,跨境资本流动带来的风险冲击势必会加大,应进一步完善宏观审慎评估体系中的跨境资本流动监测工具。

第二节　中国系统性金融风险测度：
金融市场视角

一、研究背景

当前中国经济正处于转变发展方式、优化产业结构和深化金融改革的攻关时期。2017年7月全国第五次金融工作会议明确指出，现阶段金融工作的根本任务是"守住不发生系统性金融风险的底线"。2019年2月，习近平总书记在主持中共中央政治局第十三次集体学习时强调"金融活，经济活；金融稳，经济稳。经济兴，金融兴；经济强，金融强"，深刻阐明了金融与实体经济共生共荣、相互促进的重要关系。为实体经济服务是金融工作的宗旨，也是防范金融风险的根本举措。当前，中国经济下行压力增大，经济高速增长掩盖下的金融风险在局部领域逐渐积聚并释放。2013年同业拆借市场"钱荒"、2014年债券市场大面积信用违约、2015年股票市场的异常波动、2019年包商银行被接管等金融风险事件的发生，不仅危及单个金融市场的稳定，而且极易在市场间形成"多米诺骨牌效应"，引发系统性金融风险。

跨领域风险传递是系统性金融风险的重要特征之一，金融市场的运行效果显著影响宏观经济的发展。一方面，信贷和资产价格的快速增长反映出市场金融活动活跃度提升，促进消费和投资的增加，推动实体经济发展；另一方面，过快增长的信贷和资产价格极易导致泡沫形成和破裂，造成社会资源配置不合理，实际经济活动收缩，宏观经济不景气。金融风险对宏观经济运行的影响十分复杂。2008年国际金融危机的教训表明，金融风险对宏观经济的冲击呈现显著的放大性和扩散性特征，而这种放大作用在不同经济、金融环境下具有一定程度的差异（Bernanke等，1998；周小川，2011）。因此，在中国经济发展方式深刻变革、金融风险点明显增多的背景下，有效度量中国金融市场整体风险水平、正确认识金融风险与宏观经济之间的关系,对防范化解系统性金融风险,平衡好"稳增长"和"防风险"的政策目标具有重要的学术价值和现实意义。

金融压力指数是一种被学术界普遍采纳并广泛应用于监测系统性金融风险的综合指数。考虑到近些年中国金融风险的主要来源,本节从货币、债券、股票和外汇四个金融子市场选取风险指标,合成中国金融市场压力指数(CFM-SI)。随后,本节将 CFMSI 与宏观经济变量建立马尔科夫区制转移模型(MS-VAR),检验在不同经济金融环境下金融市场压力对宏观经济的非线性影响。

二、文献综述

"金融压力"这一概念由加拿大学者 Illing 和 liu(2006)首次提出。他们指出,金融体系在自身脆弱性或外部冲击的影响下会呈现出一种不稳定状态,金融压力指数旨在测度金融系统的这种不稳定状态,是运用相关金融指标合成的单一、连续的统计量。Hollo 等(2012)认为,金融压力是金融体系"不稳定"状态的一种体现,是一种已经"发生"的系统性风险。清华大学国家金融研究院金融与发展研究中心课题组(2019)认为,金融压力可作为综合金融市场信息、监测"系统性"金融风险的指标,为监管部门设定风险预警阈值以及制定宏观经济政策提供参考。

自金融压力指数提出以来,学术界和金融监管部门对合成指数的指标来源和指标权重设定进行了细致讨论。就金融压力指标的选取而言,Hakkio 和 Keeton(2009)分别从股市、债市和银行部门提取相关风险变量,构建可以反映美国堪萨斯州金融风险状况的压力指数。刘晓星和方磊(2012)在股票、外汇市场和银行部门的基础上,引入保险部门风险指标,构建中国金融压力指数。仲文娜和朱保华(2018)在货币、股票、债券、外汇市场和银行部门的基础上,增加房地产市场风险指标构建月度的中国金融体系压力指数(CFSSI)。邓创和赵珂(2018)分别从外汇市场、银行体系和资产泡沫三个方面测度了中国金融市场面临的压力,最后合成中国金融压力总指数。就权重设置而言,最具代表性的赋权方法有以下三种：等方差权重法、主成分分析法和信用加权法。IMF 学者 Cardarelli 等（2009）将所有风险指标标准化后，采用等方差权重加权合成 17 个国家的金融压力指数。陈守东和王妍（2011）采用类似的等方差权重法，构建中国金融压力指数。Kliesen 和 Smith（2010）通过主成分分析法将 18 个周度金融市场指标降维合成圣路易斯金融风险指数（STLFSI），考虑到指标间的相关性，尽可能地保留住最大风险信息。等方差权重法和主成分分析法虽然操作简单，但其局限性也相当明显，样本期内各变量对应的权重固定不变，与动态变化的金融环境存在较大差异，无法反映金融风险的动态变化特征。Oet 等（2011）选用可以反映各市场信用规模的指标，利用 CDF-信用加权法计算各子市场的时变权重，该方法虽能反映出各市场自身风险波动的相对大小，却忽视了市场间相关性强弱对金融风险传染的影响。由此可以看出，等方差权重法、主成分分析法和信用加权法这三种赋权方法均存在一定的缺陷，并不能很好地反映金融市场的风险特征。鉴于此，一些学者在权重设定上做了进一步改进。Hollo 等（2012）通过动态相关系数矩阵赋权，以类似投资组合原理的方式构建欧元区金融压力指数（CISS），考虑到了市场间联动性增强是系统性金融风险发生的重要原因，但此方法仅对各金融子市场间的相关系数采用动态赋权，未考虑到各金融子市场相对整体重要性的改变。许涤龙和陈双莲（2015）将 CRITIC（Criteria Importance Though Intercriteria Correlation）赋权法应用于金融压力指数的构建，以此反映指标间的相关性和相对重要性。张勇和彭礼杰（2017）沿用 Hollo 等（2012）的思路提出了复合式系统压力指标法，从纵向和横向两个维度设置时变权重。邓创和赵珂（2018）在原有 CRITIC 赋权法的基础上加入时变特征，进一步提出了动态 CRITIC 赋权法。

在构建金融压力指数的基础上，学者们进一步探讨其宏观经济效应，主要观点集中在以下三个方面：第一，金融压力上升会损害金融市场资源配置功能，造成信用收紧、消费萎缩、投资下降，进而引起实体经济不景气。如：刘晓星和方磊（2012）、张晶和高晴（2015）通过建立 VAR 模型进行实证分析均发现,金融压力对宏观经济产生显著的不利影响。刘瑞兴(2015)利用格兰杰因果检验证明其构建的金融压力指数与采购经理合成指数之间存在长期因果关系,且前者对后者具有显著的负向影响。第二,在某一段时期内金融压力对宏观经济会起到一定的促进作用。陈建青等(2015)研究发现,在正常风险水平下,金融行业的风险溢出效应与市场繁荣程度呈现正相关。第三,金融压力对宏观经济的影响方向不确定,或者随经济、金融环境表现出阶段性差异。周小川(2011)认为金融风险对宏观经济的冲击呈现显著的放大性和扩散性特征,而这种放大作用在不同的经济、金融环境下表现出不同的特征。陈守东等(2009)认为金融风险与金融运行相伴而生,当风险积聚到一定程度形成压力,压力持续扩大将显著影响经济、金融部门且表现出显著的非线性特征。

学者们尝试使用不同的计量方法,量化分析金融压力对宏观经济的非线性效应。门限向量自回归模型(TVAR)是被广泛采用的模型之一。Hollo 等(2012)通过将其构建的欧元区金融压力指数(CISS)与工业增加值增长率建立 TVAR 模型进行实证研究,发现 CISS 超过阈值水平时会抑制宏观经济活动。随后,有学者发现马尔科夫区制转移模型(MS-VAR)具有可以依据变量特征对样本进行区制划分的优势,将其作为金融压力期识别方法(陶玲和朱迎,2016;徐国祥和李波,2017;朱莎和裴沛,2018)。部分学者通过将金融压力与可以反映经济增长的指标一起构建 MS-VAR 模型,得出一些重要结论。如:Davig 和 Hakkio(2010)利用 MS-VAR 模型进行研究,发现当美国堪萨斯州处于经济下行时期,金融压力对宏观经济影响显著。Aboura 和 Roye(2017)通过马尔科夫贝叶斯转换模型(MSBVAR)对金融压力程度进行划分并证明,宏观经济在高压力状态下波动较为剧烈,而在低压力状态下波动较小。随着新计量方法的不断涌现,相关研究内容更加丰富。张勇和彭礼杰(2017)利用 Logistic 平滑转换向量自回归模型证明,受经济主体情绪的影响,在高压力期金融压力对产出和物价的影响更为显著。徐国祥和李波(2017)使用时变向量自回归模型(TVP-VAR)发现,在不同的环境下金融压力上升对工业增加值增长率传导的强度不同,但均为持续的负向影响。

总体来看,在金融压力指数构建及其宏观经济效应的研究方面,国内文献虽取得了一些重要成果,但仍存在进一步发展和完善的空间。一是多数学者在构建金融压力指数时,同时选取了来自金融市场、金融机构的基础指标。由于金融市场和金融机构在整个金融体系中作用不同,同时将按不同标准划分的金融市场和金融机构作为金融压力的子系统,可能会影响最后合成指数的准确性。二是在金融压力指数的权重设置上,大多数研究未能充分体现其动态变化特征,一方面忽略了各金融子市场相对重要性的改变,另一方面未考虑到金融风险事件发生前后金融子市场间关联性的动态变化。三是在分析金融压力的宏观经济效应时,现有文献多以整个样本时期的数据为研究对象,忽略了中国在体制转轨时期经济、金融数据可能存在一定的分割,金融压力的宏观经济效应在不同的经济、金融环境下具有复杂的非线性特征。

本节试图在既有研究基础上做以下三个方面的拓展:第一,考虑在多数情况下,金融市场指标可以提供金融体系风险累积程度、压力和动荡程度的有效信息,实时反映金融系统的整体状况;本节构建的金融压力指数聚焦于金融市场,并按照交易产品类型将金融压力的子系统划分为货币、债券、股票和外汇市场。第二,借鉴 Illing 和 Liu(2006)、Hollo 等(2012)提出的 CDF-信用加权法和动态相关系数法,本节将二者结合构建中国金融市场压力指数。第三,为更贴合中国经济转轨时期特征,在方法上本节选择马尔科夫区制转移模型(MS-VAR)对样本期内经济金融状态进行划分,以检验在不同时期、不同经济状态下金融压力对宏观经济变量的影响。

三、中国金融市场压力指数的构建及其有效性检验

(一)基础指标选取

货币市场是短期资金融通的重要场所,具有交易量大、流动性高的特点,

因此货币市场压力直接关系到整个金融市场的稳定。本节参考张晶和高晴（2015）的做法,选择与货币市场压力密切相关的两个重要指标:一是 TED 利差(x_1),即 3 个月银行间同业拆借加权平均利率与 3 个月国债收益率之差。当货币市场压力较高时,市场流动性趋紧,银行间同业拆借成本上升,利差扩大;反之,市场资金充裕,利差收窄。二是 SHIBOR 波动率(x_2)。本节利用 GARCH(1,1)模型计算 1 周 SHIBOR 的波动率,将其作为代表货币市场利率波动状况的指标。一般来说,波动率可直接反映市场不确定性的大小,与货币市场压力呈现正相关关系。

债券市场近些年取得了长足发展,债券收益水平直接反映了投资者对市场的信心。本节借鉴徐国祥和李波（2017）的思路,选取了可以反映债券市场压力的三个指标:一是期限利差(x_3),即 10 年期国债收益率减去 1 年期国债收益率的差值。当债券市场压力较大时,投资者风险偏好下降,放弃持有风险溢价较高的长期债券,转向购买流动性较好、风险较小的短期债券,债券期限利差扩大。二是企业债利差(x_4),即 1 年期 AAA 级企业债收益率与 1 年期国债收益率之差。当债券市场压力上升,投资者避险情绪较高,青睐于风险较小的国债,企业债利差扩大。三是债券指数波动率(x_5)。本节选用 GARCH(1,1)模型计算出中债综合指数的波动率,作为衡量债券收益率不确定性的重要指标。与徐国祥和李波（2017）不同之处在于,本节用债券指数波动率替代了政策性金融债利差,即 1 年期国开债收益率与 1 年期国债收益率之差。原因在于,政策性金融债的风险介于企业债和国债之间,且政策性金融债利差原理与企业债利差相似。而中债综合指数波动率可以有效衡量债券市场收益水平的不确定性,反映投资者心理预期状况。

股票市场是国民经济的“晴雨表”。资本价格的异常波动是股票市场压力主要来源,也是经济失衡的一种表现。本节借鉴徐国祥和李波（2017）的思路,选取来自股票市场的三个相关指标:一是股票指数波动率(x_6)。本节利用 GARCH(1,1)模型计算出上证综合指数的波动率,以此反映股票市场整体收益的波动情况。二是股票指数下跌变量(x_7)。计算公式为$-z_t/\max\{z\in(z_{t-j}/j=1,2,3,\cdots,T)\}$，$T=250$，$z$为上证综指的日收盘价，表示一年滚动窗口下股票指数下跌的最大幅度。三是股债相关性(x_8)，即通过 DCC—GARCH 模型计算出上证综合指数收益率和 10 年期国债收益率之间的时变相关系数。一般情况下，股市和债市不存在显著的相关关系，但在股票市场的压力较大时，投资者会迅速将资金从股市抽离转向债市"避险"，此时两者之间会出现显著的负向关系。

外汇市场是联结国内外金融市场的纽带。受国际经济、政治环境影响，外汇市场的压力通常表现为由资本外流导致的本币大幅贬值，政府可能会降低本国的外汇储备量以维持汇率稳定。本节参考陶玲和朱迎(2016)的做法，选取可以反映外汇市场压力的两个重要指标：一是人民币兑美元汇率的波动率(x_9)。本节将 GARCH(1,1)模型计算出的人民币兑美元汇率中间价的波动率视为衡量外汇市场汇率波动的重要指标。二是外汇储备同比变化率(x_{10})。一般来说，外汇储备下降越快意味着一国稳定汇率、维持国际收支平衡的能力越弱，外汇市场面临的压力越大。与陶玲和朱迎(2016)不同的是，本节未引入进出口额当月同比指标，主要原因在于，本节构建的金融压力指数聚焦于金融市场，不涉及实体经济部门，所选指标主要为金融市场交易类数据。

(二)基础指标处理及子市场指数构建

本节样本区间为 2008 年 1 月至 2018 年 12 月，样本容量为 132，所有数据均来自 Wind 数据库。由于$x_1,x_2,\cdots,x_9$为日度数据，为保证数据频率一致，本节对$x_i(i=1,2,\cdots,9)$进行降频处理，对所有日度数据取当月均值。随后，本节通过累计分布函数法(Cumulative Distribution Function)对$x_i(i=1,2,\cdots,10)$进行标准化处理，转换后的数据变量取值均在[0,1]范围内。最后，参考 Oet 等(2011)、隋建利和尚铎(2018)的做法，假设子市场中各变量的重要程度相同，[①]本节对每

[①] 本节尝试使用客观赋权法进行赋权，包括标准离差法、熵值法，其结果无明显差异。

个子市场 $j(j=1,2,3,4)$ 内的 n 个变量进行简单算术平均,即 $y_{j,t} = \frac{1}{n} \sum_{i=1}^{n} x_{i,t}$, 得到各子市场的压力指数。

(三) 中国金融市场压力指数的构建

在对各金融子市场压力指数加权过程中,本节基于投资组合原理将两种时变权重结合,以此反映金融市场压力指数的动态变化特征。具体来说,首先由于各子市场的经济体量是随中国金融市场发展而变化的,本节借鉴 Illing 和 Liu(2006)的做法,分别选取银行间同业拆借总额、股票市场总流通市值、债券市场托管总额和外债余额来反映货币市场、债券市场、股票市场和外汇市场提供的信用规模,利用归一法计算各子市场的时变权重。其次,考虑到子市场间的相关性强弱对金融风险传染的影响,本节参考 Hollo 等(2012)的研究成果,计算子市场间的动态相关系数。最后,本节基于投资组合原理的加总方法,合成中国金融市场压力指数(CFMSI),具体计算过程如下。

本节将 CFMSI 定义为:$CFMSI_t = (y_t \cdot w_t) C_t (y_t \cdot w_t)'$。其中,$y_t = (y_{1t}, \cdots, y_{4t})'$ 表示各子市场的金融压力指数,$w_t = (w_{1t}, \cdots, w_{4t})'$ 为各子市场信用规模的时变权重,$y_t \cdot w_t$ 表示赋权后子市场金融压力指数构成的向量。$C_t =$

$$\begin{pmatrix} 1 & \rho_{12,t} & \rho_{13,t} & \rho_{14,t} \\ \rho_{21,t} & 1 & \rho_{23,t} & \rho_{24,t} \\ \rho_{31,t} & \rho_{32,t} & 1 & \rho_{34,t} \\ \rho_{41,t} & \rho_{42,t} & \rho_{43,t} & 1 \end{pmatrix}$$ 是 $y_{i,t}$ 和 $y_{j,t}$ 之间的相关系数 $\rho_{ij,t}$ 组成的相关系数矩

阵。通过指数加权移动平均法(EWMA),时变相关系数 $\rho_{ij,t}$ 可由相应的方差 $\sigma_{i,t}^2$ 和协方差 $\sigma_{ij,t}$ 估计得出,具体方法如下:

$$\tilde{y}_{i,t} = y_{it} - 0.5 \tag{3.4}$$

$$\sigma_{i,t}^2 = \lambda \sigma_{i,t-1}^2 + (1 - \lambda) \tilde{y}_{i,t}^2, \quad \sigma_{ij,t} = \lambda \sigma_{ij,t-1} + (1 - \lambda) \tilde{y}_{i,t} \tilde{y}_{j,t} \tag{3.5}$$

$$\rho_{ij,t} = \sigma_{ij,t} / \sigma_{i,t}\, \sigma_{j,t} \quad \forall i,j = 1,2,3,4;\ i \neq j \tag{3.6}$$

假设子市场压力指数的理论均值为 0.5,$\tilde{y}_{i,t} = y_{it} - 0.5$ 表示减去均值后的子市场压力指数,平滑参数 λ 表示金融信息的更新速度,参考 Hollo 等(2012)取值为 0.93,且在整个样本时期内保持不变。另外,基于 2008 年 1 月至 2010 年 12 月样本数据,本节计算出初始方差 $\sigma_{i,0}^2$ 和协方差 $\sigma_{ij,0}$。

(四)中国金融市场压力指数有效性检验

本节选用样本时期内被社会各界普遍认定的金融风险事件作为判断依据,通过观察 CFMSI 在金融风险事件发生前后是否存在明显变化来检验其有效性。

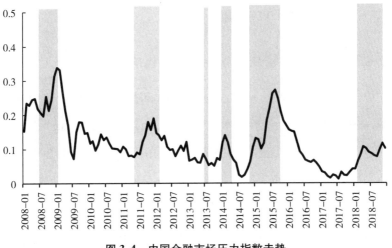

图 3.4　中国金融市场压力指数走势

图 3.4 阴影部分标注的金融风险事件主要包括:(1)2008.7—2009.1:随着美国次贷危机持续发酵,国际金融危机在雷曼兄弟公司破产后全面爆发,在全球范围引发严重的信贷紧缩,危机导致 CFMSI 在短期内快速攀升,并达到其样本期内的最高点。同年 10 月,中国政府出台一系列积极的财政、货币政策以稳定宏观经济,CFMSI 出现下降态势,但过度的政策刺激也为宏观经济运

行埋下了许多隐患。（2）2011.8—2011.12：欧洲主权债务危机深化时期欧元大幅贬值，阻碍欧洲整体经济恢复进程。由于全球金融市场不确定因素增多，间接影响了中国金融市场的稳定，CFMSI 出现上升态势。（3）2013.6—2013.7：2013 年 6 月底中国银行间同业拆借市场出现"钱荒"事件，短期利率快速飙升，银行间流动性趋于紧张，CFMSI 出现小幅波动。（4）2014.1—2014.5：中国债券市场出现大面积信用违约事件，市场恐慌情绪迅速蔓延，信用价差大幅度波动，CFMSI 有所上升。（5）2015.3—2015.10：中国股票市场经历了一轮急剧上涨、下跌和缓慢修复过程。相对应地，CFMSI 在 2015 年上半年快速攀升，并于同年 7 月达到波峰。此后，政府推进股票和债券发行交易制度改革，积极引导股市回暖，CFMSI 缓慢下降。（6）2018.1—2018.7：中美贸易摩擦升级，对外贸易环境复杂多变，国际资本市场波动加剧，外汇市场的金融风险不断积聚，CFMSI 整体有所上升。

（五）中国金融市场压力指数稳健性检验

在构建 CFMSI 过程中，赋权方法的选用是否影响 CFMSI 走势和风险事件的识别，需要进行稳健性检验。本节从两个方面对构建的 CFMSI 稳健性展开检验：一是比较未采用动态信用权重赋权、未采用动态相关系数矩阵加权与采用本节方法构建的金融市场压力指数的区别；二是比较因子分析法、等方差权重法与采用本节方法构建的金融市场压力指数的区别。

由图 3.5 可以看出，无信用加权、无相关系数矩阵加权合成结果与 CFMSI 在趋势上基本保持一致，但波动幅度上存在差异。在对不同程度的风险事件识别上，无信用加权、无相关系数矩阵加权合成结果并没有在数值上表现出明显差异。其主要原因在于，其一，采用无信用加权法构建的金融压力指数对所选的金融市场均赋予相同权重，这导致金融市场整体压力水平易受单个市场极端风险值的影响，结果可能被高估；其二，采用无时变相关系数矩阵赋权构建的压力指数未考虑到金融市场压力的跨市场传递，忽略了市场共振对金融市场整体压力的影响。

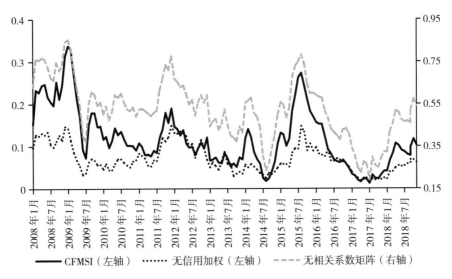

图 3.5　CFMSI 与无信用加权、无相关系数矩阵加权合成结果比较

从图 3.6 可以看出，等方差权重法和因子分析法合成的结果与 CFMSI 相比，对系统性金融市场压力事件的识别效果不明显。等方差权重法构建的金融市场压力指数在均值处上下波动，原因在于所有变量标准化后被赋予了相同且固定的权重，忽略了变量之间的相关性，更无法体现时变特征，导致风险信息可能出现重叠或不准确的现象。因子分析法构建的金融市场压力指数在数值上没有表现出对不同程度的风险事件识别的差异性。因子分析法通过提取公共因子以达到降维的目的，但该方法依赖于正态分布的假设，随着数据量的增加，不可避免地会有更多离散点被纳入模型，因此无法有效地从整体上反映金融市场压力水平的变化。此外，等方差权重法和因子分析法赋权存在一个共同的不足之处，即赋权方法高度依赖数据特征，缺乏充分的经济含义。

总体来看，相比于现有方法，本节构建的金融市场压力指数具有一定的优越性，与中国金融市场的整体走势耦合度较高，可以有效地反映金融市场的风险状况，为深入探究金融压力对宏观经济的动态影响奠定了基础。

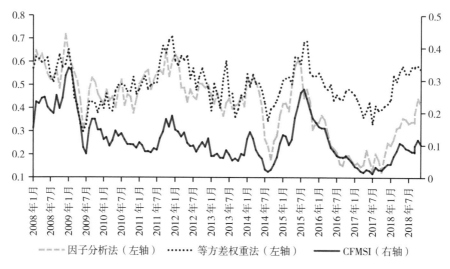

图3.6　因子分析法、等方差权重法合成结果与 CFMSI 比较

四、中国金融市场压力指数的宏观经济非线性效应

(一)模型设定

为了刻画不同经济金融环境下金融市场压力对宏观经济影响的差异性特征,本节借鉴 Hamilton(1994)的研究成果,在传统向量自回归模型(VAR)中引入时变区制变量(s_t),构建马尔科夫区制转移向量自回归模型(MS-VAR)。与传统 VAR 相比,MS-VAR 中的回归变量(y_t)依赖于不可观测的区制变量(s_t),且该区制变量服从一个离散状态的马尔科夫随机过程。MS-VAR 模型的一般形式可以表示为:

$$y_t = C(s_t) + \sum_{i=1}^{p} \alpha_{i,s_t} y_{t-i} + \varepsilon(s_t) \; ; \varepsilon(s_t) \sim N(0, \sum(s_t)) \tag{3.7}$$

回归变量 y_t 表示变量观测值为 $m \times 1$ 向量(m 为变量个数),$C(s_t)$ 为区制 s_t 时的截距项,p 为变量 y_t 滞后阶数,α_{i,s_t} 为 y_t 在区制 s_t 时的系数,$\varepsilon(s_t)$ 为在区制 s_t 时的随机误差项向量,$\Sigma(s_t)$ 为随区制 s_t 变化的方差矩阵。区制变量 s_t 是

随机变量,与 $\varepsilon(s_t)$ 独立且满足一阶 Markov 链,即下一时刻状态 j 出现的概率

只取决于前一时刻所处的状态 i。状态转移概率矩阵 $Q = \begin{pmatrix} P_{11} & \cdots & P_{1h} \\ \vdots & \cdots & \vdots \\ P_{h1} & \cdots & P_{hh} \end{pmatrix}$,其

中 $P_{ij} = P(s_t = j \mid s_{t-1} = i), \sum_{j=1}^{h} P_{ij} = 1$。

由于均值、截距项、自回归参数和标准差均随区制变量 (s_t) 发生变化,MS-VAR 可以细分为 MSM-VAR、MSI-VAR、MSA-VAR、MSH-VAR。此外,上述四项之间的不同搭配组合又可以衍生出更多的具体形式,如 MSMH-VAR、MSIH-VAR、MSMA-VAR 等。

(二) 数据选取

本节借鉴徐国祥和李波(2017)的思路,选取 3 个能够反映宏观经济运行状况的指标,分别是:

1. 工业增加值缺口。由于中国目前的 GDP 没有月度数据,本节采用工业增加值来替代 GDP,用工业增加值缺口代表产出缺口(OG)。工业增加值缺口 = (实际工业增加值-潜在工业增加值)/潜在工业增加值,其中潜在工业增加值通过 HP 滤波进行估计。与徐国祥和李波(2017)不同,本节没有直接选用工业增加值增长率,而是采用工业增加值缺口作为反映经济增长情况的指标。考虑到 2008 年后中国经济运行在供需层面存在结构性错配问题,工业增加值增长率只能表示当前经济增速的快慢,无法反映当前产出是否满足经济发展的实际需要;而工业增加值缺口可以通过计算真实产出与潜在产出的差值变化,较好地体现中国经济实际运行情况。

2. 通货膨胀率。本节基于居民消费价格指数(CPI)获得通货膨胀率序列(PAI),即 PAI = (CPI-100)/100。通货膨胀或通货紧缩是一国宏观经济不稳定的主要表征之一,过度的通货膨胀或通货紧缩会对人们的生活质量产生

严重的负面冲击,影响一国经济的长远发展。当金融市场压力由金融领域向实体经济领域传递时,宏观经济的不稳定可以直接反映在物价水平的波动上。

3.利率水平。利率数据采用银行间7天同业拆借利率(R)的月度均值。利率水平主要反映了社会资金的供求状况,直接表现为企业融资成本的高低。利率水平的高低需要与经济、金融总体发展水平相适应,在宏观经济运行中起到至关重要的作用。

本节分别对中国金融市场压力指数(CFMSI)、产出缺口(OG)、通货膨胀率(PAI)、银行间7天同业拆借利率(R)进行平稳性检验。检验结果表明,在5%的显著性水平下,各时间序列均拒绝存在单位根的原假设,即均为平稳序列。

表3.4 三区制下的变量描述性统计

区制	统计量	CFMSI	OG	PAI	R
区制1	均值	0.073783	−0.000150	0.131235	3.078772
	中位数	0.074576	−0.000637	0.099200	3.220600
	标准差	0.042714	0.004150	0.506412	0.400048
区制2	均值	0.101993	0.003238	0.310422	3.452540
	中位数	0.091661	0.002561	0.268400	3.519819
	标准差	0.046400	1.231122	0.585327	1.170637
区制3	均值	0.143393	−0.019499	−0.064286	1.754384
	中位数	0.147994	−0.016630	−0.150000	1.512217
	标准差	0.056252	0.015947	0.430755	0.907390

(三)MS-VAR模型选择及估计

本节使用 Oxmetric 软件在 Givewin 平台上对模型进行参数估计,构建包含金融市场压力指数及 3 个宏观经济变量在内的 MS-VAR 模型,并依据对数似然值、AIC、HQ 和 SC 准则进一步确定其具体形式。在转移区制个数的选择上,陶玲和朱迎(2016)、邓创和赵珂(2018)研究认为,三区制的划分更加适合中国金融市场风险转变过程。结合已有研究和实际检验结果,①本节选择三区制的马尔科夫区制转移模型。在滞后阶数取 1—3 的情况下,通过比较对数似然值、AIC、HQ 和 SC 准则确定最优模型形式。在考察的所有兼具计量和现实意义的模型中,MSIH(3)-VAR(1)模型的拟合效果最优。

在 MSIH(3)-VAR(1)模型拟合的基础上,本节依据表 3.4 中各区制变量的描述性统计结果,确定各区制状态特征。第一,对比金融市场压力(CFMSI)的均值和中位数可知,区制 3 时期的金融市场压力最大,在区制 1 时最小。第二,在区制 2 时,工业增加值缺口(OG)的均值和中位数均为正,在区制 1 和区制 3 时均为负。但区制 3 的实际工业增加值偏离潜在工业增加值的均值幅度明显大于区制 1,是区制 1 的 129 倍。相比而言,区制 3 时期宏观经济出现明显下滑。第三,通货膨胀率(PAI)的均值和中位数在区制 3 时均为负,在区制 1 和区制 2 时均为正,且区制 2 时期通货膨胀率的中位数为区制 1 的 2.7 倍。结合工业增加值缺口发现,相较于另两种区制状态,区制 2 时期宏观经济整体表现过热。第四,从银行间 7 天同业拆借利率(R)的均值和中位数来看,区制 1 和区制 2 时期相对较高,区制 3 时期较低;从标准差来看,区制 1 时期标准差较小,为 0.400048,利率水平保持稳定,区制 2 和区制 3 时期利率波动较大,分别为 1.170637 和 0.907390。综上,本节将区制 1 描述的状态定义为"低度风险、经济平稳";区制 2 代表的状态设定为"中度风险、经济过热";区制 3 描述的状态定义为"高度风险、经济衰退"。

---

① 对数似然值、AIC、HQ 和 SC 准则判定结果同样支持本节的初步假定,三区制模型优于同类型的两区制模型。

表 3.5　各区制的持续期及样本划分

区制	样本	频率	平均持续期	样本划分
区制 1	54.9	0.4551	14.91	2008.5—2008.7[0.9915];2012.10—2013.5[0.9504]; 2014.4—2014.6[0.7878];2015.8—2018.12[0.9987]
区制 2	68.0	0.4649	13.44	2008.1—2008.4[0.9996];2009.10—2012.9[0.9918]; 2013.6—2014.3[0.9889];2014.7—2015.7[0.9428]
区制 3	17.2	0.0793	8.70	2008.8—2009.9[0.9868]

注:方括号里的数字表示样本划分区间的持续概率。

从图 3.7 各区制划分的概率估计结果可以看出,区制 1 集中在 2016 年至 2018 年,此时中国经济逐渐由高速增长转向高质量发展阶段,金融市场压力水平整体有所下降但并非不存在发生系统性风险的可能性。事实上,2016 年以后出现同业业务泛滥,影子银行问题愈发严峻,金融监管逐渐趋严。区制 2 始于 2009 年末,此时中国经济虽尚未进入新常态,但"三期叠加"的阶段性特征已逐渐显现。经济高速增长和前期刺激政策导致区制 2 时期产能明显过剩,而经济结构的失调及资源分配的不合理使得金融市场压力显著上升,经济运行过程中潜在风险逐渐暴露。区制 3 主要体现在 2008 年国际金融危机发生前后,在全球金融风暴冲击下任何国家都难以独善其身,中国金融市场压力大幅飙升,宏观经济整体低迷。对此,中国政府采用积极的财政、货币政策刺激实体经济,但过度的政策刺激也给宏观经济埋下了隐患。以上结果进一步印证了三区制的划分可以较好地反映中国经济现实。

表 3.6　区制转移概率矩阵

	区制 1	区制 2	区制 3
区制 1	0.92716	1.060e—007	0.01861
区制 2	0.05417	0.92380	0.03319
区制 3	0.01877	0.07616	0.94820

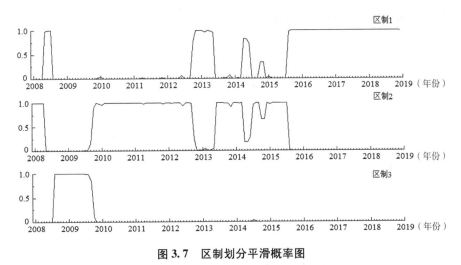

图 3.7　区制划分平滑概率图

注：区制 1 为"低度风险、经济平稳"时期，区制 2 为"中度风险、经济过热"时期，区制 3 为"高度风险、
　　经济衰退"时期。

由表 3.6 的输出转移概率可以发现宏观经济在三种区制状态下的转换特征。第一，样本期内中国经济在 3 种区制状态下均具有"惯性"特征。经济在各自区制状态下的维持概率均大于 0.9，说明经济一旦进入一种状态后，不易变迁至其他状态。第二，样本期内中国经济在区制 1 和区制 2 状态下存在明显的"棘轮效应"。区制 1 转移至区制 2 的概率为 0.05417，相反则为 1.060e—007；另外，从区制 2 转移至区制 3 的概率（0.07616）大于从区制 3 转移至区制 2 的概率（0.03319）。这说明由较低风险区制向较高风险区制转换时比较容易，反之则较难。转移概率上的非对称性，在一定程度上支持了"金融不稳定假说"。较长时间的经济繁荣易导致社会整体杠杆率上升，金融市场逐渐从稳健转向脆弱、从稳定状态转向不稳定状态。

（四）分区制脉冲响应分析

本节根据 MS-VAR 模型的区制划分结果，比较在三区制下金融市场压力指数（CFMSI）对工业增加值缺口（OG）、通货膨胀率（PAI）和利率水平（R）的影响，结果如图 3.8 所示。从影响的方向上看，在不同区制下金融市场压力对工业增加值缺口、通货膨胀率和利率表现出显著的非线性效应。

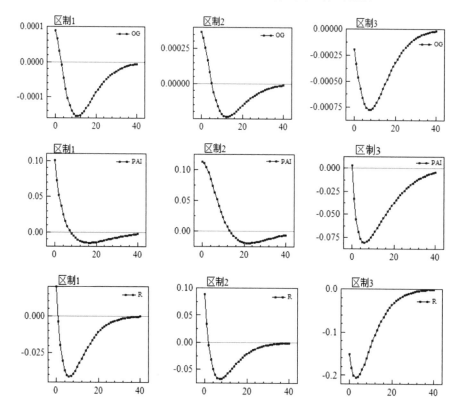

图 3.8　三区制下产出缺口、通货膨胀率和利率对金融市场压力的脉冲响应图

注:区制 1 为"低度风险、经济平稳"时期,区制 2 为"中度风险、经济过热"时期,区制 3 为"高度风险、经济衰退"时期。

对工业增加值缺口的冲击。在"低度风险、经济平稳"和"中度风险、经济过热"状态下,金融市场压力上升对工业增加值缺口短期表现为正向作用,长期为负向作用;在"高度风险、经济衰退"状态下表现为持续的负向抑制作用。由于金融市场可通过信贷方式向实体经济注入资金,促进产出增长,而发放信贷本质上也是承担风险。在"低度风险、经济平稳"和"中度风险、经济过热"状态下,公众对未来经济走势预期乐观,金融市场压力的上升在一定程度上可以刺激投资和消费,给产出以正向作用。但受资产价格频繁波动影响,资金在实体经济部门外循环,追逐虚拟经济利润,市场资源配置出现较大程度的扭曲,长期来看,金融市场压力对产出的影响表现为抑制作用。在"高度风险、经济衰退"状态时,前期过度繁荣导致金融市场逐渐从稳健转向脆弱,市场不确定性增加,投资者风险偏好明显降低。因此,在"高度风险、经济衰退"时期,金融市场压力上升会直接导致银行放贷意愿下降,企业融资成本上升,产出下滑。

对通货膨胀率的冲击。在"低度风险、经济平稳"和"中度风险、经济过热"状态下,通胀对金融市场压力冲击的响应短期表现为正向作用,长期为负向作用。主要原因在于,金融压力上升引起金融市场资产价格波动,通过财富效应、托宾 Q 效应以及资产负债表效应,使消费物价在短期内走高。但从长期来看,金融市场环境趋松吸引大量资金进入,资金"脱实向虚",虚拟经济对实体经济产生"挤出效应",导致消费物价下降。在"高度风险、经济衰退"状态下,金融市场压力上升将导致价格持续的负向波动。其原因在于,一方面,金融市场压力上升会直接导致银行放贷意愿下降,金融市场信贷收缩,企业融资成本上升,产出下滑、物价水平下降;另一方面,在金融市场环境持续不佳时,公众对于未来经济状况的预期偏悲观,投资和消费需求都会减少,形成需求萎缩型的通货紧缩。

对利率水平的冲击。在"低度风险、经济平稳"和"中度风险、经济过热"状态下,金融市场压力上升短期对利率水平具有正向影响,而长期表现为明显的负向影响;在"高度风险、经济衰退"状态下,金融市场压力上升对利率表现为持续的负向影响。在不同经济、金融环境下,利率的脉冲响应存在一定差异,原因在于,金融市场压力的上升往往伴随着投资者风险偏好的下降,市场流动性趋紧,短期内利率出现上升。但从长期来看,金融市场压力上升危及整个宏观经济的正常运行,造成实体经济的投资回报率下降,导致利率下降。在重大金融风险事件易发多发的"高度风险、经济衰退"时期,政府为缓释金融市场压力,刺激经济复苏,相应地会出台一系列扩张性货币政策,使得利率水平出现下降。

从影响程度来看,在不同区制下金融压力对工业增加值缺口、通货膨胀率和利率表现出明显的非线性影响。在"高度风险、经济衰退"状态下,工业增加值缺口、利率水平和通货膨胀对金融市场压力冲击的负向反应程度最大,其次是"中度风险、经济过热",最小是"低度风险、经济平稳"。由此可以推断,当处于"高度风险、经济衰退"状态时,宏观经济对金融压力的变动更敏感。主要原因在于,一方面,金融市场压力上升往往伴随着投资者风险偏好的降低和资产价格的剧烈波动,资产贬值使得家庭部门产生负的财富效应,消费支出的减少导致宏观经济总需求降低,传导至企业部门最终引起实体经济发生波动;另一方面,产出下滑、资产缩水又会导致一系列的违约事件,造成金融市场信贷萎缩,进一步加剧实体经济的不景气,形成恶性循环。在重大金融风险事件发生的"高度风险、经济衰退"时期,经济主体对预期损失的不确定性上升,更易受到市场消极情绪的影响形成"羊群效应",进而导致金融市场压力的负面影响显著放大。

五、主要结论及政策建议

本节从货币、债券、股票和外汇四个市场选取风险指标,结合动态相关系数法和动态信用赋权法,合成可以反映中国系统性风险水平的金融市场压力指数(CFMSI)。随后,本节将其与工业增加值缺口(OG)、通货膨胀率(PAI)和银行间 7 天同业拆借利率(R)建立 4 变量的马尔科夫区制转移模型,探讨在不同区制状态下金融市场压力的宏观经济效应。本节主要研究结论为:第一,引入动态信用权重、时变相关系数矩阵的 CFMSI 可以更好地识别金融市场"系统性"压力。第二,样本区间可以划分为三个区制,分别为"低度风险、经济平稳""中度风险、经济过热""高度风险、经济衰退",其中"低度风险、经济平稳""中度风险、经济过热"具有"棘轮效应"特征。第三,不同区制状态下,金融市场压力对宏观经济变量的影响表现出非线性特征,相比于其他两种状态,"高度风险、经济衰退"状态下,金融市场压力表现为持续的负向冲击,引致较高的宏观经济成本。

根据以上研究结论,本节提出如下建议:

第一,监管部门应编制可反映"系统性"金融市场压力程度的指标。近年来,中国股票市场、债券市场发生的风险事件,都曾引起市场恐慌情绪,监管部门无法根据单一金融市场的风险冲击,判断其是否可能引起市场共振甚至演变为系统性的金融风险。因此,构建一个可直观反映金融市场系统性风险程度的指标是防范、化解系统性风险的关键。

第二,健全严格有效的风险隔离机制,筑牢风险防火墙。缓解系统性的金融市场压力应该从切断风险的传染途径入手,既要防止某一市场风险横向蔓延至其他金融市场,也要避免风险的纵向传递,影响实体经济的健康运行。监管部门一方面要加强对跨市场金融机构、金融产品的风险监测,降低金融市场间的风险联动效应;另一方面要完善金融市场信息披露制度,提高市场透明度,预防由市场恐慌情绪导致的跟风行为,避免风险在金融部门和实体经济之间相互传染,形成恶性循环。

第三,监管部门应该更关注"中度风险、经济过热"时期。一方面,由于"中度风险、经济过热"状态存在明显的"棘轮效应",这意味着由此转向高宏观经济成本的"高度风险、经济衰退"状态的可能性更大。另一方面,在"中度风险、经济过热"时期防范系统性风险的收益比在"高度风险、经济衰退"时期治理系统性风险的成本要高。在"中度风险、经济过热"时期防范金融危机而带来的管制是事前成本,这些成本来自于资本错配和金融部门的低效率所导致的监管扭曲,而剧烈的系统性金融风险为更高的事后实际成本。因此,监管部门应该未雨绸缪,密切关注金融市场的发展动态,在"中度风险、经济过热"时期适时采取相关政策措施,以防患于未然。

第四,考虑到金融市场压力对宏观经济的影响依赖于不同的经济、金融环境,监管部门需准确判断宏观经济所处的状态,科学制定政策搭配组合,同时也要把握好政策工具使用的时机、方向和力度,保证政策实施的有效性和科学性。

第三节　中国系统性金融风险测度：经济金融关联视角

一、研究背景

2008 年国际金融危机爆发后,各主要经济体的经济金融系统遭受了严重冲击,防范和化解系统性风险由此成为宏观金融领域研究的核心问题。危机前,理论和实践领域的诸多重大误判造成金融风险隐患大量滋生,特别是忽略了金融业和实体行业日益强化的交互作用关系,以及可能引发的风险传染问题。"农工商交易之路通,而龟贝金钱刀布之币兴焉",金融与实体经济的相互影响广泛且深远。金融风险极易扩散蔓延至实体行业,进而威胁国民经济的健康稳定发展。与此同时,实体行业发展具有较强的波动性,风险可通过业务关联渠道溢出至金融业,给金融系统的稳定带来不利影响。当前中国经济正处于转向高质量发展的关键时期,本就面临着错综复杂的内外形势,突如其来的新冠疫情更是对经济发展造成了诸多不利影响,使我国经济金融系统在中长期面临更多的不确定性因素。具体而言,我国宏观经济增长尚未回归常态化,实体经济部门杠杆率居于高位,部分企业高杠杆经营风险持续暴露;同时,银行业资产质量承压、资产泡沫化风险加剧、资金"脱实向虚"等一系列金融问题不断显现,最终将演化为经济金融系统内的风险共振,诱发系统性风险的可能性大大增加。在深化供给侧结构性改革、防范化解重大风险的当下,维护经济金融系统的稳定成为愈发重要的研究课题。

党的十八大以来,习近平总书记多次强调要把防范化解金融风险放到更加重要的位置,坚决守住不发生系统性金融风险的底线。然而,随着经济金融化格局加速形成,金融业与实体行业间的关联性已不容忽视,金融业的稳定和效率会对实体行业产生直接影响,反之亦然,因此有必要厘清并正确处理金融与实体经济之间的动态关系。习近平总书记在 2019 年 2 月 22 日主持中共中央政治局第十三次集体学习时强调"经济兴,金融兴;经济强,金融强。经济是肌体,金融是血脉,两者共生共荣"。服务实体经济是金融的天职,也是防范化解系统性金融风险的根本举措。《中华人民共和国国民经济和社会发展第十四个五年规划和 2035 年远景目标纲要》进一步提出,要构建金融有效支持实体经济的体制机制。由此,防范化解系统性金融风险,实现金融回归服务实体的本源,促进经济和金融良性循环与健康发展,逐渐成为当下金融领域改革发展的头等要务。那么,金融和实体经济之间究竟存在何种复杂关联? 是否存在统一的理论框架,为二者之间不同周期的风险溢出动态特征提供较为全面的解释? 如何有效防范化解系统性风险并改善我国经济金融发展困境,护航中国经济行稳致远?

现有文献对以上问题尚未作出有效回答,对二者间的相互依存关系和风险联动效应的研究亟待拓展,因此对中国金融业和实体行业的风险溢出效应展开深入讨论显得十分必要。考察金融业内部者众,探究经济金融全局者寡。本节探索性地将金融业和实体经济置于同一框架内,从时域和频域两个视角考察二者间的风险溢出效应以丰富现有文献,同时为理顺经济金融交互关系提供一定理论支撑。具体而言,本节基于时域和频域关联网络视角,考察金融业和实体行业的风险溢出的动态特征,厘清中国经济金融系统运行的内在逻辑和关键问题,对科学认识当前中国经济金融风险现状,准确识别系统性重要行业,从而有效避免跨行业风险传导及系统性风险的发生,有针对性地对实体行业进行监督管理以及更高效地指导金融实践,促进经济金融良性循环与均衡发展具有重要的理论价值与现实意义。

二、文献综述

随着国际上各类极端事件的频频发生,经济金融形势日趋复杂多变,对风险的识别和防范化解逐渐得到国内外学术界和业界的广泛关注。风险的形成有其自身的原因,也与经济金融系统密切相关。目前学术界对系统性风险的演化过程,金融业和实体行业的风险生成机理以及风险溢出效应测度方法的研究已经取得了相当丰富的成果。

关于系统性风险演化过程相关的经验分析不可胜数,学者们基于不同角度展开了深入讨论。Kaufman 和 Bank(1996)的风险传染理论认为整个金融系统中各部门相互关联,当某一个部门发生风险时,必然会冲击其他部门,从而导致系统性金融风险爆发。Minsky(1982)提出的"金融不稳定"假说认为资本主义经济周期波动是一个内生性过程,金融不稳定导致的融资比重增加是金融危机发生的主因,从而一个稳定的金融系统日趋脆弱。Bernanke 等(1998)提出的"金融加速器"理论认为金融市场对宏观经济而言如同一个"放大镜"或"加速器",金融市场的内生发展会放大并传播对宏观经济的冲击,从而对经济周期动态产生显著影响。因此,看似稳定、低风险的经济金融系统实则蕴藏着极大的风险隐患,"稳定即不稳定"。

相较于国内外研究金融部门自身风险传导的大量文献,金融业和实体行业的风险生成机理的相关研究起步较晚,数量也不多。一类观点认为,金融业的风险波动直接作用于实体经济。Houston 和 Stiroh(2006)根据 1985 年至1994 年的数据发现,美国金融业的波动对实体经济产生了重大的负面影响。Kroszner 和 Klingebiel(2007)研究发现,金融行业风险的突然增大将会导致实体企业遭受不同程度融资受限风险的冲击。另一类观点认为,实体经济会将自身波动风险溢出至金融业。朱波和马永谈(2018)发现经济金融体系内部存在复杂关联,部分时期采矿业和房地产业等非金融业的系统性风险高于金融业,潜在风险可通过二者关联关系产生风险溢出及放大效应。徐超(2011)认为,由宏观经济波动导致的风险很有可能演变成系统性风险。还有部分学者认为金融业和实体经济之间存在共振效应,具有双向风险溢出及反馈机制。Silva 等(2018)指出实体经济与金融业间的风险传导在金融危机演变过程中发挥着至关重要的作用。翟永会(2019)发现实体部门与银行间系统性风险溢出效应显著,且呈现时变特征,实体行业与银行业之间存在风险双向反馈机制。由此,金融系统性风险既可能源自金融业内部的风险积聚和演化,亦可能来自实体经济遭受的外部冲击,在探究过程中应充分考虑金融业与实体经济之间的风险溢出。李政等(2019b)认为对于系统性风险的研究不应局限于金融业内部风险集聚传染的探讨,而应基于更为广阔的视角进行诠释。贾妍妍等(2020)从行业层面出发,通过构建实体经济与金融体系之间的风险溢出网络,探究实体经济与金融体系之间的密切关联关系。

关于风险溢出效应测度方法的研究,国内外学者做了大量的工作,成果颇丰。衡量系统性风险水平的代表性方法如 CoVaR、MES、SES 和 SRISK 等,是基于机构间尾部关联性的风险溢出效应测度方法。Adrian 和 Brunnermeier(2016)引入条件相关性,基于在险价值 VaR 提出针对个体机构风险溢出效应的测度指标 CoVaR。Acharya 等(2017)在期望损失 ES 的基础上提出了系统期望损失 SES 和边际期望损失 MES。Brownlees 和 Engle(2017)在动态 MES 的基础上,提出了基于 SRISK 指数的系统性金融风险测度方法,通过探究单个机构相对于整个系统的资本短缺状况来衡量机构对系统性风险的贡献程度。上述几种方法充分考虑了机构对系统、系统对机构之间风险的传导方向,但其关注点仅限于风险溢出的局部关联,实则难以捕捉风险溢出的网络效应,系统整体的风险溢出效应被低估。因此,为了克服上述方法可能存在的局限性,Diebold 和 Yilmaz(2014)基于方差分解的网络拓扑结构思想衡量风险溢出水平,将成对的研究对象拓展到系统层面,为风险溢出效应测度方法的研究开创了新范式。梁琪等(2015)借鉴 Diebold 和 Yilmaz(2014)的风险溢出分析法,深入分析了中外股市间信息溢出的方向、水平和动态趋势。杨子晖和周颖刚(2018)采用"有向无环图技术方法"以及网络拓扑分析方法,从网络关联视角考察在系统性金融风险的国际传递中,全球主要金融市场的相互作用关系以及全球系统性金融风险的渐进演变。

然而,值得注意的是,基于网络视角考察系统性风险水平的测度方法计算出的传统 DYCI 指数,虽能有效反映系统中风险溢出效应的动态演进特征,却无法判别出究竟是在长期还是短期对整个系统产生影响,而现实投资活动中不同周期产生的市场异质性冲击,恰恰是市场参与者在分配不同投资组合时最为关注的部分,由此学术界对于这一问题展开了新的讨论。Baruník 和 Křehlík(2018)通过探求频域层面的波动溢出效应发现,周期性因素会产生异质性冲击,从而造成短期、中期和长期的系统性风险。在金融市场信息快速处理时期,高频风险溢出产生,其对系统中一项资产的冲击主要在短期产生影响;反之,低频风险溢出则表明冲击持续传播的周期较长,这可能归因于投资者预期的根本性变化,从而影响长期的系统性风险演变。有别于从时域角度衡量风险的传统方法,此法基于全局网络视角有效评估变量在时域和频域上的动态交互影响,为风险溢出效应的度量开辟了新途径。Liang 等(2020)借鉴 Baruník 和 Křehlík(2018)的频域关联法,研究了中国金融机构波动连通性和系统性风险的频率动态。李政等(2020a)从频域视角研究短期和长期的主权债务风险跨国溢出效应,发现主权债务风险跨国溢出效应在短期和长期均较为显著。卞志村(2021)基于频域关联法分别从时域和频域视角构建外汇市场波动溢出网络,重点分析了人民币波动溢出效应的时序特征。

综观该领域的研究,现有文献对系统性风险的演化过程、金融业和实体行业的风险生成机理以及风险溢出效应测度方法的研究等方面进行了大量探索,但仍存在一些不足,主要体现为:第一,金融和实体经济息息相关,从根本上防范和化解经济金融系统性风险,不能局限于金融体系之内。而现阶段学者们大多将视角聚焦于金融体系内部,基于全局视角将金融业与实体行业纳入到同一网络内进行风险溢出效应研究的成果还比较匮乏,有待进一步深入探究。第二,现有文献多是从时域角度度量风险溢出效应,频域视角的动态交互影响却常常被已有研究忽略。目前国内外学术界还少有文献从频域视角出发,对短期和长期的系统性风险展开研究,不同周期下的风险溢出效应仍需进一步探讨。第三,金融业和实体行业的深层关系是决定经济金融系统性风险的基本要素,深入理解不同周期下风险溢出效应的溢出结构以及深度融合关系,有助于提升经济金融系统抗风险能力。令人遗憾的是,当前对此展开客观深入分析的文献尚不多见。

有鉴于此,本节从金融业和实体行业的频域关联网络视角出发,对以往研究做一个有益的补充。本节尝试采用基于广义方差分解谱表示的频域关联法,分别构建时域和频域视角下的风险溢出网络,对中国行业间的风险溢出效应展开深入研究。具体而言:首先,本节基于 VAR 模型的广义预测误差方差分解矩阵测算出金融业和实体行业的时域风险溢出网络,再将 VAR 模型中的脉冲响应函数进行傅里叶变换,继而将研究视角拓展至频域空间。其次,从动态层面测算行业间的风险溢出效应,根据行业间的风险溢出网络设定相关溢出效应测度指标,将时域下的风险溢出分解至高中低三个频率带,从频域视角考察短期、中期和长期金融业和实体行业的风险溢出水平的渐进变化。与此同时,本节将结合风险溢出矩阵探究正常时期和不同极端事件发生时期的金融业和实体行业风险溢出效应的演变特征,深入考察二者之间风险溢出效应的结构特征。最后,本节进一步总结提炼现阶段金融业和实体行业风险溢出效应的相关启示,以期为我国防范化解系统性风险以及推动金融有效支持实体经济提供有益参考。

三、模型介绍与样本选择

本节使用频域关联法(Baruník 和 Křehlík,2018)作为分析的理论框架,分别构建时域和频域视角下的金融业和实体行业的风险溢出网络,测算金融业和实体行业的风险溢出水平指数。下文对时域和频域下溢出水平的测度方法以及波动溢出水平指数测算进行简要介绍。

首先,本节基于 Pesaran 和 Shin (1998) 提出的广义方差分解法(Generalized Variance Decomposition,GVD),度量各个行业受到自身冲击和其他行业冲击的影响程度,构建时域下我国金融业和实体行业的风险溢出网络。

根据广义方差分解,识别 H 阶预测误差方差分解矩阵:

$$(\theta_H)_{i,j} = \sigma_{jj}^{-1} \sum_{h=0}^{H-1} ((\Psi_h \Sigma)_{i,j})^2 / \sum_{h=0}^{H-1} (\Psi_h \Sigma \Psi_h')_{i,j} \qquad (3.8)$$

其中,Ψ_h 是向前预测 H 期的移动平均系数矩阵;Σ 是误差向量 ε_t 的协方差矩阵;σ_{jj} 是 Σ 矩阵对角线上第 j 个元素。鉴于广义方差分解系统中的冲击不完全正交,即矩阵中各行元素的和不等于 1,本节将定义的效应标准化,即将矩阵中各个元素的行加总标准化为:

$$(\tilde{\theta}_H)_{i,j} = (\theta_H)_{i,j} / \sum_{j=1}^{N} (\theta_H)_{i,j} \qquad (3.9)$$

进而用来衡量行业 i 对行业 j 向前预测 H 期的风险溢出效应。

接着,本节借鉴 Dew-Becker 和 Giglio(2016),考虑方差分解的谱表示,描述短期和长期频率形式的关联频率动态,基于冲击的频率响应函数而非脉冲响应函数来考察不同周期下行业间的动态交互影响,构建我国金融业和实体行业间频域下的风险溢出网络。本节定义频率响应函数 $\Psi(e^{-i\omega}) = \sum_h e^{-i\omega h} \Psi_h$,用 ω 表示频率,其中,$\Psi(e^{-i\omega})$ 根据系数 Ψ_h 的傅里叶变换得到,$i = \sqrt{-1}$,进而,X_t 在频率 ω 处的谱密度可由移动平均 $MA(\infty)$ 的傅里叶变换形式表示为:

$$S_X(\omega) = \sum_{h=-\infty}^{\infty} E(X_t X_{t-h}') e^{-i\omega h} = \Psi(e^{-i\omega}) \Sigma \Psi'(e^{+i\omega}) \qquad (3.10)$$

功率谱 $S_X(\omega)$ 作为理解频域动态性的关键变量,描述了 X_t 方差是如何分布在频率成分 ω 上的。采用 Baruník 和 Křehlík(2018)拓展到频域的广义方差分解的计算方式,使用谱表示作为协方差,即 $E(X_t X_{t-h}') = \int_{-\pi}^{\pi} S_X(\omega) e^{-i\omega h} d\omega$。于是,本节定义频率 $\omega \in (-\pi, \pi)$ 上的广义因果谱为:

$$\left(f(\omega)\right)_{i,j} = \sigma_{jj}^{-1} \left| \left(\Psi(e^{-i\omega}) \Sigma\right)_{i,j} \right|^2 / \left(\Psi(e^{-i\omega}) \Sigma \Psi'(e^{+i\omega})\right)_{i,i} \qquad (3.11)$$

式中,$\left(f(\omega)\right)_{i,j}$ 代表第 j 个行业的冲击引起的第 i 个行业在给定频率 ω

上的频谱成分。同时,将 $\big(f(\omega)\big)_{i,j}$ 简单加权为 j 行业方差的频率份额,定义频率 ω 处的权重函数为:

$$\Gamma_i(\omega) = (\Psi(e^{-i\omega}) \Sigma \Psi'(e^{-i\omega}))_{i,i} \Big/ \Big(\frac{1}{2\pi}\int_{-\pi}^{\pi}(\Psi(e^{-i\lambda}) \Sigma \Psi'(e^{-i\lambda}))_{i,i}\,\mathrm{d}\lambda\Big)$$

$$(3.12)$$

$\Gamma_i(\omega)$ 是给定频率下变量 i 的功率。基于式(3.11)、式(3.12),本节测算出频段 d 内行业 j 对行业 i 的预测误差方差贡献为 $(\theta_d)_{i,j} = \frac{1}{2\pi}\int_d \Gamma_i(\omega)(f(\omega))_{i,j}\,\mathrm{d}\omega$,其中,$d=(a,b)$,$a,b\in(-\pi,\pi)$。当频段为 $d=(-\pi,\pi)$ 时,广义因果谱的加权平均值为 $(\theta_d)_{i,j} = \frac{1}{2\pi}\int_d \Gamma_i(\omega)(f(\omega))_{i,j}\,\mathrm{d}\omega$,与时域上 $H\to\infty$ 时的 $(\theta_H)_{i,j}$ 相对应。进一步地,本节将频域下的广义预测误差方差分解标准化为 $(\tilde{\theta}_d)_{i,j} = (\theta_d)_{i,j} \Big/ \sum_{j=1}^N (\theta_d)_{i,j}$,进而以 $(\tilde{\theta}_d)_{i,j}$ 来衡量在频段 d 上行业 j 对行业 i 的溢出水平。

最后,基于上文我国金融业和实体行业的风险溢出网络 $(\tilde{\theta}_H)_{i,j}$ 和 $(\tilde{\theta}_d)_{i,j}$,下面分别构建总溢出指数和方向性溢出指数两类指标,从时域和频域两个视角测算我国金融业和实体行业的风险溢出效应的动态特性,相关指标的计算方法见表3.7。

表 3.7　我国金融业和实体行业的风险溢出效应的测度指标

指标名称	时域	频域
总溢出指数	$TOTAL^H = 100 \times \frac{1}{N}\sum_{i\neq j}(\tilde{\theta}_H)_{i,j}$	$TOTAL^d = 100 \times \frac{1}{N}\sum_{i\neq j}(\tilde{\theta}_d)_{i,j}$
定向溢出指数	$OUT_i^H = 100 \times \sum_{j=1,i\neq j}(\tilde{\theta}_H)_{j,i}$ $IN_i^H = 100 \times \sum_{j=1,i\neq j}(\tilde{\theta}_H)_{i,j}$	$OUT_i^d = 100 \times \sum_{j=1,i\neq j}(\tilde{\theta}_d)_{j,i}$ $IN_i^d = 100 \times \sum_{j=1,i\neq j}(\tilde{\theta}_d)_{i,j}$
双向溢出指数	$PAIR_{i,j}^H = 100 \times (\tilde{\theta}_H)_{i,j}$	$PAIR_{i,j}^d = 100 \times (\tilde{\theta}_d)_{i,j}$

其中,本节将总溢出指数 $TOTAL^H$ 和 $TOTAL^d$ 分别定义为时域和频域下预测误差中由非自身贡献的方差份额,抑或等于矩阵中非对角元素与整个矩阵和的比率,用以衡量我国金融业和实体行业的总体风险溢出效应;考察某一行业风险溢出效应的方向性溢出指数又分为定向溢出指数和双向溢出指数,定向溢出指数 OUT_i^H 和 OUT_i^d 分别定义为时域和频域下行业 i 对其他行业风险溢出效应的和,IN_i^H 和 IN_i^d 分别定义为时域和频域下其他行业对行业 i 风险溢出效应的和,双向溢出指数 $PAIR_{i,j}^H$ 和 $PAIR_{i,j}^d$ 定义为时域和频域下行业 i 受到特定行业 j 的风险溢出效应,从而衡量行业 i 在我国金融业和实体行业的频域关联网络中对外溢出(或对内溢入)以及与其他行业双向溢出的风险溢出效应。

为避免资产负债表数据的弊端,近年来的研究广泛使用股票价格数据来衡量复杂网络之间的联系。本节选取 Wind 行业指数研究中国金融业和实体行业的风险溢出效应。Wind 行业指数是由 Wind 资讯与中国各行业的资深研究员根据国际标准 GICS(Global Industries Classification Standard)共同推出的行业分类指数,数据具有较长的时间跨度,是目前研究中国各行业在证券市场表现的有力工具。本节样本包含能源、材料、工业、可选消费、日常消费、医疗保健、信息技术、公用事业和房地产等 10 个 Wind 一级行业以及银行、多元金融和保险 3 个 Wind 二级行业。Wind 二级行业分类指数将一级行业指数分类细化,充分考虑到不同行业的特点,由此本节选用金融二级行业指数而非衡量整体的金融一级行业指数,以便更加精准地挖掘金融业和实体行业之间的复杂关联关系。鉴于 2005 年股权分置改革开始实施,且 Wind 二级行业指数起始于 2007 年 1 月,故本节选择 2007 年 1 月至 2020 年 12 月的 13 个行业指数的周度数据,最终得到 715 组周度观测值。本节数据全部来自 Wind 数据库。

基于以上样本数据,本节延续 Garman 和 Klass(1980)的处理方式,利用周最高价(H)、周最低价(L)、周开盘价(O)和周收盘价(C)计算每周的极差波动率(Range Volatility,RV),进一步地,将周极差波动率转换成以百分比表示的周年化波动率①(简称"波动率"),反映样本区间内各个时点的波动情况,以此研究我国金融业和实体行业的风险溢出效应。图 3.9 给出了各行业波动率指数的箱线图。

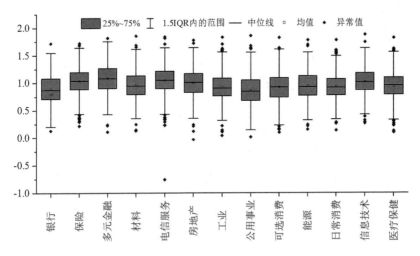

图 3.9　中国金融业和实体行业各行业波动率指数箱线图

箱线图最大的优点是能准确稳定地描绘出数据的离散分布情况,不受异常值的影响。从各行业波动率的中位数和均值来看,银行中位线位置最低,其次是公用事业和工业,且中位线均居于平均值下方;而多元金融中位线最高,甚至高于公用事业的箱体上限,说明不同行业波动率均值水平存在较大差异。从箱体宽度来看,金融业中多元金融和银行的箱体宽度较宽,体现出金融行业在发展壮大的过程中存在众多不稳定因素,极易产生一定的风险。实体行业中公用事业、可选消费和房地产的箱体宽度处于高位,一定程度上也反映了实体行业的行业波动率较高,存在一定的风险隐患。从上下边缘线来看,日常消费的波动率范围小于其他行业,相对来说更加稳定,而房地产行业的上下限距

---

① 其中,周极差波动率的计算公式为 $RV_t = 0.511 \times (H_t - L_t)^2 - 0.019 \times [(C_t - O_t)(H_t + L_t - 2O_t) - 2(H_t - O_t) \times (L_t - O_t)] - 0.383 \times (C_t - O_t)^2$;周年化波动率的计算公式为 $\hat{\sigma}_t = 100 \times (52 \times RV_t)^{1/2}$。

离相差较大,说明行业内部波动剧烈。由此可见,不同行业的波动率在水平值和波动性等层面确实存在较明显的差别,具有极大的风险隐患。那么,这些差别是否意味着中国金融业和实体行业存在相互的风险溢出效应?至少从简单的波动率对比很难给出明确的答案,为此下文将借助频域关联法对中国金融业和实体行业间的风险溢出效应展开研究。

四、研究结果与分析

本节采用 AIC 准则确定 VAR 模型的滞后阶数,并设为 1。根据 Baruník 和 Krehlík(2018)的研究,广义方差分解的谱表示在理论上需要令 $H \to \infty$,而在实际计算中只需将 H 设定为足够大即可,本节将其设为 100。本节通过划分三个不同的频率带,考察短期、中期和长期[①]我国金融业和实体行业的风险溢出效应。其中,$d = (\pi/4, \pi)$ 为高频率带,周期长度是一周至一月,代表短期;$d = (\pi/12, \pi/4)$ 为中频率带,周期长度是一月至一季度,代表中期;$d = (0, \pi/12)$ 为低频率带,周期长度是一季度以上,代表长期。此外,为考察我国金融业和实体行业的风险溢出动态变化,本节运用滚动分析方法计算出时域和频域下的总溢出水平和方向性溢出水平,滚动窗口为 52 周(约一年)。

(一)溢出水平

本部分分别从总溢出和方向性溢出两方面来测度时域和频域下我国金融业和实体行业之间的风险溢出水平。其中,总溢出指数度量时域和频域下我国金融业和实体行业之间风险溢出的总体水平,而考察某一行业风险溢出效应的方向性溢出指数则细分为定向溢出指数和双向溢出指数,度量时域和不同频域下行业间的风险溢出水平。

---

① 鉴于中期频率带的存在是为了消除截面相关性,故本节重点关注我国短期和长期的金融业和实体行业的风险溢出效应。

1.总溢出水平

图 3.10 描绘了时域和频域下我国金融业和实体行业间风险总体溢出水平的动态变化特征,其中频域下的高中低三个频率带内的溢出指数分别衡量了短期、中期和长期溢出的相对占比,即短期、中期和长期我国金融业和实体行业间风险的变动在多大程度上是由跨行业溢出引起的。可见,无论是短期、中期还是长期,系统中的风险溢出效应均较为显著,我国金融业和实体行业间具有较强的联动性。

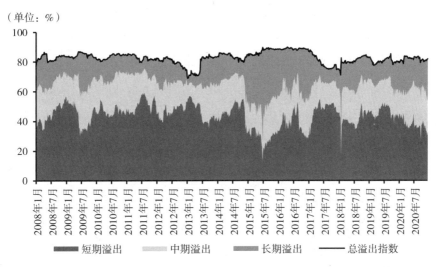

（单位：%）

图 3.10　时域和频域双视角下我国金融业和实体行业间总溢出指数①

观察图 3.10 中总溢出指数的局部峰值,从 2008 年 1 月的 77.4%迅速增加到 2008 年 5 月的 85.6%,形成第一个峰值,随后风险溢出水平略有下降,但一直处于高位,直至 2013 年 1 月,总溢出指数开始逐渐降至阶段性低点68.8%。在此之后,总溢出水平从 2013 年 5 月的 70.8%急剧增至 2013 年 6

————————

①　本节将预测期 H 调整为 150、200、250 重新进行实证分析,得到的结论与本节一致,同时将滚动时间窗长度调整为 60 周、78 周和 104 周得到的结论也基本一致,进一步证实了本节实证分析结果所具有的稳健性。最后,本节利用 GARCH(1,1)模型测度的波动率再次解释行业间溢出指数并分析动态变化趋势,结果也支持本节的结论。因此,我们认为上述关于金融业和实体行业的风险溢出效应研究结论是稳健的。

月的 81.7%,并于 2015 年 7 月达到 89.6% 的历史峰值,直到 2017 年 1 月才开始呈现下降趋势。近年来,整体风险溢出效应呈上升趋势,总溢出指数在经历了从 2018 年 1 月的 71.0% 到 2018 年 2 月的 82.5% 的快速增长之后,于 2019 年底达到 85.3%,并保持在较高水平,呈现波动增加的趋势,于 2020 年 3 月达到阶段性峰值 83.6%,但均未超过历史峰值。由此可以发现,在 2008 年国际金融危机、2010 年欧洲主权债务危机、2013 年"钱荒"、2015 年中国股市异常波动、2018 年去杠杆、2019 年中美贸易摩擦和 2020 年新冠疫情等极端时期,相关风险事件引发了经济金融系统内部的剧烈震荡,产生显著的风险冲击,进而金融业和实体行业间的风险总溢出水平不断上升至阶段性峰值。

由于总溢出指数等于高中低三个频率带内溢出指数之和,故而观察各个频率带内风险溢出指数的动态变化可知不同周期下行业间的风险溢出水平。如图 3.10 所示,不同频率带内风险溢出指数的动态演化过程存在明显差异。其中,时域和短期溢出水平在时间维度上具有相似的演变趋势,且短期溢出水平远高于中期和长期,这表明总体来说我国金融业和实体行业间的风险溢出效应主要发生在短期,时域下的总溢出主要由短期溢出驱动,中长期溢出水平较低且较为稳定。同时,我们发现,长期风险溢出水平从 2008 年 2 月的 16.6% 飙升至 2008 年 4 月的 27.6%,直接推动了该阶段总溢出水平的增加。此后,长期风险溢出水平不断下降,短期溢出水平却持续上升至 2009 年 1 月的阶段性峰值 57.0%。2014 年 11 月之后,短期溢出水平呈下降趋势,总溢出水平却不降反升,原因在于长期溢出指数从 2014 年 11 月的 9.1% 飙升至 2015 年 7 月的 62.5%,导致总溢出指数保持在较高水平。随后,长期溢出指数波动下降,短期溢出指数呈现波动上升趋势,于 2016 年 8 月达到阶段性峰值 53.1%。在之后的 2018 年 2 月和 2020 年 3 月期间,短期和长期溢出水平呈现出一致的演化过程。因此,当极端事件发生,长期风险溢出水平会迅速攀升至阶段性峰值,并带动总溢出指数增加并到一个高点,当总溢出指数增加到较高水平时,长期溢出指数可能下降,短期溢出指数开始持续上升,从而逐渐回归正常时期的风险溢出水平。这与 Liang 等(2020)的研究结果一致。

综上所述,在极端事件爆发时期,长期溢出成功地捕捉到潜在风险,成为我国金融业和实体行业间风险溢出效应的主要驱动因素,对金融业和实体行业产生了长期负面影响。原因可能在于,极端事件冲击带来的经济金融不确定性相互叠加并逐渐增强,负面效应持续上升,投资者情绪的波动引发市场的剧烈波动,致使行业间风险溢出效应的持续期变长,加剧了行业的长期风险外溢现象,由此行业间的风险联动性上升,形成金融业和实体行业之间的风险共振,最终引发系统性风险传染,对经济金融系统造成更大程度的冲击。

2.方向性溢出水平

图 3.11 展现了我国金融业和实体行业共 13 个行业的短期和长期行业间风险定向溢出指数的具体特征,其中,图 3.11(a)描述了某一行业对其他行业的风险溢出效应之和,图 3.11(b)展现了其他行业对某一行业的风险溢出(即风险溢入)效应之和。根据图 3.11 可知,不同行业具有显著的异质性,各行业在长期和短期受到不同的风险冲击,相对应的风险溢出溢入的过程也不尽相同。

从图 3.11 中可以清楚地发现,通常短期风险溢出溢入水平较高的行业,其长期的风险溢出溢入也处于较高水平,各行业的短期和长期风险溢出溢入水平呈现出明显的正相关关系,说明行业在短期存在的溢出或溢入风险,随着风险的进一步发酵,风险持续到长期,行业的溢出或溢入风险也达到了较高水平。

从风险溢出角度来看,实体行业对其他行业的风险溢出较多,在经济金融系统的风险溢出过程中居于重要地位。短期中,由于工业和可选消费与国民经济关联密切,工业对于其他行业的风险溢出效应最强,处于行业风险溢出的主要位置,可选消费的风险溢出强度次之。除工业和可选消费外,材料行业作为众多产业链中的重要一环,在其上、下游行业由于成本上升或需求量下降等市场问题引发行业自身不稳定甚至进入低谷期时,会随之遭受风险的冲击,表现出较高的风险溢出。信息技术行业的短期溢出水平紧随材料行业之后,说明随着互联网应用日益广泛,信息技术飞速发展,与各个行业形成深度关联关

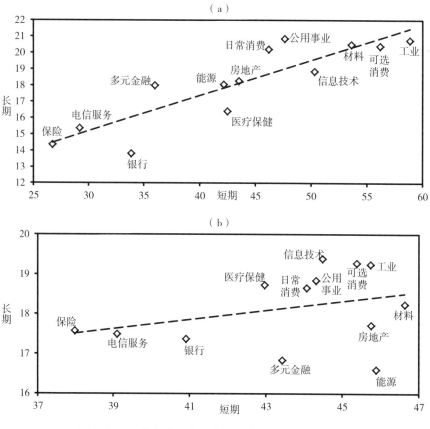

图 3.11　13 个行业短期和长期的定向溢出指数散点图

系,在整个风险溢出网络中的影响力逐步提升。长期中,公共事业和日常消费行业是风险传染的主要源头,风险溢出均处于较高水平,对其他行业的冲击力较强,成为各行业中主要的风险输出方。

从风险溢入角度来看,风险溢入水平很大程度上体现了行业抵御外来风险冲击的能力。与实体行业接收风险溢出水平相比,金融业的长期和短期风险溢入水平在经济金融系统中处于较低位置,说明金融业受其他行业风险波动的影响相对较小,抵抗外部冲击能力较强。短期中,多元金融行业风险溢入水平最高,其次是银行业,保险业的溢入水平相对较低。说明我国银行业经营管理谨慎稳健,当经济出现不稳定时,银行业自身波动水平相对较低,在金融业中持续发挥着"压舱石"的作用。随着多元化金融产品的蓬勃发展,投资者金融投机和套期保值的机会增多,多元金融作为新兴行业,对外部冲击较为敏感,抵御风险能力较弱,受到风险冲击时易引发资产价格的剧烈波动,将风险外溢至其他行业。此外,房地产行业作为我国经济的支柱产业,对外部经济环境以及调控政策也极为敏感,短期风险溢入处于较高水平,自身发展易受到其他关联行业的风险冲击,从而产生剧烈波动甚至陷入风险漩涡。

接下来,本节基于前文测算的双向风险溢出指数,将 Wind 二级行业中的银行、保险和多元金融等三个金融业代表性行业,对实体行业中的各行业在时域和高、中、低三个不同频率带内的双向风险溢出指数进行加总,得到时域、短期、中期和长期我国金融业和实体行业的风险溢出指数,如表 3.8 所示。

表 3.8 金融业和实体行业间的风险溢出指数

	金融业对实体行业的溢出效应				金融业受实体行业的溢出效应			
	时域	短期	中期	长期	时域	短期	中期	长期
材料	13.77	6.89	3.62	3.25	19.76	10.28	5.09	4.39
电信服务	13.68	6.56	3.42	3.70	14.44	6.62	3.87	3.95
房地产	17.44	8.99	4.41	4.04	20.94	11.55	5.05	4.34
工业	12.93	6.37	3.40	3.16	19.22	10.54	4.73	3.94
公用事业	13.97	6.72	3.74	3.51	18.53	9.42	4.66	4.45
可选消费	12.10	5.82	3.25	3.04	17.47	9.55	4.26	3.66
能源	19.76	10.57	4.96	4.24	23.02	12.30	5.93	4.79
日常消费	13.82	6.73	3.73	3.35	18.59	9.29	5.00	4.30
信息技术	11.75	5.52	3.15	3.08	15.83	8.44	4.01	3.38
医疗保健	12.04	5.77	3.27	3.00	13.94	7.69	3.46	2.79

由表 3.8 可以发现,无论时域、短期、中期还是长期,金融业对实体行业的溢出效应中的每一列均小于与之对应周期的金融业受实体行业的风险溢出效应。也就是说,金融业的风险溢入水平始终大于溢出水平,这表明金融业受到显著的外部冲击,是风险传染的主要接受方。而实体行业对金融业的风险溢出效应始终处于较高水平,在经济金融系统中产生了更大的风险冲击,成为系

统性风险的主要贡献者。因此,中国金融业和实体行业存在非对称的双向风险溢出效应,各频域内金融业始终扮演着风险净输入者的角色。这一双向反馈机制可能源于金融业和实体行业之间因为合同签订、价格传导以及流动性关联等因素,形成特定的风险关联渠道,从而产生显著的非对称风险溢出效应。如此紧密的联系致使金融业的波动带动实体行业的波动,同时加剧实体行业的风险累积,当实体行业风险积聚到一定程度并爆发时,会反向加剧对金融业的负面影响。

然而,现阶段大部分学者对系统性风险的研究主要着眼于金融业,忽视了金融业和实体行业之间双向风险溢出的事实。本节认为,若监管部门仅仅关注金融业可能会忽视真实的风险状况,将无法从根节处有效防范系统性风险的累积和爆发。真正厘清我国金融业和实体行业的风险溢出在短期和长期风险传递中扮演的具体角色,识别风险关联网络中各个行业的系统性重要地位,有利于精准捕捉每个时期的风险溢出主要源头,进而制定具有针对性的监管政策。

（二）溢出结构

近年来的几次极端事件发生后,经济金融系统风险溢出总体水平显著提升。为捕捉我国金融业和实体行业风险溢出的交互动态影响,深入分析短期和长期行业间的风险溢出结构以及动态演变特征,本节在研究全样本风险溢出的基础上,选取了2008年、2015年和2020年上半年共3个极端事件的代表年度,基于双向风险溢出指数测算了时域、短期和长期我国金融业和实体行业的风险溢出矩阵,如图3.12所示。① 其中,主对角线上的元素刻画了来自行业自身扰动的冲击,非主对角线上的元素衡量了两两行业的双向风险溢出效应,每一列衡量的是列所在行业对其他行业的风险溢出,每一行代表对应行业

---

① 鉴于我国面对新冠疫情严重冲击时,坚持稳中求进工作总基调,统筹疫情防控和经济社会发展,扎实做好"六稳"工作、全面落实"六保"任务,经济运行在2020年下半年基本恢复稳定,因此,本节选取2020年上半年进行深入研究。

接收其他行业的风险溢出,元素颜色越深则对应的行业风险溢出水平越高,反之则越低。现结合风险溢出矩阵,考察全样本时期与极端时期的金融业和实体行业间的风险溢出效应。

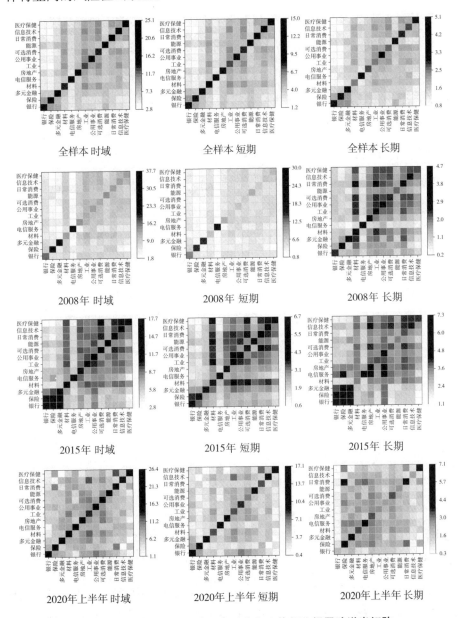

图 3.12　时域和长短期我国金融业和实体行业间风险溢出矩阵

图 3.12 全样本风险溢出矩阵显示,金融业和实体行业中的每个行业都或多或少与其他行业存在关联关系,没有一个行业独立于风险溢出网络之外。图中非主对角线上的双向风险溢出指数在行和列中分别排名前三位的行业里,实体行业占绝大多数,其元素代表的双向风险溢出指数较大,系统贡献程度在全样本区间内保持着较高水平,具有极强的系统重要性。其中,无论时域、短期还是长期,工业、可选消费、材料和信息技术等实体行业的系统贡献水平均排名前四,工业与可选消费行业间的双向风险溢出指数更是高于其他所有行业,居于首位;可选消费与信息技术行业间的双向风险溢出指数次之,说明这几个行业与其他行业存在高度关联关系,是风险传递的重要枢纽。可见,金融业并非系统重要性最高的行业,诸多实体行业对外风险溢出效应较强,在跨行业风险传染中占据系统主导地位,成为风险溢出的主要输出者。这充分表明,在全样本时期金融业和实体行业之间存在着极强的风险联动性,且各行业的系统重要性程度不同,实体行业在风险传递中的关键地位愈发凸显,成为重要的风险源头,其在经济金融系统中的重要地位不容小觑。

从极端时期来看,我国金融业和实体行业之间的风险溢出效应具有明显的时变特征。2008 年国际金融危机期间,全球经济遭受重创,我国经济金融市场剧烈震荡,各行业均处于极端不稳定状态。图 3.12 中,金融业和实体行业短期风险溢出主要来自金融业,其中银行业产生了显著的风险溢出效应,对应的行业间双向风险溢出指数均高于同期的其他金融行业,成为风险的主要来源,与现实相符。而长期风险溢出主要来源于实体行业,其对应的热力图中行业元素颜色明显加深。这说明金融业内部不稳定时,高杠杆比率的增加会进一步放大金融风险,并通过金融风险的负外部性将风险向外部溢出并蔓延到实体经济,加剧了实体行业的风险溢出。当短期的风险积聚到一定程度,在长期实体行业便会通过恶化贷款状况等对金融业产生显著的负向反馈。

2015 年股市异常波动期间,金融业内部存在显著的风险溢出效应,金融系统各行业之间存在深度关联关系,风险在金融业内急剧放大并快速扩散,这种情况在长期尤为显著。代表传统金融业的银行业和新兴金融业的多元金融业对其他行业产生显著影响,在长期银行和多元金融与其他行业间的双向风险溢出指数明显大于短期,且远远高于全样本时期的双向风险溢出指数,金融业成为股市异常波动期间的主要风险溢出中心。短期中工业、材料业与其他行业间的双向风险溢出指数在实体行业中居前两位,而长期风险溢出最多的行业是公用事业,这体现出短期中金融业为应对极端风险减少了可贷资金供给,严重抑制了实体行业的投资活动,材料、工业等实体行业中的产业链上游行业,沿产业链对公用事业等下游行业形成明显的风险冲击,成为主要的市场动荡源。随着风险事件的发酵持续到长期,下游行业受到风险传染开始向外溢出风险,进而引发实体行业的不稳定,从而风险效应在实体行业中蔓延。

2020 年新冠疫情期间,全球经济增速放缓,在突发公共卫生事件与原油市场宽幅震荡的双重冲击下,境外市场的剧烈波动对我国经济金融市场产生猛烈冲击,各行业出现不同程度的风险溢出。其中,医疗保健行业受疫情影响存在泡沫现象,自身风险溢出达到历史之最,不仅在同期各行业中居于首位,与全样本和 2008 年、2015 年相比更是显著提升,这表明新冠疫情对医疗保健行业产生了猛烈冲击,与现实相符。短期中实体行业中的可选消费、工业等风险输出水平大幅提高,成为重要的风险输出方。长期来看金融业中的保险业和其他行业间的双向风险溢出指数显著提升,在金融业中居于首位,这可能源于保险行业在疫情期间保生产保民生保就业,与实体经济的关联性显著上升。同时,疫情期间的市场需求萎缩,供给减少,引发了日常消费业的剧烈波动,日常消费业在长期成为主要的风险接受方,大大增加了系统性风险隐患。

对比全样本与极端时期发现,风险溢出矩阵的主对角线上,全样本时期各行业自身存在较强的溢出效应,来自自身扰动的冲击较为显著。而极端事件时期,各行业对自身的影响骤然减少,对其他行业产生的溢出明显增多,体现极端事件时期行业自身遭遇异常波动后,原本累积的风险开始释放,通过风险外溢从而缓释自身风险,行业间的风险关联逐渐增强。再观察非主对角线上的两两行业之间的双向风险溢出指数,无论时域、短期还是长期,极端时期行业间的双向风险溢出指数均大于全样本时期,与正常时期相比,极端时期行业间的风险溢出效应显著增强。这意味着在极端事件的冲击下,行业间的风险关联性一一显现,个别行业的动荡将波及其他行业进而引发"多米诺骨牌"效应,我国金融业和实体行业的联动性增强、紧密度增加,经济金融发展面临极大的不确定性。

纵观几个极端时期我国金融业和实体行业间风险溢出的动态变化,不同极端时期的风险影响不尽相同。图 3.12 中,在股市异常波动期间,长期的行业双向风险溢出指数相较短期明显处于高位。与此形成鲜明对比的是,国际金融危机时期以及新冠疫情时期恰恰相反,短期的行业双向风险溢出指数均高于长期,说明 2008 年国际金融危机和 2020 年新冠疫情给经济金融系统带来的短期冲击较为剧烈,而 2015 年股市异常波动期间的市场波动带来的破坏力主要体现在长期。虽然国际金融危机和新冠疫情影响深远,但两次极端事件中全球市场遭受主要冲击,中国所受的影响更多源于外部环境的恶化,短期内市场发生剧烈震荡,长期经过金融业和实体行业的自我修复与调整,逐渐恢复至正常状态。股市异常波动反映中国内部经济震荡致使市场上的投资者和企业受到冲击,涉及面更广,不利影响也更为持久,从而长期溢出加剧了我国金融业和实体行业间的风险传递。此外,2008 年国际金融危机和 2020 年新冠疫情两次极端事件冲击下,实体行业的经济震荡反馈至金融行业,其他国家对我国的出口需求急剧下跌,实体行业在遭受沉重打击的同时抑制了金融业的发展,进而加剧了金融业面临的风险。反观 2015 年股市异常波动期间,实体行业受到金融业的冲击更大,风险主要是由金融业传导至实体行业,在国内改革带来的阵痛、区域发展不协调、产业结构不合理的严峻背景下,股市的异常波动让本就不堪重负的实体经济雪上加霜。

与此同时,图 3.12 中金融业内部的风险溢出水平均高于它们和实体行业之间的风险溢出水平,金融业内部的关联更为密切。这可能源于金融业积极寻求多样化的金融创新合作,行业之间相互关联,拥有如资产负债、支付体系、融资风险和共同风险敞口等多样的传导渠道。相比之下,实体行业则主要由信贷渠道传导,渠道单一匮乏,资金过多地停留在金融业内部不断流转,直接流入实体行业的资金不足,造成一定程度的资金空转,暴露出金融业对实体行业的支持力度亟待提升的现实问题。由此,"脱实向虚""资金空转"等现象进一步加剧了金融业和实体行业间的系统性风险隐患。一方面,各个金融行业融合度不断增强,单个行业风险极易渗透到金融业其他行业,风险外溢性增大,整个金融业的风险上升;另一方面,金融业与实体行业关联性不强,金融市场的资金成本与实体经济的融资成本脱钩,金融服务链条拉长致使实体行业融资成本上升,实体经济风险不断增大。此外,金融业和实体行业在短期和长期中多样化的风险溢出效应,也集中反映出经济发展中产能过剩、库存过剩、杠杆率过高等我国长期积累的深层次结构性矛盾仍然突出,潜在问题逐渐显露,加剧了行业间的风险溢出效应,系统性风险隐患令人担忧。有效激发金融服务实体经济的内在动力,正确应对风险事件带来的短期和长期风险溢出效应,实施精细化的跨周期调控政策,是未来防范化解系统性风险的关键所在。

五、结论与政策建议

本节采用基于广义方差分解谱表示的频域关联法,分别从时域和频域视角考察中国金融业和实体行业间的风险传染,构建相关的风险溢出效应测度指标,深入剖析金融业和实体行业间风险溢出效应的水平、结构以及动态特征。

本节研究发现:第一,不论短期还是长期,我国金融业和实体行业的风险溢出效应都较为显著,正常时期的总溢出水平主要由短期风险溢出主导,而在极端事件发生时期,长期溢出成为风险溢出效应的主要驱动因素,对金融业和实体行业产生了长期负面影响。第二,金融业和实体行业中各子行业的短期和长期风险溢出溢入水平呈现出显著的正相关关系,短期风险溢出溢入水平高的行业,长期也处于较高的水平。第三,无论是时域、短期、中期还是长期,金融业的溢入水平始终大于溢出水平,各频域内金融业始终扮演着风险净输入者的角色,金融业和实体行业之间存在非对称的双向风险溢出效应。第四,不同极端时期风险传递路径不同,长短期风险溢出效应具有明显的时变特征。金融业内部的关联更为密切,实体行业是重要的系统性风险源头,"脱实向虚""资金空转"等现象加剧了金融业和实体行业的系统性风险隐患,长期积累的结构性矛盾问题仍然突出。

本节研究结论的政策含义主要体现在以下三个方面:首先,监管部门应对我国金融业和实体行业的风险跨行业溢出高度警觉,将全局思维引入风险监管框架,以便更加精准地把握我国金融业和实体行业的风险状况。其次,应构建我国金融业和实体行业风险溢出的差异化监管体制,对不同周期下的风险溢出结构性差异予以特别关注,依据长短期风险溢出的演化特征,完善跨周期调控政策框架,抓住主动防范我国金融业和实体行业的风险溢出时机,最大限度减轻风险事件对我国经济金融系统的损害程度。最后,对于金融行业,应加强极端时期自身风险的控制;对于实体行业,应引导金融资金真正注入实体投资中,积极优化金融业和实体行业的协调发展机制,遏制"脱实向虚"的风险隐患,实现"脱虚回实"。同时应加大金融对实体经济的支持深度与服务广度,以深化金融供给侧结构性改革为主线,牢牢坚守不发生系统性风险的底线,在"防风险"中"保安全",在"归实体"中"稳增长",从而实现金融和实体经济良性循环与均衡发展。

第四节　本章小结

本章对中国金融系统性风险测度进行了深入研究。首先,本章通过构建中国上市金融机构系统性风险溢出网络对金融机构网络关联性进行了实证研究,考察了金融机构之间的风险溢出效应;随后,利用动态相关系数法和动态信用权重法,将货币、债券、股票和外汇四个维度的中国金融子市场压力指数合成为中国金融市场压力指数(CFMSI),并通过 MS-VAR 模型实证检验中国金融市场风险的宏观经济效应;最后,通过构建金融业和实体行业间的时频关联网络,分析了中国金融业和实体行业间的风险溢出效应。通过分析,本章得到以下结论:

第一,基于 DYCI 指数的实证研究发现,我国金融机构网络整体关联性较高,并表现出阶段性周期波动特征。从分部门来看,我国系统性风险溢出效应复杂而多变;银行部门更容易成为金融机构网络中的风险传染中心,尤其是股份制银行;同时,各部门风险溢出净效应的趋势错位避免了金融体系的风险共振。从跨部门来看,银行对其他部门的风险溢出净效应已不容忽视;保险部门对金融网络中其他部门的风险溢出效应日益上升;此外,银行子部门间的风险溢出净效应呈现出“区制转移”特征。从单个机构来看,部分资产规模较小的金融机构表现出了较强的风险传染能力;我国金融机构风险吸收能力总体较高且差异性较小;金融机构在网络中的系统重要性地位并非一成不变。因此,本章认为我国在防范和化解系统性金融风险过程中,应重点引入监管协调联动机制,实施动态差异化分类监管,并关注重点中小型金融机构。

第二,基于金融市场压力指数的分析表明,引入动态信用权重、时变相关系数矩阵的 CFMSI 可以更好地识别金融市场压力。同时,CFMSI 的样本区间可以划分为三个区制——“低度风险、经济平稳”“中度风险、经济过热”“高度风险、经济衰退”。在不同区制状态下,CFMSI 对工业增加值缺口、通货膨胀率和利率的影响方向存在明显差异,其中“高度风险、经济衰退”状态下,金融市场压力对宏观经济变量表现为持续的负向作用,引致较高的宏观经济成本。据此,本章建议监管部门可编制反映“系统性”金融市场压力程度的指标、健全严格有效的风险隔离机制,同时也要关注经济、金融环境的发展动态,在“中度风险、经济过热”时期及时采取相应政策措施防范危机发生,保障经济行稳致远。

第三,基于频域关联法的实证研究发现,我国金融业和实体行业间风险溢出效应较为显著,总溢出效应主要由短期的风险溢出主导,但重大极端事件时期长期总溢出水平急剧上升。方向性溢出指数显示,金融业和实体行业具有较强且不对称的双向风险溢出关系,各行业短期和长期风险溢出溢入水平呈线性关系。金融业和实体行业间的溢出结构显示,我国行业间风险溢出效应具有明显的时变特征,各行业的系统重要性也呈现动态变化趋势;金融业内部联系密切,金融业内部溢出水平高于金融业和实体行业间的溢出水平。因此,本章认为监管部门在应对金融业和实体行业间风险溢出效应时,应将全局性思维引入到风险监管框架中,依据长短期风险溢出的演化特征以及机制渠道,进一步完善逆周期与跨周期调控政策框架,准确把握系统性风险演化过程的阶段性特征,进而在短期和长期更好地防范和化解系统性风险。

第四章　开放经济与全球 系统性金融风险

　　2008年发源于美国次贷市场的国际金融危机迅速蔓延,造成全球金融市场剧烈震荡,各国金融体系遭受极大冲击。这场金融危机不仅唤起了全球对系统性金融风险的广泛关注,更是引起了各国监管部门对风险在全球范围内传染和扩散机制的重新审视。随着全球经济金融一体化的持续纵深发展和信息技术的不断革新,地域距离已不再是金融往来和资本流动的主要障碍,各国金融体系之间的关联性显著增强,逐渐成为相互交织、休戚相关的整体。当一个金融市场面临冲击时,与其相关联的其他金融市场将在很大程度上出现共振,进一步可能产生"多米诺骨牌"效应,波及全球其余地区的金融市场,影响各国的金融安全和金融稳定。同时,经由各种经济金融关联渠道,风险可能会在局部迅速积聚并溢出,使得系统性金融风险在全球范围内传递,最终再次酿成席卷全球的金融危机。因此,伴随着全球经济金融体系开放程度的提高,传统金融监管中"太大而不能倒"的概念正逐步向"太关联而不能倒"转变。

　　近年来,随着中国自身经济金融实力的快速增长,中国的对外开放程度不断提高,与世界的联系日益紧密。中国不仅是全球经济金融体系的重要组成部分,也逐渐暴露在全球金融市场的波动中,面临的系统性金融风险敞口日益增大。目前,国际政治经济形势错综复杂,"黑天鹅"事件频发,全球金融体系的风险因素显著增加,全球系统性金融风险对中国的外溢影响日益加大。在维护金融体系安全、稳定的过程中,除了要防范以外部金融市场波动为代表的传统风险,还要重视经济政策不确定性等非传统风险。因此,在开放经济的背景下,中国当前的系统性金融风险防范任务是较为艰巨的。研究经济发展新常态下全球系统性金融风险的传染与演化,并基于此探讨我国扩大金融开放进程中的外部输入性风险变化,对于确保经济金融大局稳定具有现实意义,这也是本章研究的全新视角。

本章较为系统地探讨开放经济与全球系统性金融风险这一重大问题,研究开放经济条件下影响中国金融安全的风险因素,并基于股票市场、外汇市场、金融系统压力、经济政策不确定性等多个视角研究金融风险的传染与演化。具体而言,本章第一节采用广义预测误差方差分解方法,考察开放经济条件下影响中国金融市场安全的主要风险因素,并分析其来源和变动情况;第二节采用 TENET 方法,构建全球股票市场非线性风险溢出网络,测度全球股票市场系统性风险,并考察其非线性演变特征;第三节采用频域关联法(Frequency Connectedness),分别从时域和频域视角测算外汇市场波动溢出网络,构建相关溢出效应测度指标,考察静态和动态两个方面的外汇市场波动溢出效应,并着重分析人民币波动溢出效应的时序特征;进一步地,本章第四节采用前沿的 BGVAR 和 TVP-VAR-DYCI 方法对全球 16 个主要国家金融系统压力的溢出效应展开研究;第五节构建全球经济政策不确定性关联网络,考察全球和中国经济政策不确定性溢出效应的渐进演变,刻画定向和双向溢出效应,并分析不确定性关联网络的结构性特征。

第一节　开放经济条件下影响中国金融安全的
风险因素识别、衡量和评价

一、研究背景

金融是现代经济的核心和血液。改革开放以来,我国金融业快速发展,极

大推动了经济社会发展。然而,金融业由于其自身的高杠杆属性和特殊功能,决定了其必然会沿袭实体经济的风险特征,产生金融风险。因此,自金融诞生以来,防范和化解金融风险始终是无法回避的重要话题。维护金融安全关乎国家根本利益,是国家安全的重要组成部分,也是经济社会平稳健康发展的重要基础和前提。党的十八大要求"健全金融监管体系,守住不发生系统性风险的底线",党的十九大强调要"坚决打好防范化解重大风险攻坚战",党的二十大指出要"加强和完善现代金融监管,强化金融稳定保障体系,依法将各类金融活动全部纳入监管,守住不发生系统性风险底线"。中央财经委员会第十一次会议指出要"夯实金融稳定的基础,处理好稳增长和防风险的关系"。一系列关于金融风险防范的重大战略部署深刻反映出党中央对于构筑健康、稳定金融发展环境的重视和决心。当前,中国经济金融发展面临的国内条件和国际环境仍在持续变化。国内方面,中国经济仍处于"三期叠加"的新常态时期,经济下行压力加大,金融风险受多重因素影响在各部门、各领域逐渐积聚;国际方面,地缘政治冲突升级和贸易保护主义抬头,全球经济增长动能减弱、不确定性呈持续上升态势等情况叠加。内外因素交织影响使得中国经济发展正遭遇持续不断的阻力和压力。

监测金融市场运行状况对于监管部门维护金融安全稳定至关重要。原因在于:第一,金融市场是反映一国经济金融运行状况最直接有效的渠道之一。金融市场价格变量往往具有较强的前瞻性和及时性,经济金融体系的一些重要变化,如重大政策调整,货币、债务、银行危机等风险事件,均会以不同形式迅速地反映在金融市场的价格信号中。其中,最具代表性的股票市场因此被认为是一国经济的"晴雨表"。第二,金融市场的运行状况能够快速反应在宏观经济的发展上。一方面,金融市场上信贷规模的快速增长和资产价格的快速上升代表着金融正处于活跃状态,能够促进国民消费和投资增长;另一方面,过快增长的信贷和飙升的资产价格意味着金融市场存在泡沫破裂风险,一旦风险爆发,将导致社会资源配置失衡,实体经济萎缩,宏观经济不景气。第三,金融市场是中央银行进行宏观调控的重要平台。中央银行作为现代金融体系的核心,其货币政策、宏观审慎政策的实施不仅有赖于金融市场传导,有时政策本身就是对金融市场运行状况的反映。中央银行从事前选择政策实施窗口、事中相机调整政策实施力度、事后评估政策实施效果的角度,也需要密切监测金融市场的运行状况。

有鉴于此,在中国经济发展方式深刻变革、金融风险点明显增多的背景下,以金融市场作为切入点,对中国金融风险整体水平进行客观测度,并进一步对开放经济背景下影响中国金融安全和稳定的风险因素进行识别、衡量和评价,对于防范和化解系统性金融风险,实现"稳增长"和"防风险"兼顾的政策目标,具有重要的理论价值和现实意义。本节从股票、债券、货币、外汇四大金融子市场选取代表性变量,构建中国金融市场压力指数(FMSI),刻画中国金融风险在各时期的具体水平和金融安全形势的动态演变。在此基础上,采用广义预测误差方差分解(GFEVD)和滚窗 VAR 模型,对影响中国金融风险水平的国内外因素进行有效识别和动态分析,为防范内外部风险冲击,维护新发展格局下的经济金融大局稳定提供参考。

二、文献综述

金融风险作为"易感知难定义"的抽象概念,如何对其进行准确测度,以考察金融是否处于安全、稳定状态,是 21 世纪以来学术界相关研究关注的热点话题。金融压力指数能够量化整个金融体系由于不确定性和预期损失变化所承受的总体风险水平,由于其直观性、综合性获得了学术界和监管部门的广泛认可,成为测度金融风险水平的重要工具。系统构建金融压力指数的方法由 Illing 和 Liu(2006)最先提出,这一开创性研究选取了加拿大银行部门、股票市场和外汇市场具有代表性的 11 个变量,运用等方差权重法将多个变量合成为单一指标,编制了加拿大的金融压力指数。Hakkio 和 Keeton(2009)选取了 11 个能够充分反映金融压力五大特征的变量构建了堪萨斯金融压力指数

（KCFSI），选取的变量特点在于具有针对性，能够结合美国金融市场实际情况对金融风险水平进行具体分析，为后续研究提供了有力借鉴。IMF（2009）进一步开发了系统性的金融压力指数评估系统，该研究选取了 3 个与银行相关的变量、3 个与证券市场相关的变量以及一个外汇变量，利用等方差权重法编制了 17 个国家的压力指数。近年来，国内学者在金融压力指数方面也有诸多探索。许涤龙和陈双莲（2015）、邓创和谢敬轩（2021）基于 CRITIC 赋权法，克服了上述研究在指数合成过程中未考虑指标间相关性的不足，综合测度了我国面临的金融压力和金融稳定状态。从我国金融体系现阶段的发展状况来看，金融市场是进行资金融通的重要渠道，金融体系的风险累积程度、波动程度和压力程度等有效信息可以实时反映在金融市场相关指标的变动上。因此，一部分学者在构建金融压力指数时将视角聚焦于金融市场，按照交易产品类型将金融压力系统分解至以股票、债券、货币和外汇市场为代表的金融子市场（Hollo 等，2012；陈忠阳和许悦，2016；丁慧等，2020；李敏波和梁爽，2021），采用等方差权重法、因子分析法、时变系数法等对子市场压力指数进行赋权，合成了中国金融市场压力指数。

　　总体而言，上述金融（市场）压力指数基本能够有效识别区域内的金融市场压力事件和准确测度风险水平，取得了较好的实践效果，但在挖掘金融压力指数的实际应用方面还存在着进一步拓展的空间。大多数研究采用马尔科夫区制转移模型等方式，对构建的压力指数进行状态识别和回溯性测试，以检验指数的有效性（王春丽和胡玲，2014；许涤龙和陈双莲，2015；陶玲和朱迎，2016；李敏波和梁爽，2021）；或是结合代表性宏观经济变量如国内生产总值（GDP）、居民消费价格指数（CPI）及银行间同业拆借利率等构建计量模型，考察金融压力指数对宏观经济的传导效应（徐国祥和李波，2017；丁慧等，2020），对未来经济走势进行预判（王劲松和任宇航，2021）。有少量文献根据构建的压力指数，配合其他监测、评估和分析工具，系统性分析金融风险的影响因素，并对具体的风险成因和源头进行追溯。何畅和邢天才（2018）在构建中国金融体系脆弱性指数的基础上,考察了指数子系统中的风险偏好、金融部门、非金融部门和国际因素的时变相关性和贡献程度,但并未引入系统外因素,同时存在一定的内生性问题。王培辉和康书生(2018)在运用时变参数FAVAR模型构建中国金融状况指数的基础上,进一步将风险分解为外部金融冲击、宏观经济波动和金融内在脆弱性,通过脉冲响应函数识别了各影响因素对上述三部门的冲击效应。但脉冲响应无法从时变角度考察不同影响因素的具体状况,也难以对多种影响因素进行纵向和横向比较。杨翰方等(2020)在考察中国输入性金融风险的影响因素时,引入了广义预测误差方差分解,在不依赖变量排序的前提下对影响因素进行了考察和比较。但由于其研究主要聚焦于中国外部金融风险,并未就中国金融风险这一全局概念进行具体测度。因此,本节在上述研究的基础上,尝试进行有益拓展:在构建金融市场压力指数对中国金融风险进行测度的基础上,采用广义预测误差方差分解和滚窗VAR模型对金融风险的影响因素进行全面深入分析,从而有针对性地进一步分析风险来源和成因,以期达到更好的监测、预警效果,为全方位开放条件下中国系统性金融风险防控提供参考。

三、研究方法与数据说明

选取合适的金融市场指标,是合成金融市场压力指数、测度金融风险水平的基础性工作。本节在选取金融市场指标时主要基于以下原则:第一,指标应尽可能涵盖金融市场的各领域、各部门,全面兼顾各类风险因素。第二,指标能够及时反映各个金融子市场的有效信息,快速捕捉并反映金融市场总体的状态变化。第三,指标具有可得性、连续性、简洁性,受其他无关变量的干扰较少,从而降低数据处理的工作量和模型的内生性。遵循上述原则,本节从股票、债券、货币、外汇四大金融子市场共计选取12个指标,能够较好地反映金融市场的各类风险。本节选取的基础指标具体情况如表4.1所示。

表 4.1　金融市场各维度基础指标池

金融市场	指标名称	经济意义	与压力指数的预期变动关系
股票市场	综合指数对数收益率波动率	表征股票市场价格波动风险	正向
	综合指数涨跌幅	表征股票市场流动性风险	反向
	综合指数市盈率倒数与同期 1 年期国债收益率之差	表征股票市场（泡沫）估值风险	反向
	近月合约基差率:(沪深 300 股指期货-沪深 300 指数点位)/沪深 300 指数点位	表征股票市场投资者对未来预期	反向
债券市场	1 年期、5 年期、10 年期国债到期收益率波动率	表征债券市场定价基准利率波动风险	正向
	1 年期 AAA 级中期票据到期收益率与 1 年期国债到期收益率利差	表征债券市场信用风险	正向
	1 年期与 10 年期国债期限利差	表征机构投资者对宏观经济的预期	反向
货币市场	1 天、7 天质押式回购加权利率与 1 年期国债利差	表征货币市场流动性溢价情况	正向
	1 天、7 天质押式回购加权利率、3 月期 SHIBOR 利率波动率	表征货币市场流动性风险	正向
外汇市场	人民币在岸即期汇率与离岸即期汇率的差值	表征外汇市场人民币汇率的扭曲程度	正向
	人民币在岸即期汇率与离岸即期汇率波动率	表征外汇市场即期价格波动风险	正向
	人民币实际汇率指数波动率	表征外汇市场远期价格波动风险	正向

　　为保证数据频率一致,本节对部分日度数据通过取当月均值进行降频处理。随后,本节采用经验累积分布函数法,将金融子市场相关指标数据的观测值根据其内在经济意义通过相对排序的方式映射到区间(0,1]上。具体地,将原始观测指标$(X_1, X_2, \cdots, X_n)$根据其内在经济意义进行排序,对于与压力指数的预期变动关系为正向的指标,采用升序排列,预期变动关系为反向的指标,采用降序排列。排序后的指标有 $X_{[1]} < X_{[2]} < \cdots < X_{[n]}$,其中下标$[r]$为$X_t$的排序位置,即 $X_{[n]} = X_t$,则原始指标X_t在经验累积分布函数映射下的新指标Z_t为:

$$Z_t = F_n(X_t) = r/n,\ \text{当}\ X_t = X_{[r]},\ r = 1,2,\cdots,n \tag{4.1}$$

映射后的无量纲指标 Z_t 表征观测值在整个观测期内的相对风险压力位置，指标越大表明风险压力水平越大。不同类型的观测指标经过映射处理后成为无量纲指标，参考李敏波和梁爽（2021）的做法，综合考虑不同指标的重要程度和自身特点，赋予其特定权重，加权得到各金融子市场压力指数。金融市场相关数据来自 wind 数据库，样本区间为 2007 年 11 月至 2020 年 10 月，共计 156 个月。

四、研究结果与分析

（一）金融市场压力指数的构建与动态分析

图 4.1—图 4.4 分别展示了本节构建的四大金融子市场压力指数，并给出了经 HP 滤波处理后得到的各指数变动趋势。① 可以看到，虽然四大金融子市场压力指数在各时期的具体数值和波动幅度存在差异，但总体趋势均沿着"下降—上升—下降—上升"这一路径变化。具体而言，各市场压力指数在样本初期即金融危机时期达到高峰后下降，在 2011 年后有所回升，自 2015 年起再次回落，而在 2017 年末后均出现一定程度的上升。

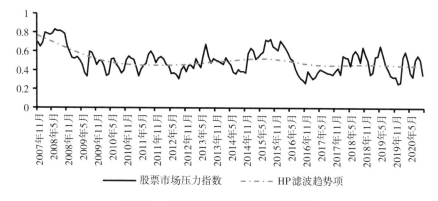

图 4.1　股票市场压力指数及其趋势线

---

① HP 滤波的平滑参数 λ 设定为 14400。

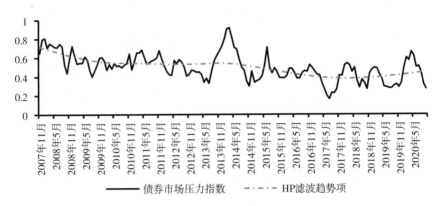

图 4.2　债券市场压力指数及其趋势线

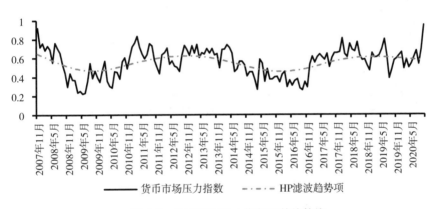

图 4.3　货币市场压力指数及其趋势线

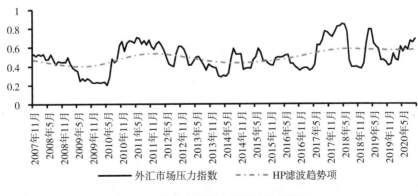

图 4.4　外汇市场压力指数及其趋势线

在合成各金融子市场压力指数的过程中,本节基于专家判别法和投资组合原理,将子市场的常数权重和子市场压力指数之间的时变相关系数纳入定权加总过程。该合成方法同时考虑了各子市场的实际规模以及金融风险的跨市场传染,并且能够有效避免不同子市场在不同时期由于关联程度不同导致的定权偏差。具体而言,本节首先根据专家判别法,分别赋予债券市场和股票市场 35% 权重,货币市场 20% 权重,外汇市场 10% 权重,构建权重常向量 $W = (\omega_1, \omega_2, \omega_3, \omega_4)'$。其次,根据 t 时刻的子市场压力指数,构建向量 $s_t = (s_{1,t}, s_{2,t}, s_{3,t}, s_{4,t})'$。$W \cdot s_t$ 表示赋权后子市场压力指数构成的向量,则金融市场压力指数(FMSI)为:

$$FMSI = \sqrt{(W \cdot s_t)\ C_t\ (W \cdot s_t)^T} \qquad (4.2)$$

定义 $C_t = \begin{bmatrix} 1 & \rho_{12,t} & \rho_{13,t} & \rho_{14,t} \\ \rho_{21,t} & 1 & \rho_{23,t} & \rho_{24,t} \\ \rho_{31,t} & \rho_{13,t} & 1 & \rho_{34,t} \\ \rho_{41,t} & \rho_{14,t} & \rho_{43,t} & 1 \end{bmatrix}$ 为 t 时刻子市场压力指数之间的相关

系数矩阵。通过指数加权移动平均法,时变相关系数 $\rho_{ij,t}$ 可由相应的协方差 $\sigma_{ij,t}$ 和方差 $\sigma_{i,t}^2$ 求得。具体而言,$\sigma_{ij,t} = \lambda \sigma_{ij,t-1} + (1-\lambda) \tilde{s}_{i,t} \tilde{s}_{j,t}$,$\sigma_{i,t}^2 = \lambda \sigma_{i,t-1}^2 + (1-\lambda) \tilde{s}_{i,t}^2$,$\rho_{ij,t} = \sigma_{ij,t} / \sigma_{i,t} \sigma_{j,t}$。其中,$i = 1, \cdots, 4, j = 1, \cdots, 4, i \neq j, t = 1, \cdots, T$。由于子市场压力指数经标准化后的理论均值为 0.5,因此 $\tilde{s}_{i,t} = s_{i,t} - 0.5$,平滑参数 λ 参考 Hollo 等(2012)取值为 0.93。本节基于 2007 年 11 月至 2020 年 10 月的指数数据,计算出初始协方差 $\sigma_{ij,0}$ 和初始方差 $\sigma_{i,0}^2$。按照上述方法,本节合成了中国金融市场压力指数(FMSI),如图 4.5 所示。

由图 4.5 可以看出,基于专家判别法和子市场间时变相关系数合成的中国金融市场压力指数(FMSI)与因子分析法简单线性加权合成的中国金融市场压力指数之间存在显著差异,后者由于未考虑子市场压力指数时变的相关

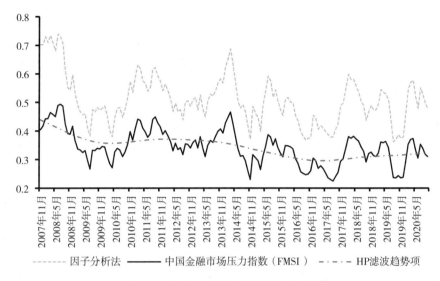

图 4.5　金融市场压力指数及其趋势线

关系,明显高估了中国金融市场的压力水平。中国金融市场压力指数(FMSI)对国内外的一些重大压力事件较为敏感,能够准确地反映我国的金融压力状况。具体来看,压力指数在样本起点即 2007 年底至 2008 年下半年急剧攀升,并于 2008 年中达到全样本区间的最高点,国际金融危机对我国金融市场的深刻影响不言而喻。随后在 2011 年下半年,欧债危机全面爆发,国际金融形势再次发生剧烈震荡,我国在此期间由于对外开放程度逐步提升,与欧元区的金融活动日益密切,也受到了此次危机的影响,金融市场压力指数保持高位震荡态势。2013 年中和年末,由于流动性紧张等系列问题,我国银行业相继出现了两次"钱荒"事件,造成金融压力水平再次提升。2015 年"811 汇改"后,人民币汇率市场化程度提高,与其他货币联动性趋强,加速了汇率波动的传导;加之全国股市发生的异常波动事件,金融市场压力指数随之攀升。近年来,中国金融市场压力指数总体趋于平稳,波动幅度和波动频率低于以往,但新冠疫情暴发后,受国内外复杂局势的影响,金融市场压力指数抬升势头明显。

(二)中国金融安全的影响因素分析

上文构建的中国金融市场压力指数虽然能够较准确地评估中国金融安全状况,但并未就具体的风险成因和风险源头进行追溯。因此,有必要进一步分析金融压力来源和成因,以达到更好的监测效果。

一国的金融安全受复杂多变的因素影响。中国正处于经济金融体制改革深化的过程中,亚洲金融危机、国际金融危机、中美贸易摩擦、地方政府债务、2013 年银行业"钱荒"事件、2015 年股市异常波动、"三期叠加"的经济阶段性特征等因素共同构成了严峻复杂的经济金融环境。在开放经济背景下,中国现阶段的金融风险是由全球宏观波动、全球金融市场外部冲击和经济金融体系内部因素三方面共同驱动的。这些因素将直接或间接地造成中国金融市场压力指数的波动,危害中国金融安全。因此,本节在现有理论和文献的基础上,从全球宏观波动、外部金融市场冲击、中国经济金融体系自身因素三方面梳理和归纳影响中国金融安全的风险因素。

基于 VAR 模型的方差分解能够有效筛选影响中国金融市场压力指数的关键变量,并量化其贡献程度,从而有效识别、衡量和评价影响中国金融安全的风险因素。然而,传统的 Cholesky 方差分解对模型中的变量次序存在依赖性,需要对变量次序进行多次调整检验以确定唯一排序,当模型中存在多个变量时将大幅增加建模的复杂程度。广义预测误差方差分解能够有效避免这一缺憾,得到唯一确定的客观结果。本节采用基于 VAR 模型的广义预测误差方差分解方法考察中国金融市场压力指数的影响因素及方差贡献程度。考察风险因素的具体过程如下:首先,对压力指数以及所选取的影响因素变量进行 ADF 单位根检验。ADF 单位根检验结果显示包括子市场在内的五项压力指数均是平稳的;对于经对数化处理后仍不平稳的影响因素变量数据,通过对数一阶差分或直接差分将其转化为平稳序列。其次,采用 Microfit 软件进行广义预测误差方差分解的运算,方差分解中 VAR 模型的最优滞后阶数根据 AIC 准则及 SIC 准则确定。最后,通过滚窗 VAR 模型①考察特定因素对中国金融安全的动态影响。其中,为刻画各影响因素在不同时点的相对水平,本节采用经验累积分布函数法对滚窗 VAR 结果进行标准化处理。

1. 全球宏观波动对中国金融安全的影响

在全球宏观波动方面,以经济政策不确定性为代表的全球不确定性和以居民消费价格指数(CPI)、生产者价格指数(PPI)、全球大宗商品价格为代表的全球通胀水平,是影响各国金融安全的重要因素。

一方面,当前全球地缘政治风险加剧,区域性冲突与动荡源头增多,致使各国不确定性水平升高,对金融市场造成了负面冲击。刘尚希和武靖州(2018)认为,在不确定性不断强化的背景下,金融风险、财政风险、社会风险将相互叠加,因此中国的宏观政策目标应更关注不确定性与防范化解风险。次贷危机后,经济政策不确定性已被认为是导致全球经济从危机中复苏缓慢的因素之一(Benati,2013);另有学者认为,经济政策不确定性本身可能诱发了经济衰退和导致全球金融风险加剧(Bloom,2009)。同时,在目前逆全球化、单边主义、贸易保护主义甚嚣尘上的国际形势下,全球地缘政治不确定性和贸易政策不确定性同样不容忽视。目前,Baker 等(2016)及后续研究系统构建了全球经济政策不确定性、地缘政治不确定性和贸易政策不确定性的指数体系,得到了国内外学术界的广泛认可。另一方面,通货膨胀率是影响投资者进行长期资产配置的重要变量之一。全球长期通货膨胀水平受到全球债务杠杆率、人口老龄化和技术进步等传统通货紧缩因素的制约,而中国的通货膨胀压力主要来自外部冲击。因此,有必要考察全球通胀水平对中国金融安全的影响。新冠疫情暴发以来,全球通货膨胀形势急剧变化,以美国为代表的世界主要发达国家采取了规模空前的经济刺激计划,引发了国际各界对经济过热的担忧。

---

① 由于滚动窗宽设定为 24 个月,因此动态分析中的实际样本区间为 2009 年 10 月至 2020 年 10 月。

（1）全球不确定性对中国金融安全的影响

本节分别考察了全球经济政策不确定性、地缘政治不确定性和贸易政策不确定性对中国金融安全的影响。考虑到 Baker 等（2016）构建的经济政策不确定性指数已覆盖至全球 26 个国家和地区，本节同时考察了代表性发达经济体与新兴经济体各自的经济政策不确定性对中国金融安全的影响情况。由于不确定性指数均为月度数据，为保持数据频率一致，本节在进行方差分解前通过对各压力指数取当月均值进行降频处理。预测期数 p = 5 至 p = 20 的方差分解结果显示，全球经济政策不确定性和地缘政治不确定性对中国金融安全存在显著影响。其中，全球经济政策不确定性对中国金融市场压力指数的贡献程度在 p = 13 时超过 10%，并在 p = 20 时达到 16.8%；全球地缘政治不确定性的影响更为剧烈，在 p = 10 时超过 10%，并在 p = 20 时达到 21.5%。图 4.6(a)绘制了全球经济政策不确定性和地缘政治不确定性对中国金融安全的动态影响，可以看出，两者对中国金融安全影响的相对大小和波动趋势在大体上是一致的，2009 年末和 2013 年末，受国际金融危机和欧债危机的后续影响，全球经济政策进入深度调整期，经济政策不确定性的影响趋强；而自 2015 年起，由美国等西方发达国家挑起的"逆全球化""单边主义"，致使全球地缘冲突加剧，政治局势动荡不安，叠加全球经济复苏乏力、利率中枢下移等严峻态势，地缘政治不确定性和经济政策不确定性对中国金融安全的双重影响凸显。在单个国家和地区的经济政策不确定性方面，美国、日本、澳大利亚、印度和德国的经济政策不确定性水平对中国金融安全的影响最为明显，其中，美国和澳大利亚在 p = 20 时均超过了 30%，印度、德国和日本分别为 29.8%、29.6% 和 25.9%，上述国家经济政策不确定性对中国金融安全的影响均大幅超过世界经济政策不确定性这一总体指标。究其原因，上述国家均与中国在经贸、政治、地域的一个或多个方面存在密切联系，其经济政策不确定性水平在开放经济下的关联网络中互相溢出，并成为影响中国金融安全的重要风险来源。图 4.6(b)绘制了美国、澳大利亚、印度对中国金融安全的动态影响。可以看到，作为金融危机发源地的美国,2009 年的经济政策不确定性影响水平位于高位;澳大利亚作为中国的大宗商品主要出口国,受大宗商品价格涨跌不定的影响,其经济政策不确定性对中国金融安全的影响波动较大;印度自 2014 年国内贸易条件恶化以来,其经济政策不确定性对中国金融安全的影响呈渐进增强态势。

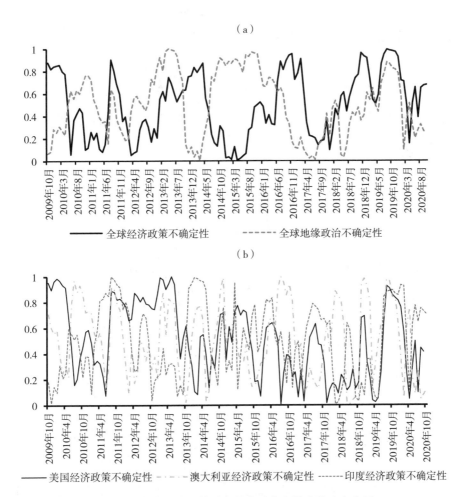

图 4.6　全球不确定性对中国金融安全影响的动态分析

（2）全球通货膨胀水平对中国金融安全的影响

本节选取 OECD 成员国（38 个国家和地区）和西方七国（美国、英国、德国、法国、日本、意大利、加拿大）的环比 CPI、PPI（以 2010 年为基准）作为全球通货膨胀水平的代理变量，考察其对中国金融安全的影响。方差分解结果显示，分别以 OECD 成员国及西方七国作为样本的方差分解结果存在显著差异。具体而言，以 OECD 成员国的环比 CPI、PPI 衡量全球通货膨胀水平时，PPI 对中国金融安全的影响占据主导地位，其贡献程度在 p=6 之后均超过 10%，影响远高于 CPI；以西方七国的环比 CPI、PPI 衡量全球通胀水平时，两者对中国金融安全的影响恰恰相反，CPI 对中国金融安全的影响占据主导地位，贡献程度在 p=13 时超过 20%，并在 p=20 时达到 25.4%，而 PPI 虽然仍表现出一定的影响力，但明显弱于 CPI。

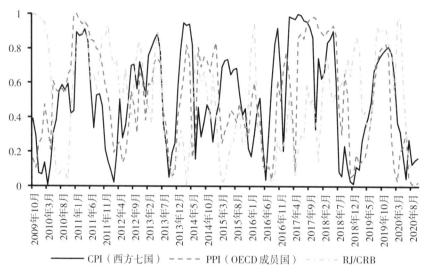

图 4.7　全球通货膨胀水平对中国金融安全影响的动态分析

究其原因，当考察的样本限于全球代表性发达经济体（西方七国）时，由于其经济体量大、居民消费水平高，侧重于反映居民消费成本的 CPI 更能反映通货膨胀水平对中国金融安全的影响，而 PPI 易受国际大宗商品价格影响，更侧重于反映企业的消费水平,对全球各国和地区价格波动因素更为敏感(谭小芬和邵涵,2019),因此当研究样本囊括更多发达、发展中经济体(OECD 成员国)时,PPI 对通货膨胀的解释力更强,对中国金融安全的影响也更为显著。中国对国际大宗商品的巨大需求决定了其价格波动将以"成本上升型"通货膨胀传导至国内(陈玉财,2011),并且对我国宏观经济波动具有不容忽视的影响力(张翔等,2017),因此本节选取 RJ/CRB 指数(路透商品研究局指数)作为国际大宗商品价格的代理变量,考察大宗商品价格冲击对中国金融安全的影响。方差分解结果显示,RJ/CRB 的贡献程度在 p=5 时超过 10%,并在 p=20 时达到 24.8%。图 4.7 绘制了 OECD 成员国环比 PPI、西方七国环比 CPI 和全球大宗商品价格对中国金融安全的动态影响,前两者在波动趋势和影响水平上具有一定的趋同性。全球重大事件如欧债危机、新冠疫情的存续期间,受供应链短缺、市场恐慌情绪等因素影响,全球价格水平剧烈波动,对中国金融安全产生了巨大冲击。大宗商品价格对中国金融安全的冲击在样本区间内起伏较大,未呈现出明显的波动聚集特征和时变趋势。

2. 全球金融市场外部冲击对中国金融安全的影响

理论分析和实践表明,随着我国金融业对外开放的不断深入,中国金融市场和世界金融市场的联系日益紧密,外部金融市场冲击必然会影响我国金融安全。本节将根据合成得到的中国金融市场压力指数以及各子市场金融压力指数,分别从总体外部金融市场和特定外部金融子市场两方面,考察全球金融市场外部冲击对中国金融安全的影响。

(1)外部金融市场冲击对中国金融安全的影响

考虑到美国与我国在国际贸易、汇率制度、金融活动之间存在密切联系,并占据国际金融市场的主导地位,借鉴王培辉和康书生(2018)的方法,本节采用美国芝加哥联邦储备银行构建的国家金融状况指数(NFCI)表征外部金融市场总体冲击。数据来源于 FRED 数据库,频率为周度,通过取当月均值进行降频处理。

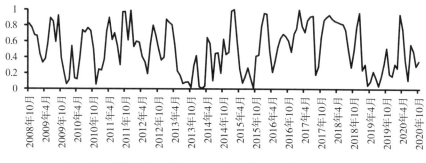

图 4.8　外部金融市场冲击对中国金融安全影响的动态分析

图 4.8 绘制了外部金融市场冲击对中国金融安全的动态影响。从整体上看，外部金融市场冲击的影响呈现出多个明显的波动上升阶段：第一个阶段为样本初期的 2008 年中至 2009 年末，风险冲击在高位震荡攀升。这主要是受 2008 年金融危机冲击的影响，全球金融市场波动剧烈，对中国金融市场造成了明显的负面影响。第二个阶段为 2011 年初至 2012 年初，次贷危机的影响逐渐消退后爆发的欧债危机进一步提高了中国的金融风险水平。第三个阶段为 2016 年初至 2017 年中，风险呈反复震荡态势。受美联储加息、全球利率中枢上移的影响，全球股票市场和债券市场出现较大波动，新兴经济体资本市场遭遇资本净流出。第四个阶段为 2019 年中至 2020 年中，风险的波动幅度较大且风险水平较高。在此期间，中美贸易摩擦升级，全球单边主义、贸易保护主义和地缘政治愈演愈烈，市场预期恶化，全球经济增长乏力，加之突如其来的新冠疫情，全球金融市场风险因素明显增多。

（2）全球股票市场对中国股票市场的影响

股票市场作为金融子市场中对金融形势反应最快、最剧烈的市场，一直以来被公认为一国经济的"晴雨表"。因此，选择合适的变量考察全球股票市场对中国股票市场的影响十分关键。以美国芝加哥证券交易所公布的 VIX 指数为代表的隐含波动率能有效反映未来市场的实际波动。结合隐含波动率考察股票市场的金融风险，正在成为近年来研究的新视角。本节选取美国 VIX、

澳大利亚 AXVI、德国 VDAX、法国 VCAC、英国 VFTSE①、日本 VXJ、韩国 VKO-
SPI、中国香港 VHSI、俄罗斯 RVI 和印度 INVIXN 共计 10 个国家和地区的隐
含波动率,考察全球股票市场对中国金融安全(股票市场)的影响。样本区间
为 2008 年 3 月—2020 年 9 月,数据来源于 Bloomberg 数据库。

方差分解结果显示,对中国内地股票市场影响最大的外部股票市场分别
为美国、澳大利亚、日本和中国香港。其中,美国 VIX 和澳大利亚 AXVI 在预
测期数 p 分别超过 7 和 9 之后,对中国股票市场压力指数的贡献程度均超过
20%,表现出对中国内地股票市场安全极强的影响能力。一方面,美国作为超
级大国,具有极强的经济实力和发达的金融市场,并与我国长期存在着密切的
合作竞争关系,美国股市的波动会经由复杂的关系网扩散至我国内地的金融
市场。另一方面,澳大利亚、日本和印度等国不仅与我国在地理位置上相近,
更是我国重要的经贸伙伴,其股票市场的波动在地理因素和伙伴关系的推动
作用下,同样会对我国金融安全产生重要影响。图 4.9 绘制了美国、澳大利
亚、日本股票市场对中国股票市场金融安全的动态影响。可以看出,美国和澳
大利亚股市对中国股市的冲击具有较强的趋同性,而与日本股市差异较大。
除两个短暂缓和期外,美国和澳大利亚股市对中国股市的冲击均处于较高水
平,并在近两年波动幅度升高。日本股市自 2013 年以来,对中国股市的冲击
显著加剧。

(3)全球债券市场对中国债券市场的影响

债券市场的整体状况是一国制定与实施货币政策的重要参考(杨翰方
等,2020),并反映出投资者对市场的信心和预期(丁慧等,2020)。通过综合
考虑各国和地区经济体量以及在全球债券市场中的地位和交易情况,本节
选取美国、英国、加拿大、意大利、法国、德国、日本、澳大利亚、韩国、中国香

---

① 鉴于英国的波动率指数 VFTSE 已于 2019 年 6 月停止更新,而欧洲的波动率指数
VSTOXX 与 VFTSE 指数在重叠区间内具有较高趋同性,本节采用 VSTOXX 补全英国 2019 年 6 月
至 2020 年 9 月的数据。

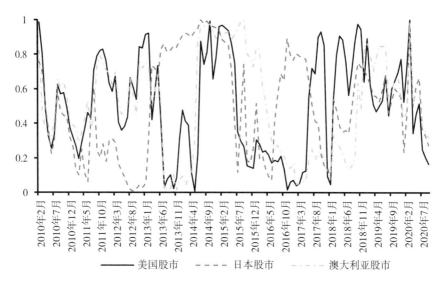

图 4.9 全球股票市场对中国金融安全(股票市场)影响的动态分析

港、俄罗斯、印度、墨西哥和巴西共计 14 个国家(地区)的 10 年期国债收益率数据,考察全球债券市场对中国金融安全(债券市场)的影响。由于近年来以西方发达国家为代表的主要经济体进入"低利率"时代,部分国家在部分日期的国债收益率为负值,因此在数据处理时统一加 100 使其变成总收益率后再求对数。

方差分解结果显示,中国内地债券市场受自身影响较大,债券市场压力指数的自身方差贡献程度在预测期数 p = 12(即一年)时达到 60% 左右,表明我国货币政策自主性较高,投资者情绪不易受外部环境影响。从外部债券市场看,对中国内地债券市场影响最大的三个市场依次为美国、德国和法国债券市场。图 4.10 绘制了美国、德国和法国债券市场对中国内地债券市场的动态影响。可以看出,三国债券市场影响的动态演变过程在样本区间内较为一致:在 2014 年以前的样本前中期,三国债券市场对中国内地债券市场影响的波动较为剧烈,但整体水平不高;2014 年后的样本中后期,三国受经济复苏乏力、国际局势变动等系列因素的影响,债券收益区间整体下移甚至为负,对中国债券市场的影响逐步增大。

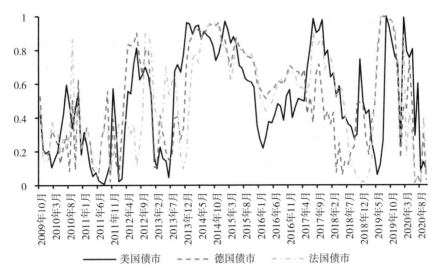

图 4.10　全球债券市场对中国金融安全（债券市场）影响的动态分析

（4）全球外汇市场对中国外汇市场的影响

外汇市场是联结国内外金融市场的纽带，易受国际政治、经济环境的影响。外汇市场的压力通常表现为由资本外流导致的本币大幅贬值。借鉴 Dungey 等（2015）、方意等（2021）等国内外研究的做法，综合考虑各国（地区）货币的国际接受程度和在国际市场交易中的使用情况，本节选取美国、英国、加拿大、意大利、澳大利亚、德国、法国、日本、韩国、中国香港、印度、巴西、墨西哥共计 13 个国家和地区的广义实际有效汇率指数作为外汇市场的代表，其中德国、法国、意大利根据贸易总额加权合成欧元区广义实际有效汇率指数，考察全球外汇市场对中国金融安全（外汇市场）的影响。数据频率为月度，数据来源于 FRED 数据库。

方差分解结果显示，对我国内地外汇市场影响最大的货币依次是美元、欧元和港币。其中，美元及欧元对中国外汇市场压力指数的贡献程度均值分别达到了 16.90% 和 13.89%，是我国外汇市场的主要风险输入方。图 4.11 绘制了美元、欧元和港币对中国外汇市场的动态影响。2015 年，由于汇率改

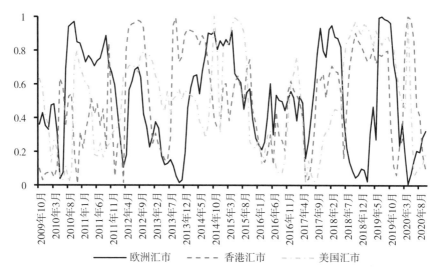

图 4.11　全球外汇市场对中国金融安全(外汇市场)影响的动态分析

革取得关键进展,中国外汇市场遭受的外部风险冲击显著降低,然而进入 2017 年后,随着人民币汇率企稳回升,跨境资本流动形势逐渐好转,全球外汇市场对内地汇市的影响再度攀升。2018 年以来,受美联储过快加息、贸易保护主义抬头等因素影响,美元汇率强势走高,对我国外汇市场风险输出水平持续升高。

3. 中国经济金融体系自身因素对中国金融安全的影响

中国作为新兴市场的重要组成部分,金融系统已经逐步得到发展和深化,金融市场的风险不仅仅来源于全球宏观经济波动和全球金融市场冲击等外部因素。同时,由于有效的资本管制和相对较少的金融风险暴露,加之现有的危机预警机制不断完善和防范应对策略逐渐优化,中国目前面临的外部冲击因素对金融风险的影响是可控的。中国在维护金融稳定、防范金融风险的问题上还要加大对国内金融体系自身因素的识别分析。因此,本节将从中国自身风险抵御能力、中国金融市场开放程度和中国经济基本面状况出发,考察中国经济金融体系自身因素对中国金融安全的影响。

（1）中国自身风险抵御能力对中国金融安全的影响

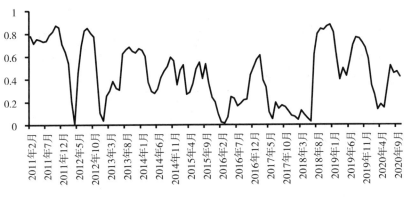

图 4.12 中国自身风险抵御能力对中国金融安全（外汇市场）的动态分析

借鉴杨翰方等（2020）的研究,本节选取商业银行资本充足率作为中国自身风险抵御能力的代理变量,囿于数据可得性,本节实证分析的样本区间为 2009 年 3 月至 2020 年 9 月。由于商业银行资本充足率为季度数据,本节通过插值处理方法将其转化为月度数据。方差分解结果显示,中国金融市场的风险抵御能力对中国外汇市场压力指数存在一定影响,但贡献程度并不高,在预测期数 p = 20 时达到 12.5%。对此可能的解释是,我国的金融市场发展起步较晚,体系尚未健全,在国际金融市场上仍处于被动地位,由此导致了风险抵御能力在防范金融市场冲击方面效果还不强。图 4.12 绘制了中国自身风险抵御能力对外汇市场风险的动态影响。可以发现,2018 年 8 月以来,自身风险抵御能力对我国外汇市场的影响呈现显著增强的态势。

（2）中国金融市场开放程度对中国金融安全的影响

本节选取境外机构或个人持有的人民币资产总量除以 M_2 作为金融市场开放程度的代理变量,考察其对中国金融安全的影响情况。方差分解结果显示,中国金融市场开放程度对中国金融市场压力指数的贡献程度在 p = 10 时达到了 19.8%,并随着预测期数的增加急剧上升,在 p = 20 时达到 43.9%,成为对中国金融安全影响最为突出的变量。图 4.13 绘制了中国金融市场开放

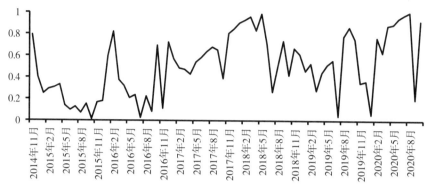

图 4.13   中国金融市场开放程度对中国金融安全的动态分析

程度对中国金融安全的动态影响。2017 年开始,中国金融开放进入新阶段,并于 2018 年先后出台 50 余条具体开放措施。与此同时,中国金融市场开放程度的影响水平呈现跳跃式上升态势。因此,如何有序扩大资本账户开放、稳慎推进人民币国际化,处理好金融开放和防范风险的关系,是中国在新时期要面对的重要课题。

(3)中国经济基本面对中国金融安全的影响

考虑到经济基本面衡量指标与前文构建的中国金融市场压力指数测度指标不能存在重复性和内生性问题,本节选取采购经理人指数(PMI)作为中国经济基本面的代理变量。该数据包含了大量微观层面的企业生产信息从而被广泛运用于金融业界和宏观研究领域,能够较为真实地反映实际经济情况(许志伟等,2012)。预测期数 $p=5$ 至 $p=20$ 的广义预测误差方差分解显示,经济基本面对中国金融市场压力指数的贡献程度在 $p=15$ 时超过 20%,在 $p=20$ 时达到 28.9%;同时,中国经济基本面也将影响股票、外汇和货币市场的风险水平,贡献程度在 $p=20$ 时分别达到了 19.7%、19.1% 和 32.1%。

图 4.14 展示了样本区间内中国经济基本面对中国金融安全的动态影响。由图 4.14 可知,2012 年后我国经济"三期叠加"阶段性特征凸显,整体面临下行压力,基本面对我国金融安全影响的波动上升态势相应加剧。当欧债危机、

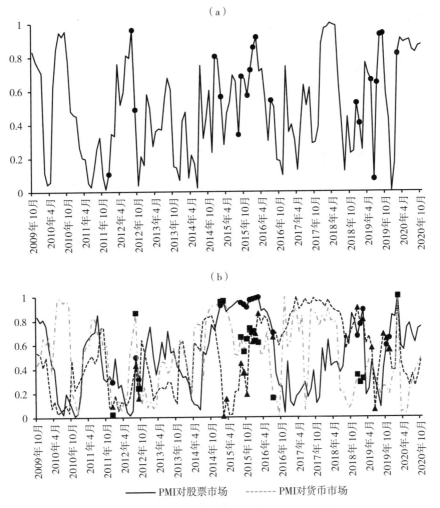

图 4.14　中国经济基本面对中国金融安全影响的动态分析

股市异常波动、新冠疫情等重大事件挫伤我国经济基本面时,我国金融安全也遭受了剧烈冲击。进一步地,由于 PMI 的特定水平 50% 被国际社会公认为一国经济的"荣枯线",本节对 PMI 低于 50% 即经济处于低迷状态时的影响水平进行了标注。不难发现,除少数时点外,当我国经济处于低迷状态时,基本面对金融安全的影响大量位于 0.5 以上区间;从子市场来看,这种情况在股票市场和货币市场上尤为明显。因此,当我国经济遇冷时,监管部门应更加关注经济基本面对金融安全的影响。

五、结论与政策建议

本节选取了 2007 年 11 月至 2020 年 10 月中国股票、债券、货币、外汇四大金融子市场的相关数据,采用经验累积分布函数法构建了中国金融子市场压力指数,并基于专家判别法和市场间时变相关系数,合成了中国金融市场压力指数,将其作为中国金融安全状况的重要表征。在此基础上,本节采用滚窗 VAR 模型及广义预测误差方差分解方法,从全球宏观波动、全球金融市场外部冲击、中国经济金融体系自身因素三个角度出发,选取相关变量,考察了影响中国金融安全的风险因素。

本节得出结论如下:第一,本节采用高频数据所构建的中国金融市场压力指数可以较好地反映中国金融安全的变化状况。在国际代表性压力事件的存续期间,压力指数出现明显的上升态势,并伴随着剧烈波动。第二,以不确定性和通货膨胀水平为代表的全球宏观波动显著影响中国金融安全。一方面,全球经济政策不确定性和全球地缘政治不确定性是不确定性冲击的主要来源;另一方面,CPI 和 PPI 反映的全球通货膨胀水平对我国金融安全的影响在不同样本范围内存在异质性,国际大宗商品价格反映的通货膨胀水平的影响具有急剧上升和下降的特点。第三,全球金融市场外部冲击是影响中国金融安全的重要输入性风险。具体来看,我国股票市场主要受到来自美国、澳大利亚和日本股市的冲击;债券市场主要受美国、德国和法国债市的冲击;人民币外汇市场主要受到来自美元、欧元和港币的冲击。第四,中国的经济金融体系自身因素同样是中国金融安全的重要影响因素。其中,中国自身的风险抵御能力对我国外汇市场这一重要对外连接纽带的影响尤为明显;中国金融市场的开放程度是近年来较为突出的风险因素;中国经济基本面对中国金融安全的影响在经济遇冷时更为突出。

基于上述结论,本节提出如下政策建议:

第一,我国监管当局应树立全方位、多角度、深层次的监管理念,主动化解国际不确定性对我国金融市场造成的负面冲击。不断提升对不确定性的评估能力,时刻关注全球经济政治格局演变过程中催生的不确定性。

第二,在对外开放的过程中既要统筹兼顾、全面监测金融市场整体运行状况,又要充分考虑到各个国家和地区的不同金融变量对我国金融子市场的异质性冲击。在加强监管的同时,要重点关注美国、澳大利亚、欧元区、中国香港等发达经济体对中国内地金融子市场的风险输出,同时关注印度、俄罗斯、巴西等新兴经济体的金融市场波动情况。持续增强与国际社会在金融监管、风险防范、互联互通等领域的合作。

第三,增强国内金融体系稳健性,提高风险抵御能力。应统筹协调金融开放与防范金融风险,打造有活力、有韧性、多层次的金融市场,增强抵御外部风险冲击的能力,保持金融系统内部稳定。我国在金融开放的过程中,应继续探索资本账户开放路径,稳慎推进人民币国际化;在防范金融风险的过程中,应加强宏观审慎管理和微观审慎监管的协同性,高度重视外部风险输入和内部风险隐患,秉持稳增长和防风险兼顾的理念,努力实现中国金融的高质量发展。

第二节　全球股票市场尾部风险溢出效应研究

一、研究背景

过去 30 年间,经济全球化和金融自由化风靡一时,它在为世界带来比较优势下的专业化分工以及投融资业务可观收益的同时,加快了国际间资本跨区域流动,金融市场一体化不断增强,导致金融风险跨市场的传播与扩散。风险传染是系统性金融风险的核心要义,单个市场受损可能通过市场间风险关联渠道迅速扩散,从而诱发系统性金融风险(杨子晖等,2020)。现实中,金融市场特别是股票市场在风险事件冲击下溢出概率明显增大(Benoit等,2017),具有典型的"事件驱动"特征(孙亚男等,2017)。2008年国际金融危机引爆全球股市下跌狂潮,中国股市跌幅达70%;2011年欧债危机,中国股市再度下挫21%。后危机时代,国际能源价格下跌、全球股灾、英国脱欧、美联储加息和全球贸易摩擦升级等极端事件的发生,进一步增强了全球股票市场的联动性,致使全球股市风险关联网络愈加复杂,并呈现明显的非线性传染特征(李岸等,2016a)。随着QFII和RQFFI投资限额的取消,"深港通""沪港通""沪伦通"的陆续推出,尚未成熟的中国资本市场面临着复杂多变的外部金融风险冲击,这给我国当前和未来的金融监管工作带来巨大挑战。

鉴于此,我们有必要重视全球股票市场系统性风险的非线性传递与扩散机理,以期为完善全球金融治理体系、维护国家金融稳定、防范化解系统性金融风险提供理论与现实依据。本节的主要贡献在于:第一,将系统性风险测度领域最新发展的TENET方法应用于股票市场研究。相比于传统测度方法使用的线性模型(如DYCI指数、LASSO分位数回归等方法),本节构建的全球股票市场系统性风险指数能够识别尾部事件驱动下金融资产间的非线性联系,捕捉系统性金融风险溢出效应,有利于准确识别股票市场系统性风险的非线性演变。第二,分别从静态和动态两个角度构建全球股票市场非线性风险溢出网络,考察风险传染的结构特征;同时,将视角聚焦于中国的金融现实,研究中国股票市场风险溢出结构,为平稳有序推进金融开放、防范"外部输入性风险"提供参考依据。第三,本节还引入线性风险测度模型,与本节的研究结果进行对比,指出线性模型可能因忽略风险传染的非线性特征而导致研究结果失真,以此解释在系统性风险研究中使用非线性模型的必要性。

二、文献综述

深入理解股票市场风险传染的内在机制是准确测度系统性风险的前提。

对此,现有研究主要从经济基础说和市场传染说两个角度来阐述这一问题。经济基础说认为,在有效市场假设下,各国基本面相互关联,宏观经济政策、市场环境和共同资产的资金约束等基本面因素变动不仅影响本国股市波动,而且可以通过金融市场联系和跨国贸易等渠道影响他国股市(Stulz,1981;Adler和Dumas,1983;McQueen和Roley,1993)。然而,由于各国资本市场基础设施建设不足,实际情况下有效市场假设往往难以满足,经济基本面仅能解释股市风险联动的部分。而市场传染说认为,负面消息冲击下,无论基本面是否发生变化,在信息非对称情况下,持有非完全理性预期的投资者都可能产生羊群效应和趋同效应,使风险沿着资金面和预期面从局部扩散到整体(Kodres和Pritsker,2002;Forbes和Rigobon,2002)。在"经济基础说"和"市场传染说"框架下,国内学者对全球股市风险溢出的理论解释也做出了有益贡献。张兵等(2010)认为经济基础说和市场传染说是对立统一的,有共同经济基础、联系紧密的经济体之间更容易发生风险溢出。李岸等(2016b)认为金融管制、汇率制度、量化宽松等政策冲击也是影响股市风险溢出的重要因素。郑挺国和刘堂勇(2018)发现除经济基本面和市场传染外,国际股市间风险联动关系还受美国货币政策调整及政策不确定性的影响。

相较于理论方面,有关股票市场系统性风险的实证研究则更为丰富,国内外学者主要从以下三个层面考察全球股票市场风险传染。第一,长期均衡层面。张兵等(2010)通过 Johansen 协整检验技术发现中美股市不具备长期均衡关系;何光辉等(2012)使用滚动协整技术发现中国同六个欧美成熟经济体股票市场之间协整关系已相互引导,并且风险事件突发会引起协整系数出现异常。第二,信息溢出层面。这一层面较早的研究主要使用基于均值和波动层面的线性或非线性格兰杰因果检验方法考察国际股市间的关联性(张兵等,2010;李红权等,2011)。近年来,Diebold 和 Yilmaz(2012)在向量自回归模型(VAR)框架下利用广义方差分解构建的信息溢出指数(DYCI 指数)被逐渐应用到股市风险联动和溢出的研究中。Zhou 等(2012)通过 DYCI 指数考察中国与十个国际市场之间的波动溢出效应,发现中国 A 股与中国香港和中国台湾市场具有更强的关联性;梁琪等(2015)将该方法与有向无环图结合,考察中国与全球主要发达国家和新兴市场国家的信息溢出关系,发现中国股市自 2005 年后国际化程度显著上升;郑挺国和刘堂勇(2018)改进传统基于 VAR 模型的溢出指数方法,使用 TVP-VAR 模型计算国际 8 个主要股市的时变波动溢出指数。除溢出指数方法外,赵进文等(2013)使用的非线性平滑转换模型、李岸等(2016a)使用的 DCC-MAGARCH 模型、刘海云和吕龙(2018)使用的 MSV 模型均是在信息溢出层面研究全球股市间风险关联性。第三,尾部风险溢出层面。这类方法主要将在险价值 VaR 和条件在险价值 CoVaR 等尾部风险测度指标同 Copula 函数、分位数回归等方法结合,考察尾部事件驱动下全球股市风险联动关系。刘晓星等(2011)使用 EVT-Copula-CoVaR 方法研究美国股市与英国、法国、中国等 6 个国家股市的尾部风险关联性;曾裕峰等(2017)使用 MVMQ-CAViaR 方法分析 9 个代表性国际市场对我国 A 股的尾部风险传染,发现美国和中国香港对我国股市风险输出较大;卜林等(2020)使用 LASSO 分位数回归方法构建尾部风险指标 LASSO-ΔCoVaR 考察全球股票市场系统性风险传递特征。

现有文献在全球股票市场系统性风险溢出传染研究方面做出了卓有成效的贡献,但仍存在不足之处。第一,基于协整技术、线性或非线性格兰杰因果检验在长期均衡和信息溢出层面的研究虽可以证明国际股市之间风险溢出的存在性,但无法精准量化风险溢出的具体数值,难以有效识别系统性风险冲击的强度。第二,DYCI 指数、MVMQ-CAViaR 和 LASSO-ΔCoVaR 等方法均是在线性框架下对系统性风险的溢出效应进行分析,而线性关系在复杂的高维系统中无法成立(Härdle 等,2016)。金融资产价格在时间维度上通常呈现出明显的非线性特征,系统性风险传染触发时,其水平和方向往往会发生非线性转变(Brana 等,2019)。忽略风险溢出传染中实际存在的非线性关系,在线性框架下分析非线性问题,必然会导致结论产生显著偏差(Giglio 等,2016)。此外,广泛使用的 DYCI 指数受 VAR 模型的维度限制影响,无法实现高维度的研究,并且基于均值和波动层面使用 Granger 因果检验和 DYCI 指数方法构建的信息关联网络并不是金融风险网络(李政等,2019b)。第三,当前研究较少基于尾部层面进行分析,极端状态下,金融资产序列具有显著的"厚尾"特征,基于均值和波动层面的研究往往会因忽略尾部风险而低估风险溢出水平,难以准确刻画极端状态下尾部事件驱动的风险溢出效应。值得注意的是,极端尾部风险对于金融市场具有较强的杀伤力,易导致金融市场震荡,并进一步诱发系统性风险,所以在系统性风险防范与化解问题中举足轻重。因此,基于尾部层面探讨系统性风险溢出传染,更符合现代金融业风险管理的需要,可为"守住不发生系统性风险的底线"提供坚实支撑。

针对以上不足,Härdle 等(2016)提出 TENET(Tail-Event Driven Network)方法,采用单指数模型(Single-index Model,SIM)考察美国 100 家金融机构间非线性风险溢出效应,该方法不仅继承了 LASSO 分位数回归变量选择技术的优势,而且可以考虑金融机构间所有可能的非线性交互影响,提升研究的广度和结果的准确性。本节尝试将该方法运用到全球股市系统性风险传染分析框架中,从尾部风险溢出层面出发,基于全球股市间所有可能的非线性交互影响,研究全球股票市场系统性风险非线性演变与传染机制。

三、研究方法与数据说明

(一)基于 TENET 方法的全球股票市场系统性风险测度

借鉴 Engle 和 Manganelli(2004)、李政等(2019b)的研究,本节首先采用非对称条件自回归风险价值模型(AS-CAViaR)估算各国(地区)股票市场风险价值 VaR,捕捉正负收益率对在险价值的非对称影响。

其次,采用 SIM 模型刻画全球股市间的复杂性所引起的所有非线性交互影响,测度各国(地区)股票市场条件在险价值 CoVaR,考察系统性风险非线性演变与传染机制。

$$X_{j,t} = g(\beta_{j|R_j}^T R_{j,t}) + \varepsilon_{j,t} \tag{4.3}$$

式(4.3)中包含一个信息集 $R_{j,t} = \{X_{-j,t}, K_{j,t}\}$，其中，$X_{-j,t} = \{X_{1,t}, X_{2,t}, X_{n,t}\}$ 为除股市 j 以外其他 $n-1$ 个股市的对数收益率；$K_{j,t} = \{X_{j,t-1}, X_{j,t-2}, X_{j,t-3}\}$ 是状态变量。对应参数 $\beta_{j|R_j}$ 包含两部分，表示为 $\beta_{j|R_j} = \{\beta_{j|-j}, \beta_{j|K}\}^T$，经窗口滚动得到时变的 $\beta_{j|R_j}$。函数 $g(\cdot)$ 考虑了其他 $n-1$ 个股市对股市 j 所有可能的非线性交互影响。

$$\widehat{CoVaR}_{j|\widetilde{R}_{j,t,\tau}}^{TENET} = \widehat{g}(\widehat{\beta}_{j|\widetilde{R}_j}^T \widetilde{R}_{j,t}) \tag{4.4}$$

对式(4.3)进行 $q = 0.05$ 的分位数回归得到式(4.4)。其中，$\widetilde{R}_{j,t} = \{\widehat{VaR}_{-j,t,q}, K_t\}$，$\widehat{VaR}_{-j,t,q}$ 为各股市 VaR 的估计结果，$\widehat{CoVaR}^{TENET}$ 代表基于 TE-NET 计算的条件在险价值。

最后，式(4.5)给出了股市间的系统性风险溢出关系，以此构建市场间的非线性风险传染网络：

$$\widehat{D}_{j|\widetilde{R}_j} = \frac{\partial \widehat{g}(\widehat{\beta}_{j|\widetilde{R}_j}^T R_{j,t})}{\partial R_{j,t}}\bigg|_{R_{j,t} = \widetilde{R}_{j,t}} = \widehat{g}'(\widehat{\beta}_{j|\widetilde{R}_j}^T \widetilde{R}_{j,t}) \widehat{\beta}_{j|\widetilde{R}_j} \tag{4.5}$$

其中，$\widehat{D}_{j|\widetilde{R}_j} = \{\widehat{D}_{j|-j}, \widehat{D}_{j|K}\}^T$ 是在 $R_{j,t} = \widetilde{R}_{j,t}$ 时用梯度度量的边际效应。$\widehat{D}_{j|-j}$ 为各股市间的尾部风险溢出水平，我们以 $\widehat{D}_{j|-j}$ 为元素构建 $N \times N$ 的加权邻接矩阵。本节设定 30 周(约半年)为固定窗口，通过固定窗口滚动回归对整个样本期的观测数据进行回归分析，考察各股市系统性风险的非线性演变，其在第 s 个窗口下的网络邻接矩阵如式(4.6)所示：

$$C_s = \begin{bmatrix} 0 & |\widehat{D}_{1|2}^s| & \cdots & |\widehat{D}_{1|n}^s| \\ |\widehat{D}_{2|1}^s| & 0 & \cdots & |\widehat{D}_{2|n}^s| \\ \vdots & \vdots & \ddots & \vdots \\ |\widehat{D}_{n|1}^s| & |\widehat{D}_{n|2}^s| & \cdots & 0 \end{bmatrix} \tag{4.6}$$

为便于进一步研究,本节构建以下系统性风险测度指数:第一,加总 C_s 内所有元素得到第 s 个窗口内总溢出指数 $TC_s = \sum_{i=1}^{n} \sum_{j=1}^{n} |\widehat{D}_{j|i}^s|$;第二,分别加总 C_s 内第 j 行和第 j 列的所有元素,定义国家(地区) j 在第 s 个窗口内的方向性溢出指数 $RC_{j,s}^{OUT} = \sum_{i=1,i\neq j}^{n} |\widehat{D}_{i|j}^s|$ 和 $RC_{j,s}^{IN} = \sum_{i=1,i\neq j}^{n} |\widehat{D}_{j|i}^s|$,前者反映系统性风险总溢出水平,后者代表系统性风险总溢入水平;第三,将第 s 个窗口内的 $RC_{j,s}^{out}$ 和 $RC_{j,s}^{in}$ 相减得到国家(地区) j 第 s 个窗口内的净溢出指数 $RC_{j,s}^{NET} = RC_{j,s}^{OUT} - RC_{j,s}^{IN}$;第四,$DC_s$ 内每个元素代表两两市场间风险溢出水平,定义为 $DC_s^s = |\widehat{D}_{j|i}^s|$。

(二)样本与数据说明

依据"经济基础说",本节选取中国、中国香港、日本、印度、印度尼西亚、马来西亚、韩国、新加坡、澳大利亚、英国、法国、德国、意大利、西班牙、俄罗斯、美国、加拿大和巴西等 18 个国家(地区)的股票市场,考察全球股市系统性风险。样本国家(地区)股票市场在 2018 年底总市值占全球的比重约为 90%,进出口总额占全球的 70% 左右,既覆盖了亚、欧、美各大洲,也涵盖了发达国家和新兴市场国家,具有一定的研究代表性。考虑到全球股市非同步交易、反应不足、价格压力等微观因素可能对研究结果造成影响,本节计算了 2007 年 1 月 1 日至 2018 年 12 月 31 日样本国家代表性股指周平均收盘价的对数收益率,即 $X_{i,t} = \ln(P_{i,t} / P_{i,t-1})$,共 600 组周度观测值,所有数据均来源于 Wind 资讯。

四、实证结果与分析

(一)全球股票市场非线性风险溢出水平分析

1.全球股票市场系统性风险溢出总体水平

本节首先采用 TC_s 指数度量全球股市系统性风险溢出的总体水平,考察其在整个样本期内的动态变化趋势,如图 4.15 所示。

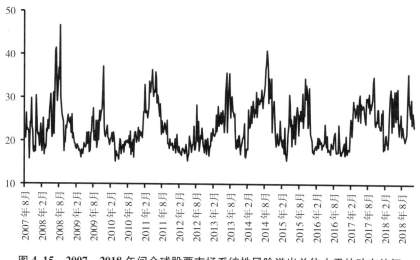

图 4.15　2007—2018 年间全球股票市场系统性风险溢出总体水平的动态特征

　　整体上看,全球股票市场系统性风险溢出总体水平复杂多变,具有显著的"事件驱动"特征,相关指数的上行区间与下行区间交替出现。2008 年 9 月,雷曼兄弟公司破产对全球金融市场造成巨大冲击,国际金融危机全面爆发,风险溢出总体水平达到最大值。单一金融市场的风险通过金融联系和投资者预期两种途径影响其他市场,同时金融风险传导至实体经济并进一步从贸易和投资途径通过影响宏观经济基本面,引发全球股市风险共振。次贷危机期间,美国房地产市场泡沫破灭,高杠杆、高风险的次级债券降级,市场恐慌蔓延。美国金融体系崩溃引发市场震荡,美股暴跌、各大金融机构出现严重亏损。欧洲发达经济体的金融机构因投资了大量次级债而面临巨额损失,市场信心严重不足、股票价格大跌,甚至出现连锁倒闭,系统性风险在全球市场爆发。为了解决自身流动性问题,跨国金融机构优先从他国撤离资金,资金抽逃引起他国股市流动性不足,导致全球范围的风险传染发生。与此同时,股票市场崩溃引发极度恐慌,在非理性预期和信息不对称主导下,投资者信心备受打击,恐慌情绪持续升温,投资者急于调整资产配置,风险通过羊群效应、恐慌心理和信心丧失等信息关联渠道迅速扩散。随着危机的深化,金融风险开始波及实体经济部门。一方面,全球市场低迷导致外部需求收缩,对外贸易受损引发的经济衰退使国民收入减少并抑制了进口需求,导致本国和贸易伙伴国宏观经济同时下行。国内宏观经济基本面的持续恶化可能引发货币大幅度贬值,虽有利于本国出口但却挤占了其他国家原有的市场份额,他国经济基本面再次遭受冲击,引发连锁反应。另一方面,宏观基本面受损导致跨国公司持续亏损,为弥补流动性需求跨国公司会停止或撤回国外投资,资金流出国难以承受大规模的资金抽逃,很快陷入流动性困境。金融风险通过贸易的收入效应和价格效应以及投资途径对他国产生冲击,宏观经济基本面的变化进一步反馈到股票市场,从而放大了全球股票市场间的风险传染(王克达等,2018)。

2009 年第三季度美国经济开始复苏,全球股市系统性风险溢出总体水平显著下降。但随后而来的欧债危机再次对全球股市带来巨大冲击,西方评级机构下调主权国家信用级别致使欧美金融市场陷入混乱,经济衰退、流动性收紧,包括新兴市场国家在内的世界各国都面临国际市场萎缩的危机,国际贸易、跨国投融资压力加大,风险溢出总体水平持续攀升。2012 年之后,全球经济开始回暖,但欧债危机叠加国际金融危机的阴影仍挥之不去,国际能源价格下跌、全球股灾、英国脱欧、美联储加息、中美贸易摩擦等极端事件频频发生,各国经济状况愈发不稳定,全球政治和经济不确定性上升,股票市场系统性风险溢出水平波动频繁。

2.各国(地区)股票市场风险净溢出水平

本节用 RC_S^{NET} 指数衡量各国(地区)股票市场风险净溢出水平的动态演变特征,相关实证结果如图 4.16 所示。

第一,在极端事件影响下,各国(地区)股票市场系统性风险净溢出水平会发生大范围波动,与正常时期相比有显著差别,一定程度上表明尾部风险事件是全球股市系统性风险传染的催化剂。一方面,极端时期下,各国不确定性上升,宏观经济基本面持续承压,外部环境恶化和内部的不稳定因素使各国(地区)贸易受损,跨国企业和上市公司遭受损失,股指大幅下跌,风险沿着股

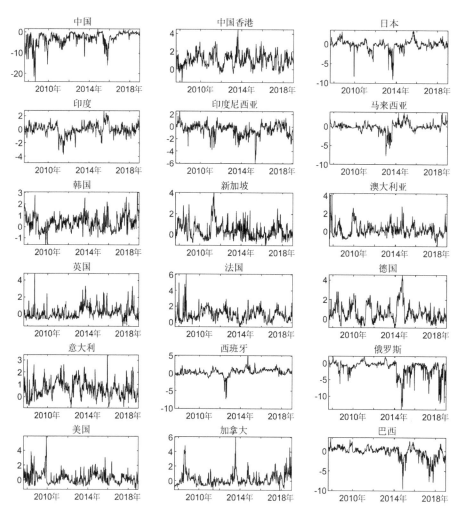

**图 4.16　各国(地区)股票市场系统性
风险净溢出水平的动态特征**

市共同敞口迅速蔓延扩大。另一方面,尾部风险事件导致金融机构亏损甚至破产,市场信心严重下滑,非理性投资者通过变现方式减少所持有的风险资产头寸,资本从已发生危机或者当前虽未发生但未来极可能发生危机的国家(地区)流出,引发市场流动性降低和价格不稳定,成为风险扩散的加速器。

第二,全球股市系统性风险传染具有明显的非对称性。中国、俄罗斯、巴西、印度、印度尼西亚和马来西亚等新兴市场国家风险净溢出在时间维度上大多为负且整体水平较低,而中国香港、美国、加拿大、法国、德国、意大利、西班牙等发达经济体大多时间风险净溢出为正且整体水平较高。由此可见,发达经济体是全球系统性金融风险的主要来源,而新兴经济体是全球系统性风险的主要接收者,是发达经济体的主要风险转嫁和分担对象。从金融联系来看,随着新兴经济体资本市场开放程度的提高,国际资本通过 FDI、银行借贷、股债投资等渠道迅速流入新兴市场国家,催生了资产价格泡沫。风险事件冲击下,大量发达经济体的跨国金融机构被迫开启去杠杆化进程,"本土偏好"使资本从新兴市场撤离并回流,从而诱发更大范围的市场下跌甚至是恐慌(张一等,2016)。与此同时,新兴市场在金融开放前虽然存在资本充足率低、不良贷款率高等问题,但由于存在政府担保,风险尚处于隐性状态(刘海云和吕龙,2018);当风险事件发生时,金融市场的不完善和持续增加的隐性风险使得金融体系愈加脆弱,极易受到外部风险冲击。从实体联系来看,新兴市场国家经济增长很大程度上依靠对外贸易,对外需市场依赖程度很高;极端时期内,全球经济政策不确定性上升使得外部环境恶化,贸易量萎缩必将导致以出口为导向的国家经济增长面临巨大下行压力,并在作为"晴雨表"和"政策市"的股票市场中得到反映。

(二)全球股票市场非线性风险溢出结构分析

1.全球股票市场非线性静态风险溢出网络

前文虽测度了全球股票市场系统性风险溢出水平,但无法识别两两股市间风险溢出路径。为此,我们将 DC^s 指数在时间维度上加总,得到全样本期内 18 个国家(地区)两两之间的风险溢出矩阵,并依此构建全球股票市场非线性静态风险溢出网络,以考察风险传染路径。为得到精简的网络图,本节仅保留每个国家(地区)两两之间风险溢出前三的边,以此构建风险溢出网络图,如图 4.17 所示。

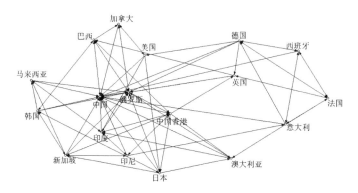

图4.17　全球股票市场非线性静态风险溢出网络

由图4.17可知,全球股市系统性风险传染具有显著的地理区域聚集效应,"同区域"国家(地区)之间构成重要的风险溢出渠道。具体而言,德国、法国、意大利、西班牙等欧洲发达国家,中国香港、日本、新加坡、印度尼西亚、马来西亚和澳大利亚等东亚和东南亚国家(地区)之间存在显著双向风险溢出关系。由于地缘因素,"同区域"国家(地区)在政治、经济和文化上交流密切,金融市场一体化程度高,跨国贸易壁垒弱,彼此之间存在密切的经贸合作和投融资活动,这虽有利于区域内经济发展,但也拓宽了风险传染渠道,增大了风险传染发生的可能性。当区域内某一国家遭受负面冲击时,跨境资本的大规模转移放大了该国金融市场的脆弱性,风险沿着金融、贸易等渠道在区域内迅速扩散。此外,"同组织"国家(地区)之间也存在重要的风险传染渠道。意大利、西班牙、法国和德国等欧盟国家之间构成显著的区域内双向风险溢出关系,中国、俄罗斯、巴西等"金砖国家"之间存在显著的跨区域双向风险传导路径。欧洲作为区域经济一体化程度最高的经济联盟,内部成员国在资本流动、贸易往来方面空前自由,故区域内股市关联程度极高,风险溢出关系明显。自2009年"金砖国家"合作机制成立以来,金砖国家逐渐加强贸易合作、深化经贸关系,经济实力和金融实力大幅提升,经济和金融联系的加强也提高了股市间的风险关联性。此外,俄罗斯和巴西在经济制度、资源禀赋、产业结构、经济

发展阶段、文化背景等方面较为相似,一国经济环境恶化会造成国际投资者重
新调整对另一国的预期,国际投资避险行为会对其经济基本面造成负面影响,
进而引发风险的跨境跨市场传染(李政等,2019b)。

2.全球股票市场非线性动态风险溢出网络

为捕捉全球股票市场非线性风险溢出网络的动态演变特征,本节等间隔地
选取 2008 年、2011 年、2014 年、2017 年四组年度样本数据构建动态风险溢出网
络(见图 4.18)。每个子图均为删去均值以下溢出强度值的精简网络,节点和有
向箭头分别代表国家(地区)和风险传染路径,溢出强度越大,有向箭头越粗。

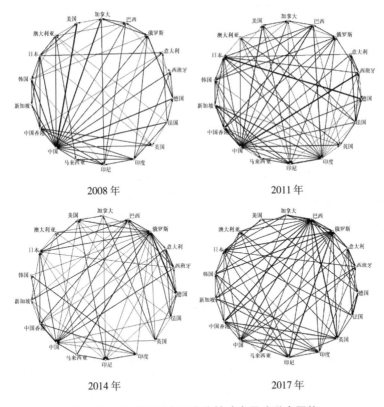

2008 年　　　　　　　　　　　　2011 年

2014 年　　　　　　　　　　　　2017 年

图 4.18　全球股票市场非线性动态风险溢出网络

图 4.18 表明,全球股市非线性风险溢出网络的结构特征具有显著时变
性。2008 年国际金融危机时期,全球范围内风险溢出水平加剧,此时风险主

要由美国、加拿大等风险高发国家股市传导至中国、俄罗斯等新兴市场国家。金融危机的爆发导致金融安全网破裂,国际投资者将中国等新兴市场国家视为相似群体,跨区域羊群效应明显,撤离资金、对冲货币、抛售证券等行为使风险迅速传染到新兴市场国家。

2011年欧债危机与国际金融危机影响交叠,债务危机集中爆发,经济一体化程度极高的欧洲地区是风险传染溢出的重灾区,区域内股市遭受重大冲击并跨区域扩散至日本、澳大利亚、中国和俄罗斯等国家,亚洲地区也存在显著的区域内风险溢出现象,此时系统性风险溢出网络比国际金融危机时期更为复杂。欧元区部分国家因政府负担过重而引起债务违约风险,主权债务评级下调使互相持有大量主权债券的银行遭受巨额损失,国家信用降低的同时货币汇率发生异常波动,债务、货币和银行业多重危机使欧元区经济持续疲软,风险沿着各国间错综复杂的债务关联及紧密的经贸渠道向区域内和区域外蔓延(叶青和韩立岩,2014)。此外,投资者的"本土偏好"和"风险规避"行为也为风险跨区域传染推波助澜。

2014年,全球股票市场系统性风险跨区域溢出效应较2011年明显减弱,巴西和俄罗斯是全球股市风险的主要接收者。2014年下半年国际能源价格暴跌,原油价格累计跌幅超过50%,巴西和俄罗斯是资源主要出口国,外部需求减少和大宗商品价格下跌阻碍其经济增长,国内基本面下行,更易受到风险冲击。2017年,跨区域风险传染加剧。自特朗普当选总统后,美国退出多个贸易协定和国际组织,同时与中国、日本、欧盟等国家和地区的贸易摩擦不断升级,全球政治和经济不确定性上升。此外,美联储加息引发资本回流,加剧了新兴市场投资者的恐慌情绪,在信息机制主导下,风险在全球范围内传导,发达经济体与新兴经济体的相互影响加深。

(三)中国股票市场风险溢出的动态结构分析

前文的研究表明,中国作为世界第一大新兴经济体,在全球股市中扮演着风险净接收者的角色容易遭受外部输入性风险的冲击。为此,本节进一步对中国股票市场系统性风险溢出结构特征进行研究,以更加全面展现我国股票市场风险与其他国家风险的联动关系,为防范化解"外部输入性风险"提供依据。

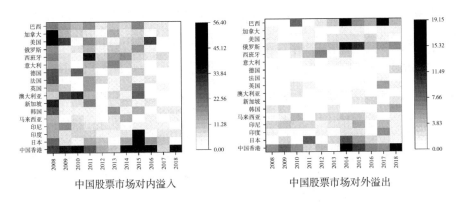

图 4.19　中国股票市场风险溢出动态结构图

注:本节用热力图(Heatmap)更为直观地展示 2008—2018 年中国股市系统性风险的对内溢入和对外溢出。其中,热力图中横坐标为时间,纵坐标为各个股票市场,矩形颜色的深浅代表某一股票市场在当年系统性风险溢出效应的大小。

　　由图 4.19 可得出以下结论:中国香港和内地保持着密切的双向风险溢出关系,香港是内地主要的风险来源,同时香港也是内地风险输出的主要途径。已有研究已经证明,中国香港在内地股市国际化进程中起到特殊的"窗口效应"和"比价效应",是欧美及亚洲其他股市风险传染到内地的中介(李红权等,2011;张涤新和冯萍,2013;梁琪等,2015;曾裕峰等,2017)。中国香港股市是亚洲市场重要的跨区域信息传导中介,其信息化、国际化、流动性程度高,在市场监管、信息披露等制度设计方面与发达国家较为接近,对外部冲击的反应更为灵敏。近年来,沪港通、深港通等政策相继出台,内地和香港市场的相互依赖和融合程度日益加深,资本账户双向开放加快了资本流动和信息传递的速度,彼此之间风险溢出关系也更加复杂。

　　除中国香港外,中国内地股市接收的外部风险溢入主要来自美国、加拿大、澳大利亚、日本、韩国、新加坡、意大利、西班牙等发达经济体,并且具体传染源会随全球股市发展的实际情况变化而发生改变。2008—2009 年国际金融危机波及我国,随后不断发酵,最终重创了我国整个金融市场,中国股市主要接受来自美国、加拿大、新加坡、澳大利亚等风险高发国家的风险输出。2010—2013 年欧债危机爆发和持续期内,意大利和西班牙等国家均位于中国股市风险溢入水平前三位。2015 年 9 月 16 日,标准普尔因担忧日本财政和债务状况而下调日本主权信用评级,动摇了国际投资者对日本股市的信心,日本股市自身风险水平飙升并迅速传染至同区域国家,中国股市此时主要接受来自日本股市的风险。这说明,当全球爆发极端风险事件时,我国股市非常脆弱,极易受到外部风险冲击,故及时识别极端风险事件是防范系统性风险输入的关键环节。此外,中国股市风险主要溢向俄罗斯、巴西、马来西亚、印度尼西亚、韩国、日本等"同组织"和"同区域"国家,呈现明显的区域经济组织依赖性。这说明,我国股市对欧美等发达经济体影响力较弱,对外影响主要集中在区域内,"同组织"和"同区域"传导是我国股市风险溢出传染的主要特征。

(四)非线性风险测度模型的进一步讨论

为进一步阐述在 TENET 框架下,使用非线性的 SIM 模型考察全球股票市场系统性风险演变和传染机制的合理性和必要性,本节与目前广泛使用的线性 LASSO 分位数回归方法进行比较。参考 Härdle 等(2016)的研究,本节构建的基准线性 LASSO 分位数回归模型如下:

$$X_{i,t} = \alpha_{j|R_j} + \beta_{j|R_j}^T R_{j,t} + \varepsilon_{j,t} \tag{4.7}$$

$$\widehat{CoVaR}_{j|\tilde{R}_j,t,\tau}^L = \widehat{\alpha}_{j|\tilde{R}_j} + \widehat{\beta}_{j|\tilde{R}_j}^{LT} \widetilde{R}_{j,t} \tag{4.8}$$

其中,$R_{j,t}$ 和式(4.3)中定义一致,$\widehat{\beta}_{j|\tilde{R}_j}^L = \{\widehat{\beta}_{j|-j}^L, \widehat{\beta}_{j|K}^L\}^T$ 为 $\beta_{j|\tilde{R}_j}^L = \{\beta_{j|-j}^L, \beta_{j|K}^L\}^T$ 在 5% 分位数和长度为 30 的窗口下使用线性 LASSO 分位数回归的估计结果。股票市场 i 在 s 窗口下对股票市场 j 的风险溢出强度可以表示为 $\widehat{D}_{j|i,s}^L = \widehat{\beta}_{j|i,s}^L \times VaR_{i,s}$。

为准确反映极端时期非线性模型在风险测度方面的优势,本节重点考察次贷危机和欧债危机期间(2008 年 1 月至 2012 年 6 月)全球股市系统性风险溢出总体水平。为便于分析比较,分别将 TENET 和 LASSO 计算得到的总溢出指数标准化,如图 4. 20 所示。图 4. 20 显示:2008 年 9 月美国次贷危机演化为国际金融危机,非线性总溢出指数 TC_TENET 和线性总溢出指数 TC_LASSO 均激增至最大值,但是 TC_LASSO 呈现出"急升急降"的特点,这与系统性风险在时间维度上"持续积增、迅速爆发"的周期性特征不符(李政等,2019b)。在国际金融危机爆发前期,全球主要股市在 1 月、3 月和 6 月均出现非常规波动,系统性风险处于不断积聚状态,直至雷曼兄弟公司破产,全球股票市场剧烈震荡,最终国际金融危机爆发。TC_TENET 有效捕捉了这一变化过程。资产泡沫的破裂使原有潜在的、尚未释放的风险显性化,从而推高了风险的整体水平(Benoit 等,2017),并通过风险关联渠道传染至其他股市。同时,股市间风险溢出效应的增强进一步放大了金融风险冲击的负外部性,风险与风险溢出呈现螺旋上升趋势。由此,股票市场系统性风险应当呈现出"缓积急释"的非线性特征,而线性模型无法准确反映这一特征。此外,TC_LASSO 在欧债危机期间并无大幅度波动,相较 TC_TENET 而言严重低估了系统性风险溢出水平。由此可见,传统线性方法可能因忽略风险传染中的非线性特征,导致系统性风险测度指数失真,造成研究结果的偏差。

五、结论与政策建议

本节基于 TENET 方法测度全球股票市场非线性风险溢出水平和结构特征,考察系统性风险非线性演变与传染机制,并分析中国股票市场风险溢出的动态结构特征。最后,本节进一步讨论了使用非线性风险测度模型的合理性和优越性。主要结论有以下几点:第一,全球股票市场非线性风险溢出总体水平复杂多变,具有显著的"事件驱动"特征;尾部风险事件是全球股市系统性风险溢出传染的催化剂,各国(地区)股市风险通过金融联系、贸易和投资者预期等渠道向其他国家(地区)溢出;全球股票市场系统性风险传染存在明显

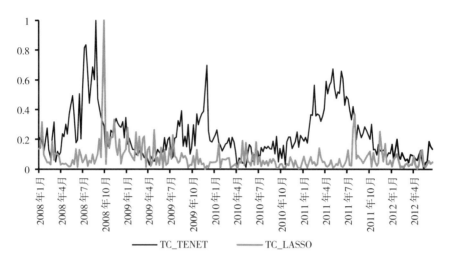

图 4.20　基于 TENET 和 LASSO 计算的系统性风险总溢出指数

的非对称性,新兴市场是成熟经济体的风险转嫁和分担对象。第二,"同组织"和"同区域"传染是当前全球股票市场风险溢出的主要结构特征,同时,随着全球经济形势的变化,股票市场非线性风险溢出网络具有时变性。第三,我国股票市场非常脆弱,极易受到源自欧美等成熟经济体的外部风险冲击,具体传染源会随全球股市运行实际情况变化产生不确定性,而对外溢出仅局限于区域和组织内,具有明显的区域组织依赖性。第四,线性风险测度指数可能因忽略风险溢出传染中的非线性特征,导致系统性风险测度指数失真,造成研究结果的偏差。

依据前述结论,本节政策建议如下:第一,极端事件给全球股市带来巨大破坏,欧美等发达国家作为风险源头,应建立极端风险预警体系,及时识别极端事件,与新兴市场和发展中国家共建系统性风险跨国防控机制,完善全球金融监管和治理体系。第二,新兴市场国家应完善资本市场建设,防范潜在风险爆发,改变单一贸易结构,探索多元化融资方式,避免遭受外部冲击后出现金融市场崩溃、经济大幅下行。第三,我国在积极稳步推进对外开放的同时,要对风险管控做到"标本兼治、主动攻防和积极应对兼备",完善资本市场结构和运行机制,促进多层次资本市场健康发展,提高风险应对能力。特别是要重点关注欧美地区成熟经济体市场运行状况,加强对跨境资本流动的动态监测,严防"外部输入性风险"。第四,在现有系统性风险监测系统内,引入非线性模型,进一步完善对极端事件的早期预警、准确识别和快速处置机制。

第三节　全球外汇市场时频波动溢出效应研究

一、研究背景

2008 年国际金融危机爆发后,资产价格大幅下降,股票、外汇等金融市场的波动传递显著增强,引发了决策层和学术界对于金融市场风险溢出效应的广泛关注。随着全球经济金融一体化的发展以及数字技术革命的演进,信息在全球范围内的流动速度不断加快,各类金融市场之间存在或多或少的溢出效应。历史经验表明,大多数危机来源于国际资本流动,尤其是外汇的短期流动(Freixas 等,2015)。由某一市场系统性金融风险引发的货币汇率波动则更容易通过外汇市场快速传导至其他地区和市场,引发全球风险共振,最终对各国金融稳定和安全造成影响。

我国自 2009 年开启人民币国际化进程以来,在资本账户开放、人民币利率和汇率市场形成机制等方面已取得突破性进展。2019 年 4 月,人民币在全球外汇交易中占比 4.3%(2010 年数据仅为 0.9%),排名全球第 8 位,参与的外汇交易量日均达 2840 亿美元(BIS,2019);2022 年 10 月,人民币的全球外汇支付占比扩大至 7%,排名上升到第 5 位。但人民币国际影响力的不断提升,也让我国逐渐暴露于全球金融市场的波动中。与此同时,近年来全球经济不确定性持续上升、孤立主义盛行、中美贸易摩擦持续升级等问题的出现,使得中国面临着日益严峻的外部风险冲击。在此背景下,加强对外汇市场系统性风险溢出效应的研究显得尤为重要,不仅有助于防范和应对现阶段的外部输入性风险,维护我国经济安全与金融稳定,而且也为我国金融监管部门打好防范化解包括金融风险在内的重大风险攻坚战提供政策依据。

本节的主要创新与贡献体现在以下两个方面:第一,首次将最新发展的频域关联法(Frequency connectedness)应用于外汇市场风险传染问题的研究中,全面评估时域和频域双视角下的外汇市场波动溢出效应。第二,着眼于全球外汇市场波动溢出效应,全面分析外汇市场波动溢出网络结构,并重点分析了人民币对外和对内溢出效应的动态特征,以对已有研究作出有益补充。

二、文献综述

外汇市场波动溢出效应的形成路径较为复杂,现有文献主要基于有效市场假说和微观市场结构理论对此展开研究。根据有效市场假说,单一市场有效性检验反映了汇率随机性波动是否完全吸收了国际金融市场信息,即货币的定价效率;跨市场有效性则反映了不同货币定价效率之间的差异性,原因在于同类货币定价机制的相互影响使得该类资产在市场上显示出一定的价格联动性。现有研究借助多变量协整检验,证实了货币汇率之间协整关系的存在,从而否定了货币汇率跨市场的有效性,换言之,信息的跨市场传播将引发外汇市场的波动溢出效应。外汇市场的微观结构理论倾向于分析市场微观主体行为,如参与者信息对汇率波动的影响。Diebold 和 Pauly(1988)使用多元ARCH 模型检验了欧元体系建立后各成员国货币汇率之间的波动溢出效应,研究结果表明,信息跨市场传导途径的疏通使得各国货币关联性显著增强,特别是货币汇率波动引发的双向风险溢出效应愈发明显。此类研究同样证实了信息跨市场传播会增强外汇市场关联性,进而产生跨货币风险溢出效应。

迄今为止,有关系统性金融风险传染的研究主要集中于金融机构、股票市场等细分领域,涉及外汇市场风险溢出效应的研究相对较少。Engle 等(1990)开创了这一领域的研究,基于 GARCH 模型验证了不同外汇市场间波动溢出效应的存在。Baillie 和 Bollerslev(1991)考察了四组外汇汇率即期序列的波动特性,结果表明不存在货币之间或跨市场的波动溢出效应。Hong(2001)则采用基于核函数的 Granger 因果检验,证实了货币间的交互作用关系。M.Melvin 和 B.P.Melvin(2003)研究了区域市场上马克/美元和日元/美元汇率之间的波动溢出效应,研究发现,区域内和区域间的溢出效应均存在,且区域内的溢出效应更为显著。Cai 等(2008)也提供了类似的研究,考察了亚太、亚欧、欧洲、欧美和美国五个贸易区中欧元/美元和美元/日元汇率之间的溢出效应,其中欧美贸易区是这两种货币对其他区域溢出效应最重要的来源。Kitamura(2010)采用 GARCH 模型,分析了欧元、英镑和瑞士法郎即期汇率市场的相互依赖性和波动溢出效应,研究发现,英镑和瑞士法郎汇率收益率的波动均受到欧元的实质性影响。

近期的研究主要与分析市场关联性的网络关联法有关。Diebold 和 Yilmaz(2012)将方差分解技术与网络拓扑结构相结合,开创了以网络关联分析为代表的系统性风险传染研究新视角。Diebold 和 Yilmaz(2015)应用 DYCI 指数研究了 1999—2013 年 9 种主要交易货币对美元汇率之间的波动溢出效应,结果表明,2008 年国际金融危机后,外汇市场的波动溢出效应略有上升,且表现出与经济周期无关的波动特征;不同货币汇率之间的方向性溢出指数表现出较强的差异性,欧元/美元汇率对其他货币汇率的波动溢出效应最为显著。Greenwood-Nimmo 等(2016)推广了关联性测度框架,分析了 G10 成员国的货币在 1999 年至 2014 年之间的风险回报溢出效应,发现危机时期各国货币间的波动溢出效应显著增强。Baruník 等(2017)基于已实现半方差指标和 DYCI 指数,研究了外汇市场波动溢出效应的非对称性,刻画了外汇市场中"好"的和"坏"的波动的传递结构。王雪和胡明志(2019)基于 DAG-SEM 和网络分析法,研究了在我国两次汇改前后,人民币与其他主要货币之间的溢出效应,并分析了人民币国际影响力的动态演变。余博和管超(2020)引入复杂网络模型和相关系数法,分析了由 50 多种货币构成的外汇关联网络中的风险溢出效应,并考察了外汇风险传染的影响机制。

随着现代计量技术的发展,部分学者(Baruník 和 Křehlík,2018)开始着眼于频域层面的波动溢出效应研究。传统的 DYCI 指数可以有效反映金融系统中由冲击引发的波动溢出效应的动态演变特性,却无法判别出这种冲击是在长期还是在短期对金融网络造成影响。现实中,市场参与者在不同的投资组合内运作,他们会关注组合中具有不同周期的成分,进而通过期望效用对资产进行估值。由此,金融市场中的周期性因素会自然而然地产生异质性冲击,引发短期和长期的系统性风险溢出效应。其中,高频溢出产生于金融市场信息快速处理的时期,其对系统中某一资产的冲击仅在短期内造成影响;反之,低频溢出则意味相关冲击传递的周期较长,这种冲击可能来源于投资者预期的根本性改变,可以在较长时间内影响系统性金融风险的演变。当下兴起的频域关联法(Baruník 和 Křehlík,2018)是 DYCI 指数在频域空间上的进一步拓展,基于全局网络视角,有效评估金融变量在时间和频率上的动态交互影响,从而为监管者防范化解系统性金融风险提供更加具有全局性的系统性金融风险测度指标。

综观现有文献,有关外汇市场波动溢出效应的研究存在以下不足之处:第一,国内外文献主要关注于发达国家(或地区)外汇市场间的波动溢出关系,涉及人民币方面的研究也大多分析其与新兴市场或者周边地区市场之间的交互作用,忽视了人民币日益上升的国际影响力,以及对全球主要货币的溢出效应。第二,以往的研究大多基于时域视角刻画外汇市场波动溢出的动态演变,从频域视角测度国际间汇市波动溢出效应的研究较少。现实中,对宏观经济的冲击会以不同的频率及强度对系统中的变量造成影响,因此频率动态特性有助于监管部门和投资者充分了解波动溢出效应的演化趋势。

有鉴于此,本节使用前沿的频域关联法,分别构建时域和频域视角的外汇市场波动溢出网络,对全球 15 种主要货币的系统性风险传染问题展开深入研究。具体而言:第一,本节在 VAR 模型广义预测误差方差分解矩阵的基础上,测算外汇市场时域波动溢出网络,同时通过对 VAR 模型中脉冲响应函数的傅里叶变换,进一步将研究视角拓展至频域空间。第二,基于外汇市场波动溢出网络,设定相关溢出效应测度指标,从静态和动态两个方面测算外汇市场波动溢出效应,并重点考察人民币与其他货币之间的波动传递关系。

三、研究方法与样本数据

为了探究外汇市场风险传染问题,本节使用频域关联法(Baruník 和 Křehlík,2018)作为应用分析的理论框架。具体而言,在 VAR 模型预测误差方差分解矩阵的基础上,结合谱分解技术,分别构建时域和频域视角的外汇市场波动溢出网络,测算外汇市场波动溢出效应指数。

(一)时域波动溢出网络的构建

本节设定一个 N 维的货币波动率向量 $X_t = (X_{1t}, \cdots, X_{Nt})'$,其中 $t = 1, \cdots, T$,并以此构建 N 维 VAR 模型,其具体形式为:

$$X_t = \Phi_1 y_{t-1} + \Phi_2 y_{t-2} + \cdots + \Phi_p y_{t-p} + \varepsilon_t \tag{4.9}$$

式(4.9)中,$\Phi_1, \cdots, \Phi_p$ 为模型系数矩阵,包含了变量间联系的完整信息;p 为滞后阶数;$\varepsilon_t \sim N(0, \Sigma)$ 是 N 维扰动列向量,且各分量独立同分布。本节将式(4.9)改写为 $\Phi(L) y_t = \varepsilon_t$,其中 $\Phi(L) = I_k - \Phi_1 L - \Phi_2 L^2 - \cdots - \Phi_p L^p$,是滞后算子 L 的 $N \times N$ 参数矩阵。由此,式(4.9)的移动平均形式可以表示为 $X_t = \Psi(L) \varepsilon_t$,其中 $\Psi(L) = \Phi(L)^{-1}$,是研究 VAR 模型动态特性的关键,并进一步用于计算系统中正交冲击引起的各变量预测误差方差。

本节使用 Pesaran 和 Shin(1998)提出的广义方差分解法(Generalized Variance Decomposition,GVD),识别 H 阶预测误差方差分解矩阵:

$$(\theta_H)_{i,j} = \sigma_{jj}^{-1} \sum_{h=0}^{H-1} ((\Psi_h \Sigma)_{i,j})^2 / \sum_{h=0}^{H-1} (\Psi_h \Sigma \Psi_h')_{i,j} \tag{4.10}$$

式(4.10)中,Ψ_h 是向前预测 H 期的移动平均系数矩阵;Σ 是误差向量 ε_t 的协方差矩阵;σ_{jj} 是协方差矩阵 Σ 对角线上的元素。囿于广义方差分解系统中的冲击不完全正交,矩阵中每一行元素的和不等于 1。因此,本节将矩阵中每个元素的行和标准化为 $(\tilde{\theta}_H)_{i,j} = (\theta_H)_{i,j} / \sum_{j=1}^{N} (\theta_H)_{i,j}$，进而以 $(\tilde{\theta}_H)_{i,j}$ 表示货币 i 对 j 向前预测 H 期的波动溢出效应。

（二）频域波动溢出网络的构建

广义预测误差方差分解在时域波动溢出效应评估过程中至关重要（Diebold 和 Yilmaz，2012），由此本节使用基于频率响应函数的方差分解谱表示，而不是基于脉冲响应函数。借鉴 Dew-Becker 和 Giglio（2016），本节使用谱分解方法来测度频域上的外汇市场波动溢出效应，频率响应函数是其中的关键。本节定义频率响应函数 $\Psi(e^{-i\omega}) = \sum_h e^{-i\omega h} \Psi_h$，其中 ω 表示频率，且 $i = \sqrt{-1}$，从而得到傅里叶变换系数 Ψ_h。进而，X_t 在频率 ω 处的谱密度可以借助 $MA(\infty)$ 的傅里叶变换形式简单表述为：

$$S_X(\omega) = \sum_{h=-\infty}^{\infty} E(X_t X_{t-h}') e^{-i\omega h} = \Psi(e^{-i\omega}) \sum \Psi'(e^{i\omega}) \tag{4.11}$$

式（4.11）中，$S_X(\omega)$ 功率谱描述了 X_t 方差在频率成分 ω 上的分布情况，是理解频域动态性的关键变量。Baruník 和 Křehlík（2018）使用谱表示作为协方差，即 $E(X_t X_{t-h}') = \int_{-\pi}^{\pi} S_X(\omega) e^{-i\omega h} d\omega$，从而拓展了频域广义方差分解的计算方式。由此，本节定义频率 $\omega \in (-\pi, \pi)$ 上的广义因果谱为：

$$(f(\omega))_{i,j} = \frac{\sigma_{jj}^{-1} |(\Psi(e^{-i\omega})\Sigma)_{i,j}|^2}{(\Psi(e^{-i\omega})\Sigma \Psi'(e^{i\omega}))_{i,i}} \tag{4.12}$$

式（4.12）中，$(f(\omega))_{i,j}$ 代表第 j 个变量的冲击引起的第 i 个变量在频率 ω 上的频谱成分。同时，频率 ω 处的权重函数为：

$$\Gamma_i(\omega) = \frac{(\Psi(e^{-i\omega})\Sigma \Psi'(e^{-i\omega}))_{i,i}}{\frac{1}{2\pi} \int_{-\pi}^{\pi} (\Psi(e^{-i\lambda})\Sigma \Psi'(e^{-i\lambda}))_{i,i} d\lambda} \tag{4.13}$$

基于式（4.12）、式（4.13），本节最终测算频段 d 内变量 j 对变量 i 的预测

误差方差贡献为 $(\theta_d)_{i,j} = \dfrac{1}{2\pi}\displaystyle\int_d \Gamma_i(\omega)(f(\omega))_{i,j}\mathrm{d}\omega$。当频段为 $d=(-\pi,\pi)$ 时，

$(\theta_\infty)_{i,j} = \dfrac{1}{2\pi}\displaystyle\int_{-\pi}^{\pi}\Gamma_i(\omega)(f(\omega))_{i,j}\mathrm{d}\omega$ 为广义因果谱的加权平均值，与时域上 $H\to\infty$

时的 $(\theta_H)_{i,j}$ 相对应。进一步地，本节将频域下的广义预测误差方差分解标准

化为 $(\tilde{\theta}_d)_{i,j} = (\theta_d)_{i,j}\Big/ \displaystyle\sum_{j=1}^{N}(\theta_d)_{i,j}$。

（三）波动溢出效应测度指标设定

表 4.2　外汇市场波动溢出效应的测度指标

指标名称	时域	频域
总溢出指数	$TOTAL^H = \dfrac{100\times\sum_{i\neq j}(\tilde{\theta}_H)_{i,j}}{\sum\tilde{\theta}_H}$	$TOTAL^d = \dfrac{100\times\sum_{i\neq j}(\tilde{\theta}_d)_{i,j}}{\sum\tilde{\theta}_d}$
方向性溢出指数	$OUT_i^H = 100\times\sum_{j=1,i\neq j}(\tilde{\theta}_H)_{j,i}$ $IN_i^H = 100\times\sum_{j=1,i\neq j}(\tilde{\theta}_H)_{i,j}$	$OUT_i^d = 100\times\sum_{j=1,i\neq j}(\tilde{\theta}_d)_{j,i}$ $IN_i^d = 100\times\sum_{j=1,i\neq j}(\tilde{\theta}_d)_{i,j}$

本节基于外汇市场的波动溢出网络 $(\tilde{\theta}_H)_{i,j}$ 和 $(\tilde{\theta}_d)_{i,j}$，分别构建总溢出指数和方向溢出指数两类指标，从时域和频域两个视角测算外汇市场波动溢出效应的整体和个体特性，相关指标的计算方法见表 4.2。其中，本节将总溢出指数 $TOTAL^H$ 和 $TOTAL^d$ 定义为预测误差中由非自身贡献的方差份额，抑或矩阵中非对角元素与整个矩阵和的比率，用于衡量外汇市场的总体风险溢出效应；方向性溢出指数则定义为货币 i 对其他货币波动溢出效应（或其他货币对货币 i）的和，用于衡量货币 i 在外汇市场网络中对外输出（或对内吸收）的波动溢出效应。

（四）数据选取

本节选取全球外汇市场中的主要交易货币作为研究对象。根据国际清算

银行(BIS)于 2019 年 4 月发布的《三年期央行调查(Triennial Central Bank Survey)》,全球外汇市场上交易量排名前十五的货币为美元(88.3%)、欧元(32.2%)、日元(16.8%)、英镑(12.8%)、澳元(6.8%)、加元(5.0%)、瑞士法郎(5.0%)、人民币(4.3%)、港币(3.5%)、纽元(2.1%)、瑞典克朗(2.0%)、韩元(2.0%)、新加坡元(1.8%)、挪威克朗(1.8%)、墨西哥元(1.7%),此样本占全部外汇交易量的比重达 186.1%。[①] 进一步地,本节通过 Bloomberg 数据库收集了上述十五种货币的日度汇率数据,其中美元汇率采用美元指数衡量,而其他货币汇率均使用美元直接标价。由于人民币在 2005 年 7 月 22 日前实行盯住美元的汇率政策,其波动性可忽略不计。为了研究人民币与其他货币之间的交互作用,本节的样本区间选择为 2006 年 1 月 1 日至 2020 年 6 月 30 日。最后,剔除由于节假日不同等导致的交易缺失数据后,得到 3473 组数据。

本节选用货币汇率的实际波动率指数作为波动指标,考察外汇市场间的波动传递关系,研究系统性风险溢出效应。假设波动率在一天内是固定的,而在不同时期内是可变的。依据 Parkinson(1980),本节采用货币汇率的日度最高价格(high)和最低价格(low)计算其日度方差,相关计算公式为 $\widetilde{\sigma_p^2} = 0.361(h-l)^2$,其中 h 和 l 分别代表各货币汇率每日最高价格和最低价格的自然对数。由于 $\widetilde{\sigma_p^2}$ 是每日收益方差的估计值,相应的日度年化百分比标准差估计值,也即货币汇率波动率为 $\widehat{\sigma_p} = 100\sqrt{365\,\widetilde{\sigma_p^2}}$。

四、研究结果与分析

(一)静态分析

基于 Baruník 和 Křehlík(2018),本节通过 SC 准则选定 VAR 模型的滞后

---

① 每笔交易涉及两种货币,故而所有外汇交易占比的和为 200%。

阶数为2,选择向前预测120天,并设定120天为滚动窗口长度,①研究系统性金融风险在全球传递和演变的过程中外汇市场间的交互作用关系。同时,本节将频段划分为高频(1天—1周)、中频(1周—1月)以及低频(1月以上),分别代表短期、中期和长期,以考察频域视角的外汇市场波动溢出效应。其中,本节主要关注外汇市场的高、低频波动溢出效应;中频的波动溢出效应均与高、低频之间存在较高的截面相关性,难以对其进行区分,故将其设定为过渡频段。由此,本节首先测算了全样本区间内的外汇市场时频波动溢出矩阵,并得到相关的静态波动溢出指数,如表4.3所示。

表 4.3　外汇市场的时频波动溢出指数

	方向性溢出指数 OUT				方向性溢出指数 IN			
	时域	高频	中频	低频	时域	高频	中频	低频
美元	97.99	37.54	28.20	32.25	82.03	31.35	22.22	28.46
欧元	97.82	34.61	28.23	34.98	80.95	29.15	22.02	29.78
日元	53.68	14.58	14.50	24.61	69.07	22.26	19.10	27.70
英镑	56.08	16.38	16.47	23.23	75.18	18.40	20.14	36.64
澳元	119.70	25.81	31.13	62.76	78.13	18.81	20.73	38.58
加元	72.26	16.94	21.20	34.12	76.83	16.26	21.40	39.17
瑞士法郎	27.40	10.72	8.43	8.06	61.21	23.99	18.13	19.09
人民币	4.77	1.61	1.88	1.28	14.48	4.21	5.81	4.28
港币	3.55	1.08	1.44	1.03	12.05	3.38	5.51	3.17
纽元	97.45	21.61	26.46	49.37	77.54	20.01	21.33	36.20
瑞典克朗	91.13	28.08	25.87	37.18	80.08	23.75	21.54	34.79
韩元	49.08	3.20	11.28	34.60	67.99	2.96	16.99	48.04
新加坡元	57.02	19.14	17.14	20.75	74.04	20.65	22.50	30.89
挪威克朗	93.13	26.40	27.05	39.67	77.66	21.43	22.12	34.12
墨西哥元	69.54	10.14	16.53	42.87	63.36	11.25	16.25	35.86
总溢出指数	时域	66.03	高频	17.86	中频	18.39	低频	29.78

---

① Baruník 和 Křehlík(2018)认为,H值的设定越高,VAR模型越容易获得更好的近似估计值。同时,本节还编制了滚动窗口长度为150天、180天、200天和250天的波动溢出指数,最终结果仍稳健。

由表4.3可知:第一,在全样本区间内,全球外汇市场间的波动溢出效应较为显著,外汇市场的总溢出指数为66.03%。根据本节对总溢出指数的定义,可以认为单一货币汇率的波动不仅受到自身因素的影响,还在很大程度上受到外汇网络中其他货币的冲击和影响。经济金融一体化的发展、国际双边贸易互动以及跨境资本流动加快等因素的存在,使得各种货币之间相互渗透、相互影响,进而加剧外汇市场波动溢出效应。从频域溢出效应的分布来看,高、中、低频溢出各为17.86%、18.39%、29.78%,其中低频溢出的数值超过高频溢出10多个百分点,这说明时域下的外汇市场波动溢出网络在一定程度上由长期因素主导,即外汇市场间的风险传染主要发生在长期。

第二,就方向性溢出指数而言,澳元、美元、欧元3种货币在波动溢出网络中对其他货币的溢出水平最高,而受其他货币溢出水平最高的分别为美元、欧元、瑞典克朗,说明美元和欧元在当今国际外汇市场上处于绝对的主导地位,对其他货币的影响力较大。究其原因,为美元和欧元提供信用背书的欧美地区不仅经济实力雄厚,拥有发达、完善的金融基础设施,而且其货币政策的实施与调整必将对国际金融市场产生显著而又深远的影响,故而美元与欧元也将在外汇市场波动溢出网络中表现出较强的影响力。澳元对外汇网络中其他货币也有较高的溢出水平,其原因在于澳大利亚作为全球大宗商品的主要供应国,国际贸易渠道在一定程度上促使澳元的汇率波动更加容易地传递给其他货币,引起其他货币的共振与联动。

第三,全样本区间内,人民币对其他货币或者受其他货币的波动溢出水平都处于外汇市场网络中的末端,相较于其他货币显现出较大的差异,一定程度上反映了人民币较低的国际化水平。从矩阵对角线元素来看,人民币显得较为稳定,且受其自身的影响力达86.70%,而最低的美元对自身影响力仅为17.97%。① 这可能与现阶段我国外汇市场尚未完全实现市场化有关,进而导

---

① 外汇市场时域波动溢出矩阵中的具体数值并未在正文中展示,留存备索。

致人民币受其他货币波动的影响较小。结合频域溢出结果来看,人民币对外溢出效应在短期内较为显著(相对于人民币的长期溢出而言),而受其他货币的影响在长期和短期内并无明显区别。

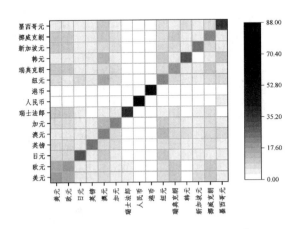

图 4.21　外汇市场时域波动溢出矩阵①

第四,值得注意的是,中国香港地区作为国际金融中心,其法定货币在外汇市场波动溢出网络中的表现与人民币较为相似。同时,本节计算得到的港币实际波动率的均值远低于其他货币,仅为 0.55。结合港币的联系汇率制度来看,维护港币与美元汇率的稳定是当前中国香港地区货币政策的唯一目标,这也使得港币在全球外汇市场波动溢出网络中受到较小的影响,从而缓解了汇率波动对其金融稳定的影响。

外汇市场时域波动溢出矩阵如图 4.21 所示。由图 4.21 可知,在外汇波动溢出网络中,货币之间的溢出效应差异性较大,存在一些如美元和欧元的强溢出效应,也有一些可以忽略不计的弱溢出效应。接下来,本节重点考察由强溢出效应构成的外汇风险网络结构。具体而言,将货币 i 在网络中对其他货币和受其他货币的波动溢出水平从大到小依次排序,各取其中排名前三的双

①　本节使用热力图(Heatmap)更为直观地展示波动溢出矩阵中的结果,颜色越深代表溢出水平越高,反之则越低。

向溢出效应,构建全球外汇市场时频波动溢出网络。

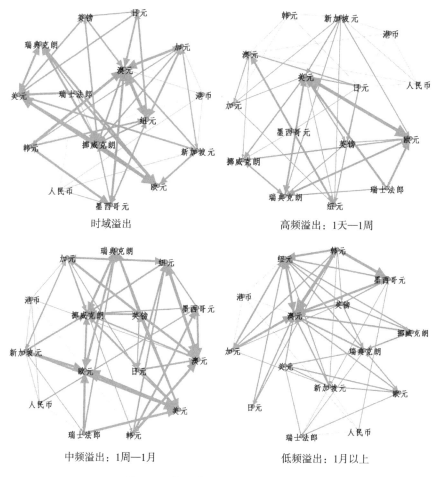

图 4.22　外汇市场时频波动溢出网络

由图 4.22 可知,在时域溢出网络中,美元、欧元、澳元占据了网络中心,溢出效应相对较小的货币则处于网络边缘位置。同时,可以看出,外汇市场波动溢出网络在一定程度上受"地理因素"的影响,如欧元与瑞士法郎、瑞典克朗、挪威克朗在时域上联系较为复杂;人民币则与港币、新加坡元关系紧密。此外,在频域溢出网络中,不同频段的外汇市场网络呈现出明显差异。在短期内,与网络中其他货币存在复杂网络联系的是美元、新加坡元、欧元以及澳元;

而在长期内,这一结果则是澳元和纽元。[①]

(二)动态分析

前述静态分析结果是在 VAR 模型参数保持不变的前提下得出的,然而现实中并非如此。本节进一步使用滚动窗口法,分析全球外汇市场时频波动溢出网络的时变特征。绘制相关指数时,本节同时使用堆积图进一步"分解"时域溢出指数,以得到不同频段内溢出效应(高频、中频和低频溢出)的动态分布,如图 4.23 所示。

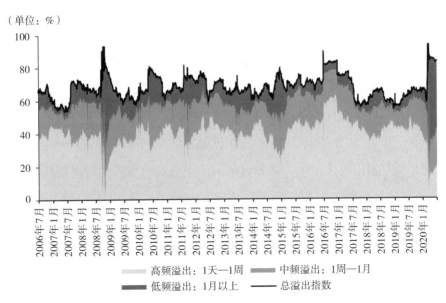

（单位：%）

图 4.23　时域和频域双视角的外汇市场总溢出指数

总体上看,全球外汇市场波动溢出效应整体呈上升趋势,但 2016 年下半年以来明显减弱,具有明显的时变特征。2016 年以前,全球化不断推进,各国经济金融往来密切,外汇市场间的联动性不断增强,风险溢出渠道增多,进而使得外汇市场波动溢出效应逐步增强。由于本节使用美元作为基准货币,这

①　本节此处使用的复杂网络联系指与其他货币的边数超过 12 个。

一结果反映了以美元为核心的国际货币体系的新变化,与此同时多元货币体系正在形成。2016 年以来,一方面美元开启了强势周期,全球主要交易货币在此过程中被动贬值,美元对其他货币的波动溢出效应增强;另一方面,逆全球化思潮兴起,全球范围内的贸易保护主义、孤立主义抬头,严重影响了全球经济金融一体化进程,外汇市场间的风险联动性也开始下降。

从频域分布来看,外汇市场波动溢出效应具有显著的"区制转换"特征。其中,总溢出指数的动态变化在大部分时期内是由高频成分驱动的,外汇市场的波动溢出效应主要受短期冲击的影响;而在 2008 年国际金融危机、欧洲主权债务危机、2015 年全球股灾、2020 年新冠疫情等时期内,低频溢出成为外汇市场波动溢出效应的主要驱动因素。可能的原因在于,危机时期内经济金融不确定性相互叠加,持续上升的金融风险会转化为投资者对冲击更为持久的响应。由低频响应驱动的溢出效应将转化为长期的市场不确定性,最终引发系统性风险传染,对市场造成更大程度的冲击。

进一步地,本节在对人民币波动溢出效应的动态分析中发现(见图 4.24),人民币对外溢出效应在绝大部分时期内小于受其他货币的溢出效应。这说明,在全球外汇市场系统性金融风险传递的过程中,人民币是波动溢出效应的净接受者。在时间维度上,"811 汇改"后人民币波动溢出效应明显增强,一方面人民币的"国际影响力"显著上升,表现为对外波动溢出指数的震荡上行;另一方面,人民币对内波动溢出指数呈现双向波动态势,其弹性进一步增强,也意味着人民币受到冲击的频次增多。因此,随着我国金融市场的进一步开放,如何防范外部输入性风险,维护国内金融稳定与安全,是我国金融监管部门当前面临的重要课题。同时,从频域分解的结果来看,人民币波动溢出效应的长期溢出成分占比较高,其中在 OUT 指数中的占比为 18.30%,在 IN 指数中的占比为 20.33%,而这一比例在总溢出指数中仅为 14.9%。这可能是因为当前我国汇率市场化改革仍未完成,人民币汇率形成机制尚不完善,更容易受到长期结构性因素冲击的影响。

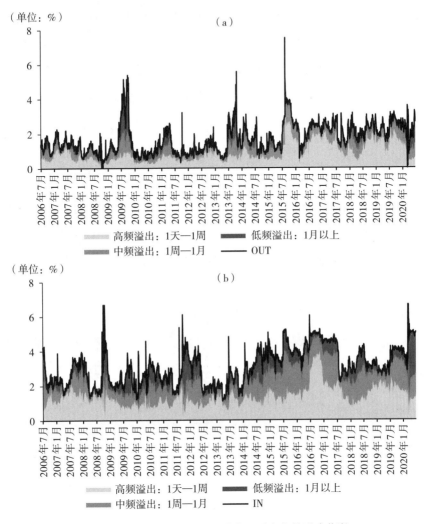

图 4.24　时域和频域双视角的人民币方向性溢出指数

五、结论与政策建议

基于最新发展的频域关联法,本节针对全球 15 种主要货币构建了外汇市场波动溢出网络,并从时域和频域两个视角分析了外汇市场波动溢出效应。本节得出的主要研究结论有:第一,全球外汇市场间的波动溢出效应显著,单一货币的波动更大程度上受到网络中其他货币的影响;就总溢出指数的频域分解来

中国金融开放、金融安全与全球金融风险研究

看,外汇市场波动溢出效应更容易受到长期因素的影响。第二,结合波动溢出指数和网络结构来看,美元和欧元在波动溢出网络中占据绝对的主导地位,同时澳大利亚元在网络中对其他货币的溢出效应也较为显著。第三,人民币较低的市场化程度以及港币的联系汇率制度,导致这两种货币与其他货币之间的溢出效应较弱。第四,外汇市场总溢出指数具有明显的时变特征,2016年前呈上升趋势,此后又开始下降;同时,总溢出指数在频域中呈现出"区制转移"的特征,即平常时期内主要由短期溢出驱动,而在危机时期内大多受长期溢出的影响。第五,在对人民币波动溢出效应的动态分析中,对外输出长期小于对内输入,使得其在全球外汇网络中处于净接受者的角色;而在2015年"811汇改"完成后,人民币与其他货币之间的波动溢出效应明显增强,面临的外部风险冲击也日益严峻。

依据上述结论,本节提出以下政策建议:第一,利用中国当前在国际上的政治和经济影响力,努力搭建国际层面的金融监管合作与协调框架,并在此框架内加强与国际社会,特别是"一带一路"沿线国家在金融监管、风险防范等领域的交流合作。第二,完善金融宏观调控跨周期设计和调节,充分结合"跨周期"和"逆周期"两种调节方式,在兼顾防范短期金融风险波动的同时,侧重于积极应对和化解中长期风险问题,不断强化前瞻性、全局性和整体性布局。第三,推进人民币汇率市场化改革,进一步完善人民币汇率形成机制,逐步放开人民币汇率波动区间,不断增强人民币汇率弹性,坚定不移推进人民币国际化进程,提升人民币国际影响力。第四,健全国内现有风险预警监测体系,引入外汇风险传染监测指标及配套的预警系统,制定防范和应对外汇风险输入的紧急预案,定期监测外汇市场波动溢出网络,以实现外汇风险输入的早发现、早识别、早处置,坚决守住不发生系统性风险的底线。第五,为了避免或减少外汇市场剧烈波动所带来的损失,国内资本市场可研究推出准入门槛相对较低的外汇衍生产品,以方便国内实体对冲外汇风险。第六,增强国内金融体系的稳定性,提升风险抵御能力,健全防范化解金融风险的长效机制,使金融市场开放与金融风险防范相辅相成、协调共进。

第四节　全球金融系统压力动态溢出效应研究

一、研究背景

2008 年国际金融危机席卷全球,造成国际金融市场剧烈震荡,诱发系统性金融风险的跨境、跨市场传染,造成全球宏观经济低迷。由此,各国中央银行和监管当局开始积极探索金融系统失衡的监测评估新工具(Chau 和 Dee-somsak,2014)。金融压力指数(Financial Stress Index,FSI)因其能够有效识别金融体系受自身脆弱性、不确定性以及各种外部冲击的影响,引起学者广泛关注,逐渐成为测度系统性金融风险的重要指标(Cevik 等,2013)。后危机时期,国际金融市场频繁动荡,引发"多米诺骨牌"效应,推动风险通过市场间复杂多变的关联网络传染和放大,给系统性风险的预警与防控带来巨大挑战。与此同时,随着全球经济金融一体化的持续推进,中国面临着显著的跨境金融风险冲击。2019 年 3 月,政府工作报告指出:"防范化解重大风险要强化底线思维,防范金融市场异常波动,防控输入性风险。"这要求我们尽可能全面地对金融体系涵盖的风险和脆弱性进行系统性监测,并及时捕捉风险的跨境传染。因此,结合金融压力指数深入研究系统性风险的跨境传递特征,不仅有助于及时识别风险传染链条,合理构建全球监管体系,而且为中国建立早期风险预警系统、巩固金融安全防线,应对输入性风险冲击提供新的决策思路。

金融市场在面临自身脆弱性结构与外部不确定性的冲击时,金融压力会显著攀升,并通过国家间经济金融关联渠道迅速扩散,引发跨境传染效应。已有研究表明,金融压力会通过经济基本面溢出,也会通过国际银行的借贷行为、跨国投资者在股市的套利行为和国际分散化投资等金融渠道传染(Devereux 和 Sutherland,2011),还会通过贸易渠道跨国溢出(Forbes 和 Rigobon,2002)。此外,利率和国际能源价格等全球共同因素冲击也是金融压力传递的重要渠道(Balakrishnan 等,2011)。

合理构建金融压力指数是考察全球金融压力溢出效应的前提。Illing 和 Liu(2006)首次从银行、股票和外汇三个市场选取具有时效性、前瞻性和系统重要性的 9 个市场指标合成加拿大的 FSI,它能够及时反映金融体系风险演变,为系统性风险的爆发提供预警信号。此后,由于研究目的与研究对象的不同,国外学者在构建 FSI 过程中在市场、指标、频率和综合指数合成方法的选择等方面存在差异。其中大部分研究从货币、股票、外汇和债券四个传统金融市场选取若干指标,使用等方差权重法、主成分和因子分析法、CRITIC 赋权法和 CISS 综合指数法,构建月度和周度的金融压力指数(Hakkio 和 Keeton,2009;Kliesen 和 Smith,2010;Balakrishnan 等,2011;Hollo 等,2012)。近年来,国内学者也在既有研究框架内测度中国金融系统压力,并以 FSI 为基础构建国内系统性风险预警体系。代表性的研究有刘晓星和方磊(2012)、王春丽和胡玲(2014)、刘瑞兴(2015)、张晶和高晴(2015)、徐国祥和李波(2017)。

尽管国内外研究在构建 FSI 时存在区别,但这些研究都已证明金融压力广泛存在于金融系统(Aboura 和 Roye,2017),并在国际金融市场间存在显著的传染性和联动性——即溢出效应(Apostolakis 和 Papadopoulos,2014)。而金融市场联动性的突然增加是系统性金融风险爆发时的重要特征,金融压力在市场间传染、溢出,严重威胁金融稳定(Hollo 等,2012)。尤其在金融危机期间,各国金融压力一致上升并呈现出显著的传染性(Balakrishnan 等,2011),进而对一国或多国的金融系统和实体经济造成毁灭性打击(Dovern 和 Roye,2013)。因此,考察全球金融压力溢出效应成为亟须关注的视角。Apostolakis 和 Papadopoulos(2014)借鉴 Diebold 和 Yilmaz(2012)构建的 VAR-DYCI 溢出指数,研究 G7 国家金融压力关联水平与方向的时变特征,发现金融压力在宏观基本面不确定时期关联更为紧密,存在较强的溢出效应。Liow 等(2018)同样采用该方法考察了中国和 G7 国家金融压力溢出水平,发现国际金融危机期间金融压力联动最为显著。李绍芳和刘晓星(2020)采用 GVAR-DYCI 方法考察"金砖国家"与 G7 国家金融子市场间压力的静态特征和动态传导,发现 2014 年以来境外市场冲击更为显著。徐少君等(2020)同样使用该方法考察全球 18 个国家金融压力溢出效应和传染渠道,发现德国和美国金融压力对外溢出较大,金融联系是金融压力传染的主要渠道。

纵观现有研究,国内文献大多着眼于对国内金融机构(行业)系统性风险展开测度,而较少开展跨国研究。近年来,全球金融市场网络关联效应愈发显著,风险通过网状结构跨国传递的频率和强度不断增强,考察外部冲击下风险的跨境传染比仅关注境内金融子市场间风险联动机制更为重要(Apostolakis 和 Papadopoulos,2015)。同时,各国监管机构进行风险预警时过多关注境内风险指标,忽视了外部冲击下风险联动指标在系统性风险预警体系中的重要性。并且,在已有的金融压力溢出效应研究中,较多地停留在关联水平的动态特征刻画上,缺少对关联网络的动态考察。随着全球金融市场联动网络更加复杂化和脆弱化(Chau 和 Deesomsak,2014),对网络结构时变特征的深入研究,能够帮助监管当局及时准确识别瞬息万变的风险传递路径,预测系统性风险的演变规律(Caccioli 等,2018),并以此制定有较高操作性的针对性政策,提高风险防控的效率和弹性(Chowdhury 等,2019)。最后,现有关联网络方法大多是在线性框架下使用传统 Granger 因果检验(Billio 等,2012)或 VAR-DYCI 溢出指数进行分析。然而,资产价格在时间维度上的非线性特征会导致系统性风险传染结构发生非线性转变(Brana 等,2019),在线性框架下分析系统性风险的非线性传染问题可能会导致研究结果失真(Giglio 等,2016)。

有鉴于此,本节采用前沿的贝叶斯图解(BGVAR)技术和时变溢出指数(TVP-VAR-DYCI)方法,从金融压力溢出视角考察全球系统性金融风险的动态演变。具体而言,首先结合 BGVAR 构建有向无环图(DAG),考察全球金融压力传递的同期因果关系,进一步引入 TVP-VAR-DYCI 方法,从动态视角考察全球金融压力溢出效应的非线性演变特征,并结合前沿 GSADF 方法检验溢出指数的风险识别与预警能力。之后,从静态和动态两个方面构建全球金融压力溢出网络,捕捉金融压力传递过程中关联网络的结构性演变,识别不同时期金融压力的传导路径,针对关联网络的中心、方向、路径以及强度展开分析,并甄别背后的驱动因素。最后,将研究视角聚焦于中国的金融现实,研究中国金融压力溢出水平与结构的渐进演变,识别输入性风险源头,为我国防范化解外部输入性风险、维护金融市场稳定提供依据。

二、研究方法与指标构建

(一)BGVAR 方法

Ahelegbey 等(2016)结合贝叶斯思想和图方法对 SVAR 模型的识别进行优化,相较于传统根据经济理论对变量间相关系数施加人为约束的做法,BG-VAR 在已设分布的基础上建模,能够得到更可靠的后验结果,对变量间依赖关系的测度更具客观性和准确性。滞后 p 阶的 SVAR 模型如式(4.14)所示:

$$Y_t = B_0 Y_t + \sum_{l=1}^{p} B_l Y_{t-l} + \varepsilon_t \tag{4.14}$$

其中,t 表示时间点,有 $t=1,2,\cdots,T$;l 表示滞后阶数,有 $1 \leq l \leq p$;B_0 为 $n \times n$ 阶当期结构系数矩阵,B_l 为 $n \times n$ 阶滞后 l 期结构系数矩阵;ε_t 为扰动向量。式(4.14)可简写为:

$$Y_t = \sum_{l=1}^{p} A_l Y_{t-l} + \mu_t \tag{4.15}$$

其中,$A_1 = A_0^{-1} B_l^*$,$A_0 = (I - B_0)$,$\mu_t = A_0^{-1} \varepsilon_t$。$\mu_t$ 的协方差矩阵可以表示为:

$$\sum_{\mu} = A_0^{-1} \sum_{\varepsilon} (A_0^{-1}) \tag{4.16}$$

其中,Σ_ε 为 ε_t 的协方差矩阵。贝叶斯方法将 A_0 视作随机变量,并假设其先验分布为 $\varphi(A,\Sigma)$,但这种具体数值的先验设定不具有一类可靠性和统一标准,所以 BGVAR 模型借助图方法考察变量间因果关系,该方法为两变量间的因果关系提供了空间意义上的描述,且更具有逻辑思想。在式(4.16)的基础上,采用有向无环图(DAG)表示因果两变量与回归系数之间的一一对应关

系,如式(4.17)所示:

$$G_{l,ij} = 1 \Leftrightarrow Y_{t-l}^{j} \rightarrow Y_{t}^{i} \Leftrightarrow B_{l,ij}^{*} \neq 0 \qquad (4.17)$$

其中,G_l 为 $n \times n$ 阶因果图形结构矩阵,矩阵中各元素的值非 0 即 1,取决于回归系数的后验概率。$Y_{t-l}^{j} \rightarrow Y_{t}^{i}$ 表示 Y_{t-l}^{j} 是 Y_{t}^{i} 的原因,$0 \leq l \leq p$,当 $l = 0$ 时,表示同期因果关系,当 $0 \leq l \leq p$ 表示滞后因果关系。遵循 Ahelegbey 等 (2016)的设置,后验概率的置信区间大于事先设定的值(0.500),则 $G_{l,ij} = 1$,表示滞后 l 期的第 j 个变量是第 i 个变量的原因,反之 $G_{l,ij} = 0$,表示滞后 l 期的第 j 个变量不是第 i 个变量的原因。本节重点考察同期因果关系,设置 $l = 0$,对先验分布的设定和抽样计算具体见 Ahelegbey 等(2016)。

(二)TVP-VAR-DYCI 方法

Antonakakis 等(2018)以及 Gabauer 和 Gupta(2018)改进传统基于 VAR 模型的 DYCI 溢出指数方法,通过时变参数向量自回归(TVP-VAR)模型进行方差分解,构建时变溢出指数。该方法无须考虑滚动窗口的大小,避免了样本损失和计算结果的窗口依赖性,从而提高研究结果的稳健性。本节构建的 TVP-VAR 模型如下:

$$Y_t = \Phi_{0,t} + \Phi_{1,t} Y_{t-1} + \Phi_{2,t} Y_{t-2} + \cdots + \Phi_{p,t} Y_{t-p} + \mu_t \qquad (4.18)$$

其中,Y_t 是 N 个国家的金融压力指数,$\Phi_{0,t}$ 是截距向量,$\Phi_{1,t}, \Phi_{2,t}, \cdots, \Phi_{p,t}$ 是 $n \times n$ 阶的时变系数矩阵,μ_t 表示随机扰动项。令 $\Phi_t = [\Phi_{0,t}, \Phi_{1,t}, \Phi_{2,t}, \cdots, \Phi_{p,t}]$,将矩 Φ_t 的元素进行堆积,则有 $\beta_t = vecr(\Phi_t^{'})$。假设 β_t 服从随机游走过程:$\beta_t = \beta_{t+1} + v_t$。

将式(4.18)转换为 TVP-VMA(∞)模型后计算出系数矩阵 $A_{h,t}$:

$$A_{h,t} = \Phi_{1,t} A_{h-1,t} + \Phi_{2,t} A_{h-2,t} + \cdots + \Phi_{p,t} A_{h-p,t} \qquad (4.19)$$

基于式(4.19)的估计结果,计算时变广义方差分解矩阵,从而得到变量 Y_i 受到外部冲击时,Y_i 的 h 步预测误差方差中由 Y_j 所解释的比例部分 $\Psi_{ij,t}(h)$,表示为:

$$\Psi_{ij,t}(h) = \frac{\sigma_{ii}^{-1} \sum_{h=0}^{H} (e_i' A_i \Sigma e_j)^2}{\sum_{h=0}^{H} (e_i' A_i \Sigma A_i' e_i)^2} \qquad (4.20)$$

其中，Σ 是随机项 μ_t 的协方差矩阵，σ_{ii} 是 μ_t 的标准差，e_j 的第 j 个元素是 1，其余是 0。通过 $\psi_{ij,t}(h)$，我们可以构建 t 时刻的全球金融压力溢出矩阵 $\varphi_{ij}(h)$：

$$\varphi(h) = \begin{bmatrix} \psi_{11} & \cdots & \psi_{1N} \\ \vdots & \cdots & \vdots \\ \psi_{N1} & \cdots & \psi_{NN} \end{bmatrix} \qquad (4.21)$$

在溢出矩阵 $\varphi_{ij}(h)$ 中，所有非对角线元素均反映了国家 i 和国家 j 之间金融压力的溢出强度。第 i 行之和代表其他所有国家金融压力对它的溢出程度，即接受的溢入水平（IN），第 j 列之和代表它对其他所有国家金融压力的溢出程度，即对外溢出水平（OUT）。矩阵中所有元素和的平均值表示总溢出水平。

为了保证方差分解表中的行和为 1，将 $\psi_{ij,t}(h)$ 标准化为 $\theta_{ij,t}(h)$，使其行之和为 1。在此基础上构建金融压力溢出指数 FSSI（Financial Stress Spillover Index）以反映全球金融压力溢出的整体水平。

$$FSSI(h) = 100 \times \sum_{i,j=1, i \neq j}^{N} \theta_{ij}(h) \Big/ \sum_{i,j=1}^{N} \psi_{ij}(h) \qquad (4.22)$$

其中，$\theta_{ij}(h) = \psi_{ij}(h) \Big/ \sum_{j=1}^{N} \psi_{ij}(h)$。

（三）GSADF 检验

Phillips 等（2015）在 SADF 检验的基础上提出了基于可变窗宽的双重递归分析方法（GSADF 检验法），将其用于检验资产价格泡沫。杨子晖和李东承（2021）将其拓展应用至考察系统性风险测度指标的风险识别和预警能力，本节参考这一做法对 FSSI 指数进行检验，甄别样本期内出现的风险事件，确定预警区间，从而达到使用 FSSI 指数进行风险预警的目的。

时间序列 y_t 的自回归方程表示为：

$$y_t = \alpha + \beta y_{t-1} + \sum_{i=1}^{T} \varphi_i \Delta p_{t-i} + \varepsilon_t, \varepsilon_t \sim i,i,d(0, \sigma^2) \qquad (4.23)$$

当 β 大于 1 时,则序列不平稳,是一个爆炸过程。Phillips 等(2015)提出了 SADF 检验方法,它实际上是一个向前递归、循环进行的右侧单位根检验,SADF 检验统计量如下:

$$SADF(r_0) = \sup_{r_2 \in [r_0, 1]} \{ADF_0^{r_2}\} \tag{4.24}$$

其中,r_0 为最小窗口比例。Phillips 等(2015)在此基础上使用前后双重递归替代了原有单侧递归方法,估计的起点不再固定为 0,而是从 0 到 $r_2 - r_0$,此时构造的 GSADF 检验统计量为:

$$GSADF(r_0) = \sup_{\substack{r_1 \in [0, r_2 - r_0] \\ r_2 \in [r_0, 1]}} \{ADF_{r_1}^{r_2}\} = \sup_{r_2 \in [r_0, 1]} \{BSADF_{r_2}(r_0)\} \tag{4.25}$$

其中,$BSADF_{r_2}(r_0) = \sup_{r_1 \in [0, r_2 - r_0]} \{ADF_{r_1}^{r_2}\}$,是一个固定终点为 1,起点从 $1 - r_0$ 变化到 0 的后向递归的倒向 SADF 统计量。

(四)指标构建

合理构建金融压力指数是考察金融压力溢出效应的前提。本节参考 Balakrishnan 等(2011)的做法,构建包含股债币汇四大传统金融市场的 FSI。考虑到数据的可得性、样本周期和指标选择的一致性等因素,分别采用银行 TED 利差(3 个月银行同业拆借利率与 3 个月国债收益率之差)、股票市场波动率(股指收益率的 GARCH 波动率)、债券市场波动率(3 个月国债收益率的 GARCH 波动率)和外汇市场波动率(实际有效汇率指数收益率的 GARCH 波动率)衡量。在合成综合指数时,考虑到等方差权重方法简单便捷、可操作性强(Balakrishnan 等,2011),并且其结果与使用信用加总权重法、主成分法、因子分析法和 CDF 函数法具有可比性(Park 和 Mercado,2013),适用于金融压力的跨国研究(Apostolakis 和 Papadopoulos,2014)。因此,本节采用等方差权重法将各国金融子市场压力分指数合成总金融压力指数,即各国的金融压力指数为:金融压力指数(FSI)= 股票市场压力指数+债券市场压力指数+货币市场压力指数+外汇市场压力指数。

　　受制于数据的可得性,本节的样本国家为美国、加拿大、德国、法国、意大利、英国、澳大利亚、日本、新加坡、印度尼西亚、印度、中国、俄罗斯、巴西、墨西哥和南非 16 个国家,样本国家在地理区域上覆盖全球各大洲,包含 G7 等世界主要发达国家和"金砖五国"等新兴市场国家,具有研究的代表性。样本周期为 2007 年 1 月至 2020 年 3 月,所有数据来源于 DataStream 数据库。

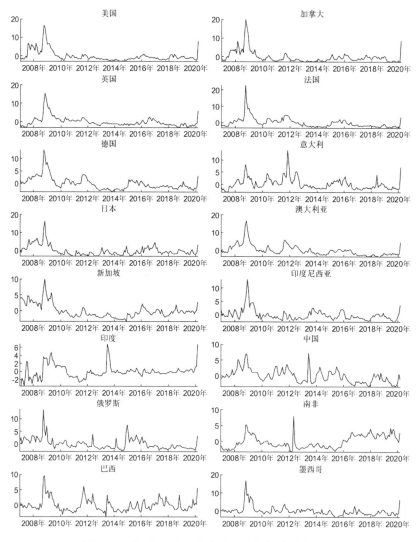

图 4.25　全球 16 个国家金融压力指数的动态特征

图 4.25 展示了全球 16 个国家 2007 年 1 月至 2020 年 3 月的金融压力指数。图 4.25 表明,尽管各国金融压力水平和趋势不尽相同,但在 2008 年国际金融危机、2012 年欧洲主权债务危机和 2020 年新冠疫情时期显著上升。这说明,金融压力在风险事件冲击下具有一致性特征,反映出全球经济一体化和金融自由化背景下国际金融市场关联更为紧密,负面冲击导致风险在全球范围内传染,加剧了各国金融市场的脆弱性。因此,各国监管机构不应只关注国内金融压力的变化,还需重点关注境外金融压力的跨境冲击,并以此作为风险预警的参考依据。我国 FSI 具有明显的周期性特征,上行趋势与下行趋势交替出现,在 2008 年金融危机、2012 年欧债危机、2013 年 6 月银行业"钱荒"事件、2015 年中股市异常波动和"811 汇改"、2018 年中美贸易摩擦和 2020 年初新冠疫情等风险事件发生时期均出现显著的波动和上升趋势。

三、实证结果与分析

(一)全球金融压力的 DAG 分析

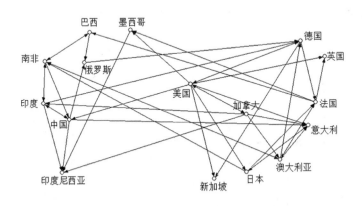

图 4.26　全球金融压力的同期传递网络

在测度全球金融压力溢出效应之前,本节首先采用 BGVAR 技术构建有向无环图,考察全球金融压力的同期因果关系,如图 4.26 所示。图 4.26 表明,全球金融压力通过复杂的同期传递网络传导溢出,联动关系显著。具体来看,第一,美国在同期传递网络关系中占主导地位,存在由美国到中国、加拿大、英国、德国、意大利、日本、新加坡、墨西哥共 8 个国家的同期因果关系。第二,"同组织"国家间金融压力的同期传递关系更为紧密,尤其是"金砖国家"中的中国和印度、南非和印度、南非和巴西之间存在双向的同期因果关系。第三,发达国家同期对外冲击的边数为25,比新兴市场国家高出13,这说明发达经济体金融市场在全球系统性金融风险同期传递网络中的地位要高于新兴市场国家,其金融市场压力极易扩散至其他国家。第四,发达国家间金融压力同期传递更为通畅,可能的原因在于发达市场对外开放和一体化程度较高,更易引发金融压力的跨境传导。

(二)全球金融压力溢出指数分析

有向无环图的结果证明了全球金融压力存在显著的同期联动关系,但该方法无法量化溢出的大小,因此,本节进一步引入基于时变参数向量自回归(TVP-VAR)模型的溢出指数方法,通过方差分解考察相对较长的一段时间内金融压力的溢出效应。本节采用 FSSI 指标测度全球金融压力溢出的整体水平,考察其在整个样本期内的动态变化特征,如图 4.27 所示。

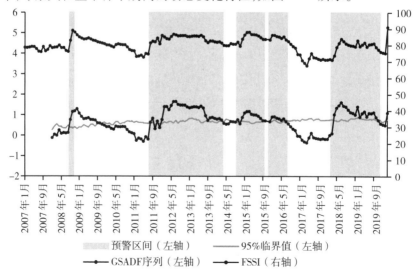

图 4.27　全球金融压力溢出指数

结果显示,全球金融压力溢出指数的波动范围是 67.51%—91.13%,这说明全球金融压力具有显著的跨国溢出效应。一国金融压力不仅受到本国自身因素的影响,还更大程度地受到其他国家金融压力的溢出影响。从金融联系来看,一国金融体系受到不利冲击时,资产价格大幅波动,风险和不确定性突然增加,金融压力迅速上升。跨国金融机构因相互之间的借贷行为、对高风险投资产品的大量敞口以及其在管理和控制方面的缺陷而面临巨额损失,极易出现流动性问题。为弥补流动性短缺,跨国金融机构从其他国家撤资,被撤资国难以承受外来投资的大规模逃离,陷入流动性短缺困境,金融压力也迅速攀升,金融体系的脆弱性因相互之间的关联性迅速侵蚀金融系统。一国金融压力上升会助长投资者恐慌情绪,引致市场悲观情绪弥漫,使投资者急于调整投资组合分散风险。在信息不对称和非理性预期情况下,投资者更易产生"羊群行为"和"趋同效应",高投机性、高风险性、高流动性的短期资本在国家间频繁流动,造成相关国家的金融稳定性变弱,导致金融压力的跨区域传递。从贸易联系来看,当一国遭受负面冲击时,金融体系持续承压,国内宏观经济形势恶化,这必然导致国民收入减少,对外需求降低,贸易伙伴国遭受亏损。内部不稳定和外部不确定性因素引发国内和国外经济持续下行,资产泡沫破裂,风险和不确定性攀升,金融压力迅速蔓延。此外,经济恶化和贸易萎缩可能导致各国为占领更多市场份额而竞争性贬值,对本国和他国进出口都带来不利影响,引发连锁反应。从共同冲击来看,国际能源价格、全球利率水平的大范围波动,都可能导致金融压力跨境传染。

从 FSSI 的动态趋势可以看出,其上行区间与下行区间交替出现,并出现数个阶段性峰值,具有典型的周期性特征。本节进一步引入 Phillips 等(2015)提出的 GSADF 方法检验 FSSI 指数的风险识别和预警能力,以期发挥 FSSI 指数在全球系统性金融风险预警体系中的作用,对金融危机的爆发进行早期预警。GSADF 方法能够检测出样本期出现的多阶段显著"凸起",通过将 GSADF 统计量与临界值进行对比,能够得到 FSSI 指数的预警区间,如表 4.4 所示。

表 4.4 FSSI 指数的预警区间

预警区间	风险事件
2008 年 9 月—2009 年 10 月	国际金融危机
2011 年 8 月—2011 年 9 月	美国主权债务危机
2011 年 11 月—2014 年 3 月	欧债危机
2014 年 10 月—2015 年 9 月	国际油价暴跌、全球股灾
2015 年 12 月—2016 年 7 月	美联储加息、英国脱欧
2018 年 3 月—2019 年 11 月	全球贸易摩擦
2020 年 3 月	新冠疫情蔓延全球

表 4.4 表明,FSSI 指数能够有效识别出代表性风险事件,具有较强的风险识别和预警能力,监管当局可以将 FSSI 指数纳入风险预警指标体系,在 GSADF 统计量超出临界值时发出预警,从而做到对系统性金融风险的早识别、早防范。具体来看,2008 年 9 月,美国次贷危机逐渐演变为国际金融危机,全球金融市场遭遇巨大的负外部性,金融压力沿着共同风险敞口迅速扩散,FSSI 急速上升并于 2008 年 10 月达到首次峰值。随后,美国因主权债务评价下调爆发债务危机、欧洲各国也深陷债务危机,FSSI 再度急速上升。自 2014 年下半年以来,国际能源价格下跌、全球股灾、美联储加息预期、英国脱欧、全球贸易摩擦等风险事件频繁出现,导致 FSSI 显著波动。2020 年 3 月,新冠疫情席卷全球,造成宏观经济运行举步维艰,经济活动的放缓甚至停滞通过资金链和产业链传导至资本市场,重创各国金融市场,FSSI 在 2020 年 3 月达到样本期内最大值,甚至超过 2008 年国际金融危机时期。这说明新冠疫情导致金融市场风险跨境溢出更为显著,监管当局应密切关注并采取有效的防控措施。

（三）全球金融压力溢出网络分析

1. 静态溢出网络

前文虽测度了全球金融压力溢出水平,但无法识别两两国家间压力传导路径,为此,我们在全样本溢出矩阵的基础上,通过 Furchterman-Reingold 算法绘制全球金融压力静态溢出网络,以考察全样本时期全球金融压力的传导路径。为得到精简的网络图,本节仅保留两两国家之间溢出和溢入处于前三的边,如图 4.28 所示。

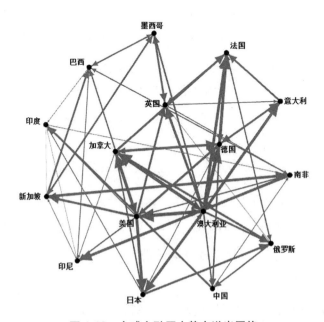

图 4.28　全球金融压力静态溢出网络

图 4.28 表明,第一,美国、澳大利亚、加拿大、英国和德国位于溢出网络的中心,与其关联的边数达到 44 条,占总边数的 62.86%。这些国家凭借强大的经济实力和完善的金融体系在全球金融压力跨国传染中发挥着举足轻重的作用。第二,区域内部金融压力的关联性普遍较高。受地缘因素和政治因素的影响,区域内部经济金融联系更为紧密,传导途径更多且更复杂,金融压力传导更加迅速。欧洲作为经济一体化和金融一体化最高的地区,其区域内金融压力联动水平要显著高于其他区域。第三,全球金融压力溢出具有非对称性。新兴市场国家金融压力主要来自发达国家,是发达国家的压力分担和转移对象,而金融压力对外溢出局限于区域和组织内同类型国家,对发达国家影响有限。从贸易联系上看,随着经济全球化和贸易自由化的不断发展,发达国家与

新兴市场国家之间存在着密切的经贸往来关系,但发达国家的贸易开放制度较新兴市场国家更加全面、成熟。贸易开放度的提高有利于金融体系风险的疏散,通过输出国内风险从而降低本国金融压力(Park 和 Mercado,2013)。新兴市场国家经济增长较大程度依靠对外贸易,处于全球产业链和价值链的下游,对发达国家市场依赖程度很高。当发达国家遭受极端事件冲击时,国内金融压力会沿着产业链与价值链传导至新兴市场国家;而当新兴市场国家遭受冲击时,金融压力的上升并不能传导至发达国家。从金融渠道来看,随着新兴经济体资本市场开放程度的提高,国际资本通过 FDI、银行借贷、股债投资等渠道迅速流入,催生了资产价格泡沫。在风险事件冲击下,发达国家被迫开启去杠杆化进程,"本土偏好"使资本从新兴市场撤离并回流,从而诱致了更大范围的市场下跌甚至是恐慌(张一等,2016),导致新兴市场持续承压。与此同时,新兴市场国家在金融开放中仍存在资本充足率低、不良贷款率高等问题,其金融体系更加脆弱,极易受外部冲击影响。并且,新兴市场国家在产业结构、经济发展阶段、文化背景等方面较为相似,一国金融压力上升会造成国际投资者重新调整对另一国的预期(李政等,2019c)。国际投资避险行为会不断缩减在新兴市场国家的风险资产敞口,对其金融市场造成负面影响,并减少其风险溢出渠道(卜林等,2020)。

2.动态溢出网络

上文依据静态结果考察了全球金融压力溢出的网络结构,但仍需进一步捕捉全球金融压力溢出网络结构的动态演变,为此,本节等间隔地选取 2008 年、2012 年、2016 年和 2020 年(第一季度)作为代表性时期,构建动态的金融压力溢出网络,如图 4.29 所示。图 4.29 中,每个子图均为删去溢出强度处于均值以下的精简网络,节点和有向箭头分别代表各国金融压力和传导路径,溢出强度(出度)越大,节点越大,有向箭头越粗。

图 4.29 表明,全球金融压力关联网络具有显著的时变性特征,网络结构与全球经济形势转变息息相关,与风险事件关联的国家在溢出网络中的地位

更加突出。具体而言,2008 年经历了空前繁荣后的国际金融市场遭受美国次贷危机的巨大冲击,雷曼兄弟破产更是使次贷危机升级为国际金融危机。金融危机导致各国资产价格暴跌,金融机构遭受大量亏损接连倒闭,投资者恐慌情绪积聚,信心崩塌,风险偏好迅速下降,羊群效应高涨。同时,金融危机引发全球经济衰退,各国经济基本面持续下行,不确定性上升。在遭受来自外部的金融系统冲击、信心冲击和实体经济衰退冲击后,各国金融压力显著上升并出现显著的跨区域传导特征。此时,澳大利亚、德国、美国、法国和加拿大等危机高发国家是金融压力的主要输出者,而中国、墨西哥、巴西、俄罗斯和印度尼西亚等新兴市场国家则接受来自发达国家的金融压力。这说明金融危机引发金融安全网破裂,发达国家投资主体将中国等新兴市场国家视为相似群体,跨区域羊群效应凸显,撤回资金、对冲货币、抛售证券等行为使金融压力传导到新兴市场国家。

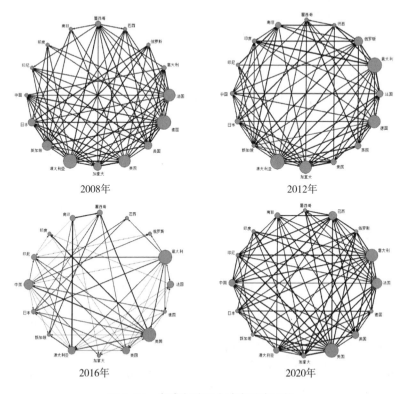

图 4.29　全球金融压力动态溢出网络

2012 年欧债危机爆发,欧洲地区因经济一体化程度极高、债务关系异常复杂等原因成为金融压力溢出的重灾区。意大利和德国等国家金融压力对外溢出水平较高,区域内关联显著并跨区域扩散至中国、印度、南非、日本和新加坡等国家。欧元区国家因政府负担过重而引起债务违约风险,意大利、西班牙和法国等国家主权债务评级下调引发市场动荡,互相持有大量主权债券的银行遭受巨额损失,风险敞口加速扩大(李政等,2019c)。同时,国家信用的降低导致货币汇率异常波动,债务、货币和银行业多重危机使欧元区经济运行疲软,经济基本面持续下行,形成恶性循环,金融压力上升并沿着各国间错综复杂的债务关联及紧密的经贸渠道向区域内和区域外蔓延(叶青和韩立岩,2014)。

2016 年,为应对两次危机的负面影响,各国政府采取多项措施刺激经济复苏,各国监管当局积极吸取金融危机的教训,熨平金融市场创伤。此时,全球金融压力溢出效应明显减弱,关联边数较 2012 年减少 22 条,英国、意大利、中国和美国等国家是金融压力主要输出者。虽然各国经济发展和市场运行中的不稳定因素明显减少,但国际金融形势依旧复杂严峻。2016 年 6 月,英国"脱欧"公投中"脱欧派"获胜、意大利"修宪公投"等"黑天鹅"事件造成英国、意大利和欧洲经济的巨大不确定性,对全球经济金融一体化和治理格局造成冲击,成为引发国际金融市场震荡的新因素。同时,2016 年 12 月美联储宣布加息 25 个基点,引发全球市场恐慌,欧美等成熟经济体投资者的"本土偏好"和"风险规避"行为引发资本回流,全球流动性风险上升,金融和实体经济活动放缓,在信息机制主导下,金融压力在全球范围内扩散。此外,中国境内金融市场遭遇 2015 年"811 汇改"、全球"股灾"、"股市熔断"等系列事件冲击,人民币面临持续贬值压力,股票市场频繁波动,影响余波一直持续到 2016 年。同时,中国经济的下行风险与外部新兴市场国家债务攀升以及地缘政治不稳定等负面情绪共振,金融压力对外溢出水平显著上升。

2020 年第一季度,金融压力跨区域溢出加剧。新冠疫情蔓延全球引发国际资本市场大幅震荡,2020 年 3 月美股连续触发 4 次"熔断机制",墨西哥和巴西等国股市也先后熔断,产油国之间价格博弈致使国际油价迅速下跌进一步加剧市场主体的悲观情绪,风险资产和避险资产价格共同下跌,美元指数强势上涨,市场出现流动性危机。多重因素叠加导致全球金融市场剧烈震荡并普遍下行,金融压力骤然升高并出现范围更广、规模更大、影响更深的溢出效应。美国、意大利、法国等国是金融压力的主要输出国,跨境溢出效应显著,墨西哥和巴西溢出和溢入水平都较高,俄罗斯、英国和德国等国是金融压力的主要接受国。我国金融压力溢入水平较高,说明境外市场波动带来显著的跨境风险冲击,加剧了境外输入性风险的隐患,监管当局应及时监测国际金融市场波动,警惕国际避险行为的不确定性和资本异常流动等风险因素对我国金融市场的冲击,以维护金融市场的平稳运行。

(四)中国金融压力溢出效应水平与结构的动态特征

在考察全球金融压力溢出网络之后,本节重点研究中国金融压力受境外市场溢入和对境外市场溢出的水平与结构的渐进演变。

1. 中国金融压力溢出效应水平的动态特征

如图 4.30 所示,中国金融压力溢入与溢出水平在样本期内均发生大幅波动,出现数个阶段性峰值,溢入水平在新冠疫情时期达到最大值,溢出水平自 2014 年末显著上升。这不仅源于我国国内宏观政策、汇率改革和资本市场波动的影响,还受次贷危机、股市崩盘、主权债务评级下调、贸易摩擦升级和新冠疫情等各种不确定性因素的冲击。

从溢入水平来看,2008 年国际金融危机对我国金融市场造成巨大的负外部性,金融压力溢入在 10 月达到首个峰值,随后中国政府推出大规模经济刺激计划,金融市场压力得到缓解。2011 年 8 月美国主权债券评级下调和随后而来的欧洲主权债务危机均造成我国金融市场震荡,溢入水平再次上升。后危机时期,2014 年末国际能源价格下跌、2016 年 6 月英国"脱欧"、2018 年 3 月后中美贸易摩擦都造成金融压力溢入水平出现阶段性峰值。2020 年 3 月,

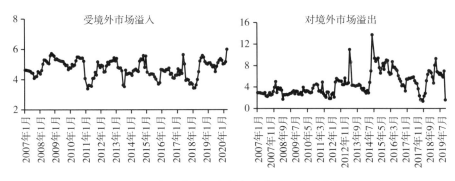

图 4.30　中国金融压力溢出效应水平的动态特征

海外新冠疫情加重和国际原油价格暴跌等风险因素导致全球金融体系和宏观经济运行困难重重,中国金融压力溢入水平达到样本期内的最大值。从溢出水平来看,2013 年第二季度初,惠普下调我国的主权信用评级,6 月中国银行业爆发"钱荒"事件,市场流动性骤然收紧,融资成本增加、资本净流入减少引起实体经济紧缩,我国金融压力溢出水平迅速上升。2015 年开始,政策利好频出、流动性充足、媒体引导推动我国股市快速上涨,进入"疯牛"状态,但随后股价出现断崖式暴跌,市场波动剧烈;同年 8 月,中国股市出现异常波动、"811 汇改"后人民币汇率持续贬值,叠加美联储加息等外部风险事件的负面冲击,金融市场压力急剧上升,对外溢出水平持续处于较高水平。2018 年 2 月 A 股大跌、中美贸易摩擦等风险事件也使溢出水平发生波动。

2. 中国金融压力溢出效应结构的动态特征

上述研究表明,中国作为全球最大的新兴市场国家,在金融压力溢出网络中主要扮演压力接受者的角色,金融市场受到境外输入性风险的显著冲击。因此,有必要考察中国金融压力与境外市场的关联结构,识别外部风险源头和风险输出渠道,为防范"外部输入性风险,维护金融市场稳定"提供依据。为此,根据关联强度,本节分别将接受我国溢出前三的国家和对我国溢出前三的国家作为我国金融压力的目标国和来源国。表 4.5 给出了样本期内各年度我国金融压力的溢出结构。

表 4.5　中国金融压力的溢出结构

年份	来源国			目标国		
2007	澳大利亚	法国	加拿大	俄罗斯	德国	澳大利亚
2008	德国	澳大利亚	加拿大	德国	新加坡	俄罗斯
2009	澳大利亚	加拿大	日本	德国	澳大利亚	日本
2010	澳大利亚	加拿大	德国	日本	印度	美国
2011	俄罗斯	加拿大	巴西	俄罗斯	南非	意大利
2012	法国	印度	德国	日本	新加坡	印度
2013	加拿大	德国	印度	南非	墨西哥	英国
2014	巴西	加拿大	印度	墨西哥	意大利	英国
2015	日本	新加坡	巴西	新加坡	墨西哥	印尼
2016	英国	德国	意大利	加拿大	俄罗斯	巴西
2017	加拿大	法国	美国	南非	德国	印尼
2018	美国	意大利	墨西哥	俄罗斯	加拿大	意大利
2019	美国	意大利	德国	加拿大	印度	澳大利亚
2020	巴西	美国	意大利	加拿大	印度	俄罗斯

　　由表 4.5 可知,第一,就双向溢出水平来看,中国与加拿大、澳大利亚等国之间金融压力关联性较强。具体而言,自 2005 年中国与加拿大确立战略合作关系以来,经过十几年的发展,中加经贸关系呈现出贸易规模扩大化、经贸结构多元化、合作内涵丰富化的特点,中国已经成为加拿大第二大贸易伙伴、第一大进口来源地和第二大出口市场。与此同时,中加两国双向投资蓬勃发展,在金融业和制造业等领域合作密切,并且中加两国产业结构与资源禀赋高度互补,两国经济关联性较强。中国是澳大利亚最大的进口来源国,是澳大利亚重要的大宗商品出口国,双边贸易关联水平较高,彼此金融压力传递较为畅通。

　　第二,就溢入水平而言,我国主要接受源自美国和德国、法国与意大利等欧洲发达国家的金融压力。美国作为世界第一大经济体,其经济金融系统的波动是引发全球系统性金融危机的重要因素(李绍芳和刘晓星,2020)。美国是我国最大的贸易伙伴国,在中国的直接投资占比位于前三,对我国经济金融体系的影响举足轻重。自特朗普上台后,美国经济政策不确定性不断上升,中美贸易摩擦对我国金融市场造成负面冲击,美国对中国金融压力溢出持续处于高位。中国与欧洲发达国家之间同样存在高度的经济联动性,随着我国对外开放水平不断提高与产品质量逐渐提升,欧盟成为我国重要的贸易合作伙伴。但主权债务危机加大了欧洲国家经济运行压力,其经济复苏缓慢,对外需求疲软,并且在全球金融环境恶化的条件下,欧元区国家对外投资谨慎,风险偏好下降,这对我国的经贸活动和投资者信心造成负面冲击,金融压力通过国家间经济金融联系传导至我国,给我国金融体系运行和宏观调控政策实施带来挑战。

第三,就溢出水平而言,中国金融压力对新兴市场国家,尤其是金砖国家影响较大。金砖国家合作机制经过十多年发展完善,合作基础日益夯实,领域逐渐拓展,各国经济金融交流密切,经济政策关联性较高。近年来,中国持续推进经济结构转型升级,国内长期以来积累的经济矛盾与处部风险冲击交织叠加,金融风险快速积聚并逐步暴露,为应对金融风险,监管当局出台了一系列调控政策。中国作为金砖国家中最具影响力的国家,其经济政策不确定性对成员国的宏观基本面和贸易投资活动造成显著影响,引发金融压力的溢出。

四、结论与政策建议

本节采用前沿的 BGVAR 和 TVP-VAR-DYCI 方法,从关联网络视角考察全球金融压力的传递网络,识别全球系统性金融风险溢出水平与结构的渐进演变,最后重点研究了中国金融压力溢出水平与方向的时变特征。

有向无环图的结果表明,存在复杂的全球金融压力同期传递网络,美国在网络中占据主导地位,发达国家之间金融压力传递更为通畅,同期溢出高于新兴市场国家。溢出指数相关研究结果表明,全球金融压力存在显著的跨国溢出效应,整体水平具有周期性特征。FSSI 指数能够及时准确地识别极端风险事件,具有较强的风险监测和预警能力。静态溢出网络表明,全球金融压力溢出具有典型的非对称性,美国、澳大利亚、加拿大、英国和德国等发达国家占据网络中心,新兴市场国家是发达国家金融压力的分担和转移对象,而金融压力对外溢出局限于区域和组织内同类型国家,对发达国家影响有限。动态溢出网络表明,全球金融压力传递渠道复杂多变,网络结构与全球经济形势转变息息相关,与风险事件关联的国家在溢出网络中的地位更加突出。关于中国金融压力溢出效应的分析结果表明,金融压力溢入与溢出水平在样本期内均发生大幅波动,出现数个阶段性峰值,溢入水平在新冠疫情时期达到最大值,溢出水平在 2014 年末之后显著上升。并且,中国境内金融市场主要接受源自美国、德国、法国、意大利等发达国家金融市场的压力溢入,风险对外溢出主要集中于新兴市场国家,尤其是金砖国家。

基于以上结果,本节得到以下启示:

第一,金融监管机构要及时转变监管思路,在关注境内市场金融压力演变的同时,更要警惕金融压力的跨国溢出传染。要构建相关指标监测全球风险的关联水平,并将其纳入风险预警体系;同时,监管机构要牵好"牛鼻子",根据外部主要风险源头,及时调整政策的力度和方向,遏制系统性风险的蔓延。

第二,全球各国应共建系统性金融风险传染防控机制。由发达国家主导,新兴市场国家积极参与,加强交流与技术沟通,合理分担和消化风险。同时要建立极端风险事件识别预警机制,对系统性风险传染做到早发现、早预警。

第三,中国要统筹推进金融市场开放与金融风险防范。一是健全双支柱调控框架,完善金融宏观审慎管理,建立健全风险防控的事前预警机制,加强对跨境资本流动的动态监测,对资本异常流动给予密切关注。二是加快资本市场建设,健全多层次资本市场体系,完善金融市场制度,提升应对风险冲击的能力。三是提升金融监管能力,增强对金融风险的预警、防范、处置和化解能力,做到标本兼治、主动攻防和积极应对兼备。

第五节　全球经济政策不确定性时频溢出效应研究

一、研究背景

自 2007 年美国次贷危机引发全球金融海啸以来,国际政治格局加速重构,世界经济形势深刻调整。近年来,以英国"脱欧"、中美贸易摩擦升级和新冠疫情为代表的"黑天鹅"事件频发,单边主义、贸易保护主义抬头,地缘政治凸显;在国际经贸体系中占据主要话语权的西方发达国家经济增长乏力、发展动能减弱,将全球经济带入低潮期。2020 年席卷全球并持续蔓延的新冠疫情更令经济前景进一步恶化。在上述情形下,各国政府为熨平经济波动,刺激经济复苏,对现行经济政策进行频繁调整,更有甚者辅之以量化宽松、负利率政策等非常规货币政策,致使各国经济政策走向更趋复杂化,全球经济政策不确定性(Economic Policy Uncertainty,EPU)攀升势头明显,波动幅度和频率远超历史同期水平。[①] 与此同时,随着全球一体化进程的不断推进,世界各国之间的联系愈加紧密,逐渐成为相互依存、休戚与共的整体。当一国调整经济政策或发生极端事件导致不确定性上升时,其影响不再局限于一国之内,而将经由各种关联渠道对外溢出,最终导致其他国家经济状况的恶化(李政等,2021)。因此,经济政策不确定性的跨国溢出效应对各国政府部门的政策制定提出了新的挑战,也成为国内外学术界的研究热点。国际方面,当前世界经济仍处在国际金融危机后的深度调整期,长期矛盾和短期问题相互交织,结构性因素和周期性因素相互作用,经济问题和政治问题相互关联,加之部分国家保护主义

[①]　基于 Baker 等(2016)构建的全球经济政策不确定性指数(经购买力平价调整),频率为月度。数据来源于网站 http://www.policyuncertainty.com。

和单边主义盛行等不利因素的影响,中国不得不在一个更加不稳定不确定的世界中谋求发展。国内方面,我国正处在转变发展方式、优化经济结构、转换增长动力的攻关期,各类结构性、体制性、周期性问题相互交织,实现高质量发展还存在不少短板弱项,加之受到疫情的冲击,部分企业债务违约风险加大,可能传导至金融体系,金融领域面临的困难和风险增多。

就中国而言,一方面,中国正处于增长速度换挡期、结构调整阵痛期、前期刺激政策消化期"三期叠加"的经济发展新常态时期,宏观调控应具有前瞻性、全局性和针对性,考虑到我国的国际地位和影响力,这在一定程度上导致了不确定性的对外溢出。另一方面,随着外部政治经济环境的剧烈变化以及我国越来越多地融入全球化进程,全球经济政策不确定性对我的冲击愈发凸显。在两方面因素的共同作用下,中国与全球经济政策不确定性的跨国联动效应不可小觑。刘尚希和武靖州(2018)认为,在不确定性的强化作用下,金融风险、财政风险、社会风险将相互叠加,因此中国的宏观政策目标应更关注不确定性与防范化解风险。在"十四五"规划的宏伟发展蓝图下,确保经济金融大局稳定,继续坚守不发生系统性风险的底线,具有重大现实意义。考察我国在全球经济政策不确定性关联网络中的具体情况,不仅有助于监管部门准确研判局势,有效防范外部冲击,也有助于我国政府实施更科学、更有针对性的宏观调控政策,构筑健康、稳定的经济金融发展环境。

在世界百年未有之大变局下,经济政策不确定性的跨国溢出效应是否存在时变波动性和周期差异性?中国在全球经济政策不确定性关联网络中处于什么位置、与全球不确定性溢出的传导路径和联动水平如何?有学者已对这些问题进行了研究和探讨,但尚存改进之处。基于此,本节基于频域关联法下的溢出指数,构建全球经济政策不确定性溢出时频关联网络,测度经济政策不确定性的跨国溢出效应,并重点关注中国经济政策不确定性的定向及双向溢出效应,以期为新发展格局下科学、有效地进行金融宏观调控,促进经济社会高质量发展作出理论贡献。

二、文献综述

经济政策不确定性作为不确定性在经济学语境下的一种表现形式,根据Gulen 和 Ion(2016)的定义,是指在各国政府经济政策不断出台、变更的背景下,经济行为主体难以对是否调整、调整方式及调整时间作出准确研判,从而产生不可预测的风险。国际金融危机后,经济政策不确定性引起广泛关注,已被认为是阻碍全球经济复苏的关键因素(Benati,2013)。有学者认为,经济政策不确定性本身可能诱发经济衰退(Bloom,2009)。早期的研究主要从多个层面考察经济政策不确定性在一国范围内对宏、微观经济的影响,并对其传导机制进行了相应的探讨,如证券市场层面(Pastor 和 Veronesi,2013;Ko 和 Lee,2015;Li 等,2015;陈国进等,2014)、外汇市场层面(朱孟楠和闫帅,2015;Krol,2014;Beckmann 和 Czudaj,2017)、商品价格层面(Kang 和 Ratti,2013;Wang等,2015)、经济金融周期层面(庞超然和杜奇睿,2019;李成等,2020)。然而,经济政策不确定性作为波动性较强的变量,易受信息冲击影响,并蔓延至其他国家(张喜艳和陈乐一,2019),在国际贸易往来和全球金融市场一体化的推动作用下,各国的经济政策不确定性因此形成复杂的关联网络,将视角置于一国之内的相关研究具有一定的局限性。随着国际政治经济格局的持续变革,各国监管部门对抵御内外部冲击、防范风险外部输入的重视程度逐渐提高。相关研究逐渐向经济政策不确定性在全球范围内的传递和联动深化,并将视角进一步拓展至经济政策不确定性的跨国溢出效应。

构建关联网络,考察经济政策不确定性的跨国溢出效应,采用适当方法对溢出效应进行测度及刻画是重要前提。Diebold 和 Yilmaz(2014)在广义方差分解法(Pesaran 和 Shin,1998)的基础上,提出了 DYCI 指数法。[①] 该方法不仅有效避免了传统方差分解存在的依赖变量排序这一弊端,从而可以同时度量

---

① 该方法最初被用于测度金融系统内的风险溢出效应,随后被广泛应用于各类溢出效应的度量。

多个变量间的溢出效应,能够更准确刻画溢出效应的方向、强度与规模。这与经济政策不确定性跨国溢出的网络关联特征十分契合,因此在该领域被大量学者采用。肖小勇等(2019)、张喜艳和陈乐一(2019)、李政等(2020b)基于滚动窗口估计下的 DYCI 指数,从静态和动态两个角度分析全球经济政策不确定性的跨国溢出效应,研究发现地理位置和经济实力将显著影响一国的不确定性溢出水平。Antonakakis 等(2018)、金春雨和张德园(2019)基于 TVP - VAR 模型构建了 DYCI 指数,考察了贸易开放及金融开放程度对宏观经济不确定性跨国溢出效应的影响,揭示了世界主要经济体不确定性溢出水平的时变特征。然而,不确定性的动态演变是短期和长期两种因素相互叠加的结果(李政等,2021),如果不对两者单独辨析,一方面,将难以区分不确定性溢出的短期波动与长期影响;另一方面,将无法进一步考察短期和长期溢出效应的变化趋势。因此,将溢出效应进一步分解至不同周期长度,不仅有助于各国监管部门区分不确定性跨国溢出效应在短期和长期的异质性,建立更具针对性的防范和应对机制,也能够拓宽研究视角,全面掌握不确定性溢出效应的动态演变特征。遗憾的是,DYCI 指数法仅能从时域角度出发度量不同时期及不同国家间的总体溢出效应,对不同周期长度下的溢出效应无能为力。

有鉴于此,已有学者在 DYCI 指数的基础上,进一步应用 Baruník 和 Křehlík(2018)所提出的频域关联法(Frequency Connectedness)。该方法借由广义因果谱分解技术,将时域下的溢出指数进一步分解至不同频段,得到不同周期长度下的溢出指数,从而提供了更具全局性的溢出效应测度指标。崔金鑫和邹辉文(2020)在研究国际股市间的风险溢出效应时,将各阶矩时域溢出效应分解为高、中、低三个频段,发现高阶矩溢出效应主要在短期传播。在经济政策不确定性的研究领域,李政等(2021)将时域下的不确定性溢出指数分解至高、低两个频段,发现不同类型的冲击事件所产生的不确定性溢出效应具有不同的周期长度,证实了将溢出指数拓展至频域空间的必要性。然而,李政等(2021)的研究并未深入考察不确定性关联网络在时域和频域下的结构特征,并忽略了中国在不确定性关联网络中的定向及双向溢出效应。本节认为,在"十四五"全新战略起点和我国坚定不移深化全方位开放的大背景下,将研究视角聚焦于中国,探索适合我国实际的防范和应对经济政策不确定性的路径,具有重要的理论和实践意义。

总结已有研究的经验和不足,本节力图从以下方面作出边际贡献:第一,基于频域关联法,在时域基础上将经济政策不确定性的跨国溢出效应进一步拓展至频域空间,结合国际政治经济不确定事件,捕捉全球经济政策不确定性溢出效应在不同周期长度下的动态特征。第二,基于经济政策不确定性溢出强关联和网络拓扑方法,刻画时域和频域下不确定性关联网络的结构特征。第三,将研究进一步深入至经济政策不确定性在各个国家层面的定向及双向溢出效应,重点考察中国同其他国家溢出和溢入的关联水平,并关注其周期差异性。

三、研究方法与样本数据

(一)溢出指数的构建

本节借鉴 Diebold 和 Yilmaz(2014)、Baruník 和 Křehlík(2018)的方法先后构建时域和频域下的经济政策不确定性溢出指数。

1.时域下溢出指数的构建

首先,根据本节所选取的样本国家数据,构建一个 N 维 VAR 模型,具体公式如下:

$$X_t = \sum_{i=1}^{p} \Phi_i X_{t-i} + u_t \tag{4.26}$$

其中,$t=1,2,3,\cdots,T$。X_t 为 N 维列向量;u_t 为 N 维冲击向量,$u_t \sim i.i.d.(0,\Sigma)$,满足不存在序列相关性及各分量可同期相关;$\Sigma$ 为协方差矩阵。式(4.26)的向量移动平均形式可表示为:

$$X_t = \sum_{t=0}^{\infty} A_i\, u_{t-i} \tag{4.27}$$

A_i 为 N 阶系数矩阵,服从 $A_i = \Phi_1 A_{i-1} + \Phi_2 A_{i-2} + \cdots + \Phi_p A_{i-p}$。$A_0$ 为 N 阶单位矩阵,当 $i<0$ 时,$A_i=0$。

其次,采用 Pesaran 和 Shin(1998)提出的 GVD 法度量样本国家受到其他国家经济政策不确定性的溢出影响,构建关联网络。本节定义 H 阶 GVD 矩阵 $D^H = [\,d_{j,k}^H\,]$,具体公式如下:

$$d_{j,k}^H = \sigma_{k,k}^{-1} \sum_{h=0}^{H-1} (e_j' A_h \Sigma e_k) \Big/ \sum_{h=0}^{H-1} (e_j' A_h \Sigma A_h' e_j) \tag{4.28}$$

其中,e^k 为选择列向量;Σ 为 VAR 模型中冲击向量的协方差矩阵;$\sigma_{k,k}$ 为协方差矩阵 Σ 对角线上的元素;A_h 为 VAR 模型中滞后 H 阶冲击向量的系数矩阵;$d_{j,k}^H$ 为第 k 个变量对第 j 个变量在滞后 H 阶上的预测误差方差。为使 D^H 中每行元素之和为 1,对 $d_{j,k}^H$ 进行归一标准化处理:定义 $\widetilde{D}^H = [\,\widetilde{d}_{j,k}^H\,]$,使 $\sum_{j=1}^{N} \widetilde{d}_{j,k}^H = 1$ 和 $\sum_{j,k=1}^{N} \widetilde{d}_{j,k}^H = N$,得到 $\widetilde{d}_{j,k}^H = d_{j,k}^H \Big/ \sum_{j,k=1}^{N} \widetilde{d}_{j,k}^H$。处理后即可通过 $\widetilde{d}_{j,k}^H$ 计算时域下样本国家 k 对样本国家 j 的溢出水平。

本节根据 $\widetilde{d}_{j,k}^H$ 分别构建时域下经济政策不确定性总溢出指数和方向溢出指数,具体公式如下:

$$TOTAL^H = 100 \times \frac{1}{N} \sum_{j,k=1, j\neq k}^{N} \widetilde{d}_{j,k}^H \tag{4.29}$$

$$OUT_j^H = 100 \times \sum_{k=1, j\neq k}^{N} \widetilde{d}_{k,j}^H \tag{4.30}$$

$$IN_j^H = 100 \times \sum_{k=1, j\neq k}^{N} \widetilde{d}_{j,k}^H \tag{4.31}$$

$$PAIR_{j,k}^H = 100 \times \widetilde{d}_{j,k}^H \tag{4.32}$$

其中,式(4.29)代表总体经济政策不确定性溢出指数,为预测误差中由非自身贡献的方差份额,抑或等于矩阵中非对角元素与整个矩阵和的比率,用于衡量全体样本国家的不确定性溢出效应;式(4.30)代表经济政策不确定性定向溢出指数,用于衡量样本国家 j 的经济政策不确定性对其他国家溢出效应的和;式(4.31)代表经济政策不确定性定向溢入指数,用于衡量其他国家对样本国家 j 不确定性溢出效应的和;式(4.32)代表经济政策不确定性双向溢出指数,用于衡量样本国家 j 受到特定国家 k 的不确定性溢出效应,从而衡量样本国家 j 在关联网络中对外溢出(或对内溢入)以及与其他国家的双向不确定性溢出效应。

2. 频域下溢出指数的构建

对系数 Ψ_h 进行傅里叶变换,得到频率响应函数 $\Psi(e^{-i\omega}) = \sum_h e^{-i\omega h} \Psi_h$,其中 $i = \sqrt{-1}$。定义 X_t 在频率 ω 下的谱密度(Spectral Density)为 $S_X(\omega)$,具体公式如下:

$$S_X(\omega) = \sum_{h=-\infty}^{\infty} E(X_t X_{t-h}') e^{-i\omega h} = \Psi(e^{-i\omega}) \Sigma \Psi'(e^{i\omega}) \qquad (4.33)$$

$S_X(\omega)$ 度量了 X_t 的方差在频率 ω 下的具体分布,是构建频率动态指标的关键。定义给定频率 ω 上的广义因果谱,具体公式如下:

$$(f(\omega))_{j,k} = \frac{\sigma_{k,k}^{-1} \left| (\Psi(e^{-i\omega})\Sigma)_{j,k} \right|^2}{(\Psi(e^{-i\omega})\Sigma \Psi'(e^{i\omega}))_{j,j}} \qquad (4.34)$$

$(f(\omega))_{j,k}$ 刻画了在给定频率 ω 上第 j 个变量由第 k 个变量冲击所引起的谱部分,可将其理解为频内因果关系(Within-frequency Causation)。为了获得方差分解为频率的自然分解,本节通过第 j 个变量方差的频率份额(Frequency Share)计算 $(f(\omega))_{j,k}$ 的权重,具体权重函数如下:

$$\Gamma_j(\omega) = \frac{(\Psi(e^{-i\omega})\Sigma \Psi'(e^{+i\omega}))_{j,j}}{\frac{1}{2\pi} \int_{-\pi}^{\pi} (\Psi(e^{-i\lambda})\Sigma \Psi'(e^{+i\lambda}))_{j,j} d\lambda} \qquad (4.35)$$

给定频域带 $d = (a, b), a, b \in (-\pi, \pi), a < b$,在频域带 d 上的广义方差分解为:

$$(\theta_d)_{j,k} = \frac{1}{2\pi} \int_d \Gamma_i(\omega)(f(\omega))_{j,k} d\omega \tag{4.36}$$

对 $(\theta_d)_{j,k}$ 进行归一标准化处理,即 $(\widetilde{\theta}_d)_{j,k} = (\theta_d)_{j,k} / \sum_{j=1}^{N} (\theta_d)_{j,k}$,等价于时域下 $H \to \infty$ 时的 $d_{j,k}^H$。处理后即可通过 $(\widetilde{\theta}_d)_{j,k}$ 计算频域下样本国家 j 对样本国家 i 的溢出水平。

本节根据 $(\widetilde{\theta}_d)_{j,k}$ 分别构建频域下经济政策不确定性总溢出指数和方向溢出指数,具体公式如下:

$$TOTAL^d = 100 \times \frac{1}{N} \sum_{j,k=1, k \neq j}^{N} (\widetilde{\theta}_d)_{j,k} \tag{4.37}$$

$$OUT_j^d = 100 \times \sum_{k=1, k \neq j}^{N} (\widetilde{\theta}_d)_{k,j} \tag{4.38}$$

$$IN_j^d = 100 \times \sum_{k=1, k \neq j}^{N} (\widetilde{\theta}_d)_{k,j} \tag{4.39}$$

$$PAIR_{j,k}^d = 100 \times (\widetilde{\theta}_d)_{j,k} \tag{4.40}$$

对应前文所构建的时域下经济政策不确定性溢出指数,式(4.37)、式(4.38)、式(4.39)和式(4.40)分别将式(4.29)、式(4.30)、式(4.31)和式(4.32)分解至不同的频段。利用此方法即可在时域基础上进一步计算得到频域下的溢出指数。

(二)样本数据的选取

经济政策不确定性作为典型的抽象概念,需要借助代理变量进行量化。Baker 等(2016)选取了全美影响力最大的 10 家报纸,通过测算暗含不确定性的关键词频,系统构建了经济政策不确定性指数(Economic Policy Uncertainty Index)以衡量经济政策不确定性具体水平,该指数随后覆盖至全球 27 个国家和地区,因其较好的回溯性和连续性被国内外学术界广泛采用。但在测度中国经济政策不确定性方面,Baker 等(2016)仅选取了中国香港发行的《南华早报》作为参考,覆盖范围过小,解释能力相对欠缺。Huang 和 Luk(2020)在前者基础上选取了中国本土 114 家报纸,重新编制了中国的经济政策不确定性指数,得到了广泛认可。

现有的诸多文献在样本国家选取方面偏向于世界发达经济体,然而随着发展中国家经济实力的提升以及国际合作的增多,不确定性的溢出效应不止局限于发达国家之间。为将两者一并纳入关联网络,同时考虑到经济政策不确定性指数的覆盖范围,本节选取了 2019 年全球 GDP 总量排名前 15 位的经济体作为样本国家,分别为美国、中国、日本、德国、印度、法国、英国、巴西、意大利、加拿大、韩国、俄罗斯、澳大利亚、西班牙、墨西哥,①GDP 总量全球占比 75%,贸易总额全球占比 58%,同时涵盖了世界主要发达国家和发展中国家中的新兴经济体。

综上,本节采用 Baker 等(2016)编制的全球经济政策不确定性指数量化除中国以外其余 14 个样本国家的经济政策不确定性,采用 Huang 和 Luk(2020)新编制的指数量化中国的经济政策不确定性。依据该领域研究惯例,对指数进行自然对数化处理。ADF 单位根检验结果显示,所有样本国家的经济政策不确定性指数均是平稳的,②可直接用于构建 VAR 模型。样本区间为 2003 年 1 月—2020 年 9 月,共计 213 个月。

四、实证结果与分析

本节基于频域关联法,先后对全球和中国的经济政策不确定性跨国溢出效应进行动态分析,主要包含总溢出效应、定向溢出效应、双向溢出效应三个层面。依据 SC 准则将 VAR 模型的最优滞后阶数设定为 2,预测误差方差分

---

① 根据世界银行 2019 年发布的统计报告,美国、日本、德国、法国、英国、意大利、加拿大、韩国、澳大利亚、西班牙为发达国家,中国、印度、巴西、俄罗斯、墨西哥为发展中国家。

② 在 10%的显著性水平下,所有样本国家的经济政策不确定性指数均拒绝存在单位根的原假设。

解设定为 6 期,预测步长设定为向前 120 期;将频域空间分解至高频率带 $d_1 = (\pi/6, \pi)$、中频率带 $d_2 = (\pi/24, \pi/6)$、低频率带 $d_3 = (0, \pi/24)$,对应考察短期(1 月—1 季度)、中期(1 季度—1 年)、长期(1 年以上)的经济政策不确定性溢出效应。由于中频的溢出效应与高、低频之间均存在较高的截面相关性,故本节将其设定为过渡频段,不对其进行重点辨析(Baruník 和 Křehlík, 2018)。分析溢出效应的动态特征时,采用滚动窗口估计法,窗宽设定为 36 个月。由于滚动窗口估计法需要舍弃第一个窗宽区间内的估计结果,故本节实证分析实际考察的样本区间为 2005 年 12 月—2020 年 9 月,共计 178 个月。

(一)全球经济政策不确定性溢出效应的动态分析

1. 总溢出效应分析

图 4.31 展示了时域和频域双视角下全球经济政策不确定性溢出效应的动态演变特征。由图 4.31 可知,从溢出水平来看,时域下的总溢出指数在 62.84%—93.33%间浮动,均值达 78.80%,这充分说明全球经济政策不确定性更多的是由跨国溢出效应所致。将总体溢出水平分解至不同频段后可以发现,高频溢出占据主导地位,指数均值达到 36.27%,远高于低频溢出的 16.73%,表明时域下的总溢出效应在样本区间内主要表现为短期溢出,不确定性跨国溢出主要发生在短期。从动态特征来看,全球经济政策不确定性跨国溢出效应具有明显的时变波动特征,同时存在一定的周期性特征,这主要与此间发生的几次代表性国际不确定事件密切相关。总体来看,样本区间内呈现出以下四个明显的波动上升期。

(1)第一个波动上升期为 2007 年末至 2009 年初。2007 年末,美国次贷危机全面爆发并演变为国际金融危机,全球不确定性总溢出效应随即显著增强并于 2008 年 10 月达到区间峰值 93.33%。分频段来看,样本起点至金融危机前期,高频溢出占据主导地位,但随着金融危机的持续发酵和全球传染,低频溢出指数急剧上扬并于 2008 年 8 月达到区间峰值 78.23%,而此时的高频溢出指数仅为 5.13%,印证了金融危机导致的全球经济长期深刻调整以及带来的结构性剧变。此后随着各国应对危机政策的相继出台,金融危机的负面影响逐渐消退,全球溢出效应在 2009 年相应出现明显回落。

(2)第二个波动上升期为 2010 年末至 2012 年初。在此期间欧洲多国爆发了主权债务危机,全球经济政策不确定性总体溢出水平出现大幅反弹,同时长期溢出占比回升。但从整体上看,本次波动上升期持续时间较短,总体和长期溢出指数的上升幅度也小于国际金融危机时期。

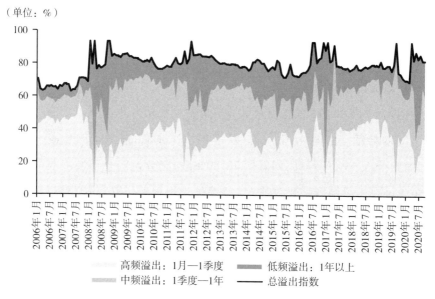

图 4.31 时域和频域双视角的全球经济政策不确定性溢出指数

(3)第三个波动上升期为 2016 年中至 2017 年中。该时期内发生了以英国"脱欧"公投及美国大选为代表的重大政治不确定事件。其中,在特朗普胜选的 2016 年 11 月及正式就职的 2017 年 1 月,不确定性总溢出指数均达到了区间峰值 93.33%;2016 年 12 月,低频溢出指数达到了 77.94%。不难发现,本次波动上升期在时域和频域下的变化特征与国际金融危机时期存在一定的相似性,意味着国际政治局势同样对不确定性溢出存在重要影响。

（4）第四个波动上升期为 2019 年中至 2020 年中。其中，2019 年 8 月突现了一段总体和低频波峰（92.80％和 58.95％）。该现象可能与当年国际贸易摩擦加剧及全球重要央行纷纷降准降息，迎来"宽松潮"有关。2020 年 3 月，新冠疫情在全球蔓延扩散，此时不确定性总溢出指数达到了 93.33％并在接下来的数月都维持高位。随着疫情向长期化、常态化发展，加之美国、日本、德国等大国抗疫乏力，经济复苏较为缓慢，不确定性的长期影响开始凸显，2020 年 5 月，低频溢出指数达到 53.50％。

对全样本时期及特定波动上升期的溢出效应进一步分析后发现：第一，全球经济政策不确定性的总溢出水平与全球经济基本面密切相关，"顺周期"特征明显。具体而言，当全球经济疲软时，各国政府为尽快摆脱困境以及维持经济社会稳定，会更为频繁地出台和调整经济政策，从而导致了经济政策不确定性的累积和溢出；当全球经济回暖时，市场活力涌流，投资者避险情绪消退，各国政府更倾向于稳健、谨慎的经济调控方针，不确定性溢出效应随之减弱。第二，虽然从均值来看长期低频溢出指数低于短期高频溢出指数，但当国际社会发生代表性不确定事件（经济危机事件如国际金融危机、欧债危机，政治事件如英国"脱欧"、美国大选，重大公共卫生事件如新冠疫情）时，低频溢出水平会出现爆发性上升，在此期间不确定事件严重影响了基础性政治经济因素，并带来了长期的结构性变动；当全球经济处于平稳运行状态时，高频溢出指数上升，表明经济政策变动带来的市场噪声、价格波动、投资者情绪等短期冲击因素占据主导地位。从整体上看，总溢出指数的大幅度上升往往对应着极高的低频溢出指数，而高频溢出指数往往处于阶段谷值。这表明全球经济政策不确定性跨国溢出效应的时变波动特征是由低频溢出所驱动的。第三，时域和低频溢出水平在国际金融危机后的样本区间内明显上升，而高频溢出水平和占比明显下降，且三者的波动幅度和频率远超往期。这在不确定维度上清晰反映出国际金融危机对全球经济社会带来的长期深度影响。

2. 定向溢出效应分析

为进一步在时域和频域下考察样本国家对全球不确定性溢出效应的贡献程度,本节在总溢出效应分析的基础上,将各国月度定向溢出指数加总求得年平均值,采用热图(Heatmap)形式反映样本国家在2006—2020年(前三季度)间年度定向溢出指数的相对大小,如图4.32所示。

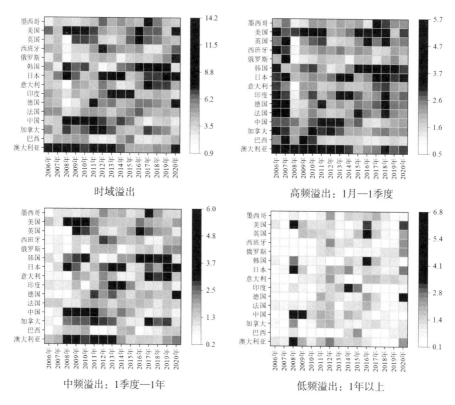

图 4.32　全球经济政策不确定性时频溢出情况

图4.32显示:第一,以澳大利亚、美国、日本为代表的发达国家是经济政策不确定性跨国溢出的主要贡献者,而发展中国家的溢出水平整体位于中下游。一方面,发达国家掌握着全球流动性配置的主导权,对全球市场具有较强的控制力;另一方面,发达国家金融开放早、对外投资规模大,加之与其他国家联系密切,因此能够凭借强大的经济实力和政治地位向全球持续溢出不确定

性。第二,近六年来,澳大利亚和中国的经济政策不确定性溢出水平显著降低,与之相对的是,欧洲国家如英国、德国,亚洲国家如韩国、日本的不确定性溢出水平不断提高。其中,韩国、英国、日本的长期不确定性溢出占主导,而美国、德国的不确定性溢出主要表现为短期溢出。新冠疫情全球暴发以来,各国不确定性溢出水平均有较大程度的回升,其中,受疫情影响较重的美国、日本、德国和澳大利亚尤为明显。第三,通过比较高频和低频溢出在各时期的截面特征,可以发现在不确定事件存续期间,两者存在明显的此消彼长关系,这与前文的发现相一致。同时,样本国家在高频溢出效应的贡献程度上较为平均,不存在明显差异;而低频溢出效应则截然相反,少量国家贡献了大量的低频溢出。

3. 双向溢出效应分析

分析滚动样本下的双向溢出关系,能够在考察全球经济政策不确定性定向溢出效应的基础上,深入认识不确定性在各国间的传导情况。本节基于全样本溢出矩阵,绘制了全球经济政策不确定性时域和频域双向溢出网络拓扑图,用于刻画不确定性关联网络的结构特征,如图4.33所示。在网络图中,每个节点代表一个样本国家,节点越靠近中心代表双向溢出关系越复杂。每条有向箭头代表定向溢出关系,箭头粗细代表溢出水平的高低。由于不同国家之间的双向溢出效应存在显著差异,为更直观地观察结果,图4.33中展示了样本国家之间的强溢出效应。[①]

由图4.33可知,第一,在时域网络图中,发达国家是不确定性跨国溢出的重要节点,在对外大量输出不确定性的同时也有较高水平的不确定性输入。在图4.33中,澳大利亚、美国、日本等发达国家居于网络中心位置,连接着大量有向箭头;墨西哥、巴西、俄罗斯等溢出效应相对较小的发展中国家则位于

---

① 具体方法是,将一个样本国家在关联网络中对其他国家和受其他国家的不确定性溢出水平从小到大依次排序,选取受其溢出较高的三个国家,同时选取对其溢出较高的三个国家,通过每个样本国家排名前三的双向溢出效应构建强溢出效应。

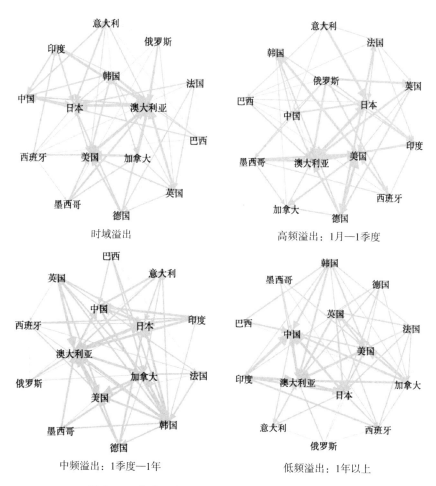

时域溢出

高频溢出：1月—1季度

中频溢出：1季度—1年

低频溢出：1年以上

图4.33　全球经济政策不确定性时频溢出关联网络

网络边缘,连接箭头数量稀少。第二,在频域网络图中,不同频段下的溢出网络结构存在明显差异,一国的经济体量及其在全球经济体系中的系统性重要地位将会显著影响长期不确定性溢出的关联水平,且与结构性变动关系密切。在短期,美国和澳大利亚与其他国家存在紧密的网络关联,主导着短期不确定性的剧烈波动;在中期,加拿大、日本、韩国和中国的定向连接线段显著增多,与短期中由美澳两国主导的溢出网络形成鲜明对比;在长期,澳大利亚在溢出网络中的地位下降,世界前三大经济体美国、中国、日本的系统性重要地位开始显现,同时印度和德国也成为关联网络的重要节点。与中国相连接的主要是来自其他国家的定向溢入线段,表明在长期中国是全球经济政策不确定性的主要溢入方。第三,无论是时域还是频域下的双向溢出,网络结构都呈现出明显的"无标度特性",处于网络边缘的样本国家虽然占据多数,但与全球不确定性溢出关系较弱,而少量样本国家之间存在大量的强溢出效应。这表明,全球经济政策不确定性的关联网络具有稳健且脆弱的双重特征。一方面,绝大多数国家的溢出效应变动并不会影响关联网络的整体结构;另一方面,一旦与大量有向箭头相连接的少数国家发生溢出效应的剧烈波动,溢出网络结构将被重塑。

(二)中国经济政策不确定性的动态溢出效应分析

1.定向溢出效应分析

为探究中国在全球经济政策不确定性跨国传递过程中造成和受到的影响及其动态演变特征,从而为新发展阶段我国构建不确定性应对和防范机制提供依据,本节详细考察了时域及频域下中国的经济政策不确定性定向溢出及溢入效应,如图 4.34 所示。

图 4.34(a)刻画了中国经济政策不确定性对其他国家定向溢出的动态特征。从定向溢出水平来看,总溢出指数在 0.09%—26.27% 间浮动,均值为6.01%,位于样本国家的中游。高频溢出占比 38.27%,为主要驱动因素。从动态特征来看,总溢出指数标准差为 3.89,波动幅度超过其余所有样本国家。从整体上看,我国不确定性定向溢出的时变波动特征主要集中出现在 2008 年这一特殊时期。2008 年 1 月、3 月及 9 月,中国的不确定性溢出水平大幅攀升,在此期间低频溢出均占据主导地位。该年内中国同时遭遇国内重大灾害及国际金融危机的双重冲击,中国政府出台了包括"四万亿"刺激计划在内的多项重大经济政策,加之此前中国处于经济快速增长的"弯道超车"阶段,前所未有的发展模式和增长速度使外界难以根据经验预判中国经济政策的走

向,两者叠加导致中国的不确定性定向溢出效应较为显著。随后的样本区间内,中国不确定性定向溢出效应出现了多次周期性的小幅震荡,总溢出和中低频溢出在 2015 年股市异常波动时期有一定幅度的回升,但无论是溢出水平还是波动幅度,都远小于 2008 年。2020 年以来,中国的不确定性溢出水平虽于年初有小幅波动,但总体处于样本区间低位,这与举国抗疫取得积极成效有较大关系。

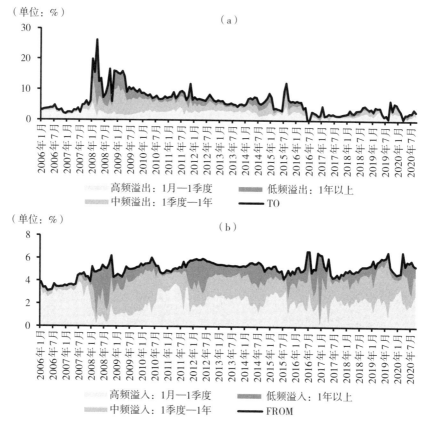

图 4.34　时域和频域双视角的中国经济政策不确定性方向溢出指数

图 4.34(b)刻画了中国接受其他国家不确定性定向溢入的动态特征。总溢入指数在 3.12%—6.66%间浮动,均值为 5.09%,标准差仅为 0.73,高频溢

出占比 38.98%。虽然中国的定向溢出和溢入效应均主要由高频因素驱动,但后者在整体水平和波动幅度上均远小于前者。样本区间初期,中国总体溢入水平偏低,长期溢入平均占比仅为 9.52%。2008 年 1 月,总溢入指数跃升至 5.32%,长期溢入指数为 2.89%,占比 54.32%,由此可见,中国难以在国际金融危机带来的长期负面影响中独善其身。在此后的样本区间内,中国的总体和低频溢入水平在欧债危机、英国"脱欧"、美国大选及新冠疫情时期均出现明显回升,整体水平明显高于国际金融危机前。由此可见,中国的定向溢入效应与全球溢出效应在总体和不同周期阶段呈现出相似的运行轨迹。引起全球不确定性溢出效应波动的事件同样是中国溢入效应的重要影响因素,并且同时反映在短期和长期上。这表明中国一直以来抵御外部冲击尤其是长期负面影响的能力相对较弱,存在突发危机的隐患。因此,随着我国经济金融市场的进一步开放,如何防范外部输入性风险,维护国内经济金融稳定与安全,是我国金融宏观调控部门面临的重要课题和巨大挑战。

2.双向溢出效应分析

为继续探究中国在全球经济政策不确定性关联网络中的具体情况,明晰中国与全球不确定性溢出在不同频段下的传导路径和联动水平,基于中国的年度双向溢出指数,①本节采用热图形式呈现了 2006—2020 年(前三季度)间中国同其他国家经济政策不确定性的对外溢出和对内溢入关系,如图 4.35 和图 4.36 所示。

图 4.35 显示,中国的经济政策不确定性对外溢出效应主要受到两国伙伴关系和地理因素的影响。其中,墨西哥、印度和澳大利亚作为中国重要的战略和经贸伙伴,在多方面同中国保持着紧密关系,同时也会受到中国不确定性的定向溢出。日本、韩国与中国作为东亚重要经济体,地理等方面因素提供的便利使得三者在贸易、文化和政治上有着密不可分的联系,不确定性的联动效应

---

① 计算方法与前文中的年度定向溢出指数类似,不再赘述。

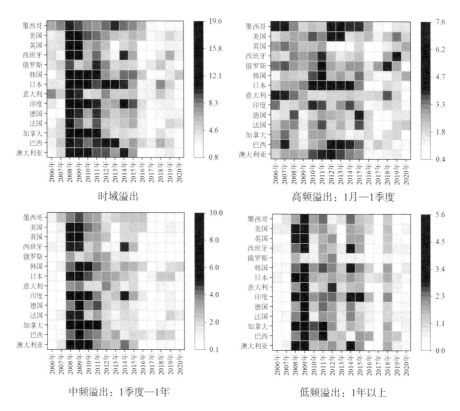

图 4.35 中国经济政策不确定性时频溢出情况

较为显著。分时期来看,国际金融危机爆发初期及随后的 2009 年,中国的不确定性外溢效应最为明显,其中,对各国的短期溢出较为平均,但对美国、日本、澳大利亚存在大量长期溢出。金融危机后的七年时间内,我国为熨平危机影响,适应经济转型,在相关政策的出台上更为积极,因此也造成了一定程度的不确定性溢出。2015 年后,我国的不确定性外溢效应显著减弱,仅在 2015 年(股市异常波动、"811 汇改")、2016 年(创新流动性工具)出现了长期溢出的小幅增强。综上分析,结合我国庞大的经济体量和处于"三期叠加"新常态时期的现实背景,中国在全球不确定性溢出的关联网络中已具备一定的影响力。但从整体上看,对外溢出效应仍然有限,并且随着我国近年来更为审慎的宏观调控政策取向而减弱。

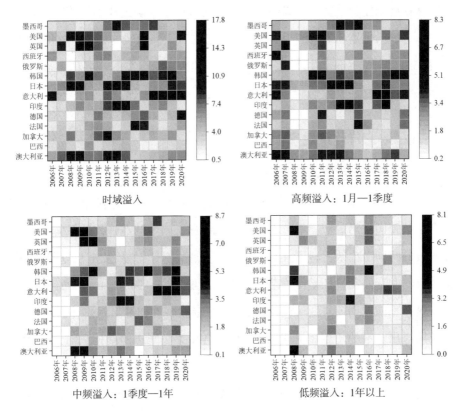

图 4.36 中国经济政策不确定性时频溢入情况

图 4.36 显示,中国存在较显著的他国经济政策不确定性溢入效应。其中,中国受到的经济政策不确定性溢入主要来源于澳大利亚、日本、美国等发达国家。中国作为全球第二大经济体和最大贸易国,在全球经济体系中占据重要地位,并通过各项对外开放举措积极融入全球市场,这导致了发达国家对中国的不确定性定向溢出。分时期来看,金融危机时期,中国主要受到来自澳大利亚、日本、美国的不确定性溢入;近六年来,澳大利亚和美国的溢入效应明显减弱,与之相对的是,意大利和韩国的溢入效应有显著升高态势。新冠疫情全球暴发以来,各国对中国的不确定性短期溢出和长期溢出均呈现回升态势,我国在预防疫情病例外部输入的同时,也要积极有效应对在全球动荡加剧背景下的不确定性外部冲击。将溢入效应细分至不同频段后发现,各国的溢入

效应存在周期差异性。近年来韩国和印度对我国的不确定性短期溢出较为明显，而意大利、俄罗斯、德国对我国的不确定性长期溢出较为明显。这意味着我国在构建全球不确定性外部溢入防控体系时，应充分意识到各国不确定性的影响周期是存在差异的，要做到"对症下药"，在短期和长期各有侧重。

五、结论与政策建议

本节基于频域关联法，分别构建时域和频域下的总体溢出指数和方向溢出指数，先后从全球和中国视角出发考察了15个代表性样本国家经济政策不确定性的跨国溢出效应。本节得出如下结论：第一，全球经济政策不确定性存在显著的跨国溢出效应，且跨国溢出由发达国家主导并主要发生在短期，但溢出效应的时变波动特征是由长期低频溢出所驱动的。第二，不同类型的事件冲击具有不同的周期长度，代表性国际不确定性事件往往导致总体溢出水平和长期溢出水平的急剧攀升。第三，不确定性关联网络的结构具有"无标度特性"，并且在少数强关联国家的主导下持续变化。近年来，澳大利亚的溢出中心地位不再，韩国、日本、英国等发达国家逐渐主导全球经济政策不确定性溢出。在长期，溢出强关联与一国的经济体量密切相关。第四，中国的经济政策不确定性定向溢出水平波动剧烈，国内外事件爆发和重大政策调整均会显著抬高中长期溢出水平；不确定性溢入水平趋于平稳，但与溢出具有相似的运行轨迹，我国面临不确定性外部冲击时抵御能力较弱，存在突发危机的隐患。第五，两国间的伙伴关系及地理因素提供的便利条件对中国的经济政策不确定性对外溢出水平存在显著影响。其中，中国应重点关注来自韩国和印度的短期不确定性溢出，在长期则应更多关注来自意大利、俄罗斯、德国的溢出。

基于上述结论，本节提出以下政策建议：

第一，各国监管部门应密切关注发达国家、重要合作伙伴以及同地域国家的经济政策变动，加强国际间经济政策的协作性；通过有效的合作监管和跨境协调，对经济政策不确定性进行及时有效的甄别，遏制其不断溢出扩散的态势。

第二,各国监管部门应建立常态化预警机制,对重大事件、极端事件采取积极有效的规避措施;对于不同周期下的不确定性溢出效应,监管部门应采取差异化的治理手段,引入跨周期金融宏观调控理念,注重长短期调控相结合,坚持"跨周期"和"逆周期"并行。

第三,在现有的双支柱调控框架中,应同时关注短期经济金融波动和中长期的结构性、趋势性改变。此外,需要考虑双支柱调控政策的延续时间和覆盖效果,既要应对短期冲击,强调货币政策与宏观审慎政策的协调配合,以维持合理的宏观经济增长水平;又要识别中长期的政策传导效应,在结构调整和结构优化中努力实现"防风险"和"稳增长"的兼顾。

第四,在新发展格局下,我国应进一步以扩大内需为战略基点推进经济结构改革,大力发展实体经济,为经济增长提供强大内生动力;进一步完善经济体制机制,积极健全多层次资本市场体系,提高吸收内外部冲击的能力,保持经济系统的稳定。

第五,监管部门在政策制定过程中,应尽量维持经济政策的稳定性和透明性,完善信息披露机制,合理引导公众预期;提高风险预判能力,建立健全风险预警体系和早期干预机制,参考市场先行指标和市场实际运行状况,制定具有前瞻性的经济政策,避免因政策的频繁调整引发市场异动并影响经济金融体系的平稳运行。

第六节　本章小结

本章从多方面研究了全球系统性金融风险的传染与演化。一方面,本章对全球金融风险冲击视角下影响中国金融安全风险因素进行识别、衡量和评价;另一方面,采用最新发展的金融风险测度指标,从网络关联视角考察在系统性金融风险的国际传递中,全球各主要经济体金融市场的相互作用关系。

此外,从动态分析的角度,考察全球系统性金融风险的渐进演变,重点关注中国金融市场风险的走势。

通过对开放经济条件下影响中国金融安全的风险因素进行识别、衡量和评价,本章发现:第一,以不确定性和通货膨胀水平为代表的全球宏观波动将影响中国金融安全。一方面,全球尤其是美国、澳大利亚和印度的经济政策不确定性和全球地缘政治不确定性是不确定性冲击的主要来源;另一方面,通过 CPI 和 PPI 反映的全球通货膨胀水平对我国金融安全的影响在不同的样本范围内存在异质性,源自大宗商品价格反映的通货膨胀水平的影响具有急剧上升和下降的特点。第二,全球金融市场外部冲击是影响中国金融安全的重要风险因素。具体来看,我国股票市场主要受到来自美国、澳大利亚和日本股市的冲击;债券市场主要受美国、德国和法国债市的冲击;人民币外汇市场主要受到来自美元、欧元和港币的冲击。第三,经济金融体系自身运行状况同样是中国金融安全的重要影响因素。其中,中国自身的风险抵御能力对我国外汇市场这一重要对外连接纽带的影响尤为明显;中国金融市场的开放程度是近年来最为突出的风险因素;中国经济基本面对中国金融安全的影响在经济遇冷时更为显著。

通过对全球股票市场尾部风险溢出效应的分析,本章发现:第一,全球股票市场系统性风险总溢出水平具有典型的周期性和"事件驱动"特征,同时尾部风险事件是全球股市系统性风险溢出的催化剂,并且风险溢出存在明显的非对称性。第二,静态网络分析显示,"同组织"和"同区域"溢出是当前全球股票市场风险溢出的主要结构特征;动态网络分析显示,随着全球经济形势的变化,股票市场系统性风险溢出网络结构具有时变性。第三,我国股票市场具有较大的脆弱性,极易受到来自欧美发达经济体的外部冲击的影响,而股票市场风险对外溢出具有明显的区域组织依赖性。第四,线性风险测度指数可能因忽略风险溢出中的非线性特征,导致系统性风险测度指数失真,造成研究结果的偏差。

通过对全球外汇市场在时域和频域上的关联水平进行分析,本章发现:第一,全球外汇市场间的波动溢出效应显著,且更容易受到长期因素的影响。第二,外汇市场总溢出指数具有明显的时序特性,并在频域中呈现出"区制转移"特征。第三,人民币、港币与其他货币之间的溢出效应较弱。第四,大部分时期内人民币在全球外汇网络中处于净接受者的角色,而2015年"811汇改"后与其他货币之间的波动溢出效应明显增强。第五,美元和欧元在波动溢出网络中占有绝对的主导地位,同时澳元在网络中对其他货币的溢出效应也较为显著。

通过对全球金融系统压力的动态溢出网络进行分析,本章发现:第一,全球金融压力存在复杂的同期传递关系,美国在同期传递中占主导地位。第二,全球金融压力存在显著的跨国溢出效应,FSSI指数能够准确识别极端风险事件,具有较强的风险监测和预警能力。第三,全球金融压力溢出效应具有非对称性,网络结构由全球经济金融形势决定,与风险事件关联的国家在溢出网络中的地位更突出。第四,中国金融压力溢入与溢出水平在样本期内均发生大幅波动,溢入水平在新冠疫情时期达到最大值,溢出水平自2014年末显著上升。我国金融市场主要接受美国、德国、法国、意大利等发达经济体市场的金融压力溢入,对外溢出则主要集中于新兴市场国家,尤其是金砖国家。

通过分析全球经济政策不确定性的时频溢出效应,本章发现:全球经济政策不确定性跨国溢出的时变波动特征与经济基本面密切相关,持续性的不确定事件是经济政策不确定性跨国溢出特别是长期溢出的主要驱动力量。就中国而言,国内外事件冲击及宏观政策调整均会显著抬升中国的中长期不确定性溢出水平,对外的结构性影响占较高份额;溢入效应与全球溢出具有较高同步性,中国抵御外界冲击的能力较弱。此外,近年来欧、亚地区的不确定性溢出有渐进增强的态势,而中国在抵御不确定性外部输入时需要注意区分不同国家溢出效应的影响周期。

基于上述研究结论,本章对于有效地识别和应对全球金融风险冲击,提出

以下政策建议:

第一,注意防范金融风险的跨国、跨市场冲击。随着全球金融一体化进程的不断加快,需要高度警惕金融风险的跨国、跨市场传导。防控金融风险不仅应关注国内单个金融市场内部的风险,还应针对境内其他金融市场和境外市场的风险建立实时监控预警机制,重点关注来自发达国家的风险溢出,未雨绸缪地防范国际输入性的金融风险冲击。

第二,建立健全国际金融监管合作与协调机制。一方面,中国应当有效利用在金融领域的国际影响力,加强与国际社会特别是"一带一路"沿线国家在金融监管、风险防范、互联互通等领域的合作。另一方面,中国要积极与各国协商共建全球金融风险预警机制,一旦出现突发事件,能及时拉响警报,并通报给所有国家,从而提前做好金融风险防控预案。

第三,关注金融风险传染的区域地理因素。全球系统性金融风险的防范与化解应优先考虑区域间市场,并进一步扩展至区域内,最大限度提升国际金融市场的监管与预警效率。处于同一地理区域内的金融市场在面临金融风险传染问题时,应考虑区域属性,实现区域内市场间的有效沟通与协作,以弱化地理区域因素所带来的风险传染效应。

第五章　金融开放与金融安全的
国际经验研究

　　金融开放会对不同国家的经济发展和金融安全产生差异化影响。学术界认为,各国金融开放政策效应不同的原因在于忽略了开放初始条件存在差异所产生的影响,即金融开放的效应受到开放国家的制度质量、金融发展、贸易开放和宏观经济政策等一系列特定初始条件的综合影响。初始条件不成熟或者不适当的金融开放可能带来金融风险积累和经济波动加剧等负面影响。20世纪90年代,美国的麦金农和弗莱等学者总结了发展中国家金融开放的实践经验,认为金融开放的政策顺序不当、缺乏配套支持是导致推行金融开放的发展中国家陷入金融危机的根本原因。由此,我国有必要借鉴和吸取代表性国家(包括发达国家和新兴经济体)在金融开放历程中应对金融风险的成功经验和失败教训;探讨金融开放对本国经济金融发展的影响,分析金融开放与经济增长、金融风险等变量的内在关系。扩大金融开放需深入了解金融开放进程中可能面临的金融安全问题,确定金融开放的时机、程度和政策顺序,分析金融开放后的内部运行情况,以及研究金融开放后抵御外部冲击的有效做法。

　　本章详细梳理了代表性国家在金融开放背景下防范和化解金融风险的实践历程,并从中总结可供借鉴和参考的经验教训,在此基础上对国内外构建金融安全体系的未来方向进行展望。具体而言,本章第一节为金融开放与金融安全的国际实践研究。首先,探讨金融开放过程中保障了金融安全的国家实践。以金融开放中保障了本国金融安全的国家为例,分析其金融开放的初始条件、开放顺序、开放后的内部运行以及抵御外部冲击的做法。其次,剖析金融开放过程中发生了金融危机的国家实践。在选取金融开放中发生了金融危机的代表性发达国家和发展中国家的基础上,分别分析这些国家金融开放的初始条件、开放顺序、开放后的内部运行、开放导致的金融风险及后果,探寻金融危机产生的原因及风险传导机制,总结危机发生后这些国家的应对措施并评估其效果。最后,基于现有文献采用 Meta 分析法从银行危机视角对金融开放和金融安全两者的关系进行深入探讨。本章第二节为金融开放与金融风险防控的国际经验与启示。首先,本部分探讨金融开放和金融风险防控的成功经验;其次,总结金融开放和金融风险防控的失败教训;最后,提炼代表性国家在金融开放和金融风险防控方面的成功经验和失败教训对我国的启示。本章第三节为国外金融安全体系构建的发展趋势分析。本部分回顾当前全球金融安全体系建设已取得的进展并分析今后可能面临的挑战。首先,探讨"最优"的全球金融安全体系架构,包括国际货币基金组织、区域金融联盟与双边和多边央行互换安排,以及彼此之间的关系。其次,分析当前全球金融安全体系不同层次的功能以及当前结构的不足。最后,讨论全球金融安全体系的未来发展趋势。

第一节　金融开放与金融安全:国际实践

一、在金融开放中保障了金融安全的国家实践:考察与分析

金融开放可以划分为内生金融开放和外生金融开放两种模式。一国的内生金融开放是指基于国内经济对于金融发展的需求,国内金融体系的发展程度已经跨越了对外开放的"安全阈值"之后所产生的市场扩张需求。而外生金融开放则是指一国暂不具备金融发展所需的对外扩张基础,迫于外部压力

或在外部因素刺激下所作出的被动选择。本部分以内生金融开放过程中保障了本国金融安全的国家为例,根据全球人均实际 GDP 高低进行排序,筛选出未发生过金融危机、经济增长较快且经济波动较小的代表性国家(见表 5.1)。

表 5.1　代表性国家经济增长与经济波动情况(1960—2016 年)

国家	经济体性质	人均 GDP (2010 年恒定美元价格)	经济波动率 (%)
丹麦	发达经济体	43400	2.26
澳大利亚	发达经济体	35886	1.70
荷兰	发达经济体	35187	2.12
德国	发达经济体	33111	1.99
新加坡	发达经济体	22953	4.27

注:(1)经济体性质的分类来自国际货币基金组织《世界经济展望 2017》。(2)人均 GDP 以 1960—2016 年各国人均 GDP 的均值表示;经济波动率以人均 GDP 增长率的标准差表示;德国经济数据的起始时间为 1970 年;相关数据根据世界银行 WDI 数据库计算得出。

在回顾这些代表性国家金融开放历程的基础上,首先,分析其金融开放的初始条件。只有在满足初始条件的情况下,一国实施金融开放才能从中获得稳定的经济增长效益。本部分从金融发展、经济体制、贸易开放、宏观经济政策等方面对一国金融开放的初始条件进行分析。其次,分析其金融开放的顺序。麦金农在研究经济自由化的顺序时指出,自由化的最佳顺序取决于各国的基本国情。而金融开放进程中各子项目的推进顺序也可能因国情不同而存在差异,因此有必要进行深入的比较分析。再次,分析其金融开放后的内部运行情况。当一国拥有较为完善的金融市场和具有竞争优势的金融机构时,金融开放有助于其内部经济发展。从理论上来说,发达的国内金融市场能将国外资本高效地分配到有竞争优势的投资项目,也能为利用外资技术的本土企业提供必要的信贷支持,并且可提供较多的风险分散机会,从而影响流入资本的数量和结构(Aoki 等,2010)。最后,分析金融开放后代表性国家抵御外部冲击的成功做法。根据第二次世界大战以来的主要金融危机事件表(见表 5.2),

分析代表性国家在历次金融危机中采取的应对措施,总结有效保障本国金融安全的经验。

表5.2 20世纪90年代以来重大金融危机事件表

时间	金融危机事件	起源国家	危机产生原因
1990年	日本金融危机	日本	扩张的货币政策加剧了泡沫经济
1997—1998年	亚洲金融危机	泰国	泰铢贬值
2001—2002年	阿根廷金融危机	阿根廷	财政赤字问题
2007—2008年	美国次贷危机	美国	美国次级房屋信贷行业违约剧增、信用紧缩问题
2009—2013年	欧债危机	希腊	主权债务问题

（一）丹麦在金融开放中保障金融安全的实践

1.丹麦金融开放的初始条件

自1979年石油输出国组织(OPEC)大幅提高原油价格以后,1980—1981年,丹麦出现了严重的经济萧条。1982—1983年,丹麦的失业率一度高达8%,经常账户赤字占GDP的3%—4%,净外国借款约占GDP的30%。其中,部分外国借款是因20世纪70年代后期丹麦政府试图通过扩张性财政政策增加本国就业,以及通过丹麦本国货币贬值来改善经常账户所致。在20世纪80年代初期,丹麦通货膨胀率高达11%以上。丹麦本国长期债券利率与德国长期债券利率差额高达10—12个百分点。1982年丹麦长期债券利率绝对水平远高于20%。与其他北欧国家相比,20世纪80年代初期丹麦面临的经济萧条状况更为严峻,且失业率也相对较高。

2.丹麦金融开放的顺序

20世纪80年代初期,在面临国内经济萧条和极高利率水平的情形下,丹麦政府和中央银行于1980年结束了对信贷市场长达十多年的定量监管。对商业银行的定量监管最初采取的形式是对单个银行的贷款总额设定绝对限额。丹麦央行对银行贷款设限的初衷是减少市场经济活动和降低市场利率,但对银行贷款设限提高了商业银行的存贷款利差。在取消对银行贷款的定量监管后,1981 年丹麦政府废除了对银行利率水平的所有监管规定。除此之外,对抵押贷款机构新发放贷款的大部分定量监管也一并取消了。与其他北欧国家(如芬兰、挪威和瑞典)相比,丹麦金融市场和银行业开放时间提前了五年。

1982 年,丹麦政府宣布维持固定汇率政策(在欧洲货币体系内)。1983年,丹麦实行紧缩性财政政策,但汇率仍维持不变。此时,其他一些欧洲货币体系国家如法国则实行本国货币贬值。1982—1983 年间,由于商业银行大量增加债券特有量,丹麦长期债券利率水平由 20%下降至 14%,同时,丹麦政府宣布取消对外国资本流动的大部分限制。

3.丹麦金融开放后的内部运行情况

较低的利率水平及市场预期,国际贸易条件的改善,以及紧缩性财政政策实施后总体经济状况的改善刺激了丹麦本国需求和生产。通货膨胀率在1981—1982 年位于 11%以上,1986 年降至 4%。与此同时,失业率也下降了3.5 个百分点,1986 年失业率位于 5%的较低水平。1986 年国内需求的增加使经常账户赤字上升到 GDP 的 5.5%,净外债规模上升至 GDP 的 40%。在此情况下,丹麦政府和议会决定施行结构性紧缩财政政策,具体做法是降低私人投资者净利息支出抵扣应税收入的税率,抵扣税率下降幅度约为 20 个百分点。1990 年,丹麦首次出现经常账户盈余,盈余占 GDP 的 3%。1986—1993年间,丹麦经常账户盈余占 GDP 的比重上升了约 8 个百分点。然而,由于同期芬兰和瑞典货币贬值,丹麦的国际市场竞争力并未得到明显改善,丹麦的失业率仍逐年上升。1992—1993 年间国际经济条件恶化,丹麦失业率超过 9%。由于丹麦失业率维持较高水平且持续增长,1992 年政府开始实行扩张性财政政策。1994 年,丹麦 GDP 增长率为 5.5%,在欧洲国家中(除爱尔兰外)处于最高水平。在扩张性财政政策作用下,短期和长期利率水平均处于下降趋势。在随后的六年时间里,丹麦失业率降至约 4%,且在此过程中基本未出现经常账户赤字(1998 年除外)。

4.丹麦抵御外部冲击的做法

1992—1993 年间,丹麦经历了欧洲货币危机。1993 年初,在爱尔兰货币贬值后,丹麦货币的固定汇率水平在外汇市场上承受较大压力。在此情况下,丹麦央行将隔夜拆借利率提高至年化 90%,同时丹麦政府和其他欧洲货币体系国家对外汇市场采取了干预措施,此外丹麦政府宣布维持本国固定汇率政策,丹麦货币贬值压力得到有效解除。1993 年夏,由于法国和德国之间的经济紧张局势,欧洲货币体系内部发生了严重货币投机。1993 年 8 月,欧洲货币体系成员国暂停欧洲货币间的固定汇率,相对德国货币马克而言,丹麦货币立即贬值了 8%—9%,但随后在 1993 年末丹麦货币和德国马克间的汇率水平逐渐恢复至前期的平价。在此后几年里除货币市场发生几次轻微动荡外,丹麦货币汇率一直维持稳定。与其他北欧国家相比,丹麦未经历严重的金融危机,丹麦的金融安全与其银行业和宏观经济状况以及相关政策密切相关。具体如下:

1980—1981 年,丹麦中央银行既未像 20 世纪 70 年代那样对商业银行贷款发放实施数量限制,也未对存款和贷款利率进行管制。20 世纪 80 年代中期银行贷款的高增长率部分是由银行贷款的定量限制性措施废除后相关政策的调整所引起的。然而,贷款限制取消后,在 20 世纪 80 年代后期和 90 年代初期财政政策紧缩和低经济增长率导致银行损失和损失准备金增加之前,丹麦银行信贷评级和风险管理有充足的时间进行调整以适应没有限制的信贷市场。20 世纪 90 年代初期丹麦银行损失和损失准备金的增加并不是因为金融自由化所引起的。丹麦银行资本化程度较高,尤其是从事实法角度衡量的资本化程度高于其他北欧国家。根据《巴塞尔协议I》,20 世纪 90 年代初期丹麦开始引入欧盟的新资本要求。平均而言,与丹麦之前采用的资本要求相比,新的资本要求有所降低。因此,与其他北欧国家相比,丹麦银行的资本充足率更高。

20 世纪 80 年代初期丹麦的宏观经济状况是导致高失业率和高通货膨胀率的不稳定因素之一。这一时期丹麦政府采用扩张性财政政策以刺激就业,丹麦央行多次通过使本国货币贬值来减少经常账户的赤字。1982—1983 年起,特别是从 1986 年起,在可靠的固定汇率制基础上,新的宏观经济政策工具的采用逐渐使丹麦的经济状况趋于稳定。1990 年,紧缩性财政政策和低经济增长率使丹麦经常账户由赤字转为盈余。1993—1994 年间,经常账户盈余使丹麦政府逐渐采用扩张性财政政策来增加国内需求和就业。上述扩张性政策结束了 20 世纪 90 年代初期丹麦金融部门面临的高损失和高损失准备金局面。

1987—1993 年间,丹麦经济增长速度较低,但却很稳定,房地产价格也在缓慢下行,丹麦经济总体稳定的局面是银行业长期健康发展的必要条件。从这个角度而言,20 世纪 90 年代初期丹麦银行部门暴露出的问题主要是由 20 世纪 70 年末和 80 年代初全球石油价格上涨带来的经济冲击所引起的。丹麦能有效保障本国金融安全的重要原因是多年来采用恰当且适时变化的财政政策来保证经常账户和外国债务的稳定。

(二)澳大利亚在金融开放中保障金融安全的实践

1.澳大利亚金融开放的初始条件

澳大利亚在早期实行保护主义政策,这限制了澳大利亚制造业的发展规模,制造业对海外市场的渗透率较低,这也强化了澳大利亚经济对金融中介的依赖。与股票或债券融资成本相比,依靠金融中介的融资方式成本较低。在制造业企业发展规模受限的情况下,其倾向于采用交易成本相对较低的金融中介融资方式,这也解释了 20 世纪 70 年代以前澳大利亚金融中介市场发展活跃,而债券和股票市场发展较为缓慢的局面。

贸易保护主义政策使澳大利亚的贸易条件不断恶化,1973 年石油危机爆发加剧了澳大利亚的经济困境,也促使澳大利亚政府推行经济自由化改革。1973 年,澳大利亚开始全面削减关税并取消了进口数量限制。在劳动力市场方面,1983 年,澳大利亚工党政府与澳大利亚工业委员会达成了《价格与收入协定》(*Prices & Incomes Accord*)。根据该协定,工会同意适当克制工资上涨的要求,而政府则承诺会控制通货膨胀水平。该协定对控制 20 世纪 80 年代初澳大利亚所面临的高通胀水平发挥了积极作用。

总体而言,1973 年后澳大利亚政府推行的经济自由化改革与对外开放,强化了市场的资源配置作用,提高了市场竞争程度、资源配置效率和劳动生产率。这些经济政策的出台激发了市场经济主体对多样化金融资产和直接融资的需求,也使得澳大利亚在 1983 年放松金融管制后,迎来了澳大利亚金融市场和非传统金融中介的迅速发展。

2. 澳大利亚金融开放的顺序

1981 年,Campbell 委员会提交了有关澳大利亚金融体系的调研报告,报告指出澳大利亚继续维持对其金融体系的严格管制不仅不能达到预期效果,而且还会抑制金融机构竞争力和金融体系效率的提高。具体而言,在全球金融一体化背景下,澳大利亚国内金融需求可以绕过本国金融管制借由海外金融市场来满足,而本国金融机构则因金融管制的限制难以进入海外市场,从而造成竞争力被削弱。其次,金融机构可以通过研发替代性的金融产品从而规避金融监管,但是将本国金融需求引向游离于监管外的金融企业或金融借贷往往会使金融效率蒙受损失。

1983 年,澳大利亚工党执政后,重新组建了 Martin 调查委员会,对 Campbell 报告的内容进行审议。Martin 委员会审议所得结论也支持 Campbell 报告的政策建议。因此,1983 年澳大利亚开始了全面的金融自由化改革,改革的主要内容是全面降低甚至取消政府对特定金融机构或金融交易的限制,具体如下:第一,放松汇率管制。1983 年末,澳大利亚取消了汇率管制措施,澳元开始采用浮动汇率制度,40 家非银行金融机构获得了外汇交易许可证,并开始与银行类金融机构展开竞争。第二,扩大并开放银行业准入。1983 年,澳大利亚联邦政府宣布允许 10 家新开设的银行(包括外资银行)进入银行业。1985 年,澳大利亚邀请 16 家外资银行来澳开设商业银行业务。1992 年,澳大利亚准许外资银行在澳开设分支机构,但其零售储蓄业务仍受到一定程度的限制。同年,澳大利亚联邦银行取消了对新设银行的数量限制。第三,取消银行业管制。1984 年,澳大利亚取消了所有剩余的银行业管制,包括对存款最短和最长期限的限制、禁止储蓄银行提供支票服务的限制、以及为支票账户支付利息的限制等。同时,澳大利亚取消了金融机构在业务分工方面的限制。第四,放松了对银行持有特定类型非银行金融机构股份的限制。第五,取消澳大利亚股票交易所和证券行业的限制,逐步取消股票市场佣金率和经纪人准入限制。1984 年,澳大利亚股票市场将以往的固定比率佣金制调整为可协商的佣金制。1985 年,经纪人准入限制方面,澳大利亚政府允许外国投资者持有本国证券经纪公司不超过 50%的股份。1987 年,澳大利亚直接放开股票佣金率和经纪人准入限制,允许外国投资者直接进入证券交易所交易,同时能够购买交易所会员 100%的股份。第六,改革税收制度。1985 年,澳大利亚政府取消了对人寿保险和养老基金公司的"30/20"规则①,从而消除它们持有更多政府债券的动机。第七,改革政府长期和短期证券的发行方式。由原先的指定发行转变为通过市场竞标方式确定发行价格。

3.澳大利亚金融开放后的内部运行情况

1985 年,澳大利亚银行业对外开放后,多家外资银行纷纷进入澳洲银行业,如花旗银行(Citi Bank)、巴克莱银行(Barclays Bank)、德意志银行(Deutsche Bank)等。由于外资银行在零售网点开设方面仍受限制,绝大多数进入澳洲市场的外资银行主要开展私人银行业务、股票经纪和投资银行业务等。银行业准入放松加剧了竞争,各银行相继降低利率和贷款抵押要求,致使大量贷款流向高风险高负债公司。随着 20 世纪 80 年代末这些公司的大量破产,银行业遭受了巨额损失。银行业竞争的加剧和面临的危机进一步推动了银行业的整合,整合后的澳大利亚银行业形成了以澳新银行、联邦银行、澳大利亚国民银行和西太银行为核心,州立银行、区域性银行和外资银行竞相发展的格

---

① "30/20"规则是指人寿保险公司和两类养老基金公司只有在其资产中至少持有 30%的公共证券,其中至少包括 20%的联邦政府证券,才有资格享受特殊的所得税减免。

局。放松金融管制后,其他非银行金融机构主要走专业化发展路线,专门提供如抵押贷款管理、现金管理信托等方面的金融服务,这也迫使银行业金融机构下调利润预期,加快金融产品创新,推动了澳大利亚金融机构与市场的融合。

4.澳大利亚抵御外部冲击的做法

在 2008 年国际金融危机的背景下,澳大利亚金融体系表现相对稳健,金融机构盈利水平良好,资本金充足。虽然中小企业融资成本相对提高,但信贷配给现象较少。根据 Hery(2010)的研究,在全球金融危机冲击下,澳大利亚金融体系表现稳健主要源于以下几方面原因:第一,澳大利亚金融机构对高风险资产的敞口较低。第二,澳大利亚股票市场表现依然强劲,这就保证了银行得以通过股票市场进行融资。第三,澳大利亚实行严格的金融监管制度。1998 年 7 月,新的金融监管框架成功建立,在该框架下,澳大利亚储备银行(RBA)负责维护本国金融体系稳定,防范系统性金融风险,并在发生风险时及时采取应对措施;澳大利亚审慎监督管理局(APRA)负责对本国所有储蓄机构(银行、住房互助会、信用合作社)、人寿和一般保险,以及养老基金进行监管,制定相关审慎标准;澳大利亚证券和投资委员会(CFR)负责管理和执行与金融市场、金融中介以及金融产品(不包括贷款)相关的法律规定,保护消费者权益,增强投资者和消费者参与金融活动的信心;澳大利亚财政部主要负责向联邦政府报告与本国金融稳定相关的问题,并监督保证金融体系运行的相关法律法规框架。第四,在金融危机冲击下,澳大利亚储备银行及澳洲政府及时采取了应对措施,财政政策与货币政策在应对金融危机冲击过程中均发挥了重要作用。同时,澳大利亚政府也出台了一系列临时性的保障措施,保证了金融机构的资金来源。

(三)德国在金融开放中保障金融安全的实践

1.德国金融开放的初始条件

第二次世界大战后,德国主要采用出口导向的发展战略,经济迅速得以重建。其经济发展主要呈现以下特点：第一，出口依赖程度较高。1950—1957年，德国出口依存度平均水平约为 17.1%，并呈现逐年上升趋势。1973 年，德国出口依存度上升至 24.5%。第二，国际收支呈现持续顺差。1951—1956年，德国国际收支保持持续顺差，顺差主要来自贸易盈余，约占 GDP 的 1.5%。1969 年以后，德国国际收支中资本项目顺差开始取代贸易顺差。1973 年，德国资本项目顺差突增至 634 亿美元，而同期贸易顺差仅为 105 亿美元。第三，外汇储备迅速积累。20 世纪 60 年代，德国外汇储备约为 80 亿美元；1972 年，德国外汇储备上升至 200 亿美元；1973 年，外汇储备攀升超过 400 亿美元。20 世纪 60—70 年代，德国外汇储备迅速积累，并一跃成为世界范围内外汇储备最高的国家。

从德国内部经济发展来看，主要呈现以下特点：第一，储蓄率水平较高。1960 年后，德国储蓄率水平总体呈现上升趋势。1970 年储蓄率达到最高水平，约为 29%；1975 年以后，德国储蓄率保持 20% 的水平，但与其他发达国家相比仍较高。第二，通货膨胀压力较大。德国中央银行在国内市场投放大量基础货币以维持本国的固定汇率制度，同时，本币的升值预期促使国际资本大量流向德国，通货膨胀率呈上升趋势。20 世纪 60 年代，德国基本生活费用年增长率约为 2%；随后 1970—1972 年上升至 4.7%；1973—1974 年进一步增长至 7%。第三，内部收入差距扩大。这一时期，德国基尼系数呈上升趋势，但仍控制在国际警戒线水平 0.40 以内。

2. 德国金融开放的顺序

1973 年，德国开始推行一系列金融改革，逐步推进金融开放，其金融开放顺序及核心内容如下：第一，取消汇率管制，实行浮动汇率制度。1973 年以前，德国实行固定汇率制度。由于德国外汇储备积累迅速，本币升值压力较大。德国中央银行采取了一系列措施来维护本国的固定汇率制度，例如买入外汇、提高非居民存款的最低法定准备金率等，但上述措施收效甚微。1973年，德国正式实行浮动汇率制度。1979 年，德国进一步完成了资本账户开放。

第二,推进利率市场化。德国逐步推进利率市场化进程:1962 年,德国调整利率限制对象;1967 年,德国全面解除利率管制,但德国中央银行仍实施部分利率干预行为;1973 年底,德国中央银行取消了信贷规模管理以及储蓄存款标准利率制,这标志着德国利率市场化的彻底完成。第三,加快金融体系开放。20 世纪 60 年代,德国对外开放程度进一步提高,开始推动大型金融机构开放,具体而言德国三大银行即德意志银行、德累斯顿银行和德国商业银行在海外的分支机构和参股金融机构遍布全球。

3.德国金融开放后的内部运行情况

第二次世界大战结束至今,德国经济一直保持着较为稳健的发展,物价稳定,地区发展比较平衡,是发达经济体之中的典型代表,其经济转型主要经历了以下两个阶段。

第一阶段(1940—1970 年):第二次世界大战后,德国建立并巩固了"社会市场经济"模式。该模式的主要特征是将市场竞争和市场利益均衡相结合,确保市场自由和有序发展,以国民福利为基础。德国社会市场经济模式通过政府干预和福利建设有效减少了市场经济的消极后果,极大缓解了社会贫富分化,并构建了较为完善的社会保障体系。该阶段德国经济增长方式由粗放型向集约型转变。1950 年朝鲜战争爆发为德国发展创造了重要机会,德国出口需求迅速增长,经济开始高速发展。1950—1970 年,德国经济平均增速高达 7%。

第二阶段(20 世纪 90 年代初期):1990 年 10 月,两德实现统一。统一后,西德的社会市场经济体制成为东德转型的目标。东德陆续建立了货币联盟、经济联盟、社会联盟等。至 20 世纪末,东德经济转型完成,两德经济实现完全融合。该阶段德国的经济发展战略从以传统的工业生产为主导逐步向以计算机、信息技术等新经济产业为核心转型。1990—1994 年,德国政府对信息技术领域的投资额年增长率高达 800%,极大提升了德国的信息技术实力。

21 世纪以来德国经历了两次较为严重的金融危机,分别是国际金融危机和欧债危机。2008 年末,美国次贷危机引发的金融危机对世界实体经济发展造成严重冲击。与世界其他主要经济体相比,德国对外依赖程度较高,2008年德国经济的外贸依存度高达 47.2%。因此,2008 年 10 月开始,金融危机对德国制造业的影响逐步显现,与 2007 年相比,德国制造业销售数量指数下降了 3.4%;2009 年 1 月和 2 月,德国制造业销售数量指数又分别下降了 23.8%和 26.5%。受销售情况影响,2009 年 2 月,德国国外订单同比下降达 41.9%,而国内订单同比下降达 32.9%。受金融危机影响,德国出口形势严峻。从宏观经济总体状况来看,2008 年前三季度德国 GDP 同比分别增长了 2.8%、2.0%、0.8%,但第四季度明显下滑,同比增长为负。就业方面,德国劳动力市场表现相对稳定。消费方面,金融危机对私人消费领域的冲击较小,这主要是当期低通胀率、政府经济振兴计划、零售商促销等多种手段共同作用的结果。投资方面,国内 2008 年第四季度投资额同比减少 0.3%。

2009 年希腊爆发债务危机,2010 年债务危机进一步恶化。相比其他欧元区国家,德国在危机期间受影响较小。德国经济在相对低迷的环境下逆势增长,国家债务和财政赤字占国内生产总值的份额不断下降(2010 年和 2011 年德国财政赤字分别为-4.1%和-0.8%,国家负债率分别为 82.4%和 80.4%)。在财政赤字和负债率均相对较高的情况下,德国 2010 年全年经济增长达3.6%,2011 年经济增长约为 3.0%,经济增长势头良好。2010 年,德国投资、消费和出口的增长率分别为 9.8%、1.1%和 13.7%,失业率为 6.8%;2011 年,投资、消费和出口的增长率分别为 7.2%、1.5%和 7.8%,失业率为 5.7%。德国经济不仅走出了 2008—2009 年的国际金融危机,在欧债危机期间也保持了强劲的发展态势。

4.德国抵御外部冲击的做法

在 2008 年美国次贷危机时期,德国政府主要采取了如下应对策略:第一,2008 年 10 月出台《金融市场稳定法》,其主要目标是帮助德国金融机构解决在金融危机冲击下出现的流动性不足问题,同时提高金融机构的资本充足率,进而稳定国内金融市场。第二,为阻止金融危机的蔓延,2008 年 11 月和 2009

年1月德国政府先后出台了两套应对金融危机冲击的经济振兴计划,主要包括四项内容:一是投资。政府计划支出200亿欧元用于教育、城镇基础设施建设、道路交通和建筑改造工程、"环保奖金"(刺激私人汽车购买)和支持中小企业的研发创新活动。二是通过降低个人所得税率、上调个人收入所得税起征点等措施来减轻德国民众负担。三是通过政府投资保障和促进就业。四是设立"德国经济基金",给国内企业提供担保和信贷,帮助企业度过危机。

在德国政府大规模救市措施和经济刺激计划下,德国政府所预测的最坏结果并未出现,经济复苏也比先前预测来得更早更快。但与此同时,德国债务水平也较高。2008年金融危机爆发前德国债务已达GDP的65.9%,2010年债务水平达GDP的82.4%。高额的债务利息限制了国家在其他领域的支出。为降低国家年度预算赤字和公共债务,2009年6月,德国联邦参议院通过了德国联邦和各州政府制定的《新债务法规》,并将其写入联邦基本法。根据该法规,政府大力削减国债和赤字,要求联邦政府从2016年开始每年新增国债不超过当年国内生产总值的0.35%,联邦各州从2020年开始不得举借新债。这也使得德国在欧债危机期间很快走出了债务泥潭,经济发展保持良好态势。

(四)荷兰在金融开放中保障金融安全的实践

1. 荷兰金融开放的初始条件

荷兰是西欧经济较为发达的国家,20世纪60—70年代中期,荷兰经济增长速度保持在11%左右。1970年,人均国民生产总值达2430美元,是同期美国人均国民生产总值的51%,英国人均国民生产总值的107%。在生产高速发展基础上,荷兰实行了一整套的社会福利和保险制度,因此,荷兰也是西欧较为典型的高福利国家。20世纪70年代,石油危机爆发,石油价格引起物价上涨,荷兰通货膨胀率从1973年的6.2%上升至1974年的12.3%,1975年更是高达14.7%。由于荷兰企业面临高税收,投资和技术进步积极性缺乏,生产减缓,产品的市场竞争力下降,紧接而来的世界性经济萧条使荷兰经济增长速度下降到 1983 年的 2.8%。同时,由于实行高福利、高工资制度,政府预算赤字庞大,但经济增长缓慢,投资减少。移民的增加,又造成工人失业率上升的局面。1982 年,荷兰预算赤字高达 330 亿荷兰盾,占国民收入的 10%;工人失业人数达 80 万,占劳动力总数的 17%。控制通货膨胀、减少财政赤字、降低失业率是 20 世纪 80 年代荷兰政府实施宏观经济调控的主要政策方向。

2. 荷兰金融开放的顺序

20 世纪 70 年代至 80 年代,荷兰取消了国际资本交易限制,同时也放松了对本国金融市场的监管。具体而言,在国际资本流动自由化的改革方面,1961 年,荷兰经常账户交易实现了完全自由化,接受并履行《国际货币基金组织协定》第八条义务。除此以外,荷兰也允许外国直接投资,但大部分短期和中期资本交易被严格管制,这主要是由于荷兰货币当局担心短期资本流入会破坏信贷控制的有效性。1977 年,荷兰资本账户控制体系简化,由不允许资本账户交易(特殊情况除外)转变为完全允许资本账户交易(特殊情况除外)。1981 年,上述资本账户交易政策被正式写入《外国金融关系法》。1981 年,在废除信贷上限后,荷兰银行允许所有外国贷款的到期期限为 2 年。1983 年,荷兰资本流入限制被彻底废除。1986 年 10 月,荷兰资本市场的外国事务处理实现完全自由化,荷兰成为第四个资本交易完全自由化的 OECD 国家。

为了使荷兰金融资源配置效率更高,1986 年,荷兰放宽了对资本市场的监管,具体包括:废除了除重大事项以外所有事项的预约要求;债券的最低到期期限由五年减少至两年;取消了贷款至少分四期归还的规定,这也催生了一次还本贷款的发行;自由发行浮动利率票据、商业票据和存托凭证;允许外国银行的荷兰分支机构在荷兰资本市场上作为主办行。上述荷兰资本市场监管的放松结束了货币和资本市场互相分割的时代。1988 年,荷兰又放宽了部分限制性措施,包括:允许所有发行者持续发行荷兰盾票据,从而促进中期票据的出售;废除了大规模债券发行许可要求;取消外国共同经理人持有股份上限;允许发行高折价债券和零息债券。1991 年,指数化贷款禁令被废除。

3.荷兰金融开放后的内部运行情况

在荷兰金融开放进程中,荷兰金融机构并未出现严重问题,这对荷兰来说是一项非凡的成就。通常而言银行危机发生的一个重要原因似乎就是金融自由化,因为金融自由化会使银行业经营环境发生翻天覆地的变化,从而增加银行风险甚至诱发银行危机。因此,如果不事先采取措施加强监管,金融自由化可能会导致过度负债,并影响银行声誉。除此以外,金融自由化也可能导致资产价格泡沫。20世纪80年代早期,由于荷兰国内存在高通胀、高利率和经济滞胀,荷兰企业破产现象频发,这也给荷兰银行业发展带来了问题。同时,荷兰商业地产和住宅价格大幅下跌。加上不审慎的借贷政策,最终导致了一家中等规模的抵押贷款银行破产,其他抵押贷款银行重组,被其他银行和机构投资者收购和接管。这些问题给荷兰银行业发展敲响了警钟。自20世纪80年代早期以后,银行业再未出现重大问题。荷兰银行业的健康发展离不开适当和严格的监管政策。由于放松监管可能会导致风险的发生,1990年,荷兰银行被赋予监管共同基金的职责,目的是促进金融市场的良好运行,以及保护投资者的合法地位。1995年,荷兰中央银行开始负责监管货币兑换,以打击洗钱行为。

4.荷兰抵御外部冲击的做法

在2008年的国际金融危机中,荷兰银行业遭遇了巨额亏损,但总体财务状况仍相对稳健,能够应对国内经济低迷的状况。多数银行在危机中接受了政府援助,即时调整自身资产负债表、提高资本充足率以避免银行破产。在金融危机时期,荷兰央行要求国内商业银行准备更多的缓冲资本以应对未来金融危机带来的潜在风险。由于经济不景气,商业地产市场价格急剧下降,荷兰央行调整相关策略,对国内商业银行提出如下要求:第一,国内商业银行需对商业地产债权按照市价进行估值;第二,国内商业银行应根据自身实际情况提高拨备资金规模;第三,国内商业银行应提升内部风险管理以及组织管理水平。

（五）新加坡在金融开放中保障金融安全的实践

1. 新加坡金融开放的初始条件

第二次世界大战结束以后,新加坡面临诸多发展难题,包括社会不稳定、基础设施被战争大量摧毁、住房和公共设施不足、经济增长缓慢、工资水平低,以及因人口迅速增长而带来的高失业率等问题。20 世纪 50 年代末,新加坡失业率水平约为 13.5%。1965 年新加坡独立后,新加坡政府致力于降低失业率,提高本国人民的生活水平,以及为民众提供住房。新加坡的经济基础设施整体水平得到跨越式提升,种族间的紧张关系得以缓解,建成了独立的国家防御体系。在扎实构筑工业化基础和多元化发展战略的共同作用下,20 世纪 70 年代末新加坡在东南亚地区拥有了经济发展的领先优势。这一时期经济结构的显著变化给新加坡的发展带来了巨大红利。新加坡经济的快速增长源于这一时期工人的工资得到较好保障,并且生产中应用了先进的机器设备。更令人瞩目的是新加坡经济增长迅速的同时保持了物价水平稳定,在货币当局采取诸如严格控制货币供给的保守货币政策下,新加坡的通货膨胀率始终维持在较低水平。

2. 新加坡金融开放的顺序

新加坡政府逐步推进金融市场改革与开放,具体如下:

第一阶段(1968—1987 年):逐步开放金融市场。1970 年,新加坡政府批准了 16 家外资银行从事非居民海外美元存贷款业务,并负责向亚太地区银行提供美元存款和贷款等离岸金融服务,这标志着新加坡离岸金融市场的诞生。1978 年 6 月,新加坡取消外汇限制。新加坡在放松资本管制的同时,也大力促进金融服务的出口。新加坡吸引外国银行的金融出口战略的实行离不开优惠有利的银行监管和财政激励措施。新加坡的金融开放政策不仅坚持抑制任何残留的"金融萧条"(新加坡银行的利率垄断),而且坚持在本国范围内采用恰当的与本国货币进行竞争的第二货币(亚洲货币单位)。在稳定政策执行面临重重约束的情况下,新加坡还进一步实行垂直体系的金融自由化(完全自由的国际资本流动)。

第二阶段(1988—1994年):加快金融自由化改革进程。新加坡政府针对金融业推出了系列优惠与扶持政策,具体措施包括放宽融资汇兑政策、鼓励外资银行进入等。外汇方面,实现融资汇兑自由,外资企业可不受限制开设银行账户并向任意金融机构申请融资业务。在外资银行准入方面,允许富有经验和声望的大银行进入新加坡金融业。

第三阶段(1995年至今):金融自由化程度进一步提高。新加坡政府在融资汇兑、资金流动和个性化金融服务方面推出了更为自由开放的政策。融资汇兑方面,自2000年以来,不再严格限制佣金,企业利润可以自由汇给新加坡;资金进出方面,1999年新加坡政府允许外资在本地银行的持股比例超过40%;鼓励外国证券来新加坡,给予其在新加坡交易所发行股票或债券的权利;个性化金融服务方面,创新各项融资服务,满足企业的多元化融资需求。

3. 新加坡金融开放后的内部运行情况

20世纪80年代,在拥有可持续生产、融资机制和通信网络的环境下,新加坡成为跨国公司发展的理想之地。银行业和金融业改革使新加坡的国际银行业务繁荣发展,国际银行业务占GDP的比例达到25%,新加坡成为仅次于香港和日本的亚洲地区金融中心。由于新加坡十分依赖于世界经济的发展,下降的外部需求不可避免地会影响新加坡经济发展。1985年,新加坡经历了历史上最严重的大萧条,当年经济增长率为-1.5%;1986年,新加坡经济增长率缓慢恢复至1.9%。从外部诱因来看,全球石油及海洋相关行业萧条导致对新加坡货物和服务需求锐减,并且导致造船业和船舶修理行业产能过剩。此外,美国半导体和电子行业需求放缓也直接导致了对新加坡的零部件需求减少。长期以来,新加坡主要致力于出口高科技制成品。20世纪90年代早期,新加坡高科技制成品占GDP的30%,电子行业在新加坡制成品增加值中所占比重最高。

4.新加坡抵御外部冲击的做法

2001年,高新技术行业全球萧条导致新加坡 GDP 下降了2.2%。同年,新加坡审查委员会成立,委员会针对新加坡经济恢复提出了若干政策建议。2001年后,随着世界经济局势的改善,新加坡经济逐渐开始恢复。自2003年中以后,在外部环境利好、宏观环境支持和持续的结构性改革下,新加坡经济迅速恢复。从金融监管方面来说,新加坡抵御外部冲击的成功做法主要有:

第一,构建规范的信贷管理机制。新加坡商业银行实行严格的资产负债比例管理和风险管理,在兼顾银行盈利性、安全性和流动性的基础上提高国内商业银行的经营效益。其中,资产负债比例管理方面,新加坡商业银行在资本充足率、资产流动性、贷款集中度等方面都进行了法律控制,违规者将被处以严厉惩罚,这降低了可能存在的经营风险。

第二,实行严格高效的金融监管制度。在银行业的管理上,新加坡从多个方面制定了监管标准,具体如下:一是资本充足率。《商业银行法》规定商业银行的资本充足率最低应达到12%,在实际管理中该比例达20%,较《巴塞尔协议Ⅰ》要求高出12个百分点。二是最低资产储备。新加坡规定流动资产占总负债的比例不得低于18%,与此同时须将流动资产的20%作为储备。三是贷款限额。银行发放贷款上限不得超过实缴资本的25%。四是投资限额。银行用于购买企业股权或者其他权益资金不得超过实缴资本的40%,而且银行投资于不动产的资金不得高于40%。五是公积金和坏账准备。公积金从每年的税后纯利润中提取,同时在公布盈余或亏损前对贷款中的坏账和呆账预提坏账准备金。

二、在金融开放中发生了金融危机的国家实践:考察与分析

金融开放不仅使发展中国家和新兴市场国家能充分利用外国资本和技术,促进本国经济的快速发展,而且对于发达国家而言,也能从中分享发展中国家和新兴市场国家金融开放的收益。随着发展中国家与全球经济的联系愈

加紧密,经济波动和金融风险也明显增加,其重要表现就是发展中国家发生金融危机的概率正逐步上升和受国际金融危机冲击的影响正逐步加大(王聪和张铁强,2011)。本部分将根据金融危机事件(见表5.2)选取在金融开放中发生了金融危机的代表性发达国家(如美国、日本、韩国等)和代表性发展中国家(如泰国、印度尼西亚、墨西哥、阿根廷等),在回顾代表性国家金融开放历程的基础上,第一,分析其金融开放的初始条件。初始条件为金融开放提供了必要的基础,如果在初始条件不足的情况下贸然实行金融开放,则不仅难以促进经济增长,甚至还会导致金融危机的发生。第二,分析其金融开放的顺序。Edwards(2002)的研究指出"早期金融一体化"开放顺序发生金融危机的概率明显高于"贸易开放优先"顺序。此外,开放中存在的固定汇率制度和经常账户逆差会使一国在面临外部冲击时更加脆弱。第三,分析金融开放后其内部运行情况。本部分将着重从经济、金融、贸易、制度等角度来分析金融开放后代表性国家内部运行情况。第四,分析金融开放导致的金融风险及其后果。不恰当的金融开放是维护全球金融稳定的重要阻碍(Rodrik 和 Subramanian,2009)。金融开放可能带来的风险包括:(1)宏观经济风险。放开金融管制后,资本自由流动进一步加大了本币升值压力,可能会恶化本国贸易条件,引发出口减少、内需不足、国内经济紧缩等问题。(2)金融体系的风险。金融开放后,外资金融机构进入可能会带来过度竞争,影响本国金融体系的稳定;其次,金融开放也使本国经济更易受到外部冲击,扰乱本国金融秩序,引发金融危机。(3)金融危机传染的风险。金融开放进一步加快了全球金融一体化进程,金融市场的跨国联动可能导致金融危机的快速传染。第五,分析产生金融危机的原因及其风险传导机制。本节将一国发生的金融危机分为四类:(1)条件欠缺型金融危机,即因欠缺初始条件而贸然实行金融开放所引发的金融危机;(2)顺序不当型金融危机,即因金融开放顺序不合理所引发的金融危机;(3)运行紊乱型金融危机,即因金融开放后一国内部运行紊乱所引发的金融危机;(4)冲击瓦解型金融危机,即因金融开放后金融风险加剧,难以抵挡外部冲击所引发的金融危机。据此探讨一国金融危机产生的原因并分析其金融风险的传导机制。第六,分析金融危机发生后的应对措施及效果。对金融危机发生后各国政府的救市政策进行分析,并探讨救市政策实施后主要经济指标如房地产价格水平、股票价格水平、人均 GDP 等的恢复情况。

(一)日本在金融开放中发生金融危机的实践

1.日本金融开放的初始条件

第二次世界大战结束后至 20 世纪 70 年代,日本建立起了旨在聚集资金、保护重点产业、促进经济复兴和增长的金融制度。但是,日本政府在金融业的市场准入、金融机构经营业务范围、金融业的价格与非价格竞争、资本国际流动等方面均实行了严格管制。在上述严格管制的金融体制下,日本保证了将资金优先供给到有关部门,有力地推动了本国经济的高速增长。但随着经济的不断发展,这种金融体制的弊端也逐渐开始暴露。例如,过于专业化的银行体系对金融机构的限制较多,影响了资金的横向流动,限制了企业自筹资金或调剂资金,从长远来看不利于经济的高质量发展。1973 年后,日本政府大量发行国债,国债的不断发行促进了公开市场的发展,大量资金流向了利率更高的证券市场,这就要求商业银行冲破利率限制。20 世纪 80 年代以来,日本国际收支盈余增长迅猛,资本输出规模急剧上升,日本成为世界最大的债权国,并进一步加快了国内金融市场开放的步伐。

2.日本金融开放的顺序

20 世纪 70 年代中期以后,日本证券回购市场交易规模迅速扩大。1979年日本都市银行推出可转让存单,与证券回购交易一起打破了日本金融商品的价格管制。金融业务方面,1981 年,日本通过了新的银行法,该法允许银行从 1983 年 4 月开始从事国债交易业务,允许证券公司从 1981 年 6 月起办理金融担保业务。金融国际化方面,1980 年 12 月,日本修改外汇法,允许日本居民进行外汇存款、借款、证券发行、投资、资本交易等。随着日本逐步放松资本流动管制,日本企业在外发行的债券规模不断扩大,随后日本政府进一步放宽了企业债券市场的有关限制。

20 世纪 90 年代,日本泡沫经济崩溃,大量金融机构破产。在此背景下,1996 年 11 月,日本政府对原有金融制度进行了全面改革,主要内容包括:第一,存款利率完全自由化。20 世纪 90 年代初,日本首先逐步实现小额定期存款利率自由化。1994 年,日本利率全面放开,基本实现了包括活期存款、普通存款在内的流动性存款的利率自由化。第二,金融机构业务自由化。放宽对银行、证券和保险等行业的限制,允许金融机构组建金融控股公司。扩大银行经营范围,允许银行经营证券、保险等金融业务。将证券业的许可证改为注册制,允许上市公司股票的场外交易。第三,放松对金融机构的管制。放开对金融机构设立、价格与非价格竞争的管制,实现资产交易自由化;取消证券交易税;放松对金融衍生工具创新的限制;实现国际金融交易的自由化。

3. 日本金融开放后的内部运行

20 世纪 80 年代后,美国等发达国家对日本的进口贸易总额远大于出口贸易总额,形成了逐年扩大的贸易逆差局面。由于 1980—1984 年间美国对日本的贸易赤字从 150 亿美元增长至 1130 亿美元,美国等发达国家共同向日本施压,在此背景下,日本与美国签订"广场协议"。该协议签订以后,1985—1987 年日元对美元汇率上涨了近一倍。日元快速升值对日本宏观经济发展产生了诸多负面影响,例如,对外出口量锐减,国内消费水平降低。对此,日本政府 1986—1987 年间连续五次下调央行贴现率。

4. 日本金融开放导致的金融风险及其后果

长期以来在日本央行较低的贴现率水平下,1987—1989 年日本银行的货币供应量迅速增加,同时由于日本国内实体经济投资机会有限,大量资金流入日本的房地产和股票市场,由此带来资产价格的大幅上涨。其中住房抵押贷款占全部贷款的比重从 1984 年的 20% 以下上升至 1992 年的 35%。随着银行资金以及其他金融机构资本大规模流入房地产市场,日本房价大幅攀升。

1985—1991 年间,日本房价上涨幅度超过了 50%。

1989 年,日本央行开始逐步上调贴现率水平,由 2.5% 上调至 6%,金融机构开始缩减贷款规模,提高贷款门槛,这导致房地产价格迅速下跌,也使银行等金融机构产生了大量不良贷款,在此期间许多企业和金融机构先后宣布破产和倒闭。随着日本房地产泡沫的破裂,1991 年开始日本的房地产价格急剧下降,土地市值从 20 世纪 90 年代初的 2300 多万亿日元下跌至 90 年代中后期的 1700 多万亿日元,金融业的不良资产超过了 70 万亿日元。

5. 日本金融危机产生的原因及风险传导机制

1990 年日本发生的金融危机主要由日本房地产的巨大泡沫破裂所引起,而房地产泡沫的形成又主要归结于以下因素。

第一,日本国内宽松的货币政策。20 世纪 80 年代"广场协议"签订后,日元汇率大幅上升,日本出口迅速减少。日本政府为缓解不利的贸易地位,实行宽松的货币政策,日本央行的货币供给量平均增速为 10%。1986—1987 年间,日本央行多次降息,并将贴现率维持在 2.5% 的水平。日本国内实体经济投资机会缺乏使房地产和股票市场发展迅速,在较低的贴现率水平下,银行降低了贷款门槛,将大量资金用于企业贷款和土地抵押贷款。

第二,房地产贷款规模扩张。在日本房地产泡沫膨胀期,日本房地产贷款占全部银行贷款的比重高达 30% 以上。房地产价格上涨带来了抵押贷款需求的进一步增加,银行等金融机构投放大量房地产抵押贷款的意愿增强。另外,日本当时较低的贴现率水平也使人们购买房地产的贷款成本降低,刺激了信贷需求。

第三,日本金融开放的影响。日本金融市场自由化发展的理念使日本企业能够利用多种融资工具获得资金。但同时,日元国际化、国外竞争者的进入、利率自由化等也导致日本国内金融机构受到冲击。在这样的情况下,日本金融机构投资高风险高收益金融资产与不动产贷款的意愿也随之增强,这就导致了银行抵押贷款的过度发放,刺激了房地产的投机需求。

第四,金融监管制度存在缺陷。在日本金融监管体系中,政府、企业和金融机构一体化,监管机制不够完善。在日本房地产泡沫的形成过程中,日本政府未能及时有效地对房地产市场进行干预,未能对大量资本涌入房地产市场进行及时有效管控。日本政府对金融市场较低的干预使得企业得以获得充足的融资机会,使企业将大量资本投资于房地产行业和股票市场而非实体经济,推动了房地产价格的攀升和股价的迅速上涨,给日本经济发展埋下了隐患。

6. 日本金融危机发生后的应对措施及效果

1990 年日本金融危机爆发时,日本政府制定危机应对政策的时滞太长,未能及时进行干预。例如 1990 年和 1991 年日本经济企划厅发布的《经济白皮书》表明,消费、住宅投资、设备投资、金融机构贷款对资产价格下跌带来的影响都很微弱。并且,日本银行的判断也同《经济白皮书》一致,1991 年的《日本银行月报》表示,日本资产价格变动并没有抑制设备投资。在日本房地产泡沫破裂后,日本央行也未引起足够重视,1992 年的《日本银行月报》表示日本泡沫破裂后的资产价格下降对实体经济的影响不是很大。

对金融危机的误判导致日本政府在危机处理过程中未能及时采取恰当的措施。1991 年 7 月 1 日起,日本央行由连续提高贴现率转为连续降低贴现率,从 6% 降低至 2.5%。1992 年 1 月,日本政府又开始加征地产税,这使得本就萧条的经济雪上加霜。日本政府在处理银行不良资产方面采用了过激做法,未能及时救助陷入困境的银行。由于日本政府在处理危机的政策上缺乏连贯性,日本经济主体逐渐对政府救市失去信心,导致了银行等金融机构的大量破产,最终造成了日本长达 10 年的经济大萧条。

(二)泰国在金融开放中发生金融危机的实践

1. 泰国金融开放的初始条件

泰国金融体系为银行主导型,商业银行等相关金融机构在整个金融体系中占据主导地位。泰国商业银行起始于 1888 年英属汇丰银行在泰国曼谷开设的分行,主要服务于国际贸易。1906 年,泰国首家商业银行——汇商银行成立,汇商银行发展迅速,在泰国受到了广泛认可和接受。1939 年泰国国家银行成立,负责履行中央银行的职能,监管商业银行等金融机构。在泰国金融开放以前,其金融业发展主要具有以下特征。

第一,泰国银行业所有权结构高度集中。泰国银行业在发展中逐步形成了以华人家族为主导、多方势力控股的多家银行集团,并以银行为核心形成了财团。1950—2005 年间现有银行体系一直占据垄断地位。

第二,银行业与传统企业彼此关联。泰国银行业和企业通过多种政治方式组成了以银行为核心的利益集团。运作模式主要是银行为企业提供融资,并通过网络服务于企业。银行类金融机构的投资决策主要基于民族、家族和友谊,较少将审慎原则考虑在内。

2. 泰国金融开放的顺序

20 世纪 80 年代后期,泰国开始了金融开放进程,其主要政策措施如下:

第一,放松外汇管制。20 世纪 90 年代早期,泰国外汇储备不断增加,债务偿付比例不断下降。1990 年 5 月,泰国根据《国际货币基金组织协定》第八条规定的义务,取消了对经常账户外汇交易的管制。1990—1994 年,泰国逐步放宽部分资本限制,允许国外资本跨境自由流动。

第二,放松利率管制。泰国实行利率自由化进程分为以下几步:1989—1992 年相继取消商业银行超过 1 年期的定期存款利率上限、商业银行储蓄存款的利率上限以及贷款利率上限;1993 年 10 月,规定商业银行必须公布最低贷款利率、最低零售利率,以及 MRR 之上的最大加点作为不符合 MLR 资格的客户的参考利率。

第三,设立曼谷国际银行设施。1993 年,泰国开放离岸金融业务,建立曼谷国际银行设施,专业从事欧洲货币业务,实现了资本账户开放,并且还出台了相应的税收优惠措施,所得税率下降至 10%,国内业务利息预提税率降至10%,此外还免除了营业税和印花税。

第四，放松对金融机构的管制。1987年初泰国央行扩大了贷款的涵盖范围。在金融机构持有流动性资产的规定方面，泰国央行于1990年11月将商业银行所持有的流动性资产占总存贷款比例下限从16%降至9.5%；1992年2月，该比例又进一步降至6%。在金融机构经营业务范围方面，泰国商业银行于1992年3月获准经营政府和国有企业债券承销以及相关金融咨询服务；1992年6月，泰国商业银行获准经营共同基金销售等业务，此外经央行批准可办理债券发行、交易以及管理等业务。

3. 泰国金融开放后的内部运行

金融开放进程中，泰国银行业迅速崛起，推动了本国经济的高速增长，主要表现在以下方面。

第一，大量外资通过曼谷国际银行设施（BIBF）流入。自BIBF成立后，由于泰国利率水平相对较高，大量外资流入泰国。泰资银行通过BIBF借入美元借出泰铢，从利差中获益。泰国短期外债迅速扩张的主要依托就是BIBF，这也推动了泰国经济的高速增长。

第二，泰国银行业规模扩大。1987—1997年间，泰国银行业信贷余额增长率达到年均24.98%，存贷比由87%升至143%，通过BIBF流入的资金弥补了存款缺口。1994—1996年间，泰国银行业利润突破了500亿泰铢。

4. 泰国金融开放导致的金融风险及其后果

随着外资的流入，在融资市场上泰国传统商业银行的重要性下降，但企业部门的主要融资渠道仍是泰国传统商业银行。外资流入的同时也给传统银行业的外部经营环境带来了金融风险。

第一，信用风险增加。泰国资本账户开放使得大量资本流入泰国，泰国企业的融资渠道增多，除了传统的商业银行融资渠道外，还可以从国际市场上直接融资。随着信誉较好的优质客户逐渐转向国际市场进行融资，传统商业银行为了维持市场份额，降低了贷款审批条件，这就增加了潜在的贷款违约风险。

第二,市场风险增加。金融自由化后,银行借入美元负债,投资于泰铢资产,导致资产负债货币错配,银行业面临的汇率风险增加。泰国银行业借贷繁荣的同时也增加了对不动产的信贷,不动产价格上升,银行业面临的价格风险增加。

1990—1996 年间,泰资银行对私企新增外源性资金的市场占有率从 75% 降至 50%,传统银行的重要性被削弱,信贷质量也不断下降。同时,金融开放也在改变着银行业的外部经营环境,使得信用风险和市场风险都有所增加。此外,相关监管部门也缺乏风险管理经验,例如泰国贷款逾期 1 年(国际标准为 3 个月)才将其纳入不良贷款,从而导致银行的损失准备金不足。1996 年 5 月,曼谷商业银行的破产正是泰国监管部门未能及时管控潜在的金融风险所致。

5.泰国金融危机产生的原因及风险传导机制

1997 年 7 月,亚洲金融危机首先在泰国爆发,并在短时间内造成泰国、印度尼西亚、韩国等国货币贬值,股票价格大幅下跌,企业倒闭,工人失业,社会经济陷入萧条。泰国爆发金融危机的原因主要有以下几个方面:第一,投机性质的金融运作以及泰国外债市场中的短期外资不断冲击泰铢;第二,泰国对于推动金融开放操之过急,盲目提高金融开放水平,从而导致国内相关货币政策与开放金融市场相斥,为国外资本投机炒作泰铢提供了条件;第三,泰国实行的是固定汇率制度,通过外汇储备弥补逆差,而外汇储备不足造成了泰铢贬值;第四,泰国金融监管不力,未能有效地监管货币投机活动。

泰国货币危机引发了亚洲金融危机,货币危机导致外资撤出泰国,进而引发流动性危机。流动性危机爆发后,在不稳定投机的推动下,流动性和货币危机迅速扩散,政府未能及时有效地进行干预使得危机迅速恶化。

6.泰国金融危机发生后的应对措施及效果

1997 年泰国金融危机发生后,泰国政府与国际货币基金组织(IMF)达成贷款协议,在 IMF 的要求和指导下,泰国对金融部门进行了改革,改革措施主要包括以下几个方面。

第一,重组泰国金融机构。首先,1997 年 6—8 月,泰国关停了对社会支付体系影响不大的金融公司。1997 年 10—11 月,分别成立金融重组局和资产管理公司,前者负责监督关停的金融公司不良资产的清算和拍卖,后者作为不良资产的投标人。该时期被关闭的金融公司总资产超过了当时泰国金融机构总资产的 10%。在 1998—1999 年的资产拍卖中,累计回收账面资产价值约为 25%—30%。其次,增加对重要银行的注资。泰国政府于 1998 年 8 月宣布金融重组计划,核心内容是财政部注资方案。截至 2000 年底,累计 13 家重要银行通过该计划获得注资。此外,泰国央行积极采取各种干预措施救助陷入困境的银行,采取的措施包括:对受损银行实施资本核销,损失由股东承担;要求被干预银行维持正常运作,避免资产不良;邀请战略投资者对被干预银行进行投资等。

第二,重组企业债务。1998 年 6 月,泰国央行联合其他利益相关者成立了企业债务重组委员会,采取对债务重组减免税收和相关费用、放宽股权比例上限、放松租赁业务的经营限制等措施激励企业进行债务重组。此外,还设定了企业债务重组的流程和协议,加速债务清理。

第三,加强央行监管。金融危机后,泰国中央银行改革自身组织架构,削减中层主管,下放权力,提升决策效率,增加了监管的透明度。此外,泰国中央银行提高了金融监管标准,例如:敦促金融机构建立良好的公司治理机制;严格执行贷款五级分类制;加强对信贷的监管等。

通过采取上述危机应对措施,泰国银行业资产质量和盈利水平提高。2001 年末,泰国银行业不良贷款率降至 10%,银行业开始盈利,2001 年银行业实现净利润 841 亿泰铢。泰国实体经济也开始复苏,1999—2001 年间,泰国经济平均增速约为 3.8%。此外,泰国金融机构的实力和公司治理水平也相应提高。1998—2000 年间,泰国金融业新增资本 8000 亿泰铢,泰国商业银行资本充足率达 13.3%。并且,泰国商业银行股权结构中外资占比上升,这也推动了泰国商业银行公司治理水平的提高。

（三）阿根廷在金融开放中发生金融危机的实践

1. 阿根廷金融开放的初始条件

19世纪至20世纪初,阿根廷的农业部门最具竞争力,工业部门则主要依赖于外来劳动力和资本,60%的国内工业品需要依靠进口。第二次世界大战结束以后,阿根廷开始实施工业化发展战略,实施公共服务事业国有化政策,这在初期取得了较好的政策效果。1944—1948年间,阿根廷经济增长率在6.1%—6.6%之间。但由于阿根廷工业品的国际竞争力不足,政府对工业实行保护,并且严格管控金融市场,阿根廷政府进行经济干预产生了巨大的财政支出,财政赤字占GDP的比重为5%—6%,1975年该比例上升至12%。在此期间,阿根廷政府的财政赤字主要通过通货膨胀和负利率来弥补,这也使公众对政府的信心逐步丧失。

2. 阿根廷金融开放的顺序

20世纪70、80年代,阿根廷初步启动了金融开放,主要措施包括以下两个方面:第一,利率市场化改革。阿根廷先是在1975年取消了对除存款利率之外所有利率的管制;随后,在1976年取消了对储蓄存款利率的限制;1977年阿根廷又颁布了《金融法》,全面开启利率市场化改革进程。第二,允许资本自由流动。1975年,阿根廷放弃固定汇率制度,实行爬行盯住的汇率制度安排,逐步放宽对经常账户与资本账户的限制。1977年,取消金融机构准入门槛,扩大银行业务范围。

20世纪90年代,阿根廷全面推进金融开放。阿根廷在20世纪80年代爆发了严重的债务危机,为恢复国内经济,阿根廷在90年代加快了金融开放进程。具体包括以下几个方面:第一,推行货币兑换自由化。1991年,阿根廷政府颁布《兑换法》,开始实行"货币局制度",该制度实现了阿根廷货币奥斯特与美元的自由兑换。第二,推进资本市场自由化。1989年11月,为开放国内证券市场,阿根廷颁布了《新外国投资制度》,实施自由化的外汇管理制度,撤销对外国投资的法律限制。

3. 阿根廷金融开放后的内部运行

金融开放初期,取消利率管制并未改善国内通货膨胀率居高不下、金融市场发展缓慢的局面,阿根廷国内经济波动日益加剧。由于融资成本上升,大部分资金需求者只得从国外市场借入资金,导致阿根廷外债规模迅速增加,大量企业因债务违约破产倒闭,大量的不良贷款也冲击了阿根廷的银行业系统。政府通过发行比索债务救市的举措进一步增加了债务规模,最终在 20 世纪80 年代初引发了债务危机。在资本自由流动改革下,为缓解国内严重的通货膨胀,阿根廷货币当局实行本国货币贬值的政策,这使通货膨胀率进一步攀升。1977—1979 年间,阿根廷为控制通货膨胀实施了紧缩性的财政政策,虽然带来了比索贬值,但出口贸易仍出现下滑,经常账户赤字增加。

阿根廷金融开放后期,在实行货币自由兑换后,1985 年阿根廷政府废除了比索,发行了新的货币奥斯特。这一时期相对稳定的汇率环境吸引了来自国内和国际的投资,阿根廷的经济开始恢复。但货币局制度不够灵活,导致阿根廷政府在面对经济形势的变化时,既无法及时进行汇率调整,也难以调整货币供应量。过于紧缩的货币政策还限制了阿根廷经济,最终导致 GDP 增长率下降,失业率上升,国内经济状况恶化。资本市场自由化的政策引致大量外资流入国内,但也使阿根廷国内的不稳定因素增加。

4. 阿根廷金融开放导致的金融风险及其后果

阿根廷金融开放过程中经历了以下两次较为严重的危机。

第一,金融开放探索阶段的债务危机。20 世纪 70 年代,阿根廷的金融开放比较激进,仅仅两年时间就完成了利率市场化改革。随之出现的名义利率上升增加了国内企业的融资成本。对低利率资金的需求扩大了阿根廷的外债规模,剧烈冲击了阿根廷的银行业。1977 年,阿根廷又放松了外国金融机构准入限制,外资金融机构的进入增加了阿根廷潜在的金融风险。以上一系列因素最终导致阿根廷债务危机的爆发。

第二,金融全面开放引起的综合性危机。1982年阿根廷债务危机爆发后,为改善本国经济,阿根廷实行全面金融开放。货币自由化稳定了本国汇率水平,增加了投资者的市场信心,但僵化的盯住汇率制度又使阿根廷的宏观调控功能失效。20世纪80年代末,阿根廷推进资本市场开放,证券市场快速扩张,经济波动加剧,资本市场化进程过快加速了危机爆发。1991年,阿根廷资本项目实现了完全自由兑换,外国金融机构和外商直接投资增加了阿根廷经济的不稳定程度,最终导致2001年阿根廷爆发了综合性危机。

5. 阿根廷金融危机产生的原因及风险传导机制

1998—2002年间,阿根廷金融危机引发了大萧条,造成国内贫困加剧、失业率上升、债务违约增多等情况。金融危机产生的原因主要有以下几方面:第一,20世纪80年代阿根廷实施新自由主义经济政策,但巨额外债的存在使该政策难以发挥作用。反而由于放松金融管制影响了资本市场对经济环境的信心,使阿根廷经济陷入危机。第二,阿根廷政府赤字较高,加上官员腐败、国内逃税和洗钱行为横行,阿根廷无力偿还巨额债务。第三,实施新自由主义经济政策后,阿根廷放松了对外资进入的限制,但在开放资本市场的同时却实行固定汇率制度,导致本币升值,从而带来出口的大幅减少。

阿根廷金融风险的传导机制如下:阿根廷全面推行金融开放但实行固定汇率制度,导致比索快速升值,出口贸易锐减,经常项目赤字增加,政府存在大量外债,债务风险不断积聚。2000年末,阿根廷获得了IMF提供的贷款,但由于赤字问题并未有效解决,阿根廷政府未能根据IMF的要求进行改革,导致IMF拒绝再向阿根廷提供贷款。此后,阿根廷国内的不稳定因素也有所增加,引发银行挤兑、政治动荡等事件。2002年初阿根廷放弃固定汇率制度,导致比索贬值,银行体系损失巨大,政府无力偿还外债。汇率风险、信用风险、政治风险等因素交织叠加最终导致了阿根廷金融危机的爆发。

6. 阿根廷金融危机发生后的应对措施及效果

2001年阿根廷债务危机爆发后,国内经济受到重创,为应对危机,政府采取了如下措施。

第一,实行浮动汇率制度。2002 年 1 月,阿根廷当局颁布《国家危机与汇兑制度改革法案》,废除《自由兑换法案》,正式实行浮动汇率制。但新汇率制度导致比索贬值,使国民不再信任货币当局,经济形势并未改善。

第二,实施外汇管制。阿根廷政府为限制资本外逃实施限制外汇提款的政策,强硬的干预措施引致社会矛盾激化,国家危机状况进一步恶化。

(四)美国在金融开放中发生金融危机的实践

1.美国金融开放的初始条件

20 世纪 30 年代,经济大萧条给美国带来了沉重打击。此后,美国在制定金融法律法规时始终将维护金融体制的稳健作为重中之重,采取了诸如对内管制、双轨银行制、单一银行制、Q 条例、商业银行与投资银行业务分离等政策。上述管制措施在一定时期内稳定了美国的金融秩序,促进了战后美国经济的高速发展和繁荣。但 20 世纪 60 年代后期开始,这些金融限制性措施的弊端开始显露,制约了美国经济的发展。

2.美国金融开放的顺序

美国金融开放主要经历了放松利率管制、放松汇率管制、资本流动自由化和金融机构业务限制放开等主要过程,具体如下:

第一,放松利率管制。1980 年,美国颁布《1980 年银行法》,取消了各类存款利率限制。1982 年,又通过了《1982 年存款机构法》,此后,Q 条例的废除逐步展开。自 1984 年 1 月起,美国取消了受 Q 条例约束的银行与非银行存款机构的利率限制。1986 年 4 月,美国全面取消存款利率上限,形成了以联邦基金利率为基准利率的市场利率管理制度。

第二,放松汇率管制。20 世纪 40—70 年代的布雷顿森林体系时期,全球实行双挂钩汇率制度,具体表现为美元与黄金挂钩,其他国家货币与美元挂钩。布雷顿森林体系崩溃后,美国开始实行单独浮动的汇率制度。

第三,资本流动自由化。美国在1973年取消了资本流入限制,进一步地,从1981年12月开始允许欧洲货币通过国际银行设施在美国境内交易。美国境内银行依法使用其国内机构和设备,并设立单独的账户向非居民提供金融服务的业务称为国际银行设施。这一业务不受美联储存款准备金限制,且可以不参加存款保险。运用国际银行设施开展境外货币业务的机构包括美国的银行、部分非银行金融机构和外国银行在美分支机构,参与机构众多。国际银行设施建立后,美国与其他国际金融中心的联系得到加强,进而推动了金融全球化的进程。

第四,金融机构业务限制放开。《1980年银行法》拓宽了储蓄与贷款协会的资金使用范围,这一资金的使用渠道逐渐丰富。《1982年存款机构法》允许存款机构开立货币市场账户和超级可转让账户,有力提升了存款机构的竞争力。为促进商业银行与投资银行的业务竞争,美国颁布《1995年金融服务竞争法》,扫清引起银证分离的法律障碍。1999年《金融服务现代化法案》规定金融企业可以从事任何具有金融性质的业务,开启了美国金融业混业经营模式。

3.美国金融开放后的内部运行

美国经济增长得益于高消费、体制创新和科技创新。在拉动美国经济增长的"三驾马车"中,进出口对美国经济增长的贡献度相对不大,已有研究表明美国的出口增长与GDP增长相关性并不明显,而进口增长与GDP增长有较强的相关性。长期的进出口缺口导致美国经常账户持续逆差,商品与服务净出口对美国经济增长的贡献度基本上一直为负。

美国经济是以低储蓄高消费、高技术创新为主导的经济。根据相关的统计,自2000年以来美国消费占GDP的比重平均在70%左右,私人消费支出是影响美国经济总体走势的最重要因素。从世界货币体系的角度看,美元的世界货币和国际储备货币的地位使得美国能够通过发行美元的方式向世界贷款消费。国内私人投资是美国经济另一个重要的拉动力量,美国的私人投资主要包括两个领域:一是制造业和研发的投入,主要是通过科技创新成果带动经济增长;二是居民住宅投资,除了股票债券等金融投资外,居民住宅投资是美国个人家庭的主要投资对象,也是几乎所有的成熟市场经济国家的主要投资内容。制度创新是美国经济发展模式的另外一个非常重要的特点,富有活力的制度创新不断激励着美国在科技和商业方面创新发展。

4. 美国金融开放导致的金融风险及其后果

20 世纪 90 年代,在与欧洲银行业的竞争中,美国银行业竞争优势减弱。为增强本国银行的竞争优势,美国相关管理部门逐步放松了对金融机构的监管。监管条件的变化主要体现在,1999 年《金融服务现代化法案》的顺利出台正式开启了美国金融业的混业经营模式,以及 2004 年不再限制经纪机构承担债务的额度。在金融管制放松后,美国金融市场上出现了多种金融衍生品,例如居民无本金按揭贷款、可调整利率贷款、资产抵押证券、信用违约互换等。这些新的金融衍生品交易量巨大,使得虚拟经济过度膨胀,与实体经济发展相背离。

另外,美国金融监管的放松导致金融市场上次级贷款增多,杠杆交易比例上升、金融衍生品定价和交易混乱。2001 年,美国次级住房按揭贷款规模高达 1900 亿美元,占当年住房抵押贷款总额的 8.6%;2006 年,这一比例上升至20.1%。美国金融市场上次级贷款的剧增加剧了房地产泡沫的形成,最终引发了 2007 年的美国次贷危机。

5. 美国金融危机产生的原因及风险传导机制

关于 2008 年美国金融危机的形成,学界认为全球经济失衡是危机爆发的根源。Caballero(2015)认为亚洲国家和石油输出国组织在对美贸易顺差中赚取了大量美元,由于本国缺乏较好的投资机会,大量美元涌入美国,引起美元资产价格上涨,形成资产泡沫,这些资产泡沫在美国利率水平上升后开始破裂,最终导致金融危机的发生。此外,由于美联储长期实施宽松的货币政策,加上新兴市场国家外汇储备资金的流入,使美国金融市场维持了较低的利率水平。美国房地产市场投机性需求的增加,也进一步推动了房价的上涨。在美国金融监管宽松的条件下,大量高风险的次级债务通过资产证券化的方式被包装成低风险高收益的债券产品,销售到全球的机构投资者手中。当美国利率水平上升,房价泡沫破裂时,美国金融危机在全球范围内蔓延(张明,2008)。

美国金融危机向全球传染和扩散可以分为三波:第一波冲击从2007年7月开始,美国银行业危机蔓延至西欧银行业,引发了西欧国家银行业危机。由于欧洲银行业是私人企业贷款的主要来源,银行业的亏损使许多企业面临资金链断裂。在证券市场上,银行股和企业股是主要的投资对象,因此欧洲银行业危机又迅速传染至证券市场,引起欧洲股价暴跌。流动性不足对汇率也造成了较大影响,欧元汇率剧烈波动。从亚洲来看,韩国、中国香港和中国大陆股价都出现了下跌,汇率波动,出口下滑。第二波冲击从2009年初开始,东欧国家货币大幅贬值,大量资本外流、外汇储备下降。一些实行固定汇率的国家被迫放弃固定汇率制度,转而实行浮动汇率制度,货币危机爆发。第三波冲击表现为个别国家爆发危机。如2009年11月,迪拜债务危机爆发;随后,希腊爆发主权债务危机。

6.美国金融危机发生后的应对措施及效果

在美国次贷危机爆发初期,各国未能预期到危机的严重程度,没有采取相应的应对措施。2008年9月,在次贷危机发生一年后,雷曼兄弟公司破产给全球金融市场带来巨大恐慌,远远超出政策制定者的预期,此后,各国政府开始通过直接注资的方式救助问题金融机构。美国政府也采取了一系列政策措施,主要包括:一是向市场注入大量流动性;二是实施宽松的货币政策,大幅下调贴现率和联邦基金利率;三是不断打破政策约束,拓宽政策空间。财政政策和货币政策方面,在保持政策连续性的基础上,不断加大政策刺激力度。

美国政府危机应对措施的效果如下:在资本市场的影响方面,美联储采取的量化宽松政策稳定了市场信心,有效防止了金融机构的倒闭,通过收购金融机构问题资产重新建立起金融机构信用,稳定了美国资本市场。在货币市场的影响方面,美联储采用创新性货币政策工具对货币市场实施救助。例如,美联储通过购入大量长期国债,并出售给其他国家,套现大量美元,进而扩大储备规模。在对美国实体经济的影响方面,美联储虽然采取了财政政策与货币政策相结合的政策来缓解危机,但实体经济方面,2008 年 9 月美国商品零售额、工业产值、制造业活动指数等都出现了负增长,政府的救市政策并未抑制实体经济的衰退。

(五)希腊在金融开放中发生金融危机的实践

1. 希腊金融开放的初始条件

20 世纪 70 年代,希腊的金融系统被严格管制,国内利率水平和外汇交易被严格控制,通过银行投向特定经济领域的强制性投资需求资金得到政府利率补贴,融资利率低于市场利率水平。

2. 希腊金融开放的顺序

1980—1987 年间,希腊逐步开始了金融自由化进程。希腊当局提高政府债券利率至与银行存款利率相当的水平。1985 年,短期国库券恢复向公众直接销售。1986 年,中期政府债券、希腊本国货币主导的外汇债券也恢复向公众销售。1987 年,希腊加快了放松金融业管制的步伐,允许银行部门在市场利率水平下吸收存款和发行银行债券。随后,希腊金融部门的许多信贷限制被废除,贷款利率管制放松,1993 年废除了存款最低利率水平。1992 年,银行法的颁布开启了希腊新一轮金融改革,包括废除欧共体法则。1994 年,希腊废除了政府向中央银行进行货币融资的优先权,降低了对银行中介的限制。随着金融管制的放松,外部交易也开始自由化。1994 年 5 月,希腊废除了对资本流动的管制。

3. 希腊金融开放后的内部运行

希腊是欧元区内的净进口国,2010 年其净出口占 GDP 的比重为 -7.17%,是欧元区净出口率最低的国家;同时,希腊也是资本的净流入国,但流入的资本大部分转化为消费,仅有少数转化为投资;加入欧元区之前,希腊的投资率约为 20%,在加入欧元区后投资率持续下降,2010 年仅为 13.08%,远低于欧元区其他国家。

希腊的主权债务问题主要源于政府转移支付和工资水平的上升。希腊的经济增长主要靠船运和旅游拉动,而制造业基础相对薄弱,且其制造业主要生产食品饮料等经济附加值较低的初级产品。2008 年国际金融危机爆发后,希腊旅游业遭受剧烈冲击,财政收入增长缓慢,而其公共支出却依然维持较高水平,造成了沉重的债务负担。

4. 希腊金融开放导致的金融风险及其后果

2001 年,为了能够顺利加入欧元区,希腊请美国高盛为其设计"货币掉期交易",以掩盖其过高的负债率。通过这桩交易,希腊政府隐藏了一笔 10 亿欧元的公共债务,使其财政赤字水平从账面来看满足《马斯特里赫特条约》的要求,但这一举措也为债务危机的爆发埋下了"隐患"。

2008 年,为应对国际金融危机,包括希腊在内的欧盟成员国纷纷大量举债,政府债务规模急剧扩张。2008 年 10 月,希腊政府为了帮助希腊银行应对金融危机的冲击,承诺为其提供至多 280 亿欧元的救助资金,并且希腊财政部长声称此项援助计划对政府赤字不会产生任何影响。但是到了 2009 年 10 月,希腊政府突然对外宣布 2009 年希腊财政赤字占国内生产总值的比重预计为 12.7%,公共债务占国内生产总值的比重为 113%,远超欧盟《稳定与增长公约》规定的 3% 和 60% 的上限;更为糟糕的是,据欧盟统计局公布的数据显示,希腊财政赤字占国内生产总值的比重为 13.6%,较希腊政府预计的高出许多。市场开始出现恐慌,希腊国债的收益率和 CDS(信用违约互换)价格急剧上升。

5. 希腊金融危机产生的原因及风险传导机制

希腊主权债务危机的爆发根源,主要体现为以下三个方面。

第一,希腊经济增长方式和结构不合理。在希腊主权债务危机爆发前的十年,希腊经济增长速度较快,年均增长率约为 4%,同期欧元区平均经济增长率仅为 2%。希腊较高的经济增速使得政府对财政收入充满信心,因此长期将财政支出维持在较高水平。希腊的经济增长主要依靠内需拉动,其中,消费和房地产投资的贡献较大。在加入欧元区后,希腊融资成本下降,利率水平长期保持低位。金融部门自由化措施的推出,有效提高了金融部门的效率,放宽了信贷约束,信贷量大幅增长。在较宽松的利率和信贷环境下,国内需求迅速提升。2007 年美国爆发次贷危机后,希腊经济低迷,但政府仍未削减财政支出。此外,由于其产品和劳动力市场僵化,经济复苏进程受到影响,这也使得希腊经济长期持续增长动力不足。在此情况下,希腊采取的经济刺激计划进一步加剧了希腊政府的财政压力。

第二,希腊私人和公共部门均存在高额外债。危机前,希腊私人部门实际工资的增长速度超过了生产率提高速度,因此其单位生产成本高于其他欧元区国家。而作为欧元区国家,其法定货币为欧元,希腊不能通过货币贬值来提高本国产品的竞争力。与此同时,国内需求的上升扩大了希腊的贸易赤字。与1995 年相比,2008 年希腊进出口占 GDP 的比重大幅上升,且进口占比的增速远高于出口占比的增速,导致希腊对外贸易失衡,经常项目赤字不断增加。2000—2009 年间,希腊净外债占 GDP 的比重由 45%上升至 100%。随着希腊外债规模的不断扩大,希腊政府的风险级别也被逐渐上调,希腊政府面临着融资难题。

第三,希腊公共财政治理存在问题。希腊财政政策松散,自其加入欧元区后,历年财政赤字均超过了 3%。2000—2009 年间,希腊公共债务占 GDP 的比重从 103%进一步上升至 115%。在财政支出方面,希腊财政支出有很大一部分被用于社会保障和公共部门雇员工资支出。而在财政收入方面,偷税、漏税现象严重,使得相当一部分财政收入流失。

希腊主权债务危机的风险传导机制如下:希腊发生了主权债务危机之后,投资者开始担心西班牙和葡萄牙等一些债台高筑的欧元区成员国的经济状况。市场的担忧并非空穴来风,希腊并不是唯一出现财政状况恶化的国家,葡萄牙、西班牙、爱尔兰和意大利也都面临着财政赤字和公共债务超标问题。欧盟统计局公布的数据显示,2009 年欧元区成员国财政赤字占国内生产总值的比重名列前几位的国家分别是希腊、爱尔兰、西班牙和葡萄牙,这些国家的财政赤字占 GDP 比重均超过 8%,尽管意大利的财政赤字占 GDP 比重为 5.4%,

但其公共债务占比高达115%。一场波及多个欧元区国家的债务危机自2009年下半年开始不断发酵和蔓延,欧元区国家的财政赤字和公共债务急剧飙升。2009年和2010年,爱尔兰政府债务分别占国内生产总值的65.6%和96.2%,葡萄牙政府债务占国内生产总值的比重分别为83%和93%,西班牙分别为53.3%和60.1%。庞大的政府债务加剧了市场投资者的担忧,促使市场交易者竞相抛售希腊、爱尔兰、葡萄牙、西班牙等欧元区成员国政府债券,希腊债务危机逐渐向欧元区其他高负债国家蔓延。

6.希腊金融危机发生后的应对措施及效果

欧盟及国际货币基金组织对希腊采取了紧急救援措施。2009年4月12日,欧盟及国际货币基金组织同意在未来一年里向希腊提供450亿欧元的贷款(其中,欧盟提供300亿欧元,国际货币基金组织提供150亿欧元);4月23日,深陷债务危机的希腊正式向欧盟及国际货币基金组织申请援助;5月2日,欧元区财政部长特别会议通过了历史上首个对成员国的救助方案,即在未来3年内,欧盟成员国与国际货币基金组织共同为希腊提供1100亿欧元贷款,其中800亿欧元由欧元区国家提供,300亿欧元由国际货币基金组织提供,第一笔款项将在5月19日(希腊85亿欧元的债务到期日)前到位,而给予希腊援助的前提条件是该国要严格执行财政紧缩政策;5月18日,希腊收到了第一笔145亿欧元的贷款。按照第一轮救助计划,希腊将在2011年11月初获得第六期救援贷款80亿欧元,却因前希腊总理帕潘德里欧在2011年11月1日意外宣布将就欧盟峰会达成的第二轮救助方案举行全民公投事件而被搁浅至12月发放。截至2011年底,这笔总额为1100亿欧元的救助贷款已分六批对希腊发放到位。希腊在接受了1100亿欧元的救助贷款后,债务危机并没有得到实质性缓解且越发深重。因为救助资金仅仅是暂时维持了希腊短期的国债偿付能力,使那些债券即将到期的债权人得以幸运地收回本息、避开违约风险,当希腊的债务一旦累积到不可持续最终出现违约时,更多的尚未到期、没有收到本息的债权人将会遭受更大的损失。

由于欧盟和国际货币基金组织的联合救助并未有效缓解对希腊债务违约的预期,欧盟峰会于 2011 年 7 月 21 日通过了第二轮希腊救助计划,即再为希腊提供 1090 亿欧元的贷款,贷款利率也从 4.5% 降低至 3.5%,贷款期限延长为 15 年到 30 年之间,已经对希腊发放的贷款也将被展期。此外,银行等私营部门也将在自愿的基础上在未来三年内给希腊提供近 500 亿欧元的救助资金。新一轮救助方案呈现两个明显的特征:一是加上私营机构的出资额度,新一轮救助计划的贷款额度超过了上一轮,并且贷款期限的延长、利率的降低,为希腊有效解决债务问题提供了一定保障;二是私营机构参与救助希腊,可共同分担债务危机的风险。

2012 年 2 月 21 日,欧元区 17 国财长就向希腊提供第二轮救助贷款协议达成共识。该协议指出,救助贷款总额为 1300 亿欧元,还提出对私人债券持有者提供债券互换等能够减轻希腊债务负担的措施。希腊要想获得此轮贷款,需符合三个条件:一是在 2012 年削减 3.25 亿欧元的机构性支出;二是通过新的财政紧缩方案;三是保证未来实行财政紧缩措施。

三、金融开放与金融安全的 Meta 分析:以银行危机发生为例

近几十年来,多数国家逐渐采用新的策略进行金融市场改革。从国家层面来看,传统的限制金融市场的政策(又被称为"金融抑制"政策)降低了金融机构的运行效率,也抑制了金融发展,因而受到广泛批评。自 20 世纪 70 年代以来,金融抑制政策导致经济增长停滞并带来了金融风险(Mckinnon,1973;Shaw,1973)。从世界层面来看,金融市场全球化促使各国政府重新审视传统的金融监管政策。随着金融改革的深入推进,资本账户开放是否会引发金融危机成为值得关注的议题。一些学者认为金融改革通过将储蓄转化为投资可以提高市场效率,但同时也有学者认为正是金融开放的相关政策导致在过去诸多国家陷入金融和经济危机。因此,目前关于金融开放与金融安全的相关研究尚未得到一致结论。本部分主要基于现有文献采用 Meta 分析法从银行

危机发生的视角对金融开放和金融安全两者的关系进行探讨。

（一）金融开放的衡量方法

现有关于金融开放研究的文献通常采用以下三种视角来衡量金融开放：资本账户开放、股票市场开放和银行业开放（见表5.3）。在此基础上，也有学者综合采用以上三种方法并构建多维度指标来衡量一国金融开放程度。目前研究中最常用的衡量金融开放的指标为资本账户开放指标。

根据 Bumann 等（2013），本节对衡量金融开放的不同方法进行了归纳总结。其中，资本账户开放衡量法可以进一步细分为法定衡量法和事实衡量法。资本账户开放的法定衡量法反映了法律法规对国际资本交易的限制，通常采用评分法量化该指标，指标评分上升意味着资本管制的放松或取消。上述资本账户开放的法定衡量法主要是基于国际货币基金组织（IMF）所发布的《汇兑协议及汇兑限制年度报告》①。事实衡量法则根据当前资本流动状况来测度资本账户开放状况。

已有研究也基于股票市场开放的维度来衡量金融开放，主要是衡量国际资产的买卖交易限制。在股票市场开放程度方面，已有研究采用了不同方法来衡量，传统方法是根据官方股票市场向外国投资者开放的时间起始来判断（Bekaert 和 Harvey，2000）。

根据银行业开放来衡量金融开放的方法通常是衡量利率开放情况。与前述其他两种方法相比较，采用该方法来衡量金融开放的研究相对较少。综合现有研究，本节还列出了第四种衡量金融开放的方法，即多维度法。采用多维度法来衡量金融开放的经典研究是 Abiad 和 Mody（2005）和 Abiad 等（2010）。该方法依据金融市场政策采用六个不同维度来衡量金融开放，在现有研究中得到了较多应用。

---

① 参见 *Annual Report on Exchange Arrangements and Exchange Restrictions*（AREAER），IMF。

表 5.3 金融开放的衡量方法

衡量方法	具体内容
I. 资本账户开放	
I.1 法定衡量法	
IMF_AREAER	一国资本账户是否开放的虚拟变量； 包括资本账户开放的六种类型； 如果一国在"资本账户交易支付限制"上至少存在一种限制， 则取值为 1,否则为 0
QUINN	开放度取值区间为[0,4],取值变化为 0.5 个单位； 开放度取值越高意味着金融监管程度越低； 该方法基于 AREAER 数据
OPENNESS	开放度取值的变化为 0.5 个单位； 取值区间为[0,14]； 该方法基于 AREAER 数据
KAOPEN	衡量资本账户开放程度的指数； 基于 AREAER 报告的四类对外账户限制
I.2 事实衡量法	主要类型:FDI+证券投资流动;外国资产+外国负债; FDI 存量+证券投资流动;采用所占 GDP 的比重来表示
II. 股票市场开放	
官方开放	官方规定某个日期以后外国投资者可以正式投资本国股票; 采用股票市场开放年限来表示
首次开放	股票市场最早开放时间,以下述三个时间中的最早时间为准: 官方规定时间;首次美国存托凭证(ADR)公告;首次推出国家基金 首次开放年份之后取值为 1,否则为 0
国际金融组织	从开放制度和限制制度两个层面构建股票市场开放指数
III. 银行业开放	
Kaminsky 和 Schmukler(2003)	从存款利率、贷款利率、信贷分配和外币存款的 限制方面来衡量银行业开放年限; 区别开放程度:抑制、局部开放、完全开放
Demirgüç-Kunt 和 Detragiache(1998)	本国利率开放时间
IV. 多维度衡量法	
Abiad 等(2010)	考虑六个维度的金融市场政策:信贷管制;利率管制;进入壁垒; 证券市场操作限制;金融机构私有化;国际金融交易限制

资料来源:Bumann,S.,Hermes,N.,Lensink,R.,2013,"Financial Liberalization and Economic Growth:A Meta-Analysis",*Journal of International Money and Finance*,Vol.33,pp.255–281.

（二）Meta 分析方法

已有关于金融开放对银行危机发生的影响研究仍存在分歧,不同研究在金融开放指标的衡量上采用了不同方法,从而在金融开放影响银行危机发生的结论上存在差异。因此,有必要采用 Meta 分析方法来明晰现有研究结论异质性的来源。

表 5.4　Meta 分析框架

Meta 回归分析步骤	Meta 回归分析内容
第一步	文献检索过程:定义符合要求的文献标准;系统性文献检索
第二步	选择标准化的效应衡量方法
第三步	描述性统计
第四步	Meta 回归分析:检验发表偏误;异质性分析

资料来源:Bumann, S., Hermes, N., Lensink, R., 2013, "Financial Liberalization and Economic Growth: A Meta-Analysis", *Journal of International Money and Finance*, Vol.33, pp.255-281.

表 5.4 报告了 Meta 分析的基本框架。本节采用的 Meta 分析步骤与现有其他研究领域所采用的 Meta 分析步骤基本一致。具体而言:第一步,本节将介绍相关文献检索步骤,文献检索对于 Meta 分析的质量至关重要,只有搜集广泛的文献才能形成对现有研究的有效总结。本节将文献检索过程又细分为两个步骤:首先我们定义符合本节 Meta 分析要求的文献标准;然后进行系统性的文献检索。第二步,本节讨论金融开放对银行危机发生的影响效应,选择具有可比性的影响效应衡量标准对于 Meta 分析非常重要。第三步,我们对所收集的文献数据进行描述性统计分析。进行描述性统计分析的目的是在进行深入分析和偏误检验之前对所收集数据可能存在的问题进行审视。第四步,进行 Meta 回归分析,具体包括两个方面:一方面,检验现有研究文献是否存在发表偏误,即是否偏向于获取金融开放与银行危机发生两者间的显著正向关系;另一方面,本节还试图探索不同研究所得结论异质性的来源。

1. 文献检索过程

在文献检索前,本节首先定义了文献选择的标准,具体如下:第一,将银行危机发生作为因变量,并且必须报告金融开放对银行危机发生的估计效应大小;第二,文献须报告标准误的大小,本节需使用标准误来检验发表偏误。根据上述两项标准,未采用银行危机发生作为因变量的研究文献,以及未能报告足够的统计量信息的研究文献被排除。

本节首先以"banking crisis"同时包括"banking reform""bank deregulation""banking liberalization""capital account liberalization""equity market liberalization"作为关键词在 RePEc(Research Papers in Economics)数据库进行检索,共检索到1030篇文献,根据本节文献选择标准,其中有10篇实证研究文献符合本节 Meta 分析需要。根据上述文献检索方法,本节也依次在 SSRN(Social Science Research Network)、JSTOR 和 Google Scholar 三个较大的文献数据库进行检索,最终本节获得了23篇符合要求的实证研究文献。[①]

表5.5 样本文献金融开放影响效应系数估计值的描述性统计

文献序号	作者	样本总数	均值	最小值	最大值
1	Amri 等(2012)	2	−0.12	−0.013	−0.011
2	Beck 等(2003)	1	−0.513	−0.513	−0.513
3	Beck 等(2006)	2	−0.014	−0.016	−0.012
4	Beck 等(2007)	1	−0.506	−0.506	−0.506
5	Caballero(2015)	12	−2.332	−8.949	−0.798
6	Demirgüç-Kunt 和 Detragiache(1998)	7	1.066	0.488	1.761
7	Enowbi 和 Mlambo(2012)	6	−0.789	−1.22	−0.42
8	Falcetti 和 Tudela(2008)	2	0.141	−0.002	0.284

---

① 本节也尝试以"金融开放""银行危机"为关键词在中国期刊全文数据库(中国知网)进行检索,但未能检索到符合本节 Meta 分析要求的文献,因而在后续本节 Meta 分析的研究基础文献库中未纳入中文文献。

文献序号	作者	样本总数	均值	最小值	最大值
9	Farhani 等（2015）	2	−0.119	−0.125	−0.113
10	Garriga（2017）	14	−0.307	−1.526	0.458
11	Hartwell（2012）	13	−0.823	−1.560	−0.220
12	Hutchison（2002）	7	0.596	0.500	0.780
13	Hutchison 和 McDill（2002）	7	0.974	0.492	1.198
14	Khattab 和 Ihadiyan（2017）	2	0.672	0.336	1.009
15	Lee 等（2016）	5	−0.009	−0.016	−0.002
16	Lukas（2013）	7	−0.012	−0.152	0.095
17	Muñoz（2000）	1	−0.360	−0.360	−0.360
18	Majerbi 和 Rachdi（2014）	30	0.303	0.115	0.493
19	Rachdi（2010）	1	1.113	1.113	1.113
20	Shehzad 和 De Haan（2008）	21	0.213	−0.945	1.453
21	Shehzad 和 De Haan（2009）	30	−0.006	−0.030	0.014
22	Von Hagen 和 Ho（2007）	8	0.879	0.130	1.640
23	Yee 和 Tan（2009）	1	2.790	2.790	2.790

2. 选择标准化的效应衡量方法

本节主要采用偏相关系数作为 Meta 分析的标准化效应量。采用该标准化效应量进行分析的原因是偏相关系数不受不同维度变量的影响,同时也剔除了 t 统计量受样本规模影响的因素。此外,如果直接采用金融开放对银行危机发生的影响效应系数会产生偏误,这是因为现有研究大都采用了不同方法来衡量金融开放指标。偏相关系数的具体计算方法如下:

$$pcc_{ij} = \frac{t_{ij}}{\sqrt{t_{ij}^2 + df_{ij}}} \tag{5.1}$$

式(5.1)中,t_{ij} 表示第 j 篇文献中第 i 个方程估计所得金融开放的影响效应系数所对应的 t 值;df_{ij} 为相对应的自由度。pcc_{ij} 为金融开放和银行危机发生两者间的偏相关系数。

一般而言,每一篇文献都会报告一个或多个金融开放的影响效应系数,本节将每篇文献报告的所有影响效应系数均纳入 Meta 回归分析(稳健性检验报告的影响效应系数除外)。由于每篇文献报告的影响效应系数个数均不相同,本节最终得到的是非平衡的数据集,但仍然能够基于该非平衡数据集分析组间和组内差异特征。最终,本节从筛选出来的 23 篇文献中收集到了 182 个影响效应系数估计值。表 5.5 报告了样本文献影响效应系数估计值的描述性统计。

(三)模型构建与变量

1. 模型构建

(1)金融开放对银行危机发生的影响分析

基于 Doucouliagos 和 Stanley(2009)的研究,N 为本节所选择的文献样本总数,m 为每篇文献中的偏相关系数样本总数,则金融开放对银行危机发生的影响效应估计量总样本数可表示为:

$$M = \sum_{j}^{N} \sum_{j}^{m} pcc_{ij} \tag{5.2}$$

式(5.2)中,j 表示文献样本数($j = 1, \cdots, N$),i 表示每篇文献中的偏相关系数。由于在每篇文献中我们可能会获取多个金融开放对银行危机发生的影响效应估计值,因此本研究数据样本可分为两层:第一层为偏相关系数;第二层为偏相关系数所对应的文献样本。据此,构建以下 Meta 回归模型:

$$层一:pcc_{ij} = \beta_0 + \beta_{1j} SE\, pcc_{ij} + \sum_{1} \beta_1 X_{1,ij} + \sum_{p} \beta_p Z_{p,j} + e_{ij}$$

$$层二:\beta_{1j} = \pi_{00} + u_{0j} \tag{5.3}$$

式(5.3)中,因变量 pcc_{ij} 表示偏相关系数,Z 和 X 为一组控制变量,分别表示金融开放对银行危机发生影响效应的组内和组间差异。其中,控制变量 Z 仅在某项研究内部层面存在变化(层二);而控制变量 X 则在观测值层面存在变化(层一)。β_{1j} 为常数项,对于不同的文献 j,该值存在差异,该常数项又可分解成平均效应 π_{00} 和随机效应 u_{0j}。u_{0j} 服从均值为 0,方差为 σ_u^2 的独立同分布。$e_{ij} \sim N(0, \sigma_e^2)$ 表示误差项，σ_e^2 为组内方差。上述 Meta 回归模型为混合效应模型，包括随机效应和固定效应。

（2）发表偏误检验

由于 Meta 分析以现有文献为研究样本，为保证回归结果的准确性，需考虑可能存在的发表偏误问题。在不存在发表偏误的情况下，金融开放对银行危机发生的影响效应应独立于标准误，在真实值 β_0 附近随机变动。对于 $\beta_1 SE\, pcc_{ij}$ 项，研究者和审稿人往往都对统计显著性结果具有偏向性，因此研究者会不断重复分析过程直至获得显著性的结果（Doucouliagos 和 Stanley，2009）。该现象在小样本研究中尤为普遍，为使论文可以报告显著相关关系，小样本研究不得不通过获得足够大的估计效应来弥补小样本研究所带来的较大标准误。因此，在采用 Meta 分析时必须检验是否存在发表偏误。本节采用以下两种方法进行发表偏误检验。

一是漏斗对称检验。漏斗图是用于检验发表偏误的经典图示法，是由精度和效应量所构成的散点图。精度通常由标准误的倒数（$1/SE$）来表示。在不存在发表偏误的情形下，估计值应在"真实"的群体效应周围随机对称分布。一般而言，在小样本研究中，精度低的散点趋向于分布在漏斗图的底部，底部宽度较顶部更大；而随着样本量的增加，精度逐渐提高，此时散点将趋向于分布在漏斗图的顶部，顶部宽度较底部更大，并且向中间集中。若发表偏误较小或不存在发表偏误，散点将沿中轴线对称分布，呈现漏斗形状。反之，则可能存在发表偏误。

考虑到通过漏斗图判断是否发表偏误存在一定的主观性，本节还采用如下回归模型进行发表偏误检验：

$$pcc_{ij} = \beta_0 + \beta_1 SE\, pcc_{ij} + u_{ij} \tag{5.4}$$

式（5.4）中，系数 β_1 表示发表偏误程度，如果不存在发表偏误，该系数值为 0，即意味着系数值和标准误之间不存在系统关联。由于不同研究在衡量金融开放时采用的维度指标具有较大差别（0-1 二值变量、比例或绝对数），且标准误大小随变量类型不同而存在差别,但这些差异与潜在的发表偏误并不相关。为解决上述问题,Doucouliagos 和 Stanley(2009)提出在式(5.3)方程两边同时除以标准误 SE_i 来解决误差项 e_i 的异方差问题。因此,本节得到如下方程:

$$Tstat_{ij} = \beta_1 + \beta_0 \left(\frac{1}{SE \, ppc_{ij}} \right) + e_{ij} \qquad (5.5)$$

将本节数据的双层结构纳入考量,并引入所有潜在的中介变量,则可以得到以下方程:

$$层一:Tstat_{ij} = \beta_1 + \beta_0 \left(\frac{1}{SE \, ppc_{ij}} \right) + \sum_{1} \beta_1 \frac{X_{1,ij}}{SE \, pcc_{ij}} + \sum_{p} \beta_p \frac{Z_{p,j}}{SE \, pcc_{ij}} + u_{ij}$$

$$(5.6)$$

$$层二:avec \, \beta_{1j} = \pi_{00} + u_{0j}$$

式(5.6)中,$Tstat_{ij}$ 表示第 j 项研究中所得的第 i 个 T 统计量,方程(5.6)的双层结构与方程(5.3)相同。式(5.6)中 Z 和 X 为一组控制变量,用以表示金融开放对银行危机发生影响效应的组间和组内差异。在不存在发表偏误的情况下,$\beta_1 = 0$。

二是精确估计检验。在发表偏误检验的基础上,本节参考 Havranek 等(2017)的研究,第一,采用 OLS 回归模型,并控制文献样本层面的固定效应和聚类偏误,控制固定效应的目的是剔除不可观测的可能影响估计效应量的文献样本层面的特定因素。第二,为解决 Meta 分析时可能存在的内生性问题,本节采用工具变量回归法并控制文献样本层面的固定效应。由于估计方法的选择可能会影响估计效应量及其标准误,从而导致误差项 u_{ij} 和标准误 $SE \, pcc_{ij}$ 之间存在相关关系,在这种情况下得到的 β_1 为非一致估计系数值。在工具变量的选择上,本节采用每项研究中效应量所对应的观测数平方根的倒数。选择该工具变量的理由是,该变量与标准误相关,但与估计方法的选择并不直接相关。第三,本节在模型估计中将每篇文献研究所得估计效应量总个数的倒数作为权重进行回归估计,从而在回归中赋予每篇文献相同的权重。第四,本节还采用估计效应量所对应的精准度作为权重进行回归估计从而消除可能存在的异方差问题。

2.变量描述统计

本节选取了反映样本文献研究数据特征、变量定义、地理覆盖、估计方法和发表特征等方面的变量来分析金融开放对银行危机发生影响的异质性结果。除结果变量和样本采用变量总数($No\ of\ variables$)变量外,其余变量均为虚拟变量。在发表特征变量方面,本节分别考虑了样本论文类型为工作论文和正式发表的论文,由于上述两个变量为互斥变量,因此在实际模型回归中,我们仅将工作论文变量($Working\ Paper$)纳入分析。在现有研究中,有关金融开放变量的选择主要有以下四种类型,分别是法定衡量法($de\ jure$)、事实衡量法($de\ facto$)、银行业开放衡量法($banking\ sector$)和多维度衡量法($multidimensional$)。在条件变量上,本节考虑了样本研究的时间跨度,分别设置 70 年代数据($1970s$)、80 年代数据($1980s$)、90 年代数据($1990s$)和 2000 年以后数据($2000s$)四个虚拟变量用以研究时间跨度选择对研究结论的影响。为研究不同类型国家的选择对于研究结论的影响,本节区分了发达国家($OECD$)和发展中国家(DC)样本,如果研究样本同时包括发达国家和发展中国家,则采用变量 $Mixed$ 来表示。区分研究样本国家的重要性在于,一方面金融开放对不同类型国家银行危机发生的影响存在差异,新古典理论指出金融开放使资本从边际回报率较低的发达国家向边际回报率较高的发展中国家或资本稀缺的国家流动;另一方面,也有研究指出金融开放给发展中国家带来积极影响的同时,也会使这些国家更易遭受金融危机的影响。此外,本节也考虑了金融开放影响效应是否会因样本选取的国家总数、是否采用第一手数据和面板数据等存在差异。同时,我们也考虑了模型设定的相关问题,如采用 Logit 或 Probit 模型,是否将内生性问题纳入考虑。在经济和金融控制变量的选取方面,本节选取了反映经济发展的变量(GDP 增长率、通货膨胀率、实际利率、经常账户余额、M2 储备等)、反映实际经济开放的变量(贸易条款的变化)、政府预算变量(政府财政盈余占 GDP 的比重)和制度条件变量(如人均 GDP、存款保险计划)。具体变量选取及详细描述统计见表 5.6。

表 5.6　变量定义及描述性统计

变量	定义	均值	标准差
结果变量			
T-Stat	效应量的 t 值	0.471	2.226
SE	效应量的标准误	0.390	1.126
PCC	偏相关系数	0.021	0.102
InverSE pcc	偏相关系数的标准误倒数	25.990	9.399
发表特征变量			
Working Paper	样本为工作论文则为 1,否则为 0	0.670	0.471
Journal	样本为正式发表的论文则为 1,否则为 0	0.330	0.471
金融开放变量类型			
de jure	样本金融开放变量采用法定方法则为 1,否则为 0	0.714	0.258
de facto	样本金融开放变量采用事实法则为 1,否则为 0	0.088	0.284
banking sector	样本金融开放变量采用银行业开放来衡量则为 1,否则为 0	0.236	0.426
multidimensional	样本金融开放采用多维度衡量法则为 1,否则为 0	0.710	0.456
样本国家选择			
OECD	样本研究对象为 OECD 成员国则为 1,否则为 0	0.071	0.258
DC	样本研究对象为发展中国家则为 1,否则为 0	0.209	0.408
Mixed	样本研究对象同时包括 OECD 成员国和发展中国家则为 1,否则为 0	0.720	0.450
No of countries	样本研究国家总数	54.907	28.614
样本时间跨度			
1970s	样本包括 20 世纪 70 年代数据则为 1,否则为 0	0.396	0.490
1980s	样本包括 20 世纪 80 年代数据则为 1,否则为 0	0.984	0.128
1990s	样本包括 20 世纪 90 年代数据则为 1,否则为 0	1	0

续表

变量	定义	均值	标准差
2000s	样本包括 2000 年及以后数据则为 1, 否则为 0	0.846	0.362
Primary data	样本为作者首次使用的研究数据则为 1, 否则为 0	0.522	0.500
Panel	样本采用面板数据则为 1, 否则为 0	0.929	0.258
估计方法			
Probit	样本采用 Probit 模型则为 1, 否则为 0	0.467	0.500
Logit	样本采用 Logit 模型则为 1, 否则为 0	0.462	0.500
Endogeneity	样本控制了内生性则为 1, 否则为 0	0.346	0.477
经济和金融条件			
GDP growth	样本考虑了 GDP 增长率指标则为 1, 否则为 0	0.819	0.386
GDP/cap	样本考虑了人均 GDP 指标则为 1, 否则为 0	0.566	0.497
Terms of trade	样本考虑了贸易条款变化指标则为 1, 否则为 0	0.297	0.458
Exchange rate	样本考虑了汇率变化指标则为 1, 否则为 0	0.604	0.490
Credit growth	样本考虑了国内信贷增长率指标则为 1, 否则为 0	0.291	0.456
Private/GDP	样本考虑了私人部门信贷占 GDP 比重指标则为 1, 否则为 0	0.401	0.491
Real interest rate	样本考虑了实际利率指标则为 1, 否则为 0	0.780	0.415
Current account	样本考虑了经常账户指标则为 1, 否则为 0	0.275	0.448
Inflation	样本考虑了通货膨胀指标则为 1, 否则为 0	0.929	0.258
Stock market price	样本考虑了股票市场价格指标则为 1, 否则为 0	0.049	0.217
Surplus/GDP	样本考虑了政府财政盈余指标则为 1, 否则为 0	0.060	0.239
Deposit insurance	样本考虑了存款保险指标则为 1, 否则为 0	0.192	0.395
M2 reserves	样本考虑了 M2 储备指标则为 1, 否则为 0	0.374	0.485
Past crisis duration	样本考虑了过去危机持续时间指标则为 1, 否则为 0	0.060	0.239
Currency crisis	样本考虑了货币危机指标则为 1, 否则为 0	0.055	0.229
Concentration	样本考虑了集中率指标则为 1, 否则为 0	0.022	0.147
Cash/Bank	样本考虑了银行流动性资产占比指标则为 1, 否则为 0	0.104	0.307
Connectivity	样本考虑了联结度指标则为 1, 否则为 0	0	0
Supervisory control	样本考虑了监管指标则为 1, 否则为 0	0.615	0.488
No of variables	样本采用变量总数	10.049	3.781

（四）Meta 分析结果

1. 发表偏误检验结果

本节分别采用漏斗对称检验和精确估计检验来检验可能存在的发表偏误问题。首先绘制漏斗图（见图 5.1），横轴表示金融开放对银行危机发生的影响效应（偏相关系数），纵轴表示影响效应所对应的精准度。在不存在发表偏误的情况下，漏斗图应沿中轴线对称分布，且估计值越精确，散点分布越密集。从图 5.1 可以看出，漏斗图整体沿中轴大致对称分布，因此，本节预期从全样本来看并不存在发表偏误问题。

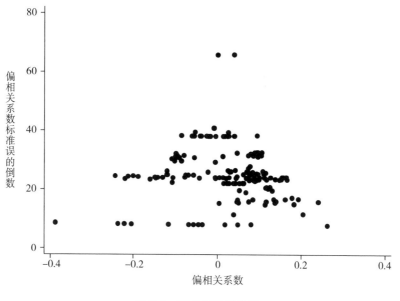

图 5.1 漏斗对称性检验

本节还进一步绘制了与 Meta 分析回归模型式（5.4）更接近的漏斗图（见图 5.2）。在该图中，纵向实线表示金融开放对银行危机发生的影响效应量平均水平。两侧虚线与纵向实线在顶部相交，表示 5% 统计显著性水平边界，位于虚线外侧的散点（估计效应量值）显著异于潜在效应。从图 5.2 可以看出,部分估计效应量位于虚线外侧,显著异于金融开放对银行危机发生的潜在影响效应,这也表明金融开放对银行危机发生的显著性实证结果更易发表。

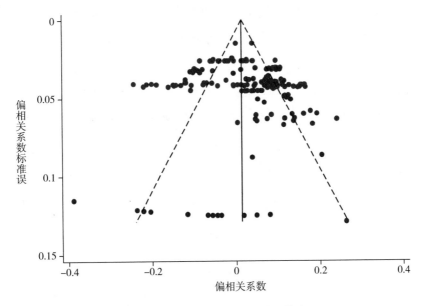

图 5.2　95%置信区间漏斗对称检验

为保证漏斗对称检验结果的稳健性,本节基于式(5.4),分别采用基准 OLS 回归、工具变量法、文献研究权重法和精准度权重法进行精确估计检验,检验结果如表 5.7 所示。采用四种不同的回归方法所得结果显示,标准误的估计系数均不显著,即金融开放对银行危机发生影响效应的研究不存在发表偏误。

表 5.7　发表偏误检验 I

	基准模型	工具变量法	文献研究权重	精准度权重
	(1)	(2)	(3)	(4)
标准误	0.717 (0.717)	−0.801 (0.288)	0.436 (0.748)	2.034 (0.493)
常数项	−0.026 (0.588)	0.011 (0.556)	−0.019 (0.620)	−0.058 (0.483)
样本数	182	182	182	182

注:括号内为 P 值。

此外,本节也基于式(5.5)对可能存在的发表偏误做了进一步检验(见表5.8)。表5.8中,(1)列采用混合回归极大似然估计法,(2)列采用文献研究样本层面的固定效应估计,(3)列采用OLS估计,(4)列选取每项研究中效应量所对应的观测数平方根的倒数为自变量标准误倒数的工具变量,并采用工具变量法进行估计。估计结果中常数项的值表示发表偏误程度,研究发现,混合回归法、OLS估计和IV估计所得标准误倒数的系数和常数项均不显著;而固定效应估计下标准误倒数仅在10%的显著性水平上显著,常数项不显著。因此,综合前文分析,本节认为现有研究金融开放对银行危机发生影响的文献在发表过程中不存在发表偏误,研究能较为真实地反映金融开放对银行危机发生的影响效应,这也符合我们进一步使用Meta回归分析来检验金融开放对银行危机发生影响异质性的基本假设前提。

表5.8　发表偏误检验Ⅱ

	混合回归	固定效应	OLS	IV
	(1)	(2)	(3)	(4)
标准误倒数	0.003 (0.915)	0.075 (0.061)	−0.022 (0.472)	0.000 (0.992)
常数项	0.009 (0.991)	−1.484 (0.148)	1.053 (0.283)	0.461 (0.674)
样本数	182	182	182	182

注:括号内为P值;回归估计采用文献研究层面的稳健聚类标准误。

2. Meta 回归分析结果

本节基于前文式(5.6)进行了Meta回归分析,结果如表5.9所示。Meta回归的被解释变量为T统计量,在模型(1)—(6)的不同设定中,*InverSE pcc*和常数项均不显著,再次证明了现有研究金融开放对银行危机发生影响的文献在发表过程中并不存在发表偏误。模型(1)报告了发表特征对金融开放与银行危机发生偏相关系数影响的估计结果,变量*Working Paper*的回归系数

-0.027 在统计上并不显著,表明发表特征对金融开放与银行危机发生的偏相关系数的影响并不显著。

表 5.9　Meta 回归分析结果

因变量:T-stat	(1)	(2)	(3)	(4)	(5)	(6)	(7)
InverSE pcc	0.012 (0.021)	0.037 (0.030)	0.007 (0.053)	−0.033 (0.042)	−0.113 (0.180)	−0.046 (0.043)	−0.524*** (0.119)
Working Paper	−0.027 (0.027)						0.015 (0.020)
de jure		−0.026 (0.112)					−0.208 (0.211)
de facto		−0.140*** (0.031)					0.163 (0.128)
banking sector		−0.041* (0.022)					−0.013 (0.027)
multidimensional		−0.053** (0.026)					0.228** (0.113)
OECD			−0.076*** (0.014)				0.054 (0.052)
DC			0.007 (0.017)				0.069 (0.054)
No of countries			−0.000 (0.001)				0.000 (0.001)
*de jure * OECD*				−0.021 (0.122)			1.807*** (0.304)
*de jure * Mixed*				−0.397*** (0.115)			—
*de facto * DC*				−0.143*** (0.034)			—
*banking * DC*				0.015 (0.034)			0.073* (0.042)
*banking * Mixed*				−0.052** (0.022)			—
*Multidimensional * OECD*				−0.150*** (0.036)			—
*Multidimensional * DC*				−0.069* (0.037)			—

续表

因变量:T-stat	(1)	(2)	(3)	(4)	(5)	(6)	(7)
Multidimensional ∗ *Mixed*				−0.042 (0.028)			—
1970s					1.036 (0.846)		−0.942 ** (0.370)
1980s					0.057 * (0.030)		12.967 *** (2.324)
2000s					−0.058 * (0.035)		−4.332 * (2.325)
primary data					−0.039 (0.042)		0.198 *** (0.022)
panel					−0.158 (0.122)		—
Probit					0.226 *** (0.060)		0.033 (0.066)
Logit					0.275 *** (0.072)		0.293 *** (0.069)
Endogeneity					0.068 (0.049)		0.120 *** (0.133)
GDP growth						0.019 (0.035)	0.083 *** (0.019)
GDP/cap						−0.039 * (0.024)	−0.045 ** (0.019)
Terms of trade						0.000 (0.023)	−0.093 *** (0.024)
Exchange rate						0.036 * (0.019)	0.186 *** (0.029)
Credit growth						−0.041 * (0.023)	−0.020 (0.038)
Private/GDP						−0.004 (0.015)	0.026 (0.030)
Real interest rate						−0.032 (0.028)	−0.023 (0.032)
Current account						−0.050 *** (0.016)	−0.128 *** (0.035)
Inflation						0.018 (0.039)	−0.107 *** (0.034)

续表

因变量:T-stat	(1)	(2)	(3)	(4)	(5)	(6)	(7)
Stock market prices						0.026 (0.022)	-0.038 (0.028)
Surplus/GDP						-0.072 (0.050)	-0.196*** (0.061)
Deposit insurance						0.036*** (0.013)	0.042*** (0.007)
M2reserves						-0.032* (0.019)	-0.081*** (0.031)
Past crisis						0.095*** (0.035)	0.047*** (0.006)
Currency crisis						-0.089* (0.053)	0.008 (0.014)
Concentration						-0.107*** (0.032)	-0.224*** (0.051)
Cash/Bank						0.046** (0.021)	0.044*** (0.013)
Supervisory control						-0.021 (0.014)	-0.034*** (0.009)
No of variables						0.005 (0.003)	-0.003 (0.002)
常数项	0.169 (0.786)	0.571 (0.884)	0.263 (0.825)	2.459** (1.123)		1.210 (0.961)	-5.619* (2.942)
文献篇数	23	23	23	23	23	23	23
观察值个数	182	182	182	182	182	182	182

注:括号内为稳健聚类标准误,***、** 和 * 分别表示系数在 1%、5% 和 10% 的显著性水平上显著。

模型(2)报告了金融开放变量的衡量方法对金融开放与银行危机发生偏相关系数影响的估计结果,变量 *de facto*、*banking sector* 和 *multidimensional* 的回归系数分别为-0.140、-0.041 和-0.053,且分别在 1%、10% 和 5% 的显著性水平上显著。这表明,当采用事实法、银行业开放和多维度衡量法来衡量一国金融开放程度时,均会减弱金融开放与银行危机发生两者间的相关性;而采用法定方法来衡量金融开放时,对金融开放与银行危机发生的偏相关系数影响并不显著。

模型(3)报告了样本国家选择对金融开放与银行危机发生偏相关系数影响的估计结果,仅 OECD 变量的系数在 1% 的显著性水平上显著为负,表明发达国家金融开放与银行危机发生的相关性相对较低。

模型(4)报告了金融开放衡量方法与样本国家选择的交互项对金融开放与银行危机发生的偏相关系数影响的估计结果。对于发达国家样本而言,采用多维度法来衡量金融开放时,金融开放与银行危机发生的相关性会显著减弱;对于发展中国家样本而言,采用事实法来衡量金融开放时,金融开放与银行危机发生的相关性会显著减弱;对于同时包括发达和发展中国家样本而言,采用银行业开放来衡量金融开放时,金融开放与银行危机发生的相关性会显著减弱。

模型(5)报告了样本时间跨度和估计方法对金融开放与银行危机发生的偏相关系数影响的估计结果。变量 1980s 的估计系数为 0.057,在 10% 的显著性水平上显著,表明在其他条件相同的情况下,样本覆盖 20 世纪 80 年代的回归估计所得金融开放对银行危机发生的影响(偏相关系数),比样本未覆盖该时间段的回归估计所得结果要显著高出 0.057 个单位。类似地,变量 2000s 的估计系数为 -0.058,且在 10% 的显著性水平上显著,表明 21 世纪以后金融开放对银行危机发生的影响显著减弱。在估计方法的选择上,Probit 和 Logit 变量的估计系数均显著为正,表明采用 Probit 和 Logit 模型进行估计时,金融开放对银行危机发生的影响会显著增强。

模型(6)报告了经济和金融条件对金融开放与银行危机发生的偏相关系数影响的估计结果。其中,人均 GDP(GDP/cap)、信贷增速(Credit growth)、经常账户(Current account)、M2 储备(M2 reserves)、货币危机(Currency crisis)和集中率(Concentration)变量的估计系数均显著为负,表明在其他条件不变的情况下,样本回归将上述因素纳入考量时会显著减弱金融开放对银行危机发生的影响(偏相关系数)。而汇率变化(Exchange rate)、存款保险制度(Deposit

Insurance)、过去危机发生情况(*Past crisis*)、银行流动资产占比(*Cash/Bank*)变量的估计系数均显著为正,表明在其他条件不变的情况下,样本回归估计将上述因素纳入考量时会显著提高金融开放对银行危机发生的影响(偏相关系数)。

模型(7)报告了将前述模型(1)—(6)中的变量同时纳入回归模型所得估计结果。从金融开放指标衡量方法的影响来看,采用多维度金融开放指标衡量法可以显著增强金融开放对银行危机发生的影响(偏相关系数),而事实法和银行业开放衡量法的影响均不显著,这与基准模型(2)所得结论存在差异。同时,在研究样本分别为发达国家和发展中国家时,此时分别采用法定衡量法和银行业开放衡量法均可以显著提高金融开放对银行危机发生的影响效应。从样本时间跨度和估计方法的影响来看,在增加控制变量后,变量 *1970s*的估计系数为-0.942,且在 5%的显著性水平上显著,表明金融开放在 20 世纪 70 年代对银行危机发生的影响相对较弱。

此外,在估计中使用首次收集的数据并考量内生性问题都会显著增强金融开放对银行危机发生的影响效应。从经济和金融条件的影响来看,GDP 增长率变量的系数为 0.083,在 1%的显著性水平上显著,表明将 GDP 增长率纳入考虑会显著增强金融开放对银行危机发生的影响效应。此外,贸易条件变化和通货膨胀率指标的系数均显著为负,表明将贸易条件变化和通货膨胀率纳入考虑会显著减弱金融开放对银行危机发生的影响效应。

(五)结论

基于 23 篇关于金融开放与银行危机的实证研究文献,本部分采用 Meta 回归分析方法,对金融开放与银行危机发生的关系进行了检验,主要得出如下结论:第一,现有研究金融开放对银行危机发生影响的文献在发表过程中不存在发表偏误,研究能较为真实地反映金融开放对银行危机发生的影响效应。第二,当采用事实衡量法、银行业开放衡量法和多维度衡量法来衡量一国金融开放程度时,均会减弱金融开放与银行危机发生两者间的相关性,而采用法定衡量法来衡量金融开放时,对金融开放与银行危机发生的偏相关系数影响并不显著。第三,样本覆盖 20 世纪 80 年代的回归估计所得金融开放对银行危机发生的影响(偏相关系数),比样本未覆盖该时间段的回归估计所得偏相关系数要更高。样本覆盖 21 世纪 00 年代的回归结果为 -0.058,表明 21 世纪以后金融开放对银行危机发生的影响显著减弱。

第二节　金融开放与金融风险防控: 国际经验与启示

一、金融开放与金融风险防控:成功经验

(一)丹麦金融开放与金融风险防控的成功经验

丹麦在 20 世纪 90 年代早期经历了银行危机,但没有像其他北欧国家一样出现进一步恶化。丹麦金融开放与金融风险防控的成功经验主要有以下几点。

第一,丹麦银行业的资本化程度较高。1991—1993 年间,丹麦银行的登记损失和损失准备金占 GDP 比重与挪威持平,但是低于芬兰的水平,也远低于瑞典的水平。从银行账户余额来看,丹麦的损失和损失准备金都低于芬兰、挪威和瑞典。此外,丹麦银行获得的公共支持也远低于其他北欧国家。从这个角度来看,与挪威和芬兰的银行部门相比,瑞典和丹麦的银行部门承受了更多的损失和损失准备金。然而,丹麦几乎没有银行破产,这主要是由于丹麦的资本化程度更高,而在芬兰和挪威,大部分银行部门由政府接管。

第二,丹麦建立了银行存款保险制度。在 1987 年丹麦一家小银行发生破产后,丹麦便建立起了银行存款保险制度。在 20 世纪 90 年代,丹麦普通存款投保额最高达到每个存款人 250000 丹麦克朗。丹麦银行是该银行存款保险

资金的唯一来源,但政府为该计划提供担保。此外,丹麦银行高水平的银行资本和储备资金,以及存款保险计划的适度且有限制的覆盖,使得银行不可能发放高风险贷款。从事实来看,20世纪90年代早期,丹麦存款保险计划仅发生了小规模资金偿付。

第三,丹麦银行损失拨备及时。与其他北欧国家相比,在经济衰退的早期阶段,丹麦银行就进行了损失拨备。因此,其他条件相同的情况下,丹麦表外账户的损失拨备相对较多或质量较好,也就是说,最终被冲销的可能性较小。此外,损失的规模和损失拨备也取决于已实现的损失正式登记为损失或被登记为损失准备金的时间点。20世纪90年代衰退初期,不同的规则和做法使损失与损失拨备在丹麦和其他北欧国家间的事实区别比登记在册的还要大。这也使丹麦银行的实际资本化水平要高于其他北欧国家。

第四,丹麦宏观经济环境稳定。尽管1987—1993年丹麦宏观经济增长水平相对较低,但经济增长稳定,房地产价格缓慢下降。丹麦经济的全面稳定是银行部门长期健康发展的必要条件。从这个角度来看,20世纪90年代早期银行业问题的根源在于全球油价上涨带来的经济冲击以及20世纪70年代末和80年代初破坏稳定的经济政策。丹麦在这些事件发生后仍然能够避免银行业危机的原因主要在于拥有稳定的经常账户和外债。

(二)澳大利亚金融开放与金融风险防控的成功经验

澳大利亚金融开放产生的主要效应在于:一是本国外资银行发展迅速。外资银行大规模来澳投资,澳大利亚银行机构数量激增。二是本国金融市场竞争度提升。澳大利亚凭借有效的市场竞争机制提高了金融业的服务水平。三是本国利率和汇率自由化水平提高。澳大利亚的利率和汇率自由化之后,定价权交给市场,提高了资金的使用效率。四是本国金融监管体系更加健全,风险抵御能力进一步增强。

澳大利亚金融风险防控的成功经验可归结为以下几个方面:一是通过完

善金融市场机制和增强金融机构业务能力,为金融开放奠定坚实基础。澳大利亚储备银行为实现金融开放建立了坚实的基础。首先,建立了满足金融开放政策需要的金融法规。其次,增强了本国银行的市场竞争力。澳大利亚的商业银行通过多次合并,最终成立了几家有代表性的大银行,进一步增强了银行的市场竞争力。二是完善金融监管体系,构建风险预警防范体系。澳大利亚在筹备金融开放时制定了一整套危机应对措施,防止金融市场开放之初经济环境变化对国内经济环境造成的影响。三是坚持金融服务实体经济的原则,促进本国金融开放与实体经济协调发展。

(三)德国金融开放与金融风险防控的成功经验

2008 年金融危机爆发引发全球经济的严重衰退,银行流动性不足,失业率持续攀升;2009 年欧债危机爆发更使欧洲各国经济雪上加霜。全球经济整体衰退也使德国经济遭受重创,但自 2010 年初,德国经济就开始呈现强劲反弹态势,当年经济增速一度达到历史高点。在金融危机影响下,德国经济能够迅速复苏并呈现较快发展势头的主要经验归结如下。

第一,德国实体经济基础较好。德国制造业在世界处于领先地位,具有齐全的工业部门和完整的生产加工链,且掌握着高精尖的技术并拥有雄厚的研发能力,德国强大的工业竞争力是其经济强劲复苏的根本动力和保证。

第二,具有德国特色的市场经济制度。第二次世界大战后,德国建立了完整的市场经济体制,市场发挥着对经济运行的主导作用。但当经济偏离正常轨道时,政府仍可以对经济进行适当干预,确保经济健康可持续发展。此外,德国市场经济的"劳资和谐"和"雇员共决制"是德国市场经济体制的核心组成部分,德国社会各阶层主要通过协商谈判来协调处理纠纷矛盾,平衡各方利益,这也有效促进了德国社会经济的和谐健康发展。

第三,危机下德国政府采取了有效的应对之策。金融危机和欧债危机发生后,德国政府出台了一系列有效的救市计划。例如,当金融危机爆发带来国际需求降低和外贸订单减少时,德国政府采取了短时工作制、降低企业失业保险费缴纳比例等劳动促进政策。这些举措一方面降低了企业成本,有助于企业在危机下尽快恢复生产力;另一方面也使本国工人避免失业。此外,德国政府还通过增加公共直接投资等经济刺激政策稳定了金融市场,提振了消费者信心。

(四)荷兰金融开放与金融风险防控的成功经验

荷兰金融部门改革进程是建立在金融体制现代化和自由化的基础上,具体内容包括调整法律监管框架,扩大金融部门的监管范围,实现国际交易的自由化,放松国内金融市场管制和推进货币管理现代化。成功的金融部门改革进程必须伴随适当的审慎监管和监督,并且在稳定的宏观经济环境下推进最为有效。荷兰货币监管当局对上述审慎监管和稳定的宏观经济环境给予了极大的重视,将金融改革进程与保持银行体系健康和宏观经济稳定相结合。总体而言,荷兰金融开放的成功经验主要归结为以下两点。

第一,有效的货币政策保证了本国物价稳定。在货币战略方面,金融部门改革促使荷兰逐步取消了货币供给政策,这主要是由于难以运用单一的利率工具同时实现荷兰盾内部和外部价值目标。鉴于倾向于采用固定汇率制度,即盯住德国马克,因此荷兰选择使用利率作为工具,将汇率维持在以马克为锚的窄幅波动范围内。基于与德国的高贸易份额,以及对德国稳健货币政策的预期,盯住德国马克的货币政策被认为是在中期实现价格稳定的最有效方法。因此,在 20 世纪 70 年代和 80 年代,荷兰逐渐取消了货币目标和汇率目标相结合的框架,并在 20 世纪 90 年代转向完全盯住马克,以此作为货币政策的基准。

第二,循序渐进推动金融开放进程。荷兰采用了相对渐进的方式,立足共识与合作,注重维护经济、货币和金融部门的稳定。有异于周边国家,荷兰延续了直接控制工具的使用,特别是在更长时期使用"信贷上限"工具。这种循序渐进方法的优点是,人们可以在获得使用新战略、新工具的经验的同时,仍然可以依赖——至少在一定程度上和暂时依赖——现有的政策实践。这种"吊带和腰带"双重保险的策略降低了在改革过渡期失去对宏观经济和金融部门发展控制的风险。

(五)新加坡金融开放与金融风险防控的成功经验

新加坡之所以能够在激烈的亚太地区金融竞争中异军突起,主要得益于全面前瞻、目的性强、积极而谨慎的政府干预手段。这种政府把控为主、市场跟进为辅的发展模式,令新加坡在缺少强大经济支持的背景下,实现了金融市场建设的高速发展。新加坡政府在不同阶段实施了具有指导性作用的政策,经历了种种变革后,金融市场已经具备了较高的开放水平。与更偏爱自由市场的西方国家相比,新加坡政府主导型的金融开放注重政策和市场的协同效应。具体来看,主要经验归结如下。

第一,稳步推进各类金融机构的对外开放。在银行业开放方面,1999年新加坡银行业开始对外开放,允许多家外资银行进入,新加坡市场对外资银行一直保持着开放态度。本地银行为维持市场份额,拓宽了业务范围,走上了国际化路线。金融体系的开放也带来了银行业金融资产结构的变化,商业银行传统信贷占比逐渐减少。在保险业开放方面,离岸保险业务也是新加坡的一项优势,吸引了世界其他国家参与。世界著名的保险机构、风险管理机构都选择新加坡作为基地。在证券业开放方面,新加坡的证券机构可以自由开展海外业务,因此十分受其他国家投资人的青睐。这些与新加坡稳定的经济、政治环境,完善的市场配套体系,宽松的市场准入机制,以及金管局严格的监管密不可分。

第二,积极推进外汇市场开放。自1976年新加坡放松外汇管制,从事离岸金融活动的机构迅猛增加,新加坡外汇市场交易总额呈现节节攀升的态势。新加坡完善的规章制度、平稳的宏观经济运行等多方面因素助力其稳居世界第三外汇中心的位置。

第三,持续推进货币市场开放。新加坡亚洲货币市场发挥着国际资金市场的功能,将吸收的国际资金提供给本地、周边国家及东盟成员国,在国际货币市场处于主导地位。新加坡机构开放加快了货币市场开放的进程。外资银行在新加坡亚洲货币市场上占据了主导地位,新加坡亚洲货币市场的发展促进了资本的双向流动,降低了国家融资成本并提升了效率。新加坡在金融领域的高度宽松和自由化为其成为世界级金融中心奠定了良好基础。新加坡的成功是以政府主导模式发展金融业的典范,新加坡政府在20世纪70年代认识到金融的重要性从而推出了很多金融业的开放政策。货币当局在新加坡金融市场的开放进程中扮演着不可替代的角色,这为其他国家推进金融开放提供了一定的参考价值。

二、金融开放与金融风险防控:失败教训

(一)日本金融开放与金融风险防控的失败教训

20世纪90年代发生的日本金融危机是内外多重因素作用的共同结果。其中日本金融体制的结构性缺陷及其对经济环境变化适应能力不足是危机爆发的根本原因。从中我们可以吸取以下三方面的教训。

第一,政府主导型金融体制疲劳是金融危机发生的重要原因。随着日本完成了工业化,日本国内企业部门的资金不再短缺,导致由政府主导的金融体系不再适应市场需求。从资源配置效率角度考虑,应适时由政府主导向市场主导转型。然而日本政府迟迟没有调整金融体制,导致资源配置效率下降。曾经有效的政府主导型金融体制出现疲劳和僵化,最终引起泡沫经济,导致日本经济处于长期衰退之中。

第二,不健全的金融监管体系难以有效防范和化解风险。日本通过实行严格的监管措施维持金融稳定,但没有完整有效的危机应急处置措施。在高速增长时期,日本坏账情况总体较好,银行可以轻松获取较高的回报率,从而

忽略了危机事后处置措施的构建与出台,为日本金融危机爆发留下了隐患。

第三,主银行制的银企关系在金融自由化中进一步弱化。日本长期实行主银行制的金融制度,并在第二次世界大战后起到了推动经济增长的积极作用。但在推行金融自由化之后,主银行制度的劣势逐渐显现。各银行为成为企业的主银行进行了激烈的竞争,并放松了对企业的控制和监管。

(二)泰国金融开放与金融风险防控的失败教训

1997 年泰铢对美元大幅贬值,导致亚洲金融危机爆发。反思泰国金融开放历程和金融风险防控问题,可得到以下教训。

第一,金融开放过程与本国经济发展规律脱节。泰国在推进金融开放的过程中未对国内经济进行有效调控,开放过程过于粗放,引致大量资金进入泰国房地产市场,推升了泰国的资产泡沫,为经济发展留下了巨大的风险隐患。

第二,在对外开放进程中金融监管制度不完善和监管措施不到位。泰国金融监管体系存在缺陷,无法防范在金融开放过程中产生的风险。政府也未能及时推行配套措施,导致大量投机资金进入泰国金融市场,加剧了金融资产泡沫的形成。泰国中央银行也放宽了对金融市场的管制,诱发了泰国金融体系的道德风险和逆向选择,最终引发了泡沫危机。

第三,国际贸易自由化速度过快,对外依赖程度过高。泰国出口结构过于单一,缺乏核心竞争力,无法形成稳定的出口收入。国内市场因工资上涨也逐渐失去了劳动力成本优势,经济基础不断削弱。

(三)阿根廷金融开放与金融风险防控的失败教训

阿根廷金融开放进程分为两个阶段,第一阶段为 1977—1982 年,但在 20 世纪 80 年代阿根廷爆发债务危机后逐渐处于停滞状态;第二阶段金融开放始于 1987 年。到 20 世纪 90 年代初阿根廷出现了严重的通货膨胀,经济出现持续衰退,并在 2002 年初全面爆发金融危机。从阿根廷两次金融自由化的实践,可以得到如下教训。

一是金融开放速度过快使阿根廷丧失金融命脉控制权。阿根廷在经济金融基础尚不稳固的情况下过早地启动金融开放,这使阿根廷的金融命脉在短短几年迅速被境外资本控制,多次爆发后果极为严重的债务危机。阿根廷的货币局制度本质是固定汇率制,在金融开放的情况下为维持固定汇率制需拥有充足的外汇储备,但阿根廷国内通货膨胀严重,出口产品成本较高,出口创汇能力不足,僵化的货币局制度使阿根廷无法根据需要自主调整货币政策,从而逐渐丧失对宏观经济的调控能力。

二是过度依赖国际资本易诱发金融风险。阿根廷为吸引国际资本流入,在开放银行业的同时还放松了资本项目管制,给予境外金融机构和金融业务极为宽松的市场准入条件。国际资本受高额利润驱使,当市场上存在不稳定因素可能降低其利润时,就会立即撤出该国资本市场。2001 年阿根廷爆发债务危机后,境外资本出于避险目的纷纷撤出,为吸引国际资本流入,阿根廷不得不提高利率水平。过度依赖国际资本不仅削弱了阿根廷的金融调控能力,还增加了潜在的经济金融风险。

三是对外债的监督管理不到位会威胁国家金融安全。阿根廷 1982 年债务危机的爆发主要源于其高额外债。阿根廷在引进外资的同时,缺乏对外资的有效监管,同时,风险监控和预警体系不完善,导致大量投机性资本涌入,从而对国家金融安全造成威胁。

(四)美国金融开放与金融风险防控的失败教训

美国凭借雄厚的经济实力和在全球金融体系中的话语权作为实施金融国际化战略的坚实支撑,并通过金融国际化巩固了其作为金融强国的地位。在推进金融国际化的进程中,美国实施了"松—紧—松"螺旋式放松金融管制的模式,确保了相对稳健的内外部环境,最终形成了高度国际化的金融体系。虽然美国金融开放的过程整体上较为平稳,但仍然发生过 1929 年的股市危机、

1987年的储贷机构危机和2007年最终蔓延至全球的次贷危机等系统性危机事件。总体而言，从美国金融开放与金融风险防控的历程中可以得到如下教训。

第一，金融开放在服务实体经济发展的同时也会带来不稳定因素。金融开放带来了金融工具的创新，在现实经济里，债券和股票等金融工具的"内在价值"是由它们未来的收益派生的，因此又被称为虚拟资本。期货、期权、远期和互换等金融衍生品的"内在价值"是由其标的物即金融工具的价格变化决定的，它们是更加虚拟的资本。如果以金融工具和金融衍生品体现的金融财富与物质财富相比超过一定限度，经济体系实际上就由虚拟经济所主导。虚拟经济条件下，金融衍生品的过度发展是2008年国际金融危机爆发的源头。以房地产次级抵押贷款为代表的金融衍生品催生了房地产市场的泡沫，并直接导致系统性风险向整个金融体系迅速扩散。

第二，金融监管的失位引发银行业的双重风险。2008年国际金融危机爆发前夕，原有的金融监管制度仅要求金融机构向监管者进行信息披露。不全面的信息披露使公众难以对银行业风险作出准确判断。由于住房价格具有明显的周期性波动特征，当住房价格上涨到高点时，必然面临下跌的风险，在此情形下，商业银行面临降低抵押贷款风险敞口的要求。但在传统金融监管模式下，监管者不会对银行的风险行为进行实质性的惩罚，并且当银行出现问题，政府还会给予银行救助。因此，传统的金融监管诱发了银行的双重道德风险：商业银行不仅更愿意承担风险，并且有大幅减持资本、提高杠杆的动机。

第三，对金融创新的过度激励会加剧潜在金融风险。《巴塞尔协议》增大了银行对资产证券化金融工具的偏好，也产生了银行持有资产负债表外资产的激励。监管还产生了将金融中介业务转移到未受监管的"影子银行"的激励。这些对金融创新的过度激励导致了潜在金融风险的加剧。

（五）希腊金融开放与金融风险防控的失败教训

在希腊金融开放的进程中,多次发生了债务危机,例如1932年的债务违约、2009年的希腊债务危机。从这些危机中,我们可以得到如下教训。

第一,缺乏可持续的经济增长,仅仅依靠债务带来经济的繁荣是不可取的。希腊债务危机爆发的根本原因在于债务失控,希腊的经济繁荣建立在高额债务的基础上。同时,希腊经济社会问题突出,例如失业率较高、政府机构运行效率低下和腐败现象、逃税现象较严重等,这些都造成了希腊的经济困局,也是希腊克服债务危机的主要障碍。

第二,欧盟货币政策与财政政策的协调机制尚不健全。欧盟治理存在严重缺陷,即统一的货币政策和主权国家独立的财政政策之间的矛盾,而且二者之间的协调机制和监管机制不健全。由于使用统一货币,希腊等国无法通过货币政策或汇率政策实现国内国际平衡。增发国债和对外借款成为那些自主发展能力不强国家的倾向性选择。希腊通过赤字财政和国外借款刺激经济,造成财政赤字和向外国借债过多,形成严重的债务积累,以至于到了爆发危机的程度。对于希腊不断高企的债务水平和不负责任的财政政策,欧盟缺乏相应的监督机制和应急处置计划。

第三,突破《马斯特里赫特条约》底线,为债务危机埋下了隐患。根据《马斯特里赫特条约》规定,欧洲经济货币同盟成员国的预算赤字不能超过国内生产总值的3%、负债率必须低于国内生产总值的60%。但是从现实执行情况看,《马斯特里赫特条约》的底线没有得到坚守。希腊聘请美国高盛公司对本国尚未达标的财务状况进行了巧妙掩饰,突破《马斯特里赫特条约》底线,顺利加入欧元区,但也为日后的债务危机埋下隐患。对于希腊这类经济实力较弱且债务水平较高的国家,欧盟也未能对其进行有效监控,这也导致了日后希腊债务危机愈演愈烈。

三、金融开放与金融风险防控:对我国的启示

随着我国对外开放的不断推进,我国金融业也逐渐走向对外开放并取得举世瞩目的成就。从金融机构的数量来看,经过 40 多年的发展,从改革开放初期全国仅有一家中国人民银行,到后来成立三大政策性银行和四大国有商业银行,再到现在国有大型商业银行、全国性股份制商业银行、城商行和农村地区银行并存,证券公司、保险公司、金融租赁公司等金融机构迅速发展,形成了多层次差异化专业化的金融机构体系。从金融体系建设来看,从利率市场化改革完成"最后一公里"到人民币国际化向纵深发展,从"一委一行一总局一会"金融监管体制的重大改革到多层次资本市场不断完善,都彰显了金融体系改革发展的巨大成就。从金融业整体规模和对经济增长的贡献来看,截至 2020 年末,中国金融业增加值达 8.4 万亿元,同比增长达 7%;2015 年中国金融业对国内生产总值增长的贡献率首次超过8%,超越美国、英国、日本等发达国家。虽然我国金融开放取得了多方面的亮眼成就,但在此过程中也存在低效率、不协调等诸多问题。另外,随着全球经济金融一体化的发展,我国金融开放面临的外部环境发生了重大转折性变化:逆全球化、单边主义日益抬头,地缘政治凸显;全球经济周期与金融周期不同步,经济下行压力加大,经济复苏乏力;国际金融体系政策规则向发达经济体倾斜,新兴市场持续承压;全球金融市场风险因素增多,风险联动效应趋强等,中国金融开放事业依然任重道远。因此,我国应充分借鉴其他国家的经验教训,稳健、慎重推进金融开放。基于前文对代表性国家金融开放与金融风险防控的成功经验与失败教训的总结,可以得到以下启示。

(一)宏观经济的健康稳定是金融开放的重要保证

健康稳定的宏观经济环境能够助力经济实力和主权货币影响力的稳步提升,是金融开放的重要基础条件。对于新兴市场经济体而言,为降低金融开放

后国际市场变化对本国经济带来的不利冲击,可以从以下方面对宏观经济进行改革:第一,整顿财政,减少财政赤字,降低宏观杠杆率;第二,实现货币政策和财政政策的协调配合,维持利率和汇率稳定;第三,控制信贷资源投放规模,将通货膨胀水平维持在合理区间;第四,建立强力、有效的国际收支控制机制,将经常项目赤字控制在合理水平;第五,拥有充足的外汇储备;第六,持续推进利率市场化改革;第七,建立健全灵活、规范的货币市场和多层次资本市场。上述宏观经济改革方面的内容是我国金融开放进程中实现资本账户开放的必备条件,也是人民币国际化需要夯实的基础。

(二)"先内后外"的渐进式金融开放路径更加稳妥

从代表性国家金融开放的成功经验来看,这些国家都倾向于先对内夯实经济金融基础,再逐步实施对外开放,采用了"先内后外"的金融开放顺序。例如,新加坡采用的是先改革本国金融市场,完善本国金融体系,建立稳固的资本账户开放基础后,再逐步确立利率市场化机制,促进资本市场进一步深化。在此基础上,建立起有弹性的汇率制度,逐步取消资本账户管制,这种循序渐进式的改革方式被实践证明是一条有效的金融开放路径。我国作为新兴市场经济体,金融开放的路径应参考国际经验采取"先内后外"的方式较为稳妥。具体路径选择上可先引入外资金融机构,再放开金融业务和金融市场,最后完成资本项目开放。首先,应对国内机构充分开放金融业,允许民营资本从事金融业务,同时引入良性竞争机制,进一步提高国有企业的经营能力。其次,进一步简化行政管理手段,充分激发市场内生动力,鼓励金融产品和业务模式创新。最后,积极推动利率、汇率市场化改革,保持汇率弹性,强化市场资源配置功能,为最后一步资本项目开放做好准备。但需要强调的是,金融对外开放的次序、方向和具体步骤并不是一成不变的,仍需立足于我国内外部环境的实际情况和各项改革的实践效果进行及时调整。

（三）金融监管水平要与金融开放程度相匹配

在金融开放进程中经历了严重金融危机的国家，例如泰国、阿根廷等，都存在金融监管体系落后，监管力量薄弱的问题，当金融系统面临风险冲击时难以有效应对，从而引发金融危机。若金融市场和业务不断发展，开放程度不断提升，而金融监管能力停滞不前，则很有可能出现监管空白和监管重叠并存的现象，历次金融危机均暴露出了这些问题。因此，一国的金融监管能力必须紧跟金融开放步伐。首先，不能过于依赖金融市场自发调节的作用。金融主体的有限理性是金融体系脆弱性的重要来源，仅靠市场的自发调节而不加以政策干预很有可能产生严重后果。其次，应加强逆周期、跨周期管理。针对市场内生的顺周期性，应在宏观管理中引入周期参数，抑制顺周期因素，以全局视角进行跨周期管理，全面增强金融运行的稳定性。再次，探索国际金融监管合作新机制，加强监管协调。如果每个国家仅关注自身的监管效果而忽视国际合作，则容易引发"合成谬误"问题。因此，应积极加强监管国际合作，建立统一的监管标准和信息交换机制，加强对跨境资本异常流动和金融风险跨区域传染的监测预警，避免系统性金融风险的全球传染和扩散，在更广的范围内实现金融稳定。

（四）应建立良好的金融生态环境

良好的金融生态环境有助于推动金融开放。就金融开放的客观条件而言，良好的金融生态环境应至少包括健全的法律制度、有效的价格机制、良好的社会信用体系三个方面。首先，健全而有效的法律制度是吸引境外投资者的基础保障，也是维护国内金融体系稳定的重要因素。目前，我国金融体系的运转过程中还存在一些法律法规的缺位和模糊问题，金融资源流通过程中某些环节法律规定不明晰，对于信贷转让、金融衍生品等金融创新产品的法律支持不足，债券融资、资产管理等金融业务存在监管套利等。其次，我国利率市场化已经进入关键阶段,下一步应着重加快完善存款保险制度、大力培育 Shibor 基准利率和国债收益率曲线、丰富货币市场存款替代型产品、增强央行市场化调控能力;在汇率方面,应进一步健全外汇市场,减少不必要的干预措施,引导汇率理性上下浮动,增加汇率弹性,构建起真正的有管理的浮动汇率制度。最后,应切实提高金融机构信用评级的公允性和有效性,建立信息共享机制,加强信用约束手段在金融运行中的作用,建立起信用价值和风险自担的观念,推动金融市场规范化发展。

第三节　国外金融安全体系构建的发展趋势分析

在 2010 年韩国担任 G20 主席国期间,二十国集团领导人宣布发展和改革的目标是加强全球金融安全网。全球金融安全网(Global Financial Safety Net,GFSN)可以定义为,"为尽管遵循健全的经济和金融政策仍面临资本急剧逆转的国家提供国际流动性的一系列安排"(Truman,2013),包括通过国际货币基金组织(IMF)提供的流动性援助和区域融资以及双边或多边央行互换安排。事实上,在许多国家有关建设全球金融安全网的构想早已存在,但这些构想在很大程度上是平行存在的,彼此之间没有太多的协调。因此,建设全球金融安全网的核心挑战是在国际货币基金组织、区域金融联盟和中央银行之间建立一个更协调一致的框架来进行更大的合作。在 2010 年 11 月首尔峰会上,二十国集团领导人同意探讨"在充分认识全球不同区域的特定环境和每个区域金融联盟特点的情况下,改善区域金融联盟和国际货币基金组织在各个领域的合作途径,增强区域金融联盟预防危机的能力"。此后,在 G20 峰会上反复强调加强建设全球金融安全网的目标和加强国际货币基金组织和区域金融联盟之间的合作。G20 实际上已经就国际货币基金组织和区域金融联盟之间的合作达成了一致,认为通过建设全球金融安全网将"加强危机预防和解决的能力"。

本节回顾当前全球金融安全体系建设已取得的进展以及今后可能面临的挑战。首先,探讨"最优"全球金融安全体系的架构,包括国际货币基金组织、区域金融联盟以及双边或多边央行互换安排,以及彼此之间的关系。其次,探讨当前全球金融安全体系不同层次的功能以及当前结构的不合理之处。最后,讨论进一步加强区域金融联盟和国际货币基金组织之间合作的必要性。

一、"最优"的全球金融安全体系

如果全球金融安全网可以从头开始设计,那么大多数人会同意它应该包括一个强大的全球组织,即使在大规模系统性的全球金融危机期间,该组织也拥有足够的金融资源来提供流动资金,并且拥有足够能力对成员国乃至整个世界的经济金融运行进行监测。实际上,凯恩斯以及怀特在布雷顿森林会议上提出的建立国际清算联盟和联合国稳定基金的建议设想了这样一个强大的全球组织,这也带来了国际货币基金组织的创立。然而,正如 Culpeper(2006)所强调的,全球机构(如国际货币基金组织)通常不适用于较小和较贫穷的国家。区域性机构是对全球性机构的重要补充,因为它们提供了"安全"的制度空间,在该空间内那些较小和较贫穷国家拥有发言权和投票权,以及更强烈的地区归属感。同样,Ocampo(2010)认为,在多元化的国际社会中,建立全球、区域和国家机构的网络,将提供一种比基于单一全球组织更好的治理体系。这是建立在一个公认原则基础上的,即地区性机构会使较小国家拥有更多的发言权和主人翁感觉,更有可能对他们的要求作出回应。这种地区性机构已经在某些领域得到认可,例如多边发展银行体系。

Ocampo(2010)提出全球和区域组织应在提供融资方面进行分工,并建议在国际货币基金组织和地区金融联盟之间建立一个网络。他认为"最佳的全球货币联盟是国际货币基金组织、区域储备基金和央行互换安排并存的多重网络,它也可以作为多层次宏观经济政策对话的框架以及最终的政策协调架构"。"未来的国际货币基金组织应该在区域和次区域储备基金和互换安排的网络顶点"。他特别建议国际货币基金组织应在全球宏观经济政策协调中发挥核心作用,而区域基金应在区域和次区域一级发挥更优越的作用。Ocampo 还建议,区域金融联盟可以为中小国家提供全面的危机支持,而国际货币基金组织需应对更大规模的国际收支危机,以避免区域和全球危机的蔓延。类似地,Gros(2010)设想了一个"像金字塔一样建造"的全球金融安全网,在该体系中,区域系统负责区域内的成员国,他们可以共享区域成员国和国际货币基金组织成员国的资源,而不是该区域联盟成员国的国家将由国际货币基金组织负责。

类似于 Ocampo(2010)、Gros(2010),Henning(2006,2010,2011)提出在国际货币基金组织和区域金融联盟之间建立有明确分工的联邦结构。Henning(2006)提出区域金融联盟应该建立一套准则以便厘清其与国际货币基金组织的关系。根据 Henning 的准则,区域金融联盟应该做到以下四点:第一,不会与成员国在国际货币基金组织协定条款下的义务发生实质冲突;第二,与国际货币基金组织的金融和货币规则运作一样透明;第三,采用健全的紧急融资规则,即对流动性不足的贷款(有别于资不抵债)按溢价利率支付,并有偿还贷款的保证;第四,以恰当的条件提供贷款,实施旨在消除融资缺口的政策调整或将贷款直接与国际货币基金组织的条件直接挂钩。此外,Henning 建议国际货币基金组织成员国参与区域融资应同意以下条件:第一,报告和披露其与国际货币基金组织区域合作安排的细节;第二,向国际货币基金组织执行委员会提交相关条款;第三,区域金融联盟不应削弱国际货币基金组织的条件;第四,有关金融监管和私营部门参与的区域政策必须与国际货币基金组织的稳定努力相一致。

总而言之,全球金融安全网由国际货币基金组织、区域金融联盟和各国中央银行提供的双边信贷额度(央行货币互换)组成。全球金融安全网的良好运行基于以下假设:国际货币基金组织和区域金融联盟都是管理良好的机构,受到其成员的信任和尊重,并相互合作,彼此紧密相连;此外,全球金融安全网还应该拥有充分的金融资源和合格履行职责的工作人员。

二、全球金融安全体系发展现状

表 5.10 流动性融资安排及主要国家中央银行互换安排概览

金融组织	成员	成立时间	融资规模
全球			
IMF	188 个成员	1945 年	3620 亿美元
区域金融联盟			
阿拉伯货币基金(AMF)	中东和北美地区的 22 个成员	1976 年	26 亿美元
清迈倡议多边化(CMIM)	东亚地区 14 个成员	2000 年	2400 亿美元
欧亚稳定与发展基金(EFSD)	欧亚 6 个成员	2009 年	85 亿美元
欧洲稳定机制(ESM)	欧洲 19 个成员	2012 年	认购资本:7048 亿美元;实收资本:806 亿欧元
拉丁美洲储备基金(FLAR)	8 个成员	1978 年	认购资本:36 亿美元;实收资本:25 亿美元
北美框架协议(NAFA)	加拿大;墨西哥;美国	1994 年	90 亿美元
央行互换协议			
金砖国家应急储备安排(CRA)	巴西;俄罗斯;印度;中国和南非	2015 年	1000 亿美元
中国人民银行与其他 31 家央行和货币当局的双边货币互换安排	31 个合作伙伴国	2009 年	7 亿—4000 亿人民币
六家主要央行间的货币互换安排	联邦储备银行;欧洲中央银行;英格兰银行;日本银行;加拿大银行;瑞士国家银行	2010 年	无限制

资料来源:Volz,U.,2016,"Toward the Development of a Global Financial Safety Net or a Segmentation of the Global Financial Architecture?", *Emerging Markets Finance and Trade*, Vol. 52, No. 10, pp. 2221-2237.

当前,随着国际货币基金组织、区域金融联盟和各种双边与多边央行互换的建立,全球金融安全网的不同层次已初步形成(见表5.10)。除国际货币基金组织以外,有些地区金融联盟已存在了很长时间,最著名的是自1976年成立的阿拉伯货币基金组织(the Arab Monetary Fund,AMF)、1978年成立的拉丁美洲储备基金(the Latin American Reserve Fund,FLAR)、2000年成立的清迈倡议多边化(the Chiang Mai Initiative Multilateralization,CMIM)。两个地区金融联盟,欧亚稳定与发展基金(the Eurasian Fund for Stabilization & Development,EFSD)和欧洲稳定机制(the European Stability Mechanism,ESM),是在国际金融危机和欧债危机期间建立起来的。此外,在国际金融危机期间,各国央行之间的双边流动性互换安排成为稳定金融市场的重要工具。值得一提的是,2007年12月至2008年10月,美国联邦储备委员会与其他14个中央银行建立了临时互惠机制。美国联邦储备委员会的流动性互换在2008年12月10日达到了5800亿美元的峰值,占其总资产的将近25%(Fleming和Klagge,2010)。2010年5月,美联储重新启动了与欧洲央行、英国央行、日本央行、加拿大央行和瑞士国家银行的货币互换。2013年10月,美联储理事会决定将这些临时互换永久化。在推进人民币国际化的过程中,2009年以来中国人民银行已经同意与至少31家央行和货币当局进行双边货币互换。还有许多其他央行增加货币互换额度,包括欧元区、丹麦和瑞典;印度和日本;朝鲜和阿拉伯联合酋长国;韩国和澳大利亚等等。

构成全球金融安全网的关键要素已经开始发挥作用,但许多问题的持续存在降低了系统的效力。因此,全球金融安全网实际上存在许多漏洞。首先,尽管国际货币基金组织多年来调整了其贷款工具且修正了许多正统观点,包括金融自由化和资本账户管理,但它在许多发展中国家和新兴经济体仍然缺乏信誉和信任。国际货币基金组织因其对国际金融危机做出了迅速而果断的反应而受到广泛称赞。在危机期间,国际货币基金组织通过引入新的预警设施扩充了其贷款工具(Marino和Volz,2012),并将其贷款能力提高了三倍至

7500 亿美元。然而,IMF 的资源总被认为太少。自 1975 年以来,国际货币基金组织配额资源,传统上是该组织金融援助的主要资金来源。相对于国际经济活动的各种指标,配额资源已经难以满足现实需要,这些指标包括全球GDP、全球净资本流入、全球出口、全球官方储备资产和全球外部负债(Denbee 等,2016;Nelson 和 Weiss,2015)。2010 年 12 月,国际货币基金组织理事会完成了第 14 次配额总审查,在将总配额增加至 4768 亿 SDR 上达成了 100% 的一致意见,这是 1998 年以来首次主要配额增加,配额份额的重新调整给予发展中国家和新兴经济体更大的发言权。但配额的增加和调整直到 2016 年 1 月才生效,因为改革需要五分之三拥有 85% 投票权的成员国同意,而且占总配额 17.68% 的美国直到 2015 年 12 月才正式批准。由于美国国会推迟了 5 年才批准第 14 次配额总审查,各国对国际货币基金组织治理改革停滞不前的失望情绪越来越强烈,其结果是国际货币基金组织的信誉遭到破坏。

此外,在欧债危机期间,为了推进希腊救助计划,国际货币基金组织执行委员会违背了国际货币基金组织的相关规定,即不向债务负担不可持续的国家提供贷款,国际货币基金组织的公正性因此受到了质疑(Wroughton 等,2015)。更重要的是,对国际货币基金组织在欧债危机期间贷款的批评指出,国际货币基金组织的作用是为那些无法用外汇(而非本币)为其经常账户赤字融资的国家提供外汇贷款。然而,面对许多非欧洲股东的公开反对,欧洲与美国一起推动了希腊救助计划,这印证了国际货币基金组织对发达国家有不同的以及更有利的标准。

建立不久的欧亚稳定与发展基金和金砖国家应急储备安排是全球金融安全网发展完善的重要一步。由于国际货币基金组织第 14 次配额总审查中商定的适度配额调整要推迟 5 年才能实施,以及各国对国际货币基金组织在欧洲发挥的作用普遍不满,国际货币基金组织和区域金融联盟之间在推进合作方面取得的进展十分有限。自 2010 年韩国担任 G20 主席国以来,该议题已取得的进展很大程度上是象征性的。国际货币基金组织认识到区域金融联盟的作用之后,首次在2010年10月举行的年会期间举办了高级别会议,邀请了来自世界各地的代表参加,包括欧洲金融稳定基金、拉丁美洲储备基金和参与清迈倡议的多个东亚国家政府(Volz和Caliari,2010)。2011年10月,为筹备戛纳峰会,G20财长和央行行长就"国际货币基金组织与区域融资安排合作的六项原则"达成一致。二十国集团领导人于次月在戛纳就这些原则达成一致是一个可喜的进展。但这些"不具约束力的广泛合作原则"存在两个问题:首先,不具约束力意味着它们将来可能被采纳,也可能不被采纳;其次,它们过于笼统,几乎没有超出一个普遍共识,即区域金融联盟和国际货币基金组织之间的合作是受欢迎的。

最后,自国际金融危机以来,央行互换额度的第三层次发展有限。如前所述,全球最重要的几家央行已参与永久或临时交换安排。中国人民银行达成了31个协议,建立了一个相当广泛的互换网络,也是应急储备安排的一部分。美联储作为世界上最重要货币的供给者,在加入货币互换安排时一直非常有选择性,无论是在国际金融危机期间(并非所有申请都得到批准),还是之后"美国只提供美元给少数特权阶层"(Eichengreen,2014),即只提供给五个发达经济体的中央银行。

虽然央行互换协议可以很快达成,而且无须议会批准,但这种应急安排的问题是它们造成了不确定性,只有少数国家确保能够与一家有实力的央行达成货币互换协议,以防止流动性短缺。这种不确定性代价高昂,特别是对发展中国家来说,它们的中央银行将认为有必要持有大量外汇储备作为风险保障。建立一个制度化的全球货币互换网络的设想并没有实现。

综上所述,就目前而言,全球金融安全网可以被认为是一个拼凑的、没有足够能力应对大型系统性危机的网络。事实是在严重危机时期,国际货币基金组织和区域金融联盟仍然并行运作,这可能会造成代价高昂的延迟甚至会破坏金融稳定。

三、全球金融安全体系发展趋势

(一)区域金融联盟和国际货币基金组织合作趋势

有一些重要的理由支持加强区域金融联盟与 IMF 之间的合作:第一,合作将有助于避免"货比三家"和机构套利;第二,合作将防止国际货币基金组织作为全球金融稳定守护者的作用被削弱,区域金融联盟由于其有限的区域职责而不能承担这一角色;第三,合作将尽量减少重复,同时允许健康的机构进行竞争;第四,合作将确保一级提供的资源是额外的,而不是替代另一级提供的资源;第五,合作将从基于各自机构比较优势的分工和专业化中获取共同收益。

此外,应将与区域金融联盟的合作视为国际货币基金组织加强其全球作用并确保其继续发挥作用的机会。为了避免被污名化,国际货币基金组织需要与区域金融联盟进行接触(Ito,2012)。国际货币基金组织在过去十年中发生了重大变化:它变得更加透明,在治理改革方面取得了(适度)进展,赋予了发展中国家和新兴经济体更大的发言权,并且彻底改革了其贷款机制和附加条件。然而,许多发展中国家和新兴经济体仍对国际货币基金组织不满,并因此对区域金融联盟更感兴趣。与区域金融联盟的合作应被视为消除分歧并增加区域和地方对国际货币基金组织项目所有权的机会。

当然,在讨论国际货币基金组织与区域金融联盟的合作时,必须承认各自的差异和比较优势(McKay 等,2011)。例如,大多数区域金融联盟相比国际货币基金组织在获得有关信息和对区域经济和政治了解方面享有比较优势。然而,McKay 等(2011)也表明,不同区域金融联盟在治理、金融资源和分析专业知识方面存在巨大差异,这意味着国际货币基金组织与区域金融联盟的合作必须根据具体情况进行。二十国集团财长和央行行长认识到这一点,指出"与国际货币基金组织的合作应根据每个区域金融联盟的具体情况和特点,灵活调整"。然而,广泛的合作原则由于太过宽泛而没有意义。在组织机构间关系、危机贷款中的分工、联合金融救援任务的条款以及监督和分析方面,需要更细致的指导方针。

(二)全球机构间的联系趋势

为区域金融联盟和国际货币基金组织建立合作框架的一个关键问题是如何安排机构间关系(Henning,2011)。它有两个维度,第一,区域金融联盟如何安排其在国际货币基金组织和其他多边机构的外部代表? 第二,国际货币基金组织如何从区域金融联盟获得代表?

由于国际货币基金组织成员资格目前仅限于成员国,Henning(2011)提出,国际货币基金组织成员资格是否应该扩大到区域组织/区域金融机构,就像欧盟是世界贸易组织成员一样。还可以给予区域金融联盟国际货币基金组织观察员地位。

一种不需要修改国际货币基金组织协定条款的替代方案是在国际货币基金组织将多国家的区域金融联盟成员分组。虽然目前大多数多国家选区已经将同一地区的国家分组,但情况并不总是如此。例如,瑞士(不属于欧盟或任何区域金融联盟)代表波兰、塞尔维亚以及五个中亚和欧亚国家。但是,即使是由同一地区的国家组成的选区,国际货币基金组织选的成员与该地区区域金融联盟的成员也并不相同。在拉丁美洲,拉丁美洲储备基金的八个成员国——玻利维亚、哥伦比亚、哥斯达黎加、厄瓜多尔、巴拉圭、秘鲁、乌拉圭和委内瑞拉——分布在三个不同的选区(目前由阿根廷、巴西和西班牙担任主席)。组建"拉丁美洲储备基金选区"可能是在国际货币基金组织中代表拉丁美洲储备基金的一种有效途径。在东亚,目前的选区和区域金融联盟成员之间有更多的重叠。

另一种选择是允许区域金融联盟获得国际货币基金组织观察员地位。虽然欧洲是一个特殊的情况,19 个国家共用一种货币,但它仍然可以作为一个例子。由于国际货币基金组织执行委员会在 2002 年授予欧洲央行观察员地位,欧洲央行被邀请派遣一名代表参加执行委员会会议,讨论欧洲央行和 IMF 认可的、为履行各自职责且符合共同利益的议程项目。欧洲央行代表也被允许就欧洲央行认为重要的事项在国际货币基金组织理事会发言,这可以作为非欧洲区域金融联盟参与国际货币基金组织的一种模式。当然,在国际货币基金组织具有观察员地位的区域金融联盟应报告并披露其与国际货币基金组织成员国的机构安排细节,以确保双方的透明度。

(三)危机贷款中的分工趋势

与国际货币基金组织和区域金融联盟在危机贷款中的分工有关的论题是,在何种情况下,国际货币基金组织和区域金融联盟应该充当出借人?是否应该有联合贷款,如果有,需要什么条件?

目前的做法各不相同。ACF、阿拉伯货币基金(AMF)和拉丁美洲储备基金(FLAR)没有预见到国际货币基金组织的明确作用。以北美框架协议(NAFA)为例,流动性的提供不受正式条件的约束,但美国财政部的参与(它为美国方面的启动设定了条件)要求还款保证。过去,美国财政部要求国际货币基金组织总裁从外汇平减基金提款时提交一封信,表明他们对借方经济政策的信心。

清迈倡议中资金的支付目前与所谓的国际货币基金组织挂钩。与国际货币基金组织挂钩的最初形式规定,一个国家在没有国际货币基金组织项目的情况下,只能从清迈倡议多边机制(CMIM)获得 10% 的资金,后来该比例增加到 20%。然而,与国际货币基金组织的联系可以说是各国从未求助于 CMIM 的原因,即使是在国际金融危机期间流动性短缺的时候。关于清迈倡议,Sussangkarn(2011)认为,区域金融联盟应充当无条件的短期流动性提供者,而只有当潜在问题"不是短期临时流动性问题"时,国际货币基金组织才应采取积极行动。但更根本的问题是需要出台重大的宏观调控政策。鉴于 CMIM 允许成员国的货币当局以当地货币交换 CMIM 储备池中的美元,CMIM 是比标准的国际货币基金组织贷款更接近于央行互换的短期互换机制。根据清迈倡议启动时的规定,每个 CMIM 提款期限为 90 天,并有最多 7 次展期的选择权(即共约 2 年)。按照 Sussangkarn 的说法,清迈倡议应被视为"一种危机预防机制,旨在帮助经济体应对短期的、暂时性的外汇短缺,比如像韩国在美国次贷危机期间发生的快速资本外流"。在这种情况下,"将 IMF 贷款的条件强加于经济体是没有意义的"(Sussangkarn,2011),因此 Sussangkarn 建议取消目前与 IMF 的联系形式。在他看来,一旦一个经济体要求的互换延期超过多次——可能是三次到四次,IMF 就应该参与进来,因为这意味着需要进行结构调整。

这项提议引起了两方面的关注。首先,从一开始就很清楚的是,一个特定的经济体不仅面临暂时的外汇流动性短缺,而且存在结构性缺陷,因此可能会浪费宝贵时间来进行必要的结构性调整,因为该国政府可能会忍不住推迟改革。取而代之的是引入暂时的流动性支持——这无助于解决根本问题。挑战在于区分流动性问题和偿付能力问题,因为这两者之间的边界往往是模糊的,如果不迅速解决,流动性问题可能很快变成偿付能力问题。第二个担忧与 IMF 扮演的"坏警察"角色有关,在提供了大约一年的无条件流动性支持后,IMF 将接管区域金融联盟的危机管理。如果这是区域金融联盟和 IMF 之间分工的标准,那就意味着 IMF 只会介入那些需要痛苦进行结构调整的棘手案例。难道国际货币基金组织想要承担责任,让区域金融联盟承担部分"友好"的责任吗?

Sussangkarn(2011)认为区域金融联盟和 IMF 排序的另一种方法是探索建立国际货币基金组织的预防性融资机制(灵活信贷额度 FCL、预防和流动性额度 PLL)与各个区域金融联盟提供的备用融资之间的联系。在清迈倡议的情况下,为使其完全投入运营,需要对 IMF 现有相关政策进行调整,可以将 FCL/PLL 作为在清迈倡议中提取资金超过 30%的充分条件。这将是一种保持国际货币基金组织与清迈倡议联系的方式,同时允许清迈倡议的成员国无须经过国际货币基金组织的标准程序就可以利用清迈倡议。正如 Henning（2011）所指出的，这也将促进清迈倡议的启动，并有助于减少该地区对国际货币基金组织的负面看法。同时，非关联部分也可以从目前的 30% 增加到 50%。与其他区域金融联盟建立类似的联系有助于改善区域金融联盟之间的互动，同时也使区域金融联盟的预防性安排对成员国更具吸引力。

继 2010 年初关于国际货币基金组织是否应该参与解决欧洲债务危机的激烈讨论之后，新的欧洲基金组织与国际货币基金组织在欧洲进行了非正式的平行支付合作。尽管临时的欧洲金融稳定机制（EFSM）和欧洲金融稳定基金（EFSF）以及永久性的欧洲稳定机制（ESM）下的贷款在法律上与 IMF 的支付没有联系，但 IMF 和欧洲当局之间已经达成了非正式协议，两者将同时进行。资金的拨付已经得到了"三驾马车"的批准，"三驾马车"由国际货币基金组织、欧盟委员会和欧洲央行的官员组成。"三驾马车"还负责监督计划的执行情况。

（四）国际货币基金组织和区域金融联盟联合进行金融救助的趋势

贷款合作的方式需要讨论和谈判，包括就国际货币基金组织和区域金融联盟各自的出资份额、援助期限、利率和续期可能性达成（正式或非正式）协议（Henning，2011）。各自的贷款规模取决于贷款类型，以及各自机构的"火力"，即可用于放贷的金额。ESM 和扩展的 CMIM 下的可用资金将使这些区域金融联盟能够与国际货币基金组织的贷款持平，甚至超过国际货币基金组织的贷款规模；而其他区域金融联盟，如 FLAR，只有国际货币基金组织的一小部分资源可供支配。

关于援助条件，G20 原则（第 5 条）要求"应尽可能寻求贷款条件的一致性"。Henning（2011）指出，贷款利率不必相同，但应该避免"货比三家"和机构套利。贷款附带的政策条件也同样适用。危机国家的政府可能倾向于"附加条件购物"——从贷款附加条件最弱(或根本没有附加条件)的融资安排借款——这可能导致必要的改革被推迟,并增加引发更大问题的危机的爆发风险。

为避免危机谈判期间发生冲突,国际货币基金组织和区域金融联盟之间事先应讨论的另一个问题是在国际货币基金组织和区域金融联盟联合贷款的情况下债权人的优先级。国际货币基金组织作为一个国际金融机构,享有事实上的优先债权人地位。EFSF 没有要求优先债权人地位,因为如果有太多优先债权人,私人投资者将不愿向相关国家提供贷款。相反,ESM 要求的是"紧随其后"的优先地位(Schadler,2014),但目前还不清楚其他区域金融联盟是否会遵循这一立场,所以这个问题需要澄清;理想情况下,区域金融联盟应该赞同 G20 的要求,即"区域金融联盟必须尊重国际货币基金组织的优先债权人地位"。

四、结论与启示

本节对全球金融安全体系的发展趋势进行了分析,研究发现当前全球金融安全体系仍然非常不完善,只要国际货币基金组织的治理结构不作重大改革,就没有什么理由指望区域金融联盟和国际货币基金组织之间在更好的合作方面取得重大进展。事实上,随着 ESM、EFSD 和 CRA 的进一步发展,全球金融安全网可能会变得更加支离破碎。为了防止全球金融安全网进一步分化,美国和欧洲需要接受国际货币基金组织进一步、更实质性的治理改革要求。为了使国际货币基金组织成为一个得到全球信任和接受的机构,美国最终将不得不放弃其在国际货币基金组织的否决权,而欧洲将不得不接受减少执行董事会的席位。此外,同样重要的是,不能因为选择另一位欧洲总裁而再次损害国际货币基金组织的公信力,无论这位总裁有多么合格。如果发展中国家和新兴经济体无法重新获得对 IMF 的信任,已经出现的多边金融体系分裂将会加速(McKay 等,2011)。

第四节　本章小结

本章主要分析国外代表性国家(包括发达国家和发展中国家)在金融开放历程中应对金融风险的成功经验和失败教训。首先,本章按照各国经济运行情况、是否发生过金融危机等条件,分别挑选出在金融开放中保障了金融安全和发生了金融危机的国家,分析其金融开放初始条件、金融开放顺序、金融开放后内部运行情况;在此基础上,对于成功应对金融风险的国家总结其抵御外部冲击的经验,对于经历了金融危机的国家分析其金融开放导致的金融风险及后果、产生金融危机的原因和风险传导机制,及其应对措施。其次,使用国际层面的经验数据,分析金融开放与金融安全之间的关系。充分考虑各国金融开放初始条件的差异,归纳可能影响金融开放效应的初始条件,分析金融开放与金融安全之间的关系及金融初始条件的影响。然后,基于上述案例分析和实证研究,比较分析代表性国家在金融开放和金融风险防控方面的优势和劣势,总结其成功经验与失败教训对我国的启示。最后,从国家间和区域间两个角度分析国外金融安全体系的构建趋势,以更好地为金融开放条件下我国金融安全体系的构建提供有针对性的政策建议。

通过对金融开放与金融安全的国际经验研究,本章对于如何更有效地构建金融安全体系,在金融开放背景下防范和化解系统性风险,维持经济金融稳定,提出如下政策建议:第一,我国应致力于营造健康稳定的宏观经济环境,壮大自身经济实力、提升人民币国际地位,为金融开放奠定坚实基础。第二,在考察金融开放背景下的金融安全问题时,应将包含银行危机在内的各类经济金融风险纳入考察范围,避免遗漏风险敞口,消除监管盲区。第三,我国的金融开放应采取"先内后外"的顺序,在夯实国内经济基础的前提下,逐步取消资本账户管制,加快推进利率、汇率的市场化改革。第四,我国在推进金融开放的过程中要注重金融监管的统筹协调,确保金融监管举措能够适应金融全球化和我国新时代金融体系的发展要求,兼顾防范风险和鼓励金融创新。第五,我国应积极参与国际金融安全体系的构建,与各国建立长效沟通机制,加强合作,不断完善区域金融联盟和国际货币基金组织的治理架构,有效遏制全球金融安全网进一步分化的态势。

第六章　防范系统性金融风险的宏观政策研究

本轮国际金融危机以来,金融稳定在中央银行政策目标集之中的重要性再次得到强化。随着具有顺周期波动特征的金融市场和金融资产规模显著增大,金融管理政策需要更加关注金融稳定和系统性风险问题,货币稳定和金融稳定"双目标"的重要性凸显。政策目标的变化要求优化和完善政策工具箱,健全宏观审慎政策框架作为应对系统性风险的手段,并与货币政策相互配合,形成由货币政策和宏观审慎政策"双支柱"支撑起"双目标"的基本框架,维护好货币稳定和金融稳定。在此框架中,货币政策和宏观审慎政策都不可或缺,须相互补充,形成合力。健全货币政策和宏观审慎政策双支柱调控框架,有利于把经济周期和金融周期更好地结合起来,把维护经济稳定与促进金融稳定更好地结合起来。

目前,学术界对于中国金融宏观调控的研究偏重于货币政策与宏观审慎政策之间的相互作用(梁璐璐等,2014;王爱俭和王璟怡,2014),但是除了货币政策以外,许多其他的宏观经济政策(例如财政政策)也可以与宏观审慎政策相互作用。目前学术界对财政政策与宏观审慎政策关系的研究大多停留在理论分析层面(王刚和李丹丹,2011),并未对财政政策、货币政策与宏观审慎政策之间的相互作用机制和政策搭配效果进行深入讨论。宏观审慎政策是否可以配合货币政策解决传统的通胀—产出权衡问题？宏观审慎政策如何在不损害货币政策目标的前提下实现金融系统的稳定？在当前财政扩张背景下，货币政策和宏观审慎政策应该如何协调才能在"稳增长"的同时有效防控系统性金融风险？

　　本章第一节首先从货币政策角度切入，通过 TVP-SV-VAR 模型从时变和短长期两个角度刻画中国数量型和价格型货币政策在调控资产价格方面的政策效果及动态演变，为货币政策效果变化时后续的政策制定和施行提供决策参考依据。第二节进一步构建引入兼含数量型与价格型特征货币政策规则的 DSGE 模型，对货币政策调控框架转型进程中各类结构性财政工具调控效果的变动情况进行分析，研究货币政策和财政政策协同的调控效果。第三节基于中国经济转型和金融体制改革大背景，通过构建包含信贷供给摩擦的 DSGE 模型，比较研究供求两侧异质性冲击下宏观审慎政策与货币政策搭配的有效性，分析不同类型的宏观审慎政策工具与货币政策工具搭配的效果差异，寻找不同冲击下最优的双支柱政策搭配规则。本章第四节从金融稳定视角出发，在同一 DSGE 模型框架下细致刻画财政政策、货币政策与宏观审慎政策，以脉冲响应图和社会福利损失函数为分析工具，深入分析各宏观政策工具的效果以及政策当局之间的协同效果，在此基础上研究中国宏观金融安全体系构建中的一些关键问题，并进一步讨论构建三支柱调控框架的必要性。

第一节　中国资产价格波动与
货币政策调控研究

一、研究背景

　　金融是现代经济的核心。金融活，经济活；金融稳，经济稳。金融稳定是经济社会稳定发展的先导性重要环节，而资产价格波动是引发金融不稳定的重要诱因和表现形式。每一次区域性和全球性金融危机的爆发皆和资产价格的异常、剧烈波动有着千丝万缕的关联。20世纪90年代以来,各国在维持物价稳定方面不遗余力,较为成功地控制了通货膨胀。然而,随着金融市场特别是资产市场的快速发展、金融资产规模的不断扩张,资产价格的波动幅度呈现出明显扩大态势。在此背景下,无论是在发达国家还是在发展中国家,一般物价水平保持相对稳定与资产价格剧烈波动在较长时期内并存、金融部门与实体部门价格水平运行分化背离成为经济运行的"新常态"。当前,我国正处于产业结构转型升级、经济发展动能转换和金融体制改革深化的关键时期,任何大幅度的资产价格波动都将对中国经济的转型和可持续发展产生深远的影响。党的十九大报告明确提出应"健全货币政策和宏观审慎政策双支柱调控框架",这意味着货币政策在关注物价稳定的同时,必须兼顾金融稳定目标,高度关注资产价格的异常波动。中国经济进入新发展阶段后,面临的国际国内形势越来越错综复杂。从国际来看,世界经济深度调整、复苏乏力,外部环境的不稳定和不确定性明显增加;从国内来看,长期累积的经济矛盾和风险进一步显现,经济增速换挡、结构调整阵痛、新旧动能转换相互交织叠加,对我国资产价格稳定形成了巨大压力,也显著增加了我国货币政策在资产价格调控方面的难度。在此背景下,深入分析货币政策调控对资产价格的影响、构建系统的资产价格宏观调控方案具有重要的现实意义和理论价值。

二、文献综述

关于资产价格波动与货币政策调控之间关系的研究十分丰富。总体而言,既有相关研究主要围绕货币政策是否应当对资产价格波动进行调控以及调控效果来展开。以稳定CPI为主要目标的货币政策框架是否应将资产价格波动纳入其调控目标,争论已久。代表性学术观点包括三类:资产价格不应成为货币政策目标集之中的元素,货币政策只需盯住CPI衡量的通货膨胀(Bean,2004;Iacoviello,2005;Posen,2006;Goodhart和Persaud,2008);货币政策是否应该对资产价格波动作出反应,取决于资产价格波动是否影响中央银行的中期通货膨胀预期(Bernanke 和 Gertler,1999;Svensson,2004;Mishkin,2007)以及应将资产价格调控纳入货币政策框架(Cecchetti 等,2000;Roubini,2006;陈继勇等,2013)。

2008 年国际金融危机爆发之后,各国在采取多方面措施应对金融危机给经济金融运行带来的巨大负面冲击的同时,也开始对此次金融危机的发生机理进行深刻反思。本轮国际金融危机的惨痛教训告诉我们,物价稳定表征的宏观经济稳定并不必然意味着金融稳定;相反,物价稳定可能会让宏观调控部门对潜在的风险丧失警惕而使得金融系统更不稳定(Kohn,2010)。尽管对于货币政策是否是造成此次金融危机的原因这一问题尚存争论,但盯住 CPI 衡量的通货膨胀的传统货币政策框架的缺陷越来越受到学术界与实践界的关注,"物价稳定能够兼顾金融稳定"的观点遭到强烈质疑。货币政策应更为积极地关注资产价格的观点也越来越被各方所接受。

关于货币政策对资产价格波动调控效果的研究,不同学者出于各自不同的观察,研究范围不仅涉及股票市场、房地产市场,还包括大宗商品市场。Bordo 和 Wheelock(2004)选取两段美国股市繁荣时期为样本区间,研究资产价格与货币政策调控的关系,得出中央银行实施的扩张性货币政策对不同资产价格的影响呈现差异化的结论。Galí 和 Gambetti(2014)利用时变参数向量自回归(TVP-VAR)模型研究股票价格在外生货币政策冲击下的反应,发现股票价格对货币政策冲击的响应在短期内下降,长期内却持续上升,即著名的"资产价格泡沫理论"。邹昆仑和张晶(2013)认为扩张性货币政策能够导致股票价格的上涨。Seyfried(2010)、McDonald 和 Stokes(2013)研究发现,扩张性的货币政策导致了房价的大幅上涨。侯成琪和龚六堂(2014)研究发现货币政策冲击是决定我国住房价格波动的关键因素,应该从货币政策入手来平抑住房价格波动;对真实住房价格作出反应的货币政策能够显著降低住房价格波动,并通过金融加速器机制降低经济波动和福利损失。陈诗一和王祥

(2016)建立了一个带有房地产市场的多部门 DSGE 模型,同时在模型中引入带有金融摩擦的银行部门,研究货币政策影响房地产价格的传导机制,发现央行盯住房地产价格波动的货币政策能够改善社会福利。Alam 和 Gilbert (2017)以大宗商品价格为研究对象,发现在大宗商品价格动态变化的过程中,货币政策发挥了重要作用。陈瑶雯等(2019)指出,我国货币政策不仅可以直接影响大宗商品价格,还会通过经济增长间接影响大宗商品价格。

毋庸置疑,这些研究对于理解资产价格波动与货币政策调控之间错综复杂的关系具有相当重要的参考价值。通过对既有文献的仔细梳理,可以发现国内外学者关于资产价格波动与货币政策的研究大多聚焦于某一种资产价格。由于受到经济基本面、货币环境因素以及自身特性的多重影响,不同属性的资产价格既会表现出"同涨同跌"的联动现象,也会出现此消彼长的"跷跷板"现象;而某一种资产价格的单独上涨或下跌并不足以改变货币当局的立场和政策取向,一般情况下货币政策并不会盯住某一种资产价格,更可能是关注资产价格的整体波动态势。

鉴于此,本节借鉴金融形势指数 FCI 的编制思想,利用我国房地产价格、股票价格、人民币实际有效汇率和大宗商品价格指数构建我国的资产价格状况指数,并运用 TVP-SV-VAR 模型从时变和短长期两个角度刻画我国数量型和价格型货币政策在调控资产价格上的政策效果及动态演变,试图捕捉不同时期我国货币政策取向的转变特征,为货币政策效果变化时后续的政策制定和施行提供决策参考依据。

三、我国资产价格状况指数(APCI)的构建

(一)指标选取及数据处理

考虑数据的可得性与准确性,本节选取居民消费价格指数(CPI)、实际有效汇率指数(REER)、房地产开发综合指数、上证综合指数和大宗商品价格指

数作为原始数据。除特殊说明外,数据均来源于 WIND 数据库,样本区间为 2006 年 6 月至 2018 年 12 月。数据处理具体过程如下:

(1)通货膨胀率(CPI):本节参考王曦等(2017)的做法,将 2006 年 6 月的 CPI 指数定基为 100,由于环比增长率 $= \dfrac{(\text{本期数}-\text{上期数})}{\text{上期数}} \times 100\%$,故由 CPI 环比增长数据和上月 CPI 指数可以得出本月的 CPI 指数。

(2)汇率(REER):采用人民币实际有效汇率作为汇率的代理变量,人民币实际有效汇率剔除了通货膨胀的影响,能够真实地反映人民币的对外价值和相对购买力。数据来源于国际清算银行。

(3)房地产价格指数(HP):以房地产开发综合指数代表房地产价格指数,将 2006 年 6 月的房地产价格指数定基为 100,房地产价格指数除以 CPI 指数得到实际房地产价格指数,再对其通过 X-12 方法进行季节性调整。

(4)股票价格指数(SP):本节以处理后的上证综合指数每月期末收盘价作为股价指数,先用上证综合指数每月期末收盘价除以 CPI 指数,再对其通过 X-12 方法进行季节性调整得到股价指数。

(5)大宗商品价格指数(CCPI):本节选择 CCPI 指数除以 CPI 指数作为度量大宗商品价格的指标。CCPI 指数是中国科技部等部门以 2006 年 6 月为基期,利用加权平均法计算形成的,其涵盖范围广,能够较为准确地反映大宗商品价格波动情况。

(二)APCI 指数的构建

本节借鉴 Goodhart 和 Hofmann(2001)关于金融形势指数 FCI 的编制思想,构建我国的资产价格状况指数 APCI。将 APCI 设定为房地产价格、股票价格、人民币实际有效汇率和大宗商品价格指数的线性组合。之所以未将实际利率和货币供应量纳入 APCI 指数,主要是考虑到利率和货币供应量分别是价格型和数量型货币政策工具,若将其纳入 APCI 指数编制,会使货币政策反应方程中的解释变量和被解释变量均包含货币政策因素,从而导致模型估计可靠性降低(张旭,2017)。APCI 指数的构成如式(6.1)所示。

$$APCI_t = \omega_1 hp\_gap_t + \omega_2 sp\_gap_t + \omega_3 reer\_gap_t + \omega_4 ccpi\_gap_t \qquad (6.1)$$

其中,ω_i 表示各项资产价格缺口在 APCI 指数中的权重。根据 Goodhart 和 Hofmann(2001)的定义,将资产 x 在某一时期的价格对其长期趋势值的偏离定义为缺口值,其表达式如下:

$$X\_gap_t = (X_t - \bar{X}_n) \qquad (6.2)$$

$x = (hp\ sp\ reer\ ccpi)^T$ 是 1×4 的列向量,式(6.2)中的变量均是实际变量的对数值,x_gap 表示变量的百分比缺口值。本节采用 HP(Hodrick-Prescott)滤波法求解各变量的长期趋势值,由于样本数据是月度数据,故选定的指数平滑系数为 14400。

在计算各资产价格变量的缺口值之前,首先用 ADF 检验法对样本数据进行平稳性检验。经检验发现各变量的原始变量均不平稳,但一阶差分后均表现平稳,所以各资产价格变量可进行 HP 滤波处理。为验证各变量的百分比缺口值是否具有平稳性,本节对经计算得到的各变量百分比缺口值进行 ADF 检验,检验结果如表 6.1 所示。由表 6.1 可知,所有变量的缺口值序列均是平稳的。

表 6.1 各变量缺口值的 ADF 检验结果

变量	检验类型	T 值	临界值	显著性水平	结论
hp_gap	(0,0,0)	−2.735	−2.580	1%	平稳
sp_gap	(0,0,0)	−2.829	−2.580	1%	平稳
$reer\_gap$	(0,0,10)	−2.663	−2.582	1%	平稳
$ccpi\_gap$	(0,0,1)	−3.357	−2.581	1%	平稳

为了判断通货膨胀指标 cpi、实际房价 hp、实际股价 sp、人民币实际有效汇率 reer 和大宗商品价格指数 ccpi 五个变量之间是否存在长期均衡关系,有必要进一步进行 Johansen 协整检验,其结果如表 6.2 所示。从表 6.2 中的第一

行可以看到,迹值为 102.541,大于 5% 显著性水平下的临界值 69.819,故可得到在 95% 的置信水平上拒绝不存在协整关系的原假设,也就是说在长期 5 个变量间的均衡关系一定存在。

表 6.2　五个变量的 Johansen 协整检验结果

原假设	特征根	迹值	临界值(5%)	P 值
None*	0.230	102.541	69.819	0.000
At most1*	0.184	62.258	47.856	0.007
At most2*	0.147	34.578	29.797	0.013
At most3	0.050	11.344	15.495	0.191
At most4	0.025	3.761	3.841	0.052

注:* 表示在 5% 的显著性水平上显著,即存在协整关系。

本节基于向量自回归(VAR)模型,求出各时点 CPI 对纳入资产价格状况指数 APCI 的资产价格变量冲击的累积脉冲响应值,计算出该数值占 CPI 对所有变量脉冲响应值之和的比重,以此作为该变量在资产价格状况指数 APCI 中的权重。

VAR 模型是一种常见但十分重要的时间序列模型,用来估计联合内生变量的动态关系,而不带有任何事先约束条件。由于 VAR 模型具有无任何先验性约束的特征,所以在模型内生变量及其滞后值对其他变量的预测起作用的情况下,只要变量满足平稳性要求,就可用 VAR 模型的脉冲响应函数来估计系数。一个 k 元 $VAR(q)$ 模型的脉冲响应函数表达式为:

$$\theta_{ij}^q = \frac{\partial y_{i,t+q}}{\partial \varepsilon_{jt}}; q = 0, 1, \cdots; t = 1, 2, \cdots T \qquad (6.3)$$

式(6.3)描述了在时期 t,当其他扰动项不变而第 j 个变量的扰动项增加一个单位,且其他时期扰动项均为常数的条件下,$y_{i,t+q}$ 对 ε_{jt} 的一个单位冲击的反应。脉冲响应函数能刻画一个变量受到来自其他变量的单位冲击后的动态调整路径,因此可利用脉冲响应函数分析通货膨胀率受到来自纳入 APCI 指数的各资产价格变量单位乔勒斯基新息冲击时的动态演化路径,即可以构造 VAR 模型并计算通货膨胀率对各个资产价格变量单位冲击下的累积脉冲响应值来估算我国 APCI 指数中各资产价格变量的权重 ω。具体而言,本节选取通货膨胀率在房地产价格、股票价格、人民币实际有效汇率和大宗商品价格这四种资产价格的缺口值受到一个标准单位冲击后,在 10 个月内的脉冲响应系数,进而推算出各资产价格的权重 ω,具体表达式如下:

$$\omega_i = \frac{\beta_i}{\sum_{i=1}^{10} |\beta_{i,t}|}; t = 1, 2, \cdots, 10 \qquad (6.4)$$

$$\sum_{i=1}^{4} |\omega_i| = 1 \qquad (6.5)$$

其中,β_i 表示 CPI 对来自第 i 种资产价格变量缺口值单位冲击的 10 个月内的脉冲响应平均值。

本节将 VAR 模型的最大滞后阶数设定为 2。构建 VAR 模型后,进行脉冲响应函数分析,计算通货膨胀指标 CPI 对来自各资产价格缺口值序列一个标准单位冲击的脉冲响应大小。在 VAR 脉冲响应分析基础上,可得到 10 个月度预测期的乔勒斯基方差分解结果如表 6.3 所示。根据表 6.3,将估计出的各资产价格变量缺口的权重值代入式(6.1),得到我国 APCI 指数的表达式:

$$APCI_t = 0.4351 hp\_gap_t + 0.4494 sp\_gap_t - 0.0559 reer\_gap_t + 0.0596 ccpi\_gap_t$$

$$(6.6)$$

通过估计结果可以发现,汇率在 APCI 指数中的权重较小且为负,这与封思贤等(2012)和王曦等(2017)得到的研究结果是一致的,说明汇率对我国资产价格的整体影响较小。股票价格指数的权重达到 44.94%,在纳入资产价格状况指数的四种资产中比例最高,主要原因是股票市场除了具有筹集资金功能外,还具有优化资源配置和价格发现的功能。2005 年的股权分置改革,显著改善了我国股票市场的资源配置与价格发现等功能,使股票对实体经济运行状况的敏感度显著增加。自 1998 年我国启动住房制度改革后,房地产市场发展迅速,房地产业已成为我国国民经济的支柱产业,房地产价格的走势在很大程度上主导了其他部门价格水平的走势,因此房地产价格的波动自然会对通货膨胀产生重大影响(丁慧等,2014)。房地产价格指数在资产价格状况指数中的权重达到 43.51%。

表 6.3　10 个月内资产变量缺口对 CPI 影响的方差分解及 APCI 权重

时期	sp_gap	hp_gap	reer_gap	ccpi_gap
1	0	0	0	0
2	−0.0072	0.0497	−0.0398	0.0126
3	0.0792	0.1408	−0.0526	0.0156
4	0.1436	0.1714	−0.0704	0.0081
5	0.1963	0.2068	−0.0831	−0.0094
6	0.2363	0.2251	−0.0916	−0.0321
7	0.2632	0.2321	−0.0951	−0.0567
8	0.2780	0.2275	−0.0935	−0.0802
9	0.2813	0.2128	−0.0870	−0.1007
10	0.2745	0.1898	−0.0762	−0.1168
均值	0.1176	0.1138	−0.0146	0.0156
权重	0.4494	0.4351	−0.0559	0.0596

本节构建的 APCI 指数时间序列如图 6.1 所示。从图 6.1 可以看出,2006年 6 月以来,我国经济运行呈现局部过热态势,资产价格水平快速上涨,于2007 年 10 月达到最高点。受美国次贷危机和随后国际金融危机的冲击,我国资产价格出现急剧下滑趋势。在此背景下,我国宏观调控部门积极应对,果断出台了应对金融危机的一揽子政策,实施了积极的财政政策和相对宽松的货币政策。系列举措在稳定内需、促进经济增长的同时,也稳定了资产价格水平。资产价格状况指数在 2008 年 10 月触底后逐渐回升,此后出现较高频度的小幅震荡,于 2014 年 2 月达到金融危机以来的次低值。此后,我国资产价

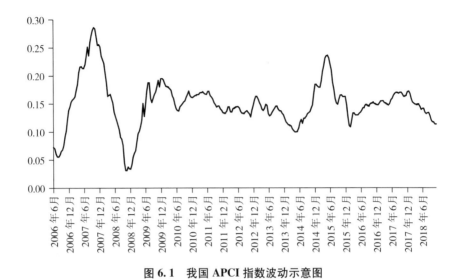

图 6.1　我国 APCI 指数波动示意图

格出现新一轮的快速上涨,于 2015 年 4 月达到最高点后突然急速回落,中国
资本市场出现异常波动;2016 年 2 月资产价格触底后缓慢回升,在 2018 年 2
月达到高点后又重新步入下行区间。总体而言,本节构建的资产价格状况指
数可以较为准确地刻画我国资产价格运行总体态势和波动特征,能够捕捉到
重大事件对于资产价格的影响。

四、货币政策对资产价格波动的调控分析

(一)实证模型选择

本节采用的 TVP-SV-VAR 模型参考 Nakajima(2011)的开创性研究,在
传统的结构 VAR 模型基础上引入新的算法,允许模型截距项、方差以及变量
系数均可随时间发生变化。以下,将对 TVP-SV-VAR 模型进行简要描述。
传统的 SVAR 模型是 TVP-SV-VAR 模型的基础,可表示为:

$$Ay_t = F_1 y_{t-1} + \cdots + F_s y_{t-s} + \mu_t, t = s + 1, \cdots, n \tag{6.7}$$

其中, $y_t = (i \ m2 \ APCI)^T$ 是由被观测变量组成的 $k \times 1$ 列向量, A 是 $k \times k$

阶联立系数矩阵,$F_1,\cdots,F_s$ 是 $k\times k$ 阶滞后系数矩阵,s 为滞后阶数,随机扰动项 μ_t 表示结构冲击。为了维持结构性冲击的同期性,将扰动项 μ_t 设定为递归函数,即 $\mu_t \sim N(0,\Sigma\Sigma)$。

$$\Sigma = \begin{pmatrix} \sigma_1 & 0 & \cdots & 0 \\ 0 & \cdots & \cdots & \vdots \\ \vdots & \cdots & \cdots & 0 \\ 0 & \cdots & 0 & \sigma_k \end{pmatrix}, A = \begin{pmatrix} 1 & 0 & \cdots & 0 \\ a_{21} & \cdots & \cdots & \vdots \\ \vdots & \cdots & \cdots & 0 \\ a_{k1} & \cdots & a_{k,k-1} & 1 \end{pmatrix} \tag{6.8}$$

假设 $B_i = A^{-1}F_i, i=1,2,\cdots,s$,则式(6.7)的传统 SVAR 模型可转变为递归的 SVAR 模型,可表示为:

$$y_t = B_1 y_{t-1} + \cdots + B_s y_{t-s} + A^{-1}\Sigma\varepsilon_t; \varepsilon_t \sim N(0,I_k) \tag{6.9}$$

其中,$B_i = A^{-1}F_i, i=1,\cdots,s$。将 B_i 中的行向量堆栈,可得到 $k^2 s \times 1$ 阶向量 β,定义 $X_t = I_k \otimes (y'_{t-1},\cdots,y'_{t-s})$。

将式(6.9)整理变换可得:

$$y_t = X_t \beta + A^{-1}\Sigma\varepsilon_t \tag{6.10}$$

式(6.10)中的系数是固定参数形式。将式(6.10)中的参数设定为随时间变动,模型进一步扩展为:

$$y_t = X_t \beta_t + A^{-1}\Sigma_t \varepsilon_t; t = s+1,\cdots,n \tag{6.11}$$

式(6.11)即为 TVP-SV-VAR 模型。令 $a_t = (\alpha_{21}\alpha_{31}\alpha_{32}\cdots\alpha_{k,k-1})^T$ 为下三角矩阵 A_t 的堆栈。同时令 $h_t = (h_{1t}\cdots h_{kt})^T$,对于所有的 $j=1,2,3, t=s+1,\cdots, n$,设 $h_{jt} = \log\sigma_{jt}^2$。假设模型中所有参数均服从随机游走过程,即有:

$$\beta_{t+1} = \beta_t + u_{\beta t}, a_{t+1} = a_t + u_{at}, h_{t+1} = h_t + u_{ht}$$

$$\begin{pmatrix} \varepsilon_t \\ u_{\beta t} \\ u_{at} \\ u_{ht,} \end{pmatrix} \sim N\left(0, \begin{pmatrix} I & 0 & 0 & 0 \\ 0 & \Sigma_\beta & 0 & 0 \\ 0 & 0 & \Sigma_\alpha & 0 \\ 0 & 0 & 0 & \Sigma_h \end{pmatrix}\right) \tag{6.12}$$

其中, $\beta_{t+1} \sim N(\mu_{\beta_0}, \Sigma_{\beta_0})$, $a_{t+1} \sim N(\mu_{a_0}, \Sigma_{a_0})$, $h_{t+1} \sim (\mu_{h_0}, \Sigma_{h_0})$。 Σ_α、Σ_h 为对角矩阵, Σ_β 为时变系数矩阵。根据 Nakajima(2011)的研究, 协方差矩阵的形式不会对模型参数的估计产生影响, 故为了简化模型的估计, 假设时变参数的冲击不相关, 并且 Σ_α、Σ_h 和 Σ_β 都是对角矩阵。本节采用马尔科夫链蒙特卡洛(MCMC)方法对参数 β_t、A_t 和 Σ_t 进行估计, 使用 Matlab 软件以及 Nakajima(2011)提供的 TVP-SV-VAR 模型软件包进行模型的运算。

(二)数据来源及说明

本节将 7 天同业拆借加权平均利率(shibor)、广义货币供给增长率(M_2)和资产价格状况指数(APCI)纳入统一分析框架进行计量建模, 利用 TVP-SV-VAR 模型考察数量型和价格型货币政策对资产价格的时变调控效应。本节选取 2006 年 6 月至 2018 年 12 月作为样本区间。数据来源及说明如下:

(1)利率:利率作为价格型货币政策的操作工具, 能够及时准确反映市场上货币供求力量的对比, 相比于存贷款利率以及债券到期收益率, 银行间同业拆借利率是货币市场上更具代表性的货币价格指标, 可视为央行的政策利率。因此, 本节选取上海银行间 7 天同业拆借加权平均利率作为价格型货币政策的代理变量。

(2)货币供给增长率:M_2 能够同时反映经济中现实和潜在购买力, 本节采用 M_2 增速作为数量型货币政策的代理变量。

(3)资产价格状况指数:使用上文利用房地产价格、股票价格、人民币实际有效汇率和大宗商品价格指数构建的资产价格状况指数。

(三)实证结果与分析

1.参数估计

本节将模型的滞后期设定为 2, 采用马尔科夫链蒙特卡洛(MCMC)方法进行模型估计, 将抽样次数设定为 10000 次, 预烧抽样舍去前 1000 次。在模

型实际估计过程中,参考现有研究(Primiceri,2005),将先验分布函数及参数值设置为:

$$(\Sigma_\beta)_i^{-2} \sim Gamma(40,0.02) \, , (\Sigma_\alpha)_i^{-2} \sim Gamma(4,0.02) \, ,$$

$$(\Sigma_h)_i^{-2} \sim Gamma(4,0.02)$$

$$\mu_{\beta_0} = \mu_{\alpha_0} = \mu_{h_0}, \Sigma_{\beta_0} = \Sigma_{\alpha_0} = \Sigma_{h_0} = 10 \times I$$

模型参数估计结果如图6.2所示,第一行反映了样本自相关函数,第二行是样本取值路径,第三行给出了后验密度。从图6.2中可以看出,样本的自回归系数稳定下降,第二行的样本路径图表明数据是平稳的,说明通过预设参数的 MCMC 抽样获得了不相关的有效样本。

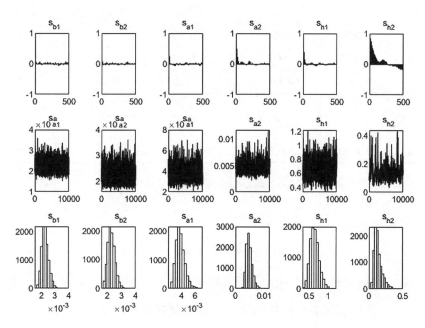

图6.2　自回归系数、样本路径和后验分布

MCMC 模拟法的参数具体估计结果如表6.4所示,各参数的后验均值均落在95%的置信区间内。Geweke 检验的 CD 收敛诊断值和无效影响因子是判断 MCMC 模拟和估计结果的重要指标。Geweke 检验的原假设是参数估计结果收敛于后验分布,表6.4中第五列所示 Geweke 检验的 CD 收敛诊断值,它们均小于5%显著性水平下的临界值1.96,表明Geweke检验在5%显著性水平下无法拒绝原假设即参数估计结果收敛于后验分布,这意味着10000次的模拟次数可以产生足够有效样本用来估计参数。同时,表6.4中第六列显示模型估计的参数无效因子普遍较小,最大值仅为112,而MCMC随机抽取次数为10000次,则至多产生10000/112≈89个不相关样本观测值,满足统计推断;可以得到后验分布的参数均值等于真实值的样本需求,因此模型设定的模拟结果是合理的。

表6.4 MCMC模拟法的参数估计结果

参数	均值	标准差	95%的置信区间	Geweke检验	无效因子
sb1	0.0023	0.0003	[0.0018,0.0028]	0.543	9.58
sb2	0.0023	0.0003	[0.0018,0.0029]	0.674	7.13
sa1	0.0038	0.0007	[0.0028,0.0053]	0.261	9.67
sa2	0.0047	0.0011	[0.0031,0.0073]	0.779	31.08
sh1	0.6453	0.1203	[0.4356,0.9125]	0.717	20.33
sh2	0.1382	0.0603	[0.0589,0.2975]	0.122	112.00

注:$(sb)i$、$(sa)i$、$(sh)i$为模型中参数扰动项协方差矩阵的第i个对角元素。

2. 时变参数脉冲响应分析

时变模型中参数的估计值随时间的变动而不同,TVP-SV-VAR模型的等间隔脉冲响应函数和时点脉冲响应函数分析可以有效捕捉时间序列的时变性特征,避免传统的固定系数VAR模型存在的估计偏差。等间隔脉冲响应函数能够刻画样本期间内每一期中自变量生成一单位冲击后,因变量在相等时间间隔后的响应情况,识别变量之间作用关系的时变特性;时点脉冲响应函数主要描述不同环境下因变量对自变量冲击的反应差异。本节分别通过等间隔响应函数和时点脉冲响应函数分析数量型和价格型货币政策对于资产价格波动的时变响应情况以及数量型和价格型货币政策对资产价格的调控效果。

在时间间隔方面,选取 1 期、5 期、12 期和 20 期四个等间隔时长,得到等间隔脉冲响应图。在时点的选取方面,结合不同时期经济金融运行状况和货币政策实施背景,选取 2006 年 9 月、2008 年 6 月、2014 年 6 月及 2017 年 9 月等四个重要且具有不同特点的关键时点研究货币政策冲击对资产价格波动影响的差异。之所以选取这四个时点进行脉冲响应分析,主要基于以下考虑:从本节构建的资产价格状况指数时间序列(见图 6.1)来看,2003 年我国进入经济周期上行阶段,资产价格呈现快速上涨态势,于 2007 年 10 月达到最高点,本节选取 2006 年 9 月代表经济繁荣时期。受美国次贷危机和国际金融危机的影响,2007 年 11 月开始我国资产价格状况指数出现急剧下滑,并于 2008 年 10 月触底回升,本节选取 2008 年 7 月表征金融危机时期,在此期间,我国中央银行实施了相对宽松的货币政策。2012 年我国 GDP 增长率跌破 8%,从此我国经济增长由高速转为中高速,经济运行进入新常态时期,这一阶段资产价格波动呈现出幅度相对不大而频率较高的特征,本节选择 2014 年 6 月代表经济发展新常态时期。伴随着金融市场的快速发展和金融资产规模的不断膨胀,金融资产价格波动对宏观经济运行的影响越来越明显,防范金融风险、维护金融稳定成为关乎国家金融安全、关系经济发展全局的战略性、根本性大事。2015 年我国资本市场的异常波动给经济金融运行带来巨大负面冲击便是例证。鉴于此,2017 年习近平总书记在党的十九大报告中提出要打赢防范化解重大金融风险攻坚战,国务院设立金融稳定发展委员会,完善金融监管联动协调机制,我国进入金融强监管时期,本节选择 2017 年 9 月代表金融强监管时期。

从数量型货币政策的时变脉冲响应函数结果(见图 6.3)可知,货币量对资产价格波动冲击的响应大部分时期均显著为负,且负向响应维持的时间较长,意味着数量型货币政策对资产价格的调控具有长期持久性。其传导路径是当资产价格快速上升时,央行会择机主动下调货币供应量,以抑制资产价格的过快上涨;而当资产价格出现明显下降态势时,央行会实施相对宽松的货币

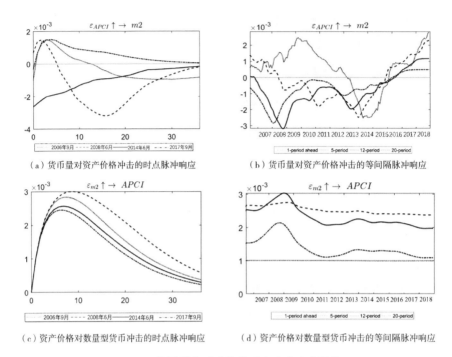

（a）货币量对资产价格冲击的时点脉冲响应　　（b）货币量对资产价格冲击的等间隔脉冲响应

（c）资产价格对数量型货币冲击的时点脉冲响应　　（d）资产价格对数量型货币冲击的等间隔脉冲响应

图 6.3　数量型货币政策的时变脉冲响应函数

政策,增加货币供给,稳定资产价格。从时间推移看,在 2015 年底之前,数量型货币政策对一单位资产价格波动冲击的响应始终为负值。但从 2016 年开始,四个不同提前期的脉冲响应均显示货币量对资产价格冲击的响应为正,即资产价格上涨伴随着货币量的扩张,货币供应量的增加进一步导致资产价格膨胀。出现这种状况,究其原因是由于非标资产和通道业务的快速增长导致大量资金流向地方融资平台、股市、房地产市场以及部分产能过剩行业,削弱了监管政策和金融宏观调控的有效性,加剧了资产泡沫和金融风险。面对这种状况,2018 年 4 月中国人民银行会同银保监会、证监会、外汇管理局联合发布《关于规范金融机构资产管理业务的指导意见》,旨在畅通货币政策传导渠道,有序化解以资管业务为代表的影子银行风险。

从数量型货币政策调控效果来看,无论是时点脉冲响应图抑或等间隔脉冲响应图均显示 APCI 指数对数量型货币政策冲击的响应具有明显的时变特征。从时点脉冲响应图来看,在四个不同时点数量型货币政策在实施初期就能对资产价格产生正向调控效果。这意味着数量型货币政策对资产价格传导的渠道是比较通畅的。因此,可采用紧缩性货币政策抑制资产价格的过快上涨。具体来看,2006 年 9 月、2008 年 6 月、2014 年 6 月和 2017 年 9 月的脉冲响应值分别在第 8 期、第 9 期、第 7 期和第 6 期达到最大值,然后逐渐回落,并向零线附近收敛。在各代表性时点下,数量型货币政策对资产价格的调控效果达到极大水平所需时间基本相差不大;但是响应水平值呈现出明显差异性,即在不同代表性时点数量型货币政策对资产价格的调控效果存在明显差别。具体而言,在全球金融危机时期,数量型货币政策对资产价格的调控效果最为明显;在经济繁荣时期和经济发展新常态时期,数量型货币政策的调控效果次之;在金融强监管时期,数量型货币政策对资产价格的调控效果较差。究其原因,美国次贷危机以及随后的国际金融危机的爆发,让央行开始深刻反思以往仅盯住通货膨胀、忽视资产价格波动的传统货币政策框架的缺陷,将维护金融稳定作为货币政策的一个重要目标。值得一提的是,我国央行从 2009 年第三季度开始探索构建具有宏观审慎特征的货币政策调控框架,以期通过更长时间维度的跨周期逆向调控策略稳定资产价格、维护金融稳定。而金融强监管时期货币政策调控资产价格效果较差,从另一个侧面进一步印证了图 6.3(a)和图 6.3(b)中展示的 2016 年以来出现的资产价格上涨伴随着货币供应量扩张的异常情况。

图 6.3(d)所示的等间隔脉冲响应图刻画了提前 1 期、5 期、12 期和 20 期数量型货币政策调控资产价格效果的动态调整路径,基本印证了时点脉冲响应图所展示的数量型货币政策调控效果变化的一般性规律,并从另外的维度提供了新的信息。从整个样本区间来看,在绝大多数时期,提前 5 期的资产价格对数量型货币政策冲击的脉冲响应值最大,即数量型货币政策施行 5 个月后对资产价格波动的调控效果最为明显;一年以后调控效果有所弱化,20 个月后货币政策的调控效果进一步下降。值得一提的是,在全球金融危机期间,

提前 12 期的脉冲响应值最大,意味着金融危机期间数量型货币政策对资产价格的最优调控效果出现在政策施行 1 年之后。在整个样本区间内,提前 1 期的脉冲响应值最小,这主要是由于货币政策对资产价格的调控存在时滞。在不同提前期视阈下,将各代表性时期数量型货币政策对资产价格的调控效果进行对比分析,可以发现金融危机时期数量型货币政策对资产价格的调控效果在不同提前期均十分显著,这主要是和金融危机期间货币当局稳定资产价格的政策实施强度有关;而金融强监管时期数量型货币政策对资产价格的调控在不同提前期均不甚有效,其主要原因在于以资管业务为代表的影子银行导致货币政策传导不畅,削弱了数量型货币政策对资产价格的调控效果。

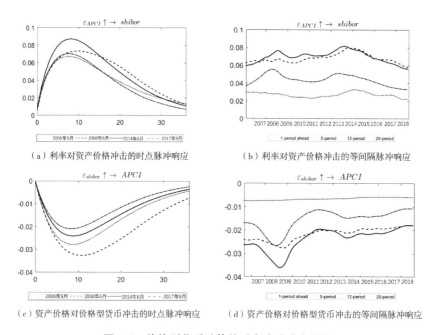

图 6.4　价格型货币政策的时变脉冲响应函数

从价格型货币政策的时变脉冲响应函数结果(见图 6.4)可知,在整个样本期间内,利率对资产价格波动的响应均显著为正,且正向响应维持的时间较长,意味着价格型货币政策对资产价格的调控具有持久性。其传导路径是当资产价格快速上升时,央行会择机主动上调基准利率水平,以抑制资产价格的过快上涨;而当资产价格出现明显下降态势时,央行会实施相对宽松的货币政策,下调基准利率水平,稳定资产价格。从各个提前期利率对资产价格冲击的时变脉冲响应来看,价格型货币政策的施行强度具有明显的时变特征。其中,全球金融危机期间和经济发展新常态期间利率对资产价格波动的反应强度最大。究其原因,金融危机期间,面临资产价格的大幅度下跌态势,为了稳定资产价格、维护金融安全,货币当局大幅度下调利率。2014 年 6 月开始,资产价格出现快速上涨态势,2015 年 6 月达到最高点并急速回落,面对资产价格的异常波动,央行运用利率政策进行了及时应对。近年来,利率对资产价格波动冲击的响应强度出现了下降趋势,可能的原因是随着"货币政策+宏观审慎政策"双支柱调控框架的建立和运行,面对资产价格的波动,央行加强了宏观审慎监管的力度,相对弱化了货币政策对资产价格波动的敏感度。

从价格型货币政策调控效果来看,无论是时点脉冲响应图还是等间隔脉冲响应图均显示 APCI 指数对价格型货币政策冲击的响应呈现明显时变特征。从时点脉冲响应图来看,在四个代表性时点价格型货币政策在施行初期便对资产价格产生较为明显的负向调控效应,均在 10 个月左右达到调控效应的极大水平,之后逐渐向 0 值收敛。这意味着价格型货币政策对资产价格传导的渠道是顺畅的,可采用紧缩性货币政策抑制资产价格的过快上涨。具体而言,在全球金融危机时期,价格型货币政策对资产价格的调控效果相对于其他时期更为显著,且政策调控效应持续时间久。而在金融强监管时期,价格型货币政策的调控效应较其他代表性时点不显著,但达到调控水平极大值的时间最短,仅需要 7 个月,说明在这一时期价格型货币政策调控的时滞变短。由此可见,近年来价格型货币政策对资产价格波动的调控呈现出效力减弱而传导速度提升的态势。在此基础上,进一步考察图 6.4(d)所示的不同代表性提前期的等间隔脉冲响应函数图可知,从整体样本区间来看,提前 1 期的资产价格对价格型货币政策冲击的时变脉冲响应值最小,提前 12 期的资产价格对价格型货币政策冲击的时变脉冲响应值最大,其次是提前 5 期和提前 2 期。这意味着由于政策时滞的存在,价格型货币政策出台初期的政策效果比较微弱,5 个月后政策效果逐渐显现,一年后政策效果最为显著,此后呈减弱态势。值得一提的是,在不同提前期视阈下,对比分析各代表性时期价格型货币政策在资产价格调控上的政策效果,可以发现金融危机时期价格型货币政策对资产价格的调控效果最为显著,而金融强监管时期价格型货币政策的调控效应在不同提前期均相对较小。

上文分别从不同时点和不同时间间隔两个维度考察了数量型和价格型货币政策对资产价格的调控效果。接下来,本节进一步综合比较两种货币政策操作范式对资产价格调控效果的差异性,为恰当选择货币政策调控工具,加强资产价格波动调控效能提供参考。对比图 6.3 和图 6.4 时变脉冲响应值可知,价格型货币政策对资产价格波动的调节效应显著大于数量型货币政策,这说明尽管数量型货币政策能够起到"抑泡沫"的政策效果,但从政策强度和效力来看,采取价格型货币政策相对优于数量型货币政策。而从达到极大调控效应水平的时间来看,数量型货币政策最长需要 9 个月,价格型货币政策最长需要 10 个月,两种货币政策调控范式达到最显著调控效果所需时间相差不大。此外,从政策效果持续期来看,两种货币政策调控范式也呈现出相似性。

五、结论与启示

当前,我国正处于产业结构转型升级、经济发展动能转换和金融体制改革深化的关键期。错综复杂的国际形势和国内经济运行态势在影响我国资产价格稳定的同时,也显著增加了我国货币政策在资产价格调控方面的难度。在此背景下,进一步推进金融体制改革和构建中国特色现代金融体系、防范资产价格的剧烈波动以及构建系统的资产价格宏观调控方案仍然任重道远。鉴于此,本节借鉴金融形势指数 FCI 的编制思想,利用房地产价格、股票价格、人民币实际有效汇率和大宗商品价格指数构建了我国的资产价格状况指数,并运用 TVP-SV-VAR 模型从时变和短长期两个角度刻画了我国数量型和价格型货币政策在调控资产价格、抑制资产泡沫上的政策效果及其动态演变,试图捕捉不同时期我国货币政策取向的转变特征,为货币政策效果变化时后续的政策制定和施行提供决策参考依据。

实证研究结果表明,本节构建的资产价格状况指数能够较好地刻画我国资产价格变化总体特征。整个样本区间内,数量型货币政策具有盯住资产价格倾向,在 2008—2009 年期间达到极大值,此后盯住强度有所下降。但从 2016 年开始,出现了伴随资产价格上涨货币供应量扩张的异常情况,这主要是由于以资管业务为代表的影子银行导致货币政策传导不畅,削弱了数量型货币政策对资产价格的调控效果,并非意味着货币政策忽视资产价格波动,更不意味着纵容资产泡沫的政策取向。从政策执行效果来看,数量型货币政策在实施初期就能对资产价格产生正向调控效果,这意味着数量型货币政策对资产价格传导的渠道是通畅的。因此,可采用紧缩性货币政策抑制资产价格的过快上涨。不同时期,数量型货币政策对资产价格的调控效果存在明显差别,金融危机期间调控效果最为显著,而金融强监管时期调控效果明显下降。

研究结果还表明,在整个样本区间内,价格型货币政策抑制资产价格泡沫的政策取向是明显的。从脉冲响应角度看,在整个样本期间内,利率对资产价格波动的响应均显著为正,且正向响应维持的时间较长,意味着价格型货币政策对资产价格的调控具有持久性。其传导路径是当资产价格快速上升时,央行会择机主动上调基准利率水平,以抑制资产价格的过快上涨;而当资产价格出现明显下降态势时,央行会实施相对宽松的货币政策,下调基准利率水平,稳定资产价格。从政策效果看,价格型货币政策在实施初期便可对资产价格产生显著的负向调控效果,且政策效果持续时间长。另外,对比分析数量型和价格型货币政策两种调控范式,价格型货币政策调控效力高于数量型货币政策。而在达到调控效果极大水平所需时间以及调控效果持续时间方面,两种调控范式相差不大,数量型货币政策达到调控效果极大水平的时间略短于价格型货币政策。

基于上述研究结论,我们可以得到以下三点政策启示。

第一,应进一步规范金融业务创新,疏通货币政策传导渠道,提升货币政策调控效果。以非标资产和通道业务为代表的影子银行极大地拓宽了金融市场的融资渠道和投机渠道,导致大量货币从商业银行体系流入影子银行体系,投向地方融资平台、房地产以及产能过剩等限制性行业,形成货币漏出,降低了商业银行在货币政策传导中的作用,弱化了央行货币政策调控的效果,也加大了地方政府隐性债务风险。应持续规范和适度压缩商业银行表外业务、非标业务、通道业务,将金融机构业务全部纳入监管视野。

第二,改变"重量轻价"的传统货币政策调控模式,形成"价主量辅"的货币政策调控新框架,提升货币政策调控资产价格的效力。鉴于价格型货币政策对资产价格波动的调控效力大于数量型货币政策,新形势下为实现资产价格稳定的政策目标应形成以价格型调控为主、数量型调控为辅的货币政策调控新框架。要继续深入推进利率市场化改革进程,疏通利率传导渠道,最大限度发挥价格型货币政策对资产价格的逆风向调控效应。同时要合理使用数量型货币政策工具,优化数量型货币政策效果;积极探索和创设更多差别化、精细化的货币政策工具。此外,央行应不断增强货币政策实施的透明度和公信力,引导市场主体形成对资产价格的合理预期。

第三,加强宏观审慎监管,构建并完善"货币政策+宏观审慎政策"双支柱调控框架,更有效稳定资产价格。资产价格波动的原因复杂多样,新形势下要有效调控资产价格,除了应合理运用货币政策之外,还须加强宏观审慎监管。应健全现代中央银行制度,构建货币政策和宏观审慎政策双支柱调控框架。要进一步完善宏观审慎管理体系,精准量化审慎管理目标;要厘清货币政策与宏观审慎政策二者之间的关系,完善政策协调搭配策略和作用机制,探索货币政策与宏观审慎政策最优组合,更有效地维护价格稳定和金融稳定。

第二节　货币政策调控框架转型、财政乘数非线性变动与新时代财政工具选择

一、研究背景

中国货币政策调控框架正从数量型为主向价格型为主渐进转型。一方面,中国货币需求近年来愈加不稳定,继续以货币供应量作为货币政策中介目标,可能引致价格和产出的大幅波动,这已成为推动货币政策调控框架转型的内生力量(伍戈和连飞,2016)。另一方面,习近平总书记在党的十九大报告中指出,新时代下要加快完善社会主义市场经济体制,加快要素市场化改革,深化利率和汇率市场化改革。一般而言,在利率市场化条件下,价格渠道较之数量渠道传导货币政策更为高效。为此,《中华人民共和国国民经济和社会发展第十三个五年规划纲要》作出顶层设计:"构建目标利率和利率走廊机制,推动货币政策由数量型为主向价格型为主转变。"货币政策调控框架呈现渐进转型特征,数量型与价格型调控将会在相当长的时期内并存并重。从近年货币政策操作实践看,价格型工具运用愈加频繁,SLF、MLF 等工具已常态化运作。与此同时,央行 2018 年三次定向降准,2019 年 1 月 15 日和 25 日两次下调存款准备金率各 0.5 个百分点,表明央行对数量型工具的运用并未搁置。从政策前瞻上看,中国人民银行在《2018 年第四季度货币政策执行报告》中表示,下一阶段要实施好稳健中性的货币政策,保持流动性合理充裕;同时继续深入推进利率和汇率市场化改革,增强利率调控能力。这些表述说明,未来央行对"量""价"调控仍会协同并重。

货币政策调控框架转型会影响财政政策的调控效果。毋庸置疑,货币政策与财政政策存在交互影响,这已被自凯恩斯以来的经济学家所反复确证了。研究表明,适当的货币政策可以改善财政政策作用效果(朱军,2014;贾俊雪

和郭庆旺,2012),为财政调控创造和节省政策空间(陈小亮和马啸,2016),货币政策规则的变动还会影响到财政乘数(简志宏等,2011)。由此,财政当局也应密切关注货币政策调控框架渐进转型的进程,加强政策协同,以期发挥财政调控的最大效能。

以往文献探讨货币政策对财政调控效果的影响,大多对比货币政策"松"与"紧"、"主动"与"被动"条件下的情形,而鲜有文献着眼于货币政策"价"与"量"两类调控框架下财政工具的效果差异。在货币政策调控框架渐进转型的背景下,结构性财政工具的调控效能将如何变化? 这一变化的机理何在? 政府又应如何甄选最优财政工具? 这些问题尚缺乏系统而深入的探究。为此,本节构建动态随机一般均衡模型,引入兼含数量型与价格型特征且权重渐进可调的混合型货币政策规则,对货币政策调控框架转型进程中各类结构性财政工具调控效果的变动情况进行分析,并尝试阐述其背后的机理。

二、文献综述

结构性财政工具选择问题是近年来财政领域的研究热点之一,工具选择会影响到财政调控的宏观经济效应。此类文献通常将财政支出细分为政府投资(又称生产性支出)、政府消费(又称非生产性支出、服务性支出)、投资补贴、转移支付四类工具,将税收抽象为消费税、投资税、资本收益税、劳动税四类工具。此类研究大致可分为两类范式,一类从具体的经济问题出发,考察不同财政工具对企业杠杆率(吕炜等,2016)、物价水平(郭长林,2016)、产业结构(严成樑等,2016;储德银和建克成,2014)、社会福利(黄赜琳和朱保华,2015)等的异质性影响;另一类从财政工具出发,考察各类结构性财政工具的宏观经济效应,据以甄选更优的财政工具。Forni 等(2009)认为对消费和劳动减税可以有效刺激消费和经济增长,而对资本收益减税则在中长期利好投资与产出。卞志村和胡恒强(2016)、卞志村和杨源源(2016)、杨源源(2017)综合考察各类结构性财政支出与收入冲击的宏观经济效应,认为总体上减税的政策效果优于财政支出扩张,我国财政调控应逐步由大规模支出刺激向结构性减税转变,以促进需求结构向消费驱动转型。

财政政策的调控效果会受到货币政策的影响。在经典的 *IS-LM* 分析框架中,当表征货币市场均衡的 *LM* 曲线发生扭转时,财政乘数相应变动,这深刻而形象地表现出货币政策会影响财政调控效果的经济思想。简志宏等(2011)同样认为,货币供应机制会影响到财政支出乘数,且货币政策参数对财政乘数起到决定性作用,其影响更甚于财政规则。从经验事实上看,货币政策态势会影响财政支出的调控效果(刘贵生和高士成,2013)。格林斯潘时期美国资本市场参与率提升、货币政策更加积极,是导致其财政政策有效性在20 世纪 80 年代后期出现下降的原因(Bilbiie 等,2006)。有学者从政策互动视角解释这一交互影响的形成机制。朱柏松等(2014)认为,财政政策和货币政策并不独立,二者之间存在内生的联动性。陈小亮和马啸(2016)指出,选取合适的货币政策,可以为财政调控创造和节省政策空间。另有学者从货币政策影响财政政策的传导渠道和挤出效应的视角进行分析。苏平贵(2003)认为,利率管理体制对财政政策的传导机制和效应有重要影响,相同的财政政策在不同利率管理体制下的传导机制和效应存在差异。李永友和周达军(2007)认为,财政政策的作用效果不仅取决于财政自身的调控方向和力度,还取决于私人投资需求对财政政策变化的敏感程度,即挤出效应强度。由此,货币政策的相机变化会通过利率机制对财政调控产生抵消作用。

对数量型和价格型货币政策调控框架下经济运行动态的对比研究较为丰富,但研究视角大多聚焦于甄选最优货币政策规则,仅有少数文献关注于两类框架下财政调控效果的差异。① 卞志村和胡恒强(2015)认为价格型规则更有

---

① 需要说明,货币政策调控框架与货币政策规则并不等同。"框架"反映了中央银行运用利率工具和货币数量工具的取向,而对工具的运用可能依据不同的规则。例如,在数量型框架下有弗里德曼规则(固定增长规则)、麦卡勒姆规则、产出规则、通胀目标规则;在价格型框架下有泰勒规则、产出规则、通胀目标规则等。为便于行文表述,本节将既有文献中以货币供应量为调控目标的规则统称为"数量型规则",以利率为调控目标的规则统称为"价格型规则"。

助于熨平经济波动、维持产出稳定,而数量型规则更利于物价稳定。汪潘义等(2014)认为在熨平经济波动方面,价格型规则更具优势,且社会福利损失更小;而在促进经济增长方面,数量型规则更优。Zhang(2009)、尹雷和杨源源(2017)、楚尔鸣和许先普(2012)、张杰平(2012)、王君斌等(2013)认为在应对外部冲击时,价格型货币政策规则始终是更优选择。此类研究的政策建议较为相似,认为央行应更加重视价格型工具的运用,但同时数量型工具仍有价值、不应贸然偏废。就财政政策效果而言,贾俊雪和郭庆旺(2012)认为,财政支出冲击对社会福利的影响在泰勒规则和通胀目标规则下存在差异。朱军(2014)在 DSGE 框架下对比了五种财政政策规则和两种货币政策规则相互搭配下的经济运行动态,结果显示在同一货币政策规则、不同财政政策规则下,经济运行状况相似;而在不同货币政策规则、同一财政政策规则下,消费、通胀、债务等宏观经济变量的冲击响应方式存在显著差异。

总结现有文献可见,目前在新凯恩斯主义框架下讨论货币政策调控框架转型对经济运行影响的文献较为丰富,且学者已经关注到"转型"对财政工具调控效果的影响,但该领域研究仍存待完善之处。第一,在对货币政策调控框架的刻画上,既有研究通常平行构建数量型与价格型两类货币政策规则,借此对比分析内生经济变量在两类货币政策调控框架下的运行动态。但在实践中,数量型和价格型货币政策工具并非非此即彼的互斥关系,二者呈现并存并重、协同发力的特征,表现为混合型货币政策规则(伍戈和连飞,2016;王曦等,2017);我国货币政策调控框架转型也并非跳跃式,而是在相当长的时期内渐进过渡。第二,以往研究多数关注于评判数量型和价格型货币政策规则在平抑经济波动中的作用,落脚于甄选最优货币政策规则,而鲜有关注货币政策调控框架转型对财政政策效果的影响。第三,尽管少量文献论及货币政策调控框架转型对财政政策效果的影响,但并未对背后的经济机理进行深入系统的考察。针对以上问题,本节拟从三个方面丰富现有研究:第一,有别于以往文献简单对比两类货币政策框架下经济运行方式的做法,本节通过设定权重渐变可调的混合型货币政策规则,考察货币政策调控框架渐进转型进程中财政政策效果的变动路径;第二,在研究视角上,本节着重于考察货币政策调控框架转型进程中结构性财政工具调控效果的变动情况,这实际上反映了货币政策对财政乘数的影响;第三,本节运用一个局部均衡模型对货币政策影响财政乘数的经济机理给出解释。

三、新凯恩斯框架下的 DSGE 模型构建

(一)家庭部门

代表性家庭均匀分布在连续统 $[0,1]$ 上,满足同质、理性假定,其效用来源于总消费、闲暇和持有实际货币余额。家庭消费具有惯性,即消费的效用取决于相比上期的增量部分。家庭通过持有货币和购买存续 1 期的债券实现跨期资源配置,并在预算约束下选择最优的消费、劳动、资本存量、债券持有量、名义货币持有量以实现跨期效用现值最大化。

家庭最大化自身的目标效用函数:

$$\max_{C_t,N_t,K_t,B_t,M_t} E_0 \sum_{t=0}^{\infty} \beta^t \begin{bmatrix} \dfrac{1}{1-\sigma_c}(TC_t - hTC_{t-1})^{1-\sigma_c} - \chi_N \dfrac{1}{1+\sigma_N} N_t^{1+\sigma_N} + \\ \chi_M \dfrac{1}{1-\sigma_M}(\dfrac{M_t}{P_t})^{1-\sigma_M} \end{bmatrix}$$

$$(6.13)$$

家庭面临的预算约束:

$$(1+\tau_{c,t}) \cdot C_t + (1+\tau_{i,t}) \cdot [K_t - (1-\delta)K_{t-1}] + \frac{M_t}{P_t} + \frac{B_t}{R_t P_t}$$

$$= \frac{M_{t-1}}{P_t} + \frac{B_{t-1}}{P_t} + (1-\tau_{k,t}) r_t^k K_{t-1} + (1-\tau_{n,t}) w_t N_t + \prod_t \qquad (6.14)$$

其中, TC_t、N_t、M_t、K_t、B_t 分别为家庭的总消费、劳动供给、名义货币持有量、资本存量和债券持有量。家庭总消费由个人消费 C_t 和政府消费 GC_t 以

CES 函数形式加总得到，即 $TC = (C_t^{\theta_{TC}} + GC_t^{\theta_{TC}})^{1/\theta_{TC}}$；资本积累方程为 $K_t = (1 - \delta) K_{t-1} + I_t$。[①] P_t 为价格水平，w_t、R_t 和 r_t^k 分别为工资率、利率和资本收益率，$\tau_{i,t}$、$\tau_{c,t}$、$\tau_{k,t}$ 和 $\tau_{n,t}$ 分别为投资补贴率[②]、消费税率、资本收益税率和劳动税率，$\prod_t$ 为家庭从中间品厂商获得的利润。

式（6.13）参数中，β 为主观贴现因子，h 为消费习惯参数，σ_c、σ_N、σ_M 分别为总消费替代弹性倒数、Frisch 劳动供给弹性倒数、货币持有的替代弹性倒数。χ_N 和 χ_M 分别为效用函数中劳动和实际货币持有的相对权重；式（6.14）中，δ 为私人资本的折旧率。参数满足 $\beta \in (0,1)$，$\delta, h \in [0,1]$，σ_c、σ_N、σ_M、$\chi_N \chi_M > 0$。

求解上述优化问题并对代表性家庭求积分，经代数运算可以得到居民总体选择消费、劳动、名义货币持有量、资本存量的一阶条件：

$$\frac{(TC_t - hTC_{t-1})^{-\sigma_c} TC_t^{1-\theta_{TC}} C_t^{\theta_{TC}-1}}{(TC_{t+1} - hTC_t)^{-\sigma_c} TC_{t+1}^{1-\theta_{TC}} C_{t+1}^{\theta_{TC}-1}} \cdot \frac{1 + \tau_{c,t+1}}{1 + \tau_{c,t}} = \frac{\beta R_t}{\pi_{t+1}} \qquad (6.15)$$

$$\frac{\chi_N N_t^{\sigma_N}}{(1 - \tau_{n,t}) w_t} = \frac{(TC_t - hTC_{t-1})^{-\sigma_c} TC_t^{1-\theta_{TC}} C_t^{\theta_{TC}-1}}{1 + \tau_{c,t}} \qquad (6.16)$$

$$\chi_M \left(\frac{M_t}{P_t}\right)^{-\sigma_M} = \frac{R_t - 1}{R_t} \left[(TC_t - hTC_{t-1})^{-\sigma_c} TC_t^{1-\theta_{TC}} C_t^{\theta_{TC}-1} \frac{1}{1 + \tau_{c,t}} \right] \quad (6.17)$$

$$\frac{R_t}{\pi_{t+1}} (1 + \tau_{i,t}) = (1 + \tau_{i,t+1})(1 - \delta) + (1 - \tau_{k,t+1}) r_{t+1}^k \qquad (6.18)$$

（二）厂商部门

最终品厂商在完全竞争市场上使用中间品 Y_{jt} 来生产最终品 Y_t，生产技术为 $Y_t = (\int_0^1 Y_{jt}^{\frac{\eta-1}{\eta}} \mathrm{d}j)^{\frac{\eta}{\eta-1}}$，其中 η 为各中间品的替代弹性。求解最终品厂商的

---

① 本节时序设定为：投资发生在期末；各类外生冲击均发生在期初。

② 为保证模型易读、变量设置风格统一，投资补贴率 $\tau_{i,t}$ 的设定方式与税率的设定方式相一致，但本节通过参数校准将其稳态值设为负值，实际上表现为投资补贴。

利润最大化问题,可得中间品的需求函数 $Y_{jt} = (P_{jt}/P_t)^{-\eta} Y_t$ 和市场价格指数

$P_t = (\int_0^1 P_{jt}^{1-\eta} \mathrm{d}j)^{1/(1-\eta)}$ 。

中间品厂商 j 在垄断竞争市场上使用劳动、私人资本和政府资本生产中间品 Y_{jt},分别为劳动和私人资本支付工资和租金,但可以无偿使用政府资本。生产函数为柯布—道格拉斯形式 $Y_{jt} = A_t K_{j,t-1}^{\alpha} N_{j,t}^{1-\alpha} GK_{t-1}^{\alpha_{GK}}$,技术水平 A_t 服从 $A_t = \rho_A A_{t-1} + V_t^A$,技术冲击 $V_t^A \sim N(0, \sigma_A^2)$ 。政府资本由政府投资积累形成,有 $GK_t = (1 - \delta_{GK}) GK_{t-1} + GI_t$ 。参数 α、α_{GK}、δ_{GK} 分别为私人资本产出弹性、政府资本产出弹性和政府资本的折旧率。内生变量 Y_{jt}、GK_t 和 GI_t 分别表示中间品 j 产出、政府资本存量和政府投资。

求解中间品厂商的成本最小化问题,可以得到要素市场出清条件 $w_t = (1 - \alpha) MC_t Y_{jt}/N_{j,t}$,$r_t^k = \alpha MC_t Y_{jt}/K_{j,t-1}$,其中 MC_t 为边际成本。对生产函数、要素反需求函数关于 j 积分,可得到总量水平上各变量间的数量关系。

本节对价格动态的设定参考 Calvo(1983)但略有差异。在每一期,中间品厂商 j 有 ω 的概率以简单规则设定价格 $P_{jt}^s = P_{j,t-1} \pi_{t-1}$,即参考上期通胀水平调整本期价格水平;有 $1 - \omega$ 的概率通过求解利润最大化问题 $\max\limits_{P_{jt}^*} E_t \sum\limits_{i=0}^{\infty} \omega^i \Delta_{t,t+i} (\dfrac{P_{j,t+i}^s}{P_{t+i}} - MC_{t+i}) Y_{j,t+i}$ 重新设定价格水平 P_{jt}^* ,并在未来各期以简单规则调整价格。ω 独立于历史更新次数,$\Delta_{t,t+i}$ 为从第 t 期到 $t+i$ 期的折现系数,由 $\Delta_{t,t+i} = \beta^i \lambda_{t+i}/\lambda_t$ 确定,其中 λ_t 为影子价格。对 j 积分,得到价格指数 $P_t = [(1 - \omega) P_t^{*1-\eta} + \omega P_t^{s1-\eta}]^{1/(1-\eta)}$;求解中间品企业利润最大化问题,可以得到最优价格为:

$$P_t^* = P_{jt}^* = \frac{\eta}{\eta - 1} \cdot \frac{E_t \sum\limits_{s=0}^{\infty} \beta^s \omega^s \lambda_{t+s} MC_{t+s} (\dfrac{P_{t+s}}{P_{t+s-1}})^{\eta} Y_{t+s}}{E_t \sum\limits_{s=0}^{\infty} \beta^s \omega^s \lambda_{t+s} (\dfrac{P_{t+s}}{P_{t+s-1}})^{\eta-1} Y_{t+s}} \qquad (6.19)$$

(三)财政部门

本节将财政支出细分为政府投资、政府消费和投资补贴,将财政收入细分为消费税、资本收益税和劳动税。需特别说明的是,中国政府鼓励私人投资,例如对固定资产投资进行补贴、支持"双创",因而"投资税"实质上表现为投资补贴,构成财政支出的一部分。此外,新增货币供应构成财政当局的铸币税收入,进入政府预算约束方程。政府通过上述四类税收和发行存续 1 期的债券为财政支出融资,用之于政府投资、政府消费、投资补贴和偿付到期债务。政府预算约束方程可表示为:

$$GC_t + GI_t = \tau_{c,t} C_t + \tau_{i,t} I_t + \tau_{k,t} r_t^k K_{t-1} + \tau_{n,t} w_t N_t + \left(\frac{B_t}{P_t R_t} - \frac{B_{t-1}}{P_t} \right) +$$

$$\frac{M_t - M_{t-1}}{P_t} \tag{6.20}$$

王国静和田国强(2014)认为,忽略财政内生性可能导致财政政策宏观经济效应估计有偏。为此,本节参照其设定将财政操作内生化,财政支出规则[1]设定为如下形式:

$$\widehat{GI}_t = - \psi_{GI} \widehat{Y}_t - \phi_{GI} \widehat{B}_{t-1} + \widehat{u_t^{GI}}, \widehat{u_t^{GI}} = \rho_{GI} \widehat{u_{t-1}^{GI}} + v_t^{GI} \tag{6.21}$$

$$\widehat{GC}_t = - \psi_{GC} \widehat{Y}_t - \phi_{GC} \widehat{B}_{t-1} + \widehat{u_t^{GC}}, \widehat{u_t^{GC}} = \rho_{GC} \widehat{u_{t-1}^{GC}} + v_t^{GC} \tag{6.22}$$

$$\widehat{\tau}_{i,t} = - \psi_i \widehat{Y}_t - \phi_i \widehat{B}_{t-1} + \widehat{u_t^i}, \widehat{u_t^i} = \rho_i \widehat{u_{t-1}^i} + v_t^i \tag{6.23}$$

其中,"^"表示各变量对自身稳态值的偏离率,下同。各政策反应参数 ψ_{GI}、ψ_{GC}、ψ_i、ϕ_{GI}、ϕ_{GC} 和 ϕ_i 均非负,分别刻画了各财政支出变量对产出缺口和债务缺口的反应程度。$\widehat{u_t^{GI}}$、$\widehat{u_t^{GC}}$ 和 $\widehat{u_t^i}$ 为财政支出冲击,服从一阶自回归过程,ρ_{GI}、ρ_{GC} 和 ρ_i 分别为对应的一阶自回归系数。假定外生冲击源 v_t^{GI}、v_t^{GC} 和v_t^i

---

[1] Leeper 等(2010)和朱军(2014)的研究表明,在不同的财政规则下,经济运行方式基本相同。这表明财政规则的具体设定形式并不重要。此处的重点在于引入财政冲击,并不暗示财政政策旨在稳定产出与政府债务波动。

相互独立且服从均值为 0，标准差分别为 σ_{GI}、σ_{GC} 和 σ_i 的正态分布。

参照 Leeper 等（2010），本节将消费、资本、劳动三类税收规则设定为：

$$\widehat{\tau}_{c,t} = \psi_c \, \widehat{Y}_t + \phi_c \, \widehat{B}_{t-1} + \widehat{u}_t^c, \widehat{u}_t^c = \rho_c \, \widehat{u}_{t-1}^c - v_t^c \tag{6.24}$$

$$\widehat{\tau}_{k,t} = \psi_k \, \widehat{Y}_t + \phi_k \, \widehat{B}_{t-1} + \widehat{u}_t^k, \widehat{u}_t^k = \rho_k \, \widehat{u}_{t-1}^k - v_t^k \tag{6.25}$$

$$\widehat{\tau}_{n,t} = \psi_n \, \widehat{Y}_t + \phi_n \, \widehat{B}_{t-1} + \widehat{u}_t^n, \widehat{u}_t^n = \rho_n \, \widehat{u}_{t-1}^n - v_t^n \tag{6.26}$$

政策反应参数 ψ_c、ψ_k、ψ_n、ϕ_c、ϕ_k、ϕ_n 分别刻画消费税、资本收益税、劳动税税率对产出缺口和债务缺口的反应程度，$\widehat{u}_t^c$、$\widehat{u}_t^k$、$\widehat{u}_t^w$ 表示税收政策冲击，服从一阶自回归过程，ρ_c、ρ_k、ρ_n 分别为对应的一阶自回归系数，假定外生冲击源 v_t^c、v_t^k、v_t^n 相互独立且服从均值为 0，标准差分别为 σ_c、σ_k 和 σ_n 的正态分布。

（四）货币部门

中国货币政策调控框架转型呈现渐进特征，为刻画这一渐变过程，本节参照王曦等（2017）的做法，设定如下混合型货币政策规则：

$$\gamma \, \widehat{R}_t + (1-\gamma)(-\widehat{z}_t) = \gamma \rho_r \, \widehat{R}_{t-1} + (1-\gamma) \rho_z(-\widehat{z}_t) + [\gamma(1-\rho_r) \varphi_\pi^r +$$
$$(1-\gamma)(1-\rho_z) \varphi_\pi^m] \, \widehat{\pi}_t + [\gamma(1-\rho_r) \varphi_y^r + (1-\gamma)(1-\rho_z) \varphi_y^m] \, \widehat{Y} + u_t^{mp} \tag{6.27}$$

其中，$z_t = M_t / M_{t-1}$ 为货币供给增长率，γ 为价格型成分在混合型货币政策规则中的相对权重，$\rho_r \in (0,1)$ 为价格型规则惯性，$\rho_z \in (0,1)$ 为货币供给平滑系数，φ_π^r 和 φ_Y^r 分别为价格型规则下货币政策对通胀和产出缺口的反应系数，φ_π^m 和 φ_Y^m 分别为数量型规则下货币政策对通胀和产出缺口的反应系数。u_t^{mp} 为混合型货币政策冲击，服从一阶自回归过程 $u_t^{mp} = \rho_{mp} u_{t-1}^{mp} - v_t^{mp}$，$v_t^{mp} \sim N(0, \sigma_{mp}^2)$。

需要说明的是，γ 并不是央行某次货币政策操作中使用价格型政策工具的比例，而是反映在平均水平上央行对价格型政策工具的相对偏好（王曦等，2017）。特别地，在 $\gamma = 0$ 和 $\gamma = 1$ 两种情形下，上述混合型货币政策规则分别退化为单一的数量型规则和泰勒规则。

（五）一般均衡

经济体供求相等，因而有 $Y_t = C_t + I_t + GC_t + GI_t$。

四、参数校准与估计

为客观反映我国经济运行状况，本节参照既有文献和中国统计数据，对描述经济稳态的参数进行校准，对财政和货币政策规则参数运用贝叶斯方法进行估计。本节以季度为时间单位进行参数校准与估计，所得参数满足 Blanchard-Kahn 条件，模型存在唯一稳定均衡解。

（一）参数校准

家庭部门的参数校准。参照卞志村和杨源源（2016），本节取居民消费习惯参数 $h = 0.7$，取跨期消费替代弹性的倒数 $\sigma_c = 0.2$，取居民消费和政府消费之间的替代弹性 $\theta_{TC} = 1$。对于居民跨期贴现率，本节取 $\beta = 0.99$；相应的，稳态时的利率水平为其倒数，即 $R_{SS} = 1.01$。参照郭新强和胡永刚（2012），取劳动供给弹性倒数 $\sigma_N = 3$；参照 Zhang（2009），取持有货币的跨期替代弹性倒数 $\sigma_M = 3.13$。以往研究通常认为，私人资本和政府资本具有不同的折旧率，考虑到我国当前正处于产业结构转型升级进程当中，私人资本折旧率相对较高，本节取 $\delta_k = 0.025$；政府投资性支出主要用于基础设施建设，形成的社会公共资本较之私人资本而言使用年限更长、折旧率更低，本节取公共资本折旧率 $\delta_{Gk} = 0.0125$。

企业部门的参数校准。参照郭新强和胡永刚（2012），取价格黏性系数 $\omega = 0.75$，即每季度约有四分之一的企业可以调整价格；取生产函数中资本产出弹性 $\alpha = 0.6$，取政府公共资本产出弹性 $\alpha_{GK} = 0.16$。厂商稳态时价格加成约 11%，由此设定中间品替代弹性 $\eta = 10$，这与王曦等（2017）的结果一致。

经济稳态值的参数校准。不失一般性,本节将价格水平的稳态值单位化为 $P_{ss} = 1$。稳态时居民消费、居民投资、政府消费和政府投资占经济体总产出的比重依据中国经济数据计算得出,分别为 $C_{ss} / Y_{ss} = 0.467$、$I_{ss} / Y_{ss} = 0.336$、$GC_{ss} / Y_{ss} = 0.074$、$GI_{ss} / Y_{ss} = 0.123$。稳态时政府债券和居民持有货币余额占产出的比重分别利用政府债券托管余额和 M0① 存量除以同期 GDP 进行计算,估计得到的结果为 $B_{ss} / Y_{ss} = 0.226$,$M_{ss} / Y_{ss} = 0.41$。对于消费、资本利得、劳动税税率的稳态值,岳树民和李静(2011)利用我国数据进行了测算,本节参照他们的估计结果取 $\tau_{c,ss} = 0.125$、$\tau_{K,ss} = 0.22$、$\tau_{n,ss} = 0.07$。依惯常做法,设定技术水平和货币政策冲击的自回归系数为 $\rho_A = \rho_{mp} = 0.8$。其他稳态参数均由上述参数和经济稳态关系推导得出。

(二)参数估计

当前学界缺乏对财政规则和混合型货币政策规则参数的共识,因而主观地进行参数校准可能导致参数选取有偏。为此,本节通过贝叶斯方法估计政策参数。为保证识别性,本节选取与政策规则相关的变量作为观测变量,包括国债余额 B_t、通胀率 π_t、政府消费 GC_t、政府投资 GI_t、产出 Y_t 和利率 R_t,样本区间为 2007 年第一季度至 2017 年第三季度。国债余额数据选择政府债券托管量作为代理变量;通胀率使用 CPI 季度环比增速(由月度环比增速连乘套算得到);政府消费的统计口径包括一般公共服务、文化体育与传媒、医疗卫生与计划生育、节能环保和城乡社区事务;政府投资的统计口径包括教育、

---

① 文献中常用的货币存量口径有 M0 和 M2,本节选择 M0 基于以下考虑:参数 M_{ss}/Y_{ss} 出现在政府预算约束方程中,用于表征铸币税与其他税收渠道的相对权重,M0 是铸币税的更合意测度,使用 M2 会显著高估铸币税的影响。另需解释说明的是,对货币口径的选择暗含货币政策中介目标 z_t 的口径。由于当前尚缺乏对混合型货币规则传导机制进行深入探究的文献,本节对此进行了简化处理,未在模型中同时刻画狭义与广义货币。

科学技术、农林水事务、交通运输①;产出取 GDP(现价);利率取 Shibor(一周)当季各交易日算术平均值,除以 4 再加 1 得到季度化毛利率。由于我国财政部门不公布 12 月数据,故依惯常做法用年度数据减去前三季度数据得到第四季度数据;各名义变量均除以定基 CPI 得到实际值;所有变量以 X-13 方法进行季节调整。对于没有趋势的平稳序列(利率和通胀率),取对数后进行去均值处理得到偏离率;对于存在趋势性成分的序列,取对数后进行 HP 滤波并取周期成分得到各变量偏离率。

对于参数的先验分布,定义域在[0,1]之间的自回归系数设定为 Beta 分布,定义域在[0,+∞]上的政策参数设定为 Gamma 分布。各参数先验均值和方差参照卞志村和杨源源(2016)、Leeper 等(2010)、王国静和田国强(2014)设定。中国财政调控有较强的相机抉择成分,因而本节对财政政策规则的自回归系数附加 0.9 的上限约束②。表 6.5 列示参数的先验分布和后验估计结果。

表 6.5　参数先验分布与后验估计结果

参数	分布类型	先验均值	先验标准差	后验均值	90%置信区间
Ψ_{GI}	Gamma	0.4	0.2	0.3786	[0.0910,0.6855]
Ψ_{GC}	Gamma	0.4	0.2	0.3797	[0.0869,0.6368]
Ψ_c	Gamma	0.4	0.2	0.3940	[0.0956,0.6618]
Ψ_i	Gamma	0.4	0.2	0.3934	[0.1009,0.6663]

---

① 划分依据的标准是,财政支出中能提高社会生产力的部分归类于政府投资,改善民生福祉、提升居民效用的部分归类于政府消费。特别地,教育提高了劳动者素质,形成了高质量的人力资本,因而归于政府投资部分。2009 年和 2016 年,财政预算分类口径两次扩容,新增了"粮油物资储备等管理事务""资源勘探电力信息等事务""金融监管"和"债务付息"类目。考虑到这些支出类目通常并不会被用作财政调控工具,为保证样本分类口径统一,本节数据未对此进行调整。

② 需要说明的是,无论是否存在这一约束,估计结果均相似。此外,后验均值大多远小于0.9,亦说明该约束未扭曲参数估计。

续表

参数	分布类型	先验均值	先验标准差	后验均值	90％置信区间
Ψ_k	Gamma	0.4	0.2	0.4721	$[0.1103,0.8650]$
Ψ_n	Gamma	0.4	0.2	0.4254	$[0.1139,0.7248]$
ϕ_{GI}	Gamma	0.4	0.2	0.3222	$[0.1438,0.4994]$
ϕ_{GC}	Gamma	0.4	0.2	0.2111	$[0.0584,0.3635]$
ϕ_c	Gamma	0.4	0.2	0.4206	$[0.1013,0.7228]$
ϕ_i	Gamma	0.4	0.2	0.4370	$[0.0881,0.7150]$
ϕ_k	Gamma	0.4	0.2	0.3486	$[0.1262,0.6007]$
ϕ_n	Gamma	0.4	0.2	0.3673	$[0.0766,0.6524]$
ρ_{GI}	Beta	0.5	0.1	0.4929	$[0.3473,0.6268]$
ρ_{GC}	Beta	0.5	0.1	0.3542	$[0.2351,0.4781]$
ρ_c	Beta	0.5	0.1	0.4492	$[0.2648,0.6365]$
ρ_i	Beta	0.5	0.1	0.2749	$[0.1786,0.3545]$
ρ_k	Beta	0.5	0.1	0.3664	$[0.2095,0.5419]$
ρ_n	Beta	0.5	0.1	0.4857	$[0.3061,0.6537]$
$\varphi_{r\pi}$	Gamma	1.5	0.2	2.0562	$[1.6382,2.4821]$
$\varphi_{m\pi}$	Gamma	1.5	0.2	1.7194	$[1.3497,2.0892]$
φ_{ry}	Gamma	0.5	0.1	0.7222	$[0.5018,0.9445]$
φ_{my}	Gamma	0.5	0.1	0.5864	$[0.3845,0.7826]$
ρ_r	Beta	0.5	0.1	0.2280	$[0.1357,0.3170]$
ρ_z	Beta	0.5	0.1	0.6471	$[0.5521,0.7381]$

五、货币政策调控框架渐进转型下财政冲击的动态模拟分析

本节将政府支出细分为政府投资、政府消费和政府投资补贴三类,政府收入细分为消费税、资本收益税和劳动税三类。对于政府支出,本节考察0.01单位正向冲击(即财政支出较稳态扩张1%)下各经济变量在未来20期内的响应;对于税收,则考察0.01单位负向冲击(即税率较稳态下调1%)下的响

应。将冲击单位化为 0.01 而不使用估计得到的一倍标准差,目的在于使各财政工具的调控效果具有横向可比性。此时脉冲响应实际上反映了在既定政策强度下各财政工具的乘数效应大小。价格型工具的权重 γ 从 0 至 1 以 0.05 为间隔渐进调整。

(一)结构性财政冲击下各内生变量的脉冲响应分析

在图 6.5 至图 6.10 中,每幅图的 9 幅子图从左到右、从上到下依次为私人投资、劳动、利率、资本收益率、工资率、国债余额、总消费、总产出和通胀率在结构性财政冲击下的脉冲响应。坐标系左、右、上三轴分别为 γ 值、时期 t 和脉冲响应值。

1. 政府投资冲击

图 6.5 为政府投资冲击下各内生变量的脉冲响应。由图 6.5 可见,政府投资显著挤出了私人投资。政府投资从需求侧拉动产出并推高通胀率,央行对产出和通胀缺口作出反应,提升利率,经由"利率—资本收益率平价"和"资本收益率—工资率平价"传导至要素价格,进而增加当期要素供给。财政扩张推升国债余额,在未来几期,受限于政府预算约束,内生化的财政变量对债

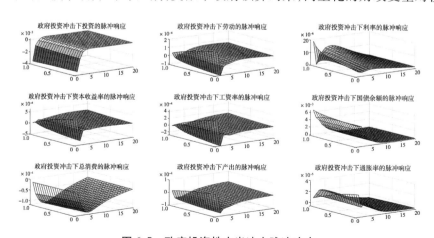

图 6.5　政府投资性支出冲击脉冲响应

务和产出缺口作出反应,引起财政紧缩进而降低要素价格和劳动供给,产出和消费随之下降。

从货币政策视角看,随着货币政策调控框架由数量型向价格型渐进转向,利率的脉冲响应逐步增大,反映出逆周期货币政策的传导渠道从货币供应量向利率转变。资本收益率、工资率和通胀率在冲击当期的响应逐步趋缓,表明价格型货币政策调控框架更有助于稳定要素和商品价格。从财政政策视角看,产出的脉冲响应随"转型"而减弱,表明政府投资对经济的提振作用即政府投资乘数随"转型"而下降。

值得特别关注的是,当货币政策调控框架转型进程越过一定"门限"后(在本节参数校准值下为 γ 超过 0.7),随着"转型"的进一步推进,各经济变量的脉冲响应随 γ 的变动速度呈现显著加快趋势,这一非线性特征反映出货币政策调控框架转型的"量变"积累到一定程度后会引起财政乘数的"质变"。这一规律对于各类财政工具均适用,下文不再重复赘述。这一非线性特征的经济机理留待本节第六部分讨论。

2. 政府消费冲击

图 6.6 为政府消费冲击下各内生变量的脉冲响应。政府消费性支出增加提升了当期居民总消费水平,但由于同时挤出了私人消费,总消费的增加幅度与政策强度相比相对较小。为维持政府预算平衡,一方面当期国债余额大幅上升;另一方面其他财政支出项目相应紧缩,投资补贴下降,劳动税和资本收益税税率上升,继而引起当期私人投资、要素价格和劳动供给下降。对要素的"挤出"降低了经济体的总产出。

随着货币政策调控框架从数量型向价格型渐进转向,与分析政府投资时的结论相似,利率传导渠道在逆周期调节中发挥愈加重要的作用。从货币政策视角看,随着货币政策调控框架向价格型转向,要素价格在冲击后偏离稳态幅度逐步缩小,向稳态回复速度加快,表明价格型调控框架更有助于稳定要素市场。更进一步地,要素市场稳定确保了产出和通胀的稳定。从财政政策视

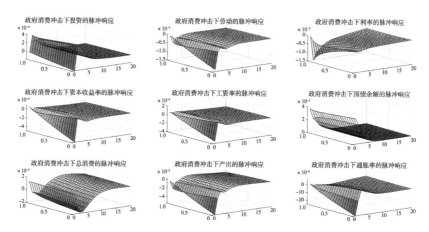

图 6.6　政府消费性支出冲击脉冲响应

角看,总消费的脉冲响应随 γ 的变动并不明显,表明"转型"对政府消费的总消费乘数影响不显著;产出的脉冲响应随 γ 的变动明显改变,表明"转型"显著影响了政府消费的产出乘数。

3. 政府投资补贴冲击

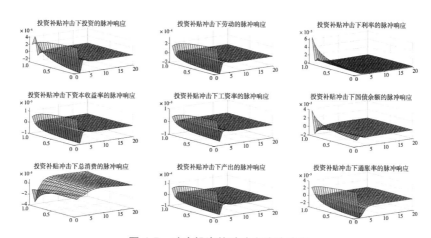

图 6.7　政府投资补贴冲击脉冲响应

图 6.7 为政府投资补贴冲击下各内生变量的脉冲响应。随着投资补贴的增加,当期私人投资上升,从需求侧带动产出上升,继而引致劳动需求量、要素

价格和物价水平的上涨。但高涨的产出和积累的国债余额会促使财政政策全面紧缩,产出、通胀率、要素价格等变量在未来几期经历负向超调后趋于平稳。特别地,价格型货币政策调控框架下私人投资在当期本应有更高的脉冲响应值,但利率的显著正向响应挤出了私人投资。在下一期,利率快速回复稳态,私人投资的正向响应才充分显现出来,同时又挤出了私人消费。这暗示财政工具对私人投资的挤出效应可能在货币政策调控框架向价格型转向的过程中得到强化。

随着货币政策调控框架从数量型向价格型渐进转向,从货币政策视角看,通胀率回复稳态的过程更为平缓,超调现象得到改善,表明价格型货币政策在平抑物价波动中效果更优。从财政政策视角看,伴随 γ 的增加,第 2 期私人投资的脉冲响应值由负转正并显著增大,表明价格型货币政策规则下投资补贴可以更广泛地带动民间资本。

4. 消费税减税冲击

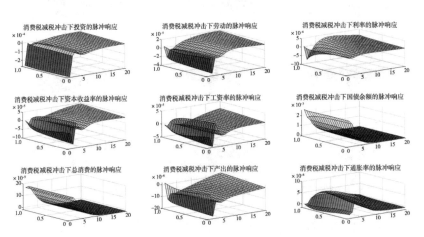

图 6.8 消费税减税冲击脉冲响应

图 6.8 为消费税减税冲击下各内生变量的脉冲响应。政府消费税减税有效促进了私人消费,带动总消费水平提升,但同时挤出了私人投资。总体而言,冲击当期消费提升与投资挤出二者相抵,产出水平与要素价格基本不变。

当期投资被挤出导致下期资本存量下降,引起下期产出下滑;货币政策对产出缺口作出反应,利率随之下降。在未来几期内,消费惯性促使居民消费水平从高位缓慢下降,被挤出的投资则快速回升,居民在预算约束下会对要素索要更高的报酬,引起要素价格的超调进而推高通胀水平。伴随货币政策调控框架渐进转型,利率的响应幅度显著增大。总体而言,政府消费税减税的乘数效应对货币政策调控框架转型并不敏感。

5. 资本收益税减税冲击

图 6.9 为资本收益税减税冲击下各内生变量的脉冲响应。资本来源于以往的投资积累,资本收益税减税实质上等价于放松了居民当期的预算约束,这引起当期消费、投资等普遍增加,带动产出上升。在下一期,各财政工具对国债余额作出反应,引致经济收缩。

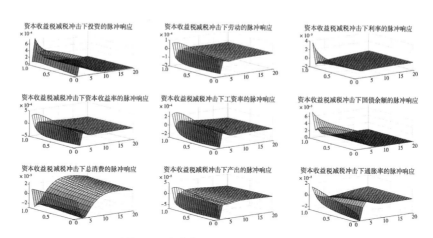

图 6.9 资本收益税减税冲击脉冲响应

随着货币政策调控框架由数量型向价格型渐进转向,要素价格、要素供给和产出均呈倒 U 形变动:伴随转型进程,正向响应幅度先增加,达到拐点后出现下降。原因可能在于,央行对正向产出缺口会作出两种反应,即提升利率和减少货币投放。前者通过价格传导渠道(利率—资本收益率平价和资本收益率—工资率平价)带动要素价格上升,增加投资和劳动供给;后者则进入家庭预算约束方程,通过数量渠道(减少货币余额的逆财富效应)对冲了减税对家庭预算约束的放松效果。以极端情形为例分析,在完全数量型框架下,经由利率渠道推升要素价格的机制不复存在,故要素价格较低,要素供给相应较少;在完全价格型框架下,基于家庭预算约束冲销减税效应的渠道不复存在,家庭预算约束更为宽松(即影子价格较低),居民要求的要素报酬和相应的要素供给也较低。在"转型"过程中要素价格和要素供给都相对较高,由此形成了倒U形形态。[①]

6. 劳动税减税冲击

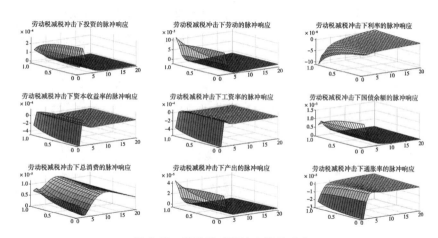

图6.10 劳动税减税冲击脉冲响应

图6.10为劳动税减税冲击下各内生变量的脉冲响应。在冲击当期,利率、要素价格和物价水平下降,投资、劳动供给、国债余额、总消费和产出上升。从原理上看,劳动税减税增加了居民实际获得的劳动报酬,从而增加了劳动要素供给,资本要素供给即投资同步增加,二者共同作用,带动产出水平增长。劳动减税降低了企业的边际成本,带动要素价格和通胀水平下降。受消费惯

---

① 事实上,这一现象对于其他财政工具也同样存在。但其他财政工具会引起居民决策的变动,这一效应作为"矛盾的次要方面"湮没于总效应的"背景辐射"之中。对于资本收益减税,由于资本是由之前的投资所决定、独立于当期决策的前定变量,故资本收益减税未扭曲当期居民决策,这一效应方在"纯净"的背景中得以显现。

性影响,总消费回复稳态较其他变量更慢。

随着货币政策调控框架由数量型向价格型渐进转向,利率的响应幅度显著增大,由此引起跨期消费决策的变动。利率的负向响应会使居民倾向于减少当期消费而转向投资和储蓄,这导致价格型调控框架下当期投资增加,进而影响劳动、产出、通胀等变量。

(二)结构性财政冲击下各内生变量脉冲响应的方差分解

图 6.11 为各内生变量在财政冲击下脉冲响应的方差分解结果。横轴 γ 为混合型货币政策规则中价格型成分的相对权重,纵轴为各财政冲击的方差贡献度。在既定的 0.01 单位标准差冲击下,方差贡献度反映了各种财政工具对目标变量的影响能力。[①]

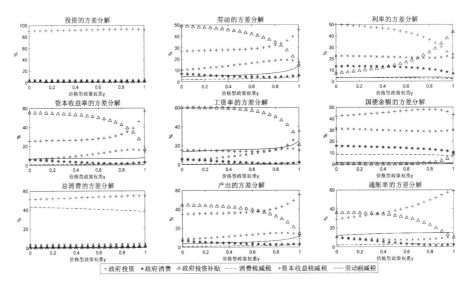

图 6.11 各变量脉冲响应的方差分解

---

① 但需要明确,这种"影响"可能并不是合意的。部分"影响"是诸如挤出效应的负向影响,因而并不能简单地说方差占比比较高的工具就是调控能力强的工具,而需结合前文对冲击响应的分析综合研判。

从预测方差分解结果看,政府投资冲击是影响私人投资(约90%)、总消费(约50%)、劳动供给(约30%)、利率(约40%)、资本收益率(约30%)、工资率(约20%)、产出(约40%)和通胀率(约40%)的重要因素。特别是对私人投资而言,政府投资的挤出效应占绝对主导地位,其他财政工具的影响占比很小。这一结果与我国的现实情况较为契合,政府投资长期以来是我国财政调控工具箱中最为常用且最为有力的工具,在逆周期调节中使用频繁、成效卓著。

政府消费冲击贡献了约15%的国债余额波动方差,约10%的利率波动方差,但对其他内生变量影响很小。由于存在消费惯性,居民会尽可能平滑跨期消费,故政府消费扩张将显著挤出私人消费,而对其他内生变量影响有限。从政策实践上看,纳入政府消费统计口径的一般公共服务、文化体育与传媒、医疗卫生与计划生育、节能环保和城乡社区事务等支出类目通常并不会用于逆周期宏观调控,对经济运行的影响整体而言也相对较小。

投资补贴冲击对要素价格(资本收益率和工资率)的方差贡献约20%—60%,对劳动供给的方差贡献约20%—50%,对利率的方差贡献约10%—40%,对产出和通胀的贡献约20%—40%,对其他变量的贡献相对较小。整体而言,投资补贴对各内生经济变量的影响较为显著。

消费税减税是影响总消费的重要因素,解释了约40%的总消费波动方差,而对其他变量的影响程度相对较小。资本收益税减税贡献了约30%的国债余额波动方差,约20%的利率波动方差,约10%的劳动供给和产出波动方差,对其他变量的影响相对较小。劳动税减税对劳动供给、工资率、产出和通胀率的波动方差贡献度在10%左右,对其他变量的方差贡献程度相对较小。

随着货币政策调控框架由数量型向价格型渐进转向,各变量方差分解结果随之变动,尤以政府投资、投资补贴冲击方差贡献度的变动幅度最大。这一变化同样呈现非线性特征,即在货币政策调控框架转型进程越过0.7的"门限"后,各冲击方差贡献度的变动速度将显著加快。

六、对财政乘数非线性变动机制的讨论

伴随货币政策调控框架的渐进转型,财政冲击下各内生变量的响应即财政乘数表现出非线性的变动路径。由此可提出两个问题:其一,货币政策转型为何会影响财政乘数? 其二,财政乘数的变动为何是非线性的?

图 6.12　货币政策调控框架转型影响财政乘数的机理

本节认为,产生上述现象的机理在于,"转型"影响了财政工具对私人资本的挤出效应强度,而挤出效应强度的变化改变了财政乘数。以政府投资冲击为例,冲击后产出上升,货币政策对正向产出缺口作出反应,以 γ 的比例采用价格型工具进行逆周期调控,提升利率;利率经"利率—资本收益率平价"传导至要素价格,增加企业生产的边际成本;企业在"边际收益=边际成本"的决策标准下减少对要素的需求,进而降低产出。由此,货币反馈渠道减小了财政乘数,且对资本的挤出程度取决于央行运用价格型工具的比例 γ。机理简示于图 6.12。

更深入地,本节以政府投资为例,使用一个局部均衡模型刻画这种机制。需要说明的是,为了获得解析解,该模型较前文 DSGE 模型进行了大幅简化,抽象掉了诸如技术进步(令 $\widehat{A}_t = 0$)、劳动力市场(令 $\widehat{N}_t = 0$)、财政政策的内生反馈、货币投放的财富效应等诸多影响因素。但这一模型仍然可以合理而写意地表现出这种非线性影响机制。

企业生产函数为 $Y_t = A_t\, K_t^{\alpha}\, N_t^{1-\alpha}\, GK_t^{\alpha_{GK}}$ ①,政府资本运动方程为 $GK_t =$

---

① 注意到,此处模型与前文 DSGE 部分的时序设定不同,当期政府支出冲击可以影响到当期的资本存量,进而影响到当期产出。这一调整旨在简化分析,并不改变经济机理。

$(1 - \delta_{GK}) \, GK_{t-1} + GI_t$。给政府投资 GI_t 以正向冲击 ε_{GI}，可知 $\widehat{GK}_t$ 增加 $\delta\varepsilon_{GI}$，$\widehat{Y}_t$ 增加 $\alpha_{GK}\delta\varepsilon_{GI}$。假如不存在货币政策反馈渠道，则政府投资乘数就是 $\alpha_{GK}\delta$。

考虑引入货币政策的情形。货币政策规则简化为 $\widehat{R}_t = \gamma\varphi\,\widehat{Y}_t$，其中 γ 为运用利率工具的比例，φ 为政策参数。当 $\gamma = 0$ 时，利率对产出完全不作反应，等价于数量规则；当 $\gamma = 1$ 时，利率对产出作出完全反应，等价于价格规则。

在政府投资冲击 ε_{GI} 下，产出波动可表示为 $\widehat{Y}_t = \alpha\widehat{K}_t + \alpha_{GK}\delta\varepsilon_{GI}$。政府投资会挤出私人资本 $\widehat{K}_t$，由此降低政策乘数。接下来本节推导这种挤出效应。

将产出表达式代入货币政策规则，得到 $\widehat{R}_t = \gamma\varphi(\alpha\widehat{K}_t + \alpha_{GK}\delta\varepsilon_{GI})$。家庭部门选择资本的一阶条件给出"利率—资本收益率平价" $r_t^k = R_t - 1 + \delta$，选择国债的一阶条件给出稳态关系 $R_{ss} = 1/\beta$，因而可得出居民的资本收益率 $\widehat{r}_t^k = \dfrac{1}{1 - \beta + \beta\delta}\gamma\varphi(\alpha\widehat{K}_t + \alpha_{GK}\delta\varepsilon_{GI})$，亦即企业的资本成本率。

企业的边际收益为 $\widehat{MR}_t^K = (\alpha - 1)\widehat{K}_t + \alpha_{GK}\widehat{GK}_t$，要素需求决策基于"边际成本＝边际收益"，得到资本需求函数 $\widehat{K}_t = [\alpha_{GK}/(1 - \alpha)]\widehat{GK}_t - 1/(1 - \alpha)\widehat{r}_t^k$，即 $\widehat{K}_t = \dfrac{\alpha_{GK}}{1 - \alpha}\widehat{GK}_t - \dfrac{1}{1 - \alpha}\Big[\dfrac{1}{1 - \beta + \beta\delta}\gamma\varphi(\alpha\widehat{K}_t + \alpha_{GK}\delta\varepsilon_{GI})\Big]$。消项化简得到 $\widehat{K}_t = \kappa\,\alpha_{GK}\,\delta\varepsilon_{GI}$，其中 $\kappa = \dfrac{1 - \beta + \beta\delta - \gamma\varphi}{(1 - \alpha)(1 - \beta + \beta\delta) + \gamma\varphi\alpha}$。系数 $\kappa\alpha_{GK}\delta$ 反映了政府投资对私人资本的挤出效应强度。分析 κ 可知，货币政策对产出缺口的反应越强烈（φ 越大）、价格型工具占比越高（γ 越大），挤出效应越强。这与李永友和周达军（2007）、简志宏等（2011）的结论一致。

将由政府投资冲击表出的资本代入生产函数，得到财政乘数表达式 $\widehat{Y}_t = (\alpha\kappa + 1)\alpha_{GK}\delta\varepsilon_{GI}$。可见，一单位政府投资冲击会带来产出 $(\alpha\kappa + 1)\alpha_{GK}\delta$ 倍的增长。与没有货币政策反馈渠道的情形相比，多出的 $\alpha\kappa\alpha_{GK}\delta$ 部分反映了政府投资挤出私人资本对产出乘数的影响。分析 κ 的构成可知，这是一个关于价格型工具占比 γ 和货币政策参数 φ 的方程，这从理论上说明了货币政策会影响财政乘数。

进一步分析还可揭示两点。其一，$\kappa = \dfrac{1 - \beta + \beta\delta - \gamma\varphi}{(1 - \alpha)(1 - \beta + \beta\delta) + \gamma\varphi\alpha}$ 是一个关于价格型工具占比 γ 的非线性方程,这表明财政乘数随"转型"而非线性变动的特征是内生于经济体本身的,这种非线性动态并不会因为参数选取或研究范式的改变而消失。其二,货币调控框架转型实际上导致了政府投资对私人资本从"挤入"到"挤出"的质变:在数量型工具占主导地位 ($0 \leqslant \gamma < [1 - \beta(1 - \delta)]/\varphi$) 时,政府投资对私人资本和产出表现为挤入效应;当价格型工具比重足够大 ($[1 - \beta(1 - \delta)]/\varphi < \gamma \leqslant 1$) 时,表现为挤出效应。伴随渐进"转型"进程,挤入效应逐渐减小至 0,继而反向表现为挤出效应并逐步增大。

七、政策评价标准、最优工具选择与政策建议

甄选更优政策工具,首先需要明确评价标准。本节认为,评价结构性财政工具的调控效果,不宜简单套用 DSGE 框架下惯用的二次型福利损失分析。一方面,财政政策不是稳定性政策。财政工具的运用服务于既定(外生)的政策目标,并非被动地平抑产出、通胀或债务波动[①]。为达到既定政策目标,政府相机抉择主动行事,允许经济出现一定的波动,两个最为典型的案例是"战时经济"与"赶超战略"。特别地,政府在经济下行期以财政工具稳定经济,此时财政工具亦不是被动地按某种财政规则对产出下滑作出反应,而是将"提振产出"作为政策目标并主动行事,以正向财政冲击对冲负向需求冲击,这与"稳定器"型的政策存在根本区别。另一方面,财政政策是多工具、多目标政策,新时代下财政调控目标日益多元化,愈加关注人民生活、产业结构等深层次、结构性问题,因而不宜宏观笼统地将政策评价标准局限于福利函数中的少

[①] 需要说明的是,在 DSGE 模型中引入财政规则,旨在刻画财政工具的内生性,即在调控中兼顾宏观经济因素。这是在 DSGE 中引入财政工具的惯常做法,并不表示财政工具目标是盯住产出和债务。

数几项维度,更不能因某些政策目标难以量化就在福利分析中有意忽略。

本节认为,对财政工具的评价应更多关注于"财政乘数"的大小,即在相同的政策成本下,何种工具可以更高效地实现既定政策意图。更具体而言,这一评价标准包含三方面内涵:第一,对比应基于相同的政策强度或政策成本,关注于政策的效率而非总量上的强弱;第二,对工具的评价应针对特定的政策意图,脱离具体调控目标而谈论结构性财政工具的有效性是无意义的;第三,在货币政策调控框架渐进转型的背景下,还要将货币政策对财政政策作用效果的影响纳入考虑。

习近平总书记在党的十九大报告中提出,中国特色社会主义进入了新时代,社会主要矛盾已经转化为人民日益增长的美好生活需要和不平衡不充分的发展之间的矛盾。基于前文脉冲响应和方差分解结果研判,宜以消费税减税增进居民消费,以改善民生福祉、满足人民群众日益增长的对美好生活的向往;拿捏政府投资的规模和力度,避免对居民效用造成挤出。党的十九大报告提出要提高人民收入水平,"坚持按劳分配原则,完善按要素分配的体制机制……坚持在经济增长的同时实现居民收入同步增长、在劳动生产率提高的同时实现劳动报酬同步提高。拓宽居民劳动收入和财产性收入渠道"。为此,一方面应深入推进工资税和资本收益税减税,从居民支出侧"节流";另一方面应通过投资补贴促进社会财富创造,从收入侧"开源"。党的十九大报告要求"毫不动摇鼓励、支持、引导非公有制经济发展,使市场在资源配置中起决定性作用"。这要求政府以投资补贴激发民间资本活力,支持非公有制经济发展,凝聚经济发展最大合力;同时审慎把握政府投资的力与度,避免对民间资本的挤出和对资源配置的扭曲。伴随货币政策调控框架由以数量型为主向以价格型为主转型,政府投资对民间资本的挤出效应会进一步增强,财政部门运用政府投资工具需更加谨慎。

依据研究结论,本节提出以下政策建议:

第一,对财政工具的运用应更加重视结构性减税和投资补贴,特别注重以消费税减税改善民生福祉、增强消费对经济发展的基础性作用;以投资补贴激发经济活力,推动经济发展质量变革、效率变革、动力变革。

第二,要不断完善宏观调控体系,构建高效协调的宏观调控框架。货币政策调控框架由数量型向价格型渐进转向会显著影响财政工具的调控效果,且这一影响具有非线性特征:在"转型"达到一定程度后,财政调控效果随"转型"的变动速度会显著加快。这要求财政部门密切关注货币政策动向、调控框架转型及利率市场化改革进程,以保证调控力度恰当、干预效果合意。

第三,加快建立规范透明、标准科学、约束有力的预算制度,努力拓展政策空间。财政政策空间有限,全面扩张的财政政策不可持续。当期财政赤字势必诱发未来的财政紧缩,这会导致财政政策的反复和经济波动的扩大。近年来中国政府债务规模持续攀升,"赤字红利"不断减弱,财政调控受到掣肘。对此,一方面应在财政工具的选择上有增有减,在施行结构性减税的同时控制财政支出规模,积极稳妥、审慎规范地推进 PPP 等社会资本运用模式,为宏观调控争取政策空间;另一方面还需要完善财政政策与宏观审慎政策之间的协调机制,防范化解政府债务特别是地方债中潜藏的重大风险。

第四,政府投资仍然是调控经济运行的最重要手段之一,财政工具的调整不能矫枉过正。须正确看待政府投资在优化供给结构、转换增长动力中的重要意义,其作用不可偏废。

第三节　异质性冲击、双支柱政策协调与最优政策规则选择

一、研究背景

2008 年国际金融危机冲击了全球经济并造成了巨大的影响,使监管当局和学术界认识到需要更加关注系统性金融风险。因此,旨在防范风险实现金

融体系稳定的宏观审慎政策的地位迅速上升。危机后,我国对系统性金融风险防范进行了大量探索,对宏观审慎政策进行了积极实践。近年来,我国经济发展进入新阶段,经济波动的驱动因素更加复杂,包括产能过剩、产业结构失衡、外部需求增速放缓等众多因素。另外,金融市场对经济的影响日益提升,金融杠杆率高企、房地产风险凸显等因素都对经济运行产生了重要影响。如何有效应对来自不同领域的外生冲击实现经济平稳健康发展是双支柱政策调控的主要内容。在此背景下,本节研究不同冲击下双支柱政策的协调效果问题,主要包含两个方面的内容:一是宏观审慎政策与货币政策搭配的有效性;二是不同类型的宏观审慎政策工具与货币政策搭配的效果差异,并寻找不同冲击下最优的双支柱政策搭配规则。

加强双支柱政策的协调已经成为政策机构和学术界的共识,但是现有关于不同类型的宏观审慎政策工具与货币政策协调效果的对比研究不够丰富。基于此,本节拟构建一个包含信贷供给摩擦的 DSGE 模型,在模型中设置来自供给侧的生产技术冲击和银行资本冲击以及来自需求侧的住房需求冲击和货币政策冲击,运用脉冲响应函数和社会福利损失分析两种方式,分析以贷款价值比为工具的信贷类宏观审慎政策和以逆周期资本要求为工具的资本类宏观审慎政策与货币政策协调的有效性,进而比较不同冲击下两种类型宏观审慎政策与货币政策协调效果的差异,以探究不同冲击下双支柱政策的最优搭配规则,为完善和健全双支柱政策调控框架提供有益参考。

二、文献综述

国际金融危机后,宏观审慎政策与货币政策协调问题成为新的研究热点,产生了一批高质量研究成果。这些成果旨在解决两大问题:一是为什么进行政策协调,即必要性问题;二是政策协调结果如何,即协调效果问题。

在货币政策与宏观审慎政策协调必要性问题上,由于两种政策都具有逆周期调节的特征,在政策方向上往往呈现出一致性的特点,故大多数学者赞成两种政策进行协调使用（Borio 和 Drehmann，2009；Angelini 等，2011；Medina 和 Roldós，2014；Silvo，2018；Martinez-Miera 和 Repullo，2019）。实践表明，仅使用货币政策维持金融稳定存在不足，货币政策本身也可能是导致金融不稳定的因素，而宏观审慎政策以金融稳定为目标，在抑制金融风险方面比货币政策更有优势。因此，大多数学者支持货币政策与宏观审慎政策协调搭配应对经济稳定和金融稳定问题，且认为两种政策在协调配合方式上应当分别盯住各自目标，以降低政策负担（马勇，2013；程方楠和孟卫东，2017；Kim 和 Mehrotra，2017）。

在双支柱政策的协调效果方面，学者们普遍认为引入宏观审慎政策并加强货币政策与宏观审慎政策之间的协调有利于实现经济和金融稳定（Unsal，2011；Quint 和 Rabanal，2014；王爱俭和王璟怡，2014；郭子睿和张明，2017）。进一步地，有学者指出不同冲击下双支柱政策的协调效果存在差异。王国静和田国强（2014）指出，在金融冲击下，宏观审慎政策在抑制信贷波动方面效果显著，与货币政策组合能够实现金融稳定。徐海霞和吕守军（2019）研究了不同冲击下贷款价值比工具与货币政策的调控效果，发现在需求冲击下，两种政策是相互促进的；但是在供给冲击下，由于两种政策调控目标存在冲突，协调效果有所减弱。也有学者对不同冲击下宏观调控规则的最优选择进行研究。郭娜和周扬（2019）考察了货币政策和宏观审慎政策两种政策在应对外生冲击时的调控效果，得出的结论是：宏观审慎政策与盯住房价的多目标货币政策应对来自房地产市场的外生冲击时效果最好；在技术冲击下，实施简单的货币政策规则和宏观审慎政策有利于抑制资产价格波动和宏观经济波动。邓翔和何瑞宏（2021）考察了逆周期资本充足率工具与货币政策的搭配效果，研究表明，金融风险程度不同需要不同的调控政策，轻度金融风险下仅依靠传统货币政策便可有效应对；重度金融风险下宏观审慎政策与扩展型货币政策搭配效果最佳。

分析现有文献可发现，学术界虽然在有关宏观审慎政策与货币政策协调配合必要性问题上意见较为统一，但是大多数关于两种政策协调效果的研究仅研究了一种或同类型的宏观审慎政策工具与货币政策的协调效果，对不同种类的宏观审慎政策工具与货币政策在应对冲击时调控效果的比较研究不够丰富。有鉴于此,本节基于宏观审慎政策工具作用机制的不同,选用资本类政策工具(以逆周期资本要求为代表)和信贷类政策工具(以贷款价值比(LTV)为代表),分别与货币政策进行协调配合,比较不同类型宏观审慎政策工具与货币政策的协调效果,最终得到异质性冲击下宏观审慎政策与货币政策的最优协调搭配规则。考虑到当前我国银行主导型金融体系特点,本节在构建DSGE模型时着重刻画了商业银行的市场垄断力量,并细化了存贷款需求,以使模型更加贴近现实。

三、基本模型构建

本节为了研究异质性冲击下双支柱政策的协调效果构建了含有六个部门的DSGE模型,具体是家庭部门、资本品生产商、最终品生产商、企业家、商业银行和宏观政策当局,模型中各经济主体的关系如图6.13所示。其中,家庭的工资收入来源于企业家,向企业家供给劳动,同时进行消费、房屋购买和储蓄(或借贷)决策,目标是实现效用最大化;商业银行由批发部门和零售部门组成,处于核心地位,批发部门管理资产负债表与资本头寸,零售部门设定存贷款利率;企业家从资本品生产者购买原始资本,雇佣劳动力进而生产同质化的中间产品;最终品生产商将中间产品进行无成本差异化,生产最终品;货币政策当局制定货币政策,宏观审慎当局制定宏观审慎政策。

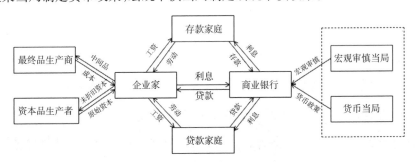

图6.13　DSGE 模型的基本结构

（一）代表性家庭

将代表性家庭细分为存款家庭（P）和贷款家庭（I），不同家庭类型的重要区别在于对未来消费与当期消费的重视度不同，一般来说存款家庭的折现因子（β_P）大于贷款家庭的折现因子（β_I），即 $\beta_P > \beta_I$。贷款家庭受到贷款约束的限制。

1. 存款家庭

存款家庭 i 的目标是终生期望效用最大化，其一生的效用函数为：

$$E_0 \sum_{t=0}^{\infty} \beta_p^t \left[(1-a^P) \log(c_t^P(i) - a^P c_{t-1}^P(i)) + \varepsilon_t^h \log h_t^P(i) - \frac{l_t^P(i)^{1+\varphi}}{1+\varphi} \right]$$

$$(6.28)$$

式（6.28）中消费习惯形成设定为"外部习惯形成"，即来自消费的效用不是依赖于当期消费与上期消费的对比，而是与滞后总消费水平的对比。式（6.28）中，下标 t 均表示 t 时期；a^P 为消费的外部习惯形成程度；c_t^P、h_t^P、l_t^P 分别为存款家庭的消费、房屋存量和劳动时间；φ 表示劳动供给弹性的倒数，即工资每增加1%，劳动供给将增加 $1/\varphi$；ε_t^h 表示住房需求冲击且遵循平稳的 AR(1) 分布。

存款家庭 i 的预算约束为：

$$c_t^P(i) + q_t^h(h_t^P(i) - (1-\delta_h)h_{t-1}^P(i)) + d_t^P(i) \leq w_t l_t^P(i) + \frac{(1+r_{t-1}^d)d_{t-1}^P(i)}{\pi_t} + J_t^R(i)$$

$$(6.29)$$

式（6.29）中，q_t^h 表示房屋商品的单位价格，d_t^P 为实际存款额，w_t 为实际工资率，r_t^d 为净名义存款利率，$\pi_t = P_t/P_{t-1}$ 为通货膨胀率。假设存款家庭是企业的唯一拥有者，J_t^R 为垄断竞争的最终品生产企业的分红。

存款家庭在预算约束条件式（6.29）下实现效用最大化，以此来确定 c_t^P、l_t^P、d_t^P 和 h_t^P。

2.贷款家庭

贷款家庭的目标也是终生效用最大化,与存款家庭的主要区别是贷款家庭会因贷款而受到信贷约束。其效用函数为:

$$E_0 \sum_{t=0}^{\infty} \beta_t^I \left[(1 - a^I) \log(c_t^I(i) - a^I c_{t-1}^I(i)) + \varepsilon_t^h \log h_t^I(i) - \frac{l_t^I(i)^{1+\varphi}}{1 + \varphi} \right]$$

(6.30)

贷款家庭 i 面临的预算约束如下:

$$c_t^I(i) + q_t^h(h_t^I(i) - (1 - \delta_h) h_{t-1}^I(i)) + \frac{(1 + r_{t-1}^{bH}) b_{t-1}^I(i)}{\pi_t} \leqslant w_t l_t^I(i) + b_t^I(i)$$

(6.31)

贷款家庭支出有三项:当期消费、住房资产积累和归还上期总借款。工资收入、实际借款是贷款家庭的资源。其中 r_{t-1}^{bH} 表示净名义借款利率。

贷款家庭 i 的房屋总价值为 $E_t q_{t+1}^h h_t^I(i)(1 - \delta_h)$,贷款家庭以住房资产进行抵押获得贷款,其可获得的贷款数量与住房存量的预期价值有关,银行贷款的本息和不得高于住房存量的预期价值。具体地,抵押品借贷约束方程如下:

$$(1 + r_{t-1}^{bH}) b_t^I(i) \leqslant m_t^I E_t(q_{t+1}^h h_t^I(i)(1 - \delta_h) \pi_{t+1})$$

(6.32)

其中, m_t^I 表示贷款家庭的贷款价值比。贷款家庭在预算约束式(6.31)和借贷约束式(6.32)下实现终生效用式(6.30)最大化。

(二)企业部门

1.企业家

企业家 i 通过选择消费 c_t^E、物质资本 k_t^E、向银行借款数量 b_t^E、资本利用率 u_t 和劳动投入 l_t 来实现最大化效用,其效用函数为:

$$E_0 \sum_{t=0}^{\infty} \beta_E^t \left[(1 - a^E) \log(c_t^E(i) - a^E c_{t-1}^E(i)) \right]$$

(6.33)

企业家 i 的预算约束体现为:

$$c_t^E(i) + w_t l_t(i) + \frac{(1 + r_{t-1}^{bE}) b_{t-1}^E(i)}{\pi_t} + q_t^k(k_t^E(i) - (1 - \delta_k) k_t^E(i)) +$$

$$\psi(u_t(i)) k_{t-1}^E(i) \leqslant \frac{y_t^E(i)}{X_t} + b_t^E(i) \tag{6.34}$$

其中，q_t^k 表示资本品的实际价格，r_{t-1}^{bE} 表示企业家净借款利率，$1/x_t = p_t^w/p_t$ 表示中间产品的相对价格，X_t 为成本加成，δ_κ、u_t 分别表示资本的折旧率和利用效率，$\psi(u_t(i)) k_{t-1}^E$ 表示设定资本利用率的实际成本，$\psi(u_t) = \chi_1(u_t - 1) + \frac{\chi_2}{2}(u_t - 1)^2$，$\chi_1 > 0, \chi_2 > 0$。

企业家生产无差别的中间品，其生产技术用具体生产函数表示为：

$$y_t^E(i) = \alpha_t^E [u_t(i) k_{t-1}^E(i)]^\alpha [l_t(i)]^{1-\alpha} \tag{6.35}$$

其中，α 为资本收入占总收入的比重；α_t^E 代表生产技术，面临着技术冲击；l_t 代表着企业对劳动要素的投入。此处假定劳动需求为两种家庭提供的劳动供给之和，即 $l_t = l_t^P + l_t^I$。

企业家同贷款家庭一样，受到抵押品借贷约束，企业家提供给银行的抵押品是其持有的资本，企业家可获得的银行贷款的本息和不得高于持有资本的预期价值。企业家 i 面临的抵押品约束如下：

$$(1 + r_t^{bE}) b_t^E(i) \leqslant m^E E_t(q_{t+1}^k k_t^E(i) (1 - \delta_k) \pi_{t+1}) \tag{6.36}$$

其中，m^E 表示企业家的贷款价值比，本节假定其为外生参数，不引入针对企业家的宏观审慎政策工具。

2. 资本品生产商

参考肖立伟（2018），资本品生产商购买企业家手中的上期未折旧资本 $(1 - \delta_k) k_{t-1}$，购买价为 q_t^k；并利用最终产品进行投资，投资量为 i_t，进而生产当前的资本 k_t，再以价格 q_t^k 出售给企业家。假设资本品生产商进行投资时面临二阶调整成本 $\frac{k_i}{2}(\frac{i_t}{i_{t-1}} - 1)^2 i_t$，其目标函数如下：

$$\max_{\{i_t\}} E_0 \sum_{t=0}^{\infty} \Lambda_{0,t}^E E_0 \{ q_t^k [k_t - (1 - \delta_k) k_{t-1}] - i_t \} \tag{6.37}$$

且约束条件为：$k_t = (1 - \delta_k) k_{t-1} + [1 - \dfrac{k_i}{2} (\dfrac{i_t}{i_{t-1}} - 1)^2] i_t$。

3. 最终品生产商

借鉴 Bernanke 等(1998)的设定,假设最终品市场是垄断竞争的。最终品生产商以 p_t^w 的价格从企业家处购买中间产品 $y_t^E(i)$,将其无成本地转化为 $y_t^E(j)$ 并以 $p_t(j)$ 的价格出售。价格黏性是过去通胀和稳态通胀的指数组合,相对权重为 l_p。另外,最终品生产商改变价格还会面临二次调整成本。其最大化问题如下:

$$E_0 \sum_{t=0}^{\infty} \Lambda_{0,t}^E [(P_t(j) - p_t^W) y_t(j) - \frac{\kappa_p}{2} (\frac{P_t(j)}{P_{t-1}(j)} - \pi_{t-1}^{l_p} \pi^{1-l_p})^2 P_t y_t] \tag{6.38}$$

其中,κ_p 表示价格调整的程度。约束条件为:

$$y_t(j) = \left(\frac{P_t(j)^{-\varepsilon_t^y}}{P_t} y_t \right) \tag{6.39}$$

式(6.39)中,ε_t^y 代表最终产品生产商的需求价格弹性。在约束条件式(6.39)下求解最终品生产商的利润最大化问题,可得:

$$\varepsilon_t^y - \frac{\varepsilon_t^y}{x_t} + \kappa_p (\pi_t - \pi_{t-1}^{l_p} \pi^{1-l_p}) \pi_t - \beta_p E_t \left[\frac{\lambda_{t+1}^p}{\lambda_t^p} \kappa_p (\pi_t - \pi_{t-1}^{l_p} \pi^{1-l_p}) \pi_{t+1}^2 \frac{y_{t+1}}{y_t} \right] = 1$$

最终品生产商的利润为:

$$J_t^R = y_t \left[\left(1 - \frac{1}{x_t} \right) - \frac{\kappa_p}{2} (\pi_t - \pi_{t-1}^{l_p} \pi^{1-l_p})^2 \right]$$

(三)银行部门

1. 存款和贷款需求

银行部门的引入更符合存贷款利率差异情况,与实际经济情况更贴切(Gertler 和 Karadi,2011)。本节在零售贷款和存款市场采用 Dixit-Stiglitz 框架对银行业的市场力量进行建模。存款家庭与银行的存款合约、贷款家庭和企业家与银行的贷款合约是来自银行的一篮子差异化金融产品的组合,银行存贷款利率的主要决定因素是利率弹性,包括存款家庭替代弹性 ε^d、贷款家庭替代弹性 ε^{bH} 和企业家贷款替代弹性 ε^{bE}。

假设每个银行 $j \in [0,1]$,存款家庭 i 最大化存款收益为:

$$\max \int_0^1 r_t^d(j) \, d_t^p(i,j) \, \mathrm{d}j \tag{6.40}$$

约束条件是:$[\int_0^1 d_t^p(i,j)^{\frac{\varepsilon^d-1}{\varepsilon^d}} \mathrm{d}j]^{\frac{\varepsilon^d}{\varepsilon^d-1}} \leq d_t^p(i)$。结合一阶条件,并加总存款家庭在银行的存款需求,可得:

$$d_t^p(j) = (\frac{r_t^d(j)}{r_t^d})^{-\varepsilon^d} d_t^p \tag{6.41}$$

其中,存款家庭的存款利率指数为:$r_t^d = [\int_0^1 r_t^d(j)^{1-\varepsilon^d} \mathrm{d}j]^{\frac{1}{\varepsilon^d-1}}$。

贷款家庭 i 最小化偿还贷款是:

$$\min \int_0^1 r_t^{bH}(j) \, b_t^I(i,j) \mathrm{d}j \tag{6.42}$$

约束条件为:$[\int_0^1 b_t^I(i,j)^{\frac{\varepsilon^{bH}-1}{\varepsilon^{bH}}} \mathrm{d}j]^{\frac{\varepsilon^{bH}-1}{\varepsilon^{bH}}} \geq b_t^I(i)$。结合一阶条件,并加总贷款家庭在银行的贷款需求,可得:

$$b_t^I(j) = (\frac{r_t^{bH}(j)}{r_t^{bH}})^{-\varepsilon^{bH}} b_t^I \tag{6.43}$$

其中,贷款家庭的贷款利率指数为:$r_t^{bH} = [\int_0^1 r_t^{bH}(j)^{1-\varepsilon^{bH}} \mathrm{d}j]^{\frac{1}{\varepsilon^{bH}-1}}$。

同贷款家庭一样,可以类似地得到企业家在银行的贷款需求:

$$b_t^E(j) = (\frac{r_t^{bE}(j)}{r_t^{bE}})^{-\varepsilon^{bE}} b_t^E \tag{6.44}$$

其中,企业家的贷款利率指数为:$r_t^{bE} = [\int_0^1 r_t^{bE}(j)^{1-\varepsilon^{bE}} \mathrm{d}j]^{\frac{1}{\varepsilon^{bE}-1}}$。

2. 银行

由于银行内部各部门的职责不同,本节假设每个银行都是由批发部门、零售存款部门和零售贷款部门组成。其中,批发部门管理资本头寸资产负债表;零售存款部门负责吸收存款家庭的存款;零售贷款部门负责为贷款家庭和企业家提供贷款。零售部门处于垄断竞争市场,对存款利率、贷款利率具有一定的定价能力,同时要考虑到调整成本的影响。

批发部门在完全竞争市场上运作。银行资本 (K_t^b) 和批发存款 (D_t) 构成了批发银行的负债方,资产方包含批发贷款 (B_t)。其中,批发贷款 (B_t) 为贷款家庭的贷款 (B_t^H) 和企业家的贷款 (B_t^E) 之和。批发银行满足以下恒等式:

$$B_t = K_t^b + D_t \tag{6.45}$$

Gerali 等(2010)设定银行维持资本资产比率(杠杆率的倒数)接近于金融监管当局设定的外生逆周期资本要求 V^b,同时引入采用二次调整成本函数 $\frac{\kappa_{kb}}{2}(\frac{K_t^b}{B_t} - v^b)^2 K_t^b$,当银行改变资本资产比率时,会产生额外成本。本节在 Gerali 等(2010)基础上引入动态逆周期资本要求 v_t^b,目的是对逆周期资本要求工具进行研究。

本节参考股票市场较少分红的现实情况,假设银行的利润全部用来积累留存收益并转化为银行资本。同时假设银行只能通过累积留存收益增加资本,则银行的资本积累方程为:

$$\pi_t K_t^b = (1 - \delta_b)\frac{K_{t-1}^b}{\varepsilon_t^K} + j_{t-1}^b \tag{6.46}$$

其中,δ_b 表示银行资本折旧率;ε_t^K 为对银行资本的金融冲击,当经济受到正向的金融冲击时,商业银行的资本会减少;j_{t-1}^b 为银行的上期利润。

批发银行通过调整存款数量和贷款数量使实际现金流的贴现和达到最大,其目标方程如下:

$$\max_{\{B_t, D_t\}} E_0 \sum_{t=0}^{\infty} \Lambda_{0,t}^P \big[(1 + R_t^b) B_t - \pi_{t+1} B_{t+1} + \pi_{t+1} D_{t+1} - (1 + R_t^d) D_t$$

$$+ (\pi_{t+1} K_{t+1}^b - K_t^b) - \frac{\kappa_{kb}}{2} \big(\frac{K_t^b}{B_t} - v_t^b \big)^2 K_t^b \big] \tag{6.47}$$

约束条件为 $B_t = K_t^b + D_t$。其中，R_t^b、R_t^d 分别表示净批发贷款利率和净批发存款利率。

假设中央银行以政策利率 (r_t) 向商业银行提供资金，且可获得的资金数量是无限的。为了防止套利，批发存款利率应与政策利率相等，即 $R_t^d = r_t$。

银行 j 零售存款部门的存款来源于存款家庭部门，将获得的存款资金以利率 r_t 提供给批发部门。由于假设零售存款部门处于垄断竞争市场，具有改变存款利率的能力，本节以改变存款利率会受到二次调整成本惩罚的方式引入粘性利率。零售存款部门的最大化问题为：

$$\max_{\{r_t^d(j)\}} E_0 \sum_{t=0}^{\infty} \Lambda_{0,t}^P \big[r_t D_t(j) - r_t^d(j) d_t^p(j) - \frac{\kappa_d}{2} \big(\frac{r_t^d(j)}{r_{t-1}^d(j)} - 1 \big)^2 r_t^d d_t^p \big]$$

$$\tag{6.48}$$

约束条件为：$D_t(j) = d_t^p(j) = \big(\frac{r_t^d(j)}{r_t^d} \big)^{-\varepsilon^d} d_t^p$。因此，可以求出零售存款部门的存款利率。

银行 j 零售贷款部门的贷款资金来源于批发部门，将从批发部门获得的批发贷款实施无成本差异化，使用不同的贷款利率加成确定贷款家庭的贷款利率和企业家的贷款利率。另外，与零售存款利率存在粘性相似，零售贷款部门改变贷款利率也会受到二次调整成本的惩罚。零售贷款部门的最大化问题为：

$$\max_{\{r_t^{bH}(j), r_t^{bE}(j)\}} E_0 \sum_{t=0}^{\infty} \Lambda_{0,t}^P \big[r_t^{bH}(j) b_t^I(j) + r_t^{bE}(j) b_t^E(j) - R_t^b B_t(j)$$

$$- \frac{\kappa_{bH}}{2} \big(\frac{r_t^{bH}(j)}{r_{t-1}^{bH}(j)} - 1 \big)^2 r_t^{bH} b_t^I - \frac{\kappa_{bE}}{2} \big(\frac{r_t^{bE}(j)}{r_{t-1}^{bE}(j)} - 1 \big)^2 r_t^{bE} b_t^E \big] \tag{6.49}$$

约束条件是：$B_t(j) = b_t(j) = b_t^I(j) + b_t^E(j)$。因此，可以求出零售贷款部门对

家庭和企业家的贷款利率。

由于银行由批发部门和零售存贷款部门组成,银行的利润则是这三个部门净收益的总和:

$$j_t^b = r_t^{bH} b_t^I + r_t^{bE} b_t^E - r_t^d d_t^p - \frac{\kappa_{kb}}{2}(\frac{K_t^b}{B_t} - v_t^b)^2 K_t^b - \frac{\kappa_d}{2}(\frac{r_t^d(j)}{r_{t-1}^d(j)} - 1)^2 r_t^d d_t^p$$

$$- \frac{\kappa_{bH}}{2}(\frac{r_t^{bH}(j)}{r_{t-1}^{bH}(j)} - 1)^2 r_t^{bH} b_t^I - \frac{\kappa_{bH}}{2}(\frac{r_t^{bE}(j)}{r_{t-1}^{bE}(j)} - 1)^2 r_t^{bE} b_t^E \qquad (6.50)$$

(四)宏观政策当局

1.货币政策当局

Zhang(2009)研究表明利率规则更符合中国国情,本节选用价格型货币政策工具——利率进行调控,政策利率的设定遵循泰勒规则,政策利率的具体表达式如下:

$$1 + r_t = (1 + \bar{r})^{1-\rho_r}(1 + r_{t-1})^{\rho_r}[(\frac{\pi_t}{\bar{\pi}})^{\chi_\pi}(\frac{Y}{\bar{Y}})^{\chi_Y}]\varepsilon_t^r \qquad (6.51)$$

其中,ρ_r 和 $\bar{r}$ 分别为政策利率调整的惰性和稳态值;χ_π、χ_Y 分别代表政策利率对通货膨胀、产出的反应系数;$\varepsilon_t^r \sim N(0, \sigma_r^2)$ 是货币冲击。

2.宏观审慎政策当局

由于金融稳定涵盖范围广,衡量难度大,大多数学者普遍认为实现金融稳定目标的具体表现是限制风险和发生系统性危机的成本。为实现可操作性,学者们以影响金融稳定的因素为起点讨论金融稳定的操作目标。借鉴货币政策目标体系,具体的操作目标应具备的条件有:一是与最终目标直接关联;二是易观测和可控制。由于信贷、房价等宏观经济变量易观测和控制,且与金融稳定目标直接相关,因此方意(2016)将信贷和房价当作宏观审慎政策具体操作目标,而陈雨露和马勇(2012)、Kim 和 Mchratra(2017)将信贷与 GDP 比率当作宏观审慎政策具体操作目标。

　　为了便于对货币政策与宏观审慎政策的协调进行分析,本节构建的DSGE 模型将宏观审慎政策当局视为独立于货币政策当局的独立部门,并且选择贷款价值比工具和逆周期资本要求工具分别作为信贷类和资本类宏观审慎政策工具。宏观审慎政策部门控制贷款价值比上限,贷款价值比上限设定越高,意味着抵押品价值增加,此时借贷约束放松,借贷规模会因此扩大。也就是说,宏观审慎政策部门通过控制贷款价值比上限可以调节经济中的信贷总量,信贷市场环境随着贷款价值比上限监管要求的调整而改变。逆周期资本要求工具的监管对象主要是商业银行,商业银行面临内生的资本资产比(K_t^b/B_t)的监管要求。当商业银行的资本资产比过低时,宏观审慎政策部门会提高资本监管要求,减少社会信贷总量,提高商业银行的资本资产比,进而提高信贷市场的稳定性,实现逆周期管理。

　　通过上述分析本节设置逆周期资本要求工具主要对信贷产出比作出反应。贷款价值比(LTV)是对房地产借贷市场进行监督管理的工具,参考徐海霞和吕守军(2019),宏观审慎政策当局目标贷款价值比(LTV)的设定遵循仅关注房价的简单规则。宏观审慎政策当局设置逆周期资本要求和贷款价值比的具体表达式如下:

$$v_t^b = \bar{v}^{b(1-\rho_v)} \; v_{t-1}^b{}^{\rho_v} \left(\frac{B_t}{Y_t} \Big/ \frac{\bar{B}}{\bar{Y}}\right)^{(1-\rho_v)\chi_b} \tag{6.52}$$

$$m_t^l = \bar{m}^{l(1-\rho_m)} \; m_{t-1}^l{}^{\rho_m} \left(\frac{p_t^h}{\bar{p}^h}\right)^{(1-\rho_m)\chi_p} \tag{6.53}$$

　　其中,$\bar{v}^b$、$\bar{m}^l$ 分别表示资本要求工具和贷款价值比工具的稳态值;ρ_v、ρ_m 表示政策工具的惰性;χ_b 代表信贷产出比偏离稳态时资本要求的反应系数;χ_p 代表房价偏离稳态时贷款价值比的反应系数。

　　(五)加总与均衡

　　政策规则中产出的定义为:

$$y_t = c_t + k_t - (1 - \delta_k) k_{t-1} \tag{6.54}$$

其中,总消费 $c_t = c_t^P + c_t^I + c_t^E$,总的物质资本存量 $k_t = k_t^E$。

假设房地产供应量外生给定为 $\bar{h}$,因此房地产市场的均衡方程为 $h_t^p +$ $h_t^I = \bar{h}$。市场出清时,$B_t = b_t^I + b_t^E$,$D_t = d_t^p$。

综上所述,本节构建的 DSGE 模型中包含四类冲击:住房需求冲击(ε_t^h)、生产技术冲击(a_t^E)、银行资本冲击(ε_t^{kb})和货币政策冲击(ε_t^r)。前三种冲击为 AR(1)过程,ε_t^r 为白噪声冲击,具体表达式如下:

$$\ln \varepsilon_t^h = (1 - \rho_h) \ln \varepsilon^h + \rho_h \ln \varepsilon_{t-1}^h + \varepsilon_t^h, \varepsilon_t^h \sim N(0, \sigma_h^2) \tag{6.55}$$

$$\ln a_t^E = \rho_a \ln a_{t-1}^E + \varepsilon_t^a, \varepsilon_t^a \sim N(0, \sigma_a^2) \tag{6.56}$$

$$\ln \varepsilon_t^{kb} = \rho_{kb} \ln \varepsilon_{t-1}^{kb} + \varepsilon_t^{kb}, \varepsilon_t^{kb} \sim N(0, \sigma_{kb}^2) \tag{6.57}$$

其中,ρ_h、ρ_a 和 ρ_{kb} 分别表示住房需求冲击、生产技术冲击和银行资本冲击的持续性参数,σ_h、σ_a 和 σ_{kb} 分别代表了住房需求冲击、生产技术冲击和银行资本冲击的波动率。

四、参数校准与估计

本节构建了包含六个部门的 DSGE 模型,根据模型中的参数在系统中的特征不同,将参数分成反映模型稳态特性参数和动态特性参数。常用的确定参数值的方法有校准法和贝叶斯估计。通常,使用校准法确定有关稳态值的参数值,对于影响模型动态的参数则采用贝叶斯估计,如外生冲击的持续性和波动率等。接下来根据参数的特征选择校准法或贝叶斯估计确定参数值。

(一)参数校准

校准是一种经验工具,对于内生变量稳态值相关参数的确定通常采用校准法。校准值通常来源于两个方面:一是长期均值,二是微观证据的经验结果。本节在参数校准过程中所使用的样本数据时间是从 2007 年第一季度至

2019 年第四季度,数据来源于 Wind 数据库。下文将对各个参数的校准过程进行详细说明,校准结果如表 6.6 所示。

本节构建的 DSGE 模型中贷款家庭以房地产为抵押获取贷款,企业家以资本品为抵押获取贷款,参考方意(2016)和肖立伟(2018)等的研究,贷款家庭和企业家的贷款数量分别由个人住房抵押贷款和企业票据融资数据表示。经过对样本期内数据的搜集与处理,个人住房抵押贷款加权平均利率为 5.58%,企业票据融资加权贷款利率的平均值为 6.05%。零售存款利率使用居民储蓄存款利率代表。由于储蓄存款具有不同的期限结构,本节根据中国工商银行年报数据统计的存款期限结构,可以得到加权平均储蓄存款利率为 1.60%。根据消费欧拉方程可以得到 β_p,本节得到 β_p 的值为 0.996。一般而言,贷款家庭和企业家由于有借款行为的存在其贴现因子会小于存款家庭,参考 Gerali 等(2010)将 β_I 和 β_E 校准为 0.975。本节选择银行间隔夜拆借利率(IBO001)作为政策利率,经计算样本期内的银行间隔夜拆借利率平均值为 2.38%,结合政策利率和存款利率可以得到 ε^d,同理,可以得到 ε^{bH} 和 ε^{bE}。

根据 GNSS 模型设定家庭效用函数中单位房屋带来效用的平均权重 ε^h 为 0.2。对于房屋折旧率 δ_h,参考张婧屹和李建强(2018)可将其季度值校准为 0.1。本节将(1-住房贷款首付比)设置成贷款家庭的贷款价值比 m^I,m^I 可依据"新国十条"校准为 0.7。对于企业家的贷款价值比参数 m^E,参考 Gerali 等(2010)通过样本期内非金融企业部门的长期借款与净资产之比的平均值校准 m^E 为 0.3。

参考方意(2016),通过收入法核算国内生产总值,进而可计算资本的收入份额 a,样本期 a 的均值为 0.4881。关于成本加成率参数 x 和资本折旧率参数 δ_k,Iacoviello 和 Neri(2010)校准为 1.20 和 0.025,因此,本节也将成本加成率参数 x 校准为 1.2,将资本折旧率参数 δ_k 校准为 0.025。

商业银行部门还需要校准的参数有稳态资本要求的稳态值 $\bar{v}$ 和银行管理

资本头寸的成本 δ_b，按照巴塞尔协议Ⅲ，可将 $\bar{v}$ 设定为 0.08，δ_b 参考 Gerali 等 (2010) 可设定为 0.139。

表 6.6　DSGE 模型中参数校准值及依据

参数	参数经济含义	校准值	参考依据
β_P	存款家庭折现因子	0.996	家庭储蓄存款利率和稳态方程
a^P	存款家庭消费习惯形成程度	0.65	刘斌(2008)
ϕ	劳动供给弹性的倒数	1	Gerali 等(2010)
ε^h	家庭效用函数中房屋的权重	0.2	Gerali 等(2010)
δ_h	房屋折旧率	0.0125	骆永民和伍文中(2012)
β_I	贷款家庭折现因子	0.975	Gerali 等(2010)
m^I	贷款家庭的贷款价值比稳态	0.7	1-住房贷款首付比
β_E	企业家折现因子	0.975	Gerali 等(2010)
a	资本收入份额	0.5	许志伟等(2010)
χ_1	资本利用率的调整成本参数	0.0478	Gerali 等(2010)
χ_2	资本利用率的调整成本参数	0.00478	Gerali 等(2010)
m^E	企业家的贷款价值比参数	0.3	非金融企业部门的长期借款与净资产之比
δ_k	资本折旧率	0.025	Iacoviello & Neri(2010)
ε^y	需求价格弹性	6	Gerali 等(2010)
ε^d	存款家庭的存款替代弹性	-1.46	稳态方程
ε^{bH}	贷款家庭的贷款替代弹性	1.724	稳态方程
ε^{bE}	企业家的存款替代弹性	2.573	稳态方程
$\bar{v}$	逆周期资本要求参数	0.08	巴塞尔协议Ⅲ
δ_b	银行管理资本头寸的成本	0.139	Gerali 等(2010)

（二）贝叶斯估计

本节采用贝叶斯估计方法对模型中影响模型动态的外生冲击持续参数和波动率参数、货币政策参数、二阶调整系数进行参数估计。选择实际消费

中国金融开放、金融安全与全球金融风险研究

（C）、实际产出（Y）、实际贷款（B）和通货膨胀（CPI）四个变量作为观测变量
进行贝叶斯估计,样本期间为 2007 年第一季度至 2019 年第四季度。数据的
预处理如下:对于消费者物价指数,先通过月度环比数据得到定基比数据,然
后进一步转化成季度消费者物价指数数据。实际消费、实际产出和实际贷款
的具体处理方式如下:

实际消费（C）:由社会消费品零售总额数据除以消费者物价指数得到实
际数据,对实际数据进行对数和季节性调整,得到实际消费;

实际产出（Y）:由国民生产总值除以消费者物价指数得到实际数据,对实
际数据取对数和进行季节性调整后得到实际产出;

实际贷款（B）:以金融机构人民币各项贷款余额除以消费者物价指数得
到实际数据,然后取对数并进行季节性调整,得到实际贷款。

表 6.7 DSGE 模型中参数的先验分布和贝叶斯后验估计结果

参数	先验分布	后验均值	90%置信区间	参数经济含义
κ_p	G(50,20)	30.57	[10.68,49.89]	价格调整成本强度
κ_i	G(2.5,1.0)	10.26	[7.57,12.81]	投资调整成本强度
κ_d	G(10,2.5)	3.63	[2.28,4.96]	存款利率调整成本强度
κ_{bH}	G(6.0,2.5)	10.22	[7.47,12.88]	家庭贷款利率调整成本强度
κ_{bE}	G(3.0,2.5)	9.51	[6.60,12.31]	企业贷款利率调整成本强度
κ_{kb}	G(10,5.0)	11.49	[4.03,18.27]	资本资产比率调整成本强度
ρ_r	B(0.75,0.1)	0.77	[0.72,0.81]	政策利率调整惯性
χ_π	G(2.0,0.5)	2.01	[1.72,2.30]	通胀反应系数
χ_Y	N(0.10,0.15)	0.35	[0.15,0.55]	产出反应系数
ρ_v	B(0.75,0.1)	0.9	[0.87,0.94]	资本要求调整惯性
ρ_m	B(0.75,0.1)	0.85	[0.82,0.91]	贷款价值比调整惯性
ι_p	B(0.5,0.15)	0.17	[0.06,0.28]	稳态通胀权重
ρ_h	B(0.8,0.1)	0.917	[0.858,0.975]	住房需求冲击的持续性
ρ_{aE}	B(0.8,0.1)	0.936	[0.899,0.975]	生产技术冲击的持续性

422

参数	先验分布	后验均值	90%置信区间	参数经济含义
ρ_{kb}	B(0.8,0.1)	0.810	[0.717,0.906]	银行资本冲击的持续性
σ_r	IG(0.01,0.05)	0.0018	[0.001,0.002]	货币政策冲击的波动率
σ_h	IG(0.01,0.05)	0.076	[0.022,0.129]	住房需求冲击的波动率
σ_{aE}	IG(0.01,0.05)	0.0062	[0.004,0.007]	生产技术冲击的波动率
σ_{kb}	IG(0.01,0.05)	0.031	[0.026,0.037]	银行资本冲击的波动率

注:B、N、G 和 IG 分别代表 Beta 分布、Normal 分布、Gamma 分布和 Inv Gamma 分布,括号中的数字分别
　为先验均值和标准差。

本节参照 Gerali 等(2010)对影响模型动态的外生冲击持续参数和波动率参数、货币政策参数、二阶调整系数设定先验分布,假设外生冲击过程的持续性参数为 Beta 分布,平均值为 0.8,标准差为 0.1;假设冲击过程的标准差为 Inv Gamma 分布,均值为 0.01,自由度为 0.05,各参数的具体设定如表 6.7 所示。后验估计基于 MH(Metropolis-Hasting)算法,对于多变量诊断,如果度量指标随着模拟次数增加仍稳定,则表示估计是稳健的。本节的贝叶斯估计结果如表 6.7 所示,结果显示,基于样本数据的贝叶斯估计提供了有效的信息,各个参数的后验估计值在总体上均显著。

(三)模拟值的有效性分析

为了说明本节构建的 DSGE 模型经济参数校准与估计后对现实经济的解释能力,本节使用 SPSS 软件对产出(Y)、信贷(B)、消费(C)和通货膨胀(CPI)这四个观测变量的样本值与 DSGE 模型的模拟值进行独立样本检验,检验结果如表 6.8 所示。表 6.8 的第二列显示,四个观测变量的方差显著性均大于 0.05,说明模拟数据与样本数据的方差无显著性差异。在满足方差齐性的条件下,各观测变量在表 6.8 第五列的均值显著性(双尾)分别是 0.890、0.862、0.821 和 0.759,均大于 0.05,则可以认为模拟数据和样本数据无显著差异。因此,可以进一步说明模拟数据可以较好解释现实经济。

表 6.8　样本数据与模拟数据的独立性检验

	莱文方差 等同性检验		平均值等同性 t 检验						
	F	显著性	t	自由度	显著性 （双尾）	平均值 差值	标准误 差值	95%置信区间	
								上限	下限
Y　假定等方差 　不假定等方差	0.340	0.561	-0.011 -0.011	102 102	0.890 0.890	0.042 0.042	0.037 0.037	-0.074 -0.074	0.073 0.073
B　假定等方差 　不假定等方差	0.523	0.763	-0.002 -0.002	102 102	0.862 0.862	0.030 0.030	0.033 0.033	-0.065 -0.065	0.065 0.065
C　假定等方差 　不假定等方差	0.425	0.625	0.001 0.001	102 102	0.821 0.821	0.016 0.016	0.010 0.001	-0.034 -0.034	0.034 0.034
CPI 假定等方差 　不假定等方差	0.852	0.885	0.002 0.002	102 102	0.759 0.759	0.001 0.001	0.385 0.385	-0.763 -0.763	0.765 0.765

五、动态模拟分析

（一）宏观调控规则的设定

货币政策由于本身可能导致金融风险的积累，不适合直接作为解决金融稳定问题的手段。已有研究表明，将金融稳定目标纳入货币政策目标体系会导致货币政策体系复杂化进而成为货币政策的负担。宏观审慎政策在金融危机以后受到重视，其最终目标是维护金融稳定。金融体系与实体经济存在联动性，因此，要想实现宏观经济的稳定和金融体系的稳定离不开宏观审慎政策与货币政策的相互配合。为了检验不同类型宏观审慎政策与货币政策的协调效果，本节为宏观调控当局设定了三种调控规则：规则一是未加入宏观审慎政策的单独基础货币政策，规则二是以贷款价值比为工具的宏观审慎政策与货币政策搭配，规则三是以逆周期资本要求为工具的宏观审慎政策与货币政策进行搭配，如表 6.9 所示。

表 6.9　货币政策与宏观审慎政策搭配规则

宏观调控规则	货币政策规则	宏观审慎政策规则
规则一（regular1）	泰勒规则	无
规则二（regular2）	泰勒规则	盯住房价的宏观审慎政策
规则三（regular3）	泰勒规则	盯住信贷产出比的宏观审慎政策

（二）脉冲响应结果分析

为考察不同类型冲击下货币政策与宏观审慎政策对主要宏观经济变量的调控效果,本节模拟了来自供给方面的生产技术冲击与银行资本冲击和需求方面的住房需求冲击与货币政策冲击,主要关注四种外生冲击下的各个经济变量——产出（output）、消费（consumption）、通胀（inflation）、投资（investment）、贷款利率（$interest_H$）、信贷量（$loans_H$）、银行资本（bankcapital）、杠杆率（leverage）、房价（$price_H$）的波动情况。在分析宏观审慎政策的反应时,逆周期资本要求关于信贷产出比与稳态偏离程度的反应参数 χ_b 及贷款价值比工具关于房价与稳态偏离程度的反应参数 χ_p,参考岑磊和谷慎（2016）的研究,均设定为 0.05。

脉冲响应是衡量对稳态值偏离的百分比。在本节的 DSGE 模型中,以利率为货币政策的操作工具,宏观审慎政策工具有资本要求和贷款价值比两种,动态的资本要求比率和贷款价值比会随时间的变化分别对信贷产出比和房价进行宏观调控,维护经济和金融稳定。

1. 生产技术冲击

当监管当局实施规则一的调控政策组合时,面对一个标准差的正向生产技术冲击,产出、投资和消费出现增长。由图 6.14 可以看出,收入随着产出的增长而提高,同时使消费和房地产的需求提升,进一步带动了房地产价格上涨和以房地产为抵押物的家庭部门信贷的增长,同时商业银行的杠杆率会提升,最终会在一定程度上加大信贷市场的流动性风险。

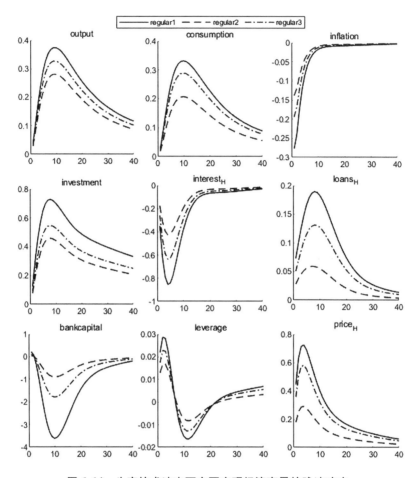

图 6.14　生产技术冲击下主要宏观经济变量的脉冲响应

在加入贷款价值比监管工具即实施规则二的情况下,由图 6.14 的脉冲响应结果可以看出,产出、消费、房地产价格等的脉冲响应函数均比实施规则一的条件下的脉冲响应函数波动程度小。在正向的技术冲击下,由于房地产价格的上升促使宏观审慎政策当局降低贷款价值比上限,贷款价值比上限的降低使得以房地产为抵押的居民部门的信贷规模降低。

在实施规则三的情况下,即加入逆周期资本要求监管后,各个经济变量的波动情况均得到了一定程度的缓和,说明宏观审慎政策与货币政策的协调是有效的。在正向的生产技术冲击下,面对信贷规模的扩张和商业银行杠杆率的上升,宏观审慎政策当局提高资本要求,调节商业银行的资产负债表和商业银行的资产调整成本,使得商业银行的信贷收紧,信贷规模降低。

综上所述,通过比较三种政策规则调控下各个经济变量对技术冲击的脉冲响应图可知,货币政策与宏观审慎政策协调应对技术冲击比采用单一货币政策有效。进一步地,通过对比加入贷款价值比监管的规则二和加入逆周期资本监管的规则三的脉冲响应结果,可以看出,在正向的技术冲击下,以贷款价值比为工具的宏观审慎政策与货币政策的协调效果更好。

2. 住房需求冲击

从脉冲响应结果图6.15来看,在规则一的基本模型中,在一个标准差的正向住房需求冲击的情况下,如果家庭部门持有的房地产资产增加,家庭将会获得更高的效用。由于受房地产需求的单边影响,房地产供给难以在短期内与需求匹配,因此,在需求扩张的影响下,房地产价格将上涨,家庭的信贷规模和商业银行的负债率随之增加。另外,在住房需求正向冲击下,消费、产出、通货膨胀率出现上涨,投资下降。

在加入动态变化的贷款价值比上限监管政策下,由于房地产价格上涨,宏观审慎政策当局将会降低贷款价值比上限使信贷条件收紧,因此贷款家庭能够获得的信贷量相对没有加入贷款价值比上限监管时有所减少。信贷规模降低将在一定程度上抑制房地产价格上涨态势,此时商业银行的稳健性提高。除资产价格外,其他经济变量如产出、消费等的波动情况均得到一定程度的控制,因此,货币政策与以贷款价值比为工具的宏观审慎政策搭配应对住房需求冲击的效果相比仅实施货币政策的调控效果好。

在加入逆周期资本监管工具后,为了抑制信贷规模的扩张,宏观审慎政策当局提高资本要求,使得商业银行贷款成本增加,从而控制商业银行信贷总量。通过图6.15还可以看出,虽然以逆周期资本要求为工具的宏观审慎政策与货币政策搭配也可以在一定程度上降低信贷规模,抑制房地产价格上涨,但其调控效果不如贷款价值比上限监管工具好。因此,比较两种宏观审慎政策

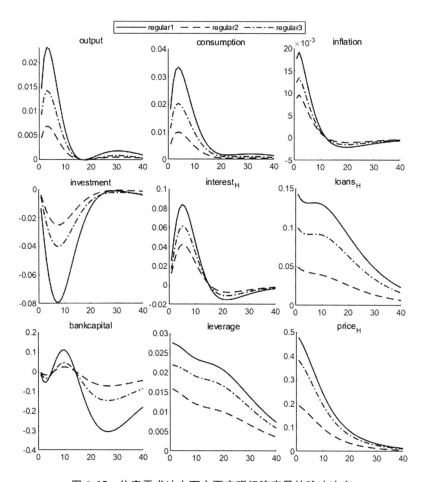

图 6.15   住房需求冲击下主要宏观经济变量的脉冲响应

工具与货币政策的调控效果,可以得出在住房需求冲击下,贷款价值比上限监管工具与货币政策工具搭配是更优的调控规则。

3. 银行资本冲击

在一个单位标准差的银行资本正向冲击下,银行资本的有效存量减少,商业银行资产负债表状况变差,银行信贷供给减少,居民对资产的需求受到影响,引起资产价格下跌,商业银行杠杆率下降。受金融摩擦的影响,冲击的影响会逐渐扩大。资产价格下跌导致市场资金退出生产领域,引起房地产供给不足,进而房地产价格出现上涨。

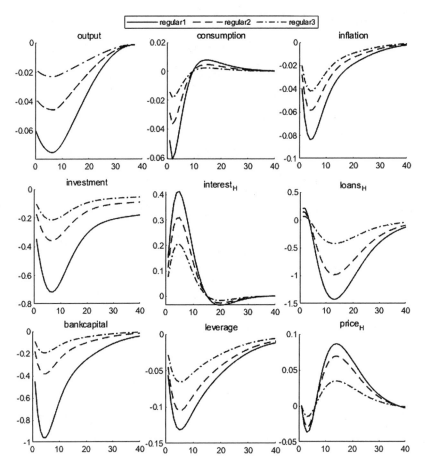

图 6.16　银行资本冲击下主要宏观经济变量的脉冲响应

在实施含动态贷款价值比上限监管的规则二情境下,由图 6.16 可以看出,在正向银行资本冲击下,房地产价格出现下降,贷款价值比上限随之上升,家庭部门的信贷限制得到放松,能够获得更多贷款,因此信贷规模下降幅度在贷款价值比工具的作用下有所收窄。在加入逆周期资本要求的情况下,逆周期资本要求抑制了信贷规模的大幅波动。宏观审慎政策部门降低资本要求,使银行调整贷款规模的成本降低,从而减小信贷规模下降的幅度,杠杆率下降幅度也有所减小,说明逆周期资本要求与货币政策搭配能够有效缓解信贷市场波动,从而维护金融体系稳定。进一步通过图 6.16 对比实施规则二和规则三背景下的调控效果可以发现,虽然贷款价值比工具和逆周期资本要求工具都能够作用于信贷市场并影响信贷规模,进而达到维护金融稳定的目的,但是从产出、杠杆率和房地产价格的波动情况来看,在银行资本冲击下,逆周期资本要求工具与货币政策搭配的效果更好。

4.货币政策冲击

如图6.17所示,在紧缩性货币政策冲击下,产出、通货膨胀以及消费下降,商业银行吸收存款的成本上升,从而总信贷规模下降。贷款家庭在抵押品价值下降的情况下得到的贷款量减少,消费量也降低。

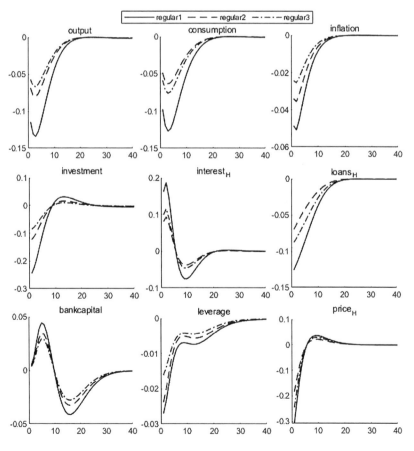

图6.17 货币政策冲击下主要宏观经济变量的脉冲响应

在规则二之下,宏观审慎政策在稳定经济波动方面展现了良好的调控效果。在紧缩性货币政策冲击下,贷款价值比上限会上升,刺激经济恢复到正常水平,各个经济变量的波动幅度明显降低。房地产价格和贷款家庭贷款数量的下降幅度变小。商业银行可从中央银行以政策利率取得资金,因此商业银行获得资金的成本会因政策利率的下降而降低,商业银行倾向于增加信贷规模。同时,贷款价值比上限提高会刺激商业银行提高信贷供给,促进经济发展,进一步使商业银行杠杆率的下降幅度减小。

在采用加入逆周期资本要求的规则三的条件下,宏观审慎政策在降低经济波动、刺激经济复苏方面取得明显效果。在紧缩性货币政策冲击下,逆周期资本要求降低,有效地减小了商业银行资产负债表的波动,房地产价格和贷款家庭信贷规模的下降幅度变小。

综上所述,通过比较分析三种政策规则调控下各个经济变量对货币政策冲击的脉冲响应函数可以看出,货币政策与宏观审慎政策协调总体是有效的。进一步地,通过对比加入贷款价值比监管的规则二和加入逆周期资本监管的规则三的脉冲响应结果,可以看出,在紧缩性货币政策冲击下,两种类型的宏观审慎政策与货币政策协调均能抑制经济波动,降低金融风险,且调控效果相当,难以得出哪种宏观审慎政策工具与货币政策搭配效果更好的结论。

(三)社会福利分析

上文通过主要宏观经济变量的脉冲响应函数分析了三种宏观调控规则面临不同冲击时的调控效果,得出了不同冲击下最优的政策搭配规则。本部分为了直观地对比分析三种宏观调控规则的执行效果,在 DSGE 分析框架下度量不同政策搭配规则下的社会福利水平,得出不同冲击下最优的政策规则。关于福利的度量方法,现有文献中有两类:一是从产出和通胀方差来推导社会福利损失函数,代表文献有 Woodford(2003)等;二是参考 Schmitt-Grohe 和 Uribe(2004)将效用函数纳入模型方程中,并对模型方程进行二阶展开。已有

中国金融开放、金融安全与全球金融风险研究

研究指出,第一类社会福利损失函数法存在以下不足:模型方程线性展开会忽略不确定性对效用的影响;社会福利不能完全由内生变量的无条件方差刻画。因此,本节选取第二种方法对各种政策的福利影响进行度量。参考 Schmitt-Grohe 和 Uribe(2004)、Mendicino 和 Punzi(2014)以及方意(2016),基于家庭和企业家的效用最大化度量福利水平,将存款家庭、贷款家庭和企业家的效用函数写成递归形式,社会总体、家庭部门及企业部门的福利函数可分别表示为:

$$W_t^p = U(c_t^p, h_t^p, l_t^p) + \beta_p E_t W_{t+1}^p \tag{6.58}$$

$$W_t^l = U(c_t^l, h_t^l, l_t^l) + \beta_l E_t W_{t+1}^l \tag{6.59}$$

$$W_t^E = U(c_t^E) + \beta_E E_t W_{t+1}^E \tag{6.60}$$

$$W_t = (1 - \beta_p) W_t^p + (1 - \beta_l) W_t^l + (1 - \beta_E) W_t^E \tag{6.61}$$

其中,$U(x_t)$ 表示各主体在 t 时期的即期效用函数;W_t^p、W_t^l 和 W_t^E 分别为存款家庭、贷款家庭和企业家的福利;W_t 代表社会总体福利。

表6.10　不同规则下的社会总体福利分析结果

福利损失($*10^{-3}$)	生产技术冲击	住房需求冲击	银行资本冲击	货币政策冲击
规则一	2.4317	0.1288	2.2183	1.7007
规则二	2.0443	0.0824	1.8240	1.2651
规则三	2.1802	0.1065	1.5253	1.2558

货币政策与宏观审慎政策不同搭配下的福利分析结果如表6.10所示。在生产技术冲击下,采用传统泰勒规则的货币政策和贷款价值比监管政策搭配调控所引起的福利损失最小,与上文生产技术冲击下的脉冲响应结果一致;在住房需求冲击下,加入贷款价值比监管工具的规则二的福利损失为0.0824,相较于仅包含货币政策的规则一而言福利损失减少将近36%;在银行资本冲击下,规则三之下的福利损失最小,说明面对银行资本冲击,以逆周期资本要求为工具的宏观审慎政策与货币政策的协调最为有效;在货币政策冲

击下,包含宏观审慎政策的规则二和规则三的福利分析结果相差无几,对比规则一之下的福利损失,引入两种类型的宏观审慎政策工具后,均出现了福利增进的结果。

六、结论与建议

国际金融危机以后,各主要经济体开始重视建立健全宏观审慎政策框架。为实现经济和金融双重稳定,我国提出"双支柱"政策调控框架。本节基于我国经济转型发展和金融体制改革的大背景,通过构建包含信贷供给摩擦的DSGE 模型,模拟了来自需求侧冲击和来自供给侧冲击下宏观审慎政策与货币政策的协调效果,并且进一步对比了两种不同类型宏观审慎政策工具在实现金融稳定方面效果的差异。经过研究,本节主要得到以下两个结论。

第一,货币政策与宏观审慎政策协调总体有效。从脉冲响应结果可以看出,在外生冲击下,加入宏观审慎政策工具后,能够明显抑制信贷规模和房地产价格等经济变量的波动幅度,维护金融稳定。同时,从福利分析结果可知,两种政策相协调相比仅使用货币政策调控下的社会福利是增加的。

第二,贷款价值比工具与逆周期资本要求工具和货币政策协调在应对不同冲击时对宏观经济的调控效果不同。通过对比不同冲击下以贷款价值比工具为代表的信贷类宏观审慎政策工具和以逆周期资本要求为代表的资本类宏观审慎政策工具与货币政策协调搭配共同调控的效果,可以发现:在银行资本冲击下,逆周期资本要求这一宏观审慎政策工具与货币政策搭配的调控效果更好;在生产技术冲击和住房需求冲击下,贷款价值比上限监管工具比逆周期资本要求工具更为有效;在货币政策冲击下,贷款价值比上限监管工具和逆周期资本要求工具与货币政策进行搭配效果相当。

"双支柱"政策调控框架把价格稳定和金融稳定两大目标有机结合,在维护我国宏观经济稳定和国家金融安全方面发挥了重要作用。当然,无论是从理论还是实践来看,"双支柱"政策调控框架都还是个新事物,需要不断探索持续完善。因此,根据上述研究结论,本节提出如下建议。

第一,为更好地实现政策调控目标,宏观政策当局应当根据经济所处状态和特点,有针对性地选择宏观审慎政策工具与货币政策进行搭配。对于具体的协调方式,应当根据冲击的类型视具体情况来确定,比如依据本节的实证分析结果可知,针对房地产市场的冲击,贷款价值比上限监管工具与货币政策的搭配在抑制信贷规模波动和商业银行杠杆率水平方面具有较好的调控效果。

第二,宏观政策当局应提升对风险冲击的识别和判断能力。随着金融行业不断创新发展,金融风险日益复杂化,传播途径越来越广泛,宏观经济运行面临多种潜在冲击,如何有效识别冲击并降低冲击带来的损失至关重要。根据本节的实证结果,不同宏观审慎政策工具与货币政策的协调在应对不同外生冲击时对宏观经济变量的调控效果不同。加强对风险冲击的前瞻性识别能够帮助宏观政策当局选择合适政策工具,将冲击的影响减小并最大限度地降低冲击带来的损失。

第四节　"三支柱"宏观调控框架的金融稳定效应研究

一、研究背景

随着中国经济发展进入新时代与各方面改革的持续深化,潜在的金融风险隐患不断显现,风险点也呈现出多而广的特点:社会总杠杆率居高不下、房地产泡沫风险隐现、地方债风险高企、商业银行不良资产率堪忧等等。在此背景下,党的十九大报告提出,要健全货币政策和宏观审慎政策的双支柱调控框架,守住不发生系统性风险的底线。但当前学术界对双支柱调控框架的研究忽略了一个重要事实:在中国,不断扩张的财政政策是许多金融风险隐患的重要根源。本书认为,未充分考虑财政政策作用的双支柱调控框架,难以真正统筹稳增长与防风险,并最终实现金融稳定。

考虑中国现实情况,地方政府债务与居民部门杠杆率过高是较为突出的两大金融风险隐患,而居民部门杠杆率过高的根源又是房价泡沫(徐忠,2018)。如何调控政府债务杠杆与房价泡沫就成为金融维稳工作较为重要的两大课题。而具体分析上述两大金融风险隐患的成因,不难发现财政政策在其中扮演了重要角色。由于国际金融危机初期地方债务的快速扩张,在"经济刺激一揽子计划"结束后,出现地方债务融资巨大缺口及如何续接的问题,这个缺口的填补则是中国地方债风险高企与住房价格久调不下的重要原因:飙升的财政压力迫使地方政府通过多种渠道举债,而地方政府的强大影响力会使银行在此过程中被迫持有大量政府债务资产,进而影响到银行业的稳健经营(马树才等,2020);同时地方政府依赖土地财政去填补融资缺口,而土地财政与房价的联动效用使得房地产业"绑架"了经济,这给房价调控政策的制定与执行带来了极大困难(梅冬州等,2018)。值得一提的是,为了达成"稳增长"与"调结构"的双重目标,2020年中央提出积极的财政政策要更加积极有为,这意味着财政扩张仍将是新冠疫情暴发后一段时期内财政政策的主旋律,而如何应对由财政压力所带来的金融风险隐患将是金融维稳工作绕不开的艰巨挑战。有鉴于此,本书认为应当重视财政政策对金融稳定的影响,在财政政策、货币政策与宏观审慎政策的三支柱调控框架下研究中国宏观金融安全体系构建中的一些关键问题:财政政策的扩张会对金融稳定产生什么影响?财政当局是否应将金融稳定作为重要政策目标?在宏观审慎政策存在的情况下,货币政策是否仍有兼顾金融稳定职责的必要性?从金融稳定的视角分析,纳入财政政策的三支柱调控框架是否优于双支柱框架?本节基于中国国情,构建包含财政当局、货币当局、宏观审慎当局的动态随机一般均衡模型(DSGE),对上述问题进行深入探讨,并进一步分析构建三支柱调控框架的必要性,为金融稳定工作提供更加现实的政策制定依据。

本节其余部分安排如下:第二部分文献综述;第三部分基本模型构建;第

四部分参数赋值与校准;第五部分动态模拟分析;第六部分总结并给出政策建议。

二、文献综述

自 2008 年国际金融危机以来,如何构建维护金融稳定的宏观政策框架一直是各国学者和实务界的研究热点,目前的文献主要从两个方向进行研究:一是对货币政策规则进行修正,试图以货币政策调控实现经济增长、物价稳定与金融稳定等多个目标;二是认为货币政策仍应关注于经济增长与物价稳定,另外施行侧重于维护金融稳定的宏观审慎政策。除这两个方向以外,还有一些学者另辟蹊径,对财政政策如何引发金融风险问题进行了深入研究。

部分学者主张对货币政策规则进行修正。Kannan 等(2009)将以房地产为代表的耐用品消费纳入家庭效用函数,构建了关注房地产价格与信贷规模的货币政策规则,发现关注金融因素的货币政策更有利于经济增长与金融稳定。侯成琪和龚六堂(2014)在 Iacoviello(2005)的研究基础上进一步引入房地产生产部门并得出了与 Iacoviello 相反的结论,盯住住房价格的货币政策可以有效抑制住房价格波动,进而降低经济波动和居民部门福利损失。童中文等(2017)研究发现,在高风险状态下将"逆周期缓冲"的宏观审慎规则引入货币政策后,可以在获取更高福利收益的同时兼顾通货膨胀和产出的目标要求,能够更有效地平缓经济波动和维护金融稳定。但也有些学者反对将金融因素引入货币政策规则。Bernanke 和 Gertler(2001)通过 DSGE 模型模拟分析发现,直接对资产价格作出反应的货币政策规则不仅不能增强经济系统的稳定性,反而可能导致更大的经济波动,因此认为资产价格不宜成为货币政策的盯住目标。Iacoviello(2005)将房地产作为抵押品构建了金融加速器机制,发现对住房价格作出反应的货币政策并不能提升稳定经济的能力。Martha(2015)将 Bernanke 和 Gertler(2001)的封闭模型扩展至小型开放模型并得出了相近结论:只关注通货膨胀的货币政策更有利于宏观经济稳定。

国际金融危机后,宏观审慎政策受到前所未有的关注,宏观审慎政策与货币政策如何搭配成为新的研究热点。Suh(2014)构建了包含金融加速器机制的 DSGE 模型,以福利损失最小化为标准研究货币政策与宏观审慎政策的最优协同方式,发现当货币政策与宏观审慎政策分别以保持价格稳定、抑制信贷规模波动为主要目标时,经济体系的稳定性最高,社会总体福利损失水平最低。Angelini 等(2014)在 DSGE 模型中对商业银行部门进行了较为细致的刻画,发现当冲击来自金融层面时,无论货币政策是否对金融变量进行反应,宏观审慎政策均可进一步增强金融系统的稳定性,因此货币政策与宏观审慎政策相互配合的双支柱调控框架显著优于单一的货币政策体系。王爱俭和王璟怡(2014)在 DSGE 模型中引入了宏观审慎政策与货币政策,通过数值模拟发现逆周期资本缓冲要求政策可以大幅降低金融系统的异常波动,故宏观审慎政策能够成为货币政策的有力补充。程方楠和孟卫东(2017)在 DSGE 模型中刻画了房价的波动机制,发现宏观审慎政策应根据信贷的不同种类和具体投放情况进行调整,货币政策应仍然关注物价稳定与经济增长等传统目标,在协调中需避免政策冲突和政策叠加问题。

为应对国际金融危机带来的负面影响,世界各国大多采用了扩张性财政政策,导致财政金融风险不断累积,进而威胁经济金融稳定。近年来,财政金融风险引起各国政府重视,相关学术问题也得到学界高度关注,主要研究视角和观点有:第一,无论学术界还是监管部门,都从地方性政府债务角度对财政金融风险进行了大量研究,发现地方政府债务杠杆率越高,财政金融风险越大(Reinhart 和 Rogoff,2014;Gollwitzer,2011;李永刚,2011;黄春元和毛捷,2015;刁伟涛,2016;毛锐等,2018)。第二,将研究的重点聚焦于财政政策效率。Heylen 等(2013)利用 OECD 成员国数据进行对比分析后发现,财政效率高时政府性债务比重将显著降低,财政运行具有可持续性。Bergman 和 Hutchison(2015)通过检验 81 个发展中国家的动态面板数据,认为较高的财政效率是防范财政风险的关键,逆周期财政政策可以推动经济长远稳定发展。缪小林和史倩茹(2016)认为地方政府片面追求快速发展而忽视财政效率,会引发严重的债务膨胀和地方财政风险,他们通过实证分析验证了财政资金配置效率与地方政府债务负担的负相关关系。第三,有些学者基于中国国情从土地财政视角展开研究。梅冬州等(2018)构建了包含政府土地财政行为与金融加速器机制的 DSGE 模型,通过数值模拟发现,地方政府的土地出让行为联结了房价变动与地方政府的收入,而地方政府在基础设施投资上的偏向和金融加速器效应放大了房价对投资和整个经济的影响,这一机制会造成房价"绑架"经济的基本事实,使房价泡沫与收入分配差距不断扩大。

总结上述文献可以发现:针对货币政策是否应该兼顾金融稳定职责这一问题,国内外学者并没有达成较为统一的共识。此外,目前学术界对"货币政策+宏观审慎政策"双支柱调控框架的研究大多忽视了财政金融风险,而财政政策往往是金融风险的重要起因。有鉴于此,本节基于中国的现实情况,在同一 DSGE 模型框架下研究财政政策、货币政策、宏观审慎政策,以全面分析财政金融风险、房价泡沫风险、杠杆率风险与宏观调控政策间的联动效应。

三、基本模型构建

(一)住房投资家庭

借鉴黄志刚和许伟(2017),住房投资家庭[①]是住房市场上的投资者,以住房为抵押品从商业银行获取住房贷款进行住房投资。住房投资家庭关注住房的投资品属性,并从住房投资中获得财富效用,其目标与流动性约束为:

$$\max E_0\left\{\sum_{t=0}^{\infty}\beta_T^t\left[\frac{(c_t^T)^{1-\sigma_c}}{1-\sigma_c}+\varepsilon_t^\gamma\left(\frac{(q_t h_t)^{1-\sigma_{hh}}}{1-\sigma_{hh}}\right)+\Psi\log(b_t^L)\right]\right\} \quad (6.62)$$

---

① 本节设置住房投资家庭的原因有两点:一是建立住房商品属性、投资品属性、抵押品属性之间的有机联系;二是为了更好刻画房地产泡沫风险。

$$R_{t-1} b_{t-1}^L + \mu_t^h + r_{t-1}^{sh} q_t h_{t-1} + q_t (1 - \delta_h) h_{t-1} + \prod_t \geqslant$$

$$c_t^T + b_t^L + V_t^h R_{t-1}^h \mu_{t-1}^h + q_t h_t + \frac{\theta^{hh}}{2} (F_t^h \frac{\mu_{t-1}^h}{\pi_t})^2 \qquad (6.63)$$

c_t^T、h_t 为住房投资家庭的消费与住房需求，π_t、R_t、R_t^h 分别为通货膨胀率、存款利率与住房贷款利率，b_t^L、μ_t^h 为住房投资家庭的存款与住房贷款，θ_t^h 为住房贷款的贷款价值比，住房贷款信贷约束为：$R_t^h \mu_t^h \leqslant \theta_t^h E_t q_{t+1} h_t (1 - \delta_h)$ R_t^h $\mu_t^h \leqslant \theta_t^h E_t q_{t+1} h_t (1 - \delta_h)$，$r_{t-1}^{sh}$ 为 t 时期住房的租金收益率，q_t 为住房真实价格，V_t^h 为住房款偿还率，$\prod_t$ 为从厂商部门与商业银行获取的盈余现金流，δ_h 为住房折旧率。以 $\frac{\theta^{hh}}{2} \left(F_t^h \frac{\mu_{t-1}^h}{\pi_t} \right)^2$ 表示住房投资家庭的非线性住房贷款违约成本，其中 F_t^h 为住房贷款违约率。ε_t^γ 反映住房需求偏好冲击。$\log(\varepsilon_t^\gamma) = (1 - \rho_\gamma) \log(\varepsilon_0^\gamma) + \rho_\gamma \log(\varepsilon_{t-1}^\gamma) + \varepsilon_t^\gamma, \varepsilon_t^\gamma \sim i.i.d\ N(0, \sigma_\gamma^2)$ 。

（二）一般家庭部门

一般家庭是劳动的供给者，作为资金紧缺方，他们从商业银行申请零售贷款 μ_t^b 用于平滑消费与住房支出。与住房投资家庭不同，一般家庭关注住房的商品属性，从住房消费中获取效用，其目标函数与预算约束为：

$$\max E_0 \left\{ \sum_{t=0}^{\infty} \beta_B^t \left[\frac{(c_t^B)^{1-\sigma_c}}{1 - \sigma_c} + \varepsilon_t^\gamma (\frac{h_t^{1-\sigma_{hh}}}{1 - \sigma_{hh}^b}) - \frac{n_t^{1+\varphi}}{1 + \varphi} \right] \right\} \qquad (6.64)$$

$$c_t^B + r_{t-1}^{sh} q_t h_{t-1} + V_t^b R_{t-1}^b \mu_{t-1}^b + \frac{\theta^b}{2} \left(F_t^b \frac{\mu_{t-1}^b}{\pi_t} \right)^2 \leqslant w_t n_t + \mu_t^b \qquad (6.65)$$

一般家庭的收入来自劳动收入 $w_t n_t$、零售贷款 μ_t^b，其中 w_t、n_t 为一般家庭的真实工资与劳动供给。一般家庭的支出包括消费 c_t^B、住房支出 $r_{t-1}^{sh} q_t h_{t-1}$、偿还上期零售贷款本息 $V_t^b R_{t-1}^b \mu_{t-1}^b$、零售贷款违约成本 $\frac{\theta^b}{2} (F_t^b \frac{\mu_{t-1}^b}{\pi_t})^2$，其中 R_t^b、V_t^b、F_t^b 分别为零售贷款的利率、偿还率、违约率。

（三）住房开发商

借鉴黄志刚和许伟（2017），住房开发商通过购买投资品建设新的住房。其目标函数为：

$$\max E_0 \left\{ \sum_{t=0}^{\infty} m_{0,t}^T \left[q_t I_{H,t} - \left[I_{H,t} + \frac{\theta^{hk}}{2} \left(\frac{I_{H,t}}{I_{H,t-1}} - 1 \right)^2 I_{H,t-1} \right] \right] \right\} \quad (6.66)$$

其中，$I_{H,t}$ 为住房投资，$\frac{\theta^{hk}}{2} \left(\frac{I_{H,t}}{I_{H,t-1}} - 1 \right)^2 I_{H,t-1}$ 为住房投资调整成本，$m_{0,t}^T$ 为住房投资家庭随机折现因子。

（四）厂商部门

1. 中间产品生产厂商

中间产品生产厂商从商业银行申请企业贷款 μ_t^e 并购买资本 k_t，同时从一般家庭雇佣劳动 n_t 进行中间产品的生产，然后将其卖给最终产品生产厂商，其目标函数与流动性约束为：

$$\max E_0 \sum_{t=0}^{\infty} \beta_t^T \log(c_t^e) \quad (6.67)$$

$$\frac{y_{m,t}}{x_t} + \mu_t^e \geqslant q_t^k (k_t - (1 - \delta_k) k_{t-1}) + \psi(u_t) k_{t-1} + V_t^e R_{t-1}^e \mu_{t-1}^e +$$

$$c_t^e + w_t n_t + \frac{\theta^{ee}}{2} \left(F_t^e \frac{\mu_{t-1}^e}{\pi_t} \right)^2 \quad (6.68)$$

其中，c_t^e 为盈余现金流，$x_t = p_t / p_t^w$ 代表价格加成，δ_k、q_t^k、u_t、$\psi(u_t) k_{t-1}$ 分别为资本折旧率、真实资本价格、资本利用效率、资本利用成本，R_t^e、V_t^e、F_t^e、$\frac{\theta^{ee}}{2} (F_t^e \frac{\mu_{t-1}^e}{\pi_t})^2$、$\theta_t^e$ 分别为企业贷款利率、企业贷款偿还率、企业贷款违约率、企业贷款违约成本、企业贷款的贷款价值比。中间产品生产厂商以资本 k_t 为抵押品申请企业贷款，受到的信贷约束为：$R_t^e \mu_t^e \leqslant \theta_t^e E_t q_{t+1} k_t$，生产技术为：

$y_{m,t} = A_t k_{g,t-1}^{a_g} (u_t k_{t-1})^{\alpha} n_t^{1-\alpha}$，其中 k_t、$k_{g,t}$ 分别为厂商部门投资与财政当局生产性支出形成的资本。

2. 资本品生产厂商

借鉴肖立伟(2018)，资本品生产厂商以 q_t^k 购买上期折旧后资本 $(1 - \delta_k) k_{t-1}$，并利用最终产品生产当期的资本 k_t，将其以 q_t^k 出售给中间产品生产厂商，其目标函数与约束条件为：

$$\max E_0 \left\{ \sum_{t=0}^{\infty} m_{0,t}^T [q_t^k (k_t - (1 - \delta_k) k_{t-1}) - (1 + T_t) in v_t] \right\} \qquad (6.69)$$

$$k_t = (1 - \delta_k) k_{t-1} + \left[1 - \frac{k_i}{2} \left(\frac{inv_t}{inv_{t-1}} - 1 \right)^2 \right] inv_t \mu_t \qquad (6.70)$$

其中，inv_t 为实体经济投资，$\frac{k_i}{2} \left(\frac{inv_t}{inv_{t-1}} - 1 \right)^2 inv_t$ 为资本调整成本。

3. 最终产品生产厂商

最终产品生产厂商的需求曲线为：$y_{i,t} = \left(\frac{p_{i,t}}{p_t} \right)^{-\gamma} y_t$，他们以 p_t^w 的价格从中间产品生产厂商购买 $y_{m,t}$，将其无成本地转化为 $y_{i,t}$ 并以 $p_{i,t}$ 的价格卖出。在同一时期只有 $(1 - \theta)$ 比例的最终产品生产厂商可以重设自己的价格，剩余的最终产品生产厂商按照指数化规则调整价格，即 $p_{i,t} = p_{i,t-1} \pi_{t-1}^v$，其目标函数为：

$$\max E_0 \left\{ \sum_{t=0}^{\infty} \theta^t m_{0,t}^T \left(\frac{p_t^*}{p_t} \prod_{j=0}^{t-1} \pi_j^v - \frac{1}{x_t} \right) y_{i,t} \right\} \qquad (6.71)$$

（五）商业银行

借鉴王擎和田娇(2016)，商业银行的资产端包括企业贷款、零售贷款、住房贷款、政府债券，负债端包括家庭部门存款和央行再贷款 m_t。四类资产业务中，零售贷款既没有政府信用背书，也没有相应抵押品，属于普惠性质贷款，反映商业银行的普惠性。商业银行的经营目标、流动性约束与权益为：

$$\max E_0\Big\{ \sum_{t=0}^{\infty} \beta_T^t [\log(c_t^L) + \eta^L \log(k_t^L)] \Big\} \tag{6.72}$$

$$c_t^L + \mu_t^b + \mu_t^h + \mu_t^e + R_{t-1} b_{t-1}^L + b_t^g + R_{t-1}^c m_{t-1} = b_t^L + \mu_{t-1}^b R_{t-1}^b V_t^b +$$

$$\mu_{t-1}^h R_{t-1}^h V_t^h + \mu_{t-1}^e R_{t-1}^e V_t^e + F_t^e O_t^e \mu_{t-1}^e + F_t^h O_t^h \mu_{t-1}^h + m_t + R_{t-1}^g b_{t-1}^g \tag{6.73}$$

$$E_t^L = \frac{E_{t-1}^L}{\pi_t} + (V_t^b R_{t-1}^b - 1)\mu_{t-1}^b + (V_t^e R_{t-1}^e - 1)\mu_{t-1}^e + (V_t^h R_{t-1}^h - 1)\mu_{t-1}^h +$$

$$(R_{t-1}^g - 1) b_{t-1}^g - c_t^L - r_{t-1} b_{t-1}^L - r_{t-1}^c m_{t-1} + F_t^e O_t^e \mu_{t-1}^e + F_t^h O_t^h \mu_{t-1}^h + \varepsilon_j \tag{6.74}$$

其中，R_t^c 为央行再贷款利率，ε_j 为金融冲击，$k_t^L = E_t^L / RAW$，为资本充足率，E_t^L 为银行权益，$RAW_t k_t^L = \dfrac{E_t^L}{RAW_t}$ 为资本充足率，E_t^L 为银行权益，RAW_t 为商业银行风险加权资产，$RAW_t = w^b \mu_t^b + w^e \mu_t^e + w^h \mu_t^h + w^g b_t^g$，$w^b$、$w^e$、$w^h$、$w^g$ 为各项资产对应的风险权重，O_t^e 与 O_t^h 分别为企业贷款与住房贷款违约回收率。基于研究惯例，本节没有引入政府债券违约的设定，因此后文的不良资产率是指三类信贷资产的坏账率。

（六）广义政府

1. 货币当局

鉴于中国货币政策调控框架正从数量型为主向价格型为主渐进转型（卞志村等，2019），设定混合型货币政策遵循公式（6.75）：

$$(R_t^e)^{\kappa} (g_t^m)^{-(1-\kappa)}$$

$$= (R_{t-1}^e)^{\kappa \rho_r} (g_{t-1}^m)^{-(1-\kappa)\rho_m} \Big[\Big(\frac{\pi_t}{\pi_0}\Big)^{\kappa(1-\rho_r)\varphi_{r\pi} + (1-\kappa)(1-\rho_m)\varphi_{m\pi}} \Big(\frac{y_t}{y_0}\Big)^{\kappa(1-\rho_r)\varphi_{ry} + (1-\kappa)(1-\rho_m)\varphi_{my}} \Big] \varepsilon_t^m \tag{6.75}$$

其中，$g_t^m = \dfrac{m_t}{m_{t-1}}$ 为货币增长率，κ 为价格型成分在混合型货币规则中的相对权重。

2. 宏观审慎当局

借鉴 Angelini 等（2014），本节引入逆周期资本缓冲要求与动态贷款价值比：

$$k_t^L = (1 - \rho_k) \, k_0^L + \rho_k \, k_{t-1}^L + (1 - \rho_k) \chi^k \left(\frac{RAW_t}{y_t} - \frac{RAW_0}{y_0} \right) \tag{6.76}$$

$$\theta_t^h = (1 - \rho_{\theta h}) \, \theta_0^h + \rho_{\theta h} \, \theta_{t-1}^h - (1 - \rho_{\theta h}) \chi^{\theta h} \left(\frac{\mu_t^h}{y_t} - \frac{\mu_0^h}{y_0} \right) \varepsilon_t^h \tag{6.77}$$

$$\theta_t^e = (1 - \rho_{\theta e}) \, \theta_0^e + \rho_{\theta e} \, \theta_{t-1}^e - (1 - \rho_{\theta e}) \chi^{\theta e} \left(\frac{\mu_t^e}{y_t} - \frac{\mu_0^e}{y_0} \right) \varepsilon_t^e \tag{6.78}$$

其中，ε_t^h 为住房贷款扩张冲击，ε_t^e 为企业贷款扩张冲击。

3. 财政当局

借鉴卜林等（2016），引入具有逆周期特征的财政支出政策：

$$\frac{G_t}{G_0} = \left(\frac{G_{t-1}}{G_0} \right)^{\rho_g} \left[\left(\frac{y_t}{y_0} \right)^{-\chi g} \right]^{1-\rho_g} \varepsilon_t^g \tag{6.79}$$

$$\frac{G_{i,t}}{G_{i,0}} = \left(\frac{G_{i,t-1}}{G_0} \right)^{\rho_{ig}} \left[\left(\frac{y_t}{y_0} \right)^{-ig} \right]^{1-\rho_{ig}} \varepsilon_t^{ig} \tag{6.80}$$

其中，G_t 为政府一般性支出；$G_{i,t}$ 为政府生产性支出，指用于改善厂商部门生产与经营情况的基础设施投资；政府生产性支出所形成的资本为 $k_{g,t}$，$k_{g,t} = G_{i,t} + (1 - \delta_g) \, k_{g,t-1}$。

借鉴黄志刚和许伟（2017），引入针对企业部门资本投资的结构性减税降费政策：

$$\frac{T_t}{T_0} = \left(\frac{T_{t-1}}{T_0} \right)^{\rho_t} \left[\left(\frac{y_t}{y_0} \right)^{-\chi t} \right]^{1-\rho_t} \varepsilon_t^t \tag{6.81}$$

借鉴卜林等（2016）、高然和龚六堂（2017）的研究成果，利用房地产商土地使用成本占销售额的比重，引入土地财政。政府的预算约束为：

$$T_t \, inv_t + \tau \, q_t \, h_t + b_t^g = G_t + G_{i,t} + R_{t-1}^g \, b_{t-1}^g \tag{6.82}$$

借鉴 Bi 和 Traum（2012）、朱军等（2018）的研究成果，政府债务压力上升会导致政府债务评级下降与隐形债务违约风险,并对金融机构造成冲击。为了刻画由财政风险到金融风险的转化机制,定义政府债券的真实回报率为公式(6.83),即对商业银行而言,政府债务杠杆率越高,政府债务资产的风险就越大,直观反映为政府债务资产的真实收益率下降,这也避免了政府不存在现实意义上违约的问题。

$$R_t^g = R_{t-1}^g \, {}^{\rho_{ag}} \left(\frac{b_t^g}{y_t} \right)^{-\kappa^g} \tag{6.83}$$

(七)一般均衡

经济体的总供给与总需求相等,有: $y_t = c_t + G_t + inv_t + I_{H,t} + G_{i,t}$。其中, c_t 是两类家庭的消费总和, $c_t = c_t^T + c_t^B$。

四、参数赋值与校准

除去定义方程,本节构建的 DSGE 模型是一个由 80 个动态方程组成的中型系统,所需校准的参数比较多。在总结已有研究中的参数校准方法后,本节一共选取了三种参数校准方法:根据已有文献的研究赋值、结合实际数据利用稳态方程计算、贝叶斯估计。参数校准所需数据均来自 Wind 数据库,时间区间为 2005 年第二季度至 2017 年第四季度。

(一)已有文献的研究赋值

对模型中较为常见的结构性参数,本节参考已有文献的研究进行赋值。参考骆永民和伍文中(2012),设定住房折旧率 δ_h 为 0.0125,资本折旧率 δ_k 为 0.035。参考郭豫媚等(2016),设定资本产出弹性 a 为 0.55,价格黏性 θ 为 0.6479,资本开发成本弹性 $\frac{\psi'(1)}{\psi''(1)}$ 为 5.96。参考卞志村和胡恒强(2015),设定家庭部门跨期消费替代弹性 σ_c 为 2。参考卞志村等(2019),设置政府公共

资本产出弹性 a_g 为 0.2。参考黄志刚和许伟(2017),设定住房投资摩擦系数 θ^{hk} 为 2.668。参考侯成琪和龚六堂(2014),设定工资弹性倒数 φ 为 0.4857。依据《商业银行资本管理办法(试行)》,设定企业贷款风险权重 w^e 为 1,住房贷款风险权重 w^h 为 0.5,零售贷款风险权重 w^b 为 0.75,政府债券风险权重 w^g 为 0.2。参考黄大海(2006),设定稳态时违约住房贷款回收率 O_t^h 为 85%,违约企业贷款回收率 O_t^e 为 70%。参考肖立伟(2018),设定资本投资摩擦系数 k_i 为 2.5。参考孟宪春等(2019),设定货币政策中价格成分权重为 0.3。参考梁璐璐等(2014),设定稳态时住房贷款的贷款价值比 θ_0^h 为 0.53。参考王擎和田娇(2016),设定稳态时住房贷款偿还率 V_0^h 为 99%,企业贷款偿还率 V_0^e 为 97%,零售贷款偿还率 V_0^b 为 98%,住房租金率 r_0^{sh} 为 0.0189,央行再贷款利率 R_0^c 为 1.007,就业供给 n_0 为 0.57,一般家庭的住房消费跨期替代弹性 σ_{hh}^b 为 1。

(二)结合实际数据利用稳态方程计算

模型引入了一些具有特定含义的参数,这些参数难以在相关文献中找到参考依据,需要根据稳态方程求解。根据中国 2005 年第二季度至 2017 年第四季度的总产出、住房贷款余额、零售贷款余额、企业贷款余额、消费率、投资率、金融机构资本充足率的历史数据平均值,本节设定稳态时住房贷款总量与季度 GDP 之比为 1.35、企业贷款总量与季度 GDP 之比为 3.38、零售贷款总量与季度 GDP 之比为 1.4、消费率为 40%、投资率为 40%、资本充足率为 13.4%。结合上述结果,本节设定企业贷款违约惩罚系数 θ^e 为 0.8950,住房贷款违约惩罚系数 θ^h 为 6.7,零售贷款违约惩罚系数 θ^b 为 3.25,稳态时存款利率 R_0 为 1.0069,住房贷款利率 R_0^h 为 1.0164,企业贷款利率 R_0^e 为 1.0185,零售贷款利率 R_0^b 为 1.03,资本开发边际成本 $\psi'(1)$ 为 0.0438,一般家庭贴现率 β_B 为 0.97,住房投资家庭贴现率 β_T 为 0.9922,住房投资家庭对住房需求弹性

σ_{hh} 为 1.38,商业银行资本缓冲偏好 η^L 为 0.6653。

（三）贝叶斯估计

本节选取了 2005 年第二季度至 2017 年第四季度的总产出、消费者价格指数、70 城房价指数、住房贷款余额、金融机构存款余额对模型的主要政策参数进行参数校准,所有数据均通过 X11 方法消除了季节趋势。对于没有时间趋势的消费者价格指数,本节进行了取对数后去均值处理;对于有时间趋势的总产出、70 城房价指数、住房贷款余额、金融机构存款余额,本节取对数后采用 HP 滤波方法消除了时间趋势。先验分布的设定主要借鉴了卞志村等（2019）、Angelini 等（2014）。此外,鉴于货币政策规则的形式较为复杂且对后文的数值模拟结果会有重要影响,本节针对此部分参数设定了较大的先验分布标准差,以期从更大的分布区间内捕捉数据信息,先验分布均值则直接使用了卞志村等（2019）的估计数值。在 10% 到 90% 的置信区间下,各参数后验分布的数值变化较小,这说明估计结果具有一定的稳健性。表 6.11 列示参数的先验分布与后验估计结果。

表 6.11　参数先验分布与后验估计结果

参数含义	符号	先验设定			后验结果		
		先验分布	均值	标准差	均值	置信区间[10%,90%]	
资本金要求惯性	ρ_k	Beta	0.75	0.2	0.7479	0.7475	0.7483
住房贷价值比惯性	$\rho_{\theta h}$	Beta	0.8	0.2	0.4432	0.4419	0.4445
企业贷价值比惯性	$\rho_{\theta e}$	Beta	0.8	0.2	0.6978	0.6974	0.6980
投资税税率惯性	ρ_t	Beta	0.5	0.2	0.6589	0.6570	0.6602
价格货币政策惯性	ρ_r	Beta	0.2	0.1	0.3317	0.3311	0.3324

参数含义	符号	先验设定			后验结果		
		先验分布	均值	标准差	均值	置信区间[10%,90%]	
数量货币政策惯性	ρ_m	Beta	0.75	0.1	0.9354	0.9348	0.9362
政府投资惯性	ρ_{ig}	Beta	0.5	0.1	0.1854	0.1854	0.1863
政府支出惯性	ρ_g	Beta	0.2	0.1	0.1344	0.1340	0.1348
企贷比反应参数	$\chi^{\theta e}$	Gamma	0.5	0.2	0.4027	0.4021	0.4023
资本要求反应参数	χ^k	Gamma	0.75	0.1	0.7003	0.6996	0.7007
政府支出反应参数	χ^g	Gamma	0.3	0.2	0.3537	0.3531	0.3547
政府投资反应参数	i^g	Gamma	0.3	0.2	0.2447	0.2443	0.2451
债券收益反应参数	κ^g	Gamma	5	2	6.6002	6.5921	6.6123
投资税率反应参数	χ^t	Gamma	0.3	0.5	0.4227	0.4220	0.4235
价格货币政策参数	$\varphi_{r\pi}$	Gamma	2	1	2.3489	2.3456	2.3515
价格货币政策参数	φ_{ry}	Gamma	0.72	0.5	1.1112	1.1094	1.1132
数量货币政策参数	$\varphi_{m\pi}$	Gamma	1.7	0.5	1.7291	1.7286	1.7296
数量货币政策参数	φ_{my}	Gamma	0.58	0.5	0.9408	0.9376	0.9432

五、动态模拟分析

本节以脉冲响应图和社会福利损失函数为分析工具,深入分析各政策工具的效果以及政策当局之间的协同效用,在此基础上研究中国宏观金融安全体系构建中的一些关键问题,并进一步分析构建三支柱调控框架的必要性。

（一）财政政策扩张会对金融稳定产生什么影响？

图6.18模拟了一个标准差的负向技术冲击后,随着政府一般性支出的扩张,各经济变量的动态变化情况。观察图6.18,随着政府一般性支出的增加,政府部门杠杆率、住房价格、住房投资、住房贷款出现大幅攀升趋势;资本投资、消费(从长期看)、零售贷款、商业银行资本充足率、商业银行风险资产规模出现大幅下降趋势;总产出的波动则降低了约14%。

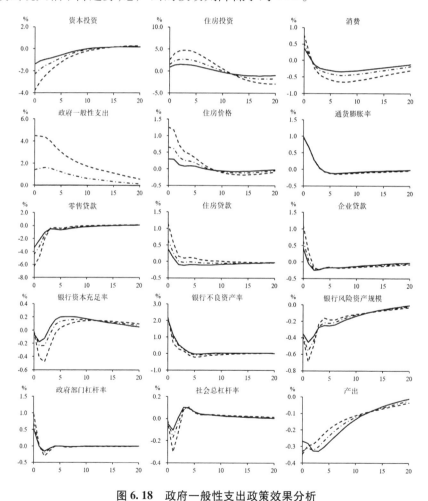

图6.18　政府一般性支出政策效果分析

注:实线代表政策反应参数为0,点划线代表政策反应参数为5,虚线代表政策反应参数为15。

政府一般性支出的扩张虽然可以起到稳定总产出的作用,但会通过两个渠道对经济金融体系产生负面影响:一是土地财政渠道。政府支出的增加带来了巨大的财政压力,这使土地出让收入变得格外具有吸引力。因此,地方政府会通过提升地价、要求金融部门向房地产业放贷、出台房地产利好政策等方式向房地产部门传递财政压力,住房价格被逐步抬升。在实体经济不景气的情况下,住房价格上升使各经济主体对房地产的投资热情高涨,住房投资上升,信贷资源向房地产领域倾斜,金融系统的信贷失衡倾向加剧,家庭部门所能得到的零售贷款减少,预算条件收紧,加之住房价格上升带来的住房支出压力,致使其消费潜力下降。从长期来看,消费出现了更为明显的下行趋势。住房价格的大幅攀升也削弱了各经济主体的资本投资热情,此外,政府支出与住房投资的增加本身也会挤占资本投资的投资机会。随着消费与资本投资的进一步下降,政府投资税与消费税减少,对土地出让收入的依赖性进一步增强,而为了稳定总产出,政府部门只能更加依赖财政支出与房地产投资,这使房地产业通过政府的土地财政行为对经济与金融系统形成了“绑架”。二是政府债务渠道。为了缓解财政支出扩张带来的财政压力,地方政府会通过传统信贷渠道与地方融资平台等影子银行渠道进行举债,形成大规模的显性与隐形债务。商业银行在中国金融体系中的主导地位使其与影子银行系统有着较为密切的资金往来(吴俊霖,2019),从实质上使得商业银行持有了大量的政府显性与隐形债务。实体经济下行时,政府税收减少,过度的财政扩张使得地方政府难以正常接续债务,隐形政府债务违约率上升,显性债务大量采取以债续债、债务置换等方式进行接续。市场投资者对政府债务风险进行重新评估,政府债务信用等级下降,实际收益率降低,这对持有大量政府债务资产的商业银行产生了负向冲击。商业银行的资产质量恶化,资本充足率下降趋势更为明显,风险厌恶程度进一步上升。为了保持稳健性,商业银行通过大幅度减少零售贷款投放量来缩减风险资产规模,同时将信贷资源更多地配置到相对安全的大型企业与房地产领域。然而,在经济下行时,小微企业①与一般家庭部门更加需要零售贷款缓解资金压力,进而平滑消费与资本投资,因此零售贷款规模的缩减会降低整个社会的消费与资本投资潜力,进而削弱经济的增长动能。由此可见,因财政过度扩张导致的政府债务风险不仅会降低商业银行的稳健性,还会引发商业银行的去杠杆行为,进而降低金融系统的普惠性与资源配置效率,削弱经济增长动能。

本节还通过脉冲响应图发现:政府生产性支出扩张的效果优于一般性支出扩张,而结构性减税降费政策的效果则优于两种财政支出政策。相比于一般性支出,生产性支出扩张可以提升厂商的资本投资环境,对资本投资的挤出效应较小,更有利于稳定经济增长。此外,因为生产性支出对实体经济部门的负面影响小且对经济增长的提振作用更为显著,所以财政当局不仅可以用更少支出达到更优效果,还可以从实体经济部门获得更多的税收,从而财政压力相对较低。这可以降低财政当局对土地财政与政府债务的依赖度,使生产性支出扩张对经济与金融体系的负面影响小于一般性支出扩张。相比于两种财政支出政策,结构性减税降费政策最大的优势在于可以通过直接影响资本投资的利润率激发实体经济部门活力,拉动资本投资回升,因此不仅对经济增长的提振效果更为显著,还可以对冲政府土地财政行为造成的经济"脱实向房"趋势,抑制房价与住房投资的过快上涨,引导信贷资源更多地流向企业部门,起到优化经济与信贷结构的作用。

(二)财政当局是否应将金融稳定作为重要政策目标?

本节引入了关注住房价格与政府债务杠杆率的逆周期财政政策工具:一

---

① 为了保证模型的稳健性,本节没有在模型中单独引入小微企业,所以本节模型中的零售贷款仅投放到一般家庭部门。但零售贷款的主要性质是相同的:没有合格的抵押品,所以风险较大;单笔投放规模小,却需要投入大量精力去评估风险,所以成本较高。两种零售贷款本质上都是具有普惠性质的贷款。

是结构性房产税政策,即在持有环节对住房投资家庭征收房产税 $T_{h,t}(q_t$ $h_{t-1} + r_{t-1}^{sh} q_t h_{t-1})$,同时对一般家庭发放住房补贴①$T_{h,t-1} r_{t-1}^{sh} q_t h_{t-1}$,其税率遵循公式(6.84),预算平衡等式相应地变为式(6.85);二是借鉴朱军等(2018)的财政整顿政策②,即将政府对债务的管理行为设定为式(6.86)。它表示当政府债务负担超过其预期阈值时,政府将果断收缩债务规模,避免对经济与金融系统造成过多负面影响。另外,随着经济增长回归其应有的潜在水平,财政扩张向财政整顿转变,积累财政缓冲,为应对下一次经济衰退预留财政空间。

$$T_{h,t} = (T_{h,t-1})^{\rho_{ht}} \left(\left(\frac{q_t h_t}{h_0} \right)^{\varphi_q} \right)^{1-\rho_{ht}} \tag{6.84}$$

$$T_t inv_t + \tau q_t h_t + b_t^g + T_{h,t} q_t h_{t-1} = G_t + G_{i,t} + R_{t-1}^g b_{t-1}^g \tag{6.85}$$

$$\frac{b_t^g}{b_0} = \left(\frac{b_{t-1}^g}{b_0} \right)^{\rho_b} \left[\left(\frac{b_t^g / y_t}{b_0^g / y_0} \right)^{\kappa y} \left(\frac{y_{t-1}}{y_0} \right)^{\kappa_b} \right]^{1-\rho_b} \tag{6.86}$$

本节设置财政当局的目标福利损失函数为式(6.87),即表示财政当局除了关注经济稳定外,同时还关注与自身密切相关的住房价格与政府债务杠杆。对于福利损失函数中各变量的权重选取,本节主要借鉴朱军等(2018)的研究成果,将产出权重设定为0.4、住房价格的权重设定为0.3、政府债务杠杆的权重设定为0.3。以福利损失函数的最小化为目标,计算出政策工具最优政策参数 φ_q、κy、κb 的取值分别为30、-3.32、-1.25。在图6.19中,本节将关注金融稳定的财政政策命名为财政规则2,将基准情形的财政政策命名为财政规则1,同时将政府一般性支出政策的政策反应参数提升至15,以分析当发生负向技术冲击时,两种政策规则下财政支出扩张的效果。

---

①　为一般家庭发放的住房补贴可以理解为保障性安居工程(包含廉租房、棚改等)的建设与其他各种住房补贴政策。本节的房产税主要针对住房投资者,对于一般家庭,反而要通过财政的收入再分配功能减轻其住房支出压力,这更有利于健全房地产的长效调控机制,让人民享受到更多的获得感。

②　本节将化减财政压力、保证政府债务可持续性的政府行为设定为"财政整顿"的概念。

$$L = \lambda_{cy}\, \sigma_y^2 + \lambda_{cq}\, \sigma_q^2 + \lambda_{cby}\, \sigma_{by}^2 \tag{6.87}$$

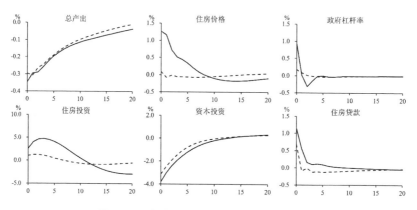

图 6.19　关注金融稳定的财政政策效果分析

注:实线代表财政规则 1,虚线代表财政规则 2。

在图 6.19 中可以看到,财政规则 2 下总产出波动降低约 10%、资本投资波动降低约 15%,住房价格、政府杠杆率、住房投资、住房贷款的波动分别下降了约 90%、80%、70%、50%,这说明对金融稳定的关注并没有削弱财政政策的经济稳定功能,反而有一定增强。这种增强体现在两个方面:一是强化了财政政策对冲经济下行趋势的能力;二是削弱了经济与金融系统对房地产业的依赖性,优化了经济与金融的结构。更为重要的是,关注金融稳定的财政政策有效缓解了住房价格泡沫与政府债务风险两大风险隐患,大幅度提升了金融系统的稳定性。结构性房产税政策之所以能够有效抑制房地产的过度繁荣,原因有两点:一是直接降低了住房投资的投资利润率,提高了住房投资的投资风险,抑制了市场上各经济主体的投机行为;二是征收上来的房产税可以有效弥补财政支出扩张所带来的财政压力,减少了政府部门对土地财政的依赖性,削弱了房地产业在经济体系中的支柱地位。财政整顿政策之所以能够大幅度降低政府债务杠杆率是因为它可以有效提升财政支出效率。财政整顿政策盯住政府的债务负担率,一旦出现政府过度举债,财政支出政策的边际效应递减,便能有效控制政府财政杠杆,避免扩张性财政支出效率下降造成过高债务依存度,从而给金融系统造成压力。基于以上分析,本节认为财政当局应将金融稳定作为重要政策目标。

(三)在宏观审慎政策存在的情况下,货币政策是否仍需兼顾金融稳定?

借鉴梁璐璐等(2014)、侯成琪和龚六堂(2014)的研究,本节对货币政策进行了扩展,构建了关注住房价格与社会总杠杆率的货币政策,即式(6.88)。借鉴肖立伟(2018),本节亦相应假设货币政策当局的福利损失函数为式(6.89),设定总产出、通货膨胀率、社会总杠杆率、住房价格的权重分别为0.3、0.2、0.3、0.2。图6.20模拟了发生负向技术冲击时,随着货币政策对社会总杠杆率与住房价格反应参数(即φ_{rm}、φ_{rq}、φ_{mm}、φ_{mq})数值的提升,各经济变量的动态变化。政策反应参数的取值分别为0(即本节基准情形)、0.3、0.6,取正数表示货币政策会对住房价格和社会总杠杆率进行逆周期调控。

$$(R_t^c)^{\ \kappa}\ (g_t^m)^{\ -(1-\kappa)}\ =\ (R_{t-1}^c)^{\ \kappa\rho_\gamma}\ (g_{t-1}^m)^{\ -(1-\kappa)\ \rho_m}$$

$$\left[\left(\frac{\pi_t}{\pi_0}\right)^{\kappa(1-\rho_\gamma)\ \varphi_{r\pi}+(1-\kappa)\ (1-\rho_m)\ \varphi_{m\pi}}\left(\frac{y_t}{y_0}\right)^{\kappa(1-\rho_\gamma)\ \varphi_{ry}+(1-\kappa)\ (1-\rho_m)\ \varphi_{my}}\right]$$

$$\left[\left(\frac{q_t}{q_0}\right)^{\kappa(1-\rho_\gamma)\ \varphi_{rq}+(1-\kappa)\ (1-\rho_m)\ \varphi_{mq}}\left(\frac{imu_t}{imu_0}\right)^{\kappa(1-\rho_\gamma)\ \varphi_{rm}+(1-\kappa\kappa)\ (1-\rho_m)\ \varphi_{mm}}\right]\varepsilon_t^m$$

$$(6.88)$$

$$L = \lambda_{my}\ \sigma_y^2 + \lambda_{m\pi}\ \sigma_\pi^2 + \lambda_{mq}\ \sigma_q^2 + \lambda_{mimu}\ \sigma_{imu}^2 \tag{6.89}$$

观察图6.20可以发现,随着对住房价格、社会总杠杆率反应参数的上升,各经济变量的波动幅度出现一致性上升趋势,这表明货币政策对住房价格与社会总杠杆率的逆周期调控不仅没有增强金融系统的稳定性,反而对实体经济产生了负面影响。究其原因,一方面是负向技术冲击下实体经济的经济周期与金融周期发生了背离。负向技术冲击下,厂商部门生产效率降低,资本投资利润率降低,风险增大,这使住房投资更加具有吸引力,经济出现了"脱实

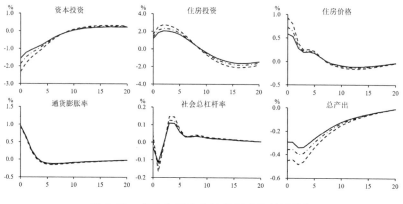

图 6.20　关注金融稳定的货币政策效果分析

注:实线代表政策反应参数为 0,点划线代表政策反应参数为 0.3,虚线代表政策反应参数为 0.6。

向房"的倾向,住房价格出现大幅攀升。另一方面,相比于实体经济部门,金融部门对经济形势的变化更为敏感,对资产配置调整的速度更快。因此,当总产出在第 3 期呈现向稳态水平回归的趋势时,商业银行风险加权资产亦呈现出向稳态水平回归的趋势,且回归速度高于总产出,这使得社会总杠杆率从第 3 期开始出现了一个较为明显的上升趋势,且迅速到达高于稳态水平的位置,随后逐步向稳态水平回归。住房价格与社会总杠杆率的上升趋势使得关注金融稳定的货币政策必须采取紧缩的政策意向,货币政策的紧缩拖累了实体经济部门的复苏速度,而实体经济部门的下行又是造成金融部门波动的根本原因,从而就出现了所有经济变量波动幅度同时放大的现象。

　　本节以福利损失最小化为标准,计算了不同冲击下货币政策的最优参数,结果发现:当冲击来自实体经济层面时,货币政策对住房价格、社会总杠杆率的最优政策反应参数更加偏向于负值;当冲击来自金融层面时,最优政策反应参数更加偏向于正值,且不同冲击下最优政策反应参数的绝对值也有较大差异。总之,最优政策参数的取值具有不稳定性。在复杂的经济体系中,实体经济部门与金融部门往往相互影响,比如住房价格上升的原因既有可能是实体经济部门投资利润率的下降,也有可能是住房贷款的扩张,甚至可能是两者皆有。此时,货币政策当局很难准确判断冲击源头,简单根据金融变量的变化调整货币政策方向与政策反应力度大小,就很有可能作出错误决策,加剧实体经济部门与金融部门的波动。基于以上分析,本节认为:关注金融稳定的货币政策操作难度较大,现实可行性较低,且溢出效应较高,因此应将金融稳定这一政策目标分配给宏观审慎政策,货币政策仍然专注于经济增长与物价稳定的传统政策目标。

为了进一步论证上述结论,本节通过脉冲响应图详细分析了宏观审慎政策的效果,结果发现:宏观审慎政策能够灵活处理特定领域的金融风险,且对实体经济的溢出效应较低,因此,相比于货币政策,确实更适合承担金融稳定的职责。

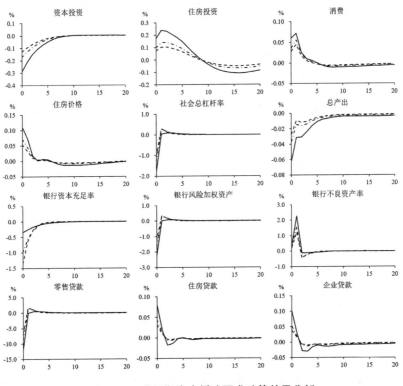

图 6.21 逆周期资本缓冲要求政策效果分析

注:实线代表政策反应参数为0.1,点划线代表政策反应参数为0.4,虚线代表政策反应参数为0.7。

图 6.21 模拟了在负向金融冲击下,当逆周期资本缓冲要求政策对社会总杠杆率的反应参数取不同数值时,各经济变量的动态变化。观察图 6.21,当发生负向金融冲击时,商业银行资本金遭受损失,资本充足率下降。资本充足率的降低使得商业银行更加厌恶风险,从而采取了保守经营策略:一方面收缩风险资产规模,使得社会总杠杆率降低;另一方面将信贷资源更多地向房地产等具有良好抵押品的产业倾斜,进而推高房价。此时,相对于资本投资,住房投资更加具有吸引力,住房投资的上升挤出了资本投资,总产出下降。可见,负向金融冲击会引发商业银行的去杠杆行为,从而将金融风险向实体经济部门传递,而实体经济的下行又使得商业银行的不良资产率上升,从而引发新的金融风险。关注社会总杠杆率的逆周期资本缓冲要求政策则可以有效地抑制商业银行的去杠杆行为,阻止金融风险向实体经济传递:当商业银行因为资本充足率下降收缩风险资产规模时,关注到社会总杠杆率异常下降的宏观审慎当局作出反应,降低对商业银行资本充足率的要求,使商业银行可以运用更多资本金去吸收损失,提高商业银行对风险的容忍度,从根本上削弱商业银行去杠杆行为的动机,阻断金融风险向实体经济的传播途径,最终降低新金融风险出现的可能性。

为了进一步探究逆周期资本缓冲要求政策的效果,本节模拟了发生负向技术冲击的情形,结果发现:随着政策反应参数的提升,社会总杠杆率的波动最高下降约 38%,总产出、资本投资、消费的波动变化均在 4% 以内。这说明当冲击来自实体经济部门时,逆周期资本缓冲要求政策仍然可以通过对金融部门的调控有效地达成抑制社会总杠杆率波动的目标,且不会对实体经济部门造成显著的负面影响。

图 6.22 模拟了房贷扩张冲击下,随着逆周期住房贷款价值比政策的反应参数上升,各经济变量的动态变化。可以看到,逆周期住房贷款价值比政策发挥了很好的作用。随着政策反应参数的上升,住房贷款的上升幅度最高降低约 50%,由住房信贷增加引发的住房投资过热、住房价格虚高现象得到缓解

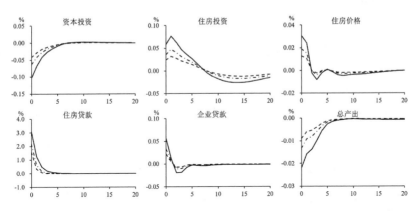

图 6.22　逆周期住房贷款价值比政策效果分析

注:实线代表政策反应参数为 0.1,点划线代表政策反应参数为 0.5,虚线代表政策反应参数为 1。

(住房投资波动最高下降约 40%、住房价格最高下降约 60%)。住房投资过热对资本投资的挤出效应下降,经济的下行趋势得到遏制(总产出、资本投资波动最高都下降了约 60%)。在房贷扩张冲击下,逆周期住房贷款价值比政策不仅稳定了住房贷款规模,优化了信贷结构,防止商业银行在房地产领域积累过多的风险,还缓解了因信贷结构失衡引发的经济结构失衡问题。

　　为了进一步探讨逆周期住房贷款价值比政策在实体经济冲击下的效果,本节模拟了发生负向技术冲击时的情形。结果发现:随着政策反应参数的提升,住房贷款的波动最高下降约 55%,住房价格、资本投资、总产出的波动最高下降约 5%。总之,逆周期住房贷款价值比政策不仅可以有效缓解因住房贷款波动引发的信贷结构失衡与住房价格波动,而且还可以通过对信贷资源的引导来优化经济结构。

　　通过以上分析,本节认为宏观审慎政策能够增强金融系统的稳定性,且与货币政策相比,由宏观审慎政策执行金融稳定职责更为合理。无论冲击的源头是金融部门还是实体经济部门,宏观审慎当局都可以根据金融变量的变化方向确定政策调整方向,对金融部门进行直接调控,发力精准,且操作难度较小。此外,宏观审慎政策对实体经济的负向溢出效应较低,这都是货币政策所不具备的优势。

（四）从金融稳定的视角分析，三支柱调控框架是否优于双支柱框架？

本节通过各政策当局对最优政策参数的不同选择方式模拟他们之间的合作与博弈。非合作情况下，三者以各自的福利损失函数最小化为目标，独立确定各自政策工具最优参数。在经济增长减速背景下，扩张性财政政策是稳定经济增长、优化经济结构的有力手段，由于宏观审慎政策目前仍处于探索阶段，本节设定财政当局首先进行决策，货币当局随后进行决策，宏观审慎当局则最后进行决策。合作情况下（比如财政与货币当局合作），财政与货币当局首先通过对政策参数的选择最小化他们的联合福利函数，随后宏观审慎当局以货币当局与财政当局既定的政策参数为条件，以福利损失最小化为目标确定政策参数。财政当局的福利损失函数为式（6.87）；借鉴肖立伟（2018），我们设定宏观审慎当局的福利损失函数为式（6.90），总产出、住房价格、社会总杠杆率的权重为 0.4、0.3、0.3；借鉴郭豫媚等（2016），货币政策当局的福利损失函数为式（6.91），总产出、通货膨胀率的权重为 0.7、0.3。

$$L = \lambda_{py}\,\sigma_y^2 + \lambda_{pq}\,\sigma_q^2 + \lambda_{pimu}\,\sigma_{imu}^2 \tag{6.90}$$

$$L = \lambda_{my}\,\sigma_y^2 + \lambda_{m\pi}\,\sigma_\pi^2 \tag{6.91}$$

观察表 6.12，以联合福利损失函数为评判标准，三个政策当局相互合作（协同方式 5）的表现是最优的。相比于货币当局与宏观审慎当局相互合作的情况（协同方式 4），联合福利损失下降 31%，这说明三支柱调控框架优于传统意义上的双支柱调控框架。从各主要经济变量的波动来看，协同方式 5 与协同方式 4 相比，除政府杠杆率的波动上升约 16%，其余各经济变量的波动均有所减小：产出波动减少约 7%、通胀波动减少约 13%、社会总杠杆率波动减少约 16%、住房价格波动减少约 42%。这说明与货币当局和宏观审慎当局的合作不会削弱财政当局稳定经济增长的能力，而且可以增强金融系统的稳定性。

进一步观察表 6.12 发现：仅从产出波动最小化的角度出发，协同方式 1 最优，协同方式 5 次优，协同方式 4 的产出波动较为接近协同方式 1 和 5，远低于协同方式 2 和 3。这说明如果不考虑金融稳定与物价稳定，仅考虑经济增长稳定，就应当给予财政政策较高的独立性。但如果仅考虑金融稳定，协同方式 5 最优，即三个政策当局相互配合时的宏观调控框架对金融系统的调控能力最强。[1] 若仅考虑物价稳定，则协同方式 2 最优，即财政当局与货币当局相互配合更有利于物价稳定。协同方式 4 的通货膨胀率方差最高，说明货币当局与宏观审慎当局相互合作的双支柱调控框架对物价的调控能力较差。总之，与双支柱调控框架相比，三支柱调控框架在维护经济稳定、物价稳定、金融稳定等三个方面的表现均更为出色。此外，从联合福利损失最小化与金融稳定两个视角来看，三支柱调控框架均是 5 种协同方式中的最优选择。

表 6.12　政策当局间的协同效应

（单位：%）

不同协同方式	财政当局	货币当局	宏观审慎当局	σ_y	σ_π	σ_{imu}	σ_q	σ_{by}	联合福利损失
1	—	—	—	0.23	1.43	1.5	0.53	0.13	0.0154
2	√	√	—	0.4	1.41	1.4	0.42	0.22	0.0154
3	√	—	√	1.46	1.52	1.36	0.5	0.78	0.0478
4	—	√	√	0.28	1.74	1.7	0.66	0.18	0.0216
5	√	√	√	0.26	1.52	1.42	0.38	0.21	0.0150

注："√"表示政策当局之间进行合作，"—"表示政策当局独立决策。

（五）构建三支柱调控框架的必要性分析

中国的实际情况较为贴近协同方式 4。2018 年机构改革后，中国形成"一委一行两会"的监管格局，双支柱调控框架已初见雏形：国务院金融稳定发展

---

① 协同方式 5 下，社会总杠杆率、住房价格、政府债务杠杆率方差的加总最小。此外，依据本节联合福利损失函数的权重对三者进行加权平均后，协同方式 5 的数值也是最小。

委员会负责各金融监管机构的协调工作,统筹金融改革发展与监管;中国人民银行肩负货币政策、宏观审慎政策的职责,即双支柱;证监会和银保监会负责微观监管职能,为双支柱打牢柱基。2023 年机构改革后,中国金融监管体系迎来新一轮科学重塑,形成"一委一行一总局一会"的新监管格局。中央金融委及其办公室负责金融稳定和发展的顶层设计、统筹协调、整体推进、督促落实以及研究审议重大政策、重大问题等,进一步增强不同金融行业的统一监管与协调统筹能力,以及中央与地方在金融领域的统一监管与协调统筹能力等。中国人民银行除承担货币政策制定与实施职能外,更多地担负起宏观审慎管理、金融基础设施建设、基础法律法规体系及全口径统计分析和系统性风险预警等工作。国家金融监管总局主要负责具体机构和行业监管工作的落地和执行,以及金融消费者权益保护。证监会仍然负责资本市场监管职责,其核心是维护资本市场秩序和健康稳定发展。可以预见,在新格局下货币政策与宏观审慎政策间的交融性将不断增强。但另外一个重要问题仍有待解决:双支柱调控框架与财政政策间的协调性不足,反映在中国现实层面,便是中国人民银行与财政部之间的协调机制不够完善,财政与金融关系失衡(徐忠,2018)。结合中国实际状况与数值模拟结果,本节认为有必要加强中国人民银行与财政部之间的协调机制建设,推动宏观调控框架由协同方式 4 向协同方式 5 转变,理由如下。

第一,仅靠货币政策与宏观审慎政策,难以真正治理一些较为突出的金融风险隐患,财政政策的配合非常必要。首先,货币政策与宏观审慎政策对房价的调控能力有限,要化解房价泡沫风险,必须发挥财政政策的作用。本节的数值模拟分析表明,货币政策的溢出效应较强,作为一种总量政策并不适合对住房价格作出直接反应。宏观审慎政策虽然可以通过逆周期住房贷款价值比工具有针对性地调控住房市场,但发挥的作用不尽如人意:当冲击来自实体经济层面时,逆周期住房贷款价值比工具能够起到的作用有限(比如,负向技术冲击下逆周期住房贷款价值比工具仅使住房价格波动降低约 5%)。通过对比各种政策工具的效果,本节发现房产税政策对住房价格的调控能力最强:观察图 6.19,实施房产税政策后,住房价格波动降低约 90%。此外,表 6.12 也显示,当财政政策与双支柱政策相互配合时(即由协同方式 4 向协同方式 5 转变),住房价格波动减少约 42%。因此,本节认为,要达成稳房价的目标,就必须重视财政政策的作用,加强财政政策与双支柱调控框架间的配合。其次,从图 6.19 可以看到,当财政部门实施财政整顿政策后,政府部门杠杆率的波动下降 80%,这说明解铃还须系铃人,要想从根本上化解政府债务风险,财政部门必须主动作为,进行财政整顿。

第二,构建三支柱调控框架有利于进一步协调财政与金融的关系,降低财政压力对金融稳定的影响。图 6.18 的数值模拟分析表明,当财政政策过度扩张时,财政压力将会通过政府债务与土地财政两个渠道转化为金融风险,严重威胁金融稳定,影响双支柱调控框架的调控效果。因此,本节认为在财政扩张的背景下,应当重视财政政策对金融稳定的影响,加强财政政策与双支柱调控的配合。财政部与中国人民银行应在防风险与稳经济方面设立共同的目标体系,通过建立常态化沟通渠道与响应安排,统筹好财政与金融的关系,避免双方在金融稳定领域出现政策冲突与政策叠加问题。

第三,财政部可以帮助中国人民银行疏通货币政策传导渠道。本节发现,随着资本投资税减免力度的提高,用于资本投资的企业贷款数量有了大幅攀升(企业信贷缺口最高上升幅度近 240%);观察图 6.19,随着房产税政策的实施,住房贷款数量出现大幅缩减(住房贷款缺口下降约 50%)。以上实证结果表明,财政部可以运用结构性政策工具精准引导信贷资金流向,这对疏通货币政策传导渠道,提高货币政策有效性有重要意义。

第四,中国人民银行可以通过营造稳健适宜的货币金融环境,支持积极的财政政策发挥作用。通过图 6.18 可以发现,当财政当局过度举债时,会对金融机构造成压力,降低金融系统的普惠性。面对这种情况,中国人民银行可以通过定向降准、投放定向再贷款等手段,保证金融系统流动性合理充裕,减轻金融机构压力,同时引导金融机构加强普惠金融力度,从而在一定程度上缓解财政扩张的负面影响,提升财政政策的政策效果。

第五,构建三支柱调控框架是应对新冠疫情等突发冲击的必然选择。2020年初新冠疫情暴发以来,中国在防风险、稳增长、保民生等领域面临的挑战前所未有。同时,财政与金融关系引起了学术界与实务界的激烈讨论,赤字货币化、现代货币理论、央行独立性等成为讨论的热词。这场讨论的兴起说明人们已逐步意识到现有的财政金融体系难以应对新挑战,必须进一步统筹协调财政与金融的关系,通过增强政策合力提升宏观调控的有效性。本节的数值模拟结果也支持这一结论:观察表6.12,当财政政策与双支柱调控框架相互配合时(即由协同方式4向协同方式5转变),联合福利损失降低了31%。

六、结论与政策建议

本节构建了包含财政政策、货币政策、宏观审慎政策的 DSGE 模型,以脉冲响应与福利损失函数为分析工具,研究中国宏观金融安全体系构建中的一些关键问题。研究的主要结论如下:第一,财政扩张会通过土地财政与政府债务两个渠道对经济金融体系产生负面影响。地方政府对土地财政的依赖会引发经济金融体系"脱实向房",造成房地产"绑架"经济的事实;地方政府的过度举债行为不仅对银行业的稳健经营产生负面影响,还会降低金融资源配置效率,削弱经济增长动能。第二,财政当局应当将金融稳定作为重要政策目标,原因有三:一是财政的扩张会对金融稳定产生负面影响;二是面对财政扩张对金融稳定带来的负面影响,财政当局有合适的政策工具进行化解;三是对金融稳定的关注不会削弱财政政策稳定经济增长与优化经济结构的功能。第三,在宏观审慎政策建立的情况下,货币政策不宜兼顾金融稳定职责,原因在于:一是当货币政策关注金融稳定时,经济周期与金融周期的非一致性以及货币政策对实体经济的强溢出效应会带来两难困境;二是随着经济金融体系的日益复杂,央行未必能够精准识别冲击来源,简单根据金融变量的波动调整调控方向,可能会适得其反,因此关注金融稳定的货币政策操作难度较高。第四,宏观审慎政策能够增强金融系统的稳定性,且与货币政策相比,由宏观审慎政策执行金融稳定职责更为合理。无论冲击的源头是金融部门还是实体经济部门,宏观审慎当局都可以根据金融变量的变化方向确定政策的调控方向,对金融部门进行直接调控,且操作难度较小。此外,宏观审慎政策对实体经济的负向溢出效应低,这都是货币政策所不具备的优势。第五,从金融稳定的视角分析,纳入财政政策的三支柱调控框架优于双支柱调控框架。与双支柱调控框架相比,三支柱调控框架在维护经济稳定、物价稳定、金融稳定三个方面的表现均更出色。此外,从联合福利损失最小化与金融稳定两个视角来看,三支柱调控框架也是各种协同方式中的最优选择。

根据上述结论,本节的政策建议如下。

第一,提高财政政策效率。一要提升财政支出效率,将财政资源更多地用于涉及国计民生的公益性基础设施建设,同时改革财政投资体制,把过去财政对生产、经营领域的直接投入转到为市场经济与企业创造良好的生产经营环境上来,让企业成为经济建设的主体。二要加大减税降费力度,提高各经济主体享受减税降费政策的便利性,切实降低各经济主体的税收负担与非税负担,同时发挥好减税降费政策对经济金融结构的优化作用。三要推进房产税政策的落地,本着"多房产家庭多征,困难家庭少征或者不征"的原则,发挥好房产税政策在财富再分配方面的作用,将征收的税收通过直接住房补贴、保障性安居工程建设等方式分配给弱势群体,从而建立起长效调控机制。

第二,积极稳妥化解财政金融风险。一要实施灵活的财政整顿政策,既要避免财政紧缩过于刚猛,伤及经济增长动能,又要避免对政府债务的过度依赖,防止由财政过度扩张带来的低效率给金融系统造成压力。二要通过建立土地出让收入储备基金、推进房产税政策落地、强化土地增值税的税收强度等方式削弱地方政府对土地出让收入的依赖。

第三,将宏观审慎政策作为防范金融风险的第一道防线。只有当宏观审慎政策效果衰竭时,才可以在充分考虑经济发展态势的基础上,审慎运用货币政策维护金融稳定。

第四,不断完善宏观审慎政策框架。应根据中国国情进一步探索如何将影子银行、房地产金融、互联网金融等具有系统重要性的金融范畴纳入宏观审慎政策框架,将绿色信贷业绩、降准资金发放与贷款市场报价利率(LPR)运用情况等纳入 MPA 考核体系。

第五,加强财政当局、货币当局、宏观审慎当局之间的统筹与协作。一要发挥好财政当局在结构性调控方面的优势,通过税收、投资等手段引导金融经济资源流向,帮助货币当局疏通货币政策传导,形成经济和金融的良性循环;二要货币当局应营造稳健适宜的货币金融环境,发挥好结构引导作用,支持财政政策产生效果;三要树立大宏观审慎政策的意识,财政整顿政策与房产税政策工具也可以列入大宏观审慎政策范畴,财政当局债务管理规定与房产税政策的出台应与宏观审慎当局的监管相联系,做好政策出台前的沟通与协调;四要建立健全各政策当局间的显性协调机制,通过建立常态化沟通渠道和响应安排,逐步探索既能均衡各方政策目标,又能形成政策合力的三支柱调控框架。

第五节　本章小结

本章对中国金融宏观调控框架进行了深入研究。本章第一节基于 TVP-SV-VAR,分析货币政策调控对资产价格的影响,并构建了系统的资产价格金融宏观调控方案。第二节通过构建包含家庭、厂商、财政部门、货币部门的四部门 DSGE 模型,研究货币政策调控框架渐进转型背景下,结构性财政工具调控效果的变动情况。第三节通过构建包含家庭、资本品生产商、最终品生产商、企业家、商业银行和宏观政策当局的六部门 DSGE 模型,研究异质性冲击下双支柱政策框架的调控效果。本章第四节通过构建新凯恩斯 DSGE 模型,将财政当局、货币当局、宏观审慎当局共同纳入理论框架,进一步分析构建三支柱调控框架的必要性,为金融稳定工作提供政策参考依据。

基于货币政策的研究表明:中国两种类型货币政策均具有盯住资产价格的政策取向。从政策效果来看,价格型货币政策在调控资产价格上的效力整体大于数量型货币政策;而在达到调控效果极大水平所需时间以及调控效果持续时间方面,两种类型货币政策相差不大,数量型货币政策达到调控效果极大水平的时间略短于价格型货币政策。不同时期两种类型货币政策的资产价格调控效果存在差异,其中金融危机时期调控效果最为显著,而金融强监管时期调控效果明显弱化。基于研究结论,得出以下政策建议:第一,应进一步规范金融业务创新,疏通货币政策传导渠道;第二,应改变"重量轻价"的传统货币政策调控模式,形成"价主量辅"的货币政策调控新框架,提升货币政策调控资产价格的效力;第三,应加强宏观审慎监管,构建并完善"货币政策+宏观审慎政策"双支柱调控框架,以更有效地稳定资产价格。

基于货币政策和财政政策的研究表明:货币政策调控框架转型会显著影响财政乘数,且财政乘数随转型进程非线性变动,其机理在于货币政策转型会影响财政冲击对私人资本的挤出效应强度。基于研究结论,得出以下政策建议:第一,中国经济发展进入新时代,需要构建高效协同的宏观调控框架,财政政策应密切关注货币政策调控框架转型进程,以保证调控力度恰当、效果合意;第二,对财政工具的选择应更加重视结构性减税与投资补贴,以改善民生福祉,激发经济活力;第三,财政调控应有增有减,以维持预算平衡,防范化解政府债务风险。

基于双支柱框架的研究表明:无论是应对来自供给侧的冲击还是来自需求侧的冲击,双支柱政策搭配调控的效果优于仅使用货币政策进行调控的效果。进一步的研究发现,在银行资本冲击下逆周期资本要求与货币政策的协调效果最好,而在生产技术冲击和住房需求冲击下贷款价值比工具与货币政策的协调效果更优,在货币政策冲击下两种宏观审慎政策工具与货币政策协调的效果相当且优于仅使用货币政策调控的效果。为了更好地实现政策调控目标,宏观调控当局应当根据经济所处状态和特点,有针对性地选择宏观审慎政策工具与货币政策进行搭配;与此同时,宏观政策当局还应提升对金融风险冲击的识别和判断能力。

基于三支柱框架的研究表明:第一,扩张性财政政策的效果显著,但也会通过土地财政与政府债务两个渠道对金融稳定产生负面影响;第二,仅依靠双支柱调控框架应对金融风险还不够审慎,应构建包含房产税政策、财政整顿政策的宏观调控框架,以强化财政政策在金融稳定中的作用;第三,盯住房价与社会总杠杆率的货币政策并不能提升金融系统的稳定性,将宏观审慎政策作为防控金融风险的第一道防线是更为合理的选择;第四,与双支柱调控框架相比,纳入财政政策的三支柱调控框架在维护经济稳定、物价稳定、金融稳定方面的表现均更为出色,因此应当加强财政、货币、宏观审慎政策的配合。基于以上分析,得出以下政策建议:第一,财政当局应通过提高财政支出效率、加大减税降费政策执行力度、推进房产税政策落地来提升财政政策的有效性;第二,财政当局应通过实施灵活的财政整顿政策、削弱对土地财政的依赖来积极妥善化解财政金融风险;第三,金融稳定不适宜作为货币政策的主要政策目标;第四,不断完善具有弹性的宏观审慎政策框架;第五,加强财政当局、货币当局、宏观审慎当局之间的统筹与协作。

第七章　新时代中国金融
安全体系的构建

金融安全关乎国家根本利益,是国家安全的重要组成部分,也是经济平稳健康发展的重要基础和前提。维护金融安全,是关系我国经济社会发展全局的一件带有战略性、根本性的大事。党的十八大以来,我国把防控金融风险放到更加重要的位置。2017 年 7 月 14 日至 15 日召开的第五次全国金融工作会议上,习近平总书记强调防止发生系统性金融风险是金融工作的永恒主题。要把主动防范化解系统性金融风险放在更加重要的位置,科学防范,早识别、早预警、早发现、早处置,着力防范化解重点领域风险,着力完善金融安全防线和风险应急处置机制。2021 年 8 月 17 日召开的中央财经委员会第十次会议上,习近平总书记再次强调金融稳定发展的重要性。2023 年 10 月 30 日至 31 日召开的中央金融工作会议强调,当前和今后一个时期,要以全面加强监管、防范化解风险为重点,坚持稳中求进工作总基调,统筹发展和安全,牢牢守住不发生系统性金融风险的底线,坚定不移走中国特色金融发展之路,加快建设中国特色现代金融体系,不断满足经济社会发展和人民群众日益增长的金融需求,不断开创新时代金融工作新局面。金融是现代经济的核心,关系发展和安全,要遵循市场化法治化原则,统筹做好重大金融风险防范化解工作。近年来,我国采取了一系列措施加强金融监管,努力防范和化解金融风险,维护金融安全和稳定,金融风险总体可控。

但是,我们必须清醒认识到,在金融风险总体可控之下,近年来我国金融市场出现了不良资产、债券违约、影子银行、互联网金融等累积风险,金融安全防护网还未能完全覆盖所有风险点。正如习近平总书记所说,"扩大金融业对外开放,金融监管能力必须跟得上,在加强监管中不断提高开放水平"。在国内经济发展新常态与国际经济前景仍不明朗的双重压力之下,未来我国金融市场发展的不确定性仍可能上升,要守住不发生系统性金融风险的底线、维护金融安全,就必须综合考虑金融开放进程中源自国内外的金融风险,建立健全开放条件下中国的金融安全体系。

本章研究中国金融安全的监测预警体系、中国金融安全的日常管理、中国金融安全的危机管理以及中国金融安全的监管体制四大问题。第一节首先编制中国动态金融状况指数(DFCI),进而运用 MS-VAR 模型建立综合经济因素与金融因素的"坐标体系",准确研判中国经济金融区制状态,借此构建中国金融安全的监测预警体系,并分析不同经济金融阶段金融状况变动的非线性经济效应。第二节分析宏观审慎政策和微观审慎监管协调搭配的必要性,研究二者的协调机制,进而探讨中国金融安全的日常管理相关问题。第三节分析中国金融危机政策干预现状以及存在的问题,借鉴国际先进经验,提出相关措施以完善中国金融安全的危机管理机制。第四节对国际金融监管体制改革经验进行系统梳理,并回顾我国金融监管体制改革历程,以期为我国金融监管模式改革路径提供参考依据。第五节提出了新时代健全和完善中国金融安全体系、防范化解系统性金融风险的系列政策建议。

第一节　中国金融状况的动态测度研究

一、研究背景

经济高质量发展需要稳定适宜的货币金融环境。近年来,中国人民银行按季发布的《中国货币政策执行报告》中频现"稳定适中的货币金融环境""稳定适宜的货币金融环境""中性适度的货币金融环境""适宜的货币金融环境"等提法。然而,国际金融危机以来我国经济金融稳定性有所降低,尤其是货币金融形势变化趋于频繁,易发频发的金融波动日益成为影响宏观经济稳定的重要因素。当前我国经济发展的内外部环境错综复杂,不稳定、不确定因素仍在增多,在这一背景下,金融波动引致经济下行的潜在风险可能进一步积聚,值得引起学术界与实务界的高度重视。

徐国祥和郑雯(2013)、尚玉皇和郑挺国(2018)等的研究以及部分发达国家的经济金融实践业已证明,金融状况指数能够较好地反映金融形势,且与未来经济产出波动高度相关,可以作为探究金融波动及其经济效应的重要指标。考虑到目前我国面临的内外部环境日趋复杂,为更有效地防范化解重大风险,逐步推进经济转型升级,有必要动态测度中国金融状况,准确研判我国所处的经济金融阶段,并据此分析不同阶段下金融状况变动的宏观经济效应。

金融状况指数(Financial Condition Index, FCI)是 Goodhart 和 Hofmann(2001)首次提出的,用于反映货币金融形势的指标。在金融状况测度研究的较早阶段,学者们大多将各成分指标在金融状况指数中所占权重设为定值,构建方法主要包括 Goodhart 和 Hofmann(2001)基于 OLS 模型的总需求缩减式法、郭晔和杨娇(2012)与徐国祥和郑雯(2013)基于固定参数 VAR 模型的脉冲响应法,以及 Beaton 等(2009)采用的大型宏观经济模型模拟法。然而,金融状况不断变化,固定权重金融状况指数显然难以与之匹配,因此一些学者尝试运用更先进的计量方法,构建各成分指标权重能够跨期变化的动态金融状况指数(Dynamic Financial Condition Index, DFCI)。其中,基于状态空间模型的总需求缩减式法较早被 Montagnoli 和 Napolitano(2006)、卞志村等(2012)应用于 DFCI 构建实践。该方法依托于坚实的微观理论基础,模型参数方程具有直接经济含义,体现了理论层面的严谨性;但从计量层面来看,这一方法仍然存在可纳入变量较少、模型假设难以完全满足、参数估计依赖于初值设定等缺陷。相比之下,时变参数 VAR（Time Varying Parameter VAR, TVP-VAR）类模型能够允许纳入较多的金融变量个数,且不依赖于特定的理论假设,具有一定比较优势。有鉴于此,先后有 Koop 和 Korobilis（2014）、周德才等（2015）、邓创等（2016）基于 TVP-VAR 及其衍生模型构建 DFCI。此外,还有周德才等（2018a）、周德才等（2018b）基于 MR-TVAR、MS-MF-VAR 等其他非线性 VAR 模型将多机制、混频数据等特性引入金融状况测度研究。

鉴于金融波动对于宏观经济的影响日益显著,部分研究在完成金融状况指数构建后,着重对金融状况变动的宏观经济效应加以探究。Goodhart 和 Hofmann（2001）、Kapetanios 等（2018）运用相关性检验、Granger 因果检验、领先滞后分析与简单 VAR 等方法,剖析金融状况与通货膨胀、产出等经济指标之间的内在关联。卞志村等（2012）、郭晔和杨娇（2012）、余辉和余剑（2013）等的研究还拓展了金融状况指数在货币政策方面的应用。此外,还有邓创和徐曼（2014）、肖强和司颖华（2015）、邓创等（2016）运用脉冲响应方法进一步研究金融状况变动的非对称经济效应。

总体而言,现有研究仍然存在有待改进之处。第一,已有文献在构建金融状况指数时,或未充分考虑我国金融变量的时变特征而选用固定参数模型,或选定时变模型但未实证检验其适用性,可能难以实现对中国金融状况的准确测度。第二,Claessens 和 Kose（2012）、陈雨露等（2016）、徐国祥和李波（2017）等研究表明,经济金融间的关系往往在不同阶段存在显著差异,然而大多数相关研究主要关注金融状况变动宏观经济效应的非对称性,未在区分经济金融阶段的前提下研判其非线性特征。第三,虽然金融波动惯性机制已为樊智和张世英（2002）、李少育（2013）、崔百胜（2015）等的研究所证明,但少有学者从金融状况指数角度切入,分析这一惯性机制及其宏观经济影响。本节可能的边际贡献包括:第一,首次基于拟合优度标准检验时变特性对于 DFCI 构建的适用性,据此选定 TVP-SV-VAR 模型动态测度中国金融状况,保证实证估计的准确性与稳定性。第二,探索建立综合经济因素与金融因素的"坐标体系",即运用非线性模型提取经济金融数据的共同周期成分,将样本期划分为若干阶段,并据此检验金融状况变动的非线性宏观经济效应。第三,通过研判 DFCI 冲击对其自身的影响,检验金融状况变动的惯性机制,并基于此分析金融状况变动对于宏观经济的惯性冲击。

二、中国金融状况的动态测度

(一)指标选取及数据处理

Goodhart 和 Hofmann(2001)指出利率、汇率、房价和股价等金融变量均可反映金融状况松紧程度,可基于这些指标构建 FCI。对于我国而言,这些指标同样具有适用性:第一,利率与汇率属于货币政策指标,其中利率是我国货币政策重要的中介目标,其变动在短期内能够直接引起金融市场波动,在较长时期内则能对宏观经济造成显著影响,而汇率不仅可以影响进出口进而对总需求形成直接冲击,还能够通过影响外汇占款间接作用于宏观经济;第二,房地产与股票作为两类主要金融资产,其价格水平波动通过财富效应、托宾 Q 效应与资产负债表效应等作用于消费与投资,最终引起宏观经济波动。此外,长期以来,货币供应量在我国货币政策操作中占据重要地位,对经济产出及通货膨胀的影响亦不容忽视。因此,我们选取利率、货币、汇率、房价和股价五项金融变量作为 DFCI 构建的成分指标,这与肖强和司颖华(2015)、周德才等(2015)、邓创等(2016)的做法相一致。总体而言,这一指标体系涵盖了货币市场、股票市场、汇率市场以及房地产市场等主要金融市场,能够较全面地反映我国金融状况。

考虑数据可得性与准确性,本节选取 CPI、实际有效汇率指数(REER)、70

个大中城市新建住宅价格指数、全国银行间同业拆借市场7天拆借利率、广义货币量(M2)和上证综合指数作为原始数据,数据均来源于 Wind 数据库,样本区间为 2005 年 7 月至 2017 年 3 月。数据处理过程如下:首先,将广义货币量、上证综合指数、7 天拆借利率与 70 个大中城市新建住宅价格指数分别转化为实际值序列。其次,为剔除各类金融变量中可能存在的季节性波动,本节对其序列进行 X12 季节调整。再次,本节利用 HP 滤波方法得到各金融变量的长期趋势值,并据此计算得出各金融变量缺口值,以反映该金融变量在短期内受各种因素影响而偏离其稳定状态的程度。最后,为避免量纲差异可能引致的权重失准问题,本节将居民消费价格指数(CPI)同比数据的原始序列减去 100 作为通货膨胀(INR),并进一步对上述金融变量缺口序列进行标准化处理,将最终序列记作实际有效利率缺口(ri)、实际货币量缺口(rm)、实际汇率缺口(re)、实际房价缺口(rh)和实际股价缺口(rs)。经检验,处理之后的各时间序列均平稳。[①]

(二)基于拟合优度标准的模型适用性检验

尽管有学者提出运用具有时变特性的 TVP-VAR 类模型构建金融状况指数,但未见有文献实证检验此类模型的适用性。有鉴于此,本节采用经前述处理后的样本集,基于对数边际似然值(Log Marginal Likelihood,Log-ML)、偏差信息准则(Deviance Information Criterion,DIC)等标准,比较 VAR、固定波动时变参数 VAR(TVP-CV-VAR)、随机波动时变参数 VAR(TVP-SV-VAR)模型的拟合优度,检验时变特性对于 DFCI 构建问题的适用性。[②]

---

① 限于篇幅,此处省略平稳性检验结果。

② 本节重点关注引入时变特性对于金融状况动态测度准确性的增进,故选取 VAR 与 TVP-VAR 类模型中的 TVP-CV-VAR、TVP-SV-VAR 共三种模型作比较。其中,VAR 的参数及残差方差均固定,TVP-CV-VAR 的参数时变、残差方差固定,而 TVP-SV-VAR 的参数与残差方差均可时变。

表 7.1　VAR、TVP-CV-VAR 与 TVP-SV-VAR 模型的拟合优度检验结果

	VAR	TVP-CV-VAR	TVP-SV-VAR
Log-ML	−319.0 (0.0)	−453.8 (0.5)	**415.8** (0.5)
DIC	−207.5 (0.1)	102.8 (2.9)	**−1390.6** (1.3)
p_D	87.0 (0.0)	70.2 (0.7)	**98.2** (0.7)

注:加粗数字表示最优项,括号内的是数值标准偏误(Numerical Standard Error)。具体运算机理不再赘述,可参见 Chan 和 Eisenstat(2018)。

根据 Nakajima(2011)的标准,模型滞后阶数均设定为 2。表 7.1 分别给出基于三类模型估计的 Log-ML、DIC 以及 p_D。显然,TVP-SV-VAR 模型具有最高的 Log-ML 值、p_D 值与最低的 DIC 值,这表明相比于 VAR 与 TVP-CV-VAR,TVP-SV-VAR 模型的复杂程度与实证拟合优度均有所提高。值得注意的是,时变特性,尤其是残差方差时变特性的引入显著提高了实证估计的准确性。据此我们选定 TVP-SV-VAR 模型作为中国金融状况动态测度的计量工具。

(三)中国 DFCI 的实证构建

1. 中国 DFCI 构建方法简介

TVP-SV-VAR 模型的关键特征在于其回归系数与残差方差均可以实现跨期变动。这一模型可表示如下:

$$y_t = A_{1t}\, y_{t-1} + \cdots + A_{st}\, y_{t-s} + e_t, e_t \sim N(0, \Omega_t) \tag{7.1}$$

其中,y_t 为 $(k \times 1)$ 维观测值的列向量,$A_{1t}, \cdots, A_{st}$ 是 $(k \times k)$ 的时变参数矩阵,Ω_t 是 $(k \times k)$ 的时变误差协方差矩阵,A_{it} 与 Ω_t 均具有时变属性是模型的核心特点。该模型的递推识别过程是基于 $\Omega_t = B_t^{-1} \sum_t \sum_t B_t^{t-1}$ 实现的,其中 B_t 是一个对角线元素为 1 的下三角矩阵,而 $\sum_t = diag(\sigma_{1t}, \cdots, \sigma_{kt})$。令 α_t 表示 $A_{1t}, \cdots, A_{st}$ 堆叠成的列向量,$\beta_t = (\beta_{1t}, \cdots, \beta_{qt})'$ 表示 B_t 中下三角元素堆叠成的列向量,而 $h_t = (h_{1t}, \cdots, h_{kt})'$ 中的 $h_{it} = \log \sigma_{it}^2$,这些时变参数服从如下随机游走过程:

$$\begin{aligned} \beta_{t+1} &= \beta_t + u_{\beta t}, \\ \alpha_{t+1} &= \alpha_t + u_{\alpha t}, \\ h_{t+1} &= h_t + u_{ht,} \end{aligned} \begin{pmatrix} \varepsilon_t \\ u_{\beta t} \\ u_{\alpha t} \\ u_{ht,} \end{pmatrix} \sim N \left(0, \begin{pmatrix} I & O & O & O \\ O & \sum_\beta & O & O \\ O & O & \sum_\alpha & O \\ O & O & O & \sum_h \end{pmatrix} \right) \quad (7.2)$$

其中 $t = s+1, \cdots, n$，Σ_α、Σ_β 和 Σ_h 为对角矩阵，且模型初始值设置为：$\alpha_{s+1} \sim N(\mu_{\alpha_0}, \sum_{\alpha_0})$，$\beta_{S+1} \sim N(\mu_{\beta_0}, \sum_{\beta_0})$，$\varphi_{s+1} \sim N(\mu_{h_0}, \sum_{h_0})$。

本节基于 TVP-SV-VAR 模型，求出各时刻 CPI 对特定变量冲击的累积脉冲响应值，进而计算这一数值占该时刻 CPI 对所有变量脉冲响应数值之和的比重，以作为该变量在 DFCI 中的动态权重序列。参考 Goodhart 和 Hofmann（2001），以 X_{it} 表示 t 时期第 i 个金融变量的缺口值，ω_{it} 表示 t 时期对应变量在 $DFCI_t$ 中的权重，Z_{it} 表示 t 时期通货膨胀对变量 1 单位乔勒斯基新息冲击在未来 12 期内的累积脉冲响应值，则各金融变量权重与 DFCI 的计算公式可分别表示为式（7.3）、式（7.4）：

$$\omega_{it} = \frac{|Z_{it}|}{\sum_{i=1}^{n} |Z_{it}|} \quad (7.3)$$

$$DFCI_t = \sum_{i=1}^{n} \omega_{it} \times X_{it} \quad (7.4)$$

2. 实证估计结果分析

基于 Nakajima（2011）给出的标准，本节确定滞后阶数为 2，并运用 MCMC 方法进行 10000 次有效迭代求解模型。实证结果显示，MCMC 模拟有效，待估参数均收敛于后验分布，TVP-SV-VAR 模型估计结果可信。此外，TVP-SV-VAR 模型的最显著特征为残差方差动态波动，故此处我们作简要分析。[①] 实证估计结果显示，各变量残差方差的跨期波动显著，尤其是实际利率缺口、

---

① 限于篇幅，省略图形，备索。

实际房价缺口与实际股价缺口的残差方差序列变动剧烈,说明残差方差时变特性的引入是必要的,有利于准确研判变量间的复杂关系。

3. DFCI 动态赋权

我们将 12 期的累积脉冲响应值代入权重公式式(7.3)以确定各金融变量缺口的动态权重(见图 7.1),[①]进而将此动态权重代入式(7.4)计算得到 DFCI。观察图 7.1 可知,各金融变量缺口的权重具有明显的时变特征。

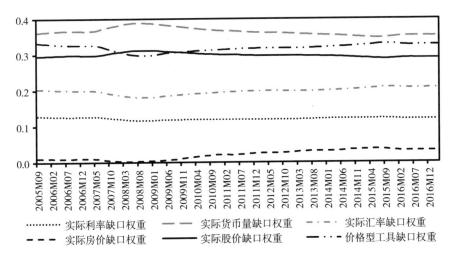

图 7.1　各金融变量的权重动态

与邓创等(2016)的研究结果相比,本节所构建 DFCI 的权重动态更加平稳且呈现出一定规律:第一,实际货币量缺口与实际股价缺口的权重较高。其中实际货币量缺口权重较高可能是因为过去我国货币政策长期以来都以数量型调控为主,原有调控手段惯性尚存;而实际股价缺口占据较高权重的结果与郭晔和杨娇(2012)、邓创等(2016)的研究一致,其原因可能在于股票价格较显著的财富效应,以及资产短缺背景下股票在我国居民投资品中的特殊地位。第二,实际汇率缺口的权重序列在 2008 年后呈现出明显的增大趋势。这可能

---

① 其中价格型工具缺口权重由实际利率缺口权重与实际汇率缺口权重加总得到。

是因为这一阶段我国人民币汇率形成机制改革持续推进,人民币汇率市场化程度不断提高,汇率在金融市场中的作用日益增强。第三,随着国际金融危机的阴霾逐渐散去,房地产价格波动上行,房产在家庭资产配置中的重要性显著提高。房产与股票两类主要资产间的替代效应日益凸显,因此出现实际房价缺口权重逐渐上升而同时段实际股价缺口权重不断下降的现象。第四,价格型工具缺口权重序列与实际货币量缺口序列分别呈 V 形与倒 V 形分布,表明两类货币政策调控工具对宏观经济的影响存在反向交替,而两者近年来的变动趋势一定程度上印证了国际金融危机以来数量型货币政策有效性下降,[①]以及我国货币政策由数量型调控为主向价格型调控为主的转型。

(四)中国 DFCI 的波动态势分析

基于时变权重对各金融变量缺口序列进行加总,我们得到中国 DFCI 波动态势(见图 7.2)。由图 7.2 可知,本节构建的 DFCI 较好地描述了我国金融状况变化过程,样本期内发生的若干重大金融事件都在指数走势中有所体现。

(单位: %)

图 7.2　中国 DFCI 波动态势

---

①　盛松成和翟春(2015)发现国际金融危机后我国 M2 与 GDP 间的关系明显减弱,货币政策调控宏观经济的能力有所下降。

　　具体而言,2005 年以美国为代表的发达国家 GDP 增速集体出现下滑,同时国内宏观调控政策收紧,货币供给增速逐步降低,金融状况趋紧并持续到 2006 年。2006 年下半年以后,我国资产价格一路上涨,上证综合指数一度到达 6124 点的历史高峰,70 个大中城市新建住宅价格指数也曾攀至 12.2%,DFCI 亦是扶摇直上。然而"好"景不长,随着 2008 年国际金融危机的爆发与蔓延,我国金融市场受到剧烈冲击,金融状况急转直下。在此之后,我国推出以"四万亿"投资计划为代表的一系列经济刺激政策,推动 DFCI 于 2009 年止跌上升并转负为正,金融状况逐渐回暖,经济开始复苏。时至 2011 年,由于货币政策转向"稳健",DFCI 再度跌入负区间。2012 年,在欧洲深陷主权债务危机、国内宏观调控进一步收紧等因素综合作用下,经济呈"前低后稳"的发展态势,而金融状况则稳中有变。其后,中国经济沿着"新常态"轨迹持续发展,外需疲软、内需回落以及房地产周期性调整等问题自 2013 年下半年开始逐渐暴露,转型期阵痛初显,经济增长颓势难掩,DFCI 跌至国际金融危机以来的最低点。自 2014 年下半年起,我国金融市场出现以股票价格指数急涨猛跌为典型特征的剧烈波动,对应 DFCI 的冲高回落。2016 年之后,随着经济金融体制改革深入推进,DFCI 小幅徘徊于接近 0 的负值区间。

三、中国金融状况变动的非线性宏观经济效应分析

(一)数据选取、处理与分析

　　本节拟纳入动态金融状况指数(DFCI)、通货膨胀(INR)和产出缺口(Y)构建实证模型,样本期为 2005 年 11 月至 2016 年 12 月。[①] 其中,DFCI 与 INR 序列已在前文作出说明,而 Y 序列则是参考余辉和余剑(2013)、肖强和司颖

---

　　① CPI 并不构成 DFCI 的子成分,因此本节的 MS-VAR 模型不存在共线性问题,类似操作的文献如 Goodhart 和 Hofmann(2001)、邓创等(2016)。此外,由于 TVP-SV-VAR 设为 2 阶滞后,因而据此计算的 DFCI 序列从原样本第 3 期开始。

华(2015)计算所得。经检验,DFCI 与 Y 序列在 1% 的显著性水平下平稳,而 INR 序列在 5% 显著性水平下平稳。

(二)模型确定及检验

金融状况变动可通过多种渠道影响宏观经济,作用机制错综复杂,因此我们认为金融状况变动的宏观经济效应可能具有非线性特征,有必要基于符合现实国情的"坐标体系"进行非线性实证分析。进一步地,考虑到经济形势与金融状况都受到我国宏观调控当局的重点关注,合适的"坐标体系"应当综合经济金融因素,而由于马尔科夫区制转换模型(MS-VAR)的区制划分能够综合模型系统内多种内在因素,所以我们将其作为分析工具。[1]

根据均值、截距项、自回归参数和残差方差是否依赖于区制状态,MS-VAR 模型分为多种不同形式。本节分别构建不同形式的模型,基于 AIC、HQ、SC 等信息标准以及 LR 检验值进行甄选,最终选定 MSIH(3)-VAR(2)模型,即假定截距项和残差方差均依赖于区制状态的 MS-VAR 模型。这一模型形式所对应的似然比检验值为 108.7、卡方统计量的 P 值为 0.0,在 1% 的显著性水平下拒绝了线性模型的原假设。为进一步检验所选取模型的有效性,我们还考察了变量拟合优度与残差分布状况,发现 MSIH(3)-VAR(2)模型对于各变量的拟合较准确,而实际残差均近似正态分布,说明模型拟合优度较高,可据此进行非线性分析。[2]

(三)区制状态分析

区制划分是 MS-VAR 模型的典型特征,为更准确地解读分区制脉冲响应

---

[1] 常用的非线性向量自回归模型主要包括 MS-VAR 模型、TVAR 模型和 LST-VAR 模型。MS-VAR 模型与另外两种模型的显著差异在于转换变量(Transition Variable)方面;TVAR 模型与 LST-VAR 模型需人为选定某一时间序列作为转换变量;MS-VAR 模型无须主观确定转换变量与转移阈值,其转换变量服从于根据此前若干期所有数据信息确定的马尔科夫链过程。限于篇幅,此处不再分析 MS-VAR 运算机理。

[2] 限于篇幅,省略图形,备索。

结果,我们分别基于计量层面与现实层面剖析区制状态,并据此研判各区制对应的经济金融阶段。

1. 基于计量层面的区制状态分析

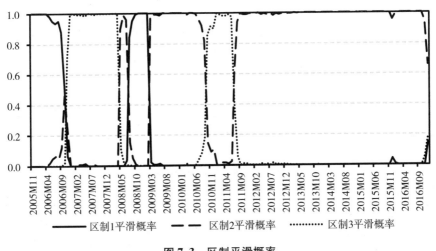

图 7.3　区制平滑概率

图 7.3 给出样本期内各区制的平滑概率,从中可以看出经算法平滑后的区制概率变动路径清晰,说明区制划分可信度较高。[①] 进一步地,我们给出区制状态数据特征、区制转移概率矩阵、描述性统计分析,分别列为表 7.2、表 7.3 及表 7.4。分析后我们发现模型所划分区制呈现出以下特点:第一,DFCI、INR 以及 Y 的区制平均值均表现出区制 3>区制 2>区制 1 的数量关系。第二,区制 2 的整体概率与状态持续概率分别为 68.5% 与 95.9%,平均持续时间达 24.2 个月,说明区制 2 内在稳定性较高,可能代表样本期内我国常态化的经济金融状态。第三,区制 1 与区制 3 的整体概率较低、持续期相对较短,且两者间相互转移的概率为零,[②]可能表明区制 1、区制 3 所表示的状态相对极端,而区制 2 状态则介于两个极端之间。第四,2014—2016 年被划入区

---

① 为便于排版,此处采用人工制图,原软件制图备索。

② 这表明区制 1 与区制 3 之间的转换必须经由区制 2 过渡。

制2,表明宏观经济因素在区制划分中起到更重要的作用。①

表 7.2　区制状态数据特征

	区制 1	区制 2	区制 3
区制内样本区间（月份）	2005.11—2006.09 2008.08—2009.02	2006.10—2006.10 2008.05—2008.07 2009.03—2010.09 2011.07—2016.12	2006.11—2008.04 2010.10—2011.06
落入状态内的样本数量	18	89	27
区制概率(%)	8.5	68.5	23.0
持续期(月)	8.6	24.2	12.6

表 7.3　区制转移概率矩阵

（单位:%）

所处区制 ＼ 转入区制	区制 1	区制 2	区制 3
区制 1	88.3	11.7	0.0
区制 2	1.4	95.9	2.7
区制 3	0.0	8.0	92.0

表 7.4　DFCI、INR 与 Y 的描述性统计

	DFCI	INR	Y
区制 1 平均值	-8.9	1.7	-1.0
区制 1 标准差	3.0	1.5	1.1
区制 2 平均值	-0.4	2.3	-0.2
区制 2 标准差	4.3	1.8	0.8
区制 3 平均值	5.7	5.2	1.0
区制 3 标准差	7.3	1.9	0.7
2014 年至 2016 年平均值	0.2	1.8	-0.4

---

①　变量动态与统计分析均显示,相比于区制 2 的其他时期,这一阶段金融状况波动明显加剧而宏观经济变量基本平稳。

	DFCI	INR	Y
2014 年至 2016 年标准差	5.8	0.4	0.5
区制 2 其他时期平均值 （剔除 2014—2016 年样本）	-0.9	2.6	-0.2
区制 2 其他时期标准差 （剔除 2014—2016 年样本）	2.8	2.2	1.0

2. 基于现实层面的区制状态分析

为进一步剖析区制状态，我们通过作图反映不同区制下 DFCI、INR 与 Y 的波动态势，并结合现实国情研判区制状态的经济含义。从图 7.4 我们不难看出：模型识别出我国曾于 2007 年至 2009 年、2011 年发生两次显著的区制转移，其中前者主要体现了国际金融危机对于我国的强烈冲击，后者则对应于我国逐步转入经济新常态的重大转折。

在图 7.4 基础上，我们联系我国经济金融实际展开具体分析。2005—2006 年间，一方面 2005 年我国财政政策由"积极"转向"稳健"，国内实体经济受到一定冲击；另一方面能源价格频繁波动与美元疲软乏力并存，国际经济大环境尚不稳定。在国内外因素的综合作用之下，我国经济有所降温，对应模型中的区制 1 状态。2006 年下半年之后国际经济金融形势逐渐转好，我国对外贸易顺差屡创新高，股票市场和房地产市场如火如荼，GDP 增速也随之攀升，经济繁荣发展，通货膨胀高企，对应模型中状态经区制 2 转入区制 3。然而 2008 年下半年我国受到国际金融危机的剧烈冲击，经济形势急转直下，通货膨胀水平迅速回落，经济状态遍历了由区制 3 经过区制 2 向区制 1 转移的过程。2008 年 11 月，我国政府推出一系列经济刺激计划，直接推动了 2009 年经济的迅速复苏，这一阶段经济状态再度由区制 1 转入区制 2。然而在 2011 年前后，前期货币政策超调的负面效应初现，通货膨胀率一度高达 6.45%，经济状态再度转入区制 3。在此之后，由于产能过剩现象严重，结构性调整阵痛凸显，我国经济发展逐渐步入新常态，其间通货膨胀率基本在 2% 左右浮动，

GDP 增长率则由 2012 年第四季度的 8.10% 缓慢降至 2016 年第四季度的
6.70%,而在实体经济不振的背景下"脱实向虚"势头渐显,金融状况受房地
产市场、股票市场等因素驱动出现大幅度波动,一度达到 13.70 的峰值。在这
一阶段,尽管金融状况跌宕起伏,但通货膨胀比较温和,GDP 增长亦基本维持
中高速水平,经济状态位于区制 2。

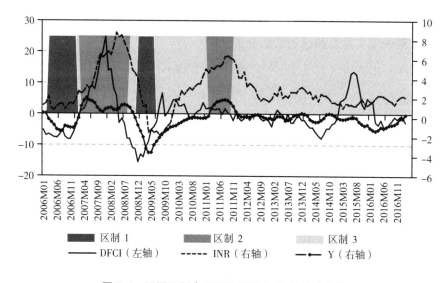

图 7.4　不同区制内 DFCI、INR 与 Y 的波动态势

　　综上所述,我们认为模型确定的"坐标体系"综合了经济因素与金融因
素,区制划分结果与我国现实较契合。基于一系列分析,我们将模型所划分的
区制 1、区制 2、区制 3 分别定义为萧条阶段、过渡阶段、繁荣阶段。其中,萧条
阶段经济金融往往均处于低迷状态,繁荣阶段经济金融通常均处于过热状态,
而过渡阶段虽然经济状况相对比较低迷,但金融状况仍然存在过松的可能性。

　　(四)不同经济金融阶段中国金融状况变动的宏观经济效应分析

　　图 7.5 给出了 INR、Y 与 DFCI 在受到一单位标准差 DFCI 正向冲击后的
分区制脉冲响应结果。不难看出,在不同经济金融阶段之下,INR 与 Y 对
DFCI 冲击的反应均存在显著差异,体现了金融状况变动宏观经济效应的非线

性特征。结合图 7.5,我们分别解读 DFCI 正向波动的价格效应和产出效应,
并对其受自身冲击的脉冲响应加以分析。

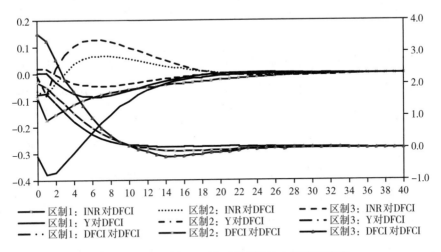

图中图例：
- 区制1：INR 对 DFCI
- 区制2：INR 对 DFCI
- 区制3：INR 对 DFCI
- 区制1：Y 对 DFCI
- 区制2：Y 对 DFCI
- 区制3：Y 对 DFCI
- 区制1：DFCI 对 DFCI
- 区制2：DFCI 对 DFCI
- 区制3：DFCI 对 DFCI

图 7.5　INR、Y 与 DFCI 对 DFCI 冲击的脉冲响应

不同经济金融阶段通货膨胀对 DFCI 冲击的脉冲响应存在明显差异,即
金融状况变动的价格效应具有非线性特点。其中,在过渡阶段和繁荣阶段,通
货膨胀对 DFCI 冲击的脉冲响应趋势基本一致,[1]即价格水平在短期内负向响
应,随后逐渐转为正向,并最终趋于平稳,这一结果证实了 DFCI 中包含有未
来通胀信息的观点。与之形成鲜明对比的是,萧条阶段金融状况趋松将导致
价格持续的负向波动,说明严重脱离经济运行状况的金融过热会进一步降低
通货膨胀水平。之所以 DFCI 正向冲击的价格效应在不同经济金融阶段存在
一定差异,其经济学原理可能在于:在过渡阶段和繁荣阶段,虽然金融状况趋
松在短期内将吸引资金进入金融市场,推动消费物价走低,但是在对未来经济
走势的乐观预期下,财富效应、托宾 Q 效应以及资产负债表效应作用显著,最
终导致通货膨胀水平上扬;而在萧条阶段,由于对未来经济状况的预期偏悲

---

① 值得一提的是,相比之下经济金融处于繁荣阶段时,金融状况趋松导致的通货膨胀更加
严重。

观,即使金融状况趋松背景下微观经济主体的财富出现增长、资产负债表状况有所改善,其仍不会贸然扩大消费与投资,故此时金融状况趋松的影响主要表现为虚拟经济对实体经济的"挤出效应",而消费物价水平则在供求机制作用下出现下滑。

金融状况变动的产出效应同样依赖于所处的经济金融阶段。在过渡阶段或繁荣阶段,金融状况趋松将在短期内带来正向产出效应,但中长期对经济产出存在较持久的不利影响,这与陈彦斌和刘哲希(2017)的研究结论基本一致。结合相关理论,我们认为经济较繁荣时,金融状况趋松带动的资产价格上升能够改善企业资产负债表状况,企业基于乐观经济预期迅速增加资本投入进而推动总产出水平提高;然而随着资产收益率逐渐攀升至实体投资回报率之上以后,市场上的闲置资金将被金融市场所吸纳,经济"脱实向虚"势头加剧,产业结构调整与经济转型升级的进程可能受到严重干扰,最终必然不利于经济持续发展。图7.5还表明经济金融萧条阶段,金融状况趋松将导致产出迅速下降。这一结论与一些已有文献的结论存在显著差异,可能正因为已有文献忽视了经济金融阶段对于金融状况经济效应的重要影响。就经济学理论而言,萧条时期实体经济发展前景较差,即使资产价格有所上升,企业也不一定会卖出金融资产去增加实体经济投资。① 结合实际来看,尽管2008年底我国股市、房市已有所回暖,但在生产者与消费者的悲观预期驱动下,产出回升乏力与物价低位徘徊在较长时期内并存,与本节的实证结论基本契合。

此外,考虑到樊智和张世英(2002)、李少育(2013)、崔百胜(2015)等研究关注的金融波动惯性问题,尤其是金融状况变动的宏观经济效应很可能也受到其惯性机制的潜在影响,有必要对此加以分析。首先,我们基于DFCI对其自身冲击的脉冲响应研判其惯性机制是否存在。图7.5显示各经济金融阶段

---

① 这一机理得到了一些已有文献的实证支持,如胡奕明等(2017)。此外,金融市场的政策时滞一般比宏观经济更短,这也可能是萧条阶段金融状况趋松引致宏观经济下行的原因之一。

下,DFCI 受自身正向冲击后,都将在 10 个月以上的时期内保持比较强劲的上升势头,表明 DFCI 变动的确存在惯性机制,而 DFCI 自响应依赖于经济状态,呈现出"繁荣阶段>过渡阶段>萧条阶段"的大小顺序,说明经济运行状况较好时金融状况惯性波动更强劲。结合前文可以推断,金融状况的价格效应与产出效应之所以比较显著且持续期较长,一个重要原因可能在于 DFCI 惯性变动导致宏观经济受到多重"余震"冲击。进一步地,金融状况波动的惯性机制为我国宏观调控当局提供了一条可能的调控思路:若适时合理地运用宏观审慎政策工具开展逆周期金融调控,则可以在最大化利用金融状况波动对宏观经济积极影响的同时,有效降低其负面经济效应。

四、结论与政策建议

本节基于拟合优度视角检验时变特性对于中国金融状况动态测度问题的适用性,据此选定 TVP-SV-VAR 模型构建中国 DFCI,进而基于综合经济金融因素的"坐标体系",分析不同经济金融阶段 DFCI 对通胀与产出的非线性影响。我们总结出以下重要结论:第一,根据 Log-ML、DIC 等拟合优度标准,TVP-SV-VAR 模型对于中国金融状况测度问题的适用性高于 VAR、TVP-CV-VAR 模型,据此确定的权重动态与指数走势能够准确反映我国经济金融重大事件,与我国金融系统运行状况较为契合。第二,我国金融状况波动对于宏观经济的影响具有非线性特征,DFCI 正向冲击在繁荣阶段与过渡阶段将引起经济在短期好转而在中长期下行的现象,但若其发生于萧条阶段则会导致经济状况持续恶化。第三,中国金融状况变动存在惯性机制,且经济运行状况较好时金融状况惯性波动更强劲,宏观经济可能因此受到多重"余震"冲击。

根据上述结论,我们提出以下政策建议。

第一,我国统计部门应编制中国 DFCI 作为政策参考。一些国内外文献表明金融状况指数包含未来经济信息,在经济预测及风险研判等方面具有重要价值,且已有部分欧美发达国家将其应用于实践①,加之本节证明参数及残差方差"双时变"特性的引入能够有效提高中国金融状况测度效果,故我国统计部门应借鉴国外先进经验,运用 TVP-SV-VAR 模型编制中国 DFCI 以供宏观调控当局参考。

第二,我国宏观调控当局应基于对我国经济金融周期的准确判断布政施策。本节分析表明 DFCI 变动的宏观经济效应具有较显著的非线性特征,而目前我国正面临着国内产业转型升级、国外经贸政治环境恶化的局面,经济金融阶段切换的可能性进一步加大,因此我国宏观调控当局更应当对此高度重视,准确研判、预判我国经济金融阶段,并据此对宏观经济政策加以微调、预调,以更有效实现经济增长、物价稳定等目标。

第三,金融监管部门应实时监控金融状况并展开逆周期调控。本节研究发现我国金融状况变动可能对宏观经济造成负面冲击,而金融状况惯性变动可能是其重要原因。考虑到当前我国内外部环境复杂多变,未来金融状况变动可能更加频繁,其负面经济效应也可能加剧,根据中国 DFCI 进行逆周期金融调控显得尤为必要。因此,我国金融监管部门应当实时监测金融状况,并据此适时合理展开逆周期金融调控,以缓解宏观经济受到的多重"余震"冲击。

第二节　宏观审慎政策与微观审慎监管的协同效应

一、研究背景

金融监管理论与实践往往是在对金融危机的深刻反思中不断完善和发展的。1988 年巴塞尔委员会发布的《巴塞尔协议 I》是全球第一个商业银行资本

---

① 如芝加哥联邦储备银行基于美国数据编制国家金融状况指数(NFCI)并每周更新。

监管的国际标准,其关于资本定义和资本充足率的要求成为国际银行监管的基本准则,并一直沿用至今。2004 年发布的《巴塞尔协议Ⅱ》进一步完善了微观审慎监管框架,建立了相对全面的"三大支柱",即最低资本要求、监督检查和市场约束。《巴塞尔协议Ⅰ》和《巴塞尔协议Ⅱ》在 2008 年国际金融危机爆发前受到了广泛的认可,并成为全球大多数国家的主要金融监管工具,微观审慎监管框架趋于完善。微观审慎监管部门以资本充足率、拨备覆盖率、不良贷款率等指标为依据,对每个金融机构的经营稳健性进行评估,发现其可能存在的风险,以维持金融稳定。但微观审慎监管也存在明显局限性,主要体现在以下三方面:第一,忽视了宏观层面的金融风险,难以抑制金融机构之间的风险溢出效应;第二,其监管标准实际上加剧了金融系统的顺周期性,难以平抑经济周期波动;第三,忽视了系统重要性金融机构在金融体系内的关联性,导致此类金融机构更容易积聚风险。起源于美国并在 2008 年席卷全球的国际金融危机引发全球金融市场的剧烈震荡,并由金融领域传染至实体经济领域,最终导致全球经济持续、深层次衰退。

2008 年国际金融危机后,国际社会对危机的成因进行了持续深入的探讨,并在此基础上认识到宏观审慎政策的重要性。为解决《巴塞尔协议Ⅱ》在金融监管方面存在的缺陷,巴塞尔委员会于 2010 年底发布了《巴塞尔协议Ⅲ》。与传统微观审慎监管框架不同,该协议强调建立以逆周期资本缓冲、流动性管理以及系统重要性金融机构监管等一系列宏观审慎政策规则为主的金融监管体系,注重宏观审慎与微观审慎的协调配合,为全球金融监管体系改革提供了参考依据。实施宏观审慎政策的目的包括两个方面,一是抑制金融系统的顺周期性,防范时间维度的负外部性;二是解决金融机构之间的横向关联以及共同行动带来的双边风险敞口,防范横截面维度的负外部性。经过十几年的实践,全球已形成一系列以系统重要性附加资本、逆周期资本缓冲、针对房地产市场的贷款价值比(LTV)、针对股市和债市的杠杆率规则等为主要政策工具的宏观审慎政策框架。

在金融风险形式不断演化的过程中,实现宏观审慎政策和微观审慎监管的有效配合成为有效监管的必要条件,两者在监管的目标、对象、工具、数据等多方面存在紧密联系。宏观审慎政策和微观审慎监管在实际运行过程中侧重点有所不同,且分别归口于不同的监管机构,在各机构实现其监管目标的过程中,存在政策工具和监管对象高度重叠的现象,导致宏微观审慎政策出现既互为补充又相互冲突的情况。宏微观审慎政策之间的冲突不仅会导致监管效率下降,还可能产生监管真空和监管套利,提高金融体系的风险承担水平。为解决这些问题,金融监管部门必须高度重视宏微观审慎政策之间的协调搭配,充分发挥二者的互补机制,降低可能存在的政策冲突。目前,国内外在宏微观审慎政策的协调机制建设上仍处于探索阶段,因此研究宏微观审慎政策之间的冲突和互补关系,探讨二者的协调机制,将对中国金融监管体制建设具有重要借鉴意义。

二、宏观审慎政策和微观审慎监管的关系和协调机制

(一)宏观审慎政策与微观审慎监管的关系

宏观审慎政策与微观审慎监管的目标都是维持金融体系稳定,但由于宏观审慎政策与微观审慎监管代表金融监管的不同层面,因此也存在诸多方面的矛盾,主要体现在监管理念不同,监管目标不一致以及监管工具冲突等方面。同时,宏观审慎政策与微观审慎监管之间也存在相互补充的关系,二者在银行信贷周期的不同阶段发挥不同作用,在协调运作过程中承担着不同的监管职责,注重宏微观审慎政策的协调运行可以提升金融监管的整体水平。因此,在两者各司其职的过程中协调好二者的矛盾关系,发挥好二者的互补作用是金融监管体系有效运行的重要前提。

1. 宏观审慎政策与微观审慎监管的矛盾关系

从监管理念角度来说,微观审慎监管认为金融风险是外生的,单个金融机

构对整个金融体系不存在影响,金融机构之间也不相互影响,单个金融机构稳健即是整个金融体系稳健。而宏观审慎政策则认为金融风险是内生的,金融机构在危机时期的理性行为可能因为一致行动导致合成谬误,进而对整个金融体系造成重大影响。

从监管目标角度来说,微观审慎监管的主要目标是保证每个金融机构稳健经营,避免因过度追逐利润而导致流动性不足、安全性降低等风险,避免因金融机构倒闭使金融市场参与者陷入恐慌。而宏观审慎政策的主要目标则是平滑金融体系的顺周期波动,实现"以丰补歉",防范金融风险跨机构、跨市场传染,维持整个金融体系的平稳运行,识别影响金融体系稳定的风险因素,防范因系统性风险积累而引发的金融危机。

从监管工具角度来说,宏观审慎政策与微观审慎监管使用的政策工具基本相同,基本均会包括资本监管、贷款损失准备、贷款成数、压力测试等政策工具,但在具体使用这些工具的过程中,二者存在显著的差异。微观审慎监管在整个经济周期对金融机构实施不变的监管标准,但由于金融体系存在负外部性,这种监管方式实际上加剧了金融系统的顺周期性。与此相对的宏观审慎政策则从时间维度和横截面维度对金融体系进行监管。防范时间维度上的风险累积主要依靠对资本水平、杠杆率等方面提出动态的逆周期要求,以应对金融系统的顺周期性;防范横截面维度上的风险溢出主要依靠流动性覆盖率、净稳定融资比率和加强对系统重要性金融机构要求更高的附加资本等方式,降低杠杆率和共同风险敞口,适当降低系统重要性金融机构的规模和业务复杂程度,以应对某个时间点风险在金融体系内的分布情况,以及可能发生的风险传染、资产抛售及其他溢出效应。

2. 宏观审慎政策与微观审慎监管的互补关系

首先,微观审慎监管是宏观审慎政策框架建立的基础。宏观审慎政策框架的出现并不是以推翻原有微观审慎监管框架为前提,而是在对金融风险认知不断加深的过程中,针对微观审慎监管工具的缺陷进行修正而建立起来的。

宏观审慎政策的政策工具如逆周期资本缓冲、流动性附加要求等都是在微观审慎监管工具的基础上，基于宏观审慎的视角进行改进，用来应对金融体系内在的脆弱性。同时，微观审慎监管所涵盖的数据，如单个金融机构的资本充足率、流动性指标、公司治理有效性状况等，对于宏观审慎政策而言必不可少。负责微观审慎监管的相关部门在此类数据的获取上有天然优势，因此微观审慎监管于宏观审慎政策而言是不可或缺的。

其次，宏观审慎政策是对微观审慎监管短板的补充。金融风险负外部性的来源之一便是金融机构的"搭便车"行为，每一个金融机构都希望其他机构为金融稳定这一"公共物品"买单，以便自身可以"安全"地追逐最大化利润。负外部性的另一来源则是金融机构的一致行动。在经济繁荣时期，信贷规模的迅速扩张和资产价格的持续攀升加剧了金融风险的累积；当危机来临时，集体抛售行为导致资产价格泡沫破灭，负面冲击被进一步放大，最终引发系统性金融风险。宏观审慎政策具有应对公共物品外部性的内在属性，可以在时间和横截面两个维度上限制金融系统内的风险累积，这是微观审慎监管无法顾及的。

（二）宏观审慎政策与微观审慎监管的协调机制

宏观审慎政策与微观审慎监管是金融监管的两个重要手段，二者缺一不可，监管当局应当同时注重整个金融体系和单个金融机构的稳健性。在梳理宏观审慎政策和微观审慎监管的矛盾与互补关系之后，如何协调二者的矛盾与冲突，并充分发挥二者的互补作用，以最低的监管成本提高金融监管效率与效果成为改革金融监管体系亟须解决的关键问题。基于宏观审慎政策与微观审慎监管的关联性与差异性，二者的协调可从监管目标、监管工具、监管主体等角度展开分析。

第一，统筹宏观审慎政策与微观审慎监管目标，兼顾宏观和微观金融风险。宏观审慎和微观审慎在政策目标的实现上存在着此消彼长的关系，因此有必要对监管目标进行有效协调,以提升监管效率与金融体系效率。宏观审慎政策目标相比于微观审慎监管目标不够具体、较难量化,在执行时存在一定困难,且过度的逆周期调节可能会降低金融体系运行效率,因此在确定宏观审慎政策目标时应谨慎考虑。监管当局在统筹宏观审慎政策和微观审慎监管目标时,应在微观审慎监管目标较大程度得到保证的情况下加入系统性风险预警监测机制,同时在宏观审慎政策目标制定过程中兼顾金融体系运行效率。

第二,使用宏观审慎政策和微观审慎监管的工具时应取长补短。宏观审慎政策与微观审慎监管工具有各自优势与劣势,应在使用政策工具时相互借鉴,取长补短,在宏观和微观两个层面上实现金融稳定的目标。微观审慎监管工具针对的是单个微观金融主体,因此可以为宏观审慎政策部门提供必要的信息,并确保宏观审慎政策落到实处。宏观审慎政策工具并不是一种凭空产生的政策工具,而是在原有微观审慎监管工具、宏观调控工具、财税政策工具等政策工具的基础上以防范系统性风险为宗旨改造而成,所以宏观审慎政策工具具有系统性、全局性的特点。但宏观审慎政策工具的不恰当使用也可能会降低金融机构的经营效率,进而影响实体经济的健康发展,故应谨慎考虑。

第三,各监管主体相互配合,实现信息共享。由于负责实施宏观审慎政策与微观审慎监管的部门不同,部门之间因为其职责与分工的不同,可能存在协调配合上的障碍,亟须加强监管主体之间的统筹与协作。首先,不同的监管主体在履行各自职责时,由于政策工具存在交叉,实施宏观审慎和微观审慎的监管主体会从不同角度运用这些工具,由于在同一监管指标的要求上存在差异,导致金融机构执行监管规定时出现混乱。其次,若不同监管主体之间无法及时沟通,存在信息传导不畅等问题,可能使相关部门无法及时获取完整、全面的信息,最终损害宏观审慎政策和微观审慎监管的传导效率。要实现宏观审慎政策与微观审慎监管的协调,必须加强不同监管主体之间的沟通。监管当局需要设立一个独立的部门,负责设定监管目标,协调所有相关监管主体对审慎监管工具的使用,以确保宏观审慎政策和微观审慎监管之间的协调运作。

（三）国际经验

宏观审慎政策与微观审慎监管的协调效能取决于金融机构的职责划分、沟通协调机制以及信息共享程度。2010年巴塞尔委员会提出以宏观审慎政策为核心的国际监管框架后,各国迅速采取不同方案,对本国金融监管体系进行调整,主要包括独立设置协调委员会和由央行统筹两种模式,以英国和美国最为典型。

1. 美国经验

国际金融危机前,美国实行分业监管的微观审慎监管,保险、证券、期货等金融行业分别由不同监管机构进行监管,整个监管体系结构十分复杂,导致既存在监管空白又存在监管重叠,监管协调难以实现。美联储也因监管职权过窄,无法有效应对系统性金融风险。为实现金融市场的有效监管,美国在国际金融危机后通过了《多德—弗兰克华尔街改革和消费者保护法案》,对金融监管体系进行全面改革。

该法案强化了美联储的监管职能,使美联储掌握着大部分的金融监管工具,成为最接近宏观审慎政策部门的机构。改革后,美联储的监管权从银行控股公司扩大到其他系统重要性金融机构,有权制定所有系统重要性金融机构的审慎监管标准,拥有对所有系统重要性金融机构的直接和主要监管权。另外,为加强对金融市场的监管,美联储被授予制定系统重要性支付、结算、交收体系监管标准的权力,与商品期货交易委员会、证券交易委员会共同实施监管。

该法案还成立了金融稳定监督委员会(FSOC),负责识别、应对系统性金融风险和协调各个监管部门。在人员设置上,金融稳定监督委员会主席由财政部长担任,其他委员会成员来自美联储及其他相关金融监管机构。在职能权限上金融稳定监督委员会虽然没有直接实施监管的权力,但有部分宏观审慎政策的制定权和对监管部门的建议权。其职能具体包括:第一,促进监管政策的相互协调;第二,促进机构之间的数据共享;第三,对非银行机构的综合监管和认定非银行系统重要性机构;第四,监督支付、清算和结算等金融基础设施;第五,提高对特定机构的监管要求;第六,拆分对金融稳定构成威胁的金融机构。

通过以上措施,美国建立了以美联储为核心、多家金融监管机构协同的金融监管体系,宏微观金融监管政策协调效能大幅提升。但美国的金融监管框架仍存在不足,主要体现在金融稳定监督委员会在运行过程中存在的结构性缺陷:一是在当前金融监管分散化的体系内作用有限;二是在资产管理公司非共同基金业务、影子银行等潜在系统性风险源方面存在监管空白;三是在协调机构之间的沟通上还存在诸多障碍;四是难以在经济繁荣期实施有效的逆周期调控;五是对其他部门的管理建议存在时滞。

2. 英国经验

2008 年国际金融危机之后英国对金融监管体制进行了反思,并进行了根本性的改革,其核心思想是将宏观审慎政策和微观审慎监管集中于中央银行,在央行内部实现宏观审慎政策与微观审慎监管的有效协调。具体而言,在英格兰银行内部设立货币执行委员会(MPC)负责货币政策的制定,设立金融政策委员会(FPC)负责宏观审慎政策的制定,设立审慎规制委员会(PRC)负责微观审慎监管政策的制定。此外,英国还设立了独立的金融行为监管局(FCA),负责对金融机构实施行为监管。

金融政策委员会的主要职责在于识别和降低系统性金融风险,维护英国金融体系的稳健,同时兼顾经济增长和充分就业等目标。理事会主席由英格兰银行行长担任,成员主要来自英格兰银行和金融行为监管局,财政部可任命四名代表参会,但不具有投票权。除外部人员以外,金融政策委员会与审慎规制委员会的人员完全重叠。金融政策委员会的监管范围包括存款类金融机构、保险公司、可能影响金融稳定的投资公司以及影子银行。金融政策委员会的职能包括制定审慎监管政策、对金融机构的经营情况进行监管和评估以及制定处置政策。金融政策委员会与审慎规制委员会的协调配合主要体现在微观监管层面,避免两个机构在监管上的冲突,主要措施有审慎规制委员会行动前告知金融政策委员会,建立协作谅解备忘录等。当审慎规制委员会的行动可能影响到英国金融稳定时,金融政策委员会可以对其提出指导意见或要求取消相应措施。

英国模式的优势在于由央行统筹宏观审慎政策和微观审慎监管,可以极大地降低政策协调成本,避免政策冲突。但其缺陷也很明显,主要体现在央行承担的责任过多,货币政策和宏观审慎政策缺乏独立性。

三、宏观审慎政策与微观审慎监管的中国实践和改革方向

(一)中国实践

近年来中国不断探索实践,已形成“一委一行一总局一会”的宏观审慎政策和微观审慎监管协调体系。“一委”即中央金融委员会,体现党中央对金融工作的集中统一领导,负责金融稳定和发展的顶层设计、统筹协调、整体推进、督促落实以及研究审议重大政策、重大问题等。中央金融委及其办公室,接续之前国务院金融稳定发展委员会及其办事机构的职能,进一步增强不同金融行业的统一监管与协调统筹能力,以及中央与地方在金融领域的统一监管与协调统筹能力等。“一行”即中国人民银行,负责健全货币政策和宏观审慎政策“双支柱”调控框架,防范和化解金融风险,维护金融稳定;中国人民银行内设金融稳定局,负责中国人民银行金融稳定的相关职能。“一总局”即国家金融监督管理总局,统一负责除证券业之外的金融业监管,强化机构监管、行为监管、功能监管、穿透式监管、持续监管,统筹负责金融消费者权益保护,加强风险管理和防范处置,依法查处违法违规行为。“一会”即中国证券监督管理委员会,负责资本市场监管职责,其核心是维护资本市场秩序和健康发展。

在宏观审慎政策的制度完善上,2016 年中国将差别准备金动态调整机制

和合意贷款管理机制"升级"为宏观审慎评估体系(MPA),通过一系列评估指标,构建以逆周期调节为核心、依系统重要性程度差别考量的宏观审慎评估体系。具体而言,MPA从七个方面对金融机构进行评估:一是资本和杠杆,通过资本约束防止金融机构信贷过度扩张;二是资产负债,从以往盯住狭义贷款转为对广义信贷实施宏观审慎管理;三是流动性,督促金融机构维持流动性充裕;四是定价行为,通过定价行为约束利率市场竞争秩序和商业银行定价行为;五是资产质量,督促金融机构提高资产质量,维持自身稳定;六是跨境业务风险,加强对跨境资金流动的监管以适应高水平对外开放的新局面;七是信贷政策执行,鼓励金融机构使用有政策导向性质的央行资金。从实施效果来看,MPA有力地促进了金融机构的稳健经营、维持了金融市场秩序。

与英、美两国相比,中国的组织机构设置与美国更相似,都在宏微观审慎监管部门之上设立了监管协调委员会,且都呈现出中央政府和地方政府并存和分业监管为主的"双层、多头"特征,也与美国一样面临分业监管难以对混业经营进行监管的难题。在监管体系的人员安排上,中国与英国类似,以不同机构之间交叉任职的形式加强宏观审慎政策与微观审慎监管的协调并行。在监管工具方面中国主要采用MPA和全口径跨境融资宏观审慎政策,2020年还加强了对金融控股公司的审慎监管,并出台了《系统重要性银行评估办法》等文件,进一步扩充了监管工具箱。在沟通机制上,中国与英、美两国仍有差距,其采取的签署谅解备忘录、召开联席会议等制度值得中国学习。

(二)政策协调过程中存在的问题

在监管指标的设定上,中国的宏观审慎政策指标由中国人民银行制定,而微观审慎监管指标由金融监管总局和证监会制定,两者在协调运行中真正影响银行经营的是要求更高的监管约束,仅仅一方调整相关指标难以实现政策目标。如2018年中国人民银行放宽宏观审慎评估体系中与最低资本充足率要求相关的参数指标以实现逆周期调控,但商业银行受限于国家金融监管总局的资本充足率要求,导致中国人民银行并未实现其政策目标。

在监管机构的协同上,虽然中国目前已有不同监管机构间的交叉任职,但各监管部门在监管协调上仍有短板,主要体现在中央与地方机构、地方机构与地方机构之间的信息共享不够充分。另外,财政部门虽然发挥着经济的自动稳定器功能,但在宏观审慎政策框架内的参与度较低,特别是在数据分析阶段的参与度上有进一步提升的空间。

在监管工具的运用上,国家金融监管总局拥有对商业银行的现场检查、数据报送、人员和业务准入以及行政处罚权的监管工具,证监会拥有对证券期货市场的检查、限制交易以及行政处罚等监管工具,这些监管手段相较于中国人民银行更加丰富,更容易获得最新的风险数据。中国虽已形成了相对完备的宏观审慎评估体系(MPA),但国际通用的 28 种宏观审慎政策工具中,中国仅实施了其中的 7 项,还有进一步扩充的空间,且目前应用频率较低,仅与央行再贷款和保险费率挂钩。

(三)改革建议

针对上述问题,本节认为在不断完善宏观审慎政策框架的同时,应充分考虑其与微观审慎监管的协调效应,充分发挥审慎监管职能,维持金融体系稳定,保障中国金融体系稳健运行。具体提出以下政策建议。

第一,完善金融监管的组织架构。中国应从功能和机制上厘清宏观审慎政策与微观审慎监管之间的关系,通过对组织架构的调整,进一步统筹好二者之间的关系,构建符合中国金融业实情、统筹协调、有力有效的金融监管体系。参照国际经验,加强央行在微观审慎监管指标制定上的话语权,由央行统筹金融监管指标调节,保障宏观审慎目标和逆周期调节政策的充分实现,防止政策之间的相互掣肘。增加交叉任职人员,尤其是在负责宏观审慎的部门和负责微观审慎监管的部门之间增加人员的相互兼任。

第二,构建监管机构之间的信息共享和沟通渠道。应做到监管主体之间的信息共享,微观审慎监管主体应及时向宏观审慎政策部门传递个体金融机构层面信息;宏观审慎政策部门应在这些信息的基础上,对金融体系可能存在的风险形势进行研判,通过风险预警的形式将信息反馈给微观审慎监管部门,并对微观审慎监管部门具体政策的制定给予建议。还应在双支柱调控框架内纳入财政政策,形成"三支柱"调控框架,加强财政部门在宏观审慎政策中的参与程度,尤其是在宏观审慎分析阶段,形成监管合力。建设统一的监管数据库,搭建数字化监管平台,积极运用人工智能等监管科技手段,提升监管效能。

第三,扩充金融监管政策工具箱,提升宏微观审慎政策效力。针对金融体系内的薄弱环节,进一步丰富国内宏观审慎政策工具,根据具体金融稳定目标选择相应的宏观审慎政策工具,缓解宏观审慎与微观审慎政策工具使用的冲突。增加金融监管的频次,并根据最新的金融风险形势,加快相关政策调整速度,应对金融市场发生的新型风险。注重加强对系统重要性银行、金融控股公司的微观审慎监管,不放松对中小银行经营行为的监管,降低小规模风险事件发生的可能性。

第三节　金融危机的政策干预研究

一、研究背景

习近平总书记强调"防范化解金融风险特别是防止发生系统性金融风险,是金融工作的根本性任务"。危机期间的政策干预是防范化解金融风险的重要组成部分。通过有效的政策干预能降低系统性金融风险的破坏程度,保障宏观经济稳健运行。伴随着经济全球化和金融一体化,金融危机的爆发不仅会对金融市场和金融机构造成极大危害,对常规金融秩序构成威胁,并且还会直接影响整体国民经济的健康稳定发展,如果不妥善处理,将会导致灾难性的后果。若对危机过程中政府是否应该干预、何时干预以及如何干预等重要问题没有充分的准备,危机发生时政府和监管当局的决策可能非但无法达到预想的效果,反而会加剧危机,导致公共资源的滥用和危机成本的大幅上升。

中国过去并没有出现真正意义上的金融危机,但无法保证未来不会发生危机事件。当前,中国依旧存在一些潜在的风险点,如当前中国宏观杠杆率高企、地方政府隐性债务风险、资产泡沫化问题、影子银行规模庞大等。在此背景下,健全中国金融危机管理体系、充实危机干预政策工具箱将有效降低潜在风险点可能造成的巨大损失,帮助中国从危机之中快速复苏,为经济稳健运行创造良好的金融环境。另外,有效的金融危机政策干预机制还是我国实现中华民族伟大复兴中国梦的重要一环。

二、政策干预的理论基础

(一)政府是否应在危机期间进行干预

在危机爆发时政府是否应当进行政策干预这一问题上仍存在争议。赞成方认为,依靠市场的自我调节机制度过危机是不切实际的。由于羊群效应的存在,危机期间理性行为可能导致合成谬误,此时市场的自我调节机制是失灵的。且投资者具有有限理性的特征,投资者情绪波动可能导致资产泡沫破灭,最终导致金融危机的发生。若要恢复经济秩序,必须果断消除投资者的恐慌情绪,快速稳定市场预期,因此政府采取科学、有效的干预措施是必要的。政府干预的反对方认为,危机时期的政府干预将会浪费大量的公共资源,增加财政支出和政府债务。同时对问题金融机构的救助将影响市场公平竞争机制,破坏市场秩序,诱发道德风险,激励其他金融机构采取冒险的经营策略。另外,无效的政府干预不仅无益于市场秩序的恢复,甚至可能引发新的风险和危机。

在危机中政府干预的成本和收益问题上也存在着争议。政府干预的目的在于稳定市场情绪,避免挤兑风险,维持金融市场秩序,促使经济恢复,降低因危机造成的巨额社会成本。目前政府干预的主要工具是货币政策和财政政策,政府在危机期间实施干预政策势必增加财政支出,进而导致政府债务的增加。央行通过货币政策投入的流动性本质上也是政府的债务,过多的流动性投入可能加剧通货膨胀,不仅会影响财富的再分配,还会对经济增长造成负面冲击。危机期间政府的干预还可能出现"政策失灵"。在危机爆发时,由于市场失灵以及稳定市场的迫切需求,政府往往会采用更为激进的政策干预市场,导致干预政策难以实现预期效果,造成社会成本的浪费。在以往的金融危机中,成功的政府政策干预并不多,因此政府在危机期间的政策干预一直是颇有争议的话题。

(二)政府应如何在危机期间进行政策干预

从金融危机的后果来看,当银行和其他金融机构无法履行提供支付服务、风险分担和管理以及信贷供给等职能时,系统性风险给实体经济带来的负面效应就会对企业和家庭造成影响。支付系统的破坏使产权转移不能通过银行系统完成,造成支付延迟或无法履约,导致收款人或付款人面临严重的违约风险,并可能引发连锁反应,对实体经济造成冲击。对银行风险分担和管理的损害使得产权传导效应无法实现,付款人无法进行支付导致合同条款不能履行;另外银行和其他金融机构也无法提供其他有价值的服务,如期限转换和流动性提供等。信贷供给中断时,银行因流动性和优质资本的短缺而不得不减少贷款的发放,造成整个金融市场的信贷紧缩。针对上述危机结果,有效的金融危机政策干预机制应包含以下内容:第一,稳定市场情绪,防止发生大规模挤兑事件;第二,为金融市场补充必要的流动性,避免信贷紧缩对实体经济造成冲击;第三,为金融体系内的主要负债提供担保;第四,保证问题金融机构的破产清算、处置有序进行。若政府干预部门可以保证以上措施有序进行,就能在危机期间更为灵活地应对可能发生的各种风险事件,避免金融行业的整体崩溃。

三、危机期间实施政策干预的国际经验

2008 年国际金融危机期间,欧美发达国家采取大规模干预政策稳定金融市场,如流动性注入、卖空限制、金融机构国有化注资、为金融机构债券提供担保等措施。从短期来看,政府的直接干预政策可以化解金融体系内的风险,避免多米诺骨牌效应,实现短期内的金融稳定效应。但从长期来看,过量的流动性注入在危机之后难以退出,可能为新一轮危机的爆发埋下风险隐患。

(一)美国经验

国际金融危机期间,美国作为危机爆发中心,金融体系受到剧烈冲击。首先是贝尔斯登公司出现经营问题,最终在政府的协调下被摩根大通公司收购。雷曼兄弟公司和美林公司也在不久后出现危机,美国当局再次出手,促成美国银行收购美林公司,但由于没有找到合适的买家,雷曼兄弟公司只能申请破产保护,这一事件引起美国股市自由落体式的大震荡。美国当局迅速采取大量的补救措施,如将救济方案总额提高、增加延长减税计划、提高银行存款保险上限,同时美联储采取了降息、下调美元基准利率等措施补充市场流动性。美联储首先实施了多次降息,将联邦基金利率降至 0—0.25%,以此引导金融机构投放信贷。同时,美联储还开启了多轮量化宽松政策,直接为市场注入流动性。2008 年 11 月美联储启动首轮量化宽松,通过购买与房地产相关的直接债务和抵押贷款支持证券释放流动性,仅六个月就购买了 3000 亿美元资产。美联储在 2010 年 11 月开启第二轮量化宽松,七个月时间购买长期国债达6000 亿美元。第三轮量化宽松在 2012 年 9 月正式启动,美联储每月购买抵押贷款支持证券 400 亿美元,从 2012 年 12 月起,美联储每月购买 450 亿美元国债。最终,美联储于 2013 年底正式宣布退出量化宽松政策。美国在国际金融危机中的救助措施有以下两个特点:第一,运用财政政策补贴个人收入,稳定私人部门资产负债表;第二,扩张美联储资产负债表,通过货币政策投放流

动性。

在国际金融危机期间,美国虽然出现大量问题金融机构,但因处置措施迅速有效,有效避免了挤兑事件的发生。其主要原因在于问题金融机构处置机制的有效性,主要体现在事前预防性监管和危机早期介入。这套处置机制的核心在于美国联邦存款保险公司(FDIC)。FDIC 在危机发生时通过及时有效的处置流程维护了美国金融体系的稳健。其他国家都在国际金融危机之后的金融体系改革中参考了 FDCI 的处置模式。但美国的危机干预政策也存在明显的缺陷。为尽快恢复经济,美国实施了多项激进的干预政策,向市场投放了大量的流动性,严重破坏了市场的自我修复能力。国际金融危机之后,超发的货币长期难以收回,美联储多次试图缩表未果。究其根本,美国经济恢复缺乏内生动力,仅仅依靠政策手段加以修复不仅难以实现政策目标,反而透支了国家信用,让美国当局在未来实施调控政策时可能会捉襟见肘。

(二)英国经验

英格兰银行面对 2008 年国际金融危机时,除了使用贴现窗口便利、指数化长期回购操作(ILTR)以及延长抵押品定期回购操作等常设性市场流动性救助工具之外,还使用了特别流动性计划、美元回购操作、紧急流动性救助计划等临时流动性救助工具,对市场主体进行及时救助。

2008 年 4 月,英格兰银行开始通过特别流动性计划向金融市场注入流动性。特别流动性计划允许银行将抵押证券和其他流动性较差的证券向央行暂时置换 9 个月期的英国国库券,并由英国财政部提供担保,但需要向央行支付一定费用。2008 年 9 月,英格兰银行开始实施美元逆回购操作,银行可以通过向央行提交质押品获得美元资金。英格兰银行则通过与美联储的货币互换协议获得美元。2008 年,英格兰银行两次扩大了抵押品的范围,为市场提供了更多流动性。除了为整个市场提供流动性补充渠道以外,英格兰银行还针对陷入流动性危机的银行提供特别紧急流动性救助。英国在 2006 年公布的

《三方谅解备忘录》中规定,在获得财政大臣授权后,央行可以向金融机构提供直接救助。

（三）日本经验

2008 年国际金融危机后,日本陷入了严重的经济衰退。为了提振经济、维护金融体系稳定,日本银行采取了一系列救市措施,向市场提供大量流动性。为配合日本银行的各项措施,金融厅也出台相应的紧急应对方案,通过行政方式,缓解中小企业及地方经济融资难题。具体包括以下措施。

第一,大幅下调主要利率,重回"零利率"时代。2008 年国际金融危机发生后,全球主要经济体陆续实施大规模降息政策,日本银行分别在 2008 年 10 月及 12 月各进行一次降息,将隔夜拆借利率由 0.5% 下调至 0.1%,将基准贷款利率由 0.75% 下调至 0.3%,这一举措使日本重回"零利率"时代。

第二,开展公开市场操作,向市场投放流动性。自 2008 年 9 月以来,日本银行通过投放大量基础货币、提高回购国债额度向市场注入大量流动性;通过向金融机构提供美元资金,缓解美元短缺对市场的冲击;通过对超额准备金付息、提供大量跨年及跨年度资金,解决银行年末和年度末资金不足问题。

第三,出台非常规货币政策,激励金融机构开展信贷业务。自 2008 年 12 月以来,日本银行陆续出台多项非常规货币政策,如提供短期低息贷款、买断商业票据、买断公司债券、将资产担保范围扩大至地方政府债券等,降低金融机构向央行融资的门槛,鼓励金融机构向资金紧缺的企业发放贷款。截至 2009 年 3 月末,日本银行通过非常规货币政策措施向金融机构发放的资金累计超过 12 万亿日元。

第四,采取特殊措施,保障商业银行资本金规模。为避免商业银行因自有资本率下降而产生"惜贷"行为,日本银行通过两项措施提高银行资本金:一是买进商业银行持有的次级债。2009 年 3 月,日本银行一项计划草案指出,其将向开展国际业务的大型银行购买 1 万亿日元的次级债,以增加商业银行的资本金,进而提高商业银行对企业和家庭的融资水平。二是购买商业银行股票。日本银行宣布,自2009年2月至4月底,将买入评级在"BBB-"以上的商业银行股票,购买金额的上限为1万亿日元。截至2009年6月20日,日本银行用于购买商业银行股票的费用达168.3亿日元。实施该项措施的主要目的是改善商业银行因股价下跌导致资本金下降,进而缩减信贷规模的状况。

第五,运用行政方式,缓解中小企业及地方经济融资难题。金融厅针对金融机构"惜贷"问题进行专项检查,督促金融机构向中小企业发放贷款;通过下调具有紧急担保的信贷资产风险权重比例,缓解金融危机对金融机构资本金造成的冲击;提供政府资金支持,拓展中小企业和地方经济的融资渠道。

通过采取上述各项干预政策,日本有效维护了金融市场稳定,并在一定程度上缓解了经济衰退程度。但是,依然存在许多未能解决的问题,如中小企业融资难困境并未得到解决,央行提供的流动性难以真正落实到中小企业手中。出于对中小企业风险状况的担忧,商业银行更多地选择将贷款发放给信用状况较好、偿债能力更强的大型企业,中小企业的融资困境依然存在。此外,通过行政方式干预银行信贷行为,将导致银行资产质量恶化。金融厅对"惜贷"行为的专项检查,迫使商业银行不得不将资金投放给地方经济和中小企业,但是大量中小企业在金融危机中受到严重冲击,盈利能力和偿债能力下降,信贷风险急剧上升,商业银行对此类企业发放的贷款难以全额收回,必然导致银行自身资产质量恶化。

四、中国危机干预政策的实践

(一)现状

当前中国的危机干预政策除货币政策外主要依靠央行的最后贷款人机制以及存款保险制度。最后贷款人机制,是中央银行通过向问题金融机构提供流动性进行救助,以防止出现挤兑,防范系统性风险,维护金融市场稳定的制度设计。存款保险制度则是通过出台法律法规和设立存款保险机构,在参保机构发生经营困难时,由存款保险机构向其提供援助,以保护存款人合法权益,进而稳定金融市场秩序的制度。

自从1984年中国人民银行开始专职行使中央银行职能后,其最后贷款人职能日渐完备。中国人民银行行使最后贷款人职能的实践主要包括以下几个方面:一是对中国银行体系长期的资本提供。1999年,中国人民银行牵头成立了华融、长城、东方和信达4家资产管理公司,以收购四大国有商业银行的不良资产,进而提高国有商业银行的资产质量。2008年前后,中国人民银行通过外汇储备对国有银行增资,共注入2450亿美元,折合人民币1.92万亿元。二是为证券业改革提供再贷款。由于国内证券公司在成立初期存在较多违规经营现象,监管部门对证券业展开了大规模整治。2000年至2005年底,中国人民银行向证券业提供了约480亿元再贷款,用于关闭和托管券商、弥补交易结算资金缺口、建立证券投资者保护基金等,以化解证券公司存在的风险。此外,央行还通过中央汇金公司向流动性紧缺的证券机构注资,并将参股子公司作为流动性救助的载体,提高流动性救助的便捷度。三是支持农村信用社改革。2003年,农村信用社改革工作启动。为支持农村信用社改革,中国人民银行发行了专项中央银行票据,用于消化农村信用社不良贷款,为农村信用社解决资本金问题。四是运用专项再贷款和紧急再贷款化解地方金融风险。中国人民银行运用专项再贷款有效解决了农村合作基金、城市信用社和城市商业银行等中小金融机构的债务问题,并通过紧急再贷款解决了地方金融机构流动性不足的问题。

存款保险制度不仅筑起了金融安全网的最后一道防线,还构筑了对存款人资金安全和公众信心的保护机制,在预防存款人挤兑,维护金融市场稳定方面具有重要意义。依据《存款保险条例》的规定,中国存款保险最高偿付限额为人民币50万元,99.6%的存款人能够得到全额保障。存款保险制度建立初期采取较简单的差别费率,主要根据投保机构的存款规模、资产质量、风险管理水平等因素确定。针对部分银行激进的经营策略、不审慎的经营行为,适当提高费率水平,以促进银行审慎经营。为配合风险差别费率,2016 年以来,中国人民银行建立起定量模型和定性评估相结合的存款保险评级体系,为差别费率的核定提供重要依据。风险差别费率的实施起到了约束和校正风险的作用,有利于发挥存款保险的正向激励作用,是对存款保险制度功能的较大完善。在"风险最小化"模式下,存款保险公司被赋予一定监管权,具有风险监测和早期纠正职能,有利于实现对风险的早发现、早干预、早处置。2016 年以来,中国人民银行通过加强与地方政府及监管部门的沟通,逐步建立起多方合作的风险处置机制,形成化解风险的合力,并积极开展早期纠正工作,推动风险早处置。

2019 年 5 月,存款保险基金公司正式成立,这也意味着我国对存款保险的管理逐渐向由专业处置机构主导演进。存款保险基金在包商银行、锦州银行等高风险金融机构的处置中发挥了重要作用:一是收购大额债权。在接管包商银行的过程中,针对 5000 万元以上大额债权及同业债权,存款保险基金通过签署收购协议进行收购;针对包商银行票据,存款保险基金依据额度提供保障,具体而言,5000 万元以下(含)的票据能得到全额保障,5000 万元以上的票据则能获得 80% 的保障。二是部分兜底问题资产。在化解锦州银行风险的过程中,工银投资等三家机构于 2019 年 7 月受让锦州银行股份,并与存款保险公司签署"部分远期回购协议"。协议指出,入股的三家机构将在未来三年内提高锦州银行的经营管理水平,并在成功引进战略投资者后退出,若三年后锦州银行的股权价值低于股份转让前的水平,存款保险基金将承担 80% 及以上的损失。

(二)存在的问题

目前,中国金融危机处置机制在大多数情况下都会对问题金融机构进行救助,造成道德风险普遍存在,针对金融机构"大而不能倒"问题的解决措施

还有待改进。具体而言:

第一,中国当前尚未形成完整有序的金融机构市场退出法律体系。现有涉及金融机构破产处置的法律包括:《企业破产法》《商业银行法》《中国人民银行法》《民事诉讼法》和《银行业监督管理法》等。然而,由于缺乏专门的金融机构破产处置的法律条文,不同类型金融机构进行破产处置时所适用的法律法规不同。具体而言,国有商业银行破产将依据《企业破产法》中的相关规定进行处置,其他金融机构则依据《民事诉讼法》中的相关规定进行处置。此外,上述法律条文未将金融机构与其他工商企业进行区分,因此忽略了金融机构经营货币所具有的特殊性,进一步导致金融机构在破产清算过程中如何保护债权人利益、维护外部和内部债权人地位平等、厘清清算主体与法院的关系等问题难以解决。

第二,中国暂未制定详细的金融机构退出规则。尽管国务院早已出台《金融机构撤销条例》,对金融机构撤销工作作出相关规定,但该条例的法律层级较低,对适用范围和适用条件的说明不够细致;在债权人保护方面的规定有待完善;在金融机构退出过程中承担监管职责的监管机构及其对应监管措施等方面缺乏明确标准;针对债务承担问题也未能提出有效解决方案。

第三,金融机构普遍存在道德风险问题。道德风险的形成主要与风险的外部性有关,而对于大型金融机构而言,其道德风险还受到"大而不能倒"信念的激励。在现代信用环境下,金融机构成为连接金融信用链条的重要环节以及国民经济的重要组成部分,一旦金融机构发生风险,国民经济整体乃至世界经济都将深受冲击。政府为避免金融风险的蔓延,必然会救助那些存在较高风险的金融机构,因此产生了风险的外部性。风险外部性的存在形成了对金融机构追求盈利性的激励,诱使其投资高风险资产,尤其是大型金融机构。

五、进一步完善金融风险的处置和干预机制的建议

综上所述,中国要守住不发生系统性金融风险的底线、强化金融安全网有效性、提升金融体系活力和效率,应进一步完善危机时期的政策干预机制,明确问题金融机构的危机救助措施和市场化退出机制。本节认为对于中国而言,下一步应侧重从以下四个方面强化金融机构危机处置制度建设。

第一,全面认识"恢复和处置计划"在持续监管中的作用。多个国家应对金融危机的经验和改革实践表明,恢复和处置计划并不只是"生前遗嘱",同样也是有效的常规化持续监管手段,更是推动商业银行强化风险管理的有效措施。从监管机构的角度考虑,审核银行的恢复和处置计划,有助于深化对银行组织架构、经营策略、业务范围和商业模式的了解,有助于强化对银行资本金、资产质量和流动性等指标的监管,有助于对其海外展业和跨业经营进行更客观准确的判断。通过推动银行制定恢复和处置计划,能够督促银行对自身发展、组织架构、管理水平、业务模式进行重新审视,及时发现由银行内部因素引起的处置障碍,进而完善其经营策略,提高风险管理水平。

第二,统筹推进中国系统重要性金融机构监管的处置机制建设。中国应充分借鉴相关国际准则和主要经济体的成功经验,从两个方面建立健全中国系统重要性金融机构的处置机制。一是提前做好处置预案。考虑到金融机构倒闭的突发性、传染性和外溢效应,加强处置事前准备有助于避免处置过程的混乱和无序。二是减少处置对公共资金的依赖,强调"自救",压实各方责任,防范道德风险。金融机构应担负起风险处置的主体责任,地方政府承担起属地金融监管职责和风险处置责任,金融监管部门履行好监管责任,中国人民银行在必要时落实好最后贷款人的责任。设计好激励约束机制,使金融机构、地方政府和金融监管部门具有内生动力,把有效化解风险真正放在更加重要的位置,主动担当、主动作为,并有效防范道德风险。

第三,完善存款保险制度,避免金融机构风险向系统性金融风险演化。要

进一步发挥存款保险制度的作用,依据市场化、法治化原则,进一步拓宽存款保险基金使用渠道,建立专业化风险处置团队,开展存款类金融机构的风险监测、预警、早期介入,提高早期纠错的权威性,实现金融风险早发现、早控制。在风险处置阶段,可采取收购承接、参股控股、设立过桥银行等方式,化解问题机构风险。在处置系统性风险的过程中,既要发挥好存款保险处置平台的功能,又要充分运用中国人民银行最后贷款人职能,使二者协调配合,高效化解系统性风险。

第四,明确资金来源和使用顺序,完善处置资金保障体系。从成功处置实践来看,当处置资金筹集主体和使用顺序明晰时,责任主体就有压力和动力加强事前和事中监管,从而降低金融风险积累和爆发的概率,责任主体在处置过程中也会尽力实现处置成本最小化。为此,应尽快明确风险处置资金来源和使用顺序,原则上优先考虑通过原股东权益吸收损失、运用无担保债权计提资产减值损失、申请存款保险基金救助等渠道补足资金缺口,必要时中国人民银行发挥最后贷款人职能。此外,还可考虑创设多样化的应急资金筹措工具,丰富处置资金来源,完善处置资金保障体系。

第四节　中国金融监管体制改革路径研究

一、研究背景

金融是现代经济的核心和血脉,是资源配置和宏观调控的重要工具。改革开放以来,我国金融业发生深刻变革,成为推动经济社会高质量发展的重要动力。然而,金融自身的高杠杆属性和特殊功能,决定了其必然会沿袭实体经济的风险特征,产生金融风险,并经由放大和传染机制迅速扩散,对整个经济体系造成重创。因此,自金融诞生以来,防范和化解金融风险始终是无法回避的重要话题。金融监管是应对金融风险的重要基础性工作,其核心是切断风险的传播渠道,防止风险外部性泛滥,对维持金融秩序、维护金融市场稳定、促进经济金融发展具有重要意义。金融监管体制是实施金融监管的基本框架,有效的金融监管必须建立在科学、合理、协调的金融监管体制之上。

1997 年亚洲金融危机后,国际货币基金组织(IMF)提出,金融监管体制应至少包含以下五个基础要素:清晰的监管目标、完善的金融监管体制、独立和可问责的监管部门、充足的监管资源、能够实现统筹协调和市场风险全覆盖的监管模式。2008 年国际金融危机重创了各主要经济体,造成了大范围的经济衰退,暴露出各国长期以来在金融监管体制上存在的不足。危机之后,各主要经济体深刻反思了现行金融监管体制存在的问题,并进行了一系列金融监管体制改革。

在我国金融业的发展历程中,金融模式、金融结构以及金融文化都经历了深刻调整,对金融监管提出了新要求、新挑战。金融监管体制能否适应内外部环境的变化,有效协调各方监管力量,将是维护金融体系稳定,实现经济高质量发展的重中之重。21 世纪伊始,金融业混业经营逐渐成为不可逆转的大趋势,以互联网为主要载体的金融创新不断涌现,我国"一行三会"的分业监管模式难以应对金融交叉融合带来的监管空白和监管重叠,金融监管体制不适应、不协调的问题开始凸显。2017 年 11 月,根据第五次全国金融工作会议的要求,国务院设立了金融稳定发展委员会;2018 年 3 月,在借鉴国际金融监管体制改革经验的基础上,我国对金融监管体制进行了重大调整,将原有的银监会和保监会合并为银保监会,中国人民银行承担起草银行业、保险业重要法律法规和制定宏微观审慎监管基本制度的职责。由国务院金融稳定发展委员会、中国人民银行、银保监会和证监会构成的"一委一行两会"金融监管格局形成。2023 年 3 月,中共中央、国务院印发《党和国家机构改革方案》,我国金融监管体系迎来新一轮重构。改革方案中有六项涉及金融监管改革,包括组建中央金融委员会、组建中央金融工作委员会、组建国家金融监督管理总局、深化地方金融监管体制改革等。现行"一委一行两会"金融监管框架,转变为在中央金融委和中央金融工委统一领导下的"一委一行一总局一会"新格局。

只有通过金融监管体制的不断改革,才能及时填补体制机制漏洞,有效提高金融监管能力,实现防范和化解金融风险的目标。在当前形势下,新的"一委一行一总局一会"监管模式能否有效提升监管效率、疏通监管障碍,真正发挥金融监管统筹协调的作用,这些问题尚待实践检验。但有一点毋庸置疑,那就是我国的金融监管体制改革没有终点,需要针对金融业发展状况和暴露出来的不足持续、及时地推进金融监管体制改革。基于此,本节首先梳理国际金融监管体制改革的实践经验,在此基础上对我国金融监管体制的改革历程进行回顾,明晰现状与问题,最后提出新时代推进我国金融监管体制改革的政策建议。

二、金融监管体制改革的国际经验

金融监管体制改革的主要形式是监管模式的创新和转型。在我国金融监管体制改革的过程中,西方发达国家近 30 年来的金融监管体制改革探索和金融危机后的调整转型提供了大量实践经验。按类型区分,国际金融监管体制模式主要可概括为以美国为代表的功能监管、以英国为代表的综合监管和以澳大利亚为代表的双峰监管。金融危机后,美国和英国分别针对金融监管体制暴露出来的问题作出了重大调整,而澳大利亚开创的双峰监管模式在金融危机后受到了广泛认可。

(一)美国——功能监管

功能监管是以金融业务的功能属性为划分标准,据此设置不同监管部门的金融监管模式。功能监管的主要特点是"具体问题具体分析",重点关注金融业务和产品的性质,而较少区分其提供者属于哪一类金融机构、采用何种金融机构形式,能够有效遏制监管套利。例如,在机构监管模式下,银行类金融机构可以通过从事证券业务,躲避银保监会和证监会的监管,实现监管套利;

而在功能监管模式下,银行类金融机构的证券业务根据业务性质仍由证监会监管。

20 世纪 80 年代后,美国掀起了金融自由化浪潮,金融创新大量涌现。银行业、证券业和保险业之间呈现业务交叉融合的态势,金融市场的传统架构被实质性重塑,对传统的机构监管模式提出了挑战。有鉴于此,美国在 1999 年通过了《格莱姆法》,正式引入了功能监管体制。然而,功能监管的实际操作难度较大,现实中的很多因素都制约了功能监管作用的有效发挥。首先,功能监管本质上仍属于分业监管模式,面对混业经营的局限性依旧存在。其次,对于金融创新和金融科技高速发展的国家而言,金融产品的复杂性使得金融业务的边界难以界定,进而会影响监管的有效覆盖。再次,每个监管部门都有一套特有的监管标准,对于同一金融业务的认定和监管不尽相同,监管空白和监管重叠问题还是难以解决。最后,各个监管机构为避免监管冲突,依旧会将市场强行分割,这违背了功能监管的初衷。值得一提的是,功能监管本质上属于微观层面的监管,所以宏观层面的风险往往会被忽略。以上这些问题突出反映在 2008 年国际金融危机的爆发与演化过程之中。

危机后,美国通过了《多德—弗兰克法案》,对金融监管体制进行重大改革。一是确立了美联储在金融领域"全面监管人"的地位,除银行业金融机构外,强化了针对对冲基金等基金公司、证券市场、保险公司和金融控股公司的监管职权。二是赋予政府系统性风险监管职能,防范系统性金融风险。三是调整金融监管机构权限,减少低效率的重复监管。对部门金融监管权限进行了合并,打通了同类金融业务监管政策屏障,从根本上避免了监管套利。四是扩大国际监管合作,防范金融风险的跨境联动。美国通过与世界银行、国际清算银行(BIS)、国际货币基金组织(IMF)等机构的合作,逐步完善《巴塞尔协议Ⅲ》确定的国际金融监管实施规则,推动国际银行业资本监管和监管标准一体化,并加强对跨国金融机构的监管。

（二）英国——综合监管

综合监管又被称为单一监管,其特点在于将整个金融行业视作单一的整体,以适应金融业的混业经营趋势。该模式下,通常只需设立一个综合的监管部门对整个金融行业实施监管。

早在 20 世纪 80 年代,北欧一些国家(挪威、丹麦和瑞典)就尝试过初具雏形的综合监管模式,但英国是首个在全国范围内系统性建立综合监管模式的国家。英国在 2000 年通过了《金融服务和市场法》,将银行业、保险业和证券业置于同一监管框架,建立了金融服务监管局。监管局的权限范围几乎覆盖英国所有的金融行业,既负责监管金融产品的营销和金融服务的提供即"商业行为监管",又负责监管金融机构的安全和稳健即"审慎监管"。该监管模式与分业监管相比,能够更好地适应现代金融业混业经营态势,特别是面对内部关系复杂的金融集团时,能够对金融集团内各个部门进行整体、协调监管。英国之后,包括德国、日本、新加坡和中国台湾在内的多个国家和地区,都先后采用了该监管模式。然而,实践表明,综合监管同样不是"万灵药"。首先,由于综合监管机构过于庞大,内部往往又重新按照行业、功能划分,内部沟通的效率低下会削弱综合监管优势。其次,综合监管使得市场上只存在一个监管者,监管者的错误决策将导致极为严重的后果。最后,综合监管往往无法同时兼顾审慎监管和行为监管,单一的监管机构承担两个相对独立甚至有所对立的目标,既要维护金融稳定,又要保护消费者权益,因此在监管资源分配时难免会出现失衡。

危机后,英国出台了多项政策改革金融监管体制:一是从宏观审慎角度出发,推出了包括逆周期资本缓冲工具、杠杆率要求、系统性风险缓冲等在内的多种金融监管工具,特别是推出了 LTV、DTI 等住房市场工具,以遏制家庭债务水平上升态势,提高金融稳定性。二是将金融消费者权益保护作为金融监管的一个重要组成部分,建立了独立的金融申诉专员制度,作为中立方调解和裁定金融机构和金融消费者之间的纠纷,并在程序设计方面向金融消费者倾斜。三是借鉴澳大利亚和荷兰经验,成立了独立的监管机构——金融行为监管局,负责对金融机构行为的监管,正式引入了双峰监管模式。

(三)澳大利亚——双峰监管

双峰监管的核心思想是根据商业行为监管和审慎监管两大监管目标,分别设立两个不同的监管机构进行监管,两个监管机构各司其职,相互独立。因此,双峰监管也被称为目标监管,由于其不以金融行业为标准划分监管范围,本质上也属于混业监管模式。

澳大利亚于 1997 年首次实施双峰监管模式。澳大利亚设立证券和投资委员会对金融交易行为进行监管,同时保护消费者和投资者权益;审慎监管局承担金融机构审慎监管和金融稳定的责任;澳大利亚储备银行则承担制定货币政策和宏观审慎政策的任务,不负责对微观金融机构的监管。因此,澳大利亚的金融监管体系实际上包含三个核心部门,故被称为"三元式"双峰监管。澳大利亚之后,荷兰同样采取了双峰监管模式,设立了一个负责行为监管的部门。但与澳大利亚相比,荷兰中央银行同时负责制定货币政策和宏微观审慎监管政策,并没有单独设立审慎监管部门。因此,荷兰的金融监管体制被称为"二元式"双峰监管,这种模式之后也被英国等国家学习和改进。许多学者认为,双峰监管是 2008 年国际金融危机后效果最优的监管模式。

三、中国金融监管体制改革的历程回顾

党的十八大以来,中国特色社会主义进入了新时代,社会、经济、文化等各个领域都开启了全方位、深层次改革,金融监管体制改革是其中的重要环节。因此,以党的十八大为时间节点,我国的金融监管体制改革历程大致可分为以下两个时期。

（一）1949—2012 年：从统一监管到分业监管

我国金融业的发展历程并不算长，但金融监管体制却经历了数次变革。具体而言，从新中国成立初期到党的十八大召开前，我国的金融监管体制经历了以下三个阶段。

第一阶段，1992 年之前，处于混业经营、统一监管阶段。新中国成立初期，由于不存在除银行以外的其他金融机构，中国人民银行作为国家机关从事所有的银行业务。改革开放后，我国着手开始恢复四大国有银行、中国人民保险公司，设立中国国际信托投资公司等金融机构，结束了由央行全权负责的经营管理体制。1980 年之后，我国对中央银行和一般商业银行的业务进一步分割，初步建立了不同类型金融机构活跃并存的金融体系，而且允许同一金融机构开展多项金融业务，如银行业和保险业可以设立证券部门，信托公司可以参与金融市场交易等，拉开了混业经营的序幕。与此同时，我国采用了以中国人民银行为核心的统一监管模式。中国人民银行既是国家的中央银行，执行央行的特殊职能，又是国务院下属的金融监管机构，对全国范围内的金融业务进行全面监管。

第二阶段，1992 年至 2003 年，处于分业经营、分业监管阶段。以 1992 年邓小平南方谈话为起点，我国开启了全面建立社会主义市场经济体制的伟大实践。随后，国务院在《关于金融体制改革的决定》中明确提出实行银行、信托、证券、保险分业经营的要求，通过政策手段结束了我国金融业维持十余年的混业经营局面。随着《商业银行法》《保险法》《证券法》等一系列法律法规的出台和修订，我国金融业分业经营得到了较完善的法律保障。金融监管方面，中国人民银行、证监会与保监会分别履行各自领域的监管职能。2003 年出台的《银行业监督管理法》中，将大部分银行业监管职权划归新设立的银监会，中国人民银行仅行使部分银行业监管职能。至此，我国"一行三会"的分业监管模式正式形成。

第三阶段,2003 年至 2012 年党的十八大召开前,处于金融业自发混业经营和监管体制求变的阶段。随着我国经济迅猛发展,金融对外开放程度不断提高,金融业为寻求更多发展机会,重回混业经营模式。2002 年,国务院特批中信、光大和平安集团成为综合金融控股集团试点单位,标志着我国金融业分业经营重新转向混业经营获得政策支持。与此同时,各监管机构为适应混业经营趋势,也积极探索新的金融监管体制改革方向,但党和国家并未从顶层设计角度对金融监管体制改革给出明确政策指引,仍处在行将变动的酝酿期。

(二)2012 年以来:分业监管下的统筹协调机制不断加强

自 2012 年起,以互联网为主要载体的金融创新不断涌现,金融机构、金融业务、交易结构、资金等呈现交叉融合态势,混业经营已然成为大势所趋。与此同时,分业监管格局尚未作出相应调整,致使协调合作机制难以发挥实际效果,实践过程中的各种平台合作、通道业务等日益成为新的监管盲区,"一行三会"监管模式的体制困境开始凸显。党的十八大针对全新局势指出要"完善金融监管,推进金融创新,维护金融稳定"。2017 年第五次全国金融工作会议上,习近平总书记强调"加强金融监管协调、补齐监管短板"。党的十九大再次对金融监管体制改革作出重要部署,提出"深化金融体制改革,健全金融监管体系,守住不发生系统性金融风险的底线"。近年来,我国金融监管部门深入贯彻党中央精神,展开了一系列广范围、深层次的金融监管体制改革:2017 年 11 月,为强化金融监管部门监管和防范系统性风险职责,确保金融安全稳定发展,国务院成立金融稳定发展委员会;2018 年 3 月,按照必须高度重视防控金融风险、保障国家金融安全的要求,全国人大第十三届一次会议通过《国务院机构改革方案》,将原有的中国银行业监督管理委员会(银监会)和中国保险监督管理委员会(保监会)合并为中国银行保险监督管理委员会(银保监会),将拟定银行业、保险业重要法律法规草案以及审慎监管基本制度的职责划归至中国人民银行。我国金融监管体制发生重大调整,监管模式的基本框架由传统的"一行三会"转变为"一委一行两会"。整体来看,分业监管的基本模式并未发生根本性改变,只是在此基础上增强了各个监管机构之间的协调合作。2023 年 3 月 16 日,《党和国家机构改革方案》(以下简称《方案》)正式印发,中国金融监管体系再迎重磅变革。根据《方案》,在党中央机构改革方面,组建中央金融委员会、中央金融工作委员会;在国务院机构改革方面,组建国家金融监督管理总局、深化地方金融监管体制改革、中国证券监督管理委员会调整为国务院直属机构、统筹推进中国人民银行分支机构改革……改革力度之大为近年来前所未有。此次金融监管改革影响深远,是我国金融监管体制迈向更加完善的重要一步。本轮改革后,"一委一行一总局一会"(中央金融委员会、中国人民银行、国家金融监督管理总局、证监会)的金融监管新格局正式形成。总体来说,在改革后的金融监管新格局之下,职能分工更为清晰,可及时有效地形成监管合力,减少监管空白和盲区,同时也减少了监管套利,将更有利于防范金融体系的系统性风险。

四、现阶段中国金融监管体制存在的突出问题

"一委一行一总局一会"是我国金融监管体制改革的全新实践,标志着监管协调框架进一步的完善与发展。但由于新体制的形成时间较短,尚不成熟,目前还存在一些突出问题:从横向上看,监管部门之间存在协调障碍;从纵向上看,中央和地方之间的协调机制也存在不少问题;同时,监管机制与科技发展之间也存在一些适应性问题。

(一)监管部门之间的金融监管协调障碍

第一,金融监管协调的常态化制度安排不足。就宏观审慎管理与微观审慎监管之间的监管协调来看,监管体制改革后,中国人民银行主要负责拟定重要法律法规草案以及相关审慎监管基本制度。简而言之,中国人民银行专注于宏观审慎管理,而金融监管总局则主要负责微观审慎监管。然而在实际监

管时,央行监管过程中的宏观审慎管理和微观审慎监管本就不可分割且贯穿始终,金融监管总局的宏观审慎管理也不容回避,宏观与微观之间的监管割裂问题不断显现。真正厘清各部门之间的边界与合作关系还需常态化的制度安排作为支撑。

第二,金融监管协调机制的相关法规建设有效衔接不足。在法规层面,中央金融委的主要职责、工作机制以及相关组织架构等法规建设尚未同步;《中国人民银行法》《银行业监督管理法》《保险法》《证券法》等相关法律的修订工作尚未有效衔接。此外,地方监管机构中,较多省份的地方金融机构监管职权隶属于多个部门,部门之间的分工繁杂零乱,部门职权边界不明确等问题突出。虽然2023年3月16日发布的《党和国家机构改革方案》已明确提出深化地方金融监管体制改革,建立以中央金融管理部门地方派出机构为主的地方金融监管体制,统筹优化中央金融管理部门地方派出机构设置和力量配备;地方政府设立的金融监管机构专司监管职责,不再加挂金融工作局、金融办公室等牌子;但相关的监管政务数据整合、机构部门之间的协调工作等具体问题的解决尚需较长时间,也有一定难度。

(二)中央与地方之间的金融监管协调问题

第一,金融监管的权责不匹配。中央的垂直监管与地方的属地监管之间的监管协调工作尚不完善,目前仅对央地之间的金融监管权限和风险处置责任明确了职能界限,但具体的监管操作办法和处理规则还不成熟,模糊地带的权属问题也存在一定争议,极易导致监管真空、监管重叠甚至监管"越位"等问题出现。近年来地方金融风险频发的现象,可能源于互联网金融中存在一些从业机构具有不同地区的注册地与经营地、不同来源的资金与资产端,而当地方监管部门的管辖半径不足、能力资源尚不匹配时,事前把关不严、事中风控不及时、事后处置相互推诿等问题就会集中暴露。

第二,金融监管与发展关系不协调。具体而言,中央高度重视风险防范,地方政府则更关注发展当地经济。地方金融监管部门通常会为了本地经济发展能够获得更多的信贷投入以及资金支持,在加强监管与扶持发展中反复抉择。一方面,地方政府若重视经济发展而相对容忍金融风险,那就势必存在一定的监管放松,可能会使某些机构盲目追求一些所谓的金融创新,造成一定的资金错配和空转现象,更有甚者引发金融安全事件;另一方面,若地方政府基于不充足、不科学的评估而采取相对严格的监管措施,也有可能错失发展良机。

(三)金融监管机制与金融科技之间的适应性障碍

随着金融科技的不断发展,金融创新通常具有一定的超前性。由于我国的监管规则以及相关法律法规大多属于事后总结型,致使金融监管协调机制相对滞后于金融科技发展,金融监管协调出现诸多障碍。具体表现为以下几点。

第一,金融创新风险难以识别。精准识别潜在风险是金融科技监管的重要前期工作。金融科技能够将业务流转变为信息流,在提升资金融通效率的同时也增加了风险跨地域、跨行业甚至跨市场传递的可能。随着金融创新业务边界的日益模糊与业务交叉性的日益明显,金融风险更具传染性及隐匿性。特别是一些新兴金融产品经由金融科技包装后极易掩盖其金融业务的本质,金融业务的最终责任人和底层资产难以识别,监管部门对于资金的真实去向无法进行全过程监测。

第二,金融科技的配套监管机制尚未建成。虽然中国人民银行一直致力于探索规划金融科技的健康发展并制定了建立金融科技监管规则体系的一系列计划,但鉴于目前制定的相关规则大多基于传统的监管体系,尚未建立针对金融科技的独立法律法规体系以及制定配套监管模式的相关措施,致使部分环节难以协调衔接,现有的监管体制遭受到一定的冲击。此外,由于"一行"主要负责规则制定,"一总局一会"具体负责监督与处理,面对不断更新的金融产品,很有可能出现央行规则制定难以同步金融创新发展的问题,导致"一总局一会"在具体监督和处理金融风险时陷入无据可依的现实困境。

第三,金融监管资源难以统筹协调。一方面,监管成本不断增加。传统的金融监管大多采用报表检查以及现场检查等方式,通过机构报送数据以及相关合规报告,致使金融监管存在一定的时滞性。随着金融业务的迅猛发展,面对日新月异的变化,监管协调部门亟须更新监管方式,提高监管效率。同时,对于人力、物力、财力的投入以及资源的协调统筹也提出了新的更高的要求。另一方面,信息资源的统筹协同尚须完善。当前,我国仍然缺乏统一的信息共享以及金融风险预警平台,缺失统一的数据报送口径、信息披露准则、业务范围等规范标准,数据以及监管资源的协调与整合进程仍存障碍。

五、进一步推进中国金融监管体制改革的对策

新的金融监管体制核心在于加强监管的协调配合,并适时引入功能监管以及强化审慎监管。虽然这是当前监管制度环境下的较优路径选择,但监管模式尚未从根本上转换,根据行业划分的分业监管体制仍然保留,协调障碍和机制障碍仍然存在。事实上,最优的金融监管体制并不存在,任何国家的金融监管体制建设永远在路上。随着金融体制改革工作的整体推进以及相关监管工作经验的不断积累,后续改革过程中应考虑继续完善"一委"的工作机制,在强化"一行"核心地位的同时完善"一行"与地方机构的协调监管,明确"一行一总局一会"各自职责,在此基础上健全金融消费者保护体系,不断改进和创新监管方式,助力构筑安全稳定的经济金融环境。具体而言,在继续推进金融监管体制改革的进程中,以下方面需要重点关注。

第一,完善中央金融委员会及其办公室的工作机制。首先,应从法律层面切实保障中央金融委员会及其办公室关于金融稳定和发展的顶层设计、统筹协调、整体推进、督促落实以及研究审议金融领域重大政策、重大问题的职能,切实出台相关职能的具体制度以及工作方法。其次,应加快建设信息共享机制,借助现代化技术建立以金融信息为核心,其他经济信息为辅助的综合信息网络系统。再次,应对"一行一总局一会"的现有金融监管权力和监管领域进

行明确统筹,厘清存量监管边界以及增量监管的具体负责机构。最后,作为各个金融监管机构的统筹者,中央金融委员会及其办公室应不断探索优化监管方式方法、积累监管经验,为统一监管体制改革奠定坚实基础。

第二,强化央行的金融风险防控主体地位。首先,应重视央行作为货币当局的监管优势地位,既不能将央行视为一位"救火队长",也不能削弱央行的"金融稳定"职能。其次,应继续加强央行在宏微观审慎、货币政策与防范化解系统性风险等方面的核心职能。最后,应协调好金融监管与货币政策、宏观审慎管理与微观审慎监管之间的关系,统筹相关部门合力维护金融稳定并促进经济发展,借鉴英国部门间监管协调经验,不断完善我国监管制度设计。

第三,完善央地监管协调机制。健全以中央金融管理部门地方派出机构为主的地方金融监管体制,统筹优化中央金融管理部门地方派出机构设置和力量配备,统筹协调好各地方金融监管局以及其他监管部门之间的关系;通过省际之间的监管合作或召开省际联席会议,及时解决跨省的金融监管事宜;汇集各地方的金融监管经验,统一整合以完善行业标准;可通过构建中央监管部门和地方监管部门的信息共享平台,实现协同办公。与此同时,地方也应设立专门部门与中央进行金融监管具体事项的对接协调。

第四,建立健全金融消费者保护机制,构建金融消费者专项保护机构。应将金融消费者视作一般消费者中的特殊群体,在现行的金融法律体系中设立专项保护法规;在监管操作层面,应将保护金融消费者的相关权益设定为法定监管的特定目标,并通过不断完善监管中的规范建设,将保护金融消费者理念贯彻至监管行为与监管过程的方方面面;在机构设置层面,应整合金融消费者保护机构资源,构建金融消费者保护框架,切实担负起化解金融交易争端和培育市场信心的责任,夯实金融监管的基础。

第五,在实践中不断优化监管手段。准确识别传统监管方式中遗留的监管盲区与监管重叠,补全体系漏洞,加强行为监管和功能监管的效力,实现监管的高效全覆盖。具体而言,为应对快速发展的互联网可能带来的金融风险,可考虑建立动态监管机制;明确监管责任分配,通过修改、补充规定等形式定期更新各监管主体的职责分工,将互联网金融公司、金融控股公司等置于同一监管框架内,确保监管的完整性、有效性;强化金融风险预警和应对机制建设,积极响应金融科技的快速发展,将大数据、物联网、人工智能、云计算等新兴科技运用于监管方法更新、监管效率提升。

第五节　新时代防范化解系统性
金融风险的建议

金融安全是国家安全的重要组成部分,也是经济高质量发展的重要基础和前提。维护金融安全,是关系我国社会主义现代化国家建设全局的带有战略性、根本性的大事。中国继续融入世界经济一体化与金融全球化是进一步深化改革开放的重要内容,实现全方位、高水平金融开放的方向不可逆转,但在金融开放水平不断提高的同时,由于国内长期积累的深层次经济矛盾与全球经济深度调整引致的外部风险可能相互交织叠加,导致金融风险快速集聚并逐步暴露,会威胁中国的金融安全乃至国家安全。习近平总书记在党的二十大报告中指出,要"加强和完善现代金融监管,强化金融稳定保障体系,依法将各类金融活动全部纳入监管,守住不发生系统性风险底线"。如何有效防控系统性金融风险、切实维护中国金融安全是理论界与金融管理部门必须思考的重大问题。

一、全面评估金融开放收益与成本,合理设计金融开放次序

在新的历史条件下,中国继续融入世界经济一体化与金融全球化是进一步深化改革开放的重要内容,实现全方位高水平金融开放的方向不可逆转。但金融开放过程中必然伴随着诸多风险隐患,因此需要合理设计金融开放次序。具体而言,金融开放包括金融业开放、人民币汇率市场化改革、人民币国

际化与资本账户开放四个维度。其中,人民币汇率市场化改革在前,资本账户全面开放在后,人民币国际化居中,且人民币国际化应与资本账户开放协调推进。并不存在完美的金融开放路径,最优的金融开放次序需要根据中国经济金融发展的实际情况及时调整,资本账户的全面开放应当处于中国金融开放的最后一个阶段。

二、兼顾金融开放与风险防范,完善跨境资本流动宏观管理框架

"十四五"规划指出,要坚定不移推进改革,坚定不移扩大开放。金融开放未必会诱发系统性风险,但金融开放须坚守风险底线。金融开放过程中,我国须构建兼顾扩大开放与防范风险的平衡机制,完善基于资本管制和宏观审慎两个维度的跨境资本流动宏观管理框架,有效协调资本管制与宏观审慎。宏观审慎并不直接针对国际收支失衡,但对国内国外经济平衡具有重要意义。一方面,跨境资本流动资本管制政策主要服务于国际收支平衡目标,因此须保留部分资本管制,加快完善服务宏观目标的政策工具箱,密切监控短期异常资本流动。另一方面,跨境资本流动宏观审慎政策主要服务于防范跨境系统性金融风险,重点在于健全外汇市场、跨境资金流动等重点领域宏观审慎监测评估机制,分步实施宏观审慎压力测试。

三、坚持早识别、早预警、早发现、早处置,坚决守住不发生系统性风险的底线

防范化解金融系统性风险的前提在于构建"早识别、早预警、早发现"的风险度量指标体系,进而推动系统性金融风险的尽早、及时、安全处置。近年来,我国金融新业态的快速发展在拓宽金融广度和深度的同时,也削弱了金融部门间的行业壁垒,打破了传统金融业务的空间限制,金融系统内部的关联性愈加紧密,风险跨机构、跨行业、跨区域传染能力大幅度提升。与此同时,单一

的金融风险测度指标无法确保在各个场景、不同阶段内的有效适用性,造成系统性风险监测系统结果失真。为此,应构建涵盖金融机构、金融市场、经济金融关联等多维度的系统性风险测度指标体系,全方位、多层次地监测中国金融系统性风险,为我国坚守"不发生系统性风险底线"的政策目标提供重要依据。

四、加强国内金融基础设施建设,有效应对全球金融风险的溢出

在新冠疫情冲击下,全球主要经济体为了尽快恢复经济,纷纷实施超宽松的货币政策。宽松的货币环境引发了金融市场反弹与实体经济复苏之间的错位,国际金融市场间的风险溢出效应明显加剧。为了充分应对全球系统性金融风险,应建立规范、透明、开放、有活力、有韧性的资本市场,完善资本市场结构和运行机制,提高资本市场外部风险应对能力,健全资本市场风险的早期预警、准确识别和快速处置机制,促进多层次资本市场健康发展。同时,要加快建立极端风险预警体系,密切监测国际经济金融形势,积极参与全球系统性风险跨国防控机制共建,特别是要重点关注欧美地区成熟经济体市场运行状况,加强对跨境资本流动的动态监测,严防"外部输入性风险"。

五、充分借鉴国际经验,有序推动金融开放,积极参与构建国际金融安全体系

从国际经验来看,金融开放势必将加剧外部输入性风险对我国的冲击。我国的金融开放应采取"先内后外"的顺序,取消资本账户管制,加快利率、汇率的市场化改革。在此过程中,要构建健康稳定的宏观经济环境,壮大自身的经济实力,提升人民币国际地位,为高水平金融开放奠定重要基础。同时,在考察金融开放背景下的金融安全问题时,应将包含银行危机在内的各类经济金融因素纳入考察范围,避免遗漏风险敞口,形成监管盲区。此外,我国应积

极参与国际金融安全体系的构建,与各国建立长效沟通机制,加强合作,不断完善区域金融联盟和国际货币基金组织的治理架构,遏制全球金融安全网进一步分化的态势。

六、坚持"跨周期""逆周期"并行,保持宏观政策连续性、稳定性、可持续性

面对百年未有之大变局与新冠疫情全球大流行交织的影响,我国经济发展的内外部环境更趋复杂严峻,防范化解系统性金融风险不能再沿用传统的逆周期调节思路。要坚持"跨周期"思维,处理好宏观调控、风险管理与结构性改革三者之间的关系,形成政策合力,提高宏观治理效能。在做好当前逆周期调节工作的基础上,将"跨周期"和"逆周期"两种调节方式充分结合起来,兼顾短期周期性波动和中长期结构性、趋势性变化,不断强化前瞻性、全局性和整体性调控布局。此外,要保持宏观政策连续性、稳定性、可持续性,构建基于中长期利益考量的金融宏观政策选择机制,完善金融宏观调控体系,针对日常、转型期和危机期间不同的调控逻辑和约束条件,选择差异化的金融宏观调控手段。

七、构建"三支柱"宏观调控框架,维护我国金融安全与稳定

财政风险与金融风险具有显著联动性,财政政策与货币政策、宏观审慎政策之间存在相互影响。后金融危机时代我国坚持实施"积极的财政政策与稳健的货币政策",尽管在这一宏观政策组合的作用下我国经济逐渐企稳复苏,但不断累积的财政风险却成为经济金融稳定的潜在威胁。因此,在构建保障金融安全的金融调控政策框架时,我们必须考虑到财政政策因素。第一,要发挥好财政当局在结构性调控方面的优势,通过税收、投资等手段引导金融经济资源流向,帮助货币当局疏通货币政策传导,形成经济和金融的良性循环。第二,货币当局应营造稳健适宜的货币金融环境,发挥好结构引导作用,支持财

政政策产生更显著的效果。第三,要树立大宏观审慎政策的意识,财政整顿政策与房产税政策工具也可列入大宏观审慎政策范畴,因此财政当局债务管理规定与房产税政策的出台应与宏观审慎当局的监管相联系,做好政策出台前的沟通与协调。第四,要建立健全各政策当局间的显性协调机制,通过建立常态化沟通渠道和响应安排,逐步探索既能均衡各方政策目标,又能形成政策合力的三支柱调控框架。

八、统筹协调宏观审慎政策和微观审慎监管,增强金融风险抵御能力

鉴于金融风险的内生性,仅仅采用宏观审慎政策难以有效抵御系统性风险。在金融风险演化过程中,统筹协调宏观审慎政策和微观审慎监管是增强监管合力的重要路径,两者在监管目标、对象、工具、数据等多方面存在紧密联系。同时,为了实现宏观审慎政策和微观审慎监管的有效协调配合,须重点关注二者的衔接与可转换性。具体而言:第一,要完善金融监管的组织架构,基于功能、机制等方面内容厘清宏观审慎政策与微观审慎监管之间的关系,构建符合我国现代金融业发展特点、统筹协调、有力有效的现代金融监管框架。第二,要构建监管机构之间的信息共享和沟通渠道,实现监管主体间实时有效的信息交互。第三,要扩充金融监管政策工具箱,提升宏微观审慎政策效力,根据具体金融稳定目标选择相应的监管工具,减轻宏观审慎与微观审慎政策工具使用的冲突。

九、破除体制机制障碍,完善金融监管组织体系

金融监管体制是实施金融监管的基本框架,有效的金融监管必须建立在科学、合理、协调的金融监管体制之上。第一,完善中央金融委员会的工作机制,出台切实保障中央金融委及其办公室职能的法律法规,加快建设金融信息共享机制,不断探索监管方法,积累监管经验,为统一监管体制改革奠定坚实

基础。第二,强化中国人民银行金融风险防控的核心作用,重视其作为中央银行的监管优势地位,继续加强其在宏微观审慎、货币政策与防范化解系统性风险方面的核心职能,协调好金融监管与宏观调控之间的关系。第三,进一步完善央地监管协调机制,健全以中央金融管理部门地方派出机构为主的地方金融监管体制,处理好中央和地方在金融监管中的职责边界,实现促发展与防风险并重,提升金融政策在全国落地执行质效。第四,建立健全金融消费者保护机制,构建金融消费者专项保护机构,设立保护金融消费者的法律法规。第五,在实践中不断更新监管手段,准确识别传统监管方式中遗留的监管盲区与监管重叠,补全体系漏洞,加强行为监管和功能监管的监管效力,实现监管的高效全覆盖。

十、全力推进经济高质量发展,在经济金融共生共荣中维护金融安全

经济是肌体,金融是血脉,两者共生共荣。服务实体经济是金融的天职,也是防范化解系统性金融风险的根本举措。要以深化金融供给侧结构性改革为重点,增强金融服务经济高质量发展的能力,切实加大对中小、民营企业的金融服务水平,努力形成驱动创新的融资体系,着力推进绿色金融体系建设。同时,要以高质量经济发展推动金融风险防范,持续推进实施防范化解重大金融风险行动方案,牢牢守住不发生系统性风险的底线,在"防风险"中"保安全",在"归实体"中"稳增长",从而实现金融和实体经济的良性循环与均衡发展。

参 考 文 献

[1]卞志村、胡恒强:《结构性减税、财政支出扩张与中国经济波动》,《金融评论》2016 年第 4 期。

[2]卞志村、胡恒强:《中国货币政策工具的选择:数量型还是价格型?——基于 DSGE 模型的分析》,《国际金融研究》2015 年第 6 期。

[3]卞志村、孙慧智、曹媛媛:《金融形势指数与货币政策反应函数在中国的实证检验》,《金融研究》2012 年第 8 期。

[4]卞志村、杨源源:《结构性财政调控与新常态下财政工具选择》,《经济研究》2016 年第 3 期。

[5]卞志村、赵亮、丁慧:《货币政策调控框架转型、财政乘数非线性变动与新时代财政工具选择》,《经济研究》2019 年第 9 期。

[6]卞志村:《基于时域和频域视角的外汇市场波动溢出效应研究》,《财经问题研究》2021 年第 5 期。

[7]卜林、郝毅、李政:《财政扩张背景下我国货币政策与宏观审慎政策协同研究》,《南开经济研究》2016 年第 5 期。

[8]卜林、王雪杰、刘志强:《全球股票市场系统性风险传递网络研究》,《国际金融研究》2020 年第 3 期。

[9]岑磊、谷慎:《宏观审慎政策效应及其与货币政策的配合》,《财政研究》2016 年第 12 期。

[10]曾裕峰、温湖炜、陈学彬:《股市互联、尾部风险传染与系统重要性市场——基于多元分位数回归模型的分析》,《国际金融研究》2017 年第 9 期。

[11]陈国进、张润泽、姚莲莲:《政策不确定性与股票市场波动溢出效应》,《金融

经济学研究》2014 年第 9 期。

[12]陈继勇、袁威、肖卫国:《流动性、资产价格波动的隐含信息和货币政策选择——基于中国股票市场与房地产市场的实证分析》,《经济研究》2013 年第 11 期。

[13]陈建青、王擎、许韶辉:《金融行业间的系统性金融风险溢出效应研究》,《数量经济技术经济研究》2015 年第 9 期。

[14]陈诗一、王祥:《融资成本、房地产价格波动与货币政策传导》,《金融研究》2016 年第 3 期。

[15]陈守东、马辉、穆春舟:《中国金融风险预警的 MS-VAR 模型与区制状态研究》,《吉林大学社会科学学报》2009 年第 1 期。

[16]陈守东、王妍:《金融压力指数与工业一致合成指数的动态关联研究》,《财经问题研究》2011 年第 10 期。

[17]陈旺、黄家炜、汪澜:《金融开放与银行风险承担的异质性研究——基于 98 个国家的实证分析》,《国际金融研究》2020 年第 1 期。

[18]陈小亮、马啸:《"债务—通缩"风险与货币政策财政政策协调》,《经济研究》2016 年第 8 期。

[19]陈彦斌、刘哲希:《推动资产价格上涨能够"稳增长"吗？——基于含有市场预期内生变化的 DSGE 模型》,《经济研究》2017 年第 7 期。

[20]陈瑶雯、范祚军、郑丹丹:《基于 SV-TVP-VAR 的中国货币政策对大宗商品价格的影响》,《国际金融研究》2019 年第 3 期。

[21]陈雨露、马勇:《宏观审慎监管:目标、工具与相关制度安排》,《经济理论与经济管理》2012 年第 3 期。

[22]陈雨露、罗煜:《金融开放与经济增长:一个述评》,《管理世界》2007 年第 4 期。

[23]陈雨露、马勇、阮卓阳:《金融周期和金融波动如何影响经济增长与金融稳定?》,《金融研究》2016 年第 2 期。

[24]陈玉财:《国际大宗商品价格波动与国内通货膨胀——基于中国数据的实证分析》,《金融评论》2011 年第 5 期。

[25]陈忠阳、许悦:《我国金融压力指数的构建与应用研究》,《当代经济科学》2016 年第 1 期。

[26]程方楠、孟卫东:《宏观审慎政策与货币政策的协调搭配——基于贝叶斯估计的 DSGE 模型》,《中国管理科学》2017 年第 1 期。

[27]储德银、建克成:《财政政策与产业结构调整——基于总量与结构效应双重视

角的实证分析》,《经济学家》2014 年第 2 期。

[28]楚尔鸣、许先普:《中国最优货币政策规则选择——基于新凯恩斯主义 DSGE 模型分析》,《湘潭大学学报(哲学社会科学版)》2012 年第 4 期。

[29]崔百胜:《粘性信息、通货膨胀惯性与货币政策效应——兼论宏观经济变量的共变性》,《中国管理科学》2015 年第 8 期。

[30]崔金鑫、邹辉文:《时频视角下国际股市间高阶矩风险溢出效应研究》,《国际金融研究》2020 年第 6 期。

[31]戴淑庚、余博:《资本账户开放会加剧我国的系统性金融风险吗——基于 TVP-FAVAR 和 SV-TVP-VAR 模型的实证研究》,《国际贸易问题》2020 年第 1 期。

[32]邓创、滕立威、徐曼:《中国金融状况的波动特征及其宏观经济效应分析》,《国际金融研究》2016 年第 3 期。

[33]邓创、谢敬轩:《中国的金融稳定及其与经济、金融周期波动的关联动态》,《国际金融研究》2021 年第 7 期。

[34]邓创、徐曼:《中国的金融周期波动及其宏观经济效应的时变特征研究》,《数量经济技术经济研究》2014 年第 9 期。

[35]邓创、赵珂:《中国的金融压力及其对宏观经济景气的影响动态》,《财经研究》2018 年第 7 期。

[36]邓敏、蓝发钦:《金融开放条件的成熟度评估:基于综合效益的门槛模型分析》,《经济研究》2013 年第 12 期。

[37]邓翔、何瑞宏:《宏观审慎政策的金融稳定效应及其最优政策——基于多部门 DSGE 模型的研究》,《上海经济研究》2021 年第 5 期。

[38]翟永会:《系统性风险管理视角下实体行业与银行业间风险溢出效应研究》,《国际金融研究》2019 年第 12 期。

[39]刁伟涛:《经济增长视角下我国地方政府债务的适度规模研究——基于省际数据的分析》,《经济问题》2016 年第 3 期。

[40]丁慧、范从来、钱丽华:《中国广义价格指数的构建及其货币政策含义》,《中国经济问题》2014 年第 5 期。

[41]丁慧、陈颖、卞志村:《中国金融市场压力指数构建及其宏观经济非线性效应》,《现代财经(天津财经大学学报)》2020 年第 8 期。

[42]樊智、张世英:《金融波动性及实证研究》,《中国管理科学》2002 年第 6 期。

[43]范小云、张少东、王博:《跨境资本流动对股市波动的影响——基于分部门资本流动波动性视角的研究》,《国际金融研究》2020 年第 10 期。

［44］方意、黄丽灵:《系统性风险、抛售博弈与宏观审慎政策》,《经济研究》2019 年第 9 期。

［45］方意、贾妍妍、赵阳:《重大冲击下全球外汇市场风险的形成机理研究》,《财贸经济》2021 年第 5 期。

［46］方意、颜茹云、郑子文:《资本账户开放对银行风险的影响机制研究》,《国际金融研究》2017 年第 11 期。

［47］方意:《宏观审慎政策有效性研究》,《世界经济》2016 年第 8 期。

［48］封思贤、蒋伏心、谢启超、张文正:《金融状况指数预测通胀趋势的机理与实证——基于中国 1999—2011 年月度数据的分析》,《中国工业经济》2012 年第 4 期。

［49］高然、龚六堂:《土地财政、房地产需求冲击与经济波动》,《金融研究》2017 年第 4 期。

［50］顾海峰、于家珺:《跨境资本流动加剧了银行信贷风险吗——基于资本流入、流出与总量的考察》,《国际贸易问题》2020 年第 9 期。

［51］郭桂霞、彭艳:《我国资本账户开放的门槛效应研究》,《金融研究》2016 年第 3 期。

［52］郭娜、周扬:《房价波动、宏观审慎监管与最优货币政策选择》,《南开经济研究》2019 年第 2 期。

［53］郭田勇、兰盈:《人民币国际化与外汇市场压力动态关系的实证研究》,《金融评论》2019 年第 3 期。

［54］郭新强、胡永刚:《中国财政支出与财政支出结构偏向的就业效应》,《经济研究》2012 年第 2 期。

［55］郭晔、杨娇:《货币政策的指示器——FCI 的实证检验和比较》,《金融研究》2012 年第 8 期。

［56］郭豫媚、陈伟泽、陈彦斌:《中国货币政策有效性下降与预期管理研究》,《经济研究》2016 年第 1 期。

［57］郭长林:《被遗忘的总供给:财政政策扩张一定会导致通货膨胀吗?》,《经济研究》2016 年第 2 期。

［58］郭子睿、张明:《货币政策与宏观审慎政策的协调使用》,《经济学家》2017 年第 5 期。

［59］何畅、邢天才:《中国金融体系脆弱性指标体系构建及风险因素分解》,《上海金融》2018 年第 10 期。

［60］何光辉、杨咸月、陈诗一:《入世以来中国证券市场动态国际一体化研究》,

《经济研究》2012 年第 10 期。

[61]何剑、郑智勇、张梦婷:《资本账户开放、系统性金融风险与经济高质量发展》,《经济与管理研究》2020 年第 5 期。

[62]侯成琪、龚六堂:《货币政策应该对住房价格波动作出反应吗? ——基于两部门动态随机一般均衡模型的分析》,《金融研究》2014 年第 10 期。

[63]胡奕明、王雪婷、张瑾:《金融资产配置动机:"蓄水池"或"替代"? ——来自中国上市公司的证据》,《经济研究》2017 年第 1 期。

[64]黄春元、毛捷:《财政状况与地方债务规模——基于转移支付视角的新发现》,《财贸经济》2015 年第 6 期。

[65]黄大海:《违约贷款回收率:基于国外实证研究的分析》,《上海金融》2006 年第 10 期。

[66]黄均华:《资本账户开放对货币市场稳定性的影响——基于 PSTR 模型的全球比较证据》,《世界经济研究》2017 年第 2 期。

[67]黄赜琳、朱保华:《中国的实际经济周期与税收政策效应》,《经济研究》2015 年第 3 期。

[68]黄志刚、许伟:《住房市场波动与宏观经济政策的有效性》,《经济研究》2017 年第 5 期。

[69]贾俊雪、郭庆旺:《财政支出类型、财政政策作用机理与最优财政货币政策规则》,《世界经济》2012 年第 11 期。

[70]贾宪军:《金融资本跨境流动与储备货币地位——基于日元经验的研究》,《国际金融研究》2014 年第 8 期。

[71]贾妍妍、方意、荆中博:《中国金融体系放大了实体经济风险吗》,《财贸经济》2020 年第 10 期。

[72]简志宏、李霜、鲁娟:《货币供应机制与财政支出的乘数效应——基于 DSGE 的分析》,《中国管理科学》2011 年第 2 期。

[73]金春雨、张德园:《世界主要经济体宏观经济不确定性的时变双向溢出效应分析》,《经济问题探索》2019 年第 8 期。

[74]雷达、赵勇:《门槛效应、资本账户开放与经济增长》,《中国人民大学学报》2007 年第 6 期。

[75]雷文妮、金莹:《资本账户开放与经济增长——基于跨国面板数据的研究》,《国际金融研究》2017 年第 1 期。

[76]李岸、夏越、乔海曙:《国际股票市场联动的影响路径与机制研究》,《南京社

会科学》2016年第7期。

[77]李岸、粟亚亚、乔海曙:《中国股票市场国际联动性研究——基于网络分析方法》,《数量经济技术经济研究》2016年第8期。

[78]李成、于海东、李一帆:《货币政策不确定性对宏观经济的非对称影响效应——基于经济周期视角》,《北京理工大学学报(社会科学版)》2020年第5期。

[79]李红权、洪永淼、汪寿阳:《我国A股市场与美股、港股的互动关系研究:基于信息溢出视角》,《经济研究》2011年第8期。

[80]李剑峰、蓝发钦:《发展中国家的资本账户开放与货币危机实证研究》,《财经问题研究》2007年第7期。

[81]李丽玲、王曦:《资本账户开放、汇率波动与经济增长:国际经验与启示》,《国际金融研究》2016年第11期。

[82]李敏波、梁爽:《监测系统性金融风险——中国金融市场压力指数构建和状态识别》,《金融研究》2021年第6期。

[83]李少育:《稳健性偏好、惯性效应与中国股市的投资策略研究》,《经济学(季刊)》2013年第2期。

[84]李绍芳、刘晓星:《金融系统压力:指数化测度及其溢出效应研究》,《系统工程理论与实践》2020年第5期。

[85]李永刚:《中国地方政府债务负担及化解对策》,《上海财经大学学报》2011年第2期。

[86]李永友、周达军:《投资需求、利率机制与我国财政政策的有效性》,《数量经济技术经济研究》2007年第5期。

[87]李政、梁琪、方意:《中国金融部门间系统性风险溢出的监测预警研究——基于下行和上行ΔCoES指标的实现与优化》,《金融研究》2019年第2期。

[88]李政、梁琪、涂晓枫:《我国上市金融机构关联性研究——基于网络分析法》,《金融研究》2016年第8期。

[89]李政、刘淇、梁琪:《基于经济金融关联网络的中国系统性风险防范研究》,《统计研究》2019年第2期。

[90]李政、刘淇、鲁晏辰:《主权债务风险跨国溢出研究——来自频域的新证据》,《金融研究》2020年第9期。

[91]李政、刘淇、周莹莹、余峰燕:《全球主权债务风险溢出的水平、结构与机制研究》,《国际金融研究》2019年第10期。

[92]李政、孙丽玲、王子美:《基于关联网络的经济政策不确定性全球溢出效应研

究》,《国际金融研究》2020年第4期。

[93]李政、朱明皓、温博慧:《经济政策不确定性的跨国溢出效应及其形成机理》,《财贸经济》2021年第1期。

[94]梁璐璐、赵胜民、田昕明、罗金峰:《宏观审慎政策及货币政策效果探讨:基于DSGE框架的分析》,《财经研究》2014年第3期。

[95]梁琪、李政、郝项超:《中国股票市场国际化研究:基于信息溢出的视角》,《经济研究》2015年第4期。

[96]刘斌:《我国DSGE模型的开发及在货币政策分析中的应用》,《金融研究》2008年第10期。

[97]刘贵生、高士成:《我国财政支出调控效果的实证分析——基于财政政策与货币政策综合分析的视角》,《金融研究》2013年第3期。

[98]刘海云、吕龙:《全球股票市场系统性风险溢出研究——基于ΔCoVaR和社会网络方法的分析》,《国际金融研究》2018年第6期。

[99]刘辉、巴曙松:《人民币国际化条件分析:历史机遇与现实选择》,《北京航空航天大学学报(社会科学版)》2014年第2期。

[100]刘瑞兴:《金融压力对中国实体经济冲击研究》,《数量经济技术经济研究》2015年第6期。

[101]刘尚希、武靖州:《宏观经济政策目标应转向不确定性与风险——基于经济周期视角的思考》,《管理世界》2018年第4期。

[102]刘晓星、段斌、谢福座:《股票市场风险溢出效应研究:基于EVT-Copula-Co-VaR模型的分析》,《世界经济》2011年第11期。

[103]刘晓星、方磊:《金融压力指数构建及其有效性检验——基于中国数据的实证分析》,《管理工程学报》2012年第3期。

[104]骆永民、伍文中:《房产税改革与房价变动的宏观经济效应——基于DSGE模型的数值模拟分析》,《金融研究》2012年第5期。

[105]吕炜、高帅雄、周潮:《投资建设性支出还是保障性支出——去杠杆背景下的财政政策实施研究》,《中国工业经济》2016年第8期。

[106]马树才、华夏、韩云虹:《地方政府债务影响金融风险的传导机制——基于房地产市场和商业银行视角的研究》,《金融论坛》2020年第4期。

[107]马勇、陈雨露:《资本账户开放与系统性金融危机》,《当代经济科学》2010年第4期。

[108]马勇:《基于金融稳定的货币政策框架:理论与实证分析》,《国际金融研究》

2013 年第 11 期。

[109]毛锐、刘楠楠、刘蓉:《地方政府债务扩张与系统性金融风险的触发机制》,《中国工业经济》2018 年第 4 期。

[110]梅冬州、崔小勇、吴娱:《房价变动、土地财政与中国经济波动》,《经济研究》2018 年第 1 期。

[111]孟宪春、张屹山、李天宇:《中国经济"脱实向虚"背景下最优货币政策规则研究》,《世界经济》2019 年第 5 期。

[112]缪小林、史倩茹:《经济竞争下的地方财政风险:透过债务规模看财政效率》,《财政研究》2016 年第 10 期。

[113]庞超然、杜奇睿:《经济政策不确定性、金融周期及宏观经济效应——基于TVP-SV-VAR 模型的分析》,《经济问题探索》2019 年第 8 期。

[114]彭红枫、商璨、肖祖沔:《分类资本账户开放、制度质量与经济增长》,《国际贸易问题》2020 年第 9 期。

[115]彭红枫、谭小玉、占海伟:《资本账户开放:影响因素与国际经验》,《武汉大学学报(哲学社会科学版)》2018 年第 2 期。

[116]彭红枫、谭小玉:《人民币国际化研究:程度测算与影响因素分析》,《经济研究》2017 年第 2 期。

[117]彭红枫、朱怡哲:《资本账户开放、金融稳定与经济增长》,《国际金融研究》2019 年第 2 期。

[118]清华大学国家金融研究院金融与发展研究中心课题组:《中国系统性金融压力的监测》,《国际金融研究》2019 年第 12 期。

[119]阙澄宇、黄志良:《资本账户开放对货币国际化的影响:基于制度环境视角》,《世界经济研究》2019 年第 6 期。

[120]沙文兵、刘红忠:《人民币国际化、汇率变动与汇率预期》,《国际金融研究》2014 年第 8 期。

[121]尚玉皇、郑挺国:《中国金融形势指数混频测度及其预警行为研究》,《金融研究》2018 年第 3 期。

[122]盛松成、翟春:《中央银行与货币供给》,中国金融出版社 2015 年版。

[123]宋暄:《货币影响力、金融脆弱度与资本账户开放——基于新兴市场国家的研究》,《金融论坛》2017 年第 10 期。

[124]苏平贵:《利率管理体制与财政政策传导机制及效应——兼论利率市场化改革过程中财政政策的调整与转变》,《财政研究》2003 年第 7 期。

[125]隋建利、尚铎:《中国金融市场风险状况甄别——结构转变点判断与阶段性变迁测度》,《国际金融研究》2018年第9期。

[126]孙亚男、肖彩霞、刘华军:《后金融危机时期中国股市的国际地位——基于非线性视角的股市联动网络分析》,《南方经济》2017年第6期。

[127]谭小芬、邵涵:《国际大宗商品价格波动对中国通货膨胀影响的实证研究》,《金融评论》2019年第2期。

[128]陶玲、朱迎:《系统性金融风险的监测和度量——基于中国金融体系的研究》,《金融研究》2016年第6期。

[129]童中文、范从来、朱辰、张炜:《金融审慎监管与货币政策的协同效应——考虑金融系统性风险防范》,《金融研究》2017年第3期。

[130]汪潘义、李长花、胡小文、徐龙斌:《数量型还是价格型货币政策比较——基于利率市场化角度的分析》,《华东经济管理》2014年第9期。

[131]王爱俭、王璟怡:《宏观审慎政策效应及其与货币政策关系研究》,《经济研究》2014年第4期。

[132]王春丽、胡玲:《基于马尔科夫区制转移模型的中国金融风险预警研究》,《金融研究》2014年第9期。

[133]王聪、张铁强:《经济开放进程中金融危机冲击比较研究》,《金融研究》2011年第3期。

[134]王刚、李丹丹:《浅析宏观审慎监管与宏观经济政策的基本关系》,《浙江金融》2011年第5期。

[135]王国静、田国强:《政府支出乘数》,《经济研究》2014年第9期。

[136]王劲松、任宇航:《中国金融稳定指数构建、形势分析与预判》,《数量经济技术经济研究》2021年第2期。

[137]王君斌、郭新强、王宇:《中国货币政策的工具选取、宏观效应与规则设计》,《金融研究》2013年第8期。

[138]王克达、庞晓波、王姗姗:《金融危机对全球股票市场的传染研究:基于复杂网络分析方法》,《世界经济研究》2018年第4期。

[139]王培辉、康书生:《外部金融冲击、宏观经济波动与金融内在脆弱性——中国宏观金融风险驱动因素分解》,《国际金融研究》2018年第4期。

[140]王擎、田娇:《银行资本监管与系统性金融风险传递——基于DSGE模型的分析》,《中国社会科学》2016年第3期。

[141]王曦、李佳阳、陈中飞:《资本账户开放促进经济增长的组合门槛条件分

析——兼论中国局部开放策略》,《统计研究》2021 年第 3 期。

[142]王曦、汪玲、彭玉磊、宋晓飞:《中国货币政策规则的比较分析——基于 DSGE 模型的三规则视角》,《经济研究》2017 年第 9 期。

[143]王雪、胡明志:《汇改提高了人民币国际化水平吗?——基于"7·21"汇改和"8·11"汇改的视角》,《国际金融研究》2019 年第 8 期。

[144]吴俊霖:《影子银行、资本监管压力与银行稳健性》,《金融监管研究》2019 年第 1 期。

[145]吴立雪:《人民币国际化与外汇市场压力——基于 TVP-SV-VAR 模型的实证检验》,《金融论坛》2019 年第 10 期。

[146]吴晓求、郭彪、方明浩、李诗瑶:《中国金融开放:模式、基础条件和市场效应评估》,《财贸经济》2020 年第 5 期。

[147]伍戈、连飞:《中国货币政策转型研究:基于数量与价格混合规则的探索》,《世界经济》2016 年第 3 期。

[148]肖立伟:《"货币政策+宏观审慎政策"双支柱政策的相互作用和协调》,《上海金融》2018 年第 9 期。

[149]肖强、司颖华:《我国 FCI 的构建及对宏观经济变量影响的非对称性》,《金融研究》2015 年第 8 期。

[150]肖小勇、黄静、田清淞:《经济政策不确定性的国际关联及其解释》,《国际贸易问题》2019 年第 4 期。

[151]熊芳、黄宪:《中国资本账户开放次序的实证分析》,《国际金融研究》2008 年第 3 期。

[152]徐超:《系统重要性金融机构识别方法综述》,《国际金融研究》2011 年第 11 期。

[153]徐国祥、蔡文靖:《金融发展下资本账户开放对货币国际化的影响》,《国际金融研究》2018 年第 5 期。

[154]徐国祥、李波:《中国金融压力指数的构建及动态传导效应研究》,《统计研究》2017 年第 4 期。

[155]徐国祥、郑雯:《中国金融状况指数的构建及预测能力研究》,《统计研究》2013 年第 6 期。

[156]徐海霞、吕守军:《我国货币政策与宏观审慎监管的协调效应研究》,《财贸经济》2019 年第 3 期。

[157]徐少君、张少华、王炜婷:《跨国金融压力的溢出效应及渠道识别研究》,《数

量经济技术经济研究》2020 年第 4 期。

［158］徐忠：《新时代背景下中国金融体系与国家治理体系现代化》，《经济研究》
2018 年第 7 期。

［159］许涤龙、陈双莲：《基于金融压力指数的系统性金融风险测度研究》，《经济
学动态》2015 年第 4 期。

［160］许志伟、薛鹤翔、罗大庆：《融资约束与中国经济波动——新凯恩斯主义框架
内的动态分析》，《经济学（季刊）》2010 年第 1 期。

［161］许志伟、薛鹤翔、车大卫：《中国存货投资的周期性研究——基于采购经理人
指数的动态视角》，《经济研究》2012 年第 8 期。

［162］严成樑、吴应军、杨龙见：《财政支出与产业结构变迁》，《经济科学》2016 年
第 1 期。

［163］严佳佳、郭明华、何乐融：《人民币国际化的制约：资本账户未开放还是金融
市场欠发达》，《经济学家》2018 年第 8 期。

［164］杨翰方、王祎帆、王有鑫：《中国输入性金融风险：测算、影响因素与来源》，
《数量经济技术经济研究》2020 年第 7 期。

［165］杨荣海、李亚波：《资本账户开放对人民币国际化"货币锚"地位的影响分
析》，《经济研究》2017 年第 1 期。

［166］杨源源：《财政支出结构、通货膨胀与非李嘉图制度——基于 DSGE 模型的
分析》，《财政研究》2017 年第 1 期。

［167］杨子晖、陈雨恬、谢锐楷：《我国金融机构系统性金融风险度量与跨部门风险
溢出效应研究》，《金融研究》2018 年第 10 期。

［168］杨子晖、陈里璇、陈雨恬：《经济政策不确定性与系统性金融风险的跨市场传
染——基于非线性网络关联的研究》，《经济研究》2020 年第 1 期。

［169］杨子晖、李东承：《系统性风险指标是否具有前瞻性的预测能力？》，《经济学
（季刊）》2021 年第 2 期。

［170］杨子晖、周颖刚：《全球系统性金融风险溢出与外部冲击》，《中国社会科学》
2018 年第 12 期。

［171］叶青、韩立岩：《金融危机传染渠道与机制研究——以次贷危机为例》，《系
统工程理论与实践》2014 年第 10 期。

［172］尹雷、杨源源：《中国货币政策调控效率与政策工具最优选择——基于
DSGE 模型的分析》，《当代经济科学》2017 年第 4 期。

［173］余博、管超：《外汇风险传染网络测度与影响机制分析——基于静态和动态

的双重视角》,《国际金融研究》2020 年第 2 期。

[174]余辉、余剑:《我国金融状况指数构建及其对货币政策传导效应的启示——基于时变参数状态空间模型的研究》,《金融研究》2013 年第 4 期。

[175]余永定:《从当前的人民币汇率波动看人民币国际化》,《国际经济评论》2012 年第 1 期。

[176]岳树民、李静:《对我国劳动、资本、消费课税的比较及分析》,《涉外税务》2011 年第 6 期。

[177]张兵、范致镇、李心丹:《中美股票市场的联动性研究》,《经济研究》2010 年第 11 期。

[178]张春宝、石为华:《中国资本账户开放与外汇市场压力风险研究》,《世界经济与政治论坛》2015 年第 4 期。

[179]张涤新、冯萍:《国际金融危机对我国内地与香港股票市场的冲击研究:以交叉上市公司为视角》,《上海经济研究》2013 年第 2 期。

[180]张杰平:《DSGE 模型框架下我国货币政策规则的比较分析》,《上海经济研究》2012 年第 3 期。

[181]张晶、高晴:《中国金融系统压力指数的设计及其应用》,《数量经济技术经济研究》2015 年第 10 期。

[182]张婧屹、李建强:《房地产调控、金融杠杆与社会福利》,《经济评论》2018 年第 5 期。

[183]张明、孔大鹏、潘松李江:《中国金融开放的维度、次序与风险防范》,《新金融》2021 年第 4 期。

[184]张明:《美国次贷危机的根源、演进及前景》,《世界经济与政治》2008 年第 12 期。

[185]张明:《中国资本账户开放:行为逻辑与情景分析》,《世界经济与政治》2016 年第 4 期。

[186]张喜艳、陈乐一:《经济政策不确定性的溢出效应及形成机理研究》,《统计研究》2019 年第 1 期。

[187]张翔、刘璐、李伦一:《国际大宗商品市场金融化与中国宏观经济波动》,《金融研究》2017 年第 1 期。

[188]张旭:《资产价格波动与货币政策反应:影响机制及其监控研究》,东南大学博士学位论文,2017 年。

[189]张一、吴宝秀、李喆:《新兴市场国家间的金融危机传染效应研究》,《管理评

论》2016 年第 5 期。

[190]张勇、彭礼杰:《中国金融压力的度量及其宏观经济的非线性效应》,《统计研究》2017 年第 1 期。

[191]赵进文、苏明政、邢天才:《未预期收益率、传染性与金融危机——来自上海市场与世界市场的证据》,《经济研究》2013 年第 4 期。

[192]赵柯:《工业竞争力、资本账户开放与货币国际化——德国马克的国际化为什么比日元成功》,《世界经济与政治》2013 年第 12 期。

[193]赵茜:《资本账户开放、汇率市场化改革与外汇市场风险——基于外汇市场压力视角的理论与实证研究》,《国际金融研究》2018 年第 7 期。

[194]甄峰:《人民币国际化:路径、前景与方向》,《经济理论与经济管理》2014 年第 5 期。

[195]郑挺国、刘堂勇:《股市波动溢出效应及其影响因素分析》,《经济学(季刊)》2018 年第 2 期。

[196]中国人民银行调查统计司课题组:《我国加快资本账户开放的条件基本成熟》,《中国金融》2012 年第 5 期。

[197]仲文娜、朱保华:《中国金融体系压力指数构建及有效性检验》,《上海金融》2018 年第 9 期。

[198]周德才、邓姝姝、左玥:《中国金融状况指数混频编制与应用研究——基于 MS-MF-VAR 模型的一个经验分析》,《南开经济研究》2018 年第 2 期。

[199]周德才、冯婷、邓姝姝:《我国灵活动态金融状况指数构建与应用研究——基于 MI-TVP-SV-VAR 模型的经验分析》,《数量经济技术经济研究》2015 年第 5 期。

[200]周德才、朱志亮、贾青:《中国多机制门限金融状况指数编制及应用》,《数量经济技术经济研究》2018 年第 1 期。

[201]周小川:《金融政策对金融危机的响应——宏观审慎政策框架的形成背景、内在逻辑和主要内容》,《金融研究》2011 年第 1 期。

[202]朱柏松、简志宏、李霜:《动态随机一般均衡下货币供应和财政政策的联动机制研究》,《投资研究》2014 年第 6 期。

[203]朱波、马永谈:《行业特征、货币政策与系统性风险——基于"经济金融"关联网络的分析》,《国际金融研究》2018 年第 4 期。

[204]朱军、李建强、张淑翠:《财政整顿、"双支柱"政策与最优政策选择》,《中国工业经济》2018 年第 8 期。

[205]朱军:《我国财政政策和货币政策规则选择与搭配研究》,《广东财经大学学

报》2014 年第 4 期。

[206]朱孟楠、闫帅:《经济政策不确定性与人民币汇率的动态溢出效应》,《国际贸易问题》2015 年第 10 期。

[207]朱莎、裴沛:《新时期中国金融市场风险状态甄别和政策冲击研究》,《中央财经大学学报》2018 年第 11 期。

[208]邹昆仑、张晶:《货币政策、通货膨胀与股票资产价格波动研究》,《统计与决策》2013 年第 1 期。

[209] Abiad, A., Detragiache, E., Tressel, T., 2010, "A New Database of Financial Reforms", IMF Staff Papers, Vol.57, No.2, pp.281–302.

[210] Abiad, A., Mody, A., 2005, "Financial Reform: What Shakes It? What Shapes It?", *The American Economic Review*, Vol.95, No.1, pp.66–88.

[211] Aboura, S., van Roye, B., 2017, "Financial Stress and Economic Dynamics: The Case of France", *International Economics*, Vol.149, No.5, pp.57–73.

[212] Acharya, V.V., Pedersen, L.H., Philippon, T., Richardson, M., 2017, "Measuring Systemic Risk", *The Review of Financial Studies*, Vol.30, No.1, pp.2–47.

[213] Adler, M., Dumas, B., 1983, "International Portfolio Choice and Corporation Finance: A Synthesis", *Journal of Finance*, Vol.38, No.3, pp.455–470.

[214] Adrian, T., Brunnermeier, M. K., 2016, "CoVaR", *The American Economic Review*, Vol.106, No.7, pp.1705–1741.

[215] Ahelegbey, D., Billio, M., Casarin, R., 2016, "Bayesian Graphical Models for Structural Vector Autoregressive", *Journal of Applied Econometrics*, Vol. 31, No. 2, pp. 357–386.

[216] Aizenman, J., 2015, "The Internationalization of the RMB, Capital Market Openness, and Financial Reforms in China", NBER Working Paper, No.20943.

[217] Akram, G.M., Byrne, J.P., 2015, "Foreign Exchange Market Pressure and Capital Controls", *Journal of International Financial Markets, Institutions and Money*, Vol. 37, pp. 42–53.

[218] Alam, M.R., Gilbert, S., 2017, "Monetary Policy Shocks and the Dynamics of Agricultural Commodity Prices: Evidence from Structural and Factor-augmented VAR Analyses", *Agricultural Economics*, Vol.48, No.1, pp.15–27.

[219] Allen, F., Gale, D., 2000, "Financial Contagion", *Journal of Political Economy*, Vol.108, No.1, pp.1–33.

［220］Allen, F., Qian, J., Zhang, C., Zhao, M., 2012, "China's Financial System: Opportunities and Challenges", NBER Working Paper, No.17828.

［221］Amri, P.D., Prabha, A.P., Wihlborg, C., 2012, "What Makes High Credit Growth Harmful? Evidence from Banking Crises", SSRN Working Paper, No.2186569.

［222］Angelini, P., Neri, S., Panetta, F., 2011, "Monetary and Macroprudential Policies", Bank of Italy Working Paper, No.801.

［223］Angelini, P., Neri, S., Panetta, F., 2014, "The Interaction Between Capital Requirements and Monetary Policy", *Journal of Money, Credit and Banking*, Vol.46, No.6, pp. 1073–1112.

［224］Antonakakis, N., Gabauer, D., Gupta, R., Plakandaras, V., 2018, "Dynamic Connectedness of Uncertainty Across Developed Economies A Time–Varying Approach", *Economics Letters*, Vol.166, No.1, pp.63–75.

［225］Aoki, K., Benigno, G., Kiyotaki, N., 2010, "Adjusting to Capital Account Liberalization", SSRN Working Paper.

［226］Apostolakis, G., Papadopoulos, A.P., 2014, "Financial Stress Spillovers in Advanced Economies", *Journal of International Financial Markets, Institutions and Money*, Vol.32, No.3, pp.128–149.

［227］Apostolakis, G., Papadopoulos, A.P., 2015, "Financial Stress Spillovers Across the Banking, Securities and Foreign Exchange Markets", *Journal of Financial Stability*, Vol. 19, pp.1–21.

［228］Arteta, C., Eichengreen, B., Wyplosz, C., 2001, "When Does Capital Account Liberalization Help More than It Hurts?", NBER Working Paper, No.8414.

［229］Baillie, R. T., Bollerslev, T., 1991, "Intra-day and Inter-market Volatility in Foreign Exchange Rates", *The Review of Economic Studies*, Vol.58, No.3, pp.565–585.

［230］Baker, S.R., Bloom, N., Davis, S.J., 2016, "Measuring Economic Policy Uncertainty", *Quarterly Journal of Economics*, Vol.131, No.4, pp.1593–1636.

［231］Balakrishnan, R., Danninger, S., Elekdag, S., 2011, "The Transmission of Financial Stress from Advanced to Emerging Economies", *Emerging Markets Finance & Trade*, Vol.47, No.2, pp.40–68.

［232］Baruník, J., KoČenda, E., Vácha, L., 2017, "Asymmetric Volatility Connectedness on the Forex Market", *Journal of International Money and Finance*, Vol.77, pp.39–56.

［233］Baruník, J., Křehlík, T., 2018, "Measuring the Frequency Dynamics of Financial

Connectedness and Systemic Risk", *Journal of Financial Econometrics*, Vol. 16, No.2, pp. 271-296.

[234] Bean, C.R., 2004, "Asset Prices, Financial Instability, and Monetary Policy", *The American Economic Review*, Vol.94, No.2, pp.14-18.

[235] Beaton, K., Lalonde, R., Luu, C., 2009, "A Financial Conditions Index for the United States", Bank of Canada Discussion Paper, No.2009-11.

[236] Beck, T., Demirgüç-Kunt, A., Levine, R., 2003, *Bank Concentration and Crises*, The World Bank.

[237] Beck, T., Demirgüç - Kunt, A., Levine, R., 2006, " Bank Concentration, Competition, and Crises: First Results", *Journal of Banking & Finance*, Vol.30, No.5, pp. 1581-1603.

[238] Beck, T., Demirgüç - Kunt, A., Levine, R., 2007, *Bank Concentration and Fragility: Impact and Mechanics*, University of Chicago Press.

[239] Beckmann, J., Czudaj, R., 2017, "Exchange Rate Expectations and Economic Policy Uncertainty", *European Journal of Political Economy*, Vol.47, No.3, pp.148-162.

[240] Bekaert, G., Harvey, C.R., 2000, "Foreign Speculators and Emerging Equity Markets", *The Journal of Finance*, Vol.55, No.2, pp.565-613.

[241] Benati, L., 2013, "Economic Policy Uncertainty and the Great Recession", University of Bern Working Paper.

[242] Benoit, S., Colliard, J.E., Hurlin, C., Pérignon, C., 2017, "Where the Risks Lie: A Survey on Systemic Risk", *Review of Finance*, Vol.21, No.1, pp.109-152.

[243] Bergman, U.M., Hutchison, M., 2015, "Economic Stabilization in the Post-Crisis World: Are Fiscal Rules the Answer?", *Journal of International Money and Finance*, Vol.52, No.3, pp.82-101.

[244] Bernanke, B. S., Gertler, M. L., 1999, " Monetary Policy and Asset Price Volatility", *Federal Reserve Bank of Kansas City Economic Review*, Vol.84, No.4, pp.77-128.

[245] Bernanke, B.S., Gertler, M., 2001, "Should Central Banks Respond to Movements in Asset Prices?", *The American Economic Review*, Vol.91, No.2, pp.253-257.

[246] Bernanke, B.S., Gertler, M., Gilchrist, S., 1998, "The Financial Accelerator in a Quantitative Business Cycle Framework", NBER Working Paper, No.6455.

[247] Bi, H., Traum, N., 2012, "Estimating Sovereign Default Risk", *The American Economic Review*, Vol.102, No.3, pp.161-166.

[248] Bilbiie, F., Meier, O. A., Muller, G. J., 2006, "What Accounts for the Changes in U.S. Fiscal Policy Transmission?", European Central Bank Working Paper, No.582.

[249] Billio, M., Getmansky, M., Lo, A. W., Pelizzon, L., 2012, "Econometric Measures of Connectedness and Systemic Risk in the Finance and Insurance Sectors", *Journal of Financial Economics*, Vol.104, No.3, pp.535–559.

[250] BIS, 2019, "Triennial Central Bank Survey: Report on Global Foreign Exchange Market Activity in 2019", Monetary and Economic Department.

[251] Bloom, N., 2009, "The Impact of Uncertainty Shocks", *Econometrica*, Vol.77, No.3, pp.623–685.

[252] Bordo, M.D., Wheelock, D.C., 2004, "Monetary Policy and Asset Prices: A Look Back at Past U.S Stock Market Booms", *Federal Reserve Bank of St Louis Review*, Vol.86, No.6, pp.19–44.

[253] Borio, C., Drehmann, M., 2009, "Assessing the Risk of Banking Crises Revisited", *BIS Quarterly Review*, Vol.3, No.1, pp.29–46.

[254] Brana, S., Campmas, A., Lapteacru, I., 2019, "(Un) Conventional Monetary Policy and Bank Risk-taking: A Nonlinear Relationship", *Economic Modelling*, Vol.81, pp.576–593.

[255] Brownlees, C., Engle, R. F., 2017, "SRISK: A Conditional Capital Shortfall Measure of Systemic Risk", *The Review of Financial Studies*, Vol.30, No.1, pp.48–79.

[256] Bumann, S., Hermes, N., Lensink, R., 2013, "Financial Liberalization and Economic Growth: A Meta-Analysis", *Journal of International Money and Finance*, Vol.33, pp.255–281.

[257] Bussiere, M., Fratzscher, M., 2008, "Financial Openness and Growth: Short-run Gain, Long-Run Pain?", *Review of International Economics*, Vol.16, No.1, pp.69–95.

[258] Caballero, J., 2015, "Banking Crises and Financial Integration: Insights from Networks Science", *Journal of International Financial Markets, Institutions and Money*, Vol.34, pp.127–146.

[259] Caccioli, F., Barucca, P., Kobayashi, T., 2018, "Network Models of Financial Systemic Risk: A Review", *Journal of Computational Social Science*, Vol.1, No.1, pp.81–114.

[260] Cai, F., Howorka, E., Wongswan, J., 2008, "Informational Linkages Across Trading Regions: Evidence From Foreign Exchange Markets", *Journal of International Money and Finance*, Vol.27, No.8, pp.1215–1243.

[261]Calvo,G.,A.,1983,"Staggered Prices in a Utility-maximizing Framework",*Journal of Monetary Economics*,Vol.12,No.3,pp.383-398.

[262]Cardarelli,R.,Elekdag,S.A.,Lall,S.,2009,"Financial Stress,Downturns,and Recoveries",IMF Working Paper,No.09/100.

[263]Cecchetti,S.G.,Genberg,H.,Lipsky,J.,Wadhwani,S.,2000,"Asset Prices and Central Bank Policy",The Geneva Report on the World Economy.

[264]Cevik,E.I.,Dibooglu,S.,Kutan,A.M.,2013,"Measuring Financial Stress in Transition Economies",*Journal of Financial Stability*,Vol.9,No.4,pp.597-611.

[265]Chamon,M.,Garcia,M.,2016,"Capital Controls in Brazil:Effective?",*Journal of International Money and Finance*,Vol.61,pp.163-187.

[266]Chan,J.C.C.,Eisenstat,E.,2018,"Bayesian Model Comparison for Time-varying Parameter VARs with Stochastic Volatility",*Journal of Applied Econometrics*,Vol.33,No.4,pp.509-532.

[267]Chau,F.,Deesomsak,R.,2014,"Does Linkage Fuel the Fire? The Transmission of Financial Stress Across the Markets",*International Review of Financial Analysis*,Vol.36,pp.57-70.

[268]Chinn,M.D.,Ito,H.,2002,"Capital Account Liberalization Institutions and Financial Development Cross Country Evidence",NBER Working Paper,No.8967.

[269]Chinn,M.D.,Ito,H.,2006,"What Matters for Financial Development? Capital Controls,Institutions,and Interactions",*Journal of Development Economics*,Vol.81,No.1,pp.163-192.

[270]Chowdhury,B.,Dungey,M.,Kangogo,M.,et al.,2019,"The Changing Network of Financial Market Linkages:The Asian Experience",*International Review of Financial Analysis*,Vol.64,pp.71-92.

[271]Claessens,S.,Kose,M.A.,Terrones,M.E.,2012,"How do Business and Financial Cycles Interact?",*Journal of International Economics*,Vol.87,No.1,pp.178-190.

[272]Culpeper,R.,2006,*Reforming the Global Financial Architecture:The Potential of Regional Institutions*,Brookings Institution Press.

[273]Davig,T.,Hakkio,C.,2010,"What is the Effect of Financial Stress on Economic Activity",*Economic Review*,Vol.95,No.2,pp.35-62.

[274]Demirgüç-Kunt,A.,Detragiache,E.,1998,"Financial Liberalization and Financial Fragility",IMF Working Paper.

[275] Denbee, E., Jung, C., Paternò, F., 2016, "Stitching Together the Global Financial Safety Net", Financial Stability Paper, No.36.

[276] Devereux, M. B., Sutherland, A., 2011, "Evaluating International Financial Integration Under Leverage Constraints", *European Economic Review*, Vol.55, No.3, pp.427-442.

[277] Dew-Becker, I., Giglio, S., 2016, "Asset Pricing in the Frequency Domain: Theory and Empirics", *Review of Financial Studies*, Vol.29, No.8, pp.2029-2068.

[278] Diebold, F. X., Pauly, P., 1988, "Has the EMS Reduced Member-Country Exchange Rate Volatility?", *Empirical Economics*, Vol.13, No.2, pp.81-102.

[279] Diebold, F.X., Yilmaz, K., 2012, "Better to Give than to Receive: Predictive Directional Measurement of Volatility Spillovers", *International Journal of Forecasting*, Vol.28, No.1, pp.57-66.

[280] Diebold, F.X., Yilmaz, K., 2014, "On the Network Topology of Variance Decompositions: Measuring the Connectedness of Financial Firms", *Journal of Econometrics*, Vol.182, No.1, pp.119-134.

[281] Diebold, F.X., Yilmaz, K., 2015, *Financial and Macroeconomic Connectedness: A Network Approach to Measurement and Monitoring*, Oxford University Press.

[282] Doucouliagos, H., Stanley, T.D., 2009, "Publication Selection Bias in Minimum-Wage Research? A Meta-Regression Analysis", *British Journal of Industrial Relations*, Vol.47, No.2, pp.406-428.

[283] Dovern, J., Roye, B., 2013, "International Transmission of Financial Stress: Evidence from A GVAR", Kiel Working Paper, No.1844.

[284] Dungey, M., Milunovich, G., Thorp, S., 2015, "Endogenous Crisis Dating and Contagion Using Smooth Transition Structural GARCH", *Journal of Banking & Finance*, Vol.58, No.1, pp.71-79.

[285] Edwards, S., 2002, "Capital Mobility, Capital Controls, and Globalization in the Twenty-first Century", *The Annals of the American Academy of Political and Social Science*, Vol.579, No.1, pp.261-271.

[286] Eichengreen, B., Kawai, M., 2014, "Issues for Renminbi Internationalization: An Overview", ADBI Working Paper, No.454.

[287] Eichengreen, B., 2014, "The Dollar Damage Done—Time to Blame the Fed?", Project Syndicate, Feb.13.

[288] Engle, R. F., Ito, T., Lin, W. L., 1990, "Meteor Showers or Heat Waves? Het-

eroskedastic Intra-daily Volatility in the Foreign Exchange Market", *Econometrica*, Vol.58, No.3, pp.525-542.

[289] Engle, R.F., Manganelli S., 2004, "CAViaR: Conditional Autoregressive Value at Risk by Regression Quantiles", *Journal of Business & Economic Statistics*, Vol.22, No.4, pp. 367-381.

[290] Enowbi, M.B., Mlambo, K., 2012, "Financial Liberalisation, Banking Crises and Economic Growth in African Countries", MPRA Paper, No.41524.

[291] Erten, B., Ocampo, J., A., 2017, "Macroeconomic Effects of Capital Account Regulations", *IMF Economic Review*, Vol.65, No.2, pp.193-240.

[292] Falcetti, E., Tudela, M., 2008, "What Do Twins Share? A Joint Probit Estimation of Banking and Currency Crises", *Economica*, Vol.75, No.298, pp.199-221.

[293] Farhani, R., Mhamdi, G., Aguir, A., 2015, "Effect of Financial Liberalization on the Probability of Occurrence of Banking Crises", *Expert Journal of Economics*, Vol.3, No.1, pp.14-22.

[294] Fleming, M.J., Klagge, N.J., 2010, "The Federal Reserve's Foreign Exchange Swap Lines", *Current Issues in Economics and Finance*, Vol.16, No.4, pp.1-7.

[295] Forbes, K.J., Rigobon, R., 2002, "No Contagion, Only Interdependence: Measuring Stock Market Comovements", *The Journal of Finance*, Vol.57, No.5, pp.2223-2261.

[296] Forni, L., Monteforter, L., Sessa, L., 2009, "The General Equilibrium Effect of Fiscal Policy: Estimates for the Euro Area", *Journal of Public Economics*, Vol.93, pp.559-585.

[297] Frankel, J., 2012, "Internationalization of the RMB and Historical Precedents", *Journal of Economic Integration*, Vol.27, No.3, pp.329-365.

[298] Freixas, X., Giannini, C., Hoggarth, G., Soussa, F., 2000, "Lender of Last Resort: What Have We Learned Since Bagehot?", *Journal of Financial Services Research*, Vol.18, No.1, pp.63-84.

[299] Freixas, X., Laeven, L., Peydró, J.L., 2015, *Systemic Risk, Crises, and Macroprudential Regulation*, MIT Press.

[300] Gabauer, D., Gupta, R., 2018, "On the Transmission Mechanism of Country-Specific and International Economic Uncertainty Spillovers: Evidence from a TVP-VAR Connectedness Decomposition Approach", *Economics Letters*, Vol.171, pp.63-71.

[301] Galí, J., Gambetti, L., 2014, "The Effects of Monetary Policy on Stock Market Bubbles: Some Evidence", *American Economic Journal: Macroeconomics*, Vol. 7, No. 1, pp. 233-257.

[302] Garman, M. B., Klass, M. J., 1980, "On the Estimation of Security Price Volatilities from Historical Data", *Journal of Business*, Vol.53, No.1, pp.67-78.

[303] Garriga, A. C., 2017, "Regulatory Lags, Liberalization, and Vulnerability to Banking Crises", *Regulation & Governance*, Vol.11, No.2, pp.143-165.

[304] Gerali, A., Neri, S., Sessa, L., Signoretti, F. M., 2010, "Credit and Banking in a DSGE Model of the Euro Area", *Journal of Money, Credit & Banking*, Vol. 34, No. 1, pp. 101-147.

[305] Gertler, M., Karadi, P., 2011, "A Model of Unconventional Monetary Policy", *Journal of Monetary Economics*, Vol.58, No.1, pp.1734.

[306] Giglio, S., Kelly, B., Pruitt, S., 2016, "Systemic Risk and the Macroeconomy: An Empirical Evaluation", *Journal of Financial Economics*, Vol.119, No.3, pp.457-471.

[307] Glick, R., Guo, X., Hutchison, M., 2006, "Currency Crises, Capital-account Liberalization, and Selection Bias", *The Review of Economics and Statistics*, Vol. 88, No. 4, pp. 698-714.

[308] Gollwitzer, S., 2011, "Budget Institutions and Fiscal Performance in Africa", *Journal of African Economics*, Vol.20, No.1, pp.111-152.

[309] González, A., Terasvirta, T., Dijk, D., V., Yang, Y., 2005, "Panel Smooth Transition Regression Model", Working Paper Series in Economics and Finance.

[310] Goodhart, C., Hofmann, B., 2001, "Asset Prices, Financial Conditions, and the Transmission of Monetary Policy", Federal Reserve Bank of San Francisco Working Paper.

[311] Goodhart, C., Persaud, A., 2008, "How to Avoid the Next Crash", *The Financial Times*, Jan.30.

[312] Gray, D. F., Jobst, A. A., 2011, "Modelling Systemic Financial Sector and Sovereign Risk", *Sveriges Riksbank Economic Review*, Vol.2, No.68, p.106.

[313] Greenwood-Nimmo, M., Nguyen, V. H., Rafferty, B., 2016, "Risk and Return Spillovers among the G10 Currencies", *Journal of Financial Markets*, Vol.31, pp.43-62.

[314] Grilli, V., Milesi-Ferretti, G.M., 1995, "Economic Effects and Structural Determinants of Capital Controls", IMF Staff Papers, Vol.42, No.3, pp.517-551.

[315] Gros, D., 2010, "EMF in IMF 'Instead of' EMF versus IMF", in *Regional and*

Global Liquidity Arrangements, German Development Institute, pp.41-44.

[316] Gulen, H., Ion, M., 2016, "Policy Uncertainty and Corporate Investment", *Review of Financial Studies*, Vol.29, No.3, pp.523-564.

[317] Gygli, S., Haelg, F., Potrafke, N., Sturm, J.E., 2019, "The KOF Globalisation Index-Revisited", *Review of International Organizations*, Vol.14, No.3, pp.543-574.

[318] Hakkio, C.S., Keeton, W.R., 2009, "Financial Stress: What Is It, How Can It Be Measured, and Why Does It Matter?", *Economic Review*, Vol.94, No.2, pp.5-50.

[319] Hamilton, J.D., 1994, *Time Series Analysis*, Princeton University Press.

[320] Hansen, B.E., 1999, "Threshold Effects in Non-dynamic Panels: Estimation, Testing, and Inference", *Journal of Econometrics*, Vol.93, No.2, pp.345-368.

[321] Hansen, B.E., 2000, "Sample Splitting and Threshold Estimation", *Econometrica*, Vol.68, No.3, pp.575-603.

[322] Härdle, W.K., Wang, W., Yu, L., 2016, "TENET: Tail-Event Driven NETwork Risk", *Journal of Econometrics*, Vol.192, No.2, pp.499-513.

[323] Hartwell, C.A., 2012, "Financial Liberalization and Crises in Transition Economies: What Have 20+Years Taught Us?", Institute for Emerging Market Studies Working Paper.

[324] Hautsh, N., Schaumburg, J., Schienle, M., 2015, "Financial Network Systemic Risk Contributions", *Review of Finance*, Vol.19, No.2, pp.685-738.

[325] Havranek, T., Rusnak, M., Sokolova, A., 2017, "Habit Formation in Consumption: A Meta-Analysis", *European Economic Review*, Vol.95, pp.142-167.

[326] Hegerty, S.W., 2014, "Exchange Market Pressure, Commodity Prices, and Contagion in Latin America", *The Journal of International Trade & Economic Development*, Vol.23, No.1, pp.56-77.

[327] Henning, C.R., 2006, "Regional Arrangements and the International Monetary Fund", in *Reforming the IMF for the 21st Century*, Columbia University Press, pp.171-184.

[328] Henning, C.R., 2010, "Regional Financial Safety Nets and the IMF", in *Regional and Global Liquidity Arrangements*, German Development Institute, pp.36-38.

[329] Henning, C.R., 2011, "Coordinating Regional and Multilateral Financial Institutions", Peterson Institute for International Economics Working Paper.

[330] Hery, K., 2010, "The Australian Financial System: Emerging from the Global Financial Crisis", *Economic Round-up*, No.2, pp.19-32.

[331] Heylen, F., Hoebeeck, A., Buyse, T., 2013, "Government Efficiency, Institutions, and the Effects of Fiscal Consolidation on Public Debt", *European Journal of Political Economy*, Vol.31, No.3, pp.40-59.

[332] Hollo, D., Kremer, M., Lo Duca, M., 2012, "CISS-A Composite Indicator of Systemic Stress in the Financial System", ECB Working Paper, No.1426.

[333] Hong, Y., 2001, "A Test for Volatility Spillover with Application to Exchange Rates", *Journal of Econometrics*, Vol.103, No.1, pp.183-224.

[334] Houston, J.F., Stiroh, K., 2006, "Three Decades of Financial Sector Risk", FRB of New York Staff Report, No.248.

[335] Huang, X., Zhou, H., Zhu, H., 2009, "A Framework for Assessing the Systemic Risk of Major Financial Institutions", *Journal of Banking & Finance*, Vol.33, No.11, pp. 2036-2049.

[336] Huang, Y., Luk, P., 2020, "Measuring Economic Policy Uncertainty in China", *China Economic Review*, Vol.59, No.101367.

[337] Huang, Y., Wang, D., Fan, G., 2014, "Paths to a Reserve Currency: Internationalization of the Renminbi and Its Implications", ADBI Working Paper, No.482.

[338] Hutchison, M.M., 2002, "European Banking Distress and EMU: Institutional and Macroeconomic Risks", *Scandinavian Journal of Economics*, Vol.104, No.3, pp.365-389.

[339] Iacoviello, M., 2005, "House Prices, Borrowing Constraints and Monetary Policy in the Business Cycle", *The American Economic Review*, Vol.95, No.3, pp.739-764.

[340] Iacoviello, M., Neri, S., 2010, "Housing Market Spillovers: Evidence from an Estimated DSGE Model", *American Economic Journal: Macroeconomics*, Vol.2, No.2, pp.125-164.

[341] Illing, M., Liu, Y., 2006, "Measuring Financial Stress in a Developed Country: An Aplication to Canada", *Journal of Financial Stability*, Vol.2, No.3, pp.243-265.

[342] IMF, 2009, "Global Financial Stability Report: Responding to the Financial Crisis and Measuring Systemic Risk", Working Paper.

[343] Islami, M., Kurz-Kim, J.R., 2014, "A Single Composite Financial Stress Indicator and Its Real Impact in the Euro Area", *International Journal of Finance & Economics*, Vol.9, No.3, pp.204-211.

[344] Ito, T., 2012, "Can Asia Overcome the IMF Stigma?", *The American Economic Review*, Vol.102, No.3, pp.198-202.

[345] Ito, T., 2017, "A New Financial Order in Asia: Will a RMB Bloc Emerge?", *Jour-

nal of International Money and Finance, Vol.74, pp.232-257.

[346] Iyer, R., Peydró, J.L., 2011, "Interbank Contagion at Work: Evidence from a Natural Experiment", Review of Financial Studies, Vol.24, No.1147, pp.1337-1377.

[347] Kang, W., Ratti, R., 2013, "Oil Shocks, Policy Uncertainty and Stock Market Return", Journal of International Financial Markets Institutions and Money, Vol.26, No.1, pp. 305-318.

[348] Kannan, P., Rabanal, P., Scott, A.M., 2009, "Monetary and Macroprudential Policy Rules in a Model with House Price Booms", Journal of Macroeconomics, Vol.12, No.1, pp.544-553.

[349] Kapetanios, G., Price, S., Young, G., 2018, "UK Financial Conditions Index Using Targeted Data Reduction: Forecasting and Structural Identification", Econometrics & Statistic, Vol.7, No.3, pp.1-17.

[350] Kaufman, G., Bank, F., 1996, "Bank Failures, Systemic Risk, and Bank Regulation", Cato Journal, Vol.16, No.1, pp.7-45.

[351] Khattab, A., Ihadiyan, A., 2017, "Financial Gradualism and Banking Crises in North Africa Region: an Investigation by a Panel Logit Model", Journal of Economics and Political Economy, Vol.4, No.4, pp.343-355.

[352] Kim, S., Mehrotra, A., 2017, "Managing Price and Financial Stability Objectives in Inflation Targeting Economies in Asia and the Pacific", Journal of Financial Stability, Vol.29, pp.106-116.

[353] Kim, S., Yang, D.Y., 2009, "Do Capital Inflows Matter to Asset Prices? The Case of Korea", Asian Economic Journal, Vol.23, No.3, pp.323-348.

[354] Kitamura, Y., 2010, "Testing for Intraday Interdependence and Volatility Spillover Among the Euro, the Pound and the Swiss Franc Markets", Research in International Business and Finance, Vol.24, No.2, pp.158-171.

[355] Klein, M.M., 2003, "Capital Account Openness and the Varieties of Growth Experience", NBER Working Paper, No.9500.

[356] Kliesen, K.L., Smith, D.C., 2010, "Measuring Financial Market Stress", Federal Reserve Bank of St.Louis Working Paper, No.2.

[357] Ko, J.H., Lee, C.M., 2015, "International Economic Policy Uncertainty and Stock Prices: Wavelet Approach", Economics Letters, Vol.134, No.1, pp.118-122.

[358] Kodres, L.E., Pritsker, M.A., 2002, "A Rational Expectations Model of Financial

Contagion", *The Journal of Finance*, Vol.57, No.2, pp.769-799.

[359] Kohn, D.L., 2010, "Homework Assignments for Monetary Policymakers", Speech at the Cornelson Distinguished Lecture at Davidson College, Davidson, North Carolina.

[360] Koop, G., Korobilis, D., 2014, "A New Index of Financial Conditions", *European Economic Review*, Vol.71, No.3, pp.101-116.

[361] Kose, M.A., Prasad, E.S., Taylor, A.D., 2011, "Thresholds in the Process of International Financial Integration", *Journal of International Money and Finance*, Vol.30, No.1, pp.147-179.

[362] Krol, R., 2014, "Economic Policy Uncertainty and Exchange Rate Volatility", *International Finance*, Vol.17, No.2, pp.241-256.

[363] Kroszner, R.S., Klingebiel, D., 2007, "Banking Crisis, Financial Dependence, and Growth", *Journal of Financial Econometrics*, Vol.84, No.1, pp.187-228.

[364] Lee, C.C., Lin, C.W., Zeng, J.H., 2016, "Financial Liberalization, Insurance Market, and the Likelihood of Financial Crises", *Journal of International Money and Finance*, Vol.62, pp.25-51.

[365] Leeper, E., Plante M.M., Traum, N., 2010, "Dynamics of Fiscal Financing in the United States", *Journal of Econometrics*, Vol.156, No.2, pp.304-321.

[366] Li, X.M., Zhang, B., Gao, R., 2015, "Economic Policy Uncertainty Shocks and Stock-bond Correlations: Evidence from the US Market", *Economics Letters*, Vol.132, No.1, pp.91-96.

[367] Liang, Q., Y.Lu, Z.Li, 2020, "Business Connectedness or Market Risk? Evidence from Financial Institutions in China", *China Economic Review*, Vol.62, No.5, 101503.

[368] Liow, K.H., Liao, W., Huang, Y., 2018, "Dynamics of International Spillovers and Interaction: Evidence from Financial Market Stress and Economic Policy Uncertainty", *Economic Modelling*, Vol.68, pp.96-116.

[369] Lukas, E., 2013, "The Effect of Financial Liberalization on Various Financial Crises", SSRN Working Paper, No.2395996.

[370] Majerbi, B., Rachdi, H., 2014, "Systemic Banking Crises, Financial Liberalization and Governance", *Multinational Finance Journal*, Vol.18, pp.281-336.

[371] Marino, R., Volz, U., 2012, "A Critical Review of the IMF's Tools for Crisis Prevention", DIE Discussion Paper, No.4/2012.

[372] Martha, L., 2015, "Asset Price Bubbles and Monetary Policy in a Small Open

Economy", *Ensayos sobre Política Económica*, Vol.33, No.77, pp.93-102.

[373] Martinez, M. D., Repullo, R., 2019, "Monetary Policy, Macroprudential Policy, and Financial Stability", *Annual Review of Economics*, Vol.11, No.1, pp.809-832.

[374] McDonald, J.F., Stokes, H.H., 2013, "Monetary Policy and the Housing Bubble", *The Journal of Real Estate Finance and Economics*, Vol.46, No.3, pp.437-451.

[375] McKay, J., Volz, U., Wölfinger, R., 2011, "Regional Financing Arrangements and the Stability of the International Monetary System", *Journal of Globalization and Development*, Vol.2, No.1, pp.1948-1837.

[376] McKinnon, R., 1973, *Money and Capital in Economic Development*, Brookings Institution Press.

[377] McQueen, G., Roley, V.V., 1993, "Stock Prices News and Business Condition", *Review of Fninancial Studies*, Vol.6, No.3, pp.683-707.

[378] Medina, J. P., Roldós, J., 2014, "Monetary and Macroprudential Policies to Manage Capital Flows", IMF Working Paper, No.14/30.

[379] Melvin, M., Melvin, B.P., 2003, "The Global Transmission of Volatility in the Foreign Exchange Market", *Review of Economics and Statistics*, Vol.85, No.3, pp.670-679.

[380] Mendicino, C., Punzi, M.T., 2014, "House Prices, Capital Inflows and Macroprudential Policy", *Journal of Banking and Finance*, Vol.49, No.12, pp.337-355.

[381] Minsky, H.P., 1982, "Can 'It' Happen Again? A Reprise", *Challenge*, Vol.25, No.3, pp.5-13.

[382] Mishkin, F.S., 2007, "Housing and Monetary Transmission Mechanism", Federal Reserve Board Staff Working Papers.

[383] Montagnoli, A., Napolitano, O., 2006, "Financial Condition Index and Interest Rate Settings: a Comparative Analysis", University of Naples Working Paper.

[384] Muñoz, S., 2000, "The Breakdown of Credit Relations Under Conditions of a Banking Crisis: A Switching regime approach", IMF Working Paper, No.135.

[385] Nakajima, J., 2011, "Time-varying Parameter VAR Model with Stochastic Volatility: An Overview of Methodology and Empirical Applications", *Monetary and Economic Studies*, Vol.29, pp.107-142.

[386] Nelson, R.M., Weiss, M.A., 2015, *IMF Reforms: Issues for Congress*, Congressional Research Service Report.

[387] Ocampo, J.A., 2010, "The Case for and Experiences of Regional Monetary Co-op-

eration", Regional and Global Liquidity Arrangements.

[388] Oet, M., Dooley, J.M., Ong, S.J., 2015, "The Financial Stress Index: Identification of Systemic Risk Conditions", *Risks*, Vol.3, No.3, pp.420-444.

[389] Oet, M.V., Eiben, R., Bianco, T., Gramlich, D., Ong, S.J., 2011, "The Financial Stress Index: Indentification of Systemic Risk Conditions", FRB of Cleveland Working Paper, No.11-30.

[390] Park, C.Y., Mercado, R.V., 2013, "Determinants of Financial Stress in Emerging Market Economies", ADB Economics Working Paper Series, Vol.45, No.8, pp.199-224.

[391] Parkinson, M., 1980, "The Extreme Value Method for Estimating the Variance of the Rate of Return", *Journal of Business*, Vol.53, No.1, pp.61-65.

[392] Pastor, L., Veronesi, P., 2013, "Political Uncertainty and Risk Premia", *Journal of Financial Economics*, Vol.110, No.3, pp.520-545.

[393] Pesaran, H., Shin, Y., 1998, "Generalized Impulse Response Analysis in Linear Multivariate Models", *Economics Letters*, Vol.58, No.1, pp.17-29.

[394] Phillips, P., Shi, S., Yu, J., 2015, "Testing for Multiple Bubbles: Historical Episodes of Exuberance and Collapse in the S & P 500", *International Economic Review*, Vol.56, No.4, pp.1043-1077.

[395] Posen, A.S., 2006, "Why Central Banks Should Not Burst Bubbles", *International Finance*, Vol.9, No.1, pp.109-124.

[396] Primiceri, G.E., 2005, "Time Varying Structural Vector Autoregressions and Monetary Policy", *Review of Economic Studies*, Vol.72, No.3, pp.15-27.

[397] Quint, D., Rabanal, P., 2014, "Monetary and Macroprudential Policy in an Estimated DSGE Model of the Euro Area", *International Journal of Central Banking*, Vol.10, No.2, pp.169-236.

[398] Rachdi, H., 2010, "The Link Between International Supervision and Banking Crises", *Panoeconomicus*, Vol.57, No.3, pp.321-332.

[399] Reinhart, C.M., Rogoff, K.S., 2014, "From Financial Crash to Debt Crisis", *The American Economic Review*, Vol.101, No.5, pp.1676-1706.

[400] Rodrik, D., Subramanian, A., 2009, "Why Did Financial Globalization Disappoint", IMF Staff Papers, Vol.56, No.1, pp.112-138.

[401] Roubini, N., 2006, "Why Central Banks Should Burst Bubbles", *International Finance*, No.1, pp.87-107.

［402］Schadler, S., 2014, "The IMF's Preferred Creditor Status: Does It Still Make Sense after the Euro Crisis?", CIGI Policy Brief, No.37.

［403］Schmitt-Grohe, S., Uribe, M., 2004, "Solving Dynamic General Equilibrium Models Using a Second-Order Approximation to the Policy Function", *Journal of Economic Dynamics and Control*, Vol.28, No.4, pp.755–775.

［404］Seyfried, W., 2010, "Monetary Policy and Housing Bubbles: A Multinational Perspective", *Research in Business and Economics Journal*, Vol.32, No.2, pp.1–12.

［405］Shaw, E., 1973, *Financial Deepening in Economic Development*, Oxford University Press.

［406］Shehzad, C.T., De, H.J., 2008, "Financial Liberalization and Banking Crises", University of Groningen Working Paper.

［407］Shehzad, C.T., De, H.J., 2009, "Financial Reform and Banking Crises", CESifo Working Paper, No.2870.

［408］Silva, T.C., Alexandre, M.D.S., Tabak, B.M., 2018, "Bank Lending and Systemic Risk: A Financial-real Sector Network Approach with Feedback", *Journal of Financial Stability*, Vol.38, No.98–118.

［409］Silvo, A., 2018, "The Interaction of Monetary and Macroprudential Policies", *Journal of Money, Credit and Banking*, Vol.51, No.4, pp.859–894.

［410］Sims, C., A., 1980, "Macroeconomics and Reality", *Econometrica*, Vol.48, No.1, pp.1–48.

［411］Stiglitz, J.E., 2002, *Globalization and Its Discontents*, W.W.Norton & Company.

［412］Stulz, R., 1981, "Model of International Asset Pricing", *Journal of Financial Economic*, Vol.9, No.4, pp.383–406.

［413］Suh, H., 2014, "Macroprudential Policy: Its Effects and Relationship to Monetary Policy", Federal Reserve Bank of Philadelphia Working Paper, No.12–18.

［414］Sussangkarn, C., Chiang, M., 2011, "Initiative Multilateralization: Origin, Development, and Outlook", *Asian Economic Policy Review*, Vol.6, No.2, pp.203–220.

［415］Svensson, L. E. O., 2004, "Asset Prices and ECB Monetary Policy", CEPR Working Paper.

［416］Truman, E. M., 2013, "Enhancing the Global Financial Safety Net Through Central-Bank Cooperation", CEPR Working Paper.

［417］Tung, C., Wang, G., Yeh, J., 2012, "Renminbi Internationalization: Progress,

Prospect and Comparison", *China & World Economy*, Vol.20, No.5, pp.63-82.

［418］Unsal, D. F., 2011, "Capital Flows and Financial Stability: Monetary Policy and Macro-prudential Responses", IMF Working Papers, No.11/189.

［419］Upper, C., Worms, A., 2004, "Estimating Bilateral Exposures in the German Interbank Market: Is There a Danger of Contagion?", *European Economic Review*, Vol.48, No.4, pp.827-849.

［420］Volz, U., Caliari, A., 2010, "Regional and Global Liquidity Arrangements", SSRN Working Paper.

［421］Volz, U., 2016, "Toward the Development of a Global Financial Safety Net or a Segmentation of the Global Financial Architecture?", *Emerging Markets Finance and Trade*, Vol.52, No.10, pp.2221-2237.

［422］Von, H. J., Ho, T., 2007, "Money Market Pressure and the Determinants of Banking Crises", *Journal of Money, Credit and Banking*, Vol.39, No.5, pp.1037-1066.

［423］Wang, Y., Zhang, B., Diao, X., 2015, "Commodity Price Changes and the Predictability of Economic Policy Uncertainty", *Economics Letters*, Vol.127, No.1, pp.39-42.

［424］Williamsonn, J., Drabek, Z., 1999, "Whether and When to Liberalize Capital Account and Financial Services", WTO Staff Working Paper, No.ERAD-99-03.

［425］Woodford, M., 2003, *Interest and Prices: Foundations of a Theory of Monetary Policy*, Princeton University Press.

［426］Wroughton, L., Schneider, H., Kyriakidou, D., 2015, "How the IMF's Misadventure in Greece is Changing the Fund", Reuters, http://www.reuters.com/ investigates/special-report/imf-greece/.

［427］Yan, H., 2007, "Does Capital Mobility Finance or Cause a Current Account Imbalance?", *The Quarterly Review of Economics and Finance*, Vol.47, No.1, pp.1-25.

［428］Yee, C., Tan, E., 2009, "Banking Sector Stability and Financial Liberalization: Some Evidence from Malaysia", 43rd Annual Conference of the CEA.

［429］Zhang, W. L., 2009, "China's Monetary Policy: Quantity Versus Price Rules", *Journal of Macroeconomics*, Vol.31, No.3, pp.473-484.

［430］Zhou, X., Zhang, W., Zhang, J., 2012, "Volatility Spillovers Between the Chinese and World Equity Markets", *Pacific-Basin Finance Journal*, Vol.20, No.2, pp.247-270.

责任编辑：陈　登

封面设计：汪　阳

图书在版编目（CIP）数据

中国金融开放、金融安全与全球金融风险研究/卞志村 等 著.—北京：
　人民出版社,2024.8
ISBN 978－7－01－026350－2

Ⅰ.①中…　Ⅱ.①卞…　Ⅲ.①金融开放-研究-中国②金融风险-风险管理-
　研究-中国③金融风险-风险管理-研究-世界　　Ⅳ.①F832②F831

中国国家版本馆 CIP 数据核字（2024）第 038094 号

中国金融开放、金融安全与全球金融风险研究

ZHONGGUO JINRONG KAIFANG JINRONG ANQUAN YU QUANQIU JINRONG FENGXIAN YANJIU

卞志村　丁慧　毛泽盛 等著

人民出版社 出版发行

（100706　北京市东城区隆福寺街 99 号）

北京中科印刷有限公司印刷　新华书店经销

2024 年 8 月第 1 版　2024 年 8 月北京第 1 次印刷
开本:710 毫米×1000 毫米 1/16　印张:35.5
字数:506 千字

ISBN 978－7－01－026350－2　定价:120.00 元

邮购地址　100706　北京市东城区隆福寺街 99 号
人民东方图书销售中心　电话（010）65250042　65289539